Os monstros de Hitler

Eric Kurlander

Os monstros de Hitler

Uma história sobrenatural do Terceiro Reich

Tradução:
Gisele Eberspächer

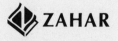

Copyright © 2017 by Eric Kurlander

Grafia atualizada segundo o Acordo Ortográfico da Língua Portuguesa de 1990, que entrou em vigor no Brasil em 2009.

Título original
Hitler's Monsters: A Supernatural History of the Third Reich
Originalmente publicado por Yale University Press

Capa
Celso Longo + Daniel Trench

Imagem de capa
U. S. National Archives and Records Administration

Preparação
Diogo Henriques

Índice remissivo
Probo Poletti

Revisão
Jane Pessoa
Nestor Turano Jr.

Dados Internacionais de Catalogação na Publicação (CIP)
(Câmara Brasileira do Livro, SP, Brasil)

Kurlander, Eric
    Os monstros de Hitler : Uma história sobrenatural do Terceiro Reich / Eric Kurlander ; tradução Gisele Eberspächer. — 1ª ed. — Rio de Janeiro : Zahar, 2025.

    Título original : Hitler's Monsters : A Supernatural History of the Third Reich.
    Bibliografia.
    ISBN 978-65-5979-178-1

    1. Alemanha – Condições sociais – 1933-1945 2. Alemanha – Política e governo – 1933-1945 3. Cultura política – Alemanha – História – Século 20 4. Nazismo e ciências ocultas – História 5. Ocultismo – Aspectos políticos – Alemanha – História – Século 20 6. Paganismo – Aspectos políticos – Alemanha – História – Século 20 7. Religião e política – Alemanha – História – Século 20 8. Sobrenatural – Aspectos políticos – Alemanha – História – Século 20 9. Superstição – Aspectos políticos – Alemanha – História – Século 20 I. Título.

24-225844   CDD: 943.086

Índice para catálogo sistemático:
1. Nazismo : História   943.086

Cibele Maria Dias — Bibliotecária — CRB-8/9427

Todos os direitos desta edição reservados à
EDITORA SCHWARCZ S.A.
Praça Floriano, 19, sala 3001 — Cinelândia
20031-050 — Rio de Janeiro — RJ
Telefone: (21) 3993-7510
www.companhiadasletras.com.br
www.blogdacompanhia.com.br
facebook.com/editorazahar
instagram.com/editorazahar
x.com/editorazahar

Sumário

Introdução   7

PARTE I

1. As raízes sobrenaturais do nazismo: Religião ariano-germânica, ciência fronteiriça e o ressurgimento do ocultismo austro-germânico, 1889-1914   27

2. Da Sociedade Thule ao NSDAP: Moldando o imaginário sobrenatural nazista, 1912-24   65

3. Investigando a mágica de Hitler: Dos horrores da República de Weimar às visões do Terceiro Reich   101

PARTE II

4. A guerra do Terceiro Reich contra o ocultismo: Antiocultismo, a controvérsia dos mágicos de Hitler e a Ação Hess   147

5. As estrelas descem à terra glacial: Ciência fronteiriça no Terceiro Reich   187

6. A corte de Lúcifer: Paganismo ariano-germânico, espiritualidade indo-ariana e a busca nazista por religiões alternativas   227

PARTE III

7. O sobrenatural e a Segunda Guerra Mundial: Folclore e ciência fronteiriça na política externa, na propaganda e nas operações militares   271

8. Ciência monstruosa: Reassentamento racial, experimentos humanos
   e o Holocausto   315

9. Crepúsculo nazista: Armas milagrosas, guerrilheiros sobrenaturais
   e o colapso do Terceiro Reich   357

Epílogo   401

Agradecimentos   407
Notas   409
Referências bibliográficas   504
Índice remissivo   536

Introdução

> O sucesso do nacional-socialismo, a aparição única do Führer, não tem precedentes na história alemã. [...]. A consequência dessas ocorrências históricas e políticas inéditas é que muitos alemães, dada sua propensão ao romântico e ao místico, e também ao oculto, começaram a entender o sucesso do nacional-socialismo dessa maneira.
>
> ALFRED ROSENBERG, 1941[1]

> O horror está sempre à espreita no fundo do mundo mágico, e tudo que é "sagrado" está sempre misturado com o horror.
>
> DE UMA PÁGINA SUBLINHADA POR HITLER na obra ocultista de Ernst Schertel, *Magie* (1923)[2]

> Fora de um quadro de referência puramente secular, o nazismo é sentido como a personificação do mal em um regime moderno do século xx, uma monstruosa recaída pagã na comunidade cristã da Europa.
>
> NICHOLAS GOODRICK-CLARKE[3]

NO COMEÇO DO BLOCKBUSTER *Capitão América: O primeiro vingador* (2011), um oficial nazista entra em uma pequena cidade norueguesa à procura de uma relíquia antiga, o Tesseract, que promete poder infinito a seu portador. Logo descobrimos que o soldado, Johann Schmidt, recebeu o protótipo de um soro criado para produzir "supersoldados", desenvolvido por um cientista alternativo chamado Abraham Erskine. Com o objetivo de dar a Schmidt uma força e uma agilidade super-humanas, o soro acaba causando uma transformação monstruosa, enlouquecendo o soldado nazista e transformando sua cabeça em uma caveira vermelha horripilante. Erskine foge para os Estados Unidos, onde aperfeiçoa seu soro e transforma um homem prototípico e franzino de

45 quilos, Steve Rogers, no herói que dá título ao filme. O Capitão América tem pouco tempo para aprimorar suas técnicas de combate antes de precisar confrontar o Caveira Vermelha e a insidiosa sociedade secreta conhecida como "Hydra", que, como acabamos por descobrir, controla Hitler e o Terceiro Reich.

Capitão América contém todos os elementos sobrenaturais conhecidos popularmente: a relação com forças ocultas, cientistas malucos, armas fantásticas, uma raça super-humana dominante, a preocupação com religiões pagãs e relíquias mágicas que supostamente davam aos nazistas um poder ilimitado. A cultura popular está inundada de imagens do sobrenatural nazista: de revistas em quadrinhos produzidas já durante a Segunda Guerra Mundial a jogos eletrônicos do final do século xx como *Castle Wolfenstein*, de filmes clássicos de ficção científica e aventura como *Indiana Jones e os caçadores da arca perdida* e *Os meninos do Brasil* a filmes de horror contemporâneos como *Zumbis na neve* e franquias de super-heróis como o próprio *Capitão América*.

É claro, poucos desses quadrinhos, filmes ou jogos são baseados em evidências primárias confiáveis. As representações mais conhecidas do nazismo, mesmo em formato documental, também falham ao investigar as conexões mais profundas entre o pensamento sobrenatural e as políticas e práticas do Terceiro Reich.[4] Os "documentários" televisivos mais populares chegam inclusive a alternar entre afirmações exageradas com base em evidências limitadas e "revelações" sobre a história oculta de intelectuais ou projetos obscuros cuja influência no Terceiro Reich é, na melhor das hipóteses, duvidosa (um método que chega perigosamente perto da própria prática do ocultismo).

A ironia é que as evidências indicando uma conexão importante entre o nazismo e o sobrenatural nunca foram tão amplas.[5] É quase certo que Hitler tenha lido, em meados dos anos 1920, o volume parapsicológico de Ernst Schertel, *Magie: Geschichte, Theorie, Praxis* [Magia: História, teoria e prática], sublinhando frases como "Satã é o guerreiro fertilizador, destruidor e construtor" e "Aquele que não carrega sementes demoníacas dentro de si nunca dará à luz um novo mundo".[6] Alguns anos mais tarde, Joseph Goebbels contratou Hanns Heinz Ewers, um famoso autor de livros de horror da República de Weimar, para cumprir tarefas importantes de propaganda na campanha pelo poder.

Introdução

Durante uma sessão espírita realizada na noite de 26 de fevereiro de 1933, o clarividente Erik Hanussen — amigo próximo de oficiais nazistas — "previu" o incêndio do Reichstag no dia seguinte, o que ajudou a justificar a imposição da lei marcial pelos nazistas. Em meados da década, o segundo em comando de Hitler, o vice-Führer Rudolf Hess, financiou pesquisas em astrologia, "cosmobiologia" e outras práticas esotéricas e xamanísticas. O chefe da ss, Heinrich Himmler, também seguia doutrinas similares na *Grenzwissenschaft*, ciência fronteiriça, encorajando pesquisas sobre o Santo Graal, bruxaria e adoração medieval do diabo ("luciferianismo").

De fato, existem centenas de documentos que indicam tentativas nazistas de forjar uma diferença entre o ocultismo charlatão e um suposto "ocultismo científico". Durante a Segunda Guerra Mundial, a marinha alemã, a ss e o Ministério da Propaganda de Goebbels contrataram astrólogos e radiestesistas a fim de obter inteligência militar e conduzir uma guerra psicológica. A Gestapo, não desejando ofender nem Hitler nem o povo alemão, chegou a proibir que os segredos por trás das "mágicas" fossem revelados.

Ao longo desse período, Hitler e Himmler financiaram uma doutrina extravagante conhecida como "cosmogonia glacial", que postulava que a história, a ciência e a religião poderiam ser explicadas por luas de gelo que atingiram a Terra em tempos pré-históricos. Mesmo em 1945, com o colapso do Terceiro Reich, os nazistas reuniram às pressas um grupo de "lobisomens" a fim de combater os partisans comunistas, acusados por sua vez de vampirismo pelos alemães étnicos que fugiam dos russos. Ao longo da última década, encontrei farta documentação em apoio a esta e várias outras histórias.

Com base nessa evidência, argumento que nenhum movimento político de massas, à exceção do nazismo, recorreu de forma tão consciente e consistente ao que chamo de "imaginário sobrenatural" — ocultismo e "ciência fronteiriça", paganismo, religiões new age e orientais, folclore, mitologia e várias outras doutrinas sobrenaturais — para atrair uma geração de alemães e alemãs que buscavam novas formas de espiritualidade e explicações inovadoras para o mundo, situadas entre a verificabilidade científica e as verdades batidas da religião tradicional.[7] Sem dúvida, nenhum outro partido de massas fez um esforço semelhante, uma vez no poder, para policiar ou analisar — que dirá apropriar e institucionalizar — tais doutrinas, seja nos campos da ciência e da religião, da cultura e da política social, ou do impulso para a guerra, o império e a limpeza étnica. Sem compreender essa relação entre o nazismo e o sobrenatural, não é possível entender por completo a história do Terceiro Reich.

A PERCEPÇÃO DE UMA AFINIDADE PROFUNDA entre o nazismo e o sobrenatural emergiu apenas alguns anos após a fundação do Partido Nazista. Já nos anos 1920, ocultistas proeminentes proclamavam que a ideologia, a iconografia e o aparato partidário nazistas haviam surgido do meio ocultista austro-germânico.[8] Muitos críticos estavam igualmente convictos da proveniência sobrenatural do nazismo. Carl Jung comparou Hitler a um "verdadeiro curandeiro místico [...] um receptáculo espiritual, um semideus", que conseguiu manipular o "inconsciente de 78 milhões de alemães".[9] Hermann Rauschning, um nazista expulso do partido, atribuiu o sucesso de Hitler ao fato de que "todo alemão tem um pé em Atlântida, onde procura uma pátria melhor".[10] O cientista político alemão Eric Voegelin associou Hitler ao faraó egípcio Akhenaton, que alterou os costumes antigos "para que [pudesse se tornar o guia] para os mistérios dos deuses".[11]

Uma crença popular nas raízes sobrenaturais do nazismo se disseminou após a eclosão da Segunda Guerra Mundial. Em 1940, o professor de jornalismo Gerhard Szczesny, de Munique, publicou uma dissertação relacionando o crescimento do nacional-socialismo à propensão ao ocultismo entre a classe média alemã.[12] O escritor e popularizador das viagens espaciais Willy Ley argumentou de forma semelhante que o Terceiro Reich explorou uma tendência alemã de "recorrer à magia, a alguma crença sem sentido que ele tenta validar por meio da histeria e da força física".[13]

Testemunhas tão díspares quanto Walter Schellenberg, chefe do serviço de inteligência da ss (o sd), e Wilhelm Wulff, astrólogo pessoal de Himmler, concordam nesse aspecto. Ambos citaram a popularidade do pensamento esotérico nos escalões mais altos do Partido Nazista. De escritores de esquerda como Bertolt Brecht ao ministro do Reich nazista Alfred Rosenberg, de intelectuais alemães de origem judaica como Theodor Adorno, Siegfried Kracauer e Lotte Eisner a escritores mais conservadores como Thomas Mann, Gottfried Benn e Ernst Junger, vários artistas, cientistas e intelectuais sugeriram que o pensamento sobrenatural ajudou a pavimentar o caminho para o nazismo.[14]

Introdução

Essa insistência em uma conexão intrínseca entre o nazismo e o pensamento sobrenatural nunca se limitou ao mundo de língua alemã. Em 1940, o jornalista britânico Lewis Spence publicou um estudo, *The Occult Causes of the Present War*, mais tarde publicado em livro, em que atribuía a política externa nazista a tradições ocultas e pagãs profundamente arraigadas.[15] Alguns anos depois, o historiador britânico Hugh Trevor-Roper caracterizou o Terceiro Reich como a "história [...] de uma tribo selvagem e de uma superstição primitiva", destacando relatos de crenças astrológicas e ocultistas nos níveis mais altos do partido.[16]

Essas reivindicações foram seguidas por uma série de estudos empíricos realizados por intelectuais alemães de origem judaica forçados ao exílio pelo Terceiro Reich.[17] O estudo seminal de Siegfried Kracauer sobre a crítica cinematográfica da República de Weimar no pós-guerra, *De Caligari a Hitler* (1947), localizou as precondições culturais e intelectuais para o fascismo alemão na "psicologia coletiva" irracional e sobrenaturalmente infundida da República de Weimar.[18] No mesmo ano, Theodor Adorno, colega de Kracauer, publicou suas "Teses contra o ocultismo", sugerindo que o renascimento do ocultismo — "a metafísica dos estúpidos" — no entreguerras possibilitou a ascensão do nazismo.[19]

Alguns anos depois, em *A tela demoníaca*, de 1952, a crítica de cinema Lotte Eisner observou que o "misticismo e a magia, as forças obscuras com as quais os alemães sempre estiveram mais do que dispostos a se comprometer, floresceram diante da morte nos campos de batalha". Após a Primeira Guerra Mundial, argumentou Eisner, essas forças culminaram "na doutrina apocalíptica do expressionismo" e "num estranho prazer [...] em evocar o horror [...] uma predileção pelas imagens das trevas".[20] Esses argumentos foram elaborados na década de 1960 por uma geração mais jovem de historiadores emigrados, sobretudo Fritz Stern e George Mosse, que argumentaram que as "filosofias irracionais do final do século XIX e início do século XX, inclusive o ocultismo, ajudaram a abrir caminho para a ascensão de Hitler ao poder e fundamentaram sua campanha bárbara a fim de criar uma Alemanha racialmente pura e poderosa".[21]

As décadas de 1960 e 1970 testemunharam o nascimento de uma nova pequena indústria: a da cripto-história do ocultismo nazista. Tendo como epítomes *O despertar dos magos*, de Louis Pauwels e Jacques Bergier, e *The Spear of*

Destiny, de Trevor Ravenscroft, vários livros, muitas vezes escritos por autores com suas próprias inclinações ocultistas, propagaram teorias fantasiosas sobre cabalas esotéricas, runas mágicas e artefatos milagrosos que estariam na origem do Terceiro Reich.[22] Alguns desses livros se baseiam em pequenos grãos de verdade — uma fonte primária aqui, o relato de uma testemunha ocular acolá. Mas, em sua maioria, eles são tão claramente duvidosos e infundados que não podem ser citados com precisão.[23]

O melhor e mais detalhado livro que se debruça sobre a relação entre o nazismo e o sobrenatural é *The Occult Roots of Nazism*, de Nicholas Goodrick-Clarke.[24] Publicado pela primeira vez em 1985 e atualizado em 1992, ele examina a influência da doutrina ocultista conhecida como ariosofia no surgimento do nacional-socialismo entre os anos 1890 e 1930. Goodrick-Clarke mostra de forma convincente que a ariosofia refletia e refratava muitos dos elementos ideológicos do nazismo. No entanto, ele conclui que a obra teve pouca influência direta sobre o pensamento ou a política nazista pós-1933. Apesar de todos os seus pontos fortes, *The Occult Roots of Nazism* não faz nenhuma tentativa de analisar toda a gama de fenômenos ocultistas ou sobrenaturais que influenciaram o nazismo. Tampouco, como o título sugere, dedica muito tempo ao Terceiro Reich em si.[25]

Nas décadas que se passaram desde a publicação de *The Occult Roots of Nazism*, observamos uma tendência na literatura acadêmica de "dissociar o ocultismo e o nazismo".[26] Segundo historiadores como Corinna Treitel e Marco Pasi, por exemplo, não havia nada inerentemente protofascista ou iliberal no ocultismo alemão. Pelo contrário, as práticas que hoje vemos, de maneira condescendente, como esotéricas ou "pseudocientíficas" eram altamente modernas, maleáveis e intrínsecas à maneira como os europeus instruídos lidavam com o avanço da modernidade. Diante do "desencantamento do mundo", nas palavras de Max Weber, e do declínio da devoção religiosa organizada, os alemães, como muitos outros europeus, buscaram formas alternativas de conhecimento — como a astrologia, a clarividência, o espiritualismo ou a "cura natural".[27] A relação entre o fascismo e o ocultismo, sugerem esses estudiosos, foi definida por "crescentes hostilidades", não por afinidades ideológicas.[28]

Esse trabalho revisionista propiciou uma reparação bem-vinda à literatura do *Sonderweg* ("caminho especial"), caracterizada por relatos anteriores que

Introdução 13

dão ênfase excessiva a tendências antimodernas e iliberais inerentes à cultura alemã. Esses novos estudos também são importantes por destacarem a popularidade e a persistência de doutrinas ocultistas, pagãs e científicas fronteiriças em territórios de língua alemã na Europa Central.

Mas os estudos revisionistas têm seus próprios pontos cegos. O ocultismo alemão não era tão universalmente progressista nem tão intimamente ligado à ciência como muitos estudiosos revisionistas sugerem.[29] Vários jornalistas, cientistas naturais e céticos liberais já estavam exasperados com o pensamento ocultista e científico fronteiriço durante o primeiro terço do século xx, e eram devastadores em suas críticas a eles. Pretender que biólogos, químicos e físicos profissionais dentro e fora da Alemanha eram tão propensos a ideias ocultistas quanto os "cientistas da alma" amadores, portanto, é inútil, em especial para evitar os prolongados e acalorados debates contemporâneos sobre a charlatanice ocultista entre os cientistas tradicionais e aqueles associados às "ciências fronteiriças". Os relatos revisionistas também tendem a subestimar o fato de que o nacional-socialismo, mesmo quando criticava o ocultismo, estava mais preocupado e em dívida com uma ampla gama de doutrinas sobrenaturais e práticas esotéricas do que qualquer movimento político de massas do período entreguerras.

Na última década, mais ou menos, alguns estudos pós-revisionistas, inclusive o meu, começaram mais uma vez a levar a sério as raízes sobrenaturais do nazismo. Vários acadêmicos alemães e americanos escreveram histórias críticas da doutrina ocultista conhecida como antroposofia, que prevaleceu desde a década de 1890 até o Terceiro Reich. Alguns estudos de caso recentes são igualmente reveladores no que diz respeito a ciências fronteiriças como a parapsicologia e a cosmogonia glacial.[30] Outro grupo de estudiosos produziu uma série de excelentes monografias sobre a indústria do folclore nazista, bem como sobre as disciplinas de história e ciência política, psicologia, física e biologia no Terceiro Reich.[31] Por fim, testemunhamos uma nova onda de pesquisas sobre o movimento *völkisch* (de valorização nacionalista do folclore do país) e o paganismo entre 1890 a 1945.[32] Recorri generosamente a esses trabalhos ao escrever o presente livro.

No entanto, apesar dessas novas pesquisas sobre os aspectos individuais da religião e da ciência (fronteiriça) no Terceiro Reich, não existe nenhum estudo abrangente sobre a relação entre o nazismo e o sobrenatural. *Os mons-*

tros de Hitler é o primeiro livro a abordar essa relação profunda, fascinante e muitas vezes extraordinária, desde as origens do Partido Nazista até o final da Segunda Guerra Mundial.

ACOSTUMADO AO CLICHÊ POPULAR do ocultismo nazista, o leitor pode se perguntar por que decidi escrever uma história "sobrenatural" e não uma história "ocultista" do Terceiro Reich. As razões são duas. Primeiro, "o ocultismo" tende a conotar, por definição, algo secreto, elitista e geralmente obscuro. Porém, muito do que atraiu os alemães comuns e nazistas para as ideias e práticas discutidas neste livro — como os estudos revisionistas demonstraram de forma convincente — era eminentemente público e amplamente popular.[33] Essa orientação moderna e voltada para o consumo de massa do mercado "ocultista" contrasta com a natureza aparentemente elitista, reacionária e obscura da prática ocultista.[34] De fato, as organizações e editoras que promoviam essas ideias eram ecléticas do ponto de vista político e ideológico, tão propensas a incluir reformadores sexuais ou gurus new age em suas páginas quanto conservadores neorromânticos ou *völkisch*.[35]

Em segundo lugar, o ocultismo do início do século XX, por mais diverso que seja, constitui apenas um grupo de crenças e práticas dentro de um imaginário sobrenatural alemão mais amplo.[36] Sem dúvida, sob a rubrica do ocultismo podemos incluir uma ampla gama de práticas (astrologia, clarividência, adivinhação, parapsicologia etc.), crenças (bruxaria, demonologia) e doutrinas sincréticas que compartilham elementos de ambas (teosofia, antroposofia, ariosofia). No entanto, os estudos sobre ocultismo ainda tendem a excluir "ciências fronteiriças" importantes, como a cosmogonia glacial, a busca nazista por tecnologias "milagrosas", o folclore e a mitologia e aspectos da religião *völkisch*.

De fato, uma extensa bibliografia acadêmica sobre a religiosidade nazista, de um lado, e o folclore e a etnologia, de outro, se desenvolveu de forma independente da historiografia sobre o ocultismo. Não entraremos nos detalhes dos vários debates sobre "religião política", exceto para apontar que muitos acadêmicos do fascismo ressaltam os elementos mítico-religiosos no cerne do nazismo.[37] O nazismo, segundo esses acadêmicos, "tentou atrair as pessoas para uma participação ativa na mítica nacional por meio de rituais e festivais, mitos e símbolos que conferiam uma expressão concreta à vontade geral".[38]

Introdução

Há quem argumente que o folclore e a mitologia facilitaram o fascismo ao produzir "mitos, símbolos e estereótipos nacionais que tornaram possível, para muitos homens e mulheres, enfrentar os fardos da vida: eles são os filtros pelos quais a realidade é percebida".[39] Examinar as manifestações desse "anseio por mitos", por novas experiências religiosas e espirituais, é essencial para entender as raízes, o caráter e os legados sobrenaturais do Terceiro Reich.[40]

Em oposição ao surgimento da religião pagã e da mitologia, observamos o notável crescimento das "ciências fronteiriças" na Alemanha do final do século xix.[41] As *Grenzwissenschaften* incluíam tudo, desde as disciplinas ocultas tradicionais, como a parapsicologia, a cosmobiologia e a radiestesia, até a cosmogonia glacial e outras doutrinas que desafiavam "os estudiosos acadêmicos [...] com um grande número de teorias que não atendiam aos requisitos do novo conhecimento científico". Segundo Christina Wessely, essas teorias e práticas, "que apareciam como cosmologias universais e visões holísticas do mundo [*Weltanschauungen*], desaprovavam explicitamente o desenvolvimento da ciência moderna, compartilhando o medo popular de que uma ciência puramente materialista e abstrata levasse ao declínio cultural".[42] É possivelmente devido ao fato de milhões de alemães terem aceitado doutrinas científicas fronteiriças duvidosas que os estudiosos revisionistas reagem de forma bastante crítica à ideia de que existe uma linha clara a ser traçada entre as ciências tradicionais e aquelas "de fronteira".[43] Mas essas linhas, tanto antes como agora, de fato existem.

O propósito deste livro não é responder à pergunta epistemológica do que constitui ciência ou ciência fronteiriça.[44] Ainda assim, eu me aventuraria a dizer que muitas ideias da ciência fronteiriça que foram veementemente rejeitadas por intelectuais como Freud, Adorno e Einstein gozavam de extrema popularidade na Alemanha e foram exploradas pelo Partido Nazista.[45] Acadêmicos revisionistas que desejam resgatar o ocultismo, as religiões new age e as ciências fronteiriças do desprezo da posteridade podem condenar Adorno e seus colegas pelas atitudes hostis em relação ao pensamento sobrenatural. Mas não fazemos justiça ao período quando traçamos uma equivalência falsa entre a ciência convencional e as ciências fronteiriças. Tampouco é útil exagerar a incapacidade dos intelectuais contemporâneos de discernir entre ciência e o sobrenatural, empiricismo e fé, ou as potencialmente prejudiciais consequências sociopolíticas de se borrar tais distinções.[46]

Em resumo, devemos evitar estereótipos ultrapassados do atraso alemão, que presumem que o surgimento de uma cultura e sociedade essencialmente "modernas" ocorre em relação inversa à persistência da superstição ou do ocultismo.[47] Entretanto, devemos ser igualmente cautelosos com uma abordagem dialética que presume a irracionalidade inerente embutida nas reivindicações de racionalidade ou progresso da ciência moderna.[48] O relativo declínio ou a eflorescência do sobrenatural — o desencantamento e o reencantamento do mundo — tem mais a ver com a mudança dos contextos sociais, políticos e históricos, com a cultura e a ideologia, do que com o fluxo e refluxo da modernidade.[49] Quase todos os historiadores concordam hoje que houve uma explosão de novas formas de pensamento ocultista, religioso e científico fronteiriço no final do século XIX. A questão é como e se esses tipos de pensamento influenciaram as ideias e práticas do nazismo.

OPTEI POR ME REFERIR a esse vasto reservatório de pensamento sobrenatural — a miríade de ideias, discursos e práticas abordadas neste livro — como o "imaginário sobrenatural". Os estudiosos têm empregado com frequência a "noção de identificação imaginária" para explicar a forte atração exercida pelo fascismo.[50] Mas a ideia de um "imaginário sobrenatural" é mais parecida com a definição de "imaginário social" do filósofo Charles Taylor.

Para Taylor, o imaginário social "é como as pessoas imaginam sua existência social, como se integram aos outros, e as ideias normativas mais profundas que influenciam essas expectativas". Enquanto a ideologia política "costuma ser adquirida por uma pequena minoria", argumenta Taylor, o imaginário social "é compartilhado por toda a sociedade ou por um grande grupo; a teoria é expressa em termos teóricos, enquanto o imaginário é descrito por imagens e lendas; o imaginário é o entendimento comum que gera possíveis ações cotidianas e um senso de legitimidade compartilhado por todos".[51] O imaginário social, segundo Taylor, "nunca pode ser adequadamente expresso na forma de doutrinas explícitas, devido à sua natureza ilimitada e indefinida. Essa é outra razão para falarmos aqui de um imaginário e não de uma teoria".[52]

Existem distinções importantes entre o "imaginário social" de Taylor e o conceito de "imaginário sobrenatural" utilizado neste livro. Taylor relaciona a emergência do "imaginário social" a um desencantamento pós-iluminista

Introdução

com o mundo, a uma resposta ao "final de um certo modo de presença da religião ou do divino no espaço público".[53] Enquanto Taylor entende o imaginário social como a "expulsão das forças sobrenaturais do mundo", nós adotamos a premissa de que o fim do século XIX e o começo do século XX testemunharam um reenquadramento e uma transposição do pensamento sobrenatural da cristandade ao ocultismo, à ciência fronteiriça e às religiões alternativas.[54]

Como mostraram estudos recentes, as explicações sobrenaturais substituem mais prontamente o pensamento racional e instrumental na vida pública quando os indivíduos acreditam estar lidando com "valores sagrados".[55] O ponto de perigo político, seja no fomento ao fanatismo religioso ou ao fascismo, parece ser "quando as pessoas se sentem fundidas por completo com um grupo definido por seu valor sagrado".[56]

O fascismo dá sentido à realidade sociopolítica por meio do uso consciente e subconsciente de práticas coletivas, ritos e símbolos sagrados, uma "rede de relacionamentos" que ajuda a criar uma "relativização das dicotomias clássicas: racional e irracional, esquerda e direita, revolucionário e reacionário, moderno e antimoderno".[57] Ao utilizar e apelar a uma série de ideias sobrenaturais, os nazistas criaram um espaço em que os pontos de vista existentes — fossem liberais, socialistas ou tradicionalmente conservadores — poderiam ser derrubados, deslocados ou eliminados a fim de produzir um senso de coerência ideológica onde não havia nenhuma.

Essa estratégia se mostrou útil não apenas em termos de política eleitoral, mas em relação à política interna e externa após a tomada do poder pelos nazistas em janeiro de 1933. Ao vincular judeus, comunistas e maçons a imagens de vampiros, zumbis, demônios, diabos, espectros, parasitas alienígenas e outros monstros sobrenaturais, o Terceiro Reich ajudou a justificar respostas exageradas a "um inimigo que não parecia aderir ao mesmo código cultural".[58]

Para a maioria dos nazistas e para muitos alemães, esses "monstros" raciais e políticos se tornaram a "personificação da diferença [...] criaturas híbridas", que eram "estranhamente humanas e, ainda assim, assustadoramente diferentes [...] abjetamente *erradas*, indecorosas, antinaturais, anatemáticas [...] demoníacas, profanas". Esses "monstros" não foram "criados do nada", observa Monica Black, mas "construídos por meio de uma recombinação de representações conhecidas" que já estavam presentes no imaginário sobrenatural.[59] Dessa forma, o imaginário sobrenatural proporcionou um espaço ideológico e discursivo no qual os inimigos do nazismo podiam ser desumanizados, marginalizados e figurativamente transformados em monstros que exigiam eliminação física.

O escritor afro-caribenho Frantz Fanon podia muito bem estar falando da Alemanha quando discutiu as violentas consequências advindas do fato de um povo colonizado acreditar em "poderes sobrenaturais, mágicos". Ao incorporar o pensamento sobrenatural, sugere Fanon, os "poderes dos colonizadores, marcados por sua origem estrangeira, são infinitamente encolhidos", transformando-se em "um inimigo assustador criado por mitos". "Mortes simbólicas, viagens fantásticas, assassinatos de massa imaginários" — todas essas fantasias são compartilhadas por povos colonizados. "Um passo a mais e caímos em plena possessão", continua Fanon, imerso em sessões literais e figurativas de "possessão-despossessão" que levavam à representação de seus inimigos como vampiros, *djinns* e zumbis.[60]

Muitos alemães — e certamente a maioria dos nazistas — viram-se, após a Primeira Guerra Mundial, como um povo colonizado, sujeito aos caprichos e fantasias exterminadoras de um outro étnico e político: fossem os judeus, bolcheviques e eslavos; os britânicos, franceses e belgas; ou as tropas norte-africanas que ocuparam brevemente o vale do rio Ruhr.[61] Esse sentimento de status subalterno, insegurança biopolítica e perda territorial, quando combinado a fantasias sobrenaturais sobre raça e espaço, forneceu uma justificativa poderosa para ações violentas contra uma variedade de "monstros" na política interna e externa.

Ao mesmo tempo, o "imaginário sobrenatural" criou um discurso no qual poderiam ocorrer fantasias de emulação e "identificação ilegal".[62] Junto com a "demonização" literal e figurativa de judeus e eslavos, o imaginário sobrenatural ajudou a justificar a relação dos nazistas com a bruxaria e o paganismo, a irmandade racial pan-ariana e a aliança do Terceiro Reich com o Japão.[63]

Nesse contexto, as expressões de simpatia pelos povos do sul da Ásia ou do Oriente Médio que sofriam sob o domínio colonial britânico não podem ser descartadas como pura propaganda. Tampouco devem ser entendidas como "fantasias coloniais" nazistas que pressagiam projetos imperiais no mundo não europeu.[64] Em vez disso, essas referências entusiásticas aos povos indo-arianos refletem a capacidade do imaginário sobrenatural de incorporar o

Introdução   19

esoterismo, as religiões orientais e as teorias raciais da ciência fronteiriça em uma crítica aos valores "ocidentais".[65] Assim, além de definir um outro "monstruoso" do ponto de vista racial ou político, o "imaginário sobrenatural" nazista proporcionou um espaço no qual as políticas interna e externa alemãs poderiam ser negociadas para justificar atitudes aparentemente cosmopolitas ou alternativas em relação a raça, religião e sexualidade.[66]

POR CONTA DO GRANDE NÚMERO DE PUBLICAÇÕES não acadêmicas no gênero, vale a pena parar um momento para discutir minhas fontes e metodologia. Como indico nas referências bibliográficas, eu me apoiei, tanto quanto possível, em centenas de documentos pessoais e do Partido Nazista, documentos governamentais, manuscritos, jornais e relatos de fontes primárias publicados, disponíveis em arquivos nacionais alemães localizados em Berlim (BAB), Koblenz (BAK) e Freiburg (BAM). Além disso, selecionei uma quantidade similar de documentos, papéis e publicações do Instituto de História Contemporânea de Munique (IfzG), do Instituto de Ciências Fronteiriças de Freiburg (IGPP) e do Arquivo de Folclore do Leste da Alemanha (IVDE) em Freiburg. Por fim, consultei centenas de artigos e livros primários e secundários em grandes bibliotecas na Alemanha e nos Estados Unidos. A maior parte da pesquisa primária para este livro foi realizada em alemão, ainda que eu tenha recorrido a um grande número de fontes em inglês e, em alguns casos, em francês e holandês.

Apesar da impressionante quantidade de evidências documentais, um dilema metodológico no estudo do Terceiro Reich é a utilização de memórias do pós-guerra. Quer tenham sido escritas por nazistas proeminentes, simpatizantes, vítimas, adversários ou observadores, é difícil aceitá-las acriticamente, diante dos crimes insondáveis do Terceiro Reich e do insaciável fascínio do público pelo nazismo. Alguns indivíduos claramente desejavam lucrar com sua associação com o regime, fornecendo relatos sensacionalistas ou imprecisos. Outros queriam se explicar ou se absolver da cumplicidade, fabricando provas ou construindo elaboradas teorias da conspiração sobre indivíduos já mortos. Outros ainda, muitas vezes vítimas ou críticos de longa data, estavam interessados em retratar o Terceiro Reich como sobrenaturalmente maligno, insano ou bárbaro — ignorando, em alguns casos, a banalidade absoluta do mal nazista.

Considerando esses fatores, há sempre dificuldades em analisar a precisão dos relatos em primeira pessoa, sobretudo aqueles que destacam a propensão nazista para o sobrenatural. Para mencionar um dos exemplos mais citados, embora problemático, vejamos o caso de *Gespräche mit Hitler* [Conversas com Hitler], o livro de Hermann Rauschning. Como presidente do Senado de Gdansk e membro do Partido Nazista por um breve período, Rauschning encontrou-se com Hitler talvez uma dezena de vezes no início da década de 1930, antes de deixar o partido e, em seguida, a Alemanha, indo para os Estados Unidos em 1936. Sua alegação de ter conversado com Hitler mais de cem vezes, portanto, é completamente falsa — e foi provavelmente uma tentativa de dar credibilidade a seu livro num momento em que ele estava sem dinheiro e entrando no circuito anglo-americano de palestras.[67]

No entanto, como observa Theodor Schieder, até mesmo Hitler teria admitido que havia "coisas corretas e falsas no livro". Goebbels, ao que parece, concordou.[68] Embora obviamente "não seja uma fonte documental da qual se possa esperar a transcrição literal das frases de Hitler", o livro de Rauschning representa um "documento de grande valor, na medida em que apresenta opiniões que surgem de uma percepção imediata", baseada na interação direta com Hitler e no envolvimento com o círculo íntimo nazista entre 1932 e 1934, bem como na contemplação dessas experiências na década seguinte.[69]

A mesma ressalva metodológica cabe, em níveis diferentes, a outros relatos: as memórias do massagista pessoal de Himmler, Felix Kersten; do astrólogo de Himmler, Wilhelm Wulff; do dirigente do SD, Walter Schellenberg; a história da Sociedade Thule, escrita por seu cofundador Rudolf von Sebottendorff; as memórias da parapsicóloga Gerda Walther; as análises feitas no pós-guerra por intelectuais antinazistas como Konrad Heiden e Willy Ley; as cartas de Martin Bormann ou as "conversas à mesa" de Hitler reunidas pelos secretários de Bormann na Chancelaria do Partido (*Parteikanzlei*).[70] Embora trechos dessas fontes tenham sido sem dúvida embelezados ou suprimidos, eles ainda assim fornecem, coletivamente, um reservatório importante de evidências para o pensamento sobrenatural nazista.

Por fim, gostaria de comentar sobre o uso de fontes secundárias. Como acabei de sugerir, já dispomos de uma extensa literatura, principalmente em inglês e alemão, sobre a ideologia *völkisch* e os partidos de direita; folclore,

Introdução   21

etnologia e história no Terceiro Reich; atitudes nazistas em relação à ciência e à religião; e, em menor escala, sobre o ocultismo e a ciência fronteiriça.

Também temos várias excelentes biografias de Hitler, Himmler, Goebbels e outros, para não mencionar os estudos detalhados sobre a ss, a Gestapo e o sd. Tanto a recente biografia de Himmler, de Peter Longerich, quanto o estudo clássico de Michael Kater sobre a Comunidade para a Investigação e o Ensino sobre Herança Ancestral da ss (Ahnenerbe Forschungs- und Lehrgemeinschaft), por exemplo, são extremamente ricos em sua análise dos aspectos sobrenaturais do Terceiro Reich. O mesmo ocorre com o extenso trabalho de Uwe Puschner, Horst Junginger e outros sobre os movimentos *völkisch* do final do século xix e início do século xx. Por outro lado, temos muitas dezenas de obras populares, mais criptográficas ou pseudo-históricas, que enfocam vários aspectos do ocultismo, da religião e da ciência nazistas. Embora tenha feito referências esporádicas a essas fontes, não me baseei nelas para obter evidências empíricas.

Nos casos de histórias sólidas do ponto de vista empírico e metodológico, embora por vezes sensacionalistas ou populares, citei-as onde e quando elas lançaram uma luz importante sobre o assunto ou se basearam em evidências primárias autênticas. Para citar dois exemplos, temos os livros de Heather Pringle, *The Master Plan: Himmler's Scholars and the Holocaust* (2006) e de Victor e Victoria Trimondi, *Hitler, Buddha, Krishna: An Unholy Alliance from the Third Reich to the Present Day* (2002). O trabalho de Pringle, com poucas exceções, baseia-se em uma ampla pesquisa de arquivos.[71] Citei seu livro várias vezes ao tratar de questões substantivas relacionadas ao instituto de pesquisa e às políticas de Himmler.

O mesmo se aplica a *Hitler, Buddha, Krishna*, dos Trimondi. Há muitas obras cripto-históricas no mesmo gênero que os próprios autores criticam. Há também algumas monografias acadêmicas especializadas sobre o tema do interesse nazista no Tibete, principalmente a dissertação de novecentas páginas de Wolfgang Kaufmann (*Das Dritte Reich und Tibet*, 2009). Como Kaufmann bem observa, o relato provocativo dos Trimondi provavelmente exagera a estreita relação entre o nazismo e o budismo tibetano. Kaufmann reconhece, no entanto, que os Trimondi, "ao contrário de autores sensacionalistas", aceitam o padrão acadêmico básico segundo o qual "reivindicações históricas de factualidade devem ser comprovadas por meio de fontes" e, portanto, selecionaram "os arquivos de forma relativamente minuciosa".[72] Tentei aplicar essa ligeira distinção entre cripto-história pura e simples e história popular baseada em pesquisa de arquivo sólida a todas as obras que citei.

OS MONSTROS DE HITLER ESTÁ ORGANIZADO em três partes cronológicas compostas de três capítulos cada uma. A parte I traça o papel do pensamento sobrenatural no Partido Nazista desde seus antecedentes intelectuais no final do século XIX até a tomada do poder em 1933. O capítulo 1, "As raízes sobrenaturais do nazismo", fornece uma introdução geral às ideias ocultistas, mitológicas e "científicas fronteiriças" que permeavam os cafés de Viena e as cervejarias de Munique antes da Primeira Guerra Mundial. O capítulo 2, "Da Sociedade Thule ao NSDAP", examina as conexões ideológicas entre as organizações ocultistas do final do governo do imperador Guilherme, como a Ordem Germânica e a Sociedade Thule, e o Partido Nazista (NSDAP) em seus primeiros dias. O capítulo 3, "Investigando a mágica de Hitler", ilustra como o NSDAP se apropriou de ideias sobrenaturais para atrair os alemães comuns, contando com a ajuda de ocultistas e escritores de terror para moldar a propaganda e a campanha política.

A parte II do livro se concentra no papel do pensamento sobrenatural durante os primeiros seis anos do Terceiro Reich. O capítulo 4, "A guerra do Terceiro Reich contra o ocultismo", examina as políticas do regime em relação aos ocultistas nos anos iniciais e intermediários do Terceiro Reich, incluindo o que chamo de "controvérsia dos mágicos de Hitler", um debate sobre a persistência da magia, da astrologia e de outras práticas sobrenaturais durante a guerra. O capítulo 5, "As estrelas descem à terra glacial", examina de forma sistemática a aplicação das "ciências fronteiriças" promovidas por muitos nazistas, incluindo a astrologia, a cosmogonia glacial e a agricultura "biodinâmica", entre 1933 e 1941. O capítulo 6, "A corte de Lúcifer", analisa o interesse dos nazistas pelo paganismo germânico, a bruxaria, o luciferianismo e a espiritualidade oriental em sua tentativa de encontrar uma alternativa ariano-germânica adequada ao cristianismo.

A parte III examina o papel do pensamento sobrenatural durante a Segunda Guerra. O capítulo 7, "O sobrenatural e a Segunda Guerra Mundial", avalia a influência do imaginário sobrenatural na concepção da política ex-

Introdução 23

terna do Terceiro Reich, o investimento em armamentos fantasiosos e o uso de astrologia, adivinhação, clarividência e telepatia na condução da guerra. O capítulo 8, "Ciência monstruosa", ilustra os pontos de interseção entre a ciência e o sobrenatural na abordagem do Terceiro Reich ao antissemitismo, à experimentação humana e à limpeza racial. Por fim, o capítulo 9, "Crepúsculo nazista", se volta para o investimento cada vez mais desesperado — se não inútil — do regime em "armas milagrosas", e também para a guerra de guerrilha e a imagética crepuscular e cataclísmica dos anos finais da guerra, fornecendo o corolário adequado para a desintegração do Terceiro Reich.

Levar a sério os elementos sobrenaturais do nazismo, como faremos ao longo deste livro, não significa ressuscitar argumentos ultrapassados sobre a "peculiaridade" alemã. Não havia um "caminho especial" inerente entre o ocultismo ou paganismo do século XIX e o nacional-socialismo. Astrologia, clarividência e atividade paranormal, mitologia germânica e contos de fadas, tradições religiosas pagãs e superstição popular, práticas alternativas de cura e ciência fronteiriça — todos esses fenômenos e práticas culturais eram notavelmente difundidos na Alemanha, compatíveis com muitos aspectos da modernidade, da política de massas e do consumismo, e nunca se limitaram exclusivamente à direita racista e protofascista.[73]

Isso não significa, entretanto, que todos os movimentos fascistas europeus eram igualmente suscetíveis ou propensos a recorrer ao pensamento sobrenatural; nem que, em comparação com os nazistas, os liberais alemães, os socialistas ou mesmo os católicos estavam dispostos a explorar o "imaginário sobrenatural" na propaganda ou na política.

No final, o movimento nazista manteve laços mais estreitos com o ocultismo, a religião *völkisch* e as ciências fronteiriças do que qualquer outro partido de massas da era da República de Weimar. Se os nazistas por vezes pareciam incertos sobre como lidar com as crenças e práticas sobrenaturais, era porque — apesar de todas as suas invocações de "esclarecimento" (*Aufklärung*) e discordâncias sobre o papel adequado da ciência e da religião no Terceiro Reich — reconheciam a utilidade, ou mesmo a necessidade, de apelar ao anseio alemão do pós-guerra por mitos, e ao desejo de transcendência para transformar suas visões raciais e imperiais amorfas em realidade.[74]

Parte I

1. As raízes sobrenaturais do nazismo

Religião ariano-germânica, ciência fronteiriça e o ressurgimento do ocultismo austro-germânico, 1889-1914

> Quando o talismã domador, a Cruz, se partir em dois, a selvageria dos antigos guerreiros, a fúria insensata dos berserkers, sobre as quais cantam os poetas do Norte, voltará a jorrar [...] os antigos deuses de pedra se erguerão das ruínas silenciosas e [...] Thor, com seu martelo gigante, por fim surgirá e reduzirá as catedrais góticas a pedaços.
>
> HEINRICH HEINE (1834), citado por Lanz von Liebenfels (1907)[1]

> Na Alemanha, a recuperação do inconsciente [...] lançou as bases para a forma alemã de ditadura do século XX. Essa reação combinou a corrente profunda do romantismo alemão com os mistérios do oculto e o idealismo das ações. Que tipo de ações foram essas é algo que está escrito com sangue nas páginas da história.
>
> GEORGE MOSSE, *Masses and Man* (1987)[2]

EM UM DIA DE AGOSTO DE 1909, um jovem foi até o escritório do ocultista austríaco Jörg Lanz von Liebenfels, em Viena. Pálido e de aparência pobre, o homem se apresentou educadamente e perguntou se poderia encomendar alguns exemplares da *Ostara*, a revista publicada por Lanz, o defensor mais fervoroso da ariosofia na Europa Central. A ariosofia era uma doutrina esotérica que profetizava o ressurgimento de uma civilização ariana perdida, povoada por "homens-deuses" nórdicos. A *Ostara*, segundo ele, era a "primeira e única revista racialmente científica [...] que se propunha a combater os revolucionários socialistas e feministas e preservar a nobre raça ariana do declínio".[3] Tocado pela aparência simpática e pelo comportamento sério de seu visitante, Lanz ofereceu ao jovem exemplares gratuitos da *Ostara* e duas coroas para o bonde de volta para casa. O visitante, de acordo com o livro de memórias de Lanz, escrito em 1951, era Adolf Hitler.[4]

Escrita quarenta anos depois, a lembrança de Lanz pode ser apócrifa. Ele tinha orgulho de sua ligação com Hitler e, dadas suas inclinações ocultistas, dificilmente seria uma fonte confiável. Mas há muitas evidências circunstanciais que sugerem que sua história é verdadeira.[5] Ao ler qualquer edição da *Ostara*, o futuro Führer teria se deparado com vários temas que, uma década mais tarde, entrariam no programa do Partido Nazista: a importância da pureza do sangue "nórdico" e os perigos da miscigenação racial; a perfídia monstruosa do "judeu"; os efeitos deletérios do socialismo, do liberalismo e do feminismo; e o poder místico da suástica indo-europeia. Lanz insistia que somente a adesão estrita a práticas religiosas e eugênicas arcanas, incluindo a eliminação dos judeus e a esterilização dos racialmente inferiores, poderia desencadear o despertar da civilização nórdica. Para reforçar sua argumentação, Lanz enchia as páginas da *Ostara* com ilustrações vívidas de cavaleiros arianos musculosos defendendo mulheres loiras e semivestidas dos avanços de "homens-macaco" de aspecto horrendo — clichês populares na propaganda nazista das décadas de 1920 e 1930.[6]

Enquanto vivia em um minúsculo apartamento na Felberstrasse, pintando aquarelas a partir de cartões-postais, é fácil imaginar um jovem Hitler absorvendo avidamente a grandiosa cosmologia racialista (*völkisch*) de Lanz — um mundo dividido em luz e escuridão, em que heróis nórdicos loiros e de olhos azuis travavam uma eterna batalha contra um exército de "sub-humanos" raciais (que ele chama de "chandalas").[7] Em 1909, o futuro Führer da Alemanha já estava imerso na subcultura *völkisch* mais ampla à qual Lanz pertencia. Hitler assistiu às óperas de Richard Wagner dezenas de vezes. Ele devorava as reflexões racistas e pangermânicas do político austríaco Georg von Schönerer. E elogiava o antissemitismo demagógico do longevo prefeito de Viena, Karl Lueger, que ocupou o cargo durante treze anos (ele próprio era membro de uma sociedade ariosófica secreta).

Hitler não era atípico nesse aspecto. Grande parte de sua geração, que atingiu a maioridade na virada do século xx, era fascinada por um "renascimento utópico místico".[8] Para esse amplo grupo de alemães e austríacos, o ocultismo e a ciência fronteiriça, a mitologia nórdica e as práticas new age, a religião *völkisch* e o folclore germânico "ofereciam uma forma alternativa de esclarecimento poderosamente atraente, prometendo iluminação sobre os confins do cosmos às profundezas da alma".[9] Essas ideias e doutrinas sobrenaturais eram diversas e maleáveis, e encontraram adeptos entre milhões de alemães e austríacos eminentemente modernos e visionários nas décadas anteriores à Primeira Guerra Mundial.[10]

O objetivo deste primeiro capítulo é descrever as ideias e práticas sobrenaturais que "viriam a ser incorporadas" pelo nazismo após a Primeira Guerra Mundial.[11] Embora fossem notavelmente fluidas e interconectadas, essas ideias se enquadram livremente em três subculturas sobrepostas. A primeira é a religião, o folclore e a mitologia ariano-germânica. A segunda é o ocultismo, incluindo as doutrinas esotéricas da teosofia, da antroposofia e da ariosofia. Em terceiro e último lugar, temos as chamadas "ciências fronteiriças", que vão desde a astrologia, a parapsicologia e a radiestesia até a cosmogonia glacial.

Essas três subculturas desempenharam um papel importante na ascensão do nazismo. Primeiro, em termos de *conteúdo* ideológico, todas circularam e popularizaram ideias e doutrinas que informaram o imaginário sobrenatural nazista e impressionaram um eleitorado nazista mais amplo. Em segundo lugar, elas legitimaram uma *abordagem* científica esotérica e fronteiriça para entender o mundo que informou o pensamento nazista sobre raça e espaço, ciência e religião.

Começaremos analisando o renascimento da religião, do folclore e da mitologia nórdica ariano-germânica durante o "longo século XIX", ou seja, o período entre 1789 e 1914. Em seguida, abordaremos o renascimento ocultista austro-germânico durante o último terço do século XIX, concentrando-nos no período entre as décadas de 1880 e 1910. Por fim, examinaremos o surgimento paralelo da ciência fronteiriça como um campo legítimo de estudo durante a mesma época, traçando as maneiras pelas quais essas três subculturas — religião ariano-germânica, ocultismo e ciência fronteiriça — se reforçaram mutuamente dentro do imaginário sobrenatural austro-alemão emergente.

Religião ariano-germânica, folclore e mitologia nórdica

Em sua palestra de 1917 intitulada "A ciência como vocação", Max Weber proclamou a famosa frase: "O destino de nossos tempos é caracterizado pela racionalização, a intelectualização e, acima de tudo, pelo desencanto do mundo".[12] Essa observação costuma ser citada como prova do declínio da religião e da crescente predominância da ciência no final do século XIX. No entanto, os acadêmicos tendem a ignorar a frase pronunciada por Weber logo em seguida: "Precisamente os valores mais supremos e sublimes se retiraram da vida pública, seja para o reino transcendental da vida mística ou para a fraternidade das relações humanas diretas e pessoais".[13]

O mundo moderno pode ter sido definido por um desencanto em relação às religiões tradicionais. Mas, ao mesmo tempo, observou um renascimento de novas formas de religiosidade cotidiana. Esse anseio pelo mito e a crença renovada no destino e nos milagres ocorreram fora da estrutura das instituições religiosas tradicionais.[14] Se o comparecimento às igrejas caiu de maneira vertiginosa ao longo dos anos 1800, os alemães e austríacos continuaram a buscar significado e espiritualidade em alternativas sectárias e menos mediadas pelo cristianismo dominante.[15]

Para criar e consolidar o Segundo Reich alemão, os intelectuais passaram grande parte do século XIX revivendo mitos e heróis antigos. Eles exploraram a história e a religião indo-europeias, buscando uma alternativa romântica ao que muitos alemães consideravam a cultura excessivamente racionalista dos franceses e o pragmatismo fleumático dos ingleses. Como argumentou Ernst Bloch nos primeiros anos do Terceiro Reich, a mitologia e a religião *völkisch* forneciam uma ferramenta para a manipulação fascista da população.[16] A exploração política dessas ideias nas décadas de 1920 e 1930 pelos nazistas teria sido impossível não fosse por seu renascimento, na verdade (re)invenção, ao longo do século XIX.

O anseio pelo mito

Os primeiros escritores românticos incentivaram as manifestações iniciais do sentimento nacional alemão. A celebração das tradições folclóricas e da mitologia alemã foi fundamental para esse projeto. Johann Wolfgang von Goethe foi um dos primeiros poetas românticos a empregar figuras sobrenaturais tiradas do folclore alemão como protagonistas de suas obras, seja o vampiro em "A noiva de Corinto" ou o rei das fadas em "Der Erlkönig". Ao

As raízes sobrenaturais do nazismo

mesmo tempo, assim como Friedrich Schiller, Goethe lamentaria a falta de uma pátria alemã.[17]

Um contemporâneo de Goethe e Schiller, Johann Gottfried von Herder, buscou as raízes da nação alemã nos antigos contos folclóricos germânicos e na mitologia nórdica. "Um poeta é o criador da nação ao seu redor", explicou Herder, é aquele "que tem a alma do povo nas mãos para conduzi-lo."[18] Johann Gottlieb Fichte, em *Reden an die deutsche Nation* [Discursos à nação alemã], e Ernst Moritz Arndt, em poemas como "Des Deutschen Vaterland" [A pátria alemã], complementaram essas ideias com uma noção quase mística de etnia (*Volkstum*). Friedrich Schelling, por sua vez, sugeriu que uma divisão espiritual diferenciava as raças superiores, como os alemães, das inferiores.[19]

Uma geração mais jovem de escritores, músicos e artistas românticos, liderada pelos irmãos Grimm e por Wagner, levou essa crescente paleta de mitos nacionalistas germânicos e contos folclóricos a um público mais amplo.[20] Meticulosamente reunidos por Wilhelm e Jacob Grimm, os cerca de duzentos contos de fadas que eles publicaram ao longo de quatro décadas ajudaram a reconstruir uma cultura, uma língua e uma identidade autenticamente "germânica" (ou "ariana"). Em comparação com os contos de fadas franceses e britânicos, as histórias dos irmãos Grimm tinham um tom mais violento, fantástico e (possivelmente) racista, ao retratarem um mundo repleto de monstros sobrenaturais — bruxas canibais e mágicos ardilosos, judeus malévolos, espíritos vingativos, animais multiformes, demônios manipuladores e o próprio Diabo.[21] E, no entanto, os nacionalistas alemães, dos irmãos Grimm até o próprio Hitler, elogiariam essas histórias por incutirem os fundamentos do pensamento *völkisch* alemão.[22]

Em 1857, Wagner havia escrito a maior parte de *O ouro do Reno*, a primeira das quatro óperas que compõem *O anel dos nibelungos*, que também incluía *A valquíria*, *Siegfried* e *Crepúsculo dos deuses*. Uma reconstrução livre das sagas nórdicas, o ciclo constituiu um momento central na popularização da mitologia nacional alemã e teve uma influência formativa na visão da ideologia ariano-germânica do próprio Hitler.[23] A ópera conta a história do herói Siegfried e dos deuses Wotan e Loge, ou Odin e Loki, que precisam se defender da raça negra dos monstruosos nibelungos, que roubam o ouro das donzelas do Reno para criar um anel mágico com o poder de governar o mundo.[24]

Por trás dos esforços de Wagner e dos irmãos Grimm para popularizar o folclore e a mitologia germânicos estava a recuperação e, por vezes, a invenção pura e simples de alfabetos rúnicos, línguas mortas e textos antigos. Imbuídas de um significado profundamente simbólico e até mesmo mágico, as sagas nórdicas, as runas e os contos de fadas tornaram-se uma expressão crucial das "raízes e da essência do *Volk*".[25] De meados do século xix até o seu final, haveria um renovamento do interesse pela prosa islandesa medieval e pela *Edda poética*, por exemplo, que narrava as façanhas dos deuses e heróis nórdicos.[26] Por volta de 1900, esse renascimento mitológico nórdico encontrou expressão em dezenas de associações e periódicos *völkisch* com nomes como *Odin, Heimdall, Hammer, Irminsul*, a Ordem Germânica e a Associação Pangermânica de Língua e Escrita.[27]

O folclore, a mitologia e o neopaganismo se apressaram em preencher uma importante lacuna no cenário espiritual alemão, ajudando a ocupar "o reino transcendental da vida mística" deixado vago pelas tradições judaico-cristãs.[28] Enquanto alguns nacionalistas *völkisch* tentavam afastar os católicos alemães "soltos em Roma", outros buscavam unir o paganismo alemão ao cristianismo, chegando a argumentar que o cristianismo poderia ser subordinado ao "espírito cósmico do mundo baseado na natureza".[29]

Esse espectro diversificado de "cristãos alemães", "religiosos alemães", apoiadores do "Movimento da Fé Germânica" e "novos pagãos" discordava em vários pontos da doutrina. Mas essas ideias atraíram uma gama ampla de "homens e mulheres dedicados a estabelecer uma nova religião apropriada para a raça alemã".[30] Todos esses grupos compartilhavam o desejo de substituir o cristianismo tradicional por uma fé religiosa mais autenticamente "alemã".[31]

Juntamente com esse interesse no folclore, na mitologia e em uma religião alternativa, surgiu um fascínio renovado por lobisomens e bruxas — só que esses monstros na liturgia cristã passaram a ser vistos cada vez mais como figuras positivas. Os romances *Der Werwolf* [O lobisomem] (1848), de Willibald Alexis, publicado no ano das revoluções nacionais da Alemanha e da Áustria, e *Der Wehrwolf* [O lobisomem] (1910), de Hermann Löns, publicado pouco antes da Primeira Guerra Mundial, foram ambientados durante as guerras religiosas do início da Idade Moderna, quando os camponeses alemães tentavam se proteger das incursões dos exércitos da Contrarreforma. Essas obras retratavam os "lobisomens" não como monstros — ou pelo menos não como monstros malignos —, mas como heroicos guerrilheiros da resistência que juravam proteger o sangue e o solo alemães de invasores estrangeiros.[32]

As raízes sobrenaturais do nazismo

A bruxaria medieval e do início da era moderna também foi reinterpretada no novo folclore. Em vez de joguetes de Satanás, as "bruxas" alemãs se tornaram mães da Terra, praticantes de uma antiga religião indo-germânica que a Igreja católica e seus monstruosos inquisidores tentavam erradicar.[33] As tradições de magia e bruxaria por vezes se fundiam no imaginário sobrenatural do século xix com uma linha maniqueísta do paganismo alemão, que via Lúcifer como uma figura positiva, "injustamente expulsa do céu".[34] Milhares de alemães de classe média se reuniram na montanha de Brocken, cenário da *Walpurgisnacht* [Noite de Santa Valburga] no *Fausto* de Goethe, e em locais pagãos como o *Externsteine*.[35] Ocultistas posteriores, assim como muitos nazistas, adotaram aspectos dessa tradição "luciferiana".

Após 1850, observamos um crescimento paralelo de interesse nos *Vehmgerichte* do início da Idade Moderna. Considerados proibidos (*verbotene*) ou secretos (*geheim*), os *Vehmgerichte* eram reuniões clandestinas de notáveis locais em áreas específicas do interior da Westfália com o objetivo expresso de atuar como juiz, júri e carrasco, tendo sido criticados pelos reformadores do Iluminismo e enfim banidos por Jerônimo Bonaparte (irmão mais novo de Napoleão) no início do século xix. Mas o interesse folclórico por esses tribunais secretos pré-germânicos foi reavivado posteriormente.[36] Décadas mais tarde, a tradição de bandos secretos de vigilantes que assassinavam os inimigos da Alemanha foi colocada em prática por fanáticos de direita que pretendiam assassinar políticos judeus e de esquerda no início do período da República de Weimar (uma prática conhecida como *Fememord*).[37]

Na França e na Grã-Bretanha, o vampiro passou a ser visto como uma curiosidade literária gótica, até mesmo como uma figura trágica romântica. Na Europa Central de língua alemã, por sua vez, tornou-se uma figura mais malévola.[38] Os relatos alemães de vampirismo no interior de regiões de língua eslava ajudaram a reforçar uma visão sobrenaturalmente infundida do "perigo polonês [e mais tarde judeu]", uma doença física e mental que invadia "paisagens de origem racial germânica pura".[39] A vizinha Boêmia era agora "o berço do vampiro, a Sérvia [onde dezenas de milhares de alemães étnicos haviam se estabelecido], o lar da barbárie e a Polônia, a escola da superstição". Assim, o vampirismo eslavo tornou-se uma metáfora da degeneração racial e da desintegração política das "relações transnacionais nas regiões fronteiriças da Prússia-Alemanha e da Áustria-Hungria".[40]

O vampiro eslavo (judeu) racialmente degenerado encontrou seu oponente no "ariano" heroico.[41] O conceito de uma raça "ariana" superior tem raízes no renascimento indo-europeu do início do século xix,[42] tendo sido amplamente popularizado em toda a Europa pelo francês Arthur de Gobineau e seu *Essai sur l'inégalité des races humaines* (1855). Quarenta anos depois, Houston Stewart Chamberlain — germanófilo, filósofo político e genro de Wagner, nascido na Grã-Bretanha — deu legitimidade "científica" a essa ideia nos dois volumes de seu *Foundations of the Nineteenth Century*.[43]

Para Chamberlain, toda a história europeia poderia ser reduzida a uma disputa de poder entre heroicos arianos e monstruosos semitas. Chamberlain argumentava que os "arianos" buscavam mais conhecimento e criatividade, alimentados por sua "alma racialmente" superior. Os judeus, por outro lado, eram materialistas destruidores de civilizações que não tinham a capacidade de transcendência.[44]

Um elemento que costuma ser negligenciado nessa mistura sobrenatural de raça, religião e mitologia é o indo-arianismo.[45] Ao questionar os fundamentos clássicos judaico-cristãos da cultura alemã, muitos românticos exaltaram as virtudes das civilizações não ocidentais. Lessing e Herder foram os primeiros a destacar as raízes "orientais" e pré-cristãs da cultura alemã no norte da Índia e no Oriente Médio.[46]

Pensadores românticos posteriores, como os irmãos Schlegel, contrastaram o judaísmo e o cristianismo de forma desfavorável com os arianos indo-germânicos. Eles argumentavam que o hinduísmo e o islamismo eram religiões mais esclarecidas do que o "poder colonizador" da Igreja católica romana e da Igreja evangélica.[47] Essa atitude favorável ao hinduísmo e ao islamismo entre muitos nacionalistas alemães se estenderia pelo resto do século xix, encontrando mais tarde uma surpreendente ressonância no Terceiro Reich.[48]

Com o tempo, essas primeiras especulações românticas foram complementadas pelo campo emergente da indologia alemã. Por meio do estudo da civilização e da religião indianas, os indólogos alemães encontraram evidências de uma ideia essencializada da cultura e da espiritualidade arianas.[49] Leopold von Schroeder, um renomado estudioso de sânscrito, era devoto de Wagner e apoiava as teorias de Chamberlain sobre a civilização ariana e a degeneração racial. Schroeder desejava difundir a cultura e a religião indianas por toda a Alemanha, "sonhando com uma religião do futuro que emprestasse suas características predominantes do budismo".[50]

Outros indólogos, como os Adolfs Holtzmann pai e filho, projetaram fantasias de uma "epopeia indo-germânica" heroica ("*Ur-epos*") em textos religiosos indianos como o Mahabharata e o Bhagavad Gita, em grande parte desvinculados das evidências textuais e filológicas. Ao comparar o Mahabharata com *A canção dos nibelungos* nórdica e a Índia antiga com a civilização germânica pré-cristã, esses estudiosos desenvolveram uma narrativa poderosa segundo a qual o Gita era "um texto panteísta que refletia as visões indo--germânicas do heroísmo".[51]

Essas leituras seletivas dos textos religiosos hindus e budistas seriam defendidas com mais veemência por indólogos nazistas como J. W. Hauer e Walter Wüst para afirmar a superioridade etnocultural da raça ariana.[52] O indo-arianismo, apesar de todo o seu cosmopolitismo, favoreceu, portanto, uma tendência racista e xenófoba mais sombria no "renascimento utópico místico" e no "anseio pelo mito" observados na Alemanha.[53]

Conscientemente integrados à educação infantil na Alemanha, o folclore e a mitologia, a religião indo-ariana e a teoria racial tornaram-se elementos essenciais para incutir um senso de sentimento nacional e espiritual alemão desde a mais tenra idade.[54] Não é coincidência, portanto, que tenha sido um professor de história do ensino médio, o dr. Leopold Pötsch, o responsável por apresentar a Hitler e seus colegas de classe os "períodos épicos da história alemã", repletos de heróis arianos e monstros subalternos, "os nibelungos, Carlos Magno, Bismarck e o estabelecimento do Segundo Reich".[55] No final do século XIX, não mais confinados às reflexões obscuras de alguns intelectuais da era romântica, o folclore, a mitologia e a religiosidade ariano-germânica estavam gravados na consciência de milhões de alemães comuns.

Germanismo, arianismo e geopolítica

Como observou Kris Manjapra, "havia um possível parentesco" entre as teorias raciais indo-arianas descritas acima e o "anticolonialismo radical baseado no que [Ernst] Bloch chamou de busca de falsas utopias".[56] Antes de 1871, os alemães não contavam com um Estado-nação poderoso ou um império colonial. Esse anseio nacionalista combinou-se com o "anseio pelo mito" preexistente para produzir uma concepção utópica de pureza racial indo-ariana. Embora parecesse anticolonial ao criticar a opressão da Índia pela Grã-Bretanha, o pensamento mágico por trás dessa visão utópica da irmandade indo-ariana tornou mais difícil para os alemães fechar a lacuna entre suas próprias fantasias raciais e coloniais e a realidade geopolítica. Assim, as fantasias sobrenaturais sobre a recuperação de uma civilização indo-ariana perdida produziram "potenciais de libertação", mas também "retaliação" e "genocídio".[57]

Para entender a função dessa "teologia da libertação" indo-ariana dentro do imaginário sobrenatural nazista, precisamos observar a gestação política dessas ideias entre os intelectuais *völkisch* do *fin-de-siècle*.[58] Talvez de maneira injusta, o historiador Fritz Stern apelidou os principais praticantes desse nacionalismo do final do século XIX, quase religioso e centrado na raça, de "políticos do desespero cultural". Esses intelectuais antimodernos, argumenta Stern, combinavam um misticismo radicalmente racista e nacionalista com um utopismo voltado para o futuro, rejeitando o materialismo científico e a industrialização.[59]

O caráter contracultural e pessimista desses intelectuais foi muito exagerado. Muitos reformadores progressistas, como Max Weber e Gertrud Bäumer, estavam igualmente "desesperados" com o impacto da rápida modernização e industrialização na sociedade alemã. Por outro lado, o polímata e orientalista Paul de Lagarde e outros, apesar de todas as suas reflexões *völkisch*, faziam parte do establishment cultural.[60] De fato, Lagarde foi um dos estudiosos de línguas e religião do Oriente Médio mais publicados e respeitados da Alemanha, manifestando um fascínio pela cultura indo-ariana que vemos reproduzido no meio sobrenatural austro-alemão.[61]

Apesar — ou talvez por causa — de sua imersão nos estudos indo-arianos e do Oriente Médio, Lagarde publicou uma série de obras que anteciparam o programa de pensadores *völkisch* posteriores: a necessidade de um cristianismo nacional alemão, um Grande Império Indo-Germânico fundado na raça ariana e uma animosidade racial virulentamente antissemita, que incluía, se necessário, a eliminação física dos judeus. Não é preciso dizer que vários teóricos raciais e indólogos nazistas, como Wüst e H. K. Günther, assim como líderes como Hitler, Himmler e Alfred Rosenberg, foram influenciados pelas obras de Lagarde.[62]

Em 1890, o jovem contemporâneo de Lagarde, o escritor e crítico cultural Julius Langbehn, publicou seu popularíssimo *Rembrandt als Erzieher* [Rembrandt como educador]. Nesse livro, o autor se esforçou para unir uma visão racista do nacionalismo pangermânico, incluindo todos os povos "arianos",

As raízes sobrenaturais do nazismo

com seu catolicismo devoto, embora altamente não ortodoxo.[63] Langbehn alegou que "o misticismo era o motor oculto que poderia transmutar a ciência em arte", que "o desenvolvimento da Alemanha só poderia progredir em oposição ao racionalismo" e que "o camponês que de fato possui um pedaço de terra tem uma relação direta com o centro da Terra".[64] Essa apoteose mítica do camponês racial e espiritualmente puro, integrado a sua terra natal (*Heimat*), tornou-se um dos elementos mais importantes da ideologia *völkisch* (e mais tarde nazista) do *fin-de-siècle*.[65]

Intelectuais *völkisch* como Adolf Bartels, Alfred Schuler e Moeller van den Bruck trouxeram essas ideias para o século xx. Ao popularizar os conceitos de Lagarde e Langbehn, Bartels tornou-se um dos mais importantes editores *völkisch* do final do Império Alemão, incluindo uma coleção de dezesseis ensaios de ciência fronteiriça intitulada *Rasse* [Raça]. Bartels também trabalhou com o místico *völkisch* Friedrich Lienhard na edição da revista *Deutsche Heimat*, que promovia concepções *völkisch*-esotéricas de raça e espaço.[66]

Como líder do grupo esotérico de Munique conhecido como "círculo cósmico", Alfred Schuler fez a ponte entre o indo-arianismo de Lagarde, o ocultismo de Lanz e a filosofia de "sangue e solo" de Langbehn.[67] Para Schuler, a "força vital interna de uma pessoa equiparava-se à força do sangue", cuja pureza mística supostamente havia se degenerado por meio da mestiçagem racial. Ele acreditava que os arianos "imaculados", com poderes parapsicológicos e espiritualistas, seriam capazes de restaurar a pureza racial do povo alemão sob a bandeira do "bastião de sangue" e do símbolo sagrado da suástica, realizando sessões para esse fim com Albert Schrenck-Notzing, um parapsicólogo de Munique. Schuler propagou uma ligação entre o gnosticismo (maniqueísmo), a tradição religiosa cátara (uma seita herética cristã da França trecentista) e o mito ariosófico de Atlântida. Esses temas, centrados no poder místico e na santidade do sangue ariano, foram adotados por muitos pensadores nazistas nas décadas de 1920 e 1930.[68]

Mais vigorosamente do que Schuler, Van den Bruck defendeu uma revolução política fundada em uma mistura de cristianismo e paganismo germânicos, nacionalismo *völkisch* e uma forma alemã de socialismo. Sua obra mais famosa, *Das Dritte Reich* [O Terceiro Reich], foi publicada em 1923, mesmo ano da malfadada tentativa de Hitler de derrubar o governo de Weimar.[69] Ao prever uma guerra cataclísmica no futuro e o renascimento da civilização, o nacionalismo profético de Van den Bruck se entrelaçava bem com as obras de ficção científica do final do período guilhermino. Entre elas, destacam-se *Planetenfeuer: Ein Zukunftsroman* [Planeta Fogo: Um romance futurista] (1899), de Max Haushofer, pai do especialista nazista em geopolítica Karl Haushofer, e *1906: Der Zusammenbruch der Alten Welt* [1906: O colapso do mundo antigo] (1905), de Ferdinand Grautoff, que vendeu 125 mil exemplares em seus dois primeiros anos de circulação.[70]

O trabalho dos geógrafos e etnógrafos pangermânicos também vacilou entre os estudos convencionais e um investimento místico na propagação da raça e do império alemães. Talvez o mais influente desses geógrafos e etnógrafos do final do século XIX tenha sido Friedrich Ratzel, o progenitor do infame conceito de "espaço vital" (*Lebensraum*).

Como muitos intelectuais alemães citados acima, Ratzel era relativamente hostil à colonização ultramarina nos moldes britânicos ou franceses.[71] Ele acreditava que isso teria dissipado a integridade etnonacional e territorial alemã, convidando milhões de africanos e asiáticos racialmente diferentes para o império. Em vez disso, Ratzel desejava estabelecer um Grande Império Germânico contíguo por meio do processo de "colonização interna", ou seja, a expansão da agricultura camponesa alemã e das tradições populares para o "espaço vital" do Leste Europeu.[72]

O conceito de *Lebensraum* proposto por Ratzel, baseado na fé, não podia ser testado em termos científicos, mas justificava praticamente qualquer intervenção alemã na Europa Central e Oriental, e fornecia um modelo para instrumentalizar a etnologia e o folclore alemães no interesse da expansão.[73] Às vésperas da Primeira Guerra Mundial, a necessidade de "espaço vital" era um tropo popular entre muitos pensadores *völkisch*.[74]

Na verdade, a ideia de "espaço vital" ajudou a originar o popular campo de estudos da "geopolítica", que ficou famoso com Karl Haushofer — aluno de Ratzel — na última década do Segundo Reich. Haushofer via o Estado como uma "forma de vida" orgânica que precisava buscar uma fronteira em constante avanço para sustentar sua vida racial e cultural.[75] Por meio de Rudolf Hess, seu aluno na Universidade de Munique, Haushofer tornou-se um dos primeiros consultores de política externa de Hitler.[76]

Todos esses intelectuais e geopolíticos *völkisch* ajudaram a definir os conceitos de raça e espaço, pelo prisma das ciências fronteiriças, que inspiraram Hitler e o movimento nazista.[77] Ainda assim, havia diferenças sutis que ajudam a explicar algumas contradições no próprio imaginário sobrenatural dos nazistas. A principal delas era a tensão entre *Germanentum* ("germanidade") e *Ariertum* ("arianismo").

A partir da década de 1890, os defensores da *Germanentum*, como o filólogo Andreas Heusler e o arqueólogo Gustaf Kossinna, tenderam a concentrar sua atenção no gênio cultural do folclore germânico do Norte, nos moldes de Julius Langbehn. Essa concepção "nórdica" de germanidade foi bastante útil para distinguir os alemães étnicos dos judeus e eslavos, e fornecer uma pátina científica aos elementos mais "fantásticos do pensamento *völkisch*". "Podada pelos acadêmicos germanistas dos aspectos mais gnósticos representados por Wagner e por [Guido von] List", a ideologia da *Germanentum* se encaixava bem com o "racialismo nórdico" de H. K. Günther, um eugenista nazista posterior, e as "deliberações imperialistas dos novos especialistas em Oriente" que colaboraram com o Partido Nazista após a Primeira Guerra Mundial.[78]

Ao lado de uma *Germanentum* racialmente nórdica, centrada no norte e no oeste da Europa, surgiu no final do século XIX uma ideia mais ampla do "ariano cultural supostamente enraizada em estudos comparativos indo-europeus", um conceito inspirado por Gobineau, Chamberlain, Lagarde e indólogos do fim do século XIX. Sem dúvida, tanto o "arianismo" (*Ariertum*) quanto a "germanidade" (*Germanentum*) eram variações da mesma crença em uma raça superior germânica primitiva. Além disso, ambos os conceitos estavam "simbolicamente ligados pela suástica", pois os apoiadores da germanidade, como Kossina, demonstravam grande interesse nas raízes indo-germânicas (arianas) da civilização nórdica.[79]

Mas o arianismo tanto transcendeu quanto incorporou o conceito mais restrito de germanidade, fornecendo a base para uma concepção mais expansiva e inclusiva da raça e do império indo-ariano. "Na década de 1910, o arianismo, longe de ser apenas uma formulação antropológica", observou Bernard Mees, "também era promovido como uma identidade cultural por certos escritores alemães e austríacos. Esses acadêmicos, entusiastas pseudoacadêmicos e até mesmo fantasistas pertenciam a uma cepa de autores arianistas de qualidade duvidosa — misticistas absolutos como List e seus seguidores eram apenas os mais pitorescos."[80]

Completamente anticientífica, a distinção entre uma mitologia germânica mais restrita de godos que cultuavam Odin e a "comunidade ariana" persistiria até o Terceiro Reich. Essas diferenças de ênfase, a propósito, estavam por trás de uma série de disputas políticas e ideológicas entre os cientistas nazistas de fronteira.[81] Ainda assim, a maioria dos nazistas, inclusive Hitler e Himmler, parecia preferir o arianismo mais amplo, mais inclusivo e mais maleável de Lagarde ao germanismo restritivo de Langbehn.[82]

Esses debates aparentemente recônditos sobre raça e religião germânicas antigas não devem obscurecer sua importância contemporânea. O renascimento da religião, do folclore e da mitologia ariano-germânica no final do século XIX, escreveu o historiador da arte Fritz Saxl, guardou semelhanças com o Renascimento do século XII, período em que "a religião cristã parecia não ser mais capaz de satisfazer completamente o lado espiritual do homem, e havia espaço para o paganismo se infiltrar, como vemos acontecer hoje". De maneira bastante presciente, como veremos no capítulo 6, Carl Jung comparou o renovado interesse pelo paganismo e pela mitologia às heresias gnósticas que proliferaram no fim da era medieval.[83]

Em última instância, esses defensores do folclore, da mitologia e da religião ariano-germânica ajudaram a erigir "uma fé nobre e resplandecente, compatível com uma interpretação da 'alma de soldado' dos nórdicos modernos". Nas palavras de Lewis Spence, eles "impingiram à Alemanha toda a massa crua e caótica das crenças pagãs [...] encontradas nos evangelhos gêmeos da *Edda em prosa* e da *Edda poética*, acompanhados por lampejos doutrinários próprios que pareciam pretender redimir o projeto da acusação de plágio e irracionalidade".[84] Como veremos, os nazistas se baseariam nessas variedades de folclore, paganismo e mitologia para buscar alternativas à teologia judaico-cristã, estabelecendo alianças geopolíticas na Ásia e construindo um Império Alemão racialmente puro.

Ressurgimento do ocultismo austro-germânico

"O termo *oculto* deriva do verbo latino *occulere* [sic], que significa esconder ou ocultar", escreve Corinna Treitel, a maior especialista em ocultismo alemão. "Portanto, é um tanto irônico", prossegue ela, "que embora os alemães fossem

As raízes sobrenaturais do nazismo

certamente fascinados por forças ocultas da visão ou da razão humanas, não houvesse nada de particularmente oculto no movimento ocultista alemão em si."[85] Da cosmopolita Berlim à católica Munique, da Saxônia a Schleswig-Holstein, milhares de alemães compareciam em bandos a sessões espíritas, astrólogos, leitores de tarô, experimentos parapsicológicos, livrarias ocultistas e até mesmo escolas e cursos universitários esotéricos.[86]

O renascimento do ocultismo não se limitou à Alemanha, é claro. Temos amplas evidências de tendências semelhantes na França, na Grã-Bretanha e nos Estados Unidos.[87] Mas o tamanho e a diversidade do mercado ocultista na Alemanha e na Áustria sugerem que ele se aproveitou de uma cultura de consumo de massa que era única em profundidade e amplitude quando comparada à de outros países europeus. Sozinhas, Berlim e Munique abrigavam milhares de espiritualistas, médiuns e astrólogos que atraíam dezenas e talvez centenas de milhares de consumidores.[88]

É importante ressaltar que as organizações e editoras que promoviam o ocultismo eram ideologicamente ecléticas. Elas incorporavam um "emaranhado de diferentes matizes políticos, estilos culturais e programas sociais", refletindo "o fermento que acompanhava a inovação modernista, à medida que os alemães lutavam para se adaptar às exigências da nova era".[89] Além disso, embora os "textos ocultistas e *völkisch* emanassem, em alguns casos, das mesmas editoras", isso não significa que todos os ocultistas compartilhassem as mesmas posições raciais, ou que todos os racistas adotassem atitudes ocultistas ou místicas.

O fato é que "muitas prensas se situavam na interface entre o ocultismo e as correntes *völkisch* do modernismo alemão", uma conexão que não parece ter sido tão proeminente, por exemplo, no contexto britânico ou americano.[90] Os elementos essencialmente modernos e new age que impregnaram o meio sobrenatural austro-alemão estavam entrelaçados com as bizarras teorias raciais e a mitologia ariano-germânica de Wagner, Langbehn e Lagarde.[91]

As três décadas anteriores à Primeira Guerra Mundial também testemunharam um ressurgimento do interesse pelas ordens ocultistas-maçônicas que mesclavam as práticas da astrologia e do espiritualismo com a religião e a política neopagãs. Os fundamentos liberais e anglo-franceses da maçonaria são em geral bem conhecidos, o que explica os sentimentos antimaçônicos dos católicos e dos conservadores nacionalistas em toda a Europa. Na Alemanha e em outros lugares, porém, os maçons não eram invariavelmente liberais ou cosmopolitas em suas perspectivas. Os países de língua alemã da Europa Central também não eram desprovidos de suas próprias tradições de ordens maçônicas e cavalheirescas conservadoras, desde os Cavaleiros Teutônicos até o Rosacrucianismo.[92]

Na esteira do renascimento religioso e mitológico pagão descrito acima, as ordens *völkisch*-esotéricas, inspiradas na maçonaria, surgiram por toda a Alemanha e a Áustria, muitas vezes a partir de movimentos ocultistas mais amplos, como a teosofia e a ariosofia. Algumas dessas ordens secretas, entre as quais a Ordem Armânica (*Armanen-Orden*), a Ordem dos Novos Templários (*Ordo Novi Templi*) e a Ordem Germânica (*Germanenorden*), desempenharam papéis importantes no desenvolvimento ideológico e organizacional do início do Partido Nazista.[93]

Teosofia e antroposofia

A teosofia, inventada por uma aristocrata russo-alemã chamada Helena Blavatsky, foi a doutrina ocultista mais influente do final do século XIX. Em 1875, inspirada por suas viagens à Índia e ao Tibete, Blavatsky fundou em Nova York a primeira Sociedade Teosófica. Depois de mais de uma década desenvolvendo o movimento, inclusive patrocinando escritórios na Alemanha e na Áustria, Blavatsky publicou sua obra-prima, *A doutrina secreta* (1888),[94] um eclético volume livremente baseado no darwinismo, no hinduísmo, no budismo tibetano e na religião egípcia, que plagiava o romance de fantasia britânico *The Coming Race* (1871), de Edward Bulwer-Lytton, que por sua vez retratava uma raça superior subterrânea capaz de manipular uma fonte de energia mágica chamada Vril.[95]

De acordo com a teoria ocultista de Blavatsky sobre a evolução humana (antropogênese), havia sete "raças-raiz". Começando como uma semente de energia cósmica, a humanidade havia passado por diferentes estágios de evolução — incluindo as raças hiperbórea, lemuriana e atlante — até atingir seu estágio atual de desenvolvimento mental e físico. E, uma vez que diferentes ramos da humanidade retinham diferentes traços dessas raças-raiz originais, a humanidade moderna diferia em suas faculdades espirituais e biológicas. Os povos arianos desfrutavam de um lugar de destaque, exceto pelo fato de terem perdido a suposta facilidade para a "magia", ainda desfrutada pelos "povos orientais". Os líderes invisíveis (ou *mahatmas*) do movimento teosófico, com os quais Blavatsky se comunicava telepaticamente, eram chamados de "Grande Fraternidade Branca".[96]

A teosofia não defendia uma rejeição completa do Iluminismo, ou uma "fuga da razão", como alguns argumentaram.[97] Como grande parte do ocultismo do *fin-de-siècle*, ela constituía uma tentativa genuína de combinar ciência natural com misticismo, sobrenatural e racionalismo, em uma resposta essencialmente "moderna" aos dilemas espirituais da era industrial. Apesar de todos os seus elementos racialistas duvidosos e de sua vulnerabilidade a acusações de charlatanismo, a teosofia defendia uma crença progressista e cosmopolita na formação do "núcleo de uma Fraternidade Universal da Humanidade, sem distinção de raça, credo, sexo, casta ou cor".[98] O movimento teosofista na Alemanha despertou um interesse pela astrologia, pelo gnosticismo e pela cabala judaica, bem como pelo misticismo cristão e pela sabedoria indiana e tibetana.[99] Os teosofistas da Europa e da América do Norte também estavam comprometidos com a independência da Índia, os direitos dos animais, o vegetarianismo e a liberação sexual — ideias não necessariamente associadas ao nacionalismo conservador.[100]

Ainda assim, os aspectos liberais e cosmopolitas do pensamento teosófico — incluindo feminismo, socialismo, reforma prisional e pacifismo — eram provavelmente mais fortes entre os britânicos do que entre os austro-alemães.[101] Por mais paradoxal que possa parecer, a atração pelas religiões indianas, pelos direitos dos animais, pelo vegetarianismo e pela liberação sexual era, além disso, um elemento importante nos círculos *völkisch*-esotéricos — e, mais tarde, nos círculos nazistas.

A teosofia, assim como outras doutrinas ocultistas, era maleável e contraditória, misturando "noções biológicas e espirituais de raça de um jeito muitas vezes incoerente". "Os teosofistas podiam insistir que a raça à qual se pertencia tinha a ver sobretudo com o grau de maturidade espiritual de cada um", observa Corinna Treitel, "mas ao mesmo tempo afirmavam que 'raças' biologicamente compreendidas, como os arianos do norte da Índia, tinham alcançado um grau particularmente alto de maturidade espiritual."[102] Apesar do fascínio pelas religiões orientais e das reivindicações de uma "fraternidade universal", o objetivo de trazer à existência a "sexta raça-raiz" era primordial para o movimento teosófico, sobretudo em seus escritórios austro-alemães.[103]

Especialmente relevante aqui é o papel da civilização perdida de Atlântida, ou Thule, como ela era chamada na visão de mundo teosófica.[104] A civilização perdida de Atlântida era considerada a fonte pré-histórica da perfeição racial e espiritual divina (possivelmente extraterrestre). Para Blavatsky e seus seguidores, Atlântida podia ter uma correlação com as terras míticas budistas de Shambhala e a capital de Agarthi na tradição hindu, pretensamente localizada sob o Himalaia, onde residiam os sucessores da terceira raça-raiz, a dos lemurianos.[105] A expedição posterior dos nazistas ao Tibete (ver capítulo 6) teve suas raízes nessas visões geopolíticas e históricas, derivadas de Blavatsky e de Edward Bulwer-Lytton, que enfatizavam a importância da sabedoria tibetana e a superioridade evolutiva das raças do oeste da China e do norte da Índia.[106]

Intérpretes austro-alemães posteriores de Blavatsky, especialmente Lanz e List, viam Atlântida como a civilização da ilha de Thule, no Atlântico Norte. Na condição de capital de uma civilização ariana primitiva chamada Hiperbórea, seus remanescentes nórdicos podem ser encontrados hoje na Helgoland e na Islândia. Após a destruição dessa antiga civilização por um dilúvio global, acreditavam Lanz e outros, os poucos sobreviventes da catástrofe teriam migrado para as terras altas do Himalaia e fundado ali a sociedade secreta de Agarthi.[107] A ideia teosófica de uma civilização ariana perdida, mas recuperável, com raízes na pré-história indo-europeia, desempenhou um papel importante em outras teorias ocultistas e científicas fronteiriças. Já a noção de uma Atlântida (Thule) ariana primitiva encontrou seu caminho para as teorias nazistas de raça e espaço por meio da ariosofia e da cosmogonia glacial.[108]

O movimento teosófico de Blavatsky logo conquistou adeptos na Alemanha e na Áustria, incorporando novos elementos racialistas e imperialistas ao longo do caminho. Wilhelm Hübbe-Schleiden, que fundou a Sociedade Teosófica Alemã em 1884, é um exemplo dessas tendências. Filho de uma bem estabelecida família de classe média de Hamburgo, Hübbe-Schleiden tornou-se ativo no comércio colonial quando jovem, mudando-se para a África e abrindo uma empresa comercial no Gabão em 1875. Suas preocupações místicas com as questões de raça e espaço, alimentadas pelas experiências na África, o inspiraram a se tornar um dos primeiros defensores da teosofia e do imperialismo alemão. Para ele, a teosofia, difundida pelo Império Alemão, seria capaz de fornecer um veículo para reformar o mundo no qual "as raças humanas vivas — as raças arianas mais evoluídas, assim como as raças negras e mongóis menos evoluídas — aprenderiam a trabalhar juntas em uma civilização muito mais unida e espiritualmente sofisticada".[109]

Assim como a maior parte dos críticos culturais do final do século xix, Hübbe-Schleiden defendia a teosofia como um contraponto à "autodecomposição" das igrejas cristãs tradicionais, por um lado, e ao "materialismo sensual e à irrefletida busca pelo prazer", à "decadência moral e espiritual" da vida moderna, por outro. A teosofia poderia fornecer a base para um novo indivíduo, menos fragmentado e mais integrado — uma visão de reforma social que começasse com o espírito e não com os conflitos materiais entre as classes.[110]

Inspirado por uma misteriosa carta supostamente recebida de um poderoso *mahatma*, Hübbe-Schleiden passou anos tentando "conferir uma base científica aos ensinamentos espirituais da teosofia", e encheu seu apartamento com elaboradas engenhocas de arame destinadas a representar cadeias de moléculas que refletiam a experiência transcendente da teosofia.[111] Em resumo, Hübbe-Schleiden representava a peculiar mistura de elementos cosmopolitas e racistas, científicos e esotéricos que caracterizavam o imaginário sobrenatural austro-alemão.[112]

Franz Hartmann, que fundou a primeira Sociedade Teosófica Austríaca em 1887, adotou uma abordagem ligeiramente diferente. Mas suas opiniões não eram menos indicativas da mistura entre racismo, cosmopolitismo, ciência e sobrenatural que se revelou tão atraente para muitos nazistas.[113] Assim como nos casos de Blavatsky e Hübbe-Schleiden, o caminho de Hartmann para a teosofia derivava de um desejo genuíno de encontrar uma nova doutrina capaz de unir os modos de pensar científico e sobrenatural. Tal como Hitler, Hess e Himmler, Hartmann era um católico não praticante que apreciava o ritualismo, o misticismo e a espiritualidade da Igreja, mas rejeitava seu dogmatismo e hierarquia. Médico formado, Hartmann adotou alguns aspectos da medicina moderna. No entanto, antecipando-se a muitos nazistas, criticou o excesso de confiança dos médicos no tratamento da base biológica da doença (repudiando, por exemplo, a "prática maligna" da vacinação).[114]

Hartmann tornou-se teosofista depois de aceitar um convite de Blavatsky para participar de experimentos espiritualistas na Índia.[115] Como acontecia na maior parte do meio ocultista do *fin-de-siècle*, suas afiliações eram ecléticas. Ele tinha laços estreitos com Friedrich Eckstein, um ocultista judeu e *lebensreformer* ("reformador da vida"). Além disso, admirava o ariosofista radicalmente racista e antissemita Guido von List, e elogiava seus estudos bizarros e nada científicos sobre runas.[116]

Rudolf Steiner, colega teosófico de Hartmann, chegou à teosofia por meio do círculo ocultista vienense liderado por Eckstein.[117] Depois de anos buscando um caminho entre o materialismo científico e a religião, ele ingressou na Sociedade Teosófica porque ela reconhecia uma "verdade" que estava acima de todas as religiões e procurava empreender uma investigação de "leis naturais ainda inexplicáveis e poderes adormecidos nos seres humanos", como o espiritualismo, a clarividência e a telepatia.[118] Nomeado secretário-geral da Sociedade Teosófica Alemã em 1902, Steiner se dedicou a unir as conquistas da ciência natural com um despertar espiritual genuíno compatível com a era moderna.[119]

Steiner insistia que a teosofia poderia alcançar o "reconhecimento de mundos superiores" com a mesma confiabilidade propiciada pelas ciências naturais, mas acabou rejeitando a abordagem mais cosmopolita de teosofistas que, a seu ver, pareciam ecléticos demais e preocupados demais em incorporar elementos das religiões existentes.[120] Sua abordagem mais "científica" e seu foco na iluminação pessoal, em oposição à fraternidade universal, agradaram a muitos ocultistas alemães. Por isso, às vésperas da Primeira Guerra Mundial, Steiner incentivou um grupo de teosofistas alemães a se separar e fundar a Sociedade Antroposófica Alemã.[121]

Em sua tentativa de unir espiritualidade e ciência, a antroposofia fez um esforço muito maior do que a teosofia para validar sua doutrina empiricamente. Ao conduzir "pesquisas da aura", por exemplo, Steiner modelou seus "experimentos" com base nas novas técnicas radiográficas e microscópicas. Todavia, sua insistência em "comprovar" fenômenos ocultos para os quais não havia evidências empíricas impediu que a antroposofia fosse aceita pela comunidade científica. Isso só mudou na década de 1930, quando o Terceiro Reich começou a defender oficialmente alguns elementos de sua doutrina, em particular a agricultura "biodinâmica".[122]

A antroposofia, em todo caso, era tanto uma fé religiosa quanto uma doutrina científica. Os ensinamentos e artigos de Steiner, publicados em seu jornal ocultista, chamado *Lucifer-Gnosis*, anteciparam o próprio interesse dos nazistas pelas religiões asiáticas, pelo gnosticismo e pelo luciferianismo. Em 1915, ao visitar a cidade natal de Hitler, Linz, por exemplo, Steiner fez um discurso intitulado "Cristo em relação a Lúcifer e Ahriman", no qual argumentou que "a evolução religiosa dos asiáticos é portadora de um elemento luciferiano" que "a humanidade como um todo já possuiu, mas depois foi forçada a abandonar". Esses "remanescentes luciferianos" deveriam ser elevados, concluiu Steiner, como "uma sábia força orientadora deixada para trás para a evolução da humanidade em geral".[123] Duas décadas depois, os teóricos religiosos nazistas apresentariam argumentos quase idênticos.

As afinidades entre a antroposofia e a direita *völkisch* foram além da epistemologia e da religião. Steiner estava ansioso para afirmar a superioridade dos europeus brancos, alegando que, "no grande ciclo da evolução espiritual, a raça germânica foi a que mais avançou".[124] Sua crença na "eugenia cósmica", para usar a expressão de um de seus seguidores, incluía um modelo racial de evolução no qual "aquilo que não é digno de participar da ascensão da humanidade pode ser destruído". "A humanidade se elevou ao expulsar as formas inferiores a fim de se purificar", argumentou ele, "e se elevará ainda mais ao separar outro reino da natureza, o reino da raça maligna. É assim que a humanidade se eleva."[125]

Os antroposofistas adotaram a eugenia não tanto porque tinham fé na ciência moderna, mas porque pensavam que espiritualidade e raça estavam intrinsecamente ligadas. "As almas humanas desenvolvem culturas diferentes com base em diferentes forças raciais e étnicas", argumentava Steiner, enquanto "a pele escura se deve à interferência demoníaca".[126] O casamento entre arianos e "raças coloridas" ou judeus, segundo ele, estava em desacordo com a missão internacional da Alemanha de patrocinar a evolução positiva em termos biológicos e espirituais. Não surpreende que Steiner, junto com Hübbe-Schleiden e Hartmann, fosse filiado à Sociedade Guido von List, de caráter racista e antissemita.[127] Para muitos antroposofistas, de fato, "o judaísmo significava a própria antítese do progresso espiritual e o epítome da degradação moderna".[128]

A atitude do próprio Steiner em relação aos judeus era complicada, passando, nas palavras de Peter Staudenmaier, "de uma adoção irrefletida de preconceitos antissemitas à denúncia pública dos excessos do antissemitismo organizado, e a uma elaborada teoria racial da evolução cósmica na qual os temas antissemitas desempenhavam um papel proeminente".[129] Os "ensinamentos esotéricos de Steiner sobre a ilegitimidade da vida judaica no mundo moderno", no entanto, combinados com "sua representação dos judeus como um grupo racial distinto", facilitaram as "premissas básicas do antissemitismo não exterminacionista, o principal modo de pensamento antissemita antes do surgimento do nazismo".[130]

O fato de a teosofia e a antroposofia terem influenciado uma ampla gama de intelectuais austríacos e alemães, alguns dos quais com tendências liberais e cosmopolitas, não deve desviar nossa atenção de suas afinidades *völkisch* ou concepções potencialmente eliminacionistas de raça e espaço.[131] O fascínio suscitado não só pela teosofia e pela antroposofia, mas também por muitas doutrinas ocultistas surgidas na virada do século XX, vinha justamente de seus complexos esforços para "encontrar novas sínteses [...] do que [essas doutrinas] chamavam de *conhecimento* [*Wissen*] e *crença* [*Glaube*]", o que faziam por meio da propagação de absurdas teorias raciais científicas fronteiriças e de uma visão escatológica da história e do futuro da humanidade. Embora tenham sido apenas relativamente bem-sucedidos antes da Primeira Guerra Mundial, esses esforços inspiraram uma série de teorias sobre raça e espaço, algo "que mais tarde foi cooptado pelo nacional-socialismo".[132]

Ariosofia

A teosofia e a antroposofia podem ter informado o imaginário sobrenatural mais amplo que ajudou a tornar os alemães suscetíveis ao nazismo. No entanto, foi sua doutrina irmã, a ariosofia, desenvolvida por Guido von List e Lanz von Liebenfels, que mais diretamente antecipou o Terceiro Reich. Nascido em 1848 em uma abastada família vienense, Guido von List era um católico não praticante que se tornou obcecado com o renascimento religioso e folclórico pagão de meados do século XIX. Sua pesquisa amadora sobre a pré-história germânica durante as décadas de 1870 e 1880 o convenceu da existência de um antigo culto pré-cristão e da linguagem rúnica dos adoradores de Odin ("odinistas"). Ele chamou esse antigo culto de "armanismo", em referência aos "hermiões" [irminones] citados por Tácito em sua história das antigas tribos germânicas.[133]

Sob o comando de Hübbe-Schleiden e Steiner, a teosofia austro-alemã já havia se desfeito de muitas de suas características universalistas. List levou a ênfase na raça, no império e no antissemitismo ao seu extremo (i)lógico, "apropriando-se da invocação da teosofia a um passado idealizado e de um esquema cósmico de evolução racial para sustentar seu interesse cada vez maior em imaginar uma nova ordem social baseada em fundamentos racistas e nacionalistas".[134] Como a civilização dos hermiões havia sido minada pela miscigenação racial com não arianos, argumentava List, somente a adesão estrita a um programa eugênico de reprodução seletiva seria capaz de ressuscitá-la.[135]

Assim como Steiner, List se considerava um cientista sério (de fronteira), tendo publicado mais de duas dezenas de trabalhos sobre sexologia, "higiene" racial e espiritual e runas germânicas, com títulos pitorescos como *Götterdämmerung* [Crepúsculo dos deuses] (1893) e *Mephistopheles* (1895). Praticamente todos foram ignorados pela ciência convencional. Por outro lado, alguns de seus livros, entre os quais o conhecido *Das Geheimnis der Runen* [O segredo das runas] (1908), ajudaram a estabelecer o campo científico fronteiriço dos estudos rúnicos, que se tornou popular no Terceiro Reich.[136]

Seguindo Blavatsky e Steiner, List tentou unir elementos raciais cristãos, orientais e nórdicos em um amálgama neopagão que venerava o deus nórdico Baldur, Jesus, Buda, Osíris e Moisés — exceto que, para List, todas essas figuras seriam arianas.[137] Ao construir uma religião germânica, List chegou a criar celebrações nórdicas do equinócio e da Noite de Santa Valburga, conduziu seus seguidores por antigas grutas "armânicas" e explorou santuários chamados de "Ostara" sob a cidade de Viena.[138] Além disso, incorporou elementos das tradições templárias, maçônicas e rosacrucianistas.

Em 1911, List fundou sua própria e cavalheiresca "Ordem Armânica". Sem dúvida, o racismo pangermânico e o antissemitismo exterminacionista que definiam a filosofia armânica de List eram incompatíveis com as intenções iniciais de Blavatsky ou, em alguns aspectos, de Steiner. Mas a maleabilidade e o ecletismo dessas doutrinas intimamente relacionadas podem ser atestados pelo fato de que, às vésperas da Primeira Guerra Mundial, muitos teosofistas austro-alemães importantes, incluindo o presidente dos teosofistas austríacos (Hartmann) e todo o escritório da Sociedade Teosófica de Viena, haviam se juntado à veementemente racista e antissemita Sociedade de List.[139]

Jörg Lanz von Liebenfels, um jovem contemporâneo de List, traduziu o armanismo deste último em uma doutrina ocultista de pleno direito, que chamou de "ariosofia". Em seu livro *Theozoologie oder die Kunde von den Sodoms-*

-Äfflingen und dem Götterelektron: eine Einführung [Teozoologia, ou A história dos símios de Sodoma e do elétron de deus: Uma introdução] e nas páginas da *Ostara*, Lanz estabeleceu um modelo para muitas das políticas eugênicas adotadas posteriormente pelo Terceiro Reich, como a proibição de casamentos inter-raciais, a defesa da reprodução seletiva e da poligamia, além da esterilização e do extermínio de raças inferiores, tanto do ponto de vista mental e físico até os judeus.[140]

As visões biológicas de Lanz estavam repletas de contradições conceituais e raciocínio não científico típicos do ocultismo do *fin-de-siècle* e das visões nazistas posteriores sobre raça.[141] Desafiado a explicar a ciência por trás de sua distinção entre a massa de judeus "sub-humanos" e o gênio heroico de judeus como Karl Kraus, Heinrich Heine e Baruch Spinoza, Lanz respondeu que "quem quer que tenha visto Karl Kraus admitirá de imediato que ele não exibe características nem do tipo mongoloide nem do tipo mediterrâneo. Ele tem cabelos louros-escuros — em sua juventude, sem dúvida, louros--claros —, crânio retangular bem formado e traços heroicos [arianos puros]".[142]

As opiniões dos discípulos de Lanz eram igualmente inverossímeis. Eles afirmavam que a humanidade "era o resultado de uma mistura — proibida — de anjos e animais. Cada pessoa tem uma pequena porcentagem de anjo e uma grande porcentagem de animal". Quanto maior a porcentagem de "anjo" de uma raça, mais nórdica ela seria. Os "habitantes de vilarejos nas montanhas da Noruega", segundo a lógica, "podem ter até 1% de anjo".[143] Os acólitos de Lanz acreditavam até mesmo que as "várias raças possuem diferentes cheiros" — argumento apresentado mais tarde por nazistas com inclinações esotéricas, como Julius Streicher ("um bom nariz é sempre capaz de sentir o cheiro de um judeu").[144]

Lanz também propagou um sincretismo religioso gnóstico, pagão e de sabor oriental que antecipou a abordagem nazista da religião.[145] Em 1900, emulando a Ordem Armânica de List, Lanz fundou sua própria Ordem dos Novos Templários (*Ordo Novo Templi*), e comprou um castelo, o Burg Werfenstein, para estabelecer a sede de seu centro religioso (assim como Himmler compraria o Wewelsburg trinta anos depois). Lá, em 1904, ele hasteou uma bandeira com a suástica a fim de celebrar o solstício de inverno pagão.[146]

Por fim, Lanz investiu profundamente no poder dos símbolos do leste e do sul da Ásia, que ele acreditava possuírem as mesmas raízes das runas ariano-

As raízes sobrenaturais do nazismo

-germânicas na Europa. Ele preferia os conceitos hindus, como reencarnação e carma, às ideias cristãs de céu e inferno, e manifestava interesse pela cabala (curiosamente, um tema comum entre os antissemitas radicais).[147] Até mesmo o termo "chandalas", que ele utiliza de maneira recorrente para designar as raças sub-humanas, e que seria invocado mais tarde pelo Partido Nazista, foi retirado dos códigos hindus de Manu, tendo origem na "palavra em sânscrito para denotar a casta mais baixa, os intocáveis".[148]

Se tivéssemos que destilar as bizarras ideias de List e Lanz em alguns princípios básicos, poderíamos enfatizar o papel das raças sobre-humanas cuja idade de ouro ariana fora "suplantada por uma cultura estranha e hostil" definida por raças inferiores. Essa antiga religião germânica poderia ser restaurada por meio do "conhecimento de formas enigmáticas (por exemplo, runas, mitos e tradições)", mas essas runas e tradições, por sua vez, só poderiam ser "decifradas [...] por seus herdeiros espirituais, os sectários modernos".[149] Essa mistura de milenarismo religioso e eugenia logo se cruzou com os campos científicos fronteiriços da "higiene racial" e da "reprodução racial" (*Rassenzucht*), populares entre biólogos tradicionais como Alfred Ploetz.[150]

Assim, a ariosofia era consistente com as demais doutrinas ocultas que pesquisamos. Tanto os teosofistas quanto os antroposofistas estavam preocupados em trazer a raça ariana ("sexta raça-raiz") de volta à existência. Ambos acreditavam, pelo menos em suas versões austro-alemãs, que os arianos eram superiores, do ponto de vista espiritual e biológico, aos judeus, asiáticos e africanos.[151] Os ariosofistas faziam experimentos com as mesmas práticas astrológicas e espiritualistas que os teosofistas e antroposofistas, contribuíam para as mesmas revistas e atuavam nos mesmos círculos de Viena, Munique e Berlim.[152] Assim como a revista *Sphinx* (de Hübbe-Schleiden) e o jornal *Lucifer-Gnosis* (de Steiner) incluíam artigos de List e Lanz, a revista astrológica mais importante da Alemanha, a *Astrologische Rundschau*, seria editada por um ariosofista, Rudolf von Sebottendorff.[153]

Mais do que os antroposofistas e teosofistas, os ariosofistas atraíram importantes políticos *völkisch* e futuros nazistas para seu movimento. O modelo de política demagógica de Hitler, o prefeito populista de Viena, Karl Lueger, era membro da Sociedade Guido von List.[154] O mentor de Heinrich Himmler em questões ideológicas e espirituais e chefe dos arquivos da ss, Karl Maria Wiligut, também era um ariosofista, tendo publicado vários livros sobre religião e runologia armânica ("hermionista"). Sebottendorff, cofundador da Sociedade Thule protonazista, era líder da Ordem Germânica, a sucessora da Ordem Armânica. Mesmo que Hitler nunca tenha lido um exemplar da *Ostara*, como afirma Lanz, as doutrinas ocultistas que circulavam pelos cafés de Viena e as cervejarias de Munique antes da Primeira Guerra Mundial sem dúvida ajudaram a moldar o imaginário sobrenatural nazista.[155]

Ciência fronteiriça

Durante a Primeira Guerra Mundial, os acadêmicos alemães foram "confrontados com uma enorme quantidade de teorias que não acompanhavam as regras estabelecidas da investigação científica".[156] Esse florescimento de "uma espécie de ciência natural religiosa" — o que alguns contemporâneos chamaram de "ciência fronteiriça" (*Grenzwissenschaft*) — estava à margem da ciência convencional em dois aspectos.[157]

Por um lado, as ciências fronteiriças examinavam forças, características ou fenômenos invisíveis à margem da percepção humana, e incluíam a astrologia, a grafologia, a caracterologia (uma forma de frenologia frequentemente aliada à astrologia na Alemanha), a quirologia, o mediunismo e a radiestesia. As ciências fronteiriças também constituíam disciplinas academicamente duvidosas ou marginais, que explicavam em detalhes como manipular forças esotéricas ou sobrenaturais além da compreensão da ciência convencional. Exemplos relevantes incluem a parapsicologia, a *Lebensreform*, a telepatia, a agricultura biodinâmica e a cosmogonia glacial.

O que mantinha a coesão de todas essas "ciências reencantadas" era a ideia de que o paranormal era um objeto legítimo de investigação e poder científicos.[158] A astrologia, a grafologia, a caracterologia e a quirologia, escreveu o proeminente cientista fronteiriço Ernst Issberner-Haldane, eram "tão sérias, precisas e intensivas" quanto qualquer outra ciência, e tão "indispensáveis quanto para a ciência econômica e a construção do Estado". As ciências fronteiriças, segundo ele, "evitam todo tipo de misticismo, toda clarividência; hoje, elas não pertencem mais ao ocultismo (as teorias do oculto)", mas às ciências objetivas.[159]

Os experimentos parapsicológicos e as abordagens científicas fronteiriças para explicar o mundo natural não eram exclusivos da Europa Central de língua alemã. Um dos principais pintores abstracionistas, o russo Wassily Kandinsky, era um ardente defensor do espiritualismo. Importantes psicólogos franceses e americanos, incluindo Charles Richet e William James, também fizeram experiências com fenômenos paranormais.[160]

Em contraste com a Alemanha, no entanto, poucos europeus "compartilhavam do desespero dos românticos alemães em relação às contribuições de Newton para a nova ciência moderna", ou sentiam "que a humanidade estava agora condenada a viver em um universo morto e particulado, desprovido de 'dríades' ou significado espiritual".[161] Muitos cientistas alemães lamentaram o surgimento da física e da química modernas, que transformaram um mundo de "cor, qualidade e espontaneidade" em um "reino impessoal sem qualidade e frio [...] onde as partículas de matéria dançavam como marionetes segundo leis matematicamente calculáveis".[162]

Em vez de aceitarem a ciência natural convencional, milhões de alemães se voltaram para a parapsicologia, a astrologia, a "física transcendental" e a cosmogonia glacial, entre outras ciências fronteiriças.[163] John Reddick especula que esse interesse generalizado pela ciência "reencantada" tenha sido um produto da fragmentação nacional da Alemanha antes de 1870, e do desejo de "totalidade e síntese racial e territorial, não nas realidades imediatamente vividas do cotidiano".[164] Corinna Treitel argumenta de forma semelhante que a ênfase alemã na parapsicologia pode ter sido uma reação à perda de agência política nos estados alemães na esteira das malfadadas revoluções de 1848.[165] Seja qual for o motivo, não é possível entender as atitudes do Terceiro Reich no que diz respeito a política e sociedade, a raça ou espaço, sem antes compreender a profundidade e a amplitude das doutrinas científicas fronteiriças no imaginário sobrenatural austro-alemão.

Parapsicologia e astrologia

A parapsicologia foi provavelmente a "ciência fronteiriça" mais "legítima" e abrangente a surgir nas últimas décadas do século XIX. No início, ela possuía uma vertente definitivamente crítica, uma vez que psicólogos como Max Dessoir e criminologistas como Albert Hellwig examinavam "a psicologia do engano e da descrença". Em sua forma mais generosa, os parapsicólogos críticos trabalharam para explicar a prevalência das ciências esotéricas na Alemanha, como Max Weber faria uma década depois em termos de psicologia social, citando a inadequação tanto da religião tradicional quanto do materialismo científico para responder a questões ontológicas urgentes.

Mas o objetivo dos parapsicólogos críticos não era genuinamente "entender" o ocultismo, muito menos provar a existência de fenômenos ocultos. Seu objetivo era expor médiuns, espiritualistas e outros praticantes do ocultismo como charlatães.[166] O ocultismo era um "contágio da mente", argumentava Hellwig, com o potencial de afligir aqueles sem um conhecimento adequado da ciência: "A experiência mostra dia após dia que muitas pessoas já não são capazes de pensar com calma e de maneira crítica quando se trata de problemas ocultos. É realmente triste ver que até mesmo acadêmicos, por vezes renomados em vários campos da ciência, perdem completamente todo o senso de lógica e razão".[167]

Um gênero menos crítico de parapsicologia, que reivindicava igual legitimidade científica, buscava validar as alegações de espiritualistas, clarividentes e astrólogos. Os parapsicólogos alemães mais proeminentes nesse campo foram Carl du Prel e Albert Schrenck-Notzing. Inspirado por Blavatsky, Du Prel baseou-se na biologia, no espiritualismo e na astrologia para explicar a evolução da biologia e da consciência humanas.[168] Ao entrar para a Sociedade Teosófica Alemã em 1884, ele colaborou com Hübbe-Schleiden na fundação da Sociedade Psicológica, que patrocinou sua pesquisa científica fronteiriça. Além disso, publicou muitos de seus "resultados" na revista teosófica *Sphinx*.[169]

Já Schrenck-Notzing, um médico de Munique, hipnotizador e protegido de Du Prel, juntou-se à Sociedade Psicológica na década de 1880, levando a "psicologia transcendental" de seu mentor ainda mais longe. Sua ênfase na investigação da "vida noturna da alma" representou um claro afastamento de inspiração ocultista das suposições científicas naturais, e explica sua popularidade nos círculos teosóficos.[170]

De fato, os adeptos austro-alemães do esoterismo abraçaram com entusiasmo a parapsicologia "acrítica" de Schrenck-Notzing. Como observou Franz Hartmann, a parapsicologia "recuperou toda uma dimensão da experiência humana suprimida durante o Iluminismo: o reino do inconsciente [...] era importante demais para que os cientistas e filósofos o deixassem para os espiritualistas".[171] O epítome das credenciais científicas fronteiriças da nova

As raízes sobrenaturais do nazismo

disciplina foi a revista *Sphinx*, de Hübbe-Schleiden, que não tinha "nenhuma pretensão de atender a um público exclusivamente educado" e "apresentava uma barafunda de artigos e [...] relatórios sensacionalistas [...] sobre mediunismo, astrologia, rosacrucianismo, teosofia, raios, frenologia e ioga".[172]

A duvidosa base científica da parapsicologia não passou despercebida pelos psicólogos tradicionais. Os críticos notaram a preferência dos parapsicólogos por experimentos em ambientes não neutros, como suas próprias casas, ou o uso de luz vermelha fraca para reduzir a capacidade dos presentes de fazer observações precisas.[173] Sigmund Freud, por exemplo, indicou os problemas tanto da metodologia quanto da origem ideológica da crença parapsicológica. Do ponto de vista metodológico, ele argumentou que a crença paranormal era uma função de compulsões e complexos inconscientes que podiam ser facilmente manipulados por médiuns e parapsicólogos, eles próprios com frequência vítimas de um "complexo oculto" delirante.[174]

Além disso, como liberal judeu e materialista científico, Freud desconfiava das raízes do ocultismo em um "orientalismo indiano" que buscava cultivar o "sentimento oceânico", e de "afirmações sobre [alcançar] a harmonia pessoal interior". Infundida pelo misticismo oriental, a parapsicologia forneceu um "falso socorro" àqueles que já eram céticos em relação à ciência. Ela poderia ser invocada, acrescentou Freud, para reforçar atitudes fantasiosas em relação aos judeus, uma "raça que na Idade Média era considerada responsável por todas as epidemias e que hoje é culpada pela desintegração do Império Austríaco e pela derrota alemã".[175] Aqui, ele antecipa os modos pelos quais o ocultismo e a parapsicologia poderiam fornecer uma perigosa panaceia àqueles já propensos a apontar bodes expiatórios raciais.

Os parapsicólogos acusaram Freud e outros críticos de serem insuficientemente "científicos" em sua análise dos fenômenos ocultos. Qualquer um que acreditasse que os médiuns seriam capazes de influenciar tantas pessoas por meio de truques ou enganos, argumentavam os cientistas de fronteira, estava sofrendo de uma doença mental.[176] Carl Jung era simpático a esses argumentos.[177] Ao contrário de Freud, Jung estava "envolto no arianismo dos orientalistas da Europa Central de sua época", afirmando que "o inconsciente ariano tem um potencial maior do que o judeu; essa é a vantagem e a desvantagem de uma juventude que ainda não está totalmente alienada do bárbaro".[178]

Com o apoio de psicólogos "tradicionais" como Jung, os parapsicólogos continuaram a afirmar a natureza científica de seus métodos, acusando seus oponentes de doença mental e charlatanismo. Esse padrão de recriminação mútua dentro das ciências ocultas e de fronteira e entre ocultistas e cientistas naturais tradicionais era endêmico às batalhas contemporâneas sobre legitimidade científica, e pressagiava as tensões entre cientistas nazistas e tradicionais no Terceiro Reich.[179]

Como argumentou o acadêmico francês Gustave Le Bon em *A psicologia das multidões* (1895), mesmo os indivíduos mais inteligentes ou céticos da sociedade moderna poderiam sucumbir à sugestão na presença de colegas menos críticos ou totalmente ignorantes. Esse fenômeno se revelava ainda mais verdadeiro para multidões influenciadas por um "especialista", como um médium treinado ou um político carismático como Hitler.[180]

As teorias de Le Bon foram empregadas por observadores críticos para explicar a difusão da crença ocultista, quer se tratasse de um pequeno grupo realizando um suposto "experimento" na sala de Schrenck-Notzing ou de fenômenos de massa disseminados por jornais, revistas e apresentações populares. Somente ao estudar a mente "neurótica, combativa, superficial, distraída, crédula e carismática" do parapsicólogo, argumentavam esses críticos, é que se poderia ter uma visão da psicologia daqueles que promoviam o ocultismo científico.[181] Como veremos no capítulo 3, Hitler aparentemente estudou não só as teorias de Le Bon, mas também a parapsicologia, como forma de manipular o público.[182]

A astrologia, junto com a parapsicologia, era a ciência fronteiriça mais popular na Alemanha e na Áustria. No nível mais básico, os astrólogos "liam" as estrelas para produzir horóscopos. Os horóscopos representavam "uma declaração objetiva de fatos astronômicos" com base em um "mapa geocêntrico" de posições planetárias, incluindo "o Sol e a Lua entre os planetas — em relação ao zodíaco". Os horóscopos podem ser empregados para diversos fins, desde pessoas e animais até terremotos e lançamentos de navios. Depois que as posições dos planetas são anotadas, são feitas deduções com base nas posições do zodíaco em relação angular umas com as outras.[183]

Durante a primeira metade do século XIX, os alemães provavelmente não estavam mais interessados em astrologia do que outros europeus. No entanto, como salienta Ellic Howe, o moderno renascimento astrológico alemão coincidiu com o renascimento geral do pensamento científico sobrenatural e de fronteira discutido acima.[184] "Os alemães, desconfiados das ciências exatas e de sua perceptível hostilidade à vida", acharam "a astrologia particularmente atraente, porque oferecia análises técnicas realizadas de acordo com métodos intuitivos". Ao proporcionar tanto "rigor lógico quanto calor emocional", os astrólogos intuitivos "ofereciam serviços voltados especificamente para as necessidades psíquicas de cada indivíduo".[185]

A astrologia era *o* solvente sobrenatural que unia praticamente todos os praticantes do ocultismo e das ciências fronteiriças. Hübbe-Schleiden incentivou seu protegido na *Sphinx*, Hugo Vollrath, a criar uma Editora Teosófica a fim de popularizar a astrologia. Já o ator Karl Brandler-Pracht, inspirado por uma sessão espírita, começou a publicar em 1905 o principal periódico astrológico da Alemanha, a revista *Astrologische Rundschau*. Copatrocinado por Rudolf Steiner e pela nova Sociedade Cosmos de Astrólogos Alemães, cujo periódico oficial era o *Zentralblatt für Okkultismus*, Brandler-Pracht encontrou um público pronto nos círculos teosóficos e antroposóficos alemães.[186] Tanto List quanto Lanz praticavam astrologia, assim como Sebottendorff, futuro editor da *Astrologische Rundschau*, que contribuiu com seis volumes para a "biblioteca astrológica" de Vollrath.[187]

O fato de praticamente todos os pensadores do ocultismo e das ciências fronteiriças terem adotado a astrologia não significa que eles concordavam com os pontos mais delicados da doutrina. Os astrólogos discutiam acaloradamente sobre quais métodos eram mais "científicos" e quais eram mais "intuitivos" — sendo estes últimos associados, de forma desdenhosa, a doutrinas ocultistas menos rigorosas.[188] Essas divisões representam menos uma batalha entre ocultistas "irracionais" e cientistas "racionais" do que um conflito sobre "ciência, conhecimento e poder" dentro dos círculos científicos fronteiriços.[189] Profundamente incorporadas ao imaginário sobrenatural da Alemanha no pós-guerra, a astrologia e a parapsicologia só aumentaram em popularidade e influência no período entreguerras.[190]

Radiestesia, Lebensreform *e cosmogonia glacial*

A parapsicologia e a astrologia ofereciam uma série de percepções sobre os fenômenos ocultos: a capacidade de estender a mente sobre a matéria, o poder de manipular os outros, a possibilidade de adivinhar o futuro. Mas dois campos científicos fronteiriços intimamente relacionados prometiam benefícios biológicos e ambientais mais amplos e concretos: a radiestesia e a cosmobiologia, uma subdisciplina da astrologia. Como alguns radiestesistas e cosmobiólogos conhecidos tinham diplomas avançados em áreas como física e engenharia, muitos alemães céticos em relação à astrologia popular aceitaram a radiestesia como "científica". Até mesmo alguns profissionais da área médica — geralmente aqueles com tendências homeopáticas — acreditavam que a radiestesia, ao contrário da ciência moderna, seria capaz de oferecer uma maneira de ajudar a purificar o corpo e limpar o ambiente de influências secretas.[191]

O uso de varas de adivinhação para localizar água e metais preciosos havia sido uma parte intrínseca da crença popular na Europa durante toda a Idade Média. Essa tradição popular se fundiu no início do período moderno com a crença ocultista segundo a qual era possível localizar "energias" místicas ao longo de certas formas de relevo (chamadas de "linhas de ley") e aproveitar a "radiação" invisível sob a terra.[192] Incorporada no início do século xx sob as rubricas científicas fronteiriças da "geomancia" e da "radiestesia", ela podia ser praticada de várias maneiras, mas geralmente envolvia um pêndulo composto por um "pequeno cone de madeira suspenso [...] em um pequeno pedaço de fio fino".[193]

Os radiestesistas, como o famoso Gustav Freiherr von Pohl, diziam empregar pêndulos ou varas de adivinhação mais tradicionais a fim de localizar raios terrestres e outras correntes patogênicas (*Reizstreifen*) que carregavam energias invisíveis e ameaçavam a saúde das pessoas.[194] A radiestesia, ao contrário da física e da biologia tradicionais, podia supostamente localizar e tratar a radiação nociva de forma inaudita (daí o campo interdisciplinar da "cosmobiologia").[195] O campo intimamente relacionado da geomancia incluía *völkisch*-esotéricos como Wilhelm Teudt, que postulava que "o conhecimento proto-histórico sobre as protoenergias" provava "a superioridade dos 'protogermânicos'".[196] Alguns radiestesistas se concentravam em localizar pontos de radiação e metais preciosos. Outros se diziam capazes de obter verdades secretas sobre objetos e até mesmo sobre relacionamentos interpessoais.[197]

A crença de que os radiestesistas podiam localizar energias prejudiciais à saúde, causadoras de câncer e de outras doenças, combinava bem com o

As raízes sobrenaturais do nazismo

movimento em direção às práticas de cura natural conhecido como *Lebensre-form* ("reforma da vida"). Uma "tentativa da classe média de atenuar os males da vida moderna", a *Lebensreform* abraçava uma "variedade de estilos de vida alternativos, incluindo medicina natural e fitoterápica, vegetarianismo, nudismo e comunidades rurais autossuficientes".[198] Muitos ocultistas *völkisch* adotavam dietas "naturais" (orgânicas) e vegetarianas, terapia magnética e cura natural, práticas posteriormente adotadas por líderes nazistas como Hitler, Hess, Himmler e Julius Streicher.[199] A *Lebensreform* foi propagada com fervor especial pelos antroposofistas, que defendiam "um melhor conhecimento do homem; saúde por meio da vida natural; harmonia entre sangue, solo e cosmo; *Lebensreform* como objetivo nacional; conhecimento e vida, a regra dos vivos".[200]

Os princípios da *Lebensreform*, por sua vez, ajudaram a inspirar Steiner, no pós-guerra, a desenvolver a "agricultura biodinâmica", baseada na restauração da relação quase mística entre a terra e o cosmos, "na qual a terra é vista como um organismo com propriedades magnéticas de afinidade e atração que podem ser prejudicadas pelo uso de fertilizantes artificiais".[201] A agricultura biodinâmica de Steiner se tornaria uma das ciências fronteiriças mais proeminentes e amplamente aceitas no Terceiro Reich.[202]

A radiestesia, a *Lebensreform* e a cura natural enfatizavam o vínculo holístico entre a "higiene" racial e espiritual, entre a saúde da mente e do corpo. As três ciências fronteiriças inter-relacionadas repersonalizavam uma medicina cada vez mais clínica, que olhava para germes, patógenos e doenças em oposição à pessoa ou ao "organismo" como um todo. Além disso, apelavam para uma visão transcendental do mundo, marcada por uma compreensão intuitiva e mais completa do conceito de doença, em oposição ao foco materialista na etiologia de doenças individuais.[203]

Ao rejeitarem a medicina convencional, os cientistas de fronteira favoreceram "uma variedade de técnicas baratas e não invasivas (por exemplo, clarividência, pêndulo sideral, fisionomia, grafologia, iridologia, consultas espíritas e astrologia) a fim de obter uma compreensão intuitiva e mais completa das doenças". Enquanto os médicos tradicionais eram cuidadosos ao fazer prognósticos de longo prazo, os radiestesistas, curandeiros naturais e *lebensreformer* "recorriam a técnicas intuitivas para fazer tais previsões" e "determinar o momento adequado para o tratamento".[204]

Sem dúvida, a medicina homeopática e os movimentos de retorno à natureza (*Wandervögel*) foram populares em toda a Europa nas décadas anteriores à Primeira Guerra Mundial.[205] A radiestesia e a *Lebensreform* se encaixavam em um desejo mais amplo por uma "ciência reencantada" e por um holismo mente-corpo popular entre as classes médias alemãs.[206] Se a *Lebensreform* incluía elementos "aparentemente liberais e de esquerda", no entanto, pelo menos na Alemanha e na Áustria, "havia muitas sobreposições com o movimento *völkisch*".[207] Da mesma forma que a versão austro-alemã da teosofia era mais explicitamente racista e ariocêntrica do que sua contraparte francesa ou anglo-americana, as variações austro-alemãs da cura natural e da medicina científica fronteiriça, extraídas da antroposofia e da ariosofia, também tinham preocupações maiores com raça e eugenia.[208]

A antroposofia enfatizava a regeneração da raça ariana por meio do cultivo adequado da terra e do espírito em conexão com o cosmos.[209] Os antroposofistas também argumentavam que "a mistura racial traz desarmonia espiritual" e que somente "a etnologia racial poderia perceber 'o verdadeiro espírito cósmico' por trás das aparências externas".[210] Assim, os antroposofistas e ariosofistas acreditavam que os casamentos entre "raças de cor", ou entre judeus e arianos, estavam em conflito com a missão internacional da Alemanha.[211]

Ao ajudar a inspirar as práticas eugênicas baseadas na fé do Terceiro Reich, essa "ciência reencantada" foi tudo, menos inofensiva.[212] De fato, havia laços estreitos entre os líderes dos movimentos de *Lebensreform* e de retorno à natureza e os grupos *völkisch*-esotéricos que defendiam a eugenia. Assim, entre os proponentes mais fervorosos do movimento utópico de uma "cidade jardim", que buscava (re)criar um "cinturão verde" saudável no meio das cidade modernas, estavam *völkisch*-esotéricos como Theodor Fritsch, Heinrich Pudor e Phillip Stauff.[213]

O escritor esotérico-*völkisch* Willibald Hentschel, colega de Fritsch, também promoveu uma ideologia radicalmente eugenista de retorno à natureza. Antecipando o Terceiro Reich, Hentschel imaginou vastas colônias de camponeses arianos puros praticantes de uma antiga religião nórdica. Seus planos pré-guerra para "assentamentos ao estilo de Thule" organizados por "lojas nornas" jamais se concretizaram. No entanto, eles ajudaram a inspirar a Liga Artamana do pós-guerra, da qual fizeram parte Heinrich Himmler e Walther

As raízes sobrenaturais do nazismo

Darré, bem como as políticas nazistas de reassentamento racial e limpeza étnica.[214]

Além disso, a cultura popular do final do período guilhermino estava tomada pela ideia de criar seres sobre-humanos por meio de uma combinação de biologia e feitiçaria.[215] O filme *O golem* (1915, 1920), de Paul Wegener, e o romance *Alraune* [Mandrágora] (1911), de Hanns Heinz Ewers, foram produtos do pensamento científico fronteiriço, exemplificando essa estranha mistura de ciência e sobrenatural.[216] Antes de 1914, essa abordagem de inspiração sobrenatural da biologia era menos abertamente monstruosa, "capaz de acomodar uma série de soluções políticas para as tensões entre modernidade e nostalgia, mecanismo e totalidade, ciência e espírito".[217]

Depois de 1918, porém, em um ambiente sociopolítico radicalizado pela guerra e pela crise, essa abordagem holística e sobrenaturalmente infundida da biologia ajudou a transformar a prática seletivamente aplicada da eugenia, popular em toda a Europa, em um programa extremamente ambicioso e fantástico de experimentação humana e genocídio na Alemanha nazista.

Qualquer pesquisa sobre as doutrinas científicas fronteiriças que informaram o nazismo estaria incompleta sem mencionar a cosmogonia glacial. Inventada pelo cientista e filósofo austríaco Hanns Hörbiger, a teoria foi inspirada em um sonho no qual ele se viu flutuando no espaço, observando um pêndulo gigante balançando para a frente e para trás, ficando cada vez mais longo e por fim quebrando. Ao acordar, Hörbiger afirmou saber intuitivamente que a atração gravitacional do Sol deixava de exercer qualquer força a três vezes a distância de Netuno, e que a maior parte do universo físico poderia ser explicada pela interação das "substâncias primitivas e antagônicas do gelo e fogo".[218]

Sem qualquer formação científica, nem mesmo rudimentar, Hörbiger recrutou o astrônomo amador Philipp Fauth, que em 1912 publicou suas "descobertas" num volume intitulado *Hörbigers Glacial-Kosmogonie* [Cosmogonia glacial de Hörbiger].[219] A obra postulava que grande parte do universo conhecido foi criado a partir da colisão de uma pequena estrela cheia de água com uma estrela muito maior, cujos fragmentos congelados deram origem a vários sistemas solares, inclusive o nosso. A gravidade, a rotação dos planetas e vários outros fenômenos interestelares podiam ser explicados pelas interações entre satélites primordiais feitos de gelo. O mesmo podia ser dito da história geológica da Terra, pois luas feitas de gelo haviam se chocado contra o planeta em tempos pré-históricos, gerando inundações, eras glaciais e as várias camadas da crosta terrestre. Até mesmo a biologia humana e animal era explicada pela cosmogonia glacial: a raça humana fora criada por meio do impacto de um meteoro contendo "esperma divino".[220]

Hörbiger e seus apoiadores proclamaram que a cosmogonia glacial era uma "revolução científica". Ela fornecia a base de uma nova "história cultural cósmica", uma "astronomia do invisível" fundada na "intuição criativa".[221] Por mais absurda e totalizante que fosse, a "teoria abrangente do céu e da terra" de Hörbiger prometia resolver "o enigma cósmico entre a criação original e o colapso do mundo". Ela explicava tudo, desde "as origens do Sol e das espécies" até "o terremoto de Messina", a religião inca e a mitologia nórdica.[222]

Como supremo "navegador" da cosmogonia glacial, Hörbiger podia mudar sua lógica, teses e sistemas à vontade, inoculando sua teoria contra qualquer argumento da ciência convencional.[223] Ao fornecer todas as pistas necessárias para convencer seu público de que o que viam era verdadeiramente "científico", a doutrina de Hörbiger "produziu sensações de autenticidade que tornaram quase impossível a distinção entre o trabalho científico 'sério', comprometido com a objetividade e a racionalidade, e a mera brincadeira dramática sobre ele, pelo menos entre o grande público".[224] A cosmogonia glacial, portanto, era uma ciência fronteiriça por excelência, combinando orgulhosamente fantasia e realidade de uma forma que encantava os leigos cheios de fome espiritual, mas exasperava os cientistas.[225]

De fato, poucos físicos, astrônomos ou geólogos deram crédito à teoria de Hörbiger. De acordo com o astrônomo Edmund Weiss, os métodos intuitivos de Hörbiger poderiam ser usados com a mesma facilidade para afirmar que o cosmos era feito de azeite de oliva em vez de gelo. Como a maioria dos cientistas de fronteira, Hörbiger apenas ignorou seus críticos, acusando-os de mente fechada ou falta de "fé" em suas visões. Nenhuma fórmula ou número poderia provar a cosmogonia glacial, argumentou Hörbiger, porque sua teoria estava em fluxo e era viva, um "novo evangelismo" e uma "visão global da salvação" (erloesendes Weltbild).[226] Em vez disso, ele se concentrou em convencer os leigos da retidão de suas teorias, esperando que isso levasse a ciência convencional a considerar suas ideias mais a sério. Assim, fez centenas de palestras públicas, produziu filmes e programas de rádio e publicou romances e revistas sobre o tema.[227]

Na década de 1920, vários cientistas amadores e intelectuais burgueses se uniram para formar a Sociedade Cosmotécnica (*Kosmotechnische Gesellschaft*) e o Instituto Hörbiger, criando um culto virtual em torno de Hörbiger e seus ensinamentos.[228] Suas teorias também atraíram ariosofistas e paganistas germânicos como Chamberlain, List e Lanz von Liebenfels, que viram na cosmogonia glacial a prova "científica" de suas "cosmologias fantásticas e visões de mundo espetaculares". Nessa alternativa protogermânica à física "judaica" e à ciência natural "sem alma", as inundações cataclísmicas, as batalhas apocalípticas e a heroica civilização ariana da *Edda* pareciam ser confirmadas.[229]

A popularidade da cosmogonia glacial é emblemática do renascimento mais amplo das ciências ocultas e de fronteira nas três primeiras décadas do século XX. Fenômenos como a cosmogonia glacial, a parapsicologia e a astrologia não eram anacrônicos nem marginais; eram manifestações populares de um "esoterismo científico" que buscava legitimidade dentro do establishment científico e entre um público mais amplo.[230] Apesar dos ataques de autoridades estatais, liberais e até mesmo de grupos religiosos conservadores, o ocultismo e a ciência fronteiriça continuaram a crescer em popularidade, tornando-se "não apenas uma religião iniciante, mas também uma ciência iniciante".[231] Ao produzir uma "ciência da alma", uma "ciência reencantada" que transcendia tanto o materialismo científico quanto a religião tradicional, as ciências fronteiriças deram aos alemães a chance de desafiar a autoridade de ambos.

HITLER PODE MUITO BEM TER LIDO alguma edição da *Ostara*, assim como pode ter visitado Lanz von Liebenfels quando aspirava a estudar belas-artes. Mas, mesmo que esse encontro nunca tenha ocorrido, os "vínculos ideológicos e sociais entre ele e os círculos ariosóficos" são importantes.[232] Pois List e Lanz não eram figuras marginais. Suas ideias e objetivos tinham muito em comum com os de uma série de contemporâneos alemães e austríacos. De Wagner, Lagarde e Langbehn a Hübbe-Schleiden, Hartmann e Steiner, de Du Prel e Schrenck-Notzing a Schuler e Hörbiger, esses indivíduos devem ser vistos, coletivamente, como os progenitores de um imaginário sobrenatural mais amplo compartilhado por milhões de alemães e explorado pelo Partido Nazista após a Primeira Guerra Mundial.[233]

O segundo argumento deste capítulo é que o imaginário sobrenatural austro-alemão propagava um modo de pensar esotérico e científico fronteiriço que aparecia "tanto como cosmologias universais quanto como ideologias holísticas". Todos esses pensadores estavam unidos a milhões de alemães em seu "medo de que uma ciência puramente materialista e abstrata levasse ao declínio cultural".[234] De fato, a maioria das doutrinas pesquisadas neste capítulo procurou desafiar tanto o monopólio do conhecimento postulado pela ciência iluminista quanto o monopólio da espiritualidade reivindicado pela tradição judaico-cristã.[235]

Muitos liberais, marxistas e cientistas tradicionais estavam preocupados com a proliferação dessas doutrinas científicas fronteiriças não verificáveis. Alguns, como Freud, reconheciam as tendências racistas e iliberais que o pensamento sobrenatural poderia incentivar, sobretudo quando combinado de forma acrítica com afirmações científicas.[236]

Isso não muda o fato de que "o sobrenatural e o extrassensorial preocupavam grande parte das elites intelectuais da Alemanha e da Áustria".[237] Em conjunto com milhares de outros radiestesistas e teóricos da cosmogonia glacial, teosofistas e ariosofistas, astrólogos e parapsicólogos, os líderes do ambiente *völkisch* austro-alemão moldaram uma visão do futuro que transcendia as tradicionais dicotomias entre esquerda e direita, religioso e científico, racista e cosmopolita — dicotomias que dividiam amargamente a sociedade, a cultura e a política do final do período guilhermino e durante a República de Weimar.

O "ambiente *völkisch* no qual o nazismo se desenvolveu" era complexo, observou com bastante precisão Corinna Treitel. Milhões de membros do movimento *völkisch* — fossem esotéricos, pagãos ou cientistas de fronteira — discordavam constantemente sobre os "meios apropriados" para efetuar mudanças políticas. Todos os pensadores *völkisch* concordavam, no entanto, com a necessidade de renovação alemã.[238] E o partido que monopolizou esse projeto sobrenaturalmente infundido de renovação foi o NSDAP.

2. Da Sociedade Thule ao NSDAP

Moldando o imaginário sobrenatural nazista, 1912-24

> Se há algo que não é *völkisch* é essa manipulação de expressões germâ-nicas particularmente antigas, que não se encaixam na época atual nem representam nada específico [...] tive de alertar repetidas vezes contra esses itinerantes estudiosos *völkisch* [...] [que] deliram sobre o antigo heroísmo germânico, sobre tempos remotos, machados de pedra, lanças e escudos.
>
> ADOLF HITLER, *Minha luta* (1924)[1]

> Foi ao povo de Thule que Hitler se dirigiu logo no início; foi o povo de Thule que primeiro uniu forças com Hitler.
>
> RUDOLF VON SEBOTTENDORFF (1933)[2]

PERTO DO FIM DA PRIMEIRA GUERRA MUNDIAL, um estudante de arte de 26 anos foi dispensado do exército alemão devido a ferimentos sofridos no front ocidental. Nascido fora do Reich alemão, o ambicioso jovem artista desenvolveu uma paixão pela ideologia pangermânica, lendo toda a literatura sobre a história e a mitologia do povo teutônico em que conseguia pôr as mãos. Pouco depois de chegar a Munique, no final de 1917, ele cofundou um grupo de trabalho que buscava criar um Terceiro Reich alemão, e que adotou um elaborado conjunto de ideias ocultistas, incluindo o racismo ariosófico e símbolos esotéricos como a suástica.[3] Em poucas semanas, dois membros do grupo fundaram o Partido dos Trabalhadores Alemães (DAP), que, renomea-do como Partido Nacional-Socialista dos Trabalhadores Alemães (NSDAP), chegaria ao poder catorze anos depois.[4]

Esses detalhes biográficos descrevem quase perfeitamente a trajetória política e ideológica de Adolf Hitler. Exceto pelo fato de que o jovem artista em questão não era Hitler, mas Walter Nauhaus, líder da Ordem Germânica do Santo Graal e cofundador, com Rudolf von Sebottendorff, da Sociedade Thule, de caráter protonazista.[5] O fato de as trajetórias ideológicas e organizacionais do ocultista Nauhaus e de Hitler se sobreporem tão intimamente levanta uma antiga questão: quais eram as ligações entre o meio sobrenatural austro-alemão e o incipiente Partido Nazista?

Os ariosofistas e outros grupos *völkisch*-esotéricos reconheceram as semelhanças entre suas doutrinas pré-guerra e o nacional-socialismo depois de 1919. Lanz von Liebenfels e seu editor Herbert Reichstein insistiram, no pós-guerra, que a ideologia nazista era uma clara expressão do meio ocultista austro-alemão do pré-guerra. Sebottendorff, como sugerido na epígrafe deste capítulo, argumentou que o Partido Nazista era um resultado direto de sua ariosófica Sociedade Thule.[6] Da mesma forma, uma ampla gama de líderes religiosos e *völkisch*-esotéricos acolheram o Terceiro Reich, pelo menos de início, como a realização de suas crenças "neopagãs".[7]

Nas últimas décadas, os historiadores têm enfatizado, em vez disso, a natureza tênue dessas conexões. Alguns aproveitaram a citação de Hitler que também utilizei como epígrafe neste capítulo como um exemplo do desinteresse dos nazistas pelo ocultismo e pelas religiões pagãs. Outros apontaram que os líderes da Sociedade Thule jamais chegaram a desempenhar um papel importante no Terceiro Reich.[8]

Este capítulo abordará a questão do papel da Sociedade Thule na formação do Partido Nazista sob três aspectos. Primeiro, reexaminando a conexão entre grupos ariosóficos do final do período guilhermino, como a Ordem Germânica e a Sociedade Thule, da qual surgiu o NSDAP. Em seguida, testando a afirmação de Sebottendorff reproduzida na epígrafe, traçando o impacto organizacional e ideológico da Sociedade Thule na criação do início do Partido Nazista. E, por fim, questionando a epígrafe de Hitler com relação à influência das ideias ariano-germânicas, ocultistas e científicas fronteiriças nos primórdios do partido.

Meu argumento é o de que as conexões organizacionais e ideológicas entre o meio *völkisch*-esotérico do período guilhermino, a Sociedade Thule e o início do Partido dos Trabalhadores Alemães eram mais ricas e substanciais do que muitos estudiosos admitem, tendo ajudado a inscrever o pensamento sobrenatural no centro do movimento nazista.

Da Ordem Germânica à Sociedade Thule

Com a intenção de evitar o serviço no exército multinacional austríaco, Hitler fugiu de sua amada Viena para Munique em maio de 1913. Nesses últimos meses antes do início das hostilidades, o centro de gravidade *völkisch*-esotérico migrou com ele. Guido von List e Jörg Lanz von Liebenfels, Franz Hartmann e Rudolf Steiner, Hanns Hörbiger e Karl Maria Wiligut eram austríacos. Mas suas ideias encontraram maior expressão política e intelectual na Alemanha.

A partir dos últimos anos do império guilhermino e até os primeiros anos do pós-guerra, centenas de bávaros, saxões e silesianos estabeleceram uma infinidade de grupos ariosóficos. Rudolf von Gorsleben, da Alsácia-Lorena, fundou a Sociedade Edda, dando continuidade à pesquisa de List sobre as antigas runas germânicas. O ocultista silesiano Herbert Reichstein tornou-se o editor de Lanz no pós-guerra, encontrando um público em Berlim. Já o ariosofista e astrólogo saxão Rudolf von Sebottendorff se mudou para Munique e foi um dos fundadores da Sociedade Thule.[9]

Entre esses grupos ariosóficos dissidentes destacava-se a Ordem Germânica de Theodor Fritsch, sediada na Saxônia. A Ordem Germânica era uma sociedade ariosófica por excelência, repleta de rituais ocultos e bizarras teorias científicas fronteiriças sobre "raças-raiz". Ao fundá-la, Fritsch decidiu criar também um grupo de trabalho político que pudesse disseminar seu programa *völkisch*-esotérico para um público mais amplo: a chamada Liga do Martelo (Reichshammerbund).[10] Batizada em homenagem à infame editora antissemita Der Hammer, seu objetivo era promover um renascimento religioso "ariano-germânico" fundado na "supremacia germânica sobre as 'raças operárias inferiores'" e num "ódio inexorável aos judeus".[11]

Assim como outros grupos *völkisch* surgidos nas duas últimas décadas do Império Alemão, a obscura Ordem Germânica/Liga do Martelo de Fritsch tinha pouco poder político ou influência antes da Primeira Guerra Mundial, mas representou um ponto de passagem crucial em tempos de guerra entre o meio *völkisch* do fim da era guilhermina e a fundação do Partido Nazista. Sob a liderança de Nauhaus e Sebottendorff, um escritório renegado da Ordem Germânica de Fritsch em Munique encontraria uma nova vida com um nome diferente: a Sociedade Thule.

A Ordem Germânica e a Primeira Guerra Mundial

Theodor Fritsch não era um novato na política *völkisch*. Um dos primeiros e mais veementes antissemitas raciais da Alemanha, ele publicou o mais antigo jornal antissemita do país, o *Antisemitischen Correspondenz*. Em 1890, foi eleito representante no Reichstag pelo Partido Social Alemão, de caráter *völkisch* e antissemita, desempenhando mais tarde um papel importante na direita socialmente reformista.[12] Fritsch era quase tão apaixonado pelo esoterismo *völkisch* quanto pela ideia de eliminar os judeus da sociedade alemã, tendo assinado alguns de seus escritos com pseudônimos como "Fritz Thor" e participado tanto da Sociedade Guido von List quanto da Ordem dos Novos Templários de Lanz.[13]

De qualquer forma, é a tentativa de Fritsch de combinar o esoterismo *völkisch* e a política de massas na Ordem Germânica/Liga do Martelo que merece nossa atenção. À primeira vista, as duas organizações não parecem muito diferentes da Ordem dos Novos Templários ou do Partido Social Alemão que as precedeu. Os cofundadores da Ordem Germânica e da Liga do Martelo, Philipp Stauff e Hermann Pohl, eram ariosofistas proeminentes. Stauff era um membro importante da Sociedade Guido von List/Ordem Armânica, e Pohl era chefe da "Loja de Odin" local na Saxônia.[14]

Assim como a Ordem dos Novos Templários, a Ordem Germânica exigia que seus membros atendessem a critérios raciais obscuros, incluindo uma "cláusula ariana" que proibia a ascendência judaica. A ordem também praticava ritos secretos inspirados nos maçons e publicava uma revista ariosófica intitulada *Runen*, com uma suástica em plena capa. A Liga do Martelo tinha suas próprias características ocultistas. Era dirigida por um *"Armanen-Rat"* — um conselho quase arturiano de doze indivíduos, emprestado diretamente de List. O uso do termo "chandalas" por Fritsch para descrever os judeus e as raças inferiores também revela sua dívida com as reflexões científicas fronteiriças de List e Lanz sobre raça.[15]

No entanto, havia diferenças importantes entre a Ordem Germânica/Liga do Martelo e os partidos *völkisch* anteriores. A meta da Liga do Martelo era transcender o caráter pequeno-burguês do movimento antissemita do período guilhermino. Antecipando o NSDAP de Hitler, a liga tinha um escopo pangermânico, com filiais na Áustria e na Alemanha, e também buscava reu-

Da Sociedade Thule ao NSDAP 69

nir todos os "grupos racistas-reformistas" com valores "nacionais" e "sociais", unindo empresários *völkisch*, trabalhadores nacionalistas, oficiais do exército, professores, camponeses e comerciantes.[16] Ao trabalhar para transcender os arraigados meios de classe e confessionais da Alemanha, Fritsch incentivou a "colaboração com os católicos, uma ampla divulgação da propaganda para trabalhadores, fazendeiros, oficiais e professores, além de atividades especiais nas universidades".[17] Em certo momento, alguns escritórios da Ordem Germânica desenvolveram seu próprio movimento juvenil, mais uma vez antecipando o NSDAP.[18]

Fritsch e Pohl conseguiram formar uma coalizão extraordinariamente ampla de políticos e intelectuais com ideias semelhantes. A lista incluía as figuras de sempre, como List, Lanz e Bernhard Koerner, que assinava suas cartas com símbolos rúnicos (e viria a desempenhar um papel importante na ss).[19] Sebottendorff também era membro do grupo, e mais tarde recordou com entusiasmo uma reunião da Ordem Germânica nos arredores do castelo de Quedlinburg, no sopé da montanha de Brocken, na cordilheira do Harz, cenário da Noite de Santa Valburga no *Fausto* de Goethe (e, mais tarde, de projetos arqueológicos do NSDAP).[20] A esses *völkisch*-esotéricos devemos acrescentar vários nazistas proeminentes, incluindo o marechal Erich von Ludendorff, o líder conservador alemão Alfred Hugenberg e Heinrich Class, chefe da Liga Pangermânica.[21]

Considerando seus antecedentes ideológicos e seus proponentes políticos, não surpreende que o programa da Liga do Martelo estivesse impregnado de histeria racialista, com base em uma guerra apocalíptica entre os povos ariano-germânicos e as raças inferiores ("chandalas").[22] No centro da ideologia de Fritsch e Pohl estava uma "espécie patológica de antissemitismo combinada com a crença na superioridade inerente da raça germânica ou nórdica".[23] Duas décadas antes do Terceiro Reich, eles defendiam a deportação de "raças parasitas e revolucionárias (judeus, mestiços anarquistas e ciganos)".[24] Antecipando a infame profecia de Hitler de janeiro de 1939, Pohl também anunciou que se os judeus "se preparassem para explorar a guerra ou a revolução", sua aniquilação ocorreria por meio da "Vehme Sagrada", que "feriria os criminosos de massa com suas próprias armas".[25]

Aqui vemos tanto o racismo biomístico quanto a justificativa apocalíptica da violência política que definiram o imaginário sobrenatural nazista posterior.

Pohl não apenas defendia o assassinato dos judeus, mas invocava, com pouca ironia, o tribunal secreto e semimítico que assassinara "criminosos" na Westfália medieval e ajudara a justificar o assassinato político na República de Weimar.

Em um ambiente de relativa estabilidade econômica e política, a Liga do Martelo teve dificuldades para atrair apoiadores. Sua estrutura elitista, os requisitos raciais altamente restritivos e as taxas proibitivas também limitavam a filiação. Além disso, a liga retinha todas as tendências de disputas internas que haviam tornado os partidos *völkisch* e antissemitas ineficazes por trinta anos antes de 1912.[26] Assim, representava uma espécie de meio-termo entre uma ordem ocultista e uma organização política *völkisch* moderna, misturando ritos secretos e teorias raciais bizarras com uma agenda sociopolítica ambiciosa e uma organização nacional geograficamente diversificada.[27]

Quando a guerra começou, em agosto de 1914, tanto a Liga do Martelo quanto a Ordem Germânica caíram em desordem, em grande parte porque quase metade de seus membros foram convocados para o serviço militar. Mas a situação financeira precária do país, a estrutura elitista do grupo e os banquetes caros em meio à guerra continuaram a afastar muitos potenciais apoiadores. Como Pohl escreveu a um colega em novembro de 1914, "a guerra chegou cedo demais, a ordem ainda não estava completamente organizada e cristalizada, e, se a guerra durar muito tempo, acabará ruindo".[28]

Ao mesmo tempo que desafiava os fundamentos burgueses da Ordem Germânica, a guerra abriu o caminho para a política de massas, que abalou todas as convicções e valores da maior parte das pessoas comuns. Para atender às suas "necessidades sociais e espirituais", os alemães começaram a cair nos "braços da mais antiga e primitiva de todas as ilusões humanas que prometem a realização de desejos [...] o excitante e febril feitiço de uma visão mágica do mundo e da superstição".[29] Ocultistas até então apolíticos agora caracterizavam a guerra como "cosmicamente necessária [...] uma manifestação de processos que ocorrem entre 'os seres dos mundos espirituais' [...] um mundo de demônios e espíritos que atua por meio da humanidade quando as nações lutam entre si".[30] Nos últimos dois anos do confronto, quando o número de mortos ultrapassou 1 milhão de pessoas, as fantasias raciais utópicas da direita nacionalista alemã atingiram um nível febril.[31]

Fritsch e Pohl tentaram capitalizar a radicalização dos tempos de guerra para formar uma coalizão *völkisch*-nacionalista mais ampla. Mas a Liga do

Martelo acabou sendo absorvida pela Organização de Proteção e Defesa Alemã (Schutz- und Trutzbund), uma das associações nacionalistas mais poderosas no início da República de Weimar.[32] Como a maioria dos escritórios locais da Ordem Germânica, que haviam se dissipado ou se fundido em grupos nacionalistas maiores, o escritório de Munique, liderado por Pohl, se separou para formar a Ordem Germânica Walvater do Santo Graal.[33]

O indivíduo mais importante a se juntar a essa nova ordem foi Rudolf von Sebottendorff. Nascido Adam Alfred Rudolf Glauer em uma modesta família de classe média baixa na Saxônia, Sebottendorff estudou engenharia por um breve período no início da década de 1890.[34] Depois de abandonar os estudos, mudou-se para o Egito e depois para a Turquia, onde mergulhou no estudo da teosofia, do sufismo islâmico e da astrologia, esta última com um judeu grego que o iniciou na maçonaria. Para sobreviver, Sebottendorff passou um tempo como tutor em uma comunidade judaica de Kievan e chegou até mesmo a se tornar um cidadão turco.[35] Apesar — ou talvez por causa — de sua imersão nas religiões orientais e na maçonaria, ele gravitava em torno da ariosofia, citando List, Lanz e Fritsch como suas principais influências.[36]

Essa transição de um intelectual aparentemente universalista para um *völkisch*-esotérico faz sentido se o virmos no contexto de um imaginário sobrenatural austro-alemão mais amplo.[37] Sebottendorff demonstrou o mesmo fascínio pelo misticismo "oriental" e pelas religiões orientais que influenciaram Lagarde, Steiner e Lanz, e, como a maior parte desses *völkisch*-esotéricos, não via contradição em mesclar visões radicalmente racistas e antissemitas com ideias socialmente progressistas e seletivamente cosmopolitas baseadas na espiritualidade oriental e na irmandade transnacional das raças indo-arianas. A Ordem Germânica, a Sociedade Thule e, mais tarde, o movimento nazista manteriam essa combinação de nacionalismo *völkisch* extremo e indo-ariano.[38]

Após seu interlúdio turco, Sebottendorff retornou à Alemanha, e logo se juntou a um grupo de ocultistas berlinenses em torno de um jornal chamado *Die magischen Blätter*, onde trabalhou em um manuscrito sobre amuletos mágicos.[39] Ele também se tornou um especialista em astrologia, o que culminou em sua nomeação como editor da *Astrologische Rundschau* de Karl-Brandler Pracht no início da década de 1920.[40] Depois de alguns anos nesse demi-monde berlinense, Sebottendorff — que desde então havia se juntado à Ordem Germânica de Fritsch — foi para Munique,[41] onde, em 1917, participou de uma reunião da nova Ordem Germânica Walvater do Santo Graal presidida por Pohl. Impressionado com as convicções *völkisch*-esotéricas de Sebottendorff, Pohl convidou o astrólogo itinerante a ingressar na organização e o encarregou de renovar o escritório da ordem na Baviera.[42]

Na maioria dos aspectos, a Ordem Germânica Walvater do Santo Graal não diferia muito de sua predecessora, a Ordem Germânica. Sebottendorff a imaginava como uma "organização social-nacional" combinando um "tipo patológico de antissemitismo com a crença na superioridade inerente da raça germânica ou nórdica". Assim como sua predecessora, a Ordem Germânica Walvater do Santo Graal era organizada segundo as linhas maçônicas.[43] Assim, ainda era uma sociedade "secreta", que produzia poucos documentos escritos. Quando alguma correspondência política se fazia necessária, em geral era feita por meio de runas germânicas — dificilmente uma base eficaz para a política de massas. Com efeito, por meio da ordem, Sebottendorff decidiu patrocinar um jornal ocultista chamado *Runes*, e continuou a dar palestras sobre radiestesia com pêndulo e astrologia.[44]

Nenhuma dessas decisões parece ter levado a Ordem Germânica muito além do beco sem saída organizacional em que ela havia entrado um ano antes, quando Pohl se separou de Fritsch. Mas o impacto devastador da guerra começou a radicalizar até mesmo os membros mais obstinados e apolíticos da ordem. E, no verão de 1918, quando as perspectivas de vitória da Alemanha diminuíram, Sebottendorff decidiu que era hora de entrar para a política.[45]

A Sociedade Thule

Sebottendorff conheceu sua "alma gêmea", Walter Nauhaus, durante os esforços de recrutamento para a Ordem Germânica Walvater do Santo Graal. Nauhaus era um escultor de formação, fascinado, como muitos intelectuais *völkisch*, pelo "lado esotérico da cabala", e pelas crenças religiosas egípcias e hindus. E, ao lado do amigo Walter Deicke, havia formado um grupo de discussão em 1º de janeiro de 1918 a fim de explorar essas ideias. Eles o chamaram de Sociedade Thule.

Na época, o pequeno grupo de discussão era totalmente apolítico e não tinha nenhuma conexão com a Ordem Germânica.[46] Mas isso foi mudando

Da Sociedade Thule ao NSDAP 73

pouco a pouco, depois que Sebottendorff nomeou Nauhaus vice-recrutador da Ordem Germânica Walvater do Santo Graal. No verão de 1918, Sebottendorff e Nauhaus organizaram uma série de reuniões da ordem no hotel Four Seasons de Munique. À medida que a ordem se tornava mais politizada, Nauhaus começou a abraçar a ideia de substituir a Ordem Germânica Walvater do Santo Graal pela inócua Sociedade Thule, como um disfarce para suas atividades. Assim, em 17 de agosto de 1918, quando a última ofensiva de Ludendorff foi derrotada no front ocidental, Sebottendorff fundiu o escritório bávaro da Ordem Germânica Walvater do Santo Graal com a recém-fundada Sociedade Thule de Nauhaus.[47]

Como vimos no capítulo 1, o conceito de uma civilização perdida de Hiperbórea ou de Thule tinha origem na preocupação dos teosofistas com Atlântida, e em seguida, em uma forma mais racializada, encontrou seu caminho até a ariosofia, cujos princípios Nauhaus e Sebottendorff adotaram como base para sua nova organização.[48] A Sociedade Thule, assim, conservou todas as armadilhas das organizações ariosóficas que a haviam predecedido, propagando uma "mistura única de adornos ocultistas-mitológicos e teorias científicas naturais" e prometendo um futuro utópico nos meses finais de uma guerra apocalíptica.[49]

O fato de a guerra ainda não ter sido perdida foi importante para determinar a trajetória inicial do grupo. Em uma reunião realizada duas semanas após sua fundação, Sebottendorff ainda encontrou tempo para uma longa peroração sobre "o pêndulo" como um "instrumento para experimentos radiestésicos ou suposto diagnóstico médico". De forma tipicamente burguesa e esotérica, os thulistas recém-iniciados do sexo masculino eram incentivados a usar um broche de bronze adornado com uma suástica e duas lanças, enquanto as mulheres recebiam uma suástica dourada.[50] O importante aqui não é o fato de Sebottendorff ter desperdiçado o tempo da sociedade com alfinetes iniciáticos ou com os benefícios para a saúde proporcionados pelas varas de adivinhação. Quando chegou ao poder, Hitler também mandou um radiestesista vasculhar a chancelaria do Reich em busca de "raios mortais" cancerígenos, e Himmler ordenou que seu principal conselheiro ocultista, Wiligut, desenvolvesse todos os tipos de runas e insígnias *völkisch*-esotéricas.

O que torna as palestras e práticas de iniciação de Sebottendorff interessantes é sua tentativa de atrair participantes mulheres — uma mudança significativa em relação à natureza abertamente chauvinista da Ordem dos Novos Templários de Liebenfels, da Ordem Armânica de List e da Ordem Germânica de Fritsch.[51] O foco da Sociedade Thule no ocultismo e no pensamento científico fronteiriço também foi fermentado por um instinto maior de política de massas do que seus precursores. Por fim, Sebottendorff procurou e obteve apoio dos remanescentes da Ordem Germânica em Berlim, numa tentativa de se ramificar no norte da Alemanha que não havia funcionado bem para Fritsch e seus antecessores.[52]

Em muitos aspectos, o programa da Sociedade Thule era o mesmo de suas predecessoras *völkisch*-esotéricas. Os thulistas desejavam uma Grande Alemanha sem judeus, maçons e comunistas, e propuseram um conjunto de "reformas" sociais progressivas para ajudar a unir trabalho e capital.[53] Além disso, os elementos "sociais-nacionais" estavam mais fortemente representados na Sociedade Thule do que na Ordem Germânica. A aparente hostilidade de Sebottendorff ao capitalismo e sua simpatia pelos trabalhadores não era "marxista" ou socialista, argumentava ele, mas essencialmente "alemã". Ele queria eliminar o capitalismo "judeu" para que os trabalhadores alemães honestos e os pequenos empresários pudessem prosperar. Esses argumentos eram praticamente idênticos às primeiras versões do nacional-socialismo de Hitler.[54] Esse programa social e econômico progressivo é particularmente interessante, dado o caráter bastante burguês dos primeiros membros da sociedade.[55]

Depois de fundar a Sociedade Thule, Sebottendorff e seus colegas tomaram duas decisões importantes no início do outono de 1918. Em primeiro lugar, Sebottendorff comprou um jornal, o *Münchner Beobachter* (cujo cabeçalho dizia: "Jornal Independente para Políticas Nacionais e Raciais"). Ao se disfarçar como um jornal esportivo (*Sportblatt*), o *Beobachter* passaria despercebido pela oposição liberal e socialista, raciocinou Sebottendorff, já que "um judeu só se interessa por esporte se ele der lucro".[56] Um ano depois o *Beobachter* passaria a se chamar *Völkischer Beobachter*, tornando-se o principal veículo de imprensa do Partido Nazista.

Em segundo lugar, em outubro de 1918, o principal jornalista esportivo e novo editor político do *München Beobachter*, Karl Harrer, cofundou com Anton Drexler, seu colega na Sociedade Thule, o chamado "Círculo de Trabalhadores Políticos" (Politische Arbeiter-Zirkel). Foi Drexler quem, algumas semanas

Da Sociedade Thule ao NSDAP

depois, sugeriu mudar o nome do grupo, de um "círculo" para o Partido dos Trabalhadores Alemães (Deutsche Arbeiterpatei, ou DAP).[57]

Sebottendorff não liderou pessoalmente essa iniciativa da "classe trabalhadora", mas seus associados lembram que ele havia começado a se aproximar dos membros mais jovens da Ordem Germânica fora da estrutura da Sociedade Thule burguesa. Ele e Harrer reconheceram que a sociedade precisava de mais apoio da classe trabalhadora para ganhar influência política.[58]

Na época, Sebottendorff insistia que a Sociedade Thule era apolítica, estando concentrada principalmente em atividades ocultistas típicas da Ordem Germânica de Theodor Fritsch antes da guerra. Alguns historiadores aceitaram as afirmações de Sebottendorff como prova da diferença entre a Sociedade Thule, baseada no ocultismo, e o Partido Nazista, com orientação política. No entanto, como sugeri antes, os governos do final do Império Alemão e do início da República de Weimar monitoravam de perto as organizações políticas extremistas, razão pela qual Nauhaus e Sebottendorff criaram o disfarce da Sociedade Thule e retrataram o *Münchner Beobachter* como um "jornal esportivo".[59] Sua relativa liberdade de vigilância provavelmente explica por que uma organização tão politicamente revolucionária pôde se reunir abertamente no hotel Four Seasons e atrair uma multidão eclética de pangermânicos, intelectuais *völkisch* e futuros nazistas, mesmo quando outros grupos de direita eram perseguidos.[60]

Ainda assim, a Sociedade Thule provavelmente teria permanecido como um pequeno e inofensivo grupo dissidente *völkisch* não fosse pela eclosão da revolução de esquerda e a catástrofe militar da derrota da Alemanha na Primeira Guerra Mundial. A partir do fim de outubro de 1918, a coalizão governamental de centro-esquerda formada por liberais, católicos e sociais--democratas passou a enfrentar a crescente oposição de trabalhadores em greve e soldados amotinados. As reivindicações dos trabalhadores logo foram atendidas por um novo grupo radical, o Partido Social-Democrata Independente (Unabhängige Sozialdemokratische Partei Deutschlands, ou USDP), e por um incipiente Partido Comunista (Kommunistische Partei Deutschlands, ou KPD), que desejavam o fim imediato da guerra e a erradicação da monarquia. Esses revolucionários de esquerda teriam seu primeiro sucesso no estado da Baviera, onde o USPD de Kurt Eisner conseguiu derrubar a monarquia de

Wittelsbach e declarar uma República social-democrata em 7 de novembro de 1918, quatro dias antes do armistício.

Para "aqueles que acreditavam no apocalipse racial", como Sebottendorff, a experiência da República da Baviera de Eisner, seguida do armistício, da derrota e da desintegração do Império Alemão, foi catastrófica. Endêmico nos círculos *völkisch*-esotéricos antes de 1914, o apocaliptismo agora havia se tornado "um elemento básico da cultura e de algumas vertentes do discurso religioso — para não mencionar a propaganda de guerra alemã". Diante da derrota e da revolução da esquerda, os alemães com uma "perspectiva escatológica", como Sebottendorff e seus colegas nacionalistas *völkisch*, tiveram "confirmada sua visão de que o fim dos dias estava chegando".[61] Como disse um soldado nas primeiras semanas da República de Weimar:

> Judeus e [...] aproveitadores enriqueceram, banqueteando-se e vivendo às custas do povo como se estivessem em uma "Terra Prometida" [...]. A Alemanha parecia perdida. Resignado, o soldado do front tentou proteger sua família da ruína e da fome. Com greves e revoltas em todos os distritos, o destino da Alemanha parecia selado [...] [o] mundo virou de cabeça para baixo! [...]. O soldado do front e a parte decente da população lideraram uma luta quase sem esperança contra essa epidemia. O parlamentarismo foi celebrado como um bacanal. Cerca de 35 partidos e facções surgiram e confundiram o povo. Um puro sabá de bruxas! O povo alemão, desprovido de perspicácia política, cambaleava em direção às diversas vontades, doente de corpo e alma.[62]

Antes de 1914, essas impressões prevaleceram até certo ponto nos círculos *völkisch*. Mas a ideia de uma luta racial apocalíptica contra liberais, socialistas e judeus teve "um progresso visivelmente pequeno em Munique e na Baviera até que a guerra, a revolução, os soviéticos de Munique e a morte dos reféns propiciaram o terreno fértil para seu crescimento". Somente após a Primeira Guerra Mundial e as revoluções de esquerda que se seguiram a ela é que "o violento antissemitismo racista se tornou 'popular' na Baviera, e só então Munique se tornou o centro lógico do nacional-socialismo".[63]

Em 7 de novembro de 1918 — dia em que Eisner declarou sua República da Baviera —, Sebottendorff convocou uma reunião da Sociedade Thule. "Ontem, experimentamos o colapso de tudo o que nos era familiar, querido e valioso", disse ele. "No lugar dos príncipes de sangue germânico reina nosso inimigo mortal: Judá. Ainda não sabemos o que acontecerá com esse caos. Mas podemos adivinhar. Chegará um momento de luta, da mais amarga necessidade, um momento de perigo [...]. Enquanto tiver nas mãos o martelo de ferro [uma referência ao martelo de seu mestre], estarei determinado a empenhar a Sociedade Thule nessa luta."[64]

Se havia alguma dúvida sobre o objetivo político da Sociedade Thule antes de 7 de novembro de 1918, seu caminho futuro agora estava claro. A sociedade não podia mais se dar ao luxo de ficar sentada à toa no hotel Four Seasons discutindo runas germânicas e varas de adivinhação. Para reverter as consequências da derrota do país e restaurar um Império Alemão racialmente puro, seria preciso pegar em armas contra "Judá".[65] Os membros da Sociedade Thule logo seriam acompanhados nessa missão por um jovem cabo austríaco, que retornara a seu lar adotivo em Munique apenas duas semanas após a declaração de guerra de Sebottendorff: Adolf Hitler.

Da Sociedade Thule ao NSDAP

No final de novembro de 1918, o novo governo de centro-esquerda formado por sociais-democratas, centristas católicos e liberais-democratas viu-se numa situação quase impossível. Atormentados pela oposição extremista tanto de esquerda quanto de direita, eles também enfrentavam um cenário de fome generalizada, uma epidemia de gripe que ceifou centenas de milhares de vidas e milhões de soldados que agora voltavam para a Alemanha e encontravam suas casas, famílias ou meios de subsistência destruídos. Forçado a tomar medidas extremas para defender a República, o governo provisório de Weimar tomou duas decisões fatídicas. A primeira ajudou a garantir que a Sociedade Thule evoluísse para o incipiente Partido dos Trabalhadores Alemães (DAP). A segunda facilitou o contato de Hitler com o partido alguns meses depois.

A primeira decisão foi tomada por Gustav Noske, ministro socialista de Assuntos Militares, que fundou o grupo militar Freikorps em janeiro de 1919. O Freikorps alistou grupos de soldados para combater a extrema esquerda em nome da República. Aqueles que se juntaram ao paramilitarismo de Noske com mais entusiasmo foram os raivosos nacionalistas *völkisch*, alguns dos quais eram jovens demais para ter visto muita ação durante a guerra.[66] Entre os bandos itinerantes que Noske designou estava a Kampfbund [Associação de Combate] de Rudolf von Sebottendorff, mais tarde renomeada Freikorps Oberland, um terreno fértil para futuros nazistas.[67]

A segunda decisão fatídica do governo de Weimar ocorreu algumas semanas depois, quando o exército alemão, o Reichswehr, nomeou Hitler como oficial de ligação (*Vertrauensleute*) entre o governo e sua companhia. Ao recrutá-lo para repassar "material educativo às tropas" e trabalhar como informante "antibolchevista", encarregado de se infiltrar em partidos radicais na Baviera, o Reichswehr deu a Hitler, até então sem experiência política, as chaves do galinheiro.[68] Como disse Sebottendorff, "mesmo no Partido Social--Democrata, especialmente o ramo bávaro, podiam-se ver muitos sinais da percepção emergente de que os [judeus], os elementos racialmente estrangeiros, tinham a maior responsabilidade por todo o 'curral de porcos'".[69] Foi nesse ambiente politicamente radicalizado, militarizado e hipernacionalista que Hitler entrou em contato pela primeira vez com o Partido dos Trabalhadores Alemães.

A emergência do DAP

A partir de novembro de 1918, Sebottendorff e seus colegas da Sociedade Thule começaram a conspirar contra a República da Baviera. Em dezembro, a sociedade elaborou um plano para sequestrar Eisner — que falhou por completo. O mesmo destino teve um esquema para se infiltrar na milícia civil com objetivos contrarrevolucionários. Esse último plano resultou na prisão de vários membros da sociedade e em uma denúncia pública no parlamento regional.[70] Em março de 1919, a Sociedade Thule estava sob vigilância constante. Para evitar a prisão, Sebottendorff teve de recorrer à dissimulação e a dicas recebidas de seus contatos na polícia da Baviera.[71]

Um incidente em particular fornece mais clareza sobre a abordagem da Sociedade Thule em relação à ação política. O fato ocorreu quando o comissário de polícia socialista da Baviera visitou a sede da sociedade em busca de "propaganda antissemita". Alertado na noite anterior por um oficial simpático à sua causa, Sebottendorff pediu a todas as mulheres que integravam a organi-

Da Sociedade Thule ao NSDAP 79

zação que se reunissem na manhã seguinte para uma "hora de coral". Assim que chegou, o comissário de polícia foi cumprimentado pela condessa Heila von Westarp, secretária da Sociedade Thule, que liderava várias outras mulheres no entoamento de um hino nacionalista. De acordo com Sebottendorff, o comissário de polícia, intrigado, perguntou: "Que tipo de associação é essa?", ao que Sebottendorff respondeu: "Esta é uma sociedade para o aprimoramento da elite [*Höherzüchtung*] da raça germânica". Desconcertado, o comissário de polícia o pressionou: "Sim, mas o que vocês estão realmente fazendo?", ao que Sebottendorff respondeu: "Como o senhor pode ver, somos cantores".[72]

Frustrado com a dissimulação de Sebottendorff, o comissário de polícia insistiu em prosseguir a busca na casa por propaganda antissemita. A resposta de Sebottendorff foi de arrepiar: "Se o senhor [...] prender a mim ou a alguém do meu povo [...] então meu povo prenderá um judeu, onde quer que o encontre, e o arrastará pelas ruas, insistindo que ele roubou a hóstia [cristã]. Então, senhor comissário de polícia, o senhor terá um pogrom, que o varrerá junto com ele".[73]

De fato, durante os primeiros meses de 1919, Sebottendorff utilizou o *Münchner Beobachter* para publicar uma enxurrada constante de propaganda antibolchevique e antissemita com o objetivo de minar a República de Eisner. O *Beobachter* estampou dezenas de artigos sobre como o "judeu Eisner" e os representantes de "Israel na Alemanha" estavam tentando destruir a raça alemã por meio do "bolchevismo russo" e da "educação bolchevista". Não é preciso dizer que esses artigos receberam considerável atenção das autoridades republicanas locais e causaram a proibição temporária do *Beobachter* no início de abril de 1919.[74]

O objetivo de Sebottendorff não era criar uma organização partidária com o objetivo de alcançar o poder, mas derrubar o governo socialista por meio de uma contrarrevolução violenta, um padrão que Hitler seguiria quatro anos depois ao realizar o Putsch da Cervejaria (de 8 para 9 de novembro de 1923). O mais sensacional desses planos, desenvolvido por Sebottendorff poucos dias após a proibição do *Beobachter* pelo regime, foi um golpe de Estado contra a República Soviética da Baviera. Seu planejamento e resultado são assustadoramente semelhantes ao Putsch de Hitler. Imaginando que seria capaz de reunir todas as forças nacionalistas de Munique contra Eisner, Sebottendorff se aproximou da milícia local em um esforço para formar um exército de

6 mil homens, tomar Munique de surpresa e prender as autoridades comunistas — tudo isso em 24 horas.[75]

Antes que o mal concebido golpe pudesse ser posto em prática, a trama foi descoberta pelo "Exército Vermelho" da Baviera. Sete conspiradores, incluindo Nauhaus e a condessa Westarp, foram presos e sumariamente executados. O assassinato desses sete "reféns" aumentou a reputação da Sociedade Thule nos círculos nacionalistas radicais, da mesma forma como o Putsch da Cervejaria aumentaria a visibilidade do NSDAP. Mas, ao contrário de Hitler, que utilizou seu julgamento como uma plataforma nacional, Sebottendorff se viu desacreditado nos círculos *völkisch*, acusado de vazar os nomes dos conspiradores.[76]

Após esses erros estratégicos e oportunidades perdidas, o papel de Sebottendorff na Sociedade Thule e no Bund Oberland diminuiu.[77] Ele claramente não era a pessoa certa para traduzir as ideias *völkisch*-esotéricas que definiam a Ordem Germânica antes da guerra em um movimento político de massas. A Sociedade Thule, burguesa e conspiratória, também não era o veículo apropriado para esse movimento.

O primeiro dos colegas de Sebottendorff a reconhecer a necessidade de uma contrapartida política partidária independente da Sociedade Thule foi Karl Harrer. Em outubro de 1918, como vimos, Harrer fundou um "círculo de trabalhadores políticos" com Anton Drexler, um serralheiro ferroviário. Seu objetivo era atrair membros nacionalistas das classes trabalhadoras para o movimento *völkisch*. Dois meses depois, em 5 de janeiro de 1919, Drexler se juntou a Harrer, ao economista Gottfried Feder e ao poeta de direita Dietrich Eckart para formar o Partido dos Trabalhadores Alemães.[78]

Desde o início, havia diferenças sutis entre a Sociedade Thule, de inspiração ocultista, e o recém-nascido DAP. A Sociedade Thule, semelhante à Ordem Germânica, representava um eleitorado em grande parte burguês, que dispunha de tempo livre e recursos para passar as tardes ouvindo palestras sobre runas germânicas, astrologia e varas de adivinhação. O DAP, por outro lado, tinha uma composição mais voltada para a classe média baixa e a classe trabalhadora, reunindo-se não no luxuoso hotel Four Seasons, mas em uma taberna local. Em termos de estratégia política, o DAP também era mais pragmático do que a Sociedade Thule, concentrando-se na criação de um partido em vez de fomentar a revolução.[79]

Da Sociedade Thule ao NSDAP 81

Apesar dessas diferenças, é difícil imaginar o desenvolvimento inicial do DAP sem as fundações da Sociedade Thule. Os principais cérebros do DAP, incluindo Harrer, Drexler, Eckart, Feder, Alfred Rosenberg, Hans Frank e Rudolf Hess, eram todos membros ou associados da sociedade. Harrer editava o *Müncher Beobachter*, e Friedrich Krohn, outro membro da Sociedade Thule, viria a desenhar para Hitler a bandeira com a suástica.[80]

Sem dúvida, o *Münchner Beobachter* era de início simpático ao Partido Socialista Alemão, criado por Sebottendorff em maio de 1919 como uma alternativa ao DAP.[81] No entanto, em agosto de 1919 (conforme observado anteriormente), o jornal passou a se chamar *Völkischer Beobachter* e transferiu seus escritórios para a Franz Eher Verlag, a editora oficial nazista.[82] Em poucas semanas — coincidindo com a entrada de Hitler no partido —, o periódico começaria a fazer reportagens regulares sobre o DAP.

Assim, a Sociedade Thule, nas palavras de Richard Evans, "provaria ser um ponto de parada importante para muitos dos principais ativistas nazistas posteriores em seu caminho até o compromisso com Hitler e seu movimento".[83] Como relembrou Sebottendorff, fazendo apenas um ligeiro embelezamento, "além da própria Sociedade Thule, o arsenal do futuro Führer consistia na Associação Geral dos Trabalhadores Alemães [Allgemeiner Deutscher Arbeiterverein], fundada na Sociedade Thule pelo irmão Karl Harrer, e no Partido Socialista Alemão [Deutsch-Sozialistische Partei], liderado por Hans George Grassinger, e cujo órgão oficial era o *Völkischer Beobachter*".[84] Sem a Sociedade Thule de Sebottendorff, o Círculo de Trabalhadores Políticos de Harrer e o infame jornal que eles compraram a fim de promover suas visões de mundo, é quase certo que o Partido Nazista não teria nascido.[85]

O DAP também herdou da Sociedade Thule o fervoroso antissemitismo e anticomunismo, o ódio fanático à democracia e a dedicação à derrubada da República. Os "raivosos nacionalistas e veteranos feridos" que se juntaram ao DAP olhavam "com desprezo para a sociedade civil, que estava presa em uma vida de meros eventos superficiais, incapaz de compartilhar as experiências quase religiosas de transcendência e eternidade do soldado".[86] No meio dessa cosmologia *völkisch*-esotérica surgiu a "figura fantasiosa de um salvador" que "agia como uma espécie de eixo psicológico que sustentava a armadura de caráter do nacionalista radical".[87] Depois de muitos falsos messias, de List e Fritsch a Sebottendorff, o DAP agora encontraria seu "salvador".

Hitler toma as rédeas

O distanciamento do DAP da Sociedade Thule nunca foi uma ruptura total. Condicionada pela mudança das circunstâncias políticas, a evolução do DAP para fora da Sociedade Thule foi tão orgânica quanto o surgimento da Ordem Germânica de Fritsch antes dela.[88] O astrólogo "profissional" e radiestesista Sebottendorff pode ter ficado de fora, mas o astrólogo amador e radiestesista Wilhelm Gutberlet estava dentro. Um médico de Munique, Gutberlet detinha 8,5% das ações do *Völkischer Beobachter* e era um dos mais importantes financiadores do DAP, tendo estado presente na primeira reunião do DAP da qual Hitler participou, em setembro de 1919. Um quarto de século depois, Gutberlet ainda estava ativo no NSDAP — convidado pelo chefe da inteligência nazista, Walter Schellenberg, para prestar consultoria sobre a viabilidade do emprego da astrologia e da adivinhação na inteligência em tempos de guerra.[89]

O importante aqui é que o interesse de Nauhaus e Sebottendorff na religião ariano-germânica, no ocultismo e nas ciências fronteiriças ultrapassou em muito a associação da Sociedade Thule com o DAP.[90] Além disso, praticamente todos os primeiros líderes do DAP — incluindo Drexler, Harrer, Eckart, Hess, Rosenberg e Frank — expressaram interesse na religião ariano-germânica, no ocultismo e/ou nas ciências fronteiriças.[91] Não é o constrangimento do DAP com relação às inclinações sobrenaturais da sociedade que explica a marginalização de Sebottendorff, mas sua abordagem amadora da política e sua decisão, em maio de 1919, de fundar uma agremiação rival, o Partido Socialista Alemão (que tinha um programa quase idêntico e, portanto, fundiu-se com o NSDAP de Hitler alguns anos depois).[92]

Por ora, no entanto, o DAP era apenas um pequeno partido entre dezenas de organizações *völkisch*, e precisava de outro elemento para se tornar um movimento nacional: um líder carismático. Em 12 de setembro de 1919, Eckart estava programado para fazer um discurso em uma reunião do DAP, mas, tendo adoecido, foi substituído de última hora por outro membro da Sociedade Thule e cofundador do DAP, Gottfried Feder, cuja propensão para tiradas pitorescas e antissemitas contra o "mamonismo" e a "escravidão por juros" o tornou extremamente popular nos círculos *völkisch*.

Acontece que Hitler, na qualidade de inspetor do Reichswehr, decidiu participar dessa reunião. Nada impressionado com o discurso de Feder, ele estava

Da Sociedade Thule ao NSDAP

deixando a reunião quando outro membro do DAP fez um apelo para que a Baviera se separasse do Reich. Como um jovem austríaco que fantasiara a vida inteira sobre um Grande Reich germânico, Hitler ficou furioso, e respondeu com um discurso apaixonado em favor da unidade racial pangermânica que claramente foi o destaque do dia. Impressionado com a intervenção improvisada de Hitler, Drexler lhe forneceu algumas publicações políticas e pediu que ele se filiasse ao partido.[93]

Pouco tempo depois, o *Völkischer Beobachter* noticiou pela primeira vez uma reunião do DAP, incluindo um discurso de "Herr Hitler" que atacava os judeus. No início de 1920, ficou claro que o jornal estava prestando cada vez mais atenção no DAP, recém-renomeado Partido Nacional-Socialista dos Trabalhadores Alemães e em sua estrela em ascensão, Adolf Hitler.[94]

Considerando os comentários desdenhosos de Hitler sobre os "itinerantes estudiosos *völkisch*", é tentador supor que as mudanças subsequentes na organização partidária do NSDAP tiveram a ver com a eliminação de seus elementos ocultistas. E, no entanto, os conflitos intrapartidários que surgiram depois que Hitler assumiu as rédeas tinham relativamente pouco a ver com o ocultismo ou o paganismo, estando mais relacionados à convicção generalizada de que o DAP havia atraído pessoas que, devido à sua formação elitista e preferência por grupos de discussão obscuros, não estavam preparadas para chegar ao poder.[95]

Essa tensão entre a cultura de um grupo de discussão esotérico e a criação de uma organização política de massas era endêmica no movimento *völkisch* antes do rompimento do DAP com a Sociedade Thule,[96] e inerente ao fracasso dos partidos antissemitas do período guilhermino, bem como à influência política marginal da Ordem Armânica, da Sociedade Guido von List e da Ordem Germânica/Liga do Martelo. Sebottendorff citou essas tensões em sua própria decisão de criar uma organização política para suceder a Ordem Germânica Walvater do Santo Graal. Como lamentaram todos, desde Drexler e Harrer até Hitler e Goebbels, foram as mesquinhas brigas internas entre os grupos *völkisch* que impediram os alemães de se unirem contra os judeus e os comunistas — um problema que nenhum deles conseguiu de imediato resolver.[97]

Essas tensões políticas e estratégicas se manifestaram nas páginas e nas reuniões editoriais do *Völkischer Beobachter*. Durante oito meses, o jornal, sob a redação de Harrer, tentou evitar favorecer exclusivamente o DAP em detrimento do Partido Socialista Alemão.[98] Mas, na primavera de 1920, Hitler forçou a saída de Harrer e insistiu que o veículo dedicasse sua atenção ao NSDAP.[99] No final do mesmo ano, ele tentou comprar o *Völkischer Beobachter* para uso exclusivo do NSDAP. Amigo de Hitler, líder paramilitar e devoto da astrologia, Ernst Röhm teve um papel decisivo nesse aspecto. Convencido de que Hitler era o homem certo para o trabalho, Röhm incentivou seu comandante, Ritter von Epp, a comprar o jornal para servir como veículo pessoal de Hitler e do NSDAP.[100]

Eckart e Rosenberg, ambos membros da Sociedade Thule com tendências esotéricas, assumiram a direção do *Völkischer Beobachter* e as atividades de propaganda do partido.[101] Essa transição do relativamente pragmático Harrer para o diletante religioso pagão Rosenberg e o místico *völkisch* Eckart dificilmente pode ser vista como uma ruptura com o pensamento sobrenatural, mas apenas como parte da contínua evolução política do DAP, incluindo o crescente domínio de Hitler dentro do movimento *völkisch* mais amplo.[102]

Em 1922, o NSDAP havia absorvido o Partido Socialista Alemão de Sebottendorff, assim como o grupo paramilitar Bund Oberland, afiliado à Sociedade Thule.[103] Incluídos nessa fusão estavam vários "itinerantes estudiosos *völkisch*", entre os quais dois antigos líderes antissemitas do período guilhermino: Ernst von Reventlow, que após 1933 ajudaria a liderar o Movimento da Fé Germânica, de caráter pagã, e Theodor Fritsch, cujo status icônico seria imortalizado em várias escolas do partido e nomes de ruas durante o Terceiro Reich.[104] Quem também trocou o Partido Socialista Alemão pelos nazistas foi Julius Streicher, que dizia possuir o raro "poder" de "sentir o cheiro" dos judeus a metros de distância. O NSDAP atraiu ainda Artur Dinter, cujo romance de fantasia radicalmente antissemita e alimentado por superstições, *Die Sünde wider das Blut* [O pecado contra o sangue] (1917), vendeu centenas de milhares de cópias.[105] A esses proeminentes líderes *völkisch* precisamos acrescentar os paganistas Hugo Christoph Heinrich Meyer, Ernst Hunkel e Ernst Freiherr von Wolzogen, bem como ariosofistas destacados como Johannes Dingfelder, Franz Schrönghamer-Heimdal, Herman Wirth e Frenzolf Schmid.[106]

Dado o grupo cada vez maior de *völkisch*-esotéricos, não admira que o *Völkischer Beobachter* tenha continuado a publicar artigos de paganistas e ariosofistas ariano-germânicos bem depois da saída de Harrer. Esses artigos estavam repletos de conceitos como "chandalas", "Halgadom" (um lugar sagrado), "a igreja de Odin ou Ordem Armânica", "alma racial" e "religiões

Da Sociedade Thule ao NSDAP

arianas da luz".[107] Em dezembro de 1920, o NSDAP copatrocinou um festival pagão de solstício de inverno que "proclamou em público sua ligação com as ideias *völkisch* de Guido von List". A terrível crise dos primeiros anos da República, segundo o *Völkischer Beobachter*, havia sido "profetizada" na *"Edda* e nos ensinamentos do armanismo". O texto encerrava dizendo que "um dia, tempos mais felizes virão para a raça ariana — uma nova Idafeld".[108] No verão de 1921, o NSDAP patrocinou outro festival de solstício, repleto de referências a "Baldur, o deus-sol", e ao "herói-sol e filho do deus Siegfried".[109] Em 1922, mais uma vez, encontramos uma celebração pagã nazista do Natal, o "festival de Yule", acompanhado de um artigo de aprovação de Rosenberg.[110]

O grito de guerra nazista antes do Putsch da Cervejaria em 8-9 de novembro de 1923, como nos lembra Samuel Koehne, "apresentava conceitos derivados de Madame Blavatsky e popularizados por Theodor Fritsch". Se a revolução nazista fosse bem-sucedida, argumentava a publicação do partido, o "horrível episódio marxista, esse produto diabólico, resultado do cruzamento do espírito talmúdico com a insanidade materialista", desapareceria "diante da visão de mundo germano-cristã, que, em um movimento rápido, rompe as correntes que foram forjadas quando reinava a escuridão". O artigo prosseguia dizendo que "a eterna luta entre Ormuzd e Ahriman, entre a luz e as trevas terminou mais uma vez com a vitória do sol, cujo símbolo é o antigo sinal ariano de salvação: a suástica!".[111] O golpe de novembro de 1923 foi um fracasso retumbante, sem dúvida. Mas os sentimentos e expectativas sobrenaturais de muitos membros do partido são claros.

Os desdenhosos comentários de Hitler sobre os "itinerantes estudiosos *völkisch*" não devem ser levados ao pé da letra, uma vez que, mais tarde, ele nomeou Streicher como líder regional do partido (Gauleiter) na Baixa Saxônia e Dinter, Gauleiter na Turíngia.[112] Streicher permaneceria como um dos principais expoentes do partido até o final da guerra. Dinter acabou sendo expulso do NSDAP em 1928, mas principalmente por conta de sua relutância em seguir o "princípio de liderança" (*Führerprinzip*) de Hitler, incluindo a busca de alianças políticas independentes e a propagação de sua religião *völkisch*-esotérica específica.[113]

Ao demonstrar pouca tolerância com a independência política ou ideológica, Hitler não se revelou diferente de Fritsch, Sebottendorff e outros *völkisch*-esotéricos. Todos os líderes *völkisch* reconheciam a necessidade de unir seu movimento em torno de um único líder.[114] Como Sebottendorff reconheceu mais tarde, Hitler mereceu todo o crédito por reunir o movimento *völkisch* dentro do NSDAP. O "alemão precisava de um Führer que o instruísse", observou Sebottendorff, "a fixar seu olhar apenas no objetivo, e não no caminho".[115] O partido não expulsou os *völkisch*-esotéricos leais, mas os convenceu a aceitar um NSDAP hierárquico, nacionalmente unificado e centrado em volta de Hitler.[116]

Alguns anos após essa "refundação" do partido em 1925, Goebbels admitiu que o NSDAP "é muitas vezes acusado de ter perdido seu caráter de movimento [...] de ter tomado o amplo e sempre cambiante sistema de pensamento do movimento *völkisch* e o forçado a um leito de Procusto". Mas "o movimento *völkisch* encalhou nessa questão", continuou ele. "Cada um declara que seu próprio interesse é central para o movimento e acusa qualquer outro que não compartilhe de suas opiniões de ser um traidor da causa. Era assim o movimento *völkisch* antes da guerra [...]. Se um organizador *völkisch* tivesse entendido de que maneira formar um grande movimento — trata-se de uma questão de vida ou morte para nossa nação —, a ideia *völkisch*, e não o marxismo, teria vencido."[117] A decisão de Hitler e do NSDAP de romperem com a Sociedade Thule não estava relacionada primordialmente às suas visões científicas ocultistas e de fronteira, sugeriu Goebbels, mas à sua abordagem desordenada da política.[118]

Décadas após o rompimento do NSDAP com a Sociedade Thule, os "velhos combatentes" nazistas ainda lamentariam a falta de sentimento de Hitler pela "ideia *völkisch* de base romântica".[119] Mas a aparente rejeição de Hitler ao *völkisch*-esoterismo deve "ser vista à luz de sua conceituação do partido como um 'movimento' que rejeitava a antiga abordagem conspiratória sintetizada por grupos como a Sociedade Thule".[120] O "período de 1920 a 1923 foi uma era peculiar na vida do Partido Nazista, uma era durante a qual ele se transformou de uma organização pequena e obscura — que Adolf Hitler descreveu como um 'clube de chá' — em um movimento revolucionário". Embora tenham abandonado a abordagem política do "clube de chá", os nazistas permaneceram "intimamente ligados às suas raízes no movimento *völkisch*".[121]

O imaginário sobrenatural nazista

Os primeiros quatro anos da República de Weimar — os anos de formação do Partido Nazista — foram uma época de terror político desenfreado, paranoia e revolução. Desde a onda de revoltas de esquerda no início de 1919 até o Kapp-Putsch de direita em março de 1920 e o Putsch da Cervejaria de Hitler em novembro de 1923, radicais paramilitares lutavam entre si nas ruas, assassinando políticos e organizando ações violentas contra o governo. Em toda a Alemanha, famílias esforçavam-se para se conformar com milhões de mortos e feridos. Então, em resposta à inadimplência do governo de Weimar nos pagamentos das reparações de guerra, tropas francesas e belgas ocuparam o coração industrial da Alemanha, o vale do rio Ruhr, dando início a um surto de hiperinflação em janeiro de 1923 que levou milhões de alemães para a zona da pobreza.

Entre os grupos de direita, grande parte dessa violência e crise foi percebida de forma sobrenatural. Em 1919 e 1920, por exemplo, o comunista e revolucionário saxão Max Hoelz liderou duas insurreições violentas, escapou da captura e acabou desaparecendo na fronteira com a Tchecoslováquia. Mas as histórias de Hoelz, chamado de "o invisível [...] o espírito maligno", continuaram a circular entre seus oponentes *völkisch* e de direita na Saxônia. Até mesmo a polícia local falou sobre a "fantasmagoria" associada a suas ações sobre-humanas, o que sugere a importância do pensamento sobrenatural na formação das opiniões políticas da direita.[122]

A resposta popular a Hoelz na Saxônia — a base da Ordem Germânica de Fritsch — é apenas um exemplo da moeda sociopolítica e da disseminação de temas sobrenaturais "no auge da inflação e durante o período subsequente de turbulências".[123] Esses elementos, como vimos, estiveram de alguma forma presentes em toda a Alemanha e a Áustria durante décadas, mas ganharam impulso popular após a guerra e a revolução, exemplificados pela paranoia da direita em torno de Hoelz.[124] O Partido Nazista surgiu dessa mesma "subcultura *völkisch*", da qual "nem o paganismo nem o esotérico foram excluídos".[125]

Como observou o jornalista alemão Konrad Heiden, o nacional-socialismo incorporou elementos de "todo tipo de teoria política, do monarquismo mais reacionário à anarquia pura, do individualismo irrestrito ao socialismo mais impessoal e rígido".[126] A única coisa consistente era a rejeição do nazismo às "noções liberais e materialistas de objetividade ou causalidade [...] um

88   *Parte I*

mundo no qual as ligações causais funcionam independentemente de forças transcendentes".[127] Depois de romper com a Sociedade Thule, o NSDAP desenvolveu um discurso maleável baseado em elementos do ocultismo, do paganismo e das ciências fronteiriças anteriores à guerra, mas também ideologicamente eclético e politicamente acessível — é isto que chamo de imaginário sobrenatural nazista.

Pensamento sobrenatural nos primórdios do Partido Nazista

Em seu leito de morte, em 1923, Dietrich Eckart teria dito que Hitler "vai dançar, mas sou eu quem vai tocar a música".[128] Apócrifa ou não, a história circulou amplamente. Isso porque Eckart foi uma das mais importantes influências nos primeiros anos de Hitler, e um modelo para os futuros líderes nazistas. Em seu periódico *Auf Gut Deutsch*, Eckart combinava um intelecto aguçado e uma abordagem pragmática da política com um entusiasmo genuíno pelo folclore nórdico e pelas raízes místicas da religião germânica.[129] Em artigos como "A serpente de Midgard" e "O povo judeu acima de tudo", ele propagava princípios ariosóficos e teorias fantásticas sobre a "casta de sugadores de sangue" dos "puxadores de fios judeus", tendo Hitler ao mesmo tempo como muso e acólito.[130]

Eckart acreditava piamente no poder da religião e da mitologia como ferramenta ideológica.[131] Nas primeiras conversas com Hitler, invocava com frequência o papel maniqueísta e dualista do bem e do mal, de Deus e do Diabo (judeu) — um gnosticismo quase cristão e quase pagão típico da ariosofia e, mais tarde, das abordagens nazistas da religião.[132] Eckart argumentou, fazendo eco a Lagarde e Chamberlain, que o "povo indo-europeu", racialmente superior, havia sido corrompido pelo "espírito judeu do deserto" incorporado à corrente principal do cristianismo.[133] "Diametralmente oposta" ao cristianismo estava "a sabedoria da Índia", que ia além da natureza para reconhecer a conexão de tudo com a "alma do mundo".[134] Nesse ponto, Eckart forneceu a Hitler um curso intensivo de misticismo indo-ariano e religião *völkisch*-esotérica não muito diferente do armanismo de List e Lanz.[135]

Alfred Rosenberg ajudou a sintetizar as "visões *völkisch*-redentoras da superioridade espiritual e racial alemã" de Eckart com as "concepções cons-

Da Sociedade Thule ao NSDAP 89

piratórias-apocalípticas [...] do judaísmo internacional como uma força ma-lévola que se esforçava para dominar o mundo por meios covardes".[136] Em sua obra mais importante, *O mito do século XX*, ele introduziu no imaginário sobrenatural nazista uma mistura eclética de racismo científico fronteiriço e paganismo indo-germânico,[137] e, ecoando os ariosofistas e religiosos ariano--germânicos, afirmou que os antigos arianos do noroeste da Índia e da Pérsia haviam fundado todas as grandes civilizações antes de declinar, devido à mistura com raças inferiores e à influência deletéria do judeo-cristianismo.[138]

De acordo com Rosenberg, a nova mitologia do século xx "é o mito do sangue, que, sob o signo da suástica, liberou a revolução mundial. É o despertar da alma da raça".[139] Rosenberg estava empenhado em promover esse conceito biomístico da "alma racial" como o motor da história mundial, mas teve o cuidado de evitar privilegiar qualquer doutrina religiosa em particular.[140] Ao apelar para o anseio alemão pelo mito, ele postulava que o NSDAP deveria recorrer a uma variedade de tradições religiosas ariano--germânicas e *völkisch*-esotéricas.[141] O "mito do sangue" redentor e a ideia de "despertar a alma da raça" eram mais uma vez populares no meio *völkisch* do pós-guerra.[142] Mas nenhum partido levou mais a sério o "sacrifício sagrado" dos soldados mortos ou fez maiores esforços para redimir suas mortes do que o NSDAP, refletindo o "impulso cosmológico [...] de refazer o mundo em termos totalmente novos".[143]

Por meio do movimento nacional-socialista, escreveu o líder trabalhista nazista Robert Ley, os vivos e os mortos "encontraram o caminho para a eternidade".[144] Simpatizantes do nazismo publicaram livros "ilustrando mais de setecentos 'memoriais'". Esses mortos "não estavam realmente mortos [...] mas saíam de seus túmulos à noite e nos visitavam em nossos sonhos".[145] Dessa forma, os nazistas adotaram "os 2 milhões de alemães mortos que haviam entrado no Valhalla da raça-alma". Ao afirmar que representavam soldados mortos-vivos, os nazistas pareciam estar mais em sintonia do que os conservadores tradicionais com a mística "raça-alma" compartilhada por soldados vivos e mortos.[146]

A invocação dos vivos ou mortos-vivos também pode ser usada de forma negativa. Hitler, Himmler, Rosenberg e outros líderes nazistas pioneiros refe-rem-se com frequência a monstros — demônios, diabos, vampiros, múmias e outros tropos sobrenaturais — ao articular seus pontos de vista. Ao criticar o comunismo, por exemplo, Hitler declara que "os fundadores originais dessa praga entre as nações devem ter sido verdadeiros demônios; pois somente no cérebro de um monstro — e não no do homem — o plano de uma organização poderia assumir forma e significado". Não se pode "expulsar o demônio com Belzebu", explicou Hitler em outra ocasião. Lutar contra judeus e comunistas significava desenvolver uma atitude hostil em relação à União Soviética e evitar reuniões políticas burguesas "como o diabo [evita] água benta".[147] Feder culpou a República de Weimar por transformar os alemães "em zumbis".[148] Rosenberg, Himmler e Hitler, por sua vez, associavam repetidamente os judeus a demônios e vampiros.[149] Isso nos leva de volta à obsessão mística dos nazistas pelo "poder transformador transmitido de geração em geração por meio do sangue".[150] Para os nazistas, o solo alemão estava "encharcado com o sangue inesquecível e heroico dos mártires", quer tivessem caído na Primeira Guerra Mundial ou fossem membros do partido durante seus primeiros "tempos de luta". Como disse um poeta nazista, o solo alemão ainda estava "vivo" com "o sangue dos mortos".[151] Vemos essa preocupação biomística com o sangue, em um sentido positivo, em *O mito do século XX*, de Rosenberg. Por outro lado, ela é expressa em termos negativos nas fantasias sobrenaturais de Artur Dinter sobre a corrupção judaica em *Die Sünde wider das Blut*.

Antes de descartar esses tropos sobrenaturais como de natureza puramente retórica, devemos lembrar o grau de adesão dos nazistas de alto escalão às doutrinas científicas ocultas e de fronteira. Nascido e educado em parte no Egito, Rudolf Hess voltou para a Alemanha durante a adolescência e foi voluntário na Primeira Guerra Mundial. Depois da guerra, o futuro vice-Führer de Hitler foi para Munique estudar história e geopolítica com Karl Haushofer, cuja abordagem científica fronteiriça para a geopolítica mencionamos no capítulo 1.[152] Incitado pela experiência de guerra, derrota e revolução, Hess foi atraído para a Sociedade Thule no início de 1919.[153] Embora tenha rompido com a sociedade por causa de sua devoção a Hitler, Hess nunca abandonou o interesse pelo esoterismo *völkisch*,[154] e continuou a patrocinar a astrologia, a antroposofia, o budismo, o hinduísmo e o misticismo tibetano, chegando a consultar um astrólogo antes de sua infame viagem clandestina para a Inglaterra em maio de 1941.[155]

Nascido em Munique, Heinrich Himmler estava em treinamento como assistente agrícola em uma fábrica de produtos químicos em 1922 quando conheceu o líder da SA, Ernst Röhm. Ao entrar para o Partido Nazista em agosto de 1923, Himmler logo subiu na hierarquia, tornando-se parte do círculo íntimo de Hitler.[156] Quando era um jovem adulto, Himmler devorou as obras de Theodor Fritsch, sobre quem afirmou: "De repente, começamos a entender coisas que não entendíamos quando crianças sobre o valor de várias histórias bíblicas [...] o terrível flagelo e perigo da religião, pela qual estamos sendo sufocados".[157] Por "religião", é claro, Himmler se referia ao cristianismo, que, segundo Fritsch e outros ariosofistas, havia tentado substituir a *Edda* e *A canção dos nibelungos* [*Nibelungenlied*], "o mundo mágico de Thor, Freya, Loki e outras divindades nórdicas".[158] Himmler também investiu muito na religião oriental e no esoterismo, levando consigo, além da *Edda*, os Vedas, o Bhagavad Gita e os discursos de Buda.[159]

Além do paganismo nórdico e das religiões orientais, Himmler fez muitas leituras em áreas científicas fronteiriças que, a seu ver, lidavam com fenômenos ocultos de forma séria e "acadêmica"; por exemplo, um livro sobre "astrologia, hipnose, espiritualismo, telepatia", e obras sobre radiestesia com pêndulo. Ele também estudou a "transmigração de almas" e acreditava na possibilidade de "se comunicar com as almas dos mortos".[160] Himmler era fascinado pelos maçons e pela história das ordens secretas, da qual se valeu ao desenvolver a ss.[161] Em 1923, ele havia "desenvolvido uma visão *völkisch* coerente, envolvendo [...] crenças ocultistas e entusiasmos germanófilos; desses elementos surgiu uma ideologia que era uma mistura de utopia política, mundo de sonhos romântico e religião substituta".[162]

O imaginário sobrenatural de Himmler e de outros nazistas incluía um fascínio por lobisomens. Segundo um assistente de Alfred Rosenberg, ao contrário da França ou do leste eslavo, onde eram associados à "bruxaria e ao poder do demônio", os lobisomens desempenhavam um papel amplamente positivo na tradição pagã alemã.[163] Mesmo nos dias de então, argumentou o assistente de Rosenberg, havia muitos casos de "lobisomens bons" que acompanhavam os "andarilhos noturnos" na Westfália e protegiam as casas dos camponeses dos "lobos da floresta" comuns na Prússia Oriental.[164] Acompanhando o renascimento do folclore germânico, a "misteriosa palavra [lobisomem] foi ressuscitada" no país pelo livro de fantasia de vingança de Hermann Löns, *Der Wehrwolf*, que foi quase tão amplamente lido no entreguerras quanto *Die Sünde wider das Blut*, de Dinter.[165]

As fantasias de vingança inspiradas em lobisomens encontraram sua expressão política e intelectual mais concreta na organização paramilitar Wehrwolf, de Fritz Kloppe. Fundada no início de 1923 em resposta à ocupação francesa do Ruhr, a Wehrwolf se apresentava como uma "temida [...] matilha de lobos caçando suas vítimas na escuridão da noite; e foi exatamente isso que esses conspiradores contrarrevolucionários fizeram".[166] Como explicava um panfleto da Wehrwolf: "Por que lutamos? Simplesmente porque há tanto sangue nórdico pulsando em nós que não podemos viver sem lutar". A "igreja contemporânea não é mais capaz de atender às necessidades espirituais do povo", continuava o panfleto. Somente "nós, o movimento racial jovem, nós, os lobisomens, esclareceremos e daremos forma [...] aos artigos de fé do tempo vindouro".[167]

O amplo investimento da Wehrwolf em teorias raciais científicas fronteiriças e na religião *völkisch* foi reforçado pelo interesse de Kloppe no Movimento da Fé Germânica de J. W. Hauer, bem como nos escritos ariosóficos de Herman Wirth, estudioso da "Atlântida" e futuro líder da ss, e do pesquisador de runas Siegfried Kummer.[168] Da mesma forma, a Wehrwolf desenvolveu laços com a Associação Tannenberg do marechal Erich Ludendorff, de inclinação esotérica, e com o Bund Oberland, inspirado na Sociedade Thule. Kloppe chegou a criar uma divisão Jung Wehrwolf para jovens com menos de dezessete anos, repleta de insígnias de "caveiras" (mais tarde apropriadas pela ss).[169]

"A Wehrwolf está em solo racialista", escreveu Himmler em julho de 1924. "Ela deseja de cada membro ou novo iniciado o compromisso incondicional com a germanidade patriótica e racialista [*völkischen*]."[170] Devido à vigilância constante da Wehrwolf pela polícia de Weimar — que o NSDAP mal podia suportar após a prisão de Hitler na sequência do Putsch da Cervejaria —, Himmler receava juntar-se a Kloppe.[171] Mas o futuro chefe da sa e comissário de polícia nazista de Berlim, Wolf-Heinrich Graf von Helldorff, com efeito tornou-se líder da Wehrwolf.[172] Helldorff e Ernst Röhm, ambos imersos em doutrinas *völkisch*-esotéricas, foram apenas dois dos mais importantes líderes nazistas entre as "associações paramilitares patrióticas", acabando por trazer milhares de membros da Wehrwolf e de outros grupos *völkisch* para as fileiras dos camisas-pardas ou das tropas de assalto (sa).[173]

Os primeiros líderes nazistas encontraram inspiração adicional para suas reflexões sobrenaturais a respeito de raça e espaço na Liga Artamana do

Da Sociedade Thule ao NSDAP

período entreguerras.[174] A Liga Artamana foi uma organização racista e imperialista fundada em 1924 por August Georg Kenstler, um alemão étnico emigrado da Transilvânia e futuro nazista. O principal objetivo da liga era restaurar a superioridade racial e territorial alemã no leste da Europa, criando "assentamentos" e obtendo "espaço vital".[175] Em 1926, a Liga Artamana tinha cerca de seiscentos membros trabalhando em sessenta fazendas, a maioria no leste da Alemanha. Quatro anos depois, já eram quase 2 mil membros trabalhando em trezentas fazendas.[176]

Além do objetivo prático da expansão para o leste, os artamanos propagavam "preconceitos esotéricos" e "ideias ariosóficas e teosóficas" que definiam a visão de muitos nazistas sobre raça e espaço.[177] Ecoando o movimento de *Lebensreform*, os artamanos buscavam estabelecer uma comunidade de jovens homens e mulheres "racialmente conscientes que desejavam se afastar da vida insalubre, destrutiva e superficial das cidades [e] retornar a um estilo de vida saudável, duro, mas natural, no campo. Eles rejeitavam o álcool e a nicotina, e na verdade tudo o que não servisse ao desenvolvimento saudável da mente e do corpo".[178] Além disso, organizavam celebrações noturnas que envolviam "jogos de fogos e espada", usavam runas germânicas antigas e exibiam a suástica como "símbolo sagrado do sol" e "símbolo sagrado germânico da divindade alemã, pureza de sangue e espírito".[179]

Em um sentido negativo, os artamanos combinavam "antieslavismo, antiurbanismo" e "xenofobia antipolonesa" com um extremo antissemitismo.[180] E, assim como os ariosofistas, advertiam contra os perigos da mistura de raças, na qual a "parte não nórdica do sangue ressurge, em nova tentativa de atacar o homem nórdico".[181] Nessa cosmologia *völkisch*, os judeus apareciam como o monstruoso "símbolo da cidade corrupta", parasitas vampíricos que cresciam no corpo racial como um tumor e deveriam portanto ser extirpados.[182]

Os artamanos ajudaram a preparar o caminho para os princípios fundamentais da "fé nacional-socialista" e as bases organizacionais para o trabalho de colonização no leste.[183] Em meados da década de 1920, Himmler juntou-se aos artamanos e tornou-se Gauführer da Baviera, onde conheceu vários outros futuros líderes nazistas, entre os quais Alfred Rosenberg, o oficial da ss Wolfram Sievers, o líder da juventude nazista Baldur von Schirach (que usava as runas artamanas nas cerimônias da Juventude Hitlerista) e Rudolf Höss, que Himmler mais tarde nomeou comandante de Auschwitz.[184] Foi também por meio dos artamanos que Himmler conheceu Walther Darré, futuro chefe do Gabinete Central de Raça e Colonização da ss.[185]

Quando jovem, Darré estava imerso no meio sobrenatural austro-alemão, lendo com entusiasmo *Rembrandt als Erzieher*, de Langbehn, e as obras antroposóficas de Rudolf Steiner.[186] Além disso, tinha uma inclinação positiva para as religiões orientais e para a "Irminglauben" (religião armânica) popularizada por List e Liebenfels.[187] Segundo Darré, os alemães nórdicos viam-se obrigados a rejeitar o cristianismo porque ele não "reconhecia o sangue e a raça", somente "os contos e mitos populares, raramente escritos, mas transmitidos dos sábios para os fiéis, haviam mantido acesa a fé primitiva em uma mãe primitiva".[188]

Em uma série de livros e panfletos publicados durante o período entreguerras, Darré elevou a ideia mística de sangue e solo a uma espécie de religião substituta.[189] Por meio dele, o território alemão havia sido reconcebido, nas palavras de um poeta nazista, como o "solo natal para o 'povo' místico [...] os vivos e os mortos", um "útero eternamente frutífero" que "amamenta [a Alemanha] de uma fonte sem fim".[190] "Perdido, arrancado de você, fico em pousio", continuava o poema. "Estou voltando para casa, ó Mãe, leve-me de volta/ E nesse momento a corrente de sangue antigo foi despertada [...]. E de torrões arrancados do coração da terra/ O sangue se libertou, quente, e espumou com frutos e atos [...]. E a bandeira da nova semente voou, vermelha [...]. Assim o novo Reich cresceu do sangue e do solo."[191] Por meio do misticismo de sangue e solo, insistia Darré, a ideia nórdica tornava-se "uma luz na escuridão da época", um reconhecimento da "lei divina de preservar e propagar a raça".[192]

À medida que o NSDAP tornava-se mais forte, reunindo grupos *völkisch* dissidentes sob uma única bandeira, a maioria dos membros da Sociedade Thule, da Wehrwolf e da Liga Artamana foi absorvida pelo partido.[193] Entretanto, até meados da República de Weimar, esses grupos *völkisch*-esotéricos funcionaram como um laboratório cultural e político, entretendo fantasias de utopia racial e colonização a leste e ajudando a moldar o imaginário sobrenatural nazista.[194]

O imaginário sobrenatural de Hitler

Hitler pode ter sido menos apaixonado pelas doutrinas ocultistas tradicionais do que seus colegas, mas suas preocupações com o sobrenatural eram autênticas.[195] Em 1908, quando deixou sua cidade natal, Linz, e foi para Viena, Hitler já tinha um forte apreço pela mitologia nórdica e pelo folclore germânico.[196] Em Viena, ele assistiu a dezenas de apresentações das óperas de Wagner, tentando compor sua própria ópera com base em elementos extraídos da mitologia nórdica e do *Fausto* de Goethe.[197] Além disso, deparou-se com as doutrinas raciais científicas fronteiriças e a demagogia antissemita de Georg von Schönerer e Karl Lueger, membro da Sociedade Guido von List, a quem chamou de "o maior prefeito germânico de todos os tempos".[198]

Quer tenha lido ou não a *Ostara*, a revista editada por Lanz von Liebenfels, é praticamente certo que Hitler teve contato com obras ariosóficas nessa época. Ao fim da Primeira Guerra Mundial, ele havia, de alguma forma, adquirido o "dualismo maniqueísta entre louros e escuros, heróis e sub-homens, arianos e 'chandalas', típico dos quadrinhos e da *Ostara* de Lanz von Liebenfels".[199] Ao longo da década de 1920, Hitler também se referiu positivamente ao livro *Rembrandt als Erzieher*, de Langbehn, e ao best-seller de Dinter, *Die Sünde wider das Blut*.[200]

Esses gostos sobrenaturais não se dissiparam com a idade. A biblioteca de Hitler em Berchtesgarden, descoberta pela 101ª Divisão Aérea em uma mina de sal em 1945, quase não continha obras sobre teoria política ou filosofia.[201] Mas Hitler possuía muitos livros "sobre medicina popular, cura milagrosa, culinária, vegetarianismo e dietas especiais", e dezenas "sobre Odin e os deuses da mitologia alemã [...] símbolos mágicos e ocultismo". Entre esses volumes estavam *Magie*, de Ernst Schertel, e *Das Buch der Psalmen teutsch: Das Gebetbuch der Ariosophen, Rassenmystiker und Antisimiten* [O Livro dos Salmos germânico: O livro de orações dos místicos ariosófico-raciais e antissemitas], de Lanz von Liebenfels.[202]

Hitler não escondeu essas influências depois que entrou para a política. Em fevereiro de 1920, ele fez um discurso abertamente inspirado "em escritores *völkisch* como Guido von List e Theodor Fritsch". Ele começou com um resumo de List, argumentando que o "ariano, durante a era glacial, empenhou-se em construir sua força espiritual e corporal na dura luta contra a natureza, surgindo de forma bem distinta de outras raças que viviam pacificamente em meio a um mundo abundante. Sabemos que todos esses povos tinham um signo em comum, o símbolo do sol. Todos os seus cultos foram construídos sobre a luz, e em todos eles é possível encontrar esse símbolo, o meio de geração do fogo, o Quirl, a cruz. Podemos encontrar essa cruz não apenas aqui [na Alemanha], mas também nos pilares de templos na Índia e no Japão. É a suástica da comunidade outrora fundada pela cultura ariana".[203] Hitler teria dito ainda a Hermann Rauschning que "as velhas crenças serão novamente honradas"[204] por meio de "castelos da ordem" onde os jovens arianos aprenderiam os princípios do "magnífico homem-deus auto-ordenador".[205]

Em *Minha luta*, Hitler voltou a ecoar a ariosofia ao descrever suas teorias sobre raça e história: "A cultura e a civilização humanas no continente europeu estão inseparavelmente ligadas à presença do ariano", explicou. "Se ele morrer ou entrar em declínio, os véus escuros de uma era inculta cairão sobre o planeta."[206] A miscigenação racial levaria a "monstruosidades a meio caminho entre o homem e o macaco", afirmou ele, evocando a "teozoologia" de Lanz, enquanto "a personificação do demônio como símbolo de todo o mal" assumiria "a forma viva do judeu".[207] Segundo o Führer, "o ariano abandonou a pureza de seu sangue e, assim, comprometeu sua permanência no paraíso que criou para si mesmo. Ele submergiu na mistura racial e, pouco a pouco, perdeu sua capacidade cultural, até que por fim, não apenas do ponto de vista mental, mas também físico, começou a ficar mais parecido com os aborígenes subjugados do que com seus próprios ancestrais [...]. A mistura de sangue e a consequente queda no nível racial é a única causa da extinção das culturas antigas".[208]

Mais tarde, Hitler removeria alguns comentários de *Minha luta* que sugeriam sua dívida com os "itinerantes estudiosos *völkisch*" e "reformadores religiosos".[209] Contudo, ao se autocensurar, ele não estava rejeitando o "nacionalismo místico desses grupos".[210] Seis anos após a publicação de *Minha luta*, Hitler ainda não havia dispensado os fundamentos científicos místicos e de fronteira de sua ideologia. "Não julgamos por padrões meramente artísticos ou militares, ou mesmo por padrões puramente científicos", ele explicou em 1931. "Julgamos pela energia espiritual que um povo é capaz de produzir. Pretendo estabelecer um Reich de Mil Anos, e qualquer um que me apoie nesta batalha é um companheiro de luta por uma criação espiritual única — eu quase diria divina. No momento decisivo, o fator determinante não é a proporção de força, mas a força espiritual empregada."[211]

Ao moderar suas referências explícitas ao esoterismo *völkisch*, Hitler expressava o desejo de diferenciar seu nascente movimento da "velha direita impotente, fracassada, muitas vezes germano-maníaca e entusiástica de antiguidades".[212] Ele queria, na verdade, criar um imaginário sobrenatural mais amplo e inclusivo, que fosse muito além do "esoterismo acadêmico e *völkisch* da época".[213] Para Hitler, o nacional-socialismo era algo maior e mais universal; uma forma de pensar baseada em um conjunto eclético de influências, inclusive a religião e a mitologia indo-arianas.[214] "É difícil entender que o líder de um partido que enfatizava de tal modo a superioridade do sangue nórdico, que na verdade desejava um renascimento germânico, pudesse estar tão preocupado com a magia oriental e asiática. Mas, em todo caso, esse era um fato."[215]

Com efeito, o fascínio de Hitler por aquele que talvez seja o elemento central do ocultismo — a magia — era claro. Somente nos últimos anos veio à tona que ele provavelmente leu um livro sobre a prática da "magia", a obra-prima ocultista do parapsicólogo Ernst Schertel, *Magie*, de 1923.[216] Hitler parece ter sublinhado, em seu exemplar do livro, muitas passagens que nos dão uma visão única de seus pontos de vista sobre as ciências fronteiriças, o ocultismo e o "pensamento mágico" em geral. Na primeira seção, ele realçou a frase: "Todos os homens de gênio" possuíam a capacidade de controlar "forças paracósmicas (demoníacas)", que "podem ser combinadas com muito tormento e infortúnio, mas sempre levam a consequências com significado mais profundo".[217]

Hitler concordava com Schertel que o europeu moderno estava preocupado demais com o "materialismo e o racionalismo", carecendo de "todo sentido para o significado mais profundo" do mundo.[218] Outra consequência da substituição das antigas tradições mágicas por religiões monoteístas, segundo Hitler (via Schertel), fora "o estabelecimento de uma 'moralidade' absoluta, vista como igualmente aplicável a todas as pessoas". Felizmente, a era pré-cristã rejeitara a moralidade universal em favor da "regra de vida" dada pelo "costume" popular e pela "vontade do deus tribal". O deus ou seu receptáculo na Terra podia governar de forma "totalmente autocrática", "dando ordens a seu critério" e exigindo "sangue e destruição". A moralidade pagã, baseada na magia, não tinha "nada a ver com 'humanidade', 'amor fraternal' ou um 'bem' abstrato". A única "regra de vida" relevante, acrescenta Schertel em uma passagem citada por Hitler, é "limitada à nação individual, e essa nação a concebe como completamente natural".[219]

As passagens citadas por Hitler com relação à "teoria" também nos ajudam a entender seu imaginário sobrenatural. A "imaginação emergente" (o subconsciente), explicou Schertel, podia ser "projetada no mundo exterior e aparecer como alucinação ou realidade".[220] O homem moderno "resiste a essas percepções [...] delira com o 'empirismo'" e "rejeita todas as 'imaginações'" como alucinação. Mas ele não percebe, observou Hitler, que "sua visão de mundo empírica, da qual se orgulha muito, também se baseia, em última análise, na imaginação", porque "toda visão de mundo é construída sobre uma síntese básica imaginativa".[221] "O homem com a maior força de imaginação", enfatizou ele, "comanda o mundo e cria realidades conforme sua própria vontade, em vez de se deixar escravizar por um empirismo insubstancial e desprovido de corpo". Enquanto o "homem empírico puro é do tipo entrópico, o que leva à completa desvalorização da energia cósmica, o homem imaginativo, o mágico, é o foco real do ectrópico, a renovação do mundo, a remodelação do mundo, [e] o novo nascimento do ser".[222]

Depois de destacar passagens relacionadas à manipulação de forças cósmicas, do "deus" ou do "demônio" de alguém, Hitler retomou a afirmação de Schertel de que "todo mundo mágico-demoníaco está centrado nos grandes indivíduos, de onde surgem as concepções criativas básicas. Todo mágico é cercado por um campo de força de energias paracósmicas". Os indivíduos "infectados" pelo mago formariam, a partir de então, uma "comunidade" ou "povo" (*Volk*), e "criariam um complexo de vida com uma certa estrutura imaginativa que é chamada de 'cultura'".[223] A fim de aproveitar essas "energias paracósmicas", observou Hitler, o "grande indivíduo" precisava fazer um sacrifício à comunidade *völkisch*.[224] Como veremos no capítulo 3, Hitler parecia particularmente interessado nas passagens de Schertel sobre a "prática" — sobre o uso das energias paracósmicas, da "magia", para manipular os outros.[225]

Não quero sugerir que Hitler tinha o mesmo investimento irrestrito no pensamento científico oculto e de fronteira que Himmler, Hess ou Darré. Seu interesse pelo sobrenatural era menos doutrinário e mais utilitário, embutido em "sua convicção de que o homem existe em algum tipo de associação mágica com o universo". Hitler estudava doutrinas ocultistas porque elas forneciam material para sua propaganda política e manipulação do público.[226]

Ao contrário de muitos nazistas, por exemplo, ele expressou relativamente pouco interesse pelos perigos da maçonaria, embora admirasse sua "doutrina

Da Sociedade Thule ao NSDAP 99

esotérica", segundo Rauschning, "transmitida por meio de símbolos e ritos misteriosos em graus de iniciação; a organização hierárquica e a iniciação por meio de ritos simbólicos, isto é, sem incomodar o cérebro, mas trabalhando a imaginação por meio da magia e dos símbolos de um culto".[227] Quaisquer que fossem suas reservas com relação aos "itinerantes estudiosos *völkisch*", Hitler reconhecia o poder do imaginário sobrenatural para atrair tanto seus colegas de partido quanto os alemães comuns.[228]

A DÍVIDA POLÍTICA E ORGANIZACIONAL do Partido Nazista com o movimento *völkisch*-esotérico não deve ser subestimada. A Ordem Germânica e a Liga do Martelo de Fritsch eram, elas próprias, manifestações populistas da Ordem Armânica de List e da Ordem dos Novos Templários de Lanz. Hermann Pohl se afastou da Ordem Germânica de Fritsch pelas mesmas razões políticas e organizacionais que Sebottendorff mais tarde desenvolveu para distinguir a Sociedade Thule da Ordem Germânica Walvater do Santo Graal de Pohl. O rompimento do DAP com a Sociedade Thule foi apenas mais um passo na evolução do movimento *völkisch*-esotérico, que deixou de ser uma coleção de associações impotentes para se tornar um partido de massas capaz de atrair o apoio de todo o espectro social da República de Weimar.

Apesar dessas importantes transformações, a Sociedade Thule e o movimento nazista inicial compartilhavam um imaginário sobrenatural que transcendia as particularidades de suas diferenças políticas e organizacionais internas.[229] Fritsch, Sebottendorff e Nauhaus, Eckart, Rosenberg e Hitler, Himmer, Hess e Darré eram todos, em graus variados, fascinados pela mitologia nórdica e pelo paganismo germânico, por doutrinas ocultistas como a ariosofia e por teorias científicas fronteiriças que versavam sobre raça ("sangue"), espaço ("solo") e psicologia ("magia").[230]

"O nazismo emergiu da cultura alemã", lembra Monica Black. "Seu repertório de símbolos e imagens estava, em muitos aspectos, enraizado no passado." A "reformulação de símbolos antigos" conferiu às ideias nazistas "uma familiaridade que as fez parecer menos revolucionárias do que prosaicas".[231] Como ideologia, o nacional-socialismo, assim como o fascismo em geral, sempre foi "vago, impreciso, deixando deliberadamente o maior espaço possível para necessidades irracionais. Seus seguidores deviam lealdade menos à ortodoxia de uma doutrina do que à pessoa do Führer". Mas essa falta de clareza nos "pontos de referência ideológicos do nazismo não tem relação com a intensidade das emoções exigidas ou despertadas".[232]

Se alienou os liberais e os sociais-democratas, a abordagem sobrenaturalmente infundida do nazismo à política se mostrou atraente para os alemães que negavam a "experiência objetiva" e menosprezavam "a razão e o intelecto em favor do instinto e da intuição", apagando inconscientemente "a fronteira entre fantasia e realidade".[233] Devastados por uma guerra perdida, uma revolução e uma crise sociopolítica, milhões de alemães "descartaram o que para eles era uma realidade excessivamente complexa, difícil e desmoralizante e se entregaram à elaboração de fantasias".[234] Em vez de verem a política do período entreguerras "de uma perspectiva racional", nas palavras de Peter Fisher, os alemães perceberam os eventos políticos e históricos "como parte de um estado de fluxo determinado, em última instância, pelo sobrenatural". A realidade política e social foi "transposta para um reino conceitual emoldurado por noções de retribuição e milagres inspirados pelo céu, de crucificação e ressurreição coletivas".[235]

Em contraste com os partidos tradicionais que dominaram a primeira década da República de Weimar, o NSDAP se baseou em um imaginário sobrenatural mais amplo que falava a um meio social diversificado que havia perdido a fé no liberalismo secular, no conservadorismo cristão tradicional e no socialismo marxista. Assim como os próprios alemães, muitos nazistas, vivendo em uma sociedade em crise, viam cada vez mais os aspectos populares do ocultismo, do paganismo e da ciência fronteiriça como fundamentais para lidar com as complexidades da vida moderna.[236] O recém-fundado Partido Nazista pode ter se desvinculado da Sociedade Thule em 1919, mas seus líderes continuaram a explorar um imaginário sobrenatural compartilhado, tanto para evitar quanto para transcender as divisões sociopolíticas da democracia de Weimar.[237]

3. Investigando a mágica de Hitler

Dos horrores da República de Weimar às visões do Terceiro Reich

Oficiais e soldados desempregados, intelectuais e trabalhadores [...] [foram] a geração na qual o nacional-socialismo criou raízes. Os melhores deles [...] se aqueceram em uma fogueira cuja luz bruxuleante distorcia as condições sombrias da Alemanha contemporânea. Assim, desenvolveu-se entre eles [...] o "misticismo de um movimento político" [...]. Em quase nenhum outro país tantos "milagres" foram realizados, tantos fantasmas conjurados, tantas doenças curadas pelo magnetismo, tantos horóscopos lidos, no período entre as duas guerras mundiais. Uma verdadeira mania de superstição havia tomado conta do país, e todos aqueles que ganhavam a vida explorando a estupidez humana achavam que o milênio havia chegado.

KONRAD HEIDEN (1945)[1]

Os alemães tendem a recorrer à magia, a alguma crença sem sentido que eles tentam validar por meio da histeria e da força física. Nem todos, é claro. Nem mesmo a maioria, mas tenho a impressão de que a porcentagem de pessoas com essa tendência é maior na Alemanha do que em outros países. Foi a disposição de uma proporção notável de alemães de colocar a retórica acima da pesquisa e a intuição acima do conhecimento que levou [os nazistas] ao poder.

WILLY LEY (1947)[2]

EM 1945, Konrad Heiden iniciou seu prefácio às memórias do massagista de Himmler, Felix Kersten, com um "relato peculiar do mundo dessas ciências ocultas". O relato "afirmava que, no início dos anos 1920, uma sociedade de asiáticos que vivia em Paris e era versada em práticas ocultas havia decidido destruir a civilização europeia por meio de forças secretas. Para esse fim, era preciso encontrar alguém possuído por uma mania demoníaca de aniquilação [...] diremos apenas que as iniciais do grande malfeitor eram A. H.".[3]

Sem aceitar a veracidade desse relato, Heiden o cita como um exemplo do estado de espírito na Alemanha nos anos do entreguerras. Os alemães compartilhavam uma mentalidade que os tornava suscetíveis a um "homem que se converteu em sua bandeira e seu fogo", que "se elevava acima deles e os iluminava; que com eloquência mágica [...] expressava o que eles pensavam". Heiden observou que "o feitiço místico que Hitler lançou sobre milhões de pessoas tem sido frequentemente comparado ao hipnotismo, e, como analogia, pode ser adequado. Pelo menos, a conformidade mental é um pré-requisito para ser hipnotizado — não importa quão oculta seja essa conformidade".[4]

Heiden não foi o único intelectual da República de Weimar a notar o apelo do nazismo a elementos místicos ou "demoníacos" no inconsciente coletivo alemão, uma preocupação com o macabro que calava fundo em uma geração abatida pela guerra, pela violência e pelo deslocamento sociopolítico. A explosão do pensamento sobrenatural no pós-guerra, observou o sociólogo Theodor Adorno, facilitou diretamente o "fascismo, ao qual [o ocultismo] está ligado por padrões de pensamento do jaez do antissemitismo". Em sua análise do cinema de Weimar no pós-guerra, *A tela demoníaca*, a crítica de cinema Lotte Eisner atribuiu a ascensão do nazismo "ao misticismo e à magia, às forças das trevas com as quais os alemães sempre estiveram mais do que dispostos a se comprometer". O filósofo Leopold Ziegler acrescentou que "o homem alemão é o exemplo supremo do homem demoníaco" — demoníaco em termos do "abismo político-psicológico que não pode ser preenchido, o anseio que não pode ser aliviado, a sede que não pode ser saciada".[5]

Nenhum desses intelectuais foi ingênuo o suficiente para culpar apenas as ideias. A República de Weimar não teria entrado em colapso se não tivesse tido que enfrentar as consequências de milhões de baixas no campo de batalha e centenas de milhares de mortes causadas por fome e doenças; sem o amplamente detestado Tratado de Versalhes, a hiperinflação desestabilizadora de 1923 ou a Grande Depressão seis anos depois; sem o "explosivo vácuo espiritual" gerado pela derrota militar, a desintegração do Império Alemão e o declínio da religião tradicional.[6] Em resumo, os nazistas

Investigando a mágica de Hitler   103

não poderiam ter chegado ao poder sem a notável combinação de desafios político-diplomáticos e crises socioeconômicas enfrentadas pela República de Weimar entre 1918 e 1933.[7]

Ao mesmo tempo, não podemos ignorar a natureza dinâmica de Hitler e do movimento nazista. Em comparação com outros partidos *völkisch* com programas igualmente nacionalistas, iliberais e anticomunistas, Hitler e o NSDAP foram muito mais eficazes no nível de organização de base. Eles eram superiores quando se tratava de mensagens políticas e da utilização de técnicas modernas de propaganda. E possuíam um trunfo que superou todos os demais movimentos *völkisch*: o gênio político e o carisma de Adolf Hitler.[8] Sem dúvida, não podemos afirmar que apenas o pensamento sobrenatural produziu o Terceiro Reich.

Apesar dessas importantes ressalvas, quero argumentar neste capítulo que o Terceiro Reich teria sido altamente improvável sem uma propensão generalizada ao pensamento sobrenatural — exacerbada pela guerra e pela crise — que Hitler e o Partido Nazista se apressaram em explorar.[9] O nacional-socialismo pode não ter sido o primeiro movimento a tirar proveito da fé das pessoas para fins políticos. Mas o NSDAP de Hitler foi muito mais eficaz do que outros partidos ao recorrer deliberadamente ao imaginário sobrenatural com o objetivo de alcançar o poder.

Este capítulo desenvolve tal argumento por meio de três estudos de caso. O primeiro examina a abordagem de Hitler à política por meio de sua leitura do tratado ocultista de Ernst Schertel, *Magie*, de 1923.[10] O segundo analisa a colaboração da propaganda do NSDAP com o escritor de terror Hanns Heinz Ewers. E o terceiro investiga a relação entre o NSDAP e o "mágico" mais popular de Weimar, Erik Hanussen.

O público ocultista e a magia de Hitler

Ernst Schertel foi um dos pensadores esotéricos mais proeminentes da Alemanha. Aluno do historiador Rudolf Eucken em Jena, Schertel também era um admirador do poeta expressionista e "profeta" Stefan George (a quem Goebbels mais tarde ofereceu a presidência da Academia de Belas-Artes do Terceiro Reich).[11] Pouco antes da Primeira Guerra Mundial, Schertel embarcou em uma carreira de romancista, abordando temas como parapsicologia, *Lebensreform* e espiritualidade oriental. Ele se sustentava como professor de ensino médio, cujos métodos não convencionais incluíam a realização de festivais de dança asiática com música atonal.[12]

Depois de incentivar seus alunos a explorarem os "benefícios culturais" do "amor de homem para homem", Schertel foi demitido de seu cargo de professor em 1918. Mas usou o tempo extra para publicar uma série de livros e artigos polêmicos sobre tudo, desde a parapsicologia até a homossexualidade.[13] Com títulos pitorescos como *Magie*, *Der Flagellantismus als literarisches Motiv* [Flagelação como motivo literário] e *Erotik* [Erótica], essas obras atraíram o escrutínio até mesmo do governo liberal de Weimar. Apesar disso, Schertel desenvolveu relacionamentos pessoais e profissionais com uma vasta gama de intelectuais da Europa Central, incluindo liberais judeus como Freud e o reformador sexual Magnus Hirschfeld e *völkisch*-esotéricos como Stefan George.[14]

Considerando o histórico de Schertel, talvez surpreenda saber que Hitler possuía um exemplar de *Magie* em sua biblioteca.[15] A promoção dos direitos dos homossexuais, o sadomasoquismo e a música do mundo são áreas que não costumamos associar ao Führer do movimento nazista. No entanto, as inclinações ocultistas e a personalidade pública escandalosa de Schertel dificilmente o desencorajaram a ler e anotar *Magie* nos mínimos detalhes, incluindo linhas grossas a lápis ao lado de passagens como: "Aquele que não carrega sementes demoníacas dentro de si nunca dará à luz um novo mundo".[16]

À luz do que aprendemos no capítulo 2, o interesse de Hitler por essa obra de Schertel em particular faz todo sentido. A cartilha ocultista de Schertel misturava elementos de parapsicologia e paganismo com reflexões científicas fronteiriças sobre raça, eugenia e política, temas que já estavam presentes no imaginário sobrenatural de Hitler e do NSDAP. Além disso, entender a "magia" era útil, talvez indispensável, na opinião de Hitler, para atrair o "público ocultista" da República de Weimar.[17]

"Mesmo aqueles que consideram o ocultismo prejudicial", observou um dos críticos de Weimar, não poderiam negar seu impacto, porque o "movimento ocultista de nossos tempos tem raízes muito profundas na necessidade de uma humanidade que se tornou desiludida com o mundo exterior".[18] Com a sociedade germânica e seus valores profundamente desestabilizados pelos deslocamentos e derrotas, o público de Weimar era particularmente suscetível

Investigando a mágica de Hitler

a "líderes" carismáticos capazes de manipular o pensamento sobrenatural com o objetivo de enfraquecer o racionalismo e a democracia.[19] Nenhum líder de partido desse período soube explorar melhor a magia para propósitos políticos do que Hitler.

O público ocultista

Em 1940, Gerhard Szczesny apresentou uma dissertação sobre periódicos ocultistas ao corpo docente da Universidade de Munique. Comparando a Alemanha a outros países ocidentais, Szczesny observou o tamanho notável do "público ocultista" no país após a Primeira Guerra Mundial. Ao contrário da França ou da Grã-Bretanha, "o continuum da esfera científica para a pseudocientífica e para a cultura popular" era "mais fluido" na Alemanha.[20] Szczesny sugeriu que essa falta de limites claros entre ciência e ciência fronteiriça tornou os alemães mais suscetíveis a ideias ocultistas bem antes de 1914. Mas o "período entre a Primeira Guerra e a tomada do poder pelos nazistas" exigiu uma consideração especial. O "colapso cultural e econômico generalizado, a inflação e as grandes crises políticas e sociais que se seguiram", afirmou Szczesny, "prepararam o caminho para o ocultismo em suas formas mais baixas e criaram um gênero totalmente novo em termos de periódicos [ocultistas]" extraídos das "fontes mais obscuras".[21]

Szczesny não era um cético absoluto. Ele admitia que o ocultismo anterior à guerra costumava ser autêntico na tentativa de abordar "os males e as desgraças da humanidade" de uma forma que a ciência convencional e a religião tradicional não conseguiam. Mas, após a Primeira Guerra Mundial, ficou profundamente perturbado com a proliferação de um ocultismo popular e vulgar, que encontrou um novo público para sua "visão de mundo mágica e superstição", explorando o desejo dos alemães de ajuda social e espiritual e apelando aos instintos mais primitivos das pessoas. "Quase da noite para o dia", escreveu Szczesny, "o ocultismo foi transformado de um objeto de pesquisa científica, de uma preocupação baseada na fé de almas religiosamente inclinadas a um sensacionalismo pequeno-burguês de rua, à superstição mais primitiva e ao modo profano." Em sua busca por converter o maior número possível de pessoas, o ocultismo "atingiu o mais amplo espectro das massas, mas também o nível mais baixo de degradação, tornando-se uma manifestação de declínio, um símbolo de crise e a marca de Caim em uma época caótica".[22]

Szczesny explicou que o choque da guerra e a "angústia social e espiritual dos anos seguintes" empurraram o homem comum para os "braços da mais antiga e primitiva de todas as ilusões humanas que prometem a realização de desejos [...] o excitante e febril feitiço de uma visão mágica do mundo e da superstição".[23] Uma vez que "a corrupção onipresente e os negócios sujos explodiram com a paz final" de Versalhes, o esoterismo e as ciências fronteiriças "prometiam ser bons para os negócios", pois refletiam "perfeitamente o entrelaçamento de ocultismo, misticismo, *Lebensreform*, vegetarianismo e todos os outros possíveis e entusiásticos esforços religiosos e éticos indicativos de todo o período, sendo também uma indicação histórica intelectual" da "cultura fraca e degenerada" de Weimar.[24]

Dentro de um intervalo de poucos anos, afirmou Szczesny, "uma sucessão de jornais passaram a brotar do solo e substituir os anteriores com diagnósticos globais ainda menos saborosos e revelações mais descaradas de sabedoria ponderada e infinita [...]. Um fato quase inexplicável em relação às sensibilidades normais em uma época saudável é como poderia haver mais de 100 mil cópias de tais jornais, como milhares de pessoas de todos os círculos e grupos sociais retornavam todas as semanas para tolices e pensamentos monstruosos".[25] Jornais ocultistas como *O Punho dos Mestres*, *A Casa dos Espíritos*, *O Outro Mundo* e *O Vampiro* tiveram uma "influência significativa sobre a juventude sem instrução", ajudando a satisfazer sua "sede obscura de conhecimento, fome de poder e egocentrismo". O ocultismo afastou as pessoas do "esforço para aprender ciência real" e dos periódicos "legítimos", oferecendo "maneiras mais confortáveis e empolgantes" de obter "sabedoria e capacidades" com as quais seria possível "dominar as dificuldades deste mundo".[26]

O diagnóstico de Szczesny sobre essa nova "*Publicistik* ocultista" é notavelmente semelhante às avaliações nazistas, liberais e socialistas contemporâneas sobre o público ocultista de Weimar.[27] Só que Szczesny provavelmente exagera a predominância dos "semianalfabetos". Afinal, até mesmo integrantes das elites políticas e militares, como o marechal Erich von Ludendorff, lembra Heiden, "tentaram produzir ouro com a ajuda de vigaristas". E não havia "quase nenhuma loucura na história natural ou mundial à qual o grande

Investigando a mágica de Hitler

comandante-chefe não desse crédito". Quando o governo de Weimar mandou pintar as passagens ferroviárias de nível com cores republicanas, Ludendorff "declarou que os judeus do governo estavam fazendo isso porque Moisés havia conduzido os judeus pelo deserto sob essas cores".[28] Outro general de alto escalão "estava convencido de possuir o segredo dos raios da morte [...] capaz de deter aviões em pleno voo e parar tanques em seu caminho".[29]

Uma variedade estonteante de associações ocultistas e institutos esotéricos surgiu para atender a essa demanda por conhecimento científico fronteiriço em todos os estratos sociais. Aqueles que não podiam se dar ao luxo de frequentar aulas ou assinar periódicos esotéricos se reuniam aos milhares de leitores de tarô, videntes e astrólogos que se enfileiravam nas ruas de Berlim e Munique.[30] Uma empresa de navios a vapor demitiu seu diretor administrativo porque "sua caligrafia havia desagradado a um grafólogo". Os motoristas evitavam uma estrada entre Hamburgo e Bremen, observou Heiden, por causa de rumores sobre "'raios terrestres' misteriosos que provocavam um acidente após o outro":

> Um milagreiro que fazia o falecido Bismarck aparecer durante suas reuniões de massa e curava doenças com a aplicação de queijo branco tinha seguidores suficientes para fundar uma cidade: outro maluco quase foi eleito para o Reichstag; e um terceiro, que quase não foi eleito, prometeu realizar o maior milagre de todos, desfazendo a inflação alemã. Entre o círculo íntimo de Hitler havia um homem cujo cartão de visita estampava a palavra "mágico" [provavelmente Gutberlet].

"E, é claro", observa Heiden, "muitos estavam plenamente convencidos de que o curso da história mundial era o resultado sinistro das ministrações de antigas sociedades secretas, como as dos maçons, judeus e jesuítas."[31]

Os principais cientistas e as tradicionais "igrejas de todas as denominações se enfureceram contra esse fraudulento 'substituto da religião', que, com estúpidos truques, foi concebido para aliviar o anseio do homem pelo sobrenatural e pelo divino". Mas as advertências dos cientistas, a zombaria dos intelectuais liberais e a frustração metafísica das igrejas haviam se revelado impotentes, concluiu Heiden, diante de tantos "astrólogos, charlatães, necromantes e falsos radiologistas de bruxaria e feitiçaria [...] que afirmavam, indignados, se ocupar da ciência — naturalmente, uma ciência que os 'especialistas' não entendiam, pois era a ciência do futuro, talvez uma ciência baseada em experimentos ainda imperfeitos".[32]

Um fator crucial para energizar esse público ocultista foi o ambiente de crise da República de Weimar. "Representantes de todos esses grupos existiam na Alemanha antes da Primeira Guerra", lembra Willy Ley, mas só "começaram a florescer durante o confronto". As doutrinas científicas ocultas e de fronteira "continuaram a florescer durante o período inflacionário", sugeriu ele, "sofreram um pequeno revés durante os poucos anos de moderada prosperidade na década de 1920 e voltaram a florescer durante os anos que antecederam Hitler".[33] Observadores críticos como Heiden e Ley reconheceram que o ocultismo por si só não teria sido capaz de desestabilizar a República. Foram os deslocamentos políticos e socioeconômicos, operando em conjunto com o pensamento sobrenatural que "há muito tempo permeava a cultura política alemã", que proporcionaram "uma base intelectual para a tendência a uma política irrefletida e emotiva e a um tipo imprudente de nacionalismo militante".[34]

A disposição alemã de se render aos nazistas, acrescentou o sociólogo Siegfried Kracauer, "baseava-se em fixações emocionais e não em qualquer confronto com os fatos". Por trás da "história evidente de mudanças econômicas, exigências sociais e maquinações políticas", explicou ele, havia "uma história secreta envolvendo as disposições internas do povo alemão" que "pode ajudar a entender a ascensão e o domínio de Hitler".[35] A "paralisia mental" que se espalhou por toda a Alemanha entre 1924 e 1929 também não era "especificamente alemã". Em circunstâncias semelhantes, uma "paralisia coletiva" de mesmo tipo *poderia* ocorrer em qualquer outro lugar. Mas isso, insistiu Kracauer, não significava que os estudiosos deveriam descartar a interação única, na Alemanha do entreguerras, entre a crise sociopolítica e o pensamento sobrenatural. Esses dois fatores, operando em conjunto, concluiu Kracauer, tinham "algo importante a dizer sobre o contexto sociocultural mais amplo que produziu alguns dos crimes mais flagrantes do século xx".[36]

Uma característica central do ocultismo entreguerras que reúne a política de massas e a leitura de Hitler do *Magie* de Schertel é a parapsicologia.[37] O principal objetivo da parapsicologia moderna, de acordo com o *Journal of Critical Occultism*, era investigar "a relação das ideias místico-religiosas com os seres humanos que vivem no mundo natural", além de "questões limítrofes relativas à vida da alma [*Grenzfragen des Seelenlebens*]", isto é, a interação do subconsciente ou inconsciente com o eu consciente.[38]

Os parapsicólogos menos críticos foram um pouco mais longe, aceitando a existência da "magia" e seu poder de influenciar o subconsciente das pessoas. O que eles debatiam era a metodologia para confirmar os fenômenos mágicos.[39] Embora tanto os ocultistas críticos quanto os acríticos tentassem desacreditar as afirmações uns dos outros, ambos os grupos reconheciam o notável potencial da (para)psicologia para manipular o público,[40] e anunciavam as percepções da parapsicologia sobre o "subconsciente" (*Unterbewusstsein*), que teria sido "perdido para a ciência por [ser] definido como mitológico, como possessão por espíritos e demônios".[41]

Quando falavam do "sub/inconsciente", os (para)psicólogos de Weimar faziam referência a algo ligeiramente distinto do "inconsciente" no sentido freudiano. Freud, que rejeitava a parapsicologia, via o "inconsciente" como uma camada da consciência com sua própria vontade e propósito, que precisavam ser descobertos por meio da psicanálise. Para Jung e muitos parapsicólogos, o subconsciente ou "inconsciente" era um terreno psicológico distinto, onde residiam pensamentos, sentimentos e poderes de percepção primitivos que a mente consciente não era capaz de processar. Essa distinção é útil para diferenciar não apenas Freud e Jung, mas também a psicologia convencional e a parapsicologia.[42]

O problema central da psicologia coletiva do povo alemão, acreditava Jung, era a integração dos opostos no inconsciente — em particular, a "integração de Satanás". Enquanto "Satanás não for integrado", argumentava Jung, "o mundo não será curado e o homem não será salvo [...]. O objetivo final [...] é a salvação cósmica".[43] Como Steiner, Schertel e muitos esotéricos, Jung enfatizava aqui o papel frutífero dos "demônios" na "reativação de imagens arcaicas armazenadas no inconsciente de eras históricas passadas".[44]

O famoso psicólogo da cultura e da etnologia alemã (*Völkerpsychologe*), Willy Hellpach, escrevendo durante os últimos anos do Terceiro Reich, concordou. As violentas divisões (*Zerissenheit*) da Alemanha desde a Idade Média, seguidas pelo trauma emocional da Primeira Guerra, haviam tornado os alemães "comuns" especialmente suscetíveis à manipulação por um "gênio" ou "líder". Para que indivíduos como Hitler fossem bem-sucedidos, seus "poderes criativos" e "formação de vontade" precisavam se alimentar do "ambiente humano médio" de sua "tribo racial".[45]

Para Jung e Hellpach, os fenômenos ocultos que os parapsicólogos diziam controlar não eram necessariamente reais, mas sim uma importante "projeção de um drama cósmico e espiritual em termos laboratoriais". O que os ocultistas "chamavam de 'matéria' era, na realidade, o eu [inconsciente]".[46] No entanto, para Schertel e para os parapsicólogos praticantes, a recuperação desse inconsciente permitia o acesso a poderes paranormais ("mágicos") há muito perdidos, semelhantes aos que Blavatsky, Steiner e Lanz alegavam ter sido perdidos com o acasalamento dos antigos arianos com raças inferiores. O ocultismo oferecia uma forma de canalizar a magia primordial, o poder "mana" ou "demoníaco" que habitava naturalmente os animais e os seres humanos.[47] Os mágicos ou "modeladores de mana", admitiu Schertel, possuíam traços que em circunstâncias normais poderiam ser considerados "psicopáticos". Mas eles também tinham um caráter e uma capacidade de liderança muito fortes, razão pela qual "o mago é, em todos os tempos antigos, idêntico ao 'governante'".[48]

A mágica de Hitler

Na condição de ciência fronteiriça por excelência, a parapsicologia experimentou um renascimento durante a República de Weimar. Assim, não admira que Hitler tenha aparentemente lido o tomo parapsicológico de Schertel, que explicava como manipular as pessoas a fim de obter poder.[49] Depois de ler *Magie*, ele logo aproveitou um dos princípios centrais da parapsicologia: o poder da vontade em apelar para o inconsciente coletivo. O mágico não buscava o apoio de um "'povo' a cujo 'bem' teria de servir", sublinhou Hitler, mas procurava acumular poder ("uma ampliação de sua esfera do eu"). Se as pessoas "não parecessem reativas o suficiente", se perdessem a fé em seu líder, acrescentou Schertel, o mágico tinha todo o direito de abandoná-las, como Cristo havia feito com os judeus.[50]

A prática da magia exigia "entrar em contato com o que o homem moderno considerava 'irracional' invocando a intuição", o que facilitava a "divinização do corpo".[51] Esse "processo alucinatório-sugestivo [era] fomentado

Investigando a mágica de Hitler

nos tempos antigos por meio de deuses e cerimônias concretas", um "culto completo com seus templos e abóbadas subterrâneas, seus ídolos, seus bosques sagrados, jardins, lagos e montanhas, toda a sua pompa mágica e ritual solene".[52] Hitler gerou as mesmas energias ao mudar seu local de articulação dos salões de cerveja de Munique para grandes comícios, cerimônias e desfiles.

A leitura de Schertel feita por Hitler antecipa a abordagem nazista à propaganda, com frequência atribuída a Goebbels: "Se você repetir uma mentira mil vezes, as pessoas começarão a acreditar". Já Hitler observou que "toda a realidade é apenas fantasmagoria, mesmo que a realidade dessa imagem demoníaca seja uma 'impostura' a ser descartada. Imagens falsas são necessárias para o reconhecimento da verdade".[53] De fato, não havia "nenhuma diferença fundamental" entre "percepções fantásticas" ("imaginações") e "observações objetivas". O texto de Schertel prossegue dizendo que "a imaginação e a observação são, na mesma medida, produtos da dinâmica cósmica e das forças internas do corpo, e, como tal, 'reais', contanto que a noção de 'realidade' ainda tenha algum significado", pois "nenhuma percepção pode ser descrita per se como 'verdadeira' ou 'errada', como 'certa' ou 'falsa', como 'real' ou 'ilusória'".[54]

Devido à natureza revolucionária desses esforços de esclarecimento, o fracasso em influenciar o público não era importante de início. "Não devemos ficar desanimados quando [...] o mundo está contra nós, e o feitiço mais forte permanece ineficaz", escreve Schertel na passagem final sublinhada por Hitler. "Nosso demônio está lutando, e está lutando com dor e dificuldade. Devemos sofrer com ele para compartilhar a vitória com ele."[55] Durante os anos difíceis do NSDAP em meados da década de 1920, essa passagem deve ter encorajado Hitler.

A leitura de Schertel por Hitler foi um fato isolado? Ou será que ela reflete um padrão de interesse na parapsicologia que ajuda a explicar a abordagem política do NSDAP? Sabemos que Hitler leu outras obras sobre psicologia de massas, inclusive *A psicologia das multidões*, de Gustave Le Bon.[56] Le Bon baseou suas teorias em Théodule-Armand Ribot, que argumentava que um grande distúrbio mental, como a Revolução Francesa (ou a Primeira Guerra), poderia causar a dissolução psicológica e a reversão em massa a um estágio anterior de evolução em que os seres humanos tinham menos força de vontade e maior impulsividade.[57] Mais tarde, Le Bon teorizou que, sob certas circunstâncias, indivíduos civilizados podem retornar a um estado selvagem, semelhante à hipnose em massa. Le Bon argumentou que aqueles capazes de manipular as massas desse modo tendiam a ser mentalmente anormais, neuróticos, combativos e carismáticos — todos os traços com frequência atribuídos a Hitler (e que Schertel descreve, positivamente, como "psicopáticos").[58]

O próprio Hitler expressou um profundo apreço pelo pensamento mágico. No final da década de 1920, de acordo com Hermann Rauschning, ele "discutiu longamente o suposto fato de que as forças mágicas da natureza irrompem nos sonhos do homem, embora sua cultura as tenha falsamente sublimado. O conhecimento deve mais uma vez assumir as características de uma 'ciência secreta'". Uma "nova era de interpretação mágica do mundo está chegando", argumentou o futuro Führer, que se concentraria na "vontade" e não na "inteligência".[59]

Hitler, afirmou George Mosse, pode até ter "mantido sua 'ciência secreta' para si, ou, no máximo, a discutido com seu círculo íntimo".[60] Mas temos todos os motivos para acreditar que ele, impressionado com a leitura de Schertel e Le Bon, tenha aceitado a existência de um "poder oculto" que podia "ser canalizado, controlado e dirigido pelo homem". Essa tradição mágica, segundo Hitler, tinha "raízes muito profundas no passado humano" e era "uma parte essencial da vida política, porque seu principal objetivo era dar poder aos seres humanos".[61]

Várias testemunhas compararam Hitler a um médium, mágico ou médico que podia, nas palavras de Robert Ley, líder do Partido Nazista, manipular "forças místicas que os seres humanos não conseguem evitar".[62] Em 1924, a astróloga Elsbeth Ebertin observou que Hitler "só está em seu elemento quando tem uma multidão à frente. Na plataforma, ele é mais como um médium, a ferramenta inconsciente de poderes superiores".[63] O jornalista liberal Rudolf Olden concordou. Hitler era um mestre mágico, para quem os demais líderes nazistas eram apenas "'médiuns' de nível inferior, intermediários de um poder localizado no Führer".[64] Rauschning também argumentaria que Hitler era um "médium" cujos "poderes genuinamente demoníacos" faziam dos "homens seus instrumentos".[65] Dos "dois tipos de ditadores, o chefe e o curandeiro", Jung explicou, "Hitler é o último. Ele é um médium". A política alemã não foi feita, prosseguiu ele, mas "revelada por meio de Hitler. Ele é o porta-voz dos deuses, como antigamente".[66]

Investigando a mágica de Hitler 113

Tanto os críticos quanto os apoiadores de Hitler sentiam o mesmo poder mágico em sua presença. Na "companhia de Hitler", recordou Rauschning, "eu sempre me sentia encantado, e só mais tarde consegui me livrar dele, sair de uma espécie de hipnose". Hitler era um "curandeiro" que podia levar as pessoas de volta "ao estado selvagem [...] o tambor do xamã que ressoa em volta dele".[67] Albrecht Haushofer, filho do conselheiro de política externa do Führer, Karl Haushofer, lembrou que, "como uma gravação nos sulcos de um disco, Hitler conseguia canalizar sua extraordinária energia". Quando ficava "absolutamente exausto", ele "apenas voltava a se sentar, como um homem simples e simpático".[68] Otto Strasser descreveu Hitler como um "clarividente" que entrava em transe quando "diante de seu público". Esse era "o seu momento de verdadeira grandeza", explicou. "Levado por uma força mística, ele não pode duvidar da genuinidade de sua missão."[69] Como um aparelho receptor sem fio, Hitler, "com uma certeza que nenhum dom consciente lhe daria, [era capaz de] agir como um alto-falante, proclamando os desejos mais secretos, os instintos menos admissíveis, os sofrimentos e as revoltas pessoais de toda uma nação".[70]

Como acontece com qualquer xamã ou mágico, a palavra falada era essencial para a magia de Hitler. Mas o que importava não era o conteúdo retórico ou político de seus discursos. "Os discursos de Hitler foram provavelmente o maior exemplo de feitiçaria de massa que o mundo ouviu nos tempos modernos", observou Heiden. "E, no entanto, é difícil encontrar nessa torrente de palavras [...] uma ou duas que perdurem." Heiden reconheceu ainda que "nunca, em nenhuma de suas explosões retóricas", Hitler "conseguiu cunhar expressões tão sonoras como 'cruz de ouro' ou 'sangue, suor e lágrimas'". Ainda assim, grandes estadistas como William Jennings Bryan e Winston Churchill nunca estiveram "tão próximos das massas quanto Hitler", que "proferiu parágrafos inteiros em que cada frase parecia ter a ressonância e o ritmo de uma composição inesquecível".[71]

Como Hitler escreveu sobre seu ídolo Karl Lueger, "o poder de reunir as grandes avalanches históricas de natureza religiosa e política sempre só foi possível mediante o poder mágico da palavra falada. Quem evita a emoção e mantém a boca fechada não será capaz de usar o céu como proclamador da própria vontade".[72] Hitler acreditava que, como um "mágico realizando um encantamento", repetir a mesma mensagem várias vezes faria com que ela se tornasse realidade.[73] Heiden concordou que Hitler tinha a "capacidade de simplificar ideias intrincadas [...] a certas frases que eram repetidas várias vezes por sua fábrica de propaganda sem perder a banalidade".[74]

Os poderes de sugestão de Hitler fizeram com que o incoerente programa do Partido Nazista se tornasse inócuo. O programa do NSDAP, observou Olden, "originou-se muito depois do movimento e foi abandonado muito antes da vitória. O fator decisivo é a influência do Führer sobre as massas". Pessoas sensatas podem rir da ideia de que Hitler exercia poderes de sugestão. "Mas o que é a sugestão?", continuou Olden. "Por que [o democrata] August Weber ou [o liberal Eduard] Dingeldey não têm sucesso, mas Adolf Hitler claramente tem?" Isso aconteceu porque as questões sociais e políticas de ordem prática que tinham a ver "com causa e efeito" tornaram-se desnecessárias. Tudo o que restava era "o milagroso". Hitler não era um político ou estadista convencional, mas um "profeta em frequente estado de convicção narcisista, que ele atribui a seu chamado para a salvação de seus apoiadores".[75] Olden escreveu essas palavras em 1932, apenas um ano antes da tomada do poder pelos nazistas.

Para a ala esquerda do governo de Weimar, para muitos liberais e para a maioria dos observadores estrangeiros, o conteúdo dos discursos, as palavras e as gesticulações de Hitler eram risíveis.[76] Para que sua "mágica" funcionasse, como sugeriram Schertel e Le Bon, ele precisava de "um público receptivo que acreditasse em sua eficácia".[77] Por que Hitler, uma figura que a maioria dos alemães parecia adorar, não causava "quase nenhuma impressão em um estrangeiro?", perguntou Jung retoricamente. "É porque ele é o espelho do inconsciente de todo alemão", ao mesmo tempo que "não espelha nada de um não alemão".[78] Jung prosseguiu: "Existe uma força que é o inconsciente coletivo de uma nação". Hitler tinha "uma estranha sensibilidade a esse inconsciente", como se "soubesse o que a nação estava realmente sentindo em determinado momento".[79] E, seguindo Le Bon, concluiu: "Você pode pegar cem homens muito inteligentes" mas, ao reuni-los, constatar que "eles talvez não sejam nada mais do que uma multidão tola", suscetível à sugestão coletiva.[80]

O impacto mágico que Hitler exercia em seu público — pelo menos em seu público alemão — está bem documentado. Ao observá-lo dezenas de vezes, Heiden ficou menos fascinado por ele do que por seu público. Por mais ridículas que fossem suas declarações, lembrou Heiden, "os ouvintes ficavam

Investigando a mágica de Hitler

sentados em suas cadeiras [com] uma expressão de êxtase que não tinha qualquer relação com o tema do discurso, mas refletia a profunda beatitude de uma alma completamente confusa".[81] Hitler foi capaz de "ouvir uma voz", acrescentou Jung, que representava o "inconsciente coletivo" de sua própria raça. "É esse fato que faz com que lidar com Hitler seja um grande problema. Ele é praticamente a nação."[82] Em última análise, Hitler tornou-se "o alto-falante que amplia os sussurros inaudíveis da alma alemã até que possam ser distinguidos pelo ouvido inconsciente do alemão". Seu poder "não era político; era mágico".[83]

Como sugerem Jung e Heiden, Hitler se beneficiou de um reservatório de alemães cujo "anseio por harmonia" tornou mais fácil para ele "aproveitar o poder bruto incorporado nas massas frustradas".[84] Após a Primeira Guerra Mundial, para muitos alemães, a realidade objetiva havia "ruído em uma desordem psíquica de proporções apocalípticas", tornando milhões de pessoas suscetíveis a "algum poder superior ou messias/guru carismático", uma ideia, um movimento ou indivíduo que "provocasse uma experiência de conversão e a sensação de liberdade que a acompanha".[85] Para aqueles que se encontravam "ávidos pelo inatingível", que tinham sido "malsucedidos na batalha da vida", o nacional-socialismo era o "grande operador de magia". Ao traduzir os "mistérios religiosos do nazismo" para o povo alemão, Hitler se tornou "o mestre-encantador e o sumo sacerdote", o mago supremo da nação.[86] Ao exercer sua magia sobre as massas desesperadas, imersas em fantasias de guerra civil e imagens apocalípticas, Hitler conseguiu atrair milhares de convertidos.[87]

Segundo muitos desses convertidos, a atração de Hitler "parecia quase sobrenatural". Após ouvi-lo pela primeira vez, um deles relatou: "Na mesma hora tomei uma decisão e disse a mim mesmo que somente aquele partido podia salvar a Alemanha". O discurso de Hitler "me atraiu para o NSDAP, por assim dizer, como num passe de mágica".[88] Kurt Ludecke lembra que, depois de ouvi-lo, sua "faculdade crítica foi varrida" pela "intensa vontade do homem, a paixão de sua sinceridade parecia fluir dele para mim. Experimentei um êxtase que só poderia ser comparado a uma conversão religiosa. Eu tinha certeza de que ninguém que o tivesse ouvido naquela tarde poderia duvidar de que se tratava de um homem do destino, da força vitalizadora do futuro da Alemanha".[89] Outra testemunha afirmou que a profunda incerteza e dúvida que sentia foram dissipadas em uma "súbita revelação [...]. Para mim, foi como se ele tivesse falado comigo pessoalmente [...]. Eu era um nacional-socialista [...]. Um conhecimento alegre, um entusiasmo brilhante, uma fé pura — Adolf Hitler e a Alemanha".[90] Até mesmo o general Ludendorff, um homem que havia comandado milhões de pessoas, "tremeu de emoção" ao ouvi-lo pela primeira vez.[91]

Ainda que tenha se manifestado logo no início, a magia de Hitler atraiu relativamente poucos seguidores durante a primeira década da República de Weimar. Antes de 1929, seus poderes de sugestão tendiam a se limitar àqueles que já eram receptivos ao pensamento *völkisch*-esotérico — nacionalistas desiludidos, veteranos desempregados e outros membros da direita pequeno-burguesa tradicional.[92] Era preciso mais do que mágica para que Hitler fosse reconhecido como Führer de toda a Alemanha.[93] Primeiro, ele precisava de um partido e de um aparato de propaganda fortes o suficiente para destilar as lições de Schertel e Le Bon para as massas.[94] Uma década de crise social e política foi igualmente necessária para catalisar a "conversão" dos alemães que ainda não reconheciam Hitler ou o NSDAP como o veículo lógico para suas esperanças e aspirações.[95] Nada exemplifica melhor a interação do pensamento sobrenatural com esses dois outros fatores, o aparato de propaganda do partido e a crise sociopolítica, do que o relacionamento do NSDAP com o escritor de terror Hanns Heinz Ewers.

Hanns Heinz Ewers e a propaganda nazista

Em 1928, pouco antes de o NSDAP começar a fazer avanços em eleições regionais, Goebbels fez um discurso intitulado "Conhecimento e propaganda" para uma plateia de funcionários nacional-socialistas. O movimento *völkisch* que havia culminado no nazismo, explicou Goebbels, havia buscado, com razão, conquistar o Estado e realizar atividades políticas práticas. No entanto, muitos pensadores *völkisch* se preocupavam com questões pouco práticas, como as ciências fronteiriças e a medicina new age. "Muitas vezes", comentou Goebbels sarcasticamente, "encontrei o tipo errante de apóstolo que diz: 'Bem, tudo isso é muito bom, mas você deve ter um ponto em seu programa dizendo que a alopatia é perigosa, e comprometer-se em apoiar a homeopatia'." Se o NSDAP havia despido os traços esotéricos mais evidentes do movimento *völkisch* de

Investigando a mágica de Hitler

sua "magia romântica", argumentou Goebbels, fora tendo em vista seu próprio bem. Se "alguém tivesse tido a coragem de despir a ideia *völkisch* de seu mistério romântico" antes da Primeira Guerra Mundial, "teria evitado que milhões de crianças alemãs passassem fome".[96] Afinal, explicou Goebbels, "a tarefa de um movimento revolucionário de luta não é resolver a disputa entre a alopatia e a homeopatia, mas tomar o poder".[97]

Por outro lado, Goebbels ressaltou que não pretendia eliminar completamente os debates esotéricos sobre a homeopatia do movimento *völkisch*. "O importante", continuou ele, "não é encontrar pessoas que concordem comigo sobre cada detalhe teórico." A única coisa que importava era que a propaganda fosse eficaz:[98]

Jamais encontraremos milhões de pessoas dispostas a morrer por um livro. Mas milhões de pessoas estarão dispostas a morrer por um Evangelho, e nosso movimento está se tornando cada vez mais um Evangelho [...]. Ninguém está disposto a morrer por uma jornada de oito horas, mas muitos se dispõem a morrer para que a Alemanha pertença aos alemães [...]. Está chegando o momento em que as pessoas não irão nos perguntar o que pensamos sobre a jornada de oito horas; quando a Alemanha estiver desesperada, elas perguntarão: "Vocês podem nos devolver a fé?".[99]

Resolver pontos específicos do programa era menos importante do que explorar as ideias que as pessoas já compartilhavam, mas que ainda não haviam sido articuladas por ninguém.[100] "Cristo por acaso era diferente? Ele não fez propaganda? Ele escreveu livros ou pregou? Maomé era diferente? Ele escreveu ensaios eruditos ou foi até as pessoas e disse o que queria dizer? Buda e Zaratustra não eram propagandistas?"[101] Se "o movimento *völkisch* tivesse tido agitadores como esses à disposição", concluiu Goebbels, "suas bases intelectuais mais fortes certamente o teriam levado à vitória".[102]

Um desses agitadores, escolhido a dedo por Goebbels e Hitler, foi Hanns Heinz Ewers.[103] Ewers nasceu em 1871, em Düsseldorf, em uma família de artistas de classe média.[104] Começou a escrever contos de fadas e histórias curtas no início da vida adulta, e, mais tarde, colaborou no roteiro de um dos primeiros "filmes de terror" da história, *O estudante de Praga* (1913), de Paul Wegener, inspirado em *O retrato de Dorian Gray*, de Oscar Wilde (uma edição alemã do livro, de 1912, contou com prefácio de Ewers).[105] Ewers também viajou muito pelo Oriente, desenvolvendo, como muitos nazistas, um fascínio pelo esoterismo indo-ariano.[106] Seu clássico romance de terror de 1911, *Alraune*, reimpresso inúmeras vezes e filmado em pelo menos cinco ocasiões, é uma reformulação moderna do *Frankenstein* de Mary Shelley. O livro conta a história de um homúnculo feminino com tendências vampíricas, concebido quando o alter ego literário de Ewers, Frank Braun, ajuda o tio cientista a engravidar uma prostituta com o sêmen de um assassino enforcado.[107]

Um mestre do macabro, Ewers estava acostumado a explorar o fantástico, o monstruoso e o oculto a fim de evocar sentimentos de horror entre seus leitores. A variedade de monstros que preenchiam suas histórias de terror — desde bruxas, adoradores do diabo e homúnculos em seus textos de antes da guerra até os posteriores *Vampir* [Vampiro] (1921) e *Reiter in deutscher Nacht* [Cavaleiro na noite alemã] (1932) — refletia, além disso, as apreensões alemãs sobre o colonialismo, a perda territorial, a derrota militar e o outro racial.[108] Ewers encontrou coconspiradores entusiasmados em Hitler e Goebbels, interessados em explorar os horrores da República de Weimar em "uma convocação propagandística ao nacionalismo militante e ao engajamento em uma política antirrepublicana".[109]

Os horrores de Weimar

Weimar é praticamente sinônimo de modernidade nas artes, e até mesmo uma cultura essencialmente vanguardista e experimental que traz à mente o expressionismo, a Bauhaus e o cabaré. Mas o inconsciente criativo que inspirou a cultura de Weimar incluía elementos importantes do pensamento sobrenatural.[110] "Crenças e práticas ocultas permearam a cultura estética do modernismo", escreve Corinna Treitel, a maior especialista em esoterismo alemão. Havia uma expectativa compartilhada de que a "nova arte falasse à alma", baseando-se "fortemente na teosofia alemã do *fin-de-siècle* e em sua compreensão profundamente psicológica de uma realidade espiritual além do alcance dos cinco sentidos".[111] A arte criada durante a República de Weimar, de fato, poderia ser vista como "resultado de um Zeitgeist no qual as experiências psicológicas e as preocupações metafísicas tão comuns nos círculos ocultistas ocupavam um lugar dominante".[112]

Investigando a mágica de Hitler 119

Os artistas de Weimar ansiavam pela "experiência intuitiva" direta e pela "autodeificação mística" apoiadas no ocultismo.[113] Tanto Hanns Ewers e Gustav Meyrinck (seu colega escritor de terror) como o poeta Rainer Maria Rilke se inspiraram no ocultismo para obter inspiração criativa.[114] Alguns experimentaram a euritmia de Steiner, uma dança meditativa baseada no ocultismo semelhante ao currículo escolar pouco convencional de Schertel mencionado antes.[115] Outros preferiam a teosofia, caso de Meyrinck e do pintor e poeta alemão Joseph Anton Schneiderfranken (também conhecido como "Bo Yin Ra"), que alegou ter encontrado o espírito de Jesus após "anos de treinamento de seus poderes mentais". Até mesmo o grande pintor expressionista russo Wassily Kandinsky lia literatura ocultista, como a revista teosófica *Sphinx*, de Hübbe-Schleiden, na tentativa de acessar um inconsciente criativo que oferecesse algo "menos adequado aos olhos do que à alma".[116]

Considerando o amplo impacto do ocultismo na cultura de Weimar, incluindo vários artistas judeus e de esquerda, seria impreciso sugerir que ele era inerentemente racista ou fascista.[117] De acordo com muitos críticos, um interesse renovado no ocultismo interagiu com o expressionismo, ajudando a articular as patologias sociopsicológicas subjacentes vivenciadas pelos alemães após a Primeira Guerra Mundial.[118] O trauma desse conflito, segundo Lotte Eisner, alimentou "a nostalgia sombria dos sobreviventes", fazendo reviver na cultura de Weimar, "como as sombras do Hades depois de uma chuva de sangue", os "fantasmas que haviam assombrado os românticos alemães". Essa "eterna atração por tudo o que era obscuro e indeterminado", concluiu Eisner, "culminou na doutrina apocalíptica do expressionismo".[119]

De fato, o cinema alemão, mais do que qualquer outro meio de comunicação contemporâneo, explorou "as possibilidades criativas do oculto". Filmes de terror como *O gabinete do dr. Caligari* (1920), de Robert Wiene, *O golem* (1920), de Paul Wegener, e *Nosferatu* (1922), de Friedrich Wilhelm Murnau, abordaram temas esotéricos importantes e incluíram ocultistas na equipe de produção. Ewers trabalhou em *O golem*, enquanto Murnau consultou astrólogos e leu textos teosóficos. Seu produtor e cenógrafo, Albin Grau, era espírita.[120]

Os temas ocultos que permeavam os filmes expressionistas não eram politicamente neutros. A maioria desses filmes contém representações simbólicas de médicos malignos, mágicos e psicopatas capazes de manipular o público. Kracauer cita especialmente o dr. Caligari de Wiene e o gênio do crime dr.

Mabuse, de Fritz Lang, como representantes da "alma coletiva" da Alemanha, oscilando entre a "tirania e o caos".[121] Os cineastas expressionistas, segundo os críticos, pareciam ter um "prazer estranho [...] em evocar o horror [...] uma predileção pelas imagens das trevas".[122]

Alguns filmes expressionistas também anteciparam a preocupação nazista com a eugenia baseada no ocultismo. *Alraune* (1913) e *O estudante de Praga* (1913, 1926), baseados nos roteiros de Ewers, invocavam uma combinação tentadora de religião e ciência fronteiriça, eugenia e magia.[123] *O golem* de Wegener explorava os elementos mais obscuros do misticismo judaico, enfatizando o desejo de criar um monstro vingativo a partir da magia. Assim, para alguns espectadores antissemitas de direita, o golem realçava "o judeu como uma figura problemática".[124] O próprio Hitler admirava os filmes que Lang estreou em 1924 — *Os nibelungos: A morte de Siegfried* e *Os nibelungos: A vingança de Kriemhilde* —, que retratavam alemães arianos em uma luta existencial contra anões malignos (ou judeus, segundo alguns críticos) que se transformavam em pedra quando derrotados.[125]

Nosferatu, de Murnau, é uma obra brilhante do expressionismo, além de uma reflexão sobre o judeu (da Europa Oriental) como outro. Não é preciso um grande salto de imaginação para ver a relação entre a representação velada de Murnau do *Drácula* de Bram Stoker e o "inimigo judeu" no imaginário sobrenatural nazista.[126] Assim como os infames Caligari ou Mabuse, o conde Orlok, um vampiro, possui poderes malévolos de hipnotismo, sugestão e sedução.[127] Para muitos alemães imersos no imaginário sobrenatural, o Nosferatu de Murnau tornou-se a encarnação da diferença racial (judaica), "estranhamente humano e, ainda assim, terrivelmente outro [...] abjetamente *errado*, indecoroso, antinatural, anatemático". As práticas vampíricas de Orlok — trazer a peste, beber sangue ariano ou corromper as mulheres alemãs — eram inerentemente demoníacas e profanas.[128] Assim, os filmes de Weimar, mesmo aqueles produzidos por diretores antifascistas ou judeus, expressavam os perigos da mistura de raças e a degeneração dos estrangeiros.

Se os críticos sociais de esquerda viam os vampiros, mágicos e outros "tiranos" ocultos em termos da suscetibilidade de Weimar ao fascismo, os intelectuais *völkisch* abraçaram o discurso sobrenatural e a cultura do horror.[129] Como disse o "profeta" nazista Josef Fischer-Haninger em 1932, todos os vampiros do corpo nacional alemão temiam um ditador, enquanto os tra-

Investigando a mágica de Hitler 121

balhadores honestos ansiavam por um pai dos pobres, por um príncipe da justiça como Hitler.[130] "O cinema e a literatura expressionistas facilitaram o nazismo", escreve Linda Schulte-Sasse, porque o "embalaram em um produto que garante uma ilusão agradável de totalidade".[131] Ao propagar um imaginário sobrenatural em particular, os filmes expressionistas refletiam e refratavam as apreensões sociopolíticas que facilitaram o nazismo.[132]

O poder emocional do cinema e da cultura de massa não passou despercebido pelos nazistas. De acordo com o futuro chefe da Câmara de Literatura do Terceiro Reich, Hanns Johst, as peças teatrais e os festivais de folclore ajudaram a criar uma comunidade de fé. Bem antes de 1933, os nazistas haviam adotado a ideia de um "teatro popular", que incorporava a mitologia alemã e exigia um novo tipo de espaço monumental que acomodasse uma massa de espectadores. O modelo para esse tipo de teatro era a chamada *"Thingspiel"*, extraída do folclore germânico e tradicionalmente apresentada em um ambiente externo que incentivava o envolvimento do público.[133] No interesse da "manipulação de massa", os nazistas "degradaram o mítico", explorando o folclore e a mitologia, o paganismo e o ocultismo, a fim de criar uma variedade de espetáculos acessíveis ao público em geral.[134]

A explosão da literatura fantástica foi um componente igualmente poderoso do imaginário sobrenatural de Weimar. A Alemanha do período entreguerras estava repleta de romances *pulp* e de ficção científica que "misturavam política e fantasias de realização de desejos" sobre a derrubada do Tratado de Versalhes e a vingança contra os Aliados.[135] Essas obras, observa Peter Fisher, fornecem uma grande visão das "raízes ideológicas e psicológicas da política altamente emocionalizada da República de Weimar, sobretudo algumas de suas vertentes racistas e messiânicas mais feias". A preferência da direita "pelo mundo da fantasia em detrimento da realidade" favoreceu "uma tendência cultural ao irracionalismo que se manifestou politicamente no apelo à ditadura".[136] Não admira que os escritores *völkisch*, desde a popular Fanny Reventlow ao best-seller Artur Dinter, tenham adotado tópicos esotéricos como seus temas principais.[137]

Essa literatura fantástica não era apenas uma "fabricação própria" de fanáticos de direita. De acordo com Fisher, no final da República de Weimar, os "sonhos, devaneios e entusiasmo semirreligioso" da direita *völkisch*, suas "visões de vingança e renovação", foram "convertidos em uma literatura de consumo de massa". Muitas vezes "uma mistura peculiar de história de aventura, conto de fadas, visão milenarista e programa político", essa literatura "tinha a intenção de agir como um catalisador, inflamando o mesmo tipo de emoções entre os leitores que originalmente haviam provocado as fantasias nas mentes de seus criadores".[138]

A princípio restrita a pensadores marginais, no início da década de 1930 essa literatura de ficção científica e fantasia havia se transformado "em uma ferramenta psicológica, num apelo propagandístico ao nacionalismo militante e ao engajamento em políticas antirrepublicanas".[139] Até mesmo uma revista supostamente científica, a *Archiv für Rassen- und Gesellschafts-Biologie*, reconheceu o valor de propaganda da fantasia antissemita *Deutschland ohne Deutsche* [Alemanha sem alemães] (1930). "A ciência pode conquistar a mente", explicou o crítico nazista, "mas não a alma — a pessoa inteira. Nesse aspecto, os romances são mais bem-sucedidos, sobretudo entre as massas incapazes de entender a 'ciência exata'." Como lamentou um artigo de 1932 publicado no liberal *Frankfurter Zeitung*, "um público nervoso e cheio de ansiedades era muito suscetível às mensagens e à manipulação psicológica" dessa literatura fantástica.[140] Não havia nenhum contexto melhor para o bizarro casamento político entre o escritor de terror Hanns Heinz Ewers e o NSDAP.

Ewers e o NSDAP

Até o fim da Primeira Guerra Mundial, a vida e a obra literária de Ewers refletiam uma visão de mundo cosmopolita e essencialmente moderna, típica de muitos artistas de Weimar. Entretanto, depois de trabalhar para a inteligência alemã e ser preso nos Estados Unidos durante o conflito, Ewers voltou para uma Alemanha politicamente transformada e psicologicamente traumatizada.[141] Em 1921, ele publicou a terceira parte da série de terror semibiográfica protagonizada por Frank Braun, *Vampir*. Vagamente baseado nas experiências de Ewers nos Estados Unidos e no México durante a guerra, o tom do livro era consideravelmente diferente daquele de suas obras anteriores. Em vez de celebrar o cosmopolitismo e a diferença etnossexual, *Vampir* sugeria que Braun se tornara um monstro sugador de sangue como resultado do distanciamento da pátria e do contato sexual com um outro racialmente diferente.[142]

Investigando a mágica de Hitler

Escrito um ano após a assinatura do Tratado de Versalhes, *Vampir* resume as ansiedades de milhões de alemães, que haviam se tornado mais suscetíveis ao nacionalismo emocional e ao pensamento científico fronteiriço.[143]

Duas experiências foram essenciais para catalisar a transição de Ewers de um liberal tímido para um nazista: a ocupação franco-belga do rio Ruhr em 1923, que empregou tropas francesas e africanas, e a Grande Depressão de 1929. Esses dois eventos se combinaram para inspirar o primeiro trabalho (não oficial) de propaganda pró-nazista de Ewers, *Reiter in deutscher Nacht* (1932), um contraponto patriótico ao romance antiguerra de Erich Maria Remarque, *Nada de novo no front* (1929). Ewers chegou inclusive a escolher um líder do Freikorps nazista e homem da SA, Paul Schulz (também conhecido como Gerhard Scholz), como protagonista. Schulz era um líder do "exército negro" secreto (Schwarze Reichswehr) baseado na tradição esotérica da *Vehm* (*Feme*) que havia recebido o apelido de "Feme-Schulz" por organizar assassinatos por vingança contra políticos de esquerda. Condenado por homicídio em 1927, ele foi libertado três anos depois, subindo rapidamente de escalão no NSDAP.[144]

O fato de o libertino Ewers ter escolhido Schulz como protagonista parece notável — até lembrarmos que muitos integrantes da tropa de assalto nazista surgiram do mesmo demi-monde berlinense de violência nas ruas, experimentação sexual e esoterismo que definiu a vida e a arte de Ewers.[145] Esse meio incluía o médico nazista, astrólogo e defensor dos direitos dos homossexuais Karl Heimsoth.[146] Heimsoth, que também era conselheiro e confidente do líder da SA, Ernst Röhm, estudou (para)psicologia e pertencia à Sociedade Acadêmica de Pesquisa Astrológica.[147] Com base em pesquisas esotéricas, ele argumentava que grupos paramilitares como a SA, a Wehrwolf e o NSDAP eram unidos por laços homossociais baseados em fatores "caracterológicos" comuns.[148]

Esse ambiente paramilitar incluía membros da SA como Schulz, Röhm e o líder da Wehrwolf, Wolf-Heinrich Graf von Helldorff, que tinha laços estreitos com os esotéricos Heimsoth e Hanussen.[149] Outros líderes nazistas antigos e futuros que pertenciam aos círculos *völkisch*-esotéricos iluminados por Ewers em *Reiter in deutscher Nacht* foram Erich von Ludendorff e sua Associação Tannenberg, Friedrich Weber e o Bund Oberland, inspirado na Sociedade Thule, e Edmund Heines, líder de um grupo chamado Rossbach.[150] Considerando essas conexões entre Ewers e o meio paramilitar *völkisch*-esotérico, não surpreende que Heimsoth e Röhm sejam retratados de maneira positiva (embora com pseudônimos) em *Reiter*.[151]

O livro simbolizou um momento de notável convergência entre os grupos paramilitares nacionalistas por trás do NSDAP.[152] Quando Ewers terminou de escrevê-lo, em 1931, a maioria dos integrantes do movimento *völkisch*, nas palavras da Wehrwolf de Helldorff, "via com alegria a ideia de uma revolução sob a liderança do nacional-socialismo. Com sua marcha para o Terceiro Reich, eles não poderiam mais ser tratados como peões".[153] Ou, como afirmou a Liga Artamana no prelúdio da eleição de setembro de 1930 para o Reichstag: "Nenhum minuto deve ser desperdiçado até 14 de setembro. Corram de cidade em cidade, de casa em casa, até o último chalé [...]. Levem consigo a fé em nossa missão, a fé no Terceiro Reich. Reconhecemos neste momento que estamos intrinsecamente ligados ao líder do movimento de libertação alemão: Adolf Hitler!".[154]

Ao usar temas sobrenaturais para fins de propaganda, Ewers emulava uma técnica aperfeiçoada por Hitler e Goebbels na década anterior. Os temas sobrenaturais em *Reiter in deutscher Nacht* foram incorporados, como grande parte da propaganda nazista, no reconhecimento da crise política e social de Weimar.[155] Ao contrário da obra de escritores de esquerda, como Remarque e Döblin, Ewers abandonou qualquer pretensão de retratar a realidade empírica em favor de temas fantásticos e indivíduos heroicos que evocavam uma resposta emocional. Além disso, utilizou ocultistas nazistas como Heimsoth como personagens principais, invocou o trabalho de Lanz von Liebenfels e representou seu principal protagonista, o assassino de sangue-frio Schulz, como Sir Galahad, um dos cavaleiro da Távola Redonda.[156] Em vez de enfrentar os complexos desafios de Weimar, o romance negava a "experiência objetiva" e menosprezava "a razão e o intelecto em favor do instinto e da intuição", apagando, dessa forma, "a fronteira entre a fantasia e a realidade", e entregando-se a "elaboradas fantasias de uma bem-sucedida guerra de vingança".[157]

Em épocas de revolução nacional, observou o escritor pró-nazista Gottfried Benn, "tende a haver uma regressão nos avanços intelectuais, enquanto aqueles que se agarram ao poder — ou procuram legitimá-lo — retrocedem em busca de uma continuidade mítica".[158] O romance de Ewers fez exatamente isso para o Partido Nazista, ao apelar para "os nacionalistas mais militantes", para os quais "os mortos na guerra eram tanto uma força que impela ações futuras quanto uma fonte de dor". Ewers e os "nazistas parecem ter entendido [melhor do que outros partidos] o sentimento de muitos alemães". Eles ofereceram um mito convincente que reivindicava a inviolabilidade dos mortos de guerra e apresentaram seu "sacrifício" com a pompa, a cerimônia e até mesmo a majestade que os alemães desejavam.[159]

Nesse caso, *Reiter in deutscher Nacht* tirou proveito dos ressentimentos alemães em relação ao Tratado de Versalhes e das fantasias de vingança racial e sexual contra os "colonizadores" franceses (e norte-africanos) no rio Ruhr. Muitas passagens do livro lembram a descrição do revolucionário afro-caribenho Frantz Fanon das reações do norte da África à ocupação colonial francesa. No retrato que Ewers faz da batalha de Schulz contra a opressão franco-britânica, "poderes sobrenaturais e mágicos revelam-se essencialmente pessoais". Os protagonistas *völkisch* de Ewers, como os norte-africanos em *Os condenados da terra*, de Fanon, parecem "perdidos em um labirinto imaginário, presas de terrores indescritíveis, mas felizes por se perderem em um tormento onírico". Tornando-se "desequilibrados", os *völkisch*-nacionalistas em torno de Schulz, Röhm e do NSDAP por fim se "reorganizam e com sangue e lágrimas" dão "origem a uma ação muito real e imediata".[160]

Embora Ewers ainda tivesse a reputação de libertino irresponsável em 1932, os membros do Partido Nazista elogiaram sua primeira incursão na propaganda política. No período que antecedeu as eleições presidenciais de abril de 1932, Goebbels promoveu *Reiter in deutscher Nacht* como uma "acusação flamejante" contra os partidos republicanos, "uma procissão fantasmagórica [*Geisterzug*] do capítulo mais sombrio da era do pós-guerra" que "deveria ser disseminada o mais amplamente possível". Apesar da "crueza de algumas situações eróticas", admitiu Goebbels, Ewers "reivindicou um lugar honroso na fileira de escritores com consciência nacional". Röhm foi ainda mais irrestrito em seus elogios: "Seu maravilhoso livro me afetou e me despertou profundamente. Sei que falo em nome de todos os meus companheiros da SA quando estendo a mão para agradecê-lo, e fico feliz por ter dado o impulso para a criação dessa canção heroica".[161]

Ewers, por sua vez, estava ansioso para se juntar ao movimento nazista. No início de novembro de 1931, ele pediu a um de seus muitos amigos nazistas, Putzi Hanfstaengl — motorista de Hitler —, que avisasse Röhm e Rudolf Hess de que seu "único desejo para seu aniversário de sessenta anos seria conhecer o Führer e poder apertar sua mão". No dia seguinte, Ewers recebeu um telegrama convidando-o para ir ao quartel-general nazista, a Braunes Haus, em Munique, no dia 3 de novembro — data de seu aniversário. Ao chegar, o prudente Rosenberg "agiu com frieza" e "expressou suas dúvidas sobre o romance *Vampir*". Ainda assim, Ewers teve sua audiência com Hitler, que durou talvez três quartos de hora.[162]

Apesar das objeções de Rosenberg, Goebbels e Röhm ao que parece convenceram Hitler de que Ewers "poderia atrair novos círculos para o partido".[163] Durante o encontro, Hitler elogiou o autor por seu trabalho e o incentivou a escrever um romance sobre o movimento nazista do ponto de vista de um membro da tropa de assalto, e lhe ofereceu acesso aos arquivos do partido. Os relatos de testemunhas oculares variam quanto aos detalhes, mas Hitler aparentemente encerrou a discussão estendendo a Ewers um convite pessoal para se juntar ao NSDAP, selado com um aperto de mão. Ewers deixou a Braunes Haus extasiado, exclamando para Hanfstaengl: "Foi muito bom, Putzi! Não consigo pensar em um presente melhor para meu aniversário de sessenta anos".[164]

O fato de Ewers ter escolhido Horst Wessel, o mártir nazista, como tema de seu livro não foi um acaso. É provável que o próprio Röhm tenha sugerido o nome do jovem integrante da SA assassinado por comunistas em fevereiro de 1930. É possível que Ewers já conhecesse Wessel da Universidade Friedrichs--Wilhelms, em Berlim, onde ambos haviam estudado direito e integrado a mesma fraternidade (com algumas décadas de diferença). Wessel e Röhm provavelmente também se encontraram durante as gravações do filme de terror expressionista *O estudante de Praga* (1926), que Ewers ajudou a escrever e no qual Wessel atuou como figurante.[165]

Wessel, assim como Ewers, era um vigarista bem familiarizado com o lado mais sujo da vida nas ruas de Berlim, um homem conhecido por esbanjar dinheiro com álcool e prostitutas, além de instigar brigas com comunistas. A despeito da propensão ao sexo ilícito e à violência, Wessel se tornou chefe da SA local em Friedrichshain em 1929, escrevendo a canção nazista "Die Fahne hoch!" [Bandeiras ao alto!] antes de ser assassinado por comunistas alguns meses depois, supostamente por conta de uma disputa financeira.[166] Depois de escrever uma hagiografia de Paul Schulz, um raivoso antissemita e assassino, Ewers deve ter achado Wessel ainda mais fácil de mitificar, e foi auxiliado

Investigando a mágica de Hitler

pelos nazistas para beatificar o jovem mártir de todas as formas possíveis. Até mesmo o enterro de Wessel foi transformado em um filme de propaganda, ajudando a criar um culto que levou à construção de vários memoriais e a uma narrativa cristã de sua vida e morte.[167]

Na biografia de Ewers sobre Wessel, a ideologia nazista é expressa em termos vagos, contraditórios e místicos.[168] "Ser alemão é um fenômeno que não se pode explicar em termos racionais", Wessel diz a um colaborador americano, ecoando a citação de Thomas Mann segundo a qual "a alma alemã possui algo irracional e profundo [...] um elemento demoníaco e heroico".[169] Assim como *Magie*, de Schertel, o *Wessel* de Ewers apelava a um anseio emocional que transcendia pontos específicos do programa político; até mesmo o antissemitismo e o anticomunismo eram minimizados em favor do mito e da espiritualidade.[170] Mais uma vez ignorando os elementos obscenos do livro, muitos líderes nazistas, inclusive Goebbels e o líder da Juventude Hitlerista, Baldur von Schirach, elogiaram a obra como "um monumento a todos os nossos mortos [...] ao nosso imortal Horst Wessel [...]. Trata-se do mito do homem anônimo da SA".[171]

Em novembro de 1932, a fim de acompanhar a futura biografia de Ewers, os nazistas decidiram inaugurar um "monumento para a juventude alemã consciente" no túmulo de Wessel. Devido a restrições policiais, o evento foi adiado várias vezes até 22 de janeiro de 1933, apenas oito dias antes de o presidente Hindenburg decidir nomear Hitler para a chancelaria da República de Weimar. A procissão começou com o amigo de Ewers, Röhm, reunindo 16 mil membros da SA no meio de Berlim, que depois passaram lentamente por Adolf Hitler a caminho do cemitério Nikolai, onde outros quinhentos integrantes da tropa aguardavam com trezentos nazistas civis. Líderes proeminentes como Röhm, Goebbels e Hitler fizeram uma série de discursos, que culminaram com a colocação de uma coroa de flores no túmulo de Horst Wessel.[172]

Depois que Hitler e seus colaboradores fizeram suas perorações, Ewers subiu ao palco. Ele começou a fazer um discurso empolgante em nome de toda a juventude alemã "unida por um estreito e inquebrável laço de amor e camaradagem [...]. Horst Wessel havia transformado a palavra do Führer em realidade: esqueçam tudo — classe, profissão, origem! Esqueçam, a confissão e a educação! Mas nunca se esqueçam da Alemanha!". O discurso de Ewers foi seguido por tambores e depois por outra procissão da SA, da SS e da Juventude Hitlerista, culminando em uma celebração no Palácio dos Esportes de Berlim. A cerimônia foi presidida por Hitler e pelo líder da SA, Helldorff, cujas convicções esotéricas e conexões pessoais com o clarividente Hanussen serão discutidas a seguir.[173]

Em contraste com o NSDAP, a imprensa de esquerda ficou enojada com a mistura descarada de misticismo e demagogia de Ewers. Segundo um crítico, Ewers havia criado um "vampiro nacional-socialista" com Wessel, o ápice de uma carreira perversa. Durante décadas, Ewers havia trabalhado duro, misturando "sangue com vômito e esperma com hena em livros como *Alraune, Vampir, Die Besessenen* [Os possuídos] e *Der Zauberlehrling* [Aprendiz de feiticeiro]", até ser resgatado pelo "escolhido do povo [Hitler]" e "incumbido da digna tarefa" de escrever a biografia de Wessel. Outro jornal de esquerda observou: "Frank Braun, o herói dos bastidores de *Vampir* e *Alraune*, foi transformado em Horst Wessel", cujos "personagens lendários agora representam Hitler e Goebbels". Bertolt Brecht observou que, "a fim de produzir a biografia definitiva do jovem herói, Goebbels recorreu a um pornógrafo de sucesso", que "escreveu, entre outras coisas, um livro em que um cadáver é desenterrado e estuprado". Ewers era "surpreendentemente adequado para escrever a história da vida do falecido Horst Wessel", concluiu Brecht, uma vez que "não havia na Alemanha duas pessoas mais fantasiosas" — o "pornógrafo [Ewers] e o doutor em propaganda [Goebbels]".[174]

Referindo-se à cerimônia bizarra no túmulo de Wessel, o socialista *Wahrheit* comentou sobre seus elementos "demoníacos". Indo além, o jornal comunista *Rote Post* publicou uma série de artigos lamentando o "novo misticismo alemão", o "irracionalismo político" e a "superstição" exemplificados pelo papel de Ewers como propagandista do movimento nazista.[175] Infelizmente, os eleitores da pequena burguesia e da classe média preferiam essa "superstição" e "misticismo" aos adeptos da esquerda. Tudo que os "desamparados e pacifistas liberais de Weimar podiam fazer" era "assistir à tempestade irracionalista que desencadeava sua fúria sobre a república".[176]

Ao articular os horrores de Weimar, Ewers ajudou a converter as visões nazistas em realidade política.[177] Ignorando as razões concretas dos muitos desafios do governo, ele retratou a política e a sociedade alemãs em um "estado de fluxo determinado, em última instância, pelo sobrenatural". A crise social e política foi "assim transposta para um reino conceitual emoldurado por noções de vingança e milagres inspirados pelo céu, de crucificação e res-surreição coletivas".[178] Em Schulz e Wessel, Ewers deu vida a dois "salvadores nacionais [...] super-humanos fictícios [...] destinados a simbolizar e prenunciar a materialização de um salvador poderoso e real", Adolf Hitler.[179] Enquanto Ewers elucidava os horrores de Weimar — o trauma onipresente da derrota, da ocupação e da desintegração etnonacional —, Erik Hanussen ajudaria a vender as visões nazistas do Terceiro Reich.

Erik Hanussen e a tomada do poder pelos nazistas

Em janeiro de 1932, Erik Hanussen, o clarividente mais extravagante da Ale-manha, relatou um passeio com seu novo colaborador, Hanns Ewers. Ha-nussen havia travado contato com ele por meio de um conhecido nazista de ambos, Alfons Sack, advogado pessoal de Hanussen e amigo íntimo de Hermann Göring.[180] Ao longo daquela fria noite de janeiro, Ewers comentou sobre o projeto de dois livros. O primeiro, sobre a resistência nacionalista alemã à ocupação do Ruhr, viria a ser *Reiter in deutscher Nacht*. O segundo, que nunca chegou a ser escrito, dizia respeito a um famoso vidente que acabava tendo um fim trágico.

Ao conceber o enredo do segundo livro, porém, Ewers se revelou mais presciente do que o amigo Hanussen, pois antecipara a trajetória profissional do clarividente nos doze meses seguintes. Ao explorar o ocultismo no rescaldo da Grande Depressão, a estrela de Hanussen subiu exponencialmente, em paralelo com a ascensão do Partido Nazista.

Hanussen soube explorar o Zeitgeist político e cultural de forma mais efi-ciente do que seus contemporâneos ocultistas. Tornou-se amigo de líderes do NSDAP e revelou um carisma e uma facilidade para manipular multidões que rivalizavam com os do próprio Hitler. Seus periódicos ocultistas, que exalta-vam o futuro Terceiro Reich, exerceram uma considerável influência sobre a opinião pública. Por fim, e de forma mais agourenta, ele "previu" o incêndio do Reichstag em 27 de fevereiro de 1933, que ajudaria os nazistas a tomarem o poder — apenas para ser assassinado algumas semanas depois (ver capítulo 4).

À primeira vista, causa espanto a íntima relação entre o clarividente judeu Hanussen e o NSDAP. No entanto, assim como outras histórias deste livro, ela faz sentido no contexto do imaginário sobrenatural que os nazistas partilhavam com Hanussen e exploravam para obter ganhos políticos. Se Schertel inspirou a abordagem mágica de Hitler à política e Ewers articulou os horrores a que o nazismo recorreu para fins de propaganda, Hanussen representou o "profeta descalço" que previu a chegada do Terceiro Reich. Sua íntima relação com o NSDAP e a propaganda de inspiração ocultista, consumida por milhares de alemães, ilustram as afinidades entre o pensamento sobrenatural e a ascensão do Terceiro Reich.

Prevendo o Terceiro Reich

"Nossa angústia hoje suscita um desejo cada vez maior de previsões e prognósticos do futuro", escreveu um crítico nos últimos anos da República de Weimar. "Profetas, sábios e vigaristas — movidos quer pela vocação espiritual, quer pelo cheiro do dinheiro — competem entre si por uma oportunidade de consolar ou atemorizar a multidão de almas perturbadas, de iluminar ou confundir ainda mais os tantos já confusos". No "caos de opiniões, pontos de vista e exigências [...] floresce a superstição".[181]

Alfred Rosenberg, o tsar ideológico do nazismo, concordou. "Já pouco depois de sua chegada ao poder, muitos alemães passaram a ver o Führer como um messias e a atribuir os grandes resultados da luta a poderes de outro mundo", disse ele. "A astrologia fez um esforço especial para explorar essa situação ideológica em proveito próprio, e obscureceu as realizações e o objetivo do nacional-socialismo com profecias e adivinhações do tipo mais primitivo."[182]

"Até os cegos podem ver a monstruosa guinada do racional para o irracional na curta história da República", disse o jornalista liberal Rudolf Olden, na véspera da última eleição livre de Weimar. "Naturalmente, não há nenhum partido político que sobreviva sem a ajuda do irracionalismo." Mas o ponto mais "decisivo e irrefutável" para a aceitação da ascensão do nazismo foi o fato de "nosso povo ter se afastado da racionalidade e se declarado abertamente a favor de milagres".[183]

Quer fossem liberais, socialistas ou nazistas, a maior parte dos contemporâneos reconhecia o notável sucesso de que "muitas 'seitas' ocultistas"

Investigando a mágica de Hitler

gozavam "entre o eleitorado protestante" — o mesmo eleitorado de classe média que favorecia o NSDAP de maneira esmagadora —, e as maneiras pelas quais esse sucesso reforçava o nazismo.[184] De "um ponto de vista político", explicou Gerhard Szczesny, a maioria dos "periódicos ocultistas e astrológicos e seus editores" representavam "pensamentos nacionalistas e especialmente racistas por uma convicção que derivava de princípios ideológicos não muito distantes" do ocultismo. Assim, não surpreende que seu "círculo de leitores fosse nacionalista, se não totalmente nacional-socialista".[185]

O início da Grande Depressão "trouxe às ruas 'profetas descalços' e 'santos da inflação'", que pregavam "o fim dos tempos e se apresentavam como redentores. Hitler, de certa forma, era um deles". Milhões de alemães, especialmente aqueles imersos no imaginário sobrenatural de Weimar, "veriam sua ascensão e a chegada do Terceiro Reich como verdadeiros sinais de que a história não estava se movendo sem sentido ou de maneira aleatória, mas com todo o propósito do destino e da graça divina".[186]

A crença de que era possível obter conhecimento por meio da leitura dos astros ou da descoberta de forças ocultas que operavam na vida cotidiana era notavelmente difundida na Alemanha do período entreguerras. Em meados da década de 1920, a astrologia, em particular, havia experimentado uma expansão em sua popularidade, seguida por uma integração de periódicos, institutos e organizações astrológicas.[187] Mais de duas dezenas de periódicos e manuais astrológicos competiam por leitores durante um período de interesse cada vez maior no ocultismo.[188]

As instituições acadêmicas seguiram o exemplo. Em 1930, uma universidade local ofereceu um curso ministrado pelo astrólogo Heinz Artur Strauss. Em 1932, o centro de informações ocultistas conhecido como Eclaros patrocinou uma exposição pública destacando a "astrologia, a caracterologia e a grafologia; o pêndulo e a vara de adivinhação; a antroposofia e a teosofia; o espiritualismo, o hipnotismo e o magnetismo; e a cabala, o misticismo e o budismo". Em 1933, ano da tomada do poder pelos nazistas, o Gabinete Central de Astrologia "estabeleceu um exame de credenciamento, para o qual os aspirantes a astrólogos podiam se preparar através de um curso pago de treinamento astrológico".[189]

Com o renascimento do ocultismo popular e "científico", os críticos se preocuparam com o uso da astrologia em termos de sugestão de massa e manipulação política.[190] Quanto mais "primitiva for uma pessoa em termos de condições materiais", escreveu um ocultista crítico, "mais fácil será ler seu futuro, pois ela seguirá qualquer sugestão [...] quer a ajude ou atrapalhe". Assim, a adivinhação invariavelmente obtinha maior sucesso entre os indivíduos "menos sofisticados por natureza".[191] O problema era que nem "todo médium que se afirma capaz de ver o futuro é mal-intencionado", sugeriu o desmascarador Albert Hellwig. Muitos clarividentes acreditavam nas "próprias capacidades supranormais", o que tornava sua acusação ainda mais difícil.[192]

A tentativa de combater os ocultistas de maneira empírica era igualmente problemática, pois tornava-se cada vez mais difícil para os críticos desse "campo de pesquisa" divulgar seus pontos de vista. Apoiados por um interesse maciço no ocultismo, os defensores do ocultismo podiam desacreditar os críticos "por falta de conhecimento, capacidade intelectual, preconceito negativo a priori, por razões ideológicas ou apenas por más intenções e desonestidade".[193] O público também não estava particularmente interessado em analisar as diferenças metodológicas entre a astrologia "científica" e a astrologia popular, muito menos entre a ciência convencional e as ciências fronteiriças. Até mesmo os astrólogos "científicos" estavam alarmados com a forma acrítica com que visões do futuro eram produzidas e consumidas por muitos alemães. Em uma linguagem notavelmente semelhante à crítica de Hitler aos "itinerantes estudiosos *völkisch*", os ocultistas científicos advertiam contra os "palestrantes de orientação astrológica" que "viajam pelo país e falam sobretudo sobre problemas políticos [...] a respeito dos quais não têm a menor ideia".[194]

Muitos nazistas compartilhavam essas preocupações. Mas não devemos confundir as antipatias do NSDAP por aqueles que usavam a astrologia para manipular a opinião pública, fosse de forma não científica ou não, com uma rejeição geral do pensamento ocultista. Muitos membros da Sociedade Thule e dos primórdios do Partido Nazista, como Walter Nauhaus e Rudolf von Sebottendorff, eram fascinados pelo ocultismo.[195]

Os primeiros nazistas, como Herbert Volck, Wilhelm Gutberlet e Karl Heimsoth, também eram astrólogos de carteirinha.[196] Ernst Röhm, chefe da SA e amigo e confidente de Heimsoth, vivia solicitando conselhos astrológicos, enquanto seus subordinados, Karl Ernst, Helldorff e Friedrich Wilhelm Ohst, participavam de sessões espíritas e consultavam astrólogos.[197] É claro que

Investigando a mágica de Hitler 133

Himmler e Hess eram fascinados pelo ocultismo, o que fica evidente pelas dezenas, talvez centenas, de ocultistas e cientistas de fronteira recrutados pela ss de Himmler e pela Chancelaria do Partido de Hess após 1933.

A interação política entre o esoterismo nazista (percebido) e um interesse mais amplo no ocultismo expresso pelo público precedeu a Grande Depressão. A conhecida astróloga Elsbeth Ebertin havia feito prognósticos políticos sobre Hitler antes mesmo de ele se tornar um nome conhecido em 1923: "De acordo com as estrelas, o homem deve ser levado muito a sério", concluía o horóscopo feito por ela; "ele está destinado a desempenhar um papel importante como Führer em batalhas futuras".[198] Mais tarde, em seu livro *Ein Blick in die Zukunft* [Um olhar para o futuro] (1924), publicado após o Putsch da Cervejaria, Ebertin argumentou que o "movimento nacional-socialista", como resultado da liderança de Hitler, "terá consequências históricas". A obra vendeu respeitáveis 20 mil exemplares em meados da década de 1920.[199] Também não faltaram discussões políticas em periódicos ocultistas durante a metade e o final dessa década.[200]

Com a Grande Depressão e o impressionante desempenho dos nazistas nas eleições de setembro de 1930 para o Reichstag, um número cada vez maior de astrólogos começou a atrelar sua estrela ao NSDAP.[201] O principal jornal astrológico, *Zenit*, passou a produzir regularmente horóscopos favoráveis a Hitler (assim como a Goebbels, Göring, Strasser e Röhm), referindo-se às agora famosas previsões de Ebertin de 1923 e 1924 como presságios do sucesso de Hitler. Segundo um horóscopo de abril de 1931, "Adolf Hitler elabora o plano porque pensa mais conscientemente de forma cósmica do que muitos outros políticos alemães [...]. Ele traz no peito um coração que sente de maneira mais clara a inter-relação com o cosmo do que os sofistas especulativos." Hitler era dotado de "heroísmo e disposição para sofrer. Ele precisa continuar lutando para fazer valer suas reivindicações, assim como Mussolini na Itália".[202]

Ainda que nem todos os astrólogos estivessem no campo nazista,[203] a maioria das revistas astrológicas populares variava entre a impressão de promessas enigmáticas de um futuro Führer e críticas ao governo de Weimar e apoio aberto a Hitler e ao NSDAP.[204] Embora fossem rivais ferrenhos, tanto o fundador da *Astrologische Rundschau*, Hugo Vollrath, quanto o diretor da Associação Astrológica Alemã, Hubert Korsch, tinham clareza sobre as chances de "renovação" prometidas pelo NSDAP. "Apesar de todos os obstáculos, nosso

Führer concluiu sua luta em defesa da alma racial alemã [*Volksseele*] de forma vitoriosa e legal", exclamou Korsch. "A renovação nacional começou em todos os cantos do Reich. Uma nova era alemã teve início!" Assim como "o governo nacional" buscava a pureza racial e "se opunha a toda corrupção com mão de ferro", eles também apoiariam "a luta pela pureza na prática astrológica".[205]

Tanto os praticantes do ocultismo quanto os céticos reconheceram a convergência política e ideológica entre o nazismo e o ocultismo.[206] Muitos ocultistas proeminentes simplesmente presumiram, com base na retórica nazista, que o NSDAP compartilhava sua abordagem sobrenatural do mundo.[207] Os ariosofistas estavam extasiados, descrevendo o nazismo como a culminação de suas doutrinas pré-guerra. O mesmo aconteceu com muitos antroposofistas e teosofistas, que viam o NSDAP como um partido que unia teorias materiais e espirituais, eugênicas e raciais, e ideias de fraternidade orgânica.[208] Como afirmou Fritz Quade, diretor da Sociedade Alemã para o Ocultismo Científico (Deutsche Gesellschaft für wissenschaftlichen Okkultismus), o NSDAP foi o primeiro partido a colocar em prática a unidade entre o pensamento ocultista *völkisch* com base no reconhecimento do mundo material e do além.[209]

"É um dos fatos surpreendentes na tipologia dos periódicos ocultistas", escreveu Szczesny, bem mais cético, "que todos eles, sem exceção, tenham assumido um ponto de vista nacional e racial [*völkisch*]." Até mesmo "a revista *Bunte Wochenschau*, publicada por Hanussen, um judeu", continuou ele, havia se tornado, no "ano anterior à tomada do poder, um verdadeiro órgão oficial da revolução nazista, superando-se em profecias sobre a 'guinada mundial' e o 'Terceiro Reich' [...]. Se não aceitarmos a ideia de que esses periódicos ocultistas conheciam o futuro devido a suas habilidades mágicas", observou Szczesny sarcasticamente, "então teremos de explicar por que quase todos eles eram pró-nazistas depois de 1931".[210]

Não havia na esquerda essa mesma relação entre política e ocultismo. Szczesny admitiu que "os trabalhadores comunistas ou de esquerda e com inclinação internacional não estavam entre aqueles" que compravam esses periódicos *völkisch*-esotéricos ou frequentavam estabelecimentos ocultistas. "Os trabalhadores enfrentavam problemas muito reais, como a fome, o desemprego e o desespero", argumentou ele, "para desperdiçar um único pensamento sério com o absurdo blasfemo e a irracionalidade dos ensinamentos ocultistas." O público desses periódicos, em vez disso, era composto pelos

Investigando a mágica de Hitler 135

"círculos semi-instruídos da burguesia", que, "embora nem sempre nacional--socialistas", eram sem dúvida nacionalistas. "Ainda que não se trate de um capítulo respeitável na história da burguesia", é preciso "reconhecer que foram exatamente esses alemães que, no caos das crises do pós-guerra, caíram nas mãos do ocultismo de rua."[211]

A extrema esquerda pode ter discutido a necessidade da ditadura do proletariado, mas os comunistas jamais se basearam em fantasias ou profecias *völkisch*-esotéricas para justificá-la. Os "visionários de direita", por outro lado, invocavam o imaginário sobrenatural a todo momento, propagando fantasias que ajudavam "a catalisar a integração da vontade popular com a de um Führer muito aguardado, e a tranquilizar os leitores de que sua chegada era de fato iminente [...] um único profeta que preservaria a essência alemã contra todas as probabilidades".[212] Ao descrever sua visão do Terceiro Reich, um nazista escreveu:

> No único caminho que um homem percorre, com a cabeça erguida, na frente do *Volk*, indicando o destino — o pico da montanha iluminada pelo sol. Repetidamente ele convoca um povo vacilante, apesar das decepções e da perseguição, através do deserto e dos caminhos falsos, para o caminho certo [...] cada vez mais o *Volk* seduzido e mal orientado desperta para a percepção: "Aquilo que o convoca, seu *Volk* alemão, pode sozinho conduzi-lo pelo caminho que o afasta do pântano, da miséria e da destituição, em segurança para a luz — para a liberdade e para a honra — o Führer de seu *Volk*, seu Führer! Tudo isso não é apenas mais uma imagem, mas uma realidade, um milagre, a mão de Deus sobre nosso Führer e nosso *Volk*!".[213]

"Milhares, centenas de milhares o imaginam", escreveu o oficial militar nazista Kurt Hesse, "milhões de vozes clamam por ele; uma única alma alemã o procura. Ninguém pode prever de onde ele virá [...]. No entanto, todos saberão: ele é o Führer. Todos o aplaudirão, todos lhe prestarão obediência. Por quê? Porque ele exerce um poder que só ele possui. Ele é um governante de almas!"[214]

Em 1932, o próprio Hitler profetizou uma "nova ordem". Ele estabeleceria "um Reich de Mil Anos", alimentado pela "energia espiritual que um povo é capaz de gerar". Qualquer um que o apoiasse na batalha, prometeu ele, se tornaria "um companheiro de luta por uma criação espiritual única — eu diria quase divina".[215] Entre os milhões de companheiros que lutaram com Hitler por um Reich de Mil Anos, nenhum foi mais interessante do que Erik Jan Hanussen.

Hanussen e a tomada do poder pelos nazistas

Erik Hanussen nasceu Hermann Steinschneider em 1889, o mesmo ano de Hitler, em uma família de artistas judeus em Viena. Seu talento para o engano tornou-se evidente durante a adolescência, quando ele forjou uma antologia de poemas e canções de modo a financiar uma viagem ao teatro. Em seguida, ele entrou para o Circo Oriental, onde participou de encenações da Paixão de Cristo e trabalhou como artista de trapézio, deglutidor de vidro e espadas, cuspidor de fogo e realizou outros truques de mágica.[216]

A explicação de Hanussen para sua conversão ao ocultismo é semelhante à que Hitler deu ao se tornar antissemita. Segundo Hanussen, "eu era um antiocultista convicto, um realista. Mas, quanto mais eu lia os periódicos que atacavam o ocultismo, mais sentia a necessidade de descobrir seu significado por mim mesmo". Embora tentasse suprimir seus poderes emergentes de clarividência, Hanussen afirmou que não conseguia mais "ler uma carta sem ver imediatamente o rosto do autor".[217]

Durante a Primeira Guerra Mundial, Hanussen realizou sua primeira sessão espírita diante de uma plateia de prisioneiros de guerra russos. Por fim, ele se apresentou para a família real austríaca, antes de ser preso por deserção (Hitler também desertaria do exército austríaco).[218] Como a maior parte dos esotéricos e muitos nazistas, Hanussen era fascinado pelo Oriente ("o lar do ocultismo"), para onde viajou inúmeras vezes. Aprendeu o "Sistema Lebascha" de leitura muscular na Etiópia e descobriu como usar uma vara de adivinhação, em Belize.[219] Retornando à Europa após a guerra, Hanussen se estabeleceu na nova capital da astrologia, Berlim, consolidando sua reputação como um "mágico" poderoso.[220]

Hanussen falava abertamente sobre seu desejo de poder, riqueza e fama. Ele estava menos interessado em provar a existência do sobrenatural do que em empregar as mais novas técnicas parapsicológicas de modo a manipular

Investigando a mágica de Hitler

as pessoas para seus próprios fins. "Qualquer um que se diga capaz de realizar milagres terá sempre mais sucesso do que aqueles que desejam convencer os outros de sua impossibilidade", argumentou ele.[221] "O que é magia?", Hanussen perguntou retoricamente: "É algo que existe não para minar, mas para encorajar as pessoas em suas adoradas crenças no milagroso".[222] Hanussen foi igualmente rápido em acusar seus rivais ocultistas de "fraude" (*Betrug*), explicando a base "científica" do ocultismo ao se referir às teorias de Mesmer, Schrenck-Notzing e Freud.[223]

No entanto, Hanussen acabou reconhecendo que os alemães *queriam* acreditar, e optou por incentivar seu público a acreditar que ele tinha acesso a forças mágicas. Cada vez mais suas apresentações incorporavam diferentes formas de adivinhação, desde grafologia e telepatia até clarividência.[224] Apesar de suas reivindicações de legitimidade científica, Hanussen foi acusado pelas autoridades de Weimar de charlatanismo e fraude em várias ocasiões, inclusive em um famoso julgamento em dezembro de 1928.[225] No entanto, muitos repórteres saíram do processo acreditando que ele era inocente, uma vez que o tribunal não conseguiu provar que ele não tinha poderes sobrenaturais. Outro observador ficou muito mais impressionado. "Chegamos como críticos e céticos", disse ele, "e saímos convencidos de suas habilidades ocultistas."[226]

Na esteira da Grande Depressão, Hanussen voltou-se mais conscientemente para a política e as finanças, apresentando-se como um "especialista nos campos ocultos dos assuntos internos e externos".[227] Ele angariou um grande público organizando grandes eventos publicitários e criando seus próprios periódicos ocultistas, *Die Andere Welt* e *Bunte Wochenschau*.[228] Uma combinação de *pulp fiction* americana e ciência fronteiriça, o primeiro desses periódicos trazia relatos em primeira mão de experiências paranormais ("Uma experiência fantasmagórica dos meus tempos de artista"), conselhos amorosos ("Grafologia: Como fazer um casamento grafológico"), técnicas ocultistas populares ("Aprenda a ler mãos em cinco minutos"), além de colunas como a "Sessão Espírita do Mês" e de leituras psicográficas gratuitas. A fim de aumentar sua legitimidade científica, Hanussen encomendava artigos de ocultistas famosos, como Ernst Issberner-Haldane ("Quiromancia: Qual é o melhor momento para o amor?") e Walther Kröner, que relacionou "aparições de fantasmas" aos ciclos menstruais das mulheres. Hanussen recrutou até mesmo o astro de *O gabinete do dr. Caligari* (e mais tarde de *Casablanca*), Conrad Veidt, que contribuiu com uma reflexão inspirada em Schertel, embora irônica: "Será que sou demoníaco?".[229]

Tudo isso poderia parecer inofensivo não fossem o tamanho e a seriedade do público de Hanussen.[230] Ele havia se alinhado com o NSDAP já em março de 1930, seis meses após a Grande Depressão, mas seis meses antes do primeiro grande triunfo eleitoral do partido. Isso sugere que ele acreditava que os nazistas eram o veículo perfeito para sua aventura na política em um momento de crescente desespero.[231] Seu assistente Geza von Cziffra contou que Hanussen teria dito a seus colegas do NSDAP que havia começado o *Die Andere Welt* em 1931 com o objetivo explícito de propagar as ideias nazistas segundo uma base ocultista.[232]

O comentário político de Hanussen não poderia ter sido mais útil para o NSDAP. Em setembro de 1931, *Die Andere Welt* publicou um artigo de primeira página intitulado "Esperança para a ascensão da Alemanha: União Hindenburg-Hitler e dois horóscopos (um para a Alemanha e outro para o Reichstag) prevendo o declínio do comunismo e o triunfo do nacional-socialismo".[233] Ele também questionou a capacidade do chanceler Heinrich Brüning de administrar o Reichstag e produziu um áudio em 1932 alertando os alemães de que "o bolchevismo faria sua tentativa mais concertada de tomar o poder".[234] No dia em que Hitler foi nomeado chanceler, Hanussen publicou uma carta aberta elogiando a grandeza do Führer.[235] "Ao que parece, Hanussen realmente ambicionava se tornar aquilo de que era acusado pela imprensa de esquerda", observou Szczesny, um defensor do futuro Terceiro Reich.[236]

As dezenas de previsões de Hanussen que indicavam a inevitável ascensão de Hitler, entre março de 1930 e março de 1933, foram favorecidas por seu relacionamento próximo com vários líderes importantes da SA.[237] Alheios ou indiferentes aos rumores sobre a origem judaica de Hanussen, os membros do NSDAP foram atraídos pelo popular e carismático mágico. Entre eles estavam o parlamentar nazista, general da SA e comissário de polícia de Berlim, Wolf-Heinrich Graf von Helldorff; o parlamentar nazista e líder da SA de Berlim, Karl Ernst; e o general da SA e comissário de polícia de Breslau, Edmund Heines.[238]

O relacionamento pessoal de Hanussen com Ernst e Helldorff parece particularmente irônico, uma vez que surgiu na época em que os dois líderes

Investigando a mágica de Hitler

da SA organizaram o infame pogrom antijudaico do Kürfurstendamm. No dia do Rosh Hashaná de 1931, Goebbels, Helldorff e Ernst ordenaram que a SA atacasse os judeus que saíam das sinagogas no bairro berlinense de Charlottenburg, dando início a um escândalo nacional. Helldorff e Ernst foram presos e, mais tarde, defendidos em um julgamento sensacionalista por uma equipe de advogados nazistas que incluía o ex-membro da Sociedade Thule, Hans Frank, e Alfons Sack, conhecido em comum de Hanussen e Ewers.[239]

O fato de políticos nazistas e membros do mais alto escalão da SA de Berlim abraçarem o ocultista mais famoso do país é no mínimo estranho. O emergente relacionamento de Hanussen com o NSDAP parece ainda mais estranho, no entanto, por conta dos rumores de que ele era judeu — rumores incentivados pela esquerda liberal e socialista.[240]

Bruno Frei, um jornalista judeu de esquerda, era particularmente hostil ao mágico. Frei reconheceu que as previsões políticas de Hanussen, que haviam lhe rendido o apelido de "profeta de Hitler" na imprensa, eram extremamente perigosas. Uma vez que Hanussen demonstrava "acentuado desprezo pelas faculdades críticas das massas", Frei achava que ele estava "desviando o 'pequeno homem' da Alemanha". Suas "previsões astrológicas sobre a ascensão de Hitler eram um ataque à civilização europeia e às suas tradições racionais", advertiu Frei. "Será que nos esforçamos para alcançar a visão científica do mundo", perguntou ele, "ou estamos dispostos a permitir que as massas de hoje — uma ralé política que faz da barbárie um negócio — a roubem de nós?"[241]

Frei empreendeu uma agressiva campanha contra Hanussen nas páginas do jornal liberal *Berlin am Morgen* intitulada "Um charlatão conquista Berlim", na qual chegou a descrever as festas orgiásticas de Hanussen com líderes nazistas em seu iate — batizado em homenagem à "deusa indiana do amor", a "Schakti ariana" a "serviço de Shiva". "Em êxtase sagrado, eles adoravam a linga, o falo divino", relatou Frei, e Hanussen agia como "sacerdote do ritual demoníaco".[242] Frei esperava que sua série de editoriais levassem Hanussen a acusá-lo de calúnia, o que lhe daria a oportunidade de expor o charlatão nazista no tribunal. Em vez disso, porém, Hanussen conseguiu que as autoridades de Berlim impusessem uma liminar ao jornal de Frei sob ameaça de multas ou prisão.[243] Assim, como Ewers, Hanussen se mostrou imune às críticas da esquerda, protegido por aqueles que acreditavam em práticas ocultas.

Enquanto isso, os amigos nazistas de Hanussen estavam encantados demais com sua generosidade política e financeira para prestar muita atenção nas acusações de Frei.[244] Hanussen dava festas luxuosas e era extremamente generoso com seus colegas da SA, tendo supostamente emprestado 150 mil marcos a Helldorff para que ele quitasse dívidas de jogo, e oferecendo seu Cadillac para comícios da SA. Em troca desses favores e de seu apoio público ao NSDAP, Hanussen desfrutava da proteção não oficial da SA.[245]

Pelo menos por um breve período, as conexões de Hanussen se estenderam até os mais altos escalões do NSDAP. Em 1932, por exemplo, ele conseguiu uma audiência com Hermann Göring.[246] Segundo alguns relatos — que não trazem evidências concretas —, ele também se encontrou com Hitler, possivelmente para lhe dar conselhos sobre como manipular o público.[247] Quer tenha ou não se encontrado pessoalmente com o Führer, a associação pessoal e política do clarividente com o Partido Nazista é clara.[248] Quando Hanussen abriu um "Palácio do Ocultismo" perto do mesmo Kürfurstendamm onde seus colegas judeus alemães haviam sido atacados pela SA um ano antes, Helldorff, Sack e Ewers estavam no topo da lista de convidados.[249]

No entanto, é a "previsão" de Hanussen do infame incêndio do Reichstag em 27 de fevereiro de 1933 que indica a notável extensão — e os limites — da intimidade do clarividente judeu com o Partido Nazista. A maioria dos estudiosos concorda que o incêndio do parlamento foi provocado por um comunista holandês, Marinus van der Lubbe, que foi encontrado no local e confessou à Gestapo sob coação. Um pequeno número de historiadores dá crédito à ideia, popular na época, de cumplicidade direta dos nazistas.[250]

De qualquer forma, Hanussen parecia estranhamente presciente com relação à probabilidade de alguém atear fogo ao Reichstag. No início de 1932, ele havia "previsto" uma "ação sensacional de um partido extremista", o que levou alguns observadores a especular que a ideia do incêndio do Reichstag já circulava entre as fileiras nazistas antes de fevereiro de 1933.[251] Em 8 de fevereiro de 1933, apenas duas semanas antes do incêndio, o *Hanussen-Zeitung* publicara um artigo intitulado "Horóscopo da morte do Reichstag", no qual afirmava que o Partido Comunista Alemão tentaria alguma forma de violência antes das eleições parlamentares de 5 de março. Por fim, e de maneira mais notável, em uma sessão em seu Palácio do Ocultismo, na noite de 26 de fevereiro, Hanussen "previu" a ocorrência de um incêndio no Reichstag.[252]

Investigando a mágica de Hitler 141

Não há provas concretas de que Hanussen tenha descoberto o plano por meio de seus associados nazistas. Tampouco há qualquer prova por trás do boato mais fantasioso de que ele teria hipnotizado o comunista Van der Lubbe para que realizasse o ato.[253] Não obstante, é importante observar que Ewers, Helldorff e Ohst — os dois últimos intimamente implicados nos rumores sobre o incêndio do Reichstag — estavam entre o pequeno grupo que havia comparecido à sessão espírita. Também estavam presentes o secretário particular de Hanussen, Dzino, e os médiuns Maria Paudler e Paul Marcus, que concordaram que Hanussen falara claramente sobre visões de "chamas saindo de uma casa grande". Escrevendo dez dias após o incêndio, Dzino insistiu que Hanussen devia saber do incêndio com antecedência. Não está claro se Ernst, Ohst ou Helldorff o informaram. Igualmente sugestivo é o fato de Hitler ter destituído Helldorff de seu cargo de liderança na SA três semanas após o incêndio, mais ou menos na mesma época em que os colegas de Helldorff assassinaram Hanussen (ver capítulo 4).[254]

Quer soubesse ou não do incêndio com antecedência, Hanussen e seus colegas de inspiração ocultista convenceram milhões de alemães de que eles eram o "povo escolhido, e de que a queda de 1918 seria revertida" pela capacidade de Hitler de tornar "possível o impossível".[255] Os nazistas certamente poderiam ter chegado ao poder sem Hanussen, mas é improvável que tivessem tido sucesso nessa tarefa sem explorar o imaginário sobrenatural de Weimar da maneira exemplificada pelo maior ocultista do país. Em uma época na qual milhões de pessoas estavam apreensivas em relação ao futuro, lembrou Cziffra, era "confortável e fácil acreditar" em profetas como Hanussen e Hitler, que "deram a milhões de pessoas uma falsa crença em um novo salvador".[256]

Condicionados por Hanussen e outros "profetas descalços" a aceitarem o papel da "habilidade sobrenatural" na formação do futuro de Weimar, os alemães concordaram que Hitler também "era dotado de magia". Assim como Hanussen, ele apareceu para os "devotos do [vindouro] Terceiro Reich como algo mais do que um simples homem", lembrou Jung. Hitler surgiu como um "profeta sob as bandeiras do vento, da tempestade e dos vórtices rodopiantes".[257] Com a ajuda de Hanussen e o apoio de milhões de pessoas arrastadas "em um furacão de emoções irracionais", Hitler estabeleceu "um movimento de massa" que se dirigiu a "um destino que talvez ninguém, a não ser o vidente, o profeta, o próprio Führer, pudesse prever".[258]

EM 1932, o jornalista liberal Rudolf Olden publicou uma coletânea de ensaios intitulada *Propheten in deutscher Krise: Das Wunderbare oder Die Verzauberten* [Profetas na crise alemã: O milagroso ou o encantado]. Com contribuições de importantes intelectuais de Weimar, o volume foi tão claro quanto qualquer publicação da época ao vincular a ascensão do nacional-socialismo a uma preocupação alemã com o sobrenatural, exacerbada pela guerra, pela derrota e pela depressão. Em sua introdução, Olden não se conteve. A política era "uma eterna disputa entre a racionalidade e o milagroso". Infelizmente, quando "a racionalidade se vê sob pressão", como aconteceu nos anos de crise da República de Weimar, suas armas ficam "mudas, são devoradas pela dúvida, emigram ou são restringidas".[259] Foi o infeliz "destino de nossos tempos", continuou Olden, que, no domínio da "política, a predominância de forças milagrosas" tivesse marginalizado "todos que desejam pensar racionalmente".[260]

Sem dúvida, o pensamento mágico de Hitler afetou apenas "metade das pessoas; a outra metade está enojada, acha-o risível, grotesco".[261] Mas essa primeira metade da população, os que seguiram Hitler, foi condicionada a apoiar o nazismo por milhares de "pequenos" profetas, dentro e fora do NSDAP. Esses profetas incluíam "os teosofistas, os antroposofistas, os rabinos milagrosos [...] os raios da morte, os 3 mil mágicos que vivem somente em Berlim [...] os adivinhos [...] os astrólogos [...] o médico milagroso Steinmeyer em Hahnenklee [...] os budistas em Frohnau, as muitas seitas, políticos e médicos operadores de milagres". Até mesmo "a crença na bruxaria está crescendo", lamentou Olden. "Com a doença dos homens e do gado, os mestres bruxos do velho país [...] estão sendo trazidos para cá! [...] a poucos quilômetros da cosmopolita cidade de Hamburgo."[262] Milhões de alemães buscaram salvação nesses "parapsicólogos", nos "defensores das ciências esotéricas" e nos "ocultistas, que falam de poderes desconhecidos [...] que fluem do Führer".[263] Os intelectuais liberais queriam descartar essa relação de inspiração sobrenatural entre Hitler e as massas como uma "neurose salvadora" (*Erlöser-Neurose*), concluiu Olden. Mas isso não a tornaria menos palpável.[264]

Como vimos ao longo deste capítulo, Olden estava absolutamente correto em seu diagnóstico, feito apenas alguns meses antes da tomada do poder pelos nazistas. O apelo do nazismo estava na solução espiritual e metafísica que ele parecia oferecer à crise sociopolítica da época.[265] Quando os nazistas e seus partidários se referiram a um "Reich de Mil Anos, eles não apenas deram a

Investigando a mágica de Hitler 143

si mesmos um nome com profundos tons bíblicos e o poder dos números mágicos", escreveu Monica Black, "mas também previram o futuro". Na versão nazista da história e da política, Hitler "figurava como um redentor que salvaria a nação alemã e conduziria um reino divino ao triunfo final sobre o mal, a luz sobre as trevas". Ao explorar o imaginário sobrenatural, Hitler vinculou sua missão política a algo saído do Livro do Apocalipse, como alguém "divinamente escolhido" para criar o Terceiro Reich.[266]

O poder do nacional-socialismo não estava em ressuscitar o "pensamento mítico-mágico", observa Wolfgang Emmerich, "muito menos os vários conteúdos dos mitos". O pensamento sobrenatural já era predominante na República de Weimar. A genialidade de Hitler esteve em "refuncionalizar o mítico no sentido do governo fascista".[267] A Alemanha do período entreguerras, um lugar onde "percepções irrealistas e modos de pensamento pouco sutis" encontravam ampla aceitação, onde se acreditava que as mentalidades que estavam fora de contato com a realidade eram capazes de mudar a realidade, era o lugar perfeito para realizar esse projeto.[268] Ao cooptar a magia de Schertel, alistar Ewers e formar uma aliança com Hanussen, os nazistas desviaram as massas da realidade objetiva em direção ao Terceiro Reich que se aproximava.

Parte II

4. A guerra do Terceiro Reich contra o ocultismo

Antiocultismo, a controvérsia dos mágicos de Hitler e a Ação Hess

Conceitos míticos pouco claros [...] devem desaparecer da imprensa alemã, onde são usados em conjunto com a essência e a ideia do nacional-socialismo [...]. Conceitos como *Thing* [reunião popular] e culto simplesmente nos lembram aqueles profetas alemães puros mencionados pelo Führer em *Minha luta*, que, acima de tudo, gostariam de se vestir com peles de urso, e que afirmam ainda terem criado o nacional-socialismo cerca de quarenta anos antes dele. O movimento nacional-socialista está muito próximo da realidade e da vida para considerar necessário arrastar conceitos obsoletos e mortos do passado sombrio, conceitos que de forma alguma são capazes de apoiar a difícil batalha política de hoje, mas apenas a sobrecarregam.

JOSEPH GOEBBELS (1935)[1]

Já em 1937, quando foram tomadas as primeiras medidas [...] contra a desmedida difusão da astrologia com fins lucrativos, o camarada Rudolf Hess [perguntou] [...] se a "astrologia científica" seria poupada. Depois disso, ficou cada vez mais claro que [...] a luta [contra o ocultismo] [...] enfrentava um grupo consolidado [dentro do Partido Nazista] para o patrocínio da astrologia e do ocultismo.

ANEXO ENVIADO DO AMT ROSENBERG para Martin Bormann (28 de maio de 1941)[2]

Todo o pano de fundo da proibição da astrologia [...] e sua persistência parcial é interessante não apenas como um caso individual, mas fala das múltiplas contradições dentro do nacional-socialismo, as quais mencionei muitas vezes.

ENTREVISTA COM O HISTORIADOR NAZISTA ERNST ANRICH (1960)[3]

Em 7 DE MAIO DE 1941, Martin Bormann enviou uma circular importante aos oficiais nazistas em nome da Chancelaria do Partido.[4] "Os círculos confessionais e ocultistas", escreveu ele, "tentaram espalhar confusão e insegurança entre o povo por meio da disseminação consciente de histórias de milagres, profecias e previsões astrológicas do futuro", acrescentando que "o inferno e o demônio, o purgatório e o apocalipse são sistematicamente retratados em todos os seus horrores para a população; visões fabulosas e curas milagrosas são divulgadas, e profecias religiosas a respeito do suposto futuro político e militar circulam entre a população por meio de campanhas de sussurros". Bormann observou ainda que "o uso de imagens sagradas, medalhões e amuletos para uso pessoal contra bombardeiros de mergulho é cada vez mais disseminado", enquanto "adivinhos, clarividentes, quiromancistas e leitores de tarô exploram a compreensível tensão". E concluiu: "Esses eventos mostram como a educação ideológica e o esclarecimento são importantes, mais ainda durante a guerra".[5]

Bormann estava preocupado não apenas com a persistência do pensamento oculto e mágico entre a população alemã em geral. "A ideologia nacional-socialista é construída sobre o conhecimento científico das leis raciais, sociais e naturais", observou ele, e "não deve permitir tentativas intencionais de envenenamento por parte de nossos inimigos", acrescentando que "temos que ter cuidado para que nenhum membro do partido, sobretudo nas zonas rurais, participe da propagação da adivinhação política, da crença confessional em milagres ou superstições e da criação de milagres ocultos", e que "o partido não pode e não vai tolerar que elementos irresponsáveis tentem influenciar a confiança das pessoas na liderança política por meio de métodos medievais".[6] Em outras palavras, sugeriu Bormann, os nazistas de alto escalão precisavam parar de patrocinar tendências ocultistas.

O que nos leva a perguntar: depois de oito anos no poder, por que o Terceiro Reich não agiu de forma mais agressiva para conter o ocultismo? E por que as medidas policiais subsequentes patrocinadas por Bormann, Heydrich e a Gestapo (a chamada "Ação Hess" de junho de 1941) acabaram se mostrando tão modestas em comparação com o tratamento dado pelo regime a outros inimigos ideológicos? Neste capítulo, começo a responder a essa pergunta examinando as tentativas nazistas de policiar ou "coordenar" o ocultismo durante os primeiros quatro anos do Terceiro Reich. Em seguida, abordo os

A *guerra do Terceiro Reich contra o ocultismo*

esforços mais concentrados do regime para combater o ocultismo e promover o "esclarecimento" após 1937, culminando com o que chamo de "a controvérsia dos mágicos de Hitler" — um debate sobre a permissão ou não para que profissionais antiocultistas desmascarassem a "magia" e o ocultismo. Por fim, concluo com uma análise da "Ação Hess" contra o ocultismo e suas consequências de longo prazo.

Argumentarei que o "curso sinuoso" das políticas nazistas em relação ao ocultismo pode ser explicado pelo fato de os nazistas terem adotado muitos elementos do ocultismo e do pensamento científico fronteiriço.[7] Quando o regime se empenhou em reprimir ou "coordenar" grupos esotéricos, isso teve mais a ver com o controle do que com a eliminação de ideias ocultistas. De fato, como os cientistas de fronteira em geral, muitos nazistas trabalharam cuidadosamente para distinguir entre o ocultismo comercial e popular, por um lado, e o ocultismo "científico", por outro. Enquanto os nazistas demonstravam uma hostilidade considerável pelo ocultismo comercial, os praticantes da variedade científica, como veremos, desfrutavam de uma autonomia notável, até mesmo em termos de patrocínio, por parte do Terceiro Reich.

Ocultismo na vida cotidiana e a resposta nazista, 1933-7

No início de abril de 1933, o cadáver de Erik Hanussen foi descoberto por trabalhadores no subúrbio de Zossen, em Berlim. Todas as evidências sugerem que ele foi baleado em 24 ou 25 de março, um ou dois dias após a promulgação da Lei de Concessão de Plenos Poderes que garantiu a ditadura nazista. Os autores do crime foram um grupo de tropas de assalto nazistas que incluía seus velhos amigos Helldorff e Ernst, chefe da SA Berlim-Brandemburgo. A explicação tradicional para o assassinato de Hanussen é que o Terceiro Reich, antiocultista, não estava disposto a tolerar em seu meio um clarividente destacado, muito menos judeu. Nessa leitura dos eventos, o assassinato de Hanussen foi apenas a primeira salva em uma fuzilaria crescente dirigida contra o ocultismo.[8]

Mas se o assassinato de Hanussen teve a ver sobretudo com a hostilidade do novo governo ao ocultismo, então como explicar a relação íntima entre Hanussen e o Partido Nazista, incluindo seus próprios assassinos, antes de sua morte?[9] Como vimos no capítulo 3, nem as acusações de charlatanismo, nem a devassidão, nem mesmo a revelação de que ele era judeu minaram a reputação de Hanussen entre seus colegas nazistas.[10] Foram os elementos liberais e de esquerda da República de Weimar que o atacaram com mais veemência, tanto por propagar a charlatanice quanto por incentivar a ascensão do fascismo.

A principal diferença entre o Terceiro Reich e a República de Weimar não era o maior ceticismo dos nazistas em relação ao pensamento sobrenatural. Ao contrário, o Terceiro Reich "redefiniu a questão do ocultismo", nas palavras de Corinna Treitel, "não em termos epistemológicos, mas ideológicos".[11] Em outras palavras, os nazistas não se opunham ao ocultismo com base principalmente na ciência, como os céticos liberais e de esquerda que dominavam a República de Weimar. Eles queriam, em vez disso, controlar ou reprimir qualquer grupo, ocultista ou não, que não compartilhasse de sua ideologia ou não se adequasse às normas da "comunidade racial" (*Volksgemeinschaft*). Entretanto, na medida em que simpatizavam com o nazismo, os ocultistas encontraram um nível surpreendente de tolerância durante os primeiros quatro anos do Terceiro Reich.

Antiocultismo nazista, 1933-7

Em 30 de janeiro de 1933, quando Hitler foi nomeado chanceler da República de Weimar, o Terceiro Reich herdou um público alemão altamente receptivo ao ocultismo. De Viena, Munique e Frankfurt a Berlim, Hamburgo e Leipzig, centenas de milhares de alemães e austríacos continuaram a comprar literatura ocultista e new age, a ler revistas científicas fronteiriças e a participar de sociedades astrológicas e teosóficas, sessões espíritas e experimentos espiritualistas.[12]

O Terceiro Reich também herdou um "padrão evolutivo de ambivalência" quando se tratava de policiar o ocultismo.[13] A complexidade de determinar o que era charlatanismo ocultista e o que era ciência fronteiriça legítima forçou o governo de Weimar a confiar em cientistas, profissionais da área médica e supostos especialistas.[14] No entanto, à medida que o ocultismo se tornava "parte da orientação cada vez mais científica da época para os problemas sociais", muitos desses especialistas, bem como as autoridades legais que deles

A *guerra do Terceiro Reich contra o ocultismo*

dependiam, passaram a achar "cada vez mais difícil rejeitar as ciências ocultas em sua totalidade".[15]

O Terceiro Reich introduziu algumas novas restrições ao ocultismo entre 1933 e 1937. Mas sua abordagem geral foi reforçar o padrão vigente na era Weimar, que se concentrava na erradicação da fraude e da exploração.[16] Em 13 de agosto de 1934, por exemplo, o regime apenas reforçou uma lei de junho de 1931 contra clarividentes e leitores de tarô que tentavam ganhar dinheiro com informações "impossíveis de serem conhecidas por meios naturais".[17] Em outras cidades e estados, as proibições contra o ocultismo comercial foram reforçadas e mais bem aplicadas, embora nenhuma nova lei tenha sido aprovada.[18]

O fato de o Terceiro Reich ter herdado um grupo de ocultistas profissionais que haviam desenvolvido estratégias eficazes para burlar a lei durante a República de Weimar — em geral afirmando sua crença na eficácia ("científica") do que praticavam, sem buscar lucros — não ajudou nos esforços de policiamento.[19] Essa estratégia funcionou em Weimar não porque as autoridades republicanas reconhecessem a autenticidade do ocultismo, mas devido às sutilezas legais inerentes a uma república liberal. Antes de 1933, até mesmo especialistas legais altamente céticos viam-se obrigados do ponto de vista jurídico a distinguir entre charlatães que buscavam ganhos comerciais e aqueles que exerciam suas crenças de "boa-fé".[20] Os "ocultistas cobradores de taxas" logo aprenderam a explorar essa "brecha" legal. [21]

Os ocultistas prosseguiram com essas práticas durante o Terceiro Reich, embora com base em premissas muito diferentes. Os nazistas eram muito menos tolerantes com crenças dissidentes do que a República de Weimar, e estavam muito menos preocupados com as sutilezas jurídicas. Agora, no entanto, os ocultistas podiam tirar proveito de um ambiente epistemológico que reconhecia abertamente as forças esotéricas e abraçava o pensamento científico fronteiriço.[22] Como explicou em 1936 o jornal da ss, *Das Schwarze Korps*: "Não queremos de forma alguma negar que existem coisas invisíveis às nossas faculdades naturais. Também não queremos nos opor a uma ciência que se dedique à pesquisa de tais assuntos. O que rejeitamos inequivocamente é qualquer fraude óbvia que se baseie no logro e na exploração da estupidez e que, portanto, constitua uma atividade criminosa".[23] Assim, desde que a doutrina ocultista em questão ou seu praticante tivesse caráter suficientemente "científico", o Terceiro Reich relutaria em realizar qualquer ação policial.

Por isso, a Sociedade Alemã para o Ocultismo Científico atravessou os primeiros anos do Terceiro Reich com bastante facilidade.[24] O mesmo aconteceu com as principais associações e periódicos astrológicos. Em geral, eles tinham permissão para se policiar em termos de prática do ocultismo "científico", desde que prometessem parar de publicar horóscopos dos líderes nazistas.[25] Hitler chegou a enviar uma nota agradecendo ao presidente da Associação Astrológica Alemã, Hubert Korsch, pela organização da Conferência de Astrólogos de 1935, realizada em Wernigerode.[26]

Tanto na frente legal quanto cultural, o ministro do Interior, Wilhelm Frick, e a Câmara de Literatura do Reich de Joseph Goebbels intervieram para defender a pesquisa relacionada à astrologia "científica pura", e permitiram discussões abertas nos meios de comunicação sobre os experimentos de Hans Bender em parapsicologia.[27] Quando o Gabinete de Saúde Pública do Reich interveio, acusando Bender de fraude, o Ministério para o Esclarecimento Público e Propaganda de Goebbels (Reichsministerium für Volksaufklärung und Propaganda, ou RMVP) e o *Völkischer Beobachter* defenderam Bender, que alegara que a cobertura jornalística "não havia diferenciado sua abordagem científica" daquela dos praticantes populares do ocultismo. O argumento de Bender também "encontrou total apoio entre os oficiais em Berlim".[28]

O Terceiro Reich também foi surpreendentemente complacente com as sociedades ocultistas de tendência mais política.[29] Em 1933, o oportunista Rudolf von Sebottendorff retornou à Alemanha, juntou-se ao NSDAP e refundou a Sociedade Thule.[30] Em seguida, publicou um livro de memórias, *Bevor Hitler kam* [Antes da chegada de Hitler], no qual argumentou que a sociedade havia produzido o nacional-socialismo e lançado as bases para o Terceiro Reich. Em março de 1934, o regime decidiu proibir o livro e expulsar Sebottendorff do partido, por escrever um relato sensacionalista que dava "o crédito principal pela renovação nacional da Alemanha à Sociedade Thule".[31] Mas a sociedade sobreviveu à expulsão de Sebottendorff e continuou a publicar seu *Thule-Bote* por alguns meses.[32] Quando enfim se dissolveu, foi por conta do sentimento de redundância de seus membros em um regime que atendia a tantas de suas aspirações.[33]

O mesmo padrão se aplica à Liga Artamana.[34] Em 1930, a associação endossou o NSDAP porque ele "mantinha a crença em nossa missão, a crença no Terceiro Reich". Ela proclamou ainda que os artamanos estavam "intrinsecamente ligados ao líder do movimento alemão pela liberdade, Adolf Hitler".[35] Ao absorver os artamanos na Juventude Hitlerista alguns anos depois, Baldur von Schirach concordou, declarando que "eles realizaram um trabalho pioneiro para o nacional-socialismo [...] seus líderes eram combatentes nacional-socialistas".[36] Os membros da Wehrwolf também foram absorvidos pela SA de forma relativamente contínua.[37]

Esse padrão de integração de grupos ariosóficos ao partido ou ao Estado era endêmico à abordagem do regime em relação ao policiamento ideológico. Ele se concentrava não em erradicar o ocultismo em si, mas em eliminar o sectarismo político e ideológico. A responsabilidade principal pelo policiamento do sectarismo cabia ao Serviço de Segurança (SD) de Reinhard Heydrich, parte do Gabinete Central de Segurança do Reich, construído por Himmler durante os seis primeiros anos do Terceiro Reich.[38] O SD tratava os grupos ocultistas da mesma forma que tratava quaisquer outras associações "sectárias" e "seitas com visões de mundo", perseguindo de forma agressiva aqueles que "defendiam um sistema de crenças independente e mantinham obstinadamente sua separação do Estado [...] constituindo uma barreira para a criação de uma *Volksgemeinschaft* unida".[39]

Isso explica por que o tratamento dispensado pelo regime aos ariosofistas era muito diferente daquele dado às testemunhas de Jeová.[40] O SD reconheceu, por exemplo, que muitos ariosofistas viam o nazismo como a culminação de sua doutrina. "Os ariosofistas não são influenciados por tendências maçônico-pacifistas", admitiu o SD de Heydrich, mas pela "ideologia *völkisch*".[41] Solicitada a verificar os antecedentes de um ex-membro da Ordem Germânica, a SS respondeu que ela pertencia "às ordens *völkisch* que buscavam a renovação da Alemanha e tinham objetivos antimaçônicos e anti-igreja", razão pela qual "o mais alto tribunal do partido determinou que os ex-membros da Ordem Germânica podem ser camaradas do partido sem quaisquer restrições".[42] Um integrante da Ordem Skalden, de inclinação ariosófica, foi aceito no partido porque os Skalden "pertenciam às lojas e ordens *völkisch*" sobre as quais "o tribunal superior do partido havia decidido positivamente". É importante "diferenciar entre as lojas maçônicas", que eram hostis ao nazismo, continuou o SD de Heydrich, e as "lojas, ordens ou associações que, sobretudo antes da guerra, preservavam uma tradição proveniente da pré-história alemã e lutavam pelo fortalecimento do povo alemão".[43]

Contanto que seus líderes demonstrassem "solidariedade ao antimaterialismo de Hitler, por um lado, e ao nacionalismo agressivo, por outro", muitos grupos teosóficos e antroposóficos também tiveram autorização para continuar a desenvolver suas atividades.[44] É bem verdade que a Gestapo declarou a Sociedade Antroposófica um perigo para o Estado no final de 1935. Entretanto, o SD deixou claro que o perigo tinha pouco a ver com o ocultismo; o problema era a lealdade da sociedade a um Führer alternativo — Rudolf Steiner — cuja política estava ligada à trindade profana do marxismo, da maçonaria e do judaísmo.[45] As doutrinas e instituições antroposóficas, por outro lado, incluindo a Comunidade Cristã (*Christengemeinschaft*) de Steiner, a Pedagogia Waldorf e a agricultura biodinâmica, sobreviveram até a Segunda Guerra Mundial, patrocinadas por proeminentes líderes nazistas (ver capítulo 5).[46]

Mesmo com relação à maçonaria, as políticas nazistas eram notavelmente frouxas e inconsistentes. Para Hitler, o elemento mais "perigoso" da maçonaria, segundo Hermann Rauschning, não eram os "esqueletos e caveiras, os caixões e os mistérios", mas o fato de que eles constituíam "uma espécie de nobreza sacerdotal [...] transmitida por meio de símbolos e ritos misteriosos em graus de iniciação". Rauschning observou que "a organização hierárquica e a iniciação por meio de ritos simbólicos, isto é, sem incomodar o cérebro, mas trabalhando a imaginação por meio da magia e dos símbolos de um culto", era o que Hitler tanto imitava quanto temia.[47] O massagista de Himmler, Felix Kersten, fez declarações quase idênticas com relação à atitude ambivalente de seu mestre com relação à maçonaria.[48]

Os maçons chamaram a atenção de Himmler e Rosenberg não por causa de suas ligações históricas com o esoterismo em si, mas por sua pretensa participação "em uma conspiração internacional contra a cultura alemã" e pelo "perigoso cosmopolitismo que levou à emancipação judaica no século XIX".[49] Quando se tratava de policiar indivíduos, a política do regime que proibia ex-maçons de entrarem para o partido ou para o exército raramente era aplicada.[50] De fato, muitos nazistas encarregados da vigilância do ocultismo, inclusive J. W. Hauer e Gregor Schwarz-Bostunitsch, estavam, nas palavras do SD de Heydrich, "muito próximos da teosofia e da antroposofia" e continuaram a se basear na "filosofia indiana e nas formas orientais de pensar".[51]

Isso nos leva de volta ao assassinato de Hanussen.[52] Além dos rumores sobre seu judaísmo, o famoso clarividente sabia demais sobre os assuntos pessoais e financeiros dos principais membros do partido, inclusive Helldorf, Röhm e Ernst,[53] e se gabava de ter previsto o incêndio do Reichstag, o que implicava que seus colegas da SA haviam cometido um crime premeditado.[54] Por fim, a popularidade de Hanussen minava a obsessão nazista pelo controle da opinião pública, e levantava o temor de "que indivíduos carismáticos fora do alcance do regime pudessem influenciá-la". Hanussen não foi assassinado por ser um ocultista, mas porque havia se tornado um grande risco político e uma "ameaça às relações públicas" — elementos que condenaram muitos membros do Partido Nazista no período entre a Lei de Concessão de Plenos Poderes de março de 1933 e a infame "Noite dos Longos Punhais" de junho de 1934.[55]

Em comparação com a República de Weimar, certamente houve maior vigilância e repressão após 1933. Ao avaliar o antiocultismo nazista, precisamos reconhecer, em primeiro lugar, que o Terceiro Reich vigiou e assassinou centenas de membros de seu próprio partido nesse período, e, em segundo lugar, que foi menos repressivo em relação aos ocultistas do que qualquer outro grupo sectário (como judeus ou comunistas).[56] De acordo com os números do próprio SD, em 1937 havia mais de trezentas seitas na Alemanha, algumas das quais com vários milhares de membros. De fato, o SD lamentou as "desanimadoras ferramentas legais disponíveis para combater o ocultismo", devido às lacunas na lei que o regime não tinha "se preocupado em fechar".[57]

De acordo com um antiocultista frustrado, escrevendo nas páginas do *Völkischer Beobachter* em 1937, "é lamentável que a propensão à superstição e ao misticismo tenha sido sistematicamente fomentada" no Terceiro Reich. Após quatro anos no poder, "quase 80% dos alemães ainda são, de alguma forma, suscetíveis a esse absurdo".[58] Longe de inaugurar uma "guerra contra o ocultismo", os anos de 1933 a 1937 testemunharam uma eflorescência do pensamento oculto e sobrenatural. Para os céticos e os desmascaradores, tanto dentro quanto fora do NSDAP, a situação era insustentável.

A ação contra o ocultismo na primavera de 1937

Como os esforços do Terceiro Reich para combater o ocultismo eram demasiadamente fracos, vários antiocultistas da era de Weimar tomaram para si a tarefa de eliminar o "vampiro da superstição".[59] Na vanguarda desses esforços estava o chamado "círculo de Ludendorff", vagamente centrado no ex-marechal Erich Ludendorff e em sua segunda esposa, Mathilde Ludendorff, uma psiquiatra de formação que havia iniciado sua carreira dissecando o trabalho de Albert von Schrenck-Notzing, o famoso parapsicólogo de Munique de meados da década de 1920.[60]

O círculo de Ludendorff atraiu uma ampla gama de antiocultistas antes de 1933, incluindo o comissário de polícia nazista Carl Pelz, o químico Albert Stadthagen e Albert Hellwig, editor do *Zeitschrift für kritischen Okkultismus*.[61] As publicações de Ludendorff atacavam todos, desde Hanussen, a quem se referiam como "o profeta judeu de Hitler", até respeitados cientistas de fronteira, como Hans Driesch e H. H. Kritzinger, que mais tarde trabalharam para o Terceiro Reich.[62]

De início, o círculo de Ludendorff tinha esperanças de que o Terceiro Reich abraçasse "a luta contra exploradores da necessidade e da angústia, inegáveis enganadores na esfera da superstição".[63] Em seu livro *Vampyre des Aberglaubens* [Vampiro da superstição], de 1935, Carl Pelz, escrevendo sob um pseudônimo, argumentou que a ascensão de Hitler propiciava o momento oportuno para atacar videntes "racialmente estrangeiros" como Hanussen, que utilizavam seus "poderes" para explorar pessoas desesperadas com a guerra, a inflação e a Grande Depressão.[64] Pelz admitia que durante os dois primeiros anos do Terceiro Reich pouca coisa havia sido feita para abordar o problema. Ainda assim, ele esperava que "todas as precondições psicológicas para a ignorância popular e o engano em massa" pudessem logo desaparecer por meio da ação do governo e da polícia.[65]

Examinadas em detalhe, as motivações do círculo de Ludendorff no combate ao ocultismo refletem as mesmas predisposições esotéricas que vemos no Partido Nazista em geral. Em uma série de livros e panfletos com títulos pitorescos — como *Terror cristão contra mulheres alemãs* (1934), *O poder judaico: Sua essência e fim* (1939), "O traiçoeiro veneno: Ocultismo, seus ensinamentos, visão de mundo e como combatê-lo" (1935), e *Vampyre des Aberglaubens*, de Pelz (1935, sob o pseudônimo de Fred Karsten) —, o círculo de Ludendorff argumentava que judeus, cristãos e maçons haviam se infiltrado nos altos escalões da sociedade europeia em um esforço para destruir a raça e a religião protogermânicas. Os membros do círculo de Ludendorff também eram partidários de sua própria religião *völkisch*-esotérica, a Sociedade para o Conhecimento

A guerra do Terceiro Reich contra o ocultismo

de um Deus Alemão (Bund für Deutsche Gotterkenntnis), baseada na ciência fronteiriça racial, no antissemitismo fanático e no paganismo germânico.[66]

O círculo de Ludendorff não rejeitava a existência de forças esotéricas. "À objeção de que a clarividência, a telepatia ou outros poderes sobrenaturais não são uma pura fraude", explicou Pelz, "respondemos que esta nunca foi a alegação. Não se deve negar que há pessoas sensatas que, em alguns casos, são capazes de manifestar clarividência ou telepatia, para não mencionar outros poderes misteriosos. Mas essas pessoas — e esse é o ponto decisivo — não tentam tirar proveito de suas habilidades."[67] Pelz e seus colegas do círculo de Ludendorff buscavam apenas erradicar o "vampiro da superstição" propagado pelos charlatães, que incluíam sectários religiosos, estrangeiros e judeus como Hanussen (um problema comum dos antiocultistas), que tentavam "lucrar com suas habilidades" e exploravam o povo alemão.[68]

O fato de "uma série de membros do círculo de Ludendorff estarem imersos em visões fantasiosas do paganismo germânico e da conspiração mundial judaica dificilmente reforça suas alegações 'iluministas'".[69] Em seu livro de 1933, *Der Trug der Astrologie* [O engano da astrologia], por exemplo, Mathilde Ludendorff exaltou "a crença primordialmente alemã na espiritualidade universal do divino".[70] Em toda a Babilônia, Pérsia, Índia e Europa, segundo ela, todos os povos indo-arianos haviam adotado "a consciência cósmica, a unidade viva com a totalidade do universo, como uma manifestação espiritual de um Deus vivo protogermânico. Compartilhamos isso com nossos ancestrais, com alguns astrólogos de nosso sangue".[71] Essa autêntica crença alemã nas forças cósmicas era ameaçada, argumentou Ludendorff, pelo povo semita obcecado pelo "kismet", um povo cujos pronunciamentos astrológicos se concentravam em distrações cotidianas como amor, esportes, caráter e dinheiro, e não nos poderes sobrenaturais de Deus, das Nornas, da *Edda* e da religião nórdica.[72] Nesse aspecto, Ludendorff se assemelhava aos "antiocultistas" nazistas, como Kurd Kisshauer e Alfred Rosenberg, que propagavam as "leis cósmicas" do paganismo germânico, embora alertassem contra a "leitura oriental das estrelas" e a "feitiçaria do Oriente e da África".[73]

Grande parte do círculo de Ludendorff também argumentava que havia uma conspiração secreta de "sacerdotes asiáticos" vivendo no Tibete. Liderados pelo Dalai Lama, esses sacerdotes estavam "preparados para empregar quaisquer métodos a fim de defender sua pretensão de dominar o mundo, inclusive um genocídio monstruoso".[74] O próprio Erich Ludendorff, supostamente contrário ao ocultismo, foi enganado por um alquimista e acreditava que uma cabala de maçons e judeus estava por trás da República de Weimar.[75] Seu colega Hermann Rehwaldt insistiu que os britânicos haviam feito "alianças secretas" com ocultistas africanos para sustentar seu império.[76] Não surpreende que o SD de Heydrich, que mantinha os membros do círculo sob vigilância, tenha achado impossível determinar se eles eram ocultistas ou antiocultistas por natureza.[77]

Apesar de sua agenda criptoesotérica, os integrantes do círculo de Ludendorff continuaram a se ver como cruzados pró-esclarecimento travando uma luta existencial contra o ocultismo.[78] Frustrado com a ausência de políticas antiocultistas do Terceiro Reich, o comissário de polícia nazista, Pelz, apresentou um longo relatório sobre a persistência do ocultismo a Reinhard Heydrich e a seu chefe da polícia criminal (Kripo), Arthur Nebe.[79] Impressionado com a análise de Pelz, Heydrich instruiu Nebe a elaborar um conjunto de parâmetros a fim de combater o ocultismo no Reich e a encaminhar suas recomendações a Himmler.[80]

Seguindo a abordagem sutil dos nazistas, as instruções de Nebe tinham o cuidado de diferenciar "do ponto de vista policial" entre "a investigação de todas as ocorrências que são inacessíveis por meio da percepção humana natural (ocultismo científico)" e, "por outro lado, toda atividade que se baseia na superstição e dela tira proveito". Nebe enfatizou que "o ocultismo científico permanece fora de nosso alcance do ponto de vista policial", mas "o ocultismo não científico e pseudocientífico exige a mais rigorosa supervisão policial e as correspondentes contramedidas, sobretudo quando praticado por motivos comerciais".[81]

A distinção que Nebe faz entre o "ocultismo científico" e a exploração comercial do ocultismo "não científico" é essencial para entender as aparentes contradições nas atitudes nazistas em relação à ciência fronteiriça. Esse episódio, porém, é importante em dois outros aspectos. Primeiro, ele sugere que os esforços do SD e da Gestapo para policiar o ocultismo na primavera de 1937 não foram motivados por Himmler ou Heydrich, mas por um desmascarador profissional (Pelz) frustrado com a falta de ação do Terceiro Reich. No Estado nazista policrático, não era incomum que a Gestapo implementasse políticas com base em relatórios não solicitados de funcionários de nível inferior ou

A guerra do Terceiro Reich contra o ocultismo

informantes civis.[82] No entanto, o fato de o primeiro esforço coordenado da Gestapo para policiar o ocultismo ter surgido a partir do relatório de Pelz diz muito sobre o desinteresse geral do regime em erradicar o pensamento sobrenatural.

Em segundo lugar, esse episódio fornece uma visão das respostas altamente diferenciadas de líderes individuais *dentro* do aparato policial nazista. Não é coincidência que Heydrich tenha aproveitado o recebimento de um relatório não solicitado de um obscuro comissário de polícia (Pelz) para iniciar uma campanha contra o ocultismo. Como chefe do sd, o serviço de inteligência da ss, sua principal tarefa era descobrir a oposição ideológica,[83] e a ação contra o ocultismo fazia parte de um expurgo mais amplo de "tendências sectárias" em preparação para a guerra entre os verões de 1937 e 1938.[84]

Também não é coincidência que, quatro anos após o início do Terceiro Reich, Himmler e a ss ainda não tivessem desenvolvido uma campanha coordenada contra o ocultismo. Tampouco surpreende que Himmler tenha levado semanas — o que exigiu uma segunda carta de Nebe — para responder ao relatório de Pelz, uma vez que ele estava profundamente envolvido com o pensamento científico ocultista e de fronteira e não via nenhuma incompatibilidade entre o policiamento do ocultismo comercial e a apropriação do "ocultismo científico" para os propósitos do Terceiro Reich.[85] Essas diferenças dentro dos escalões superiores da ss e da administração da polícia talvez expliquem por que Nebe, como chefe do Kripo, tenha proposto um meio-termo a fim de preservar um espaço para o "ocultismo científico", ao mesmo tempo que agia de maneira enérgica contra "toda atividade que se baseia na superstição e dela tira proveito".

Na primavera de 1937, em resposta às recomendações de Nebe, o sd e a Gestapo iniciaram uma campanha de vigilância e repressão voltada para as tendências "sectárias".[86] Em vez de atacar o ocultismo de modo geral, o sd se concentrou em grupos que promoviam "o individualismo corrosivo e o internacionalismo perigoso" e "cujos carismáticos proponentes ameaçavam desviar o público".[87] Notavelmente, a prática do "ocultismo" em si não constava da lista de atividades suspeitas do sd: egocentrismo, agitação comunista, internacionalismo, não fazer a saudação a Hitler, recusa em prestar serviço militar, não aceitar ser absorvido pelas associações do Partido Nazista, recusa em trabalhar em indústrias militares, promoção da cura pela fé, promoção da ignorância, homossexualidade e/ou negação dos ensinamentos raciais do nazismo.[88]

Após anos de restrições legais fragmentadas, o regime instituiu de fato uma proibição universal das formas comerciais da astrologia. Em 1938, as principais sociedades e periódicos astrológicos alemães também haviam sido dissolvidos ou suspensos.[89] Nos casos em que as organizações proibidas continuavam a praticar a astrologia impunemente, a vigilância e as proibições legais eram por vezes transformadas em multas, advertências ou até mesmo em prisão para os líderes.[90]

Também no início do verão de 1937, o jornal da ss, *Das Schwarze Korps*, publicou uma curta série de artigos intitulada "Superstição da zona de perigo". O objetivo da série era promover o "esclarecimento público", citando explicações racionais para eventos ocultos semelhantes aos artigos publicados em periódicos ocultistas críticos durante a República de Weimar. Ainda assim, a ênfase no esclarecimento era sempre secundária em relação à típica insistência nazista de que as forças ocultas (e outras forças sectárias) eram exploradas por judeus, maçons e católicos.[91]

O Gabinete de Saúde Pública do Reich, chefiado pelo dr. Bernhard Hörmann, juntou-se a esses esforços "pró-esclarecimento" na primavera de 1937.[92] Em um artigo publicado em maio de 1937 na revista *Die Volksgesundheitswacht*, Hörmann fez a típica distinção nazista entre o ocultismo científico e os "óbvios enganadores e exploradores conscientes" da "falta de conhecimento e desamparo" das pessoas. O perigo do ocultismo, argumentava ele, era seu sabor "internacional", o "movimento ocultista internacional desintegrador de pessoas, liderado por judeus e maçons", que ameaçava os "seres humanos nórdicos".[93]

Em suma, o que tornava o ocultismo perigoso "não era tanto a distância, mas a proximidade ideológica". Os antiocultistas do nsdap "perceberam um potencial ameaçador no discurso esotérico sobre temas centrais para a autocompreensão do nazismo, sobretudo os tópicos entrelaçados de nação e raça". Por temerem um "desafio em potencial à hegemonia dos rígidos ensinamentos nacional-socialistas tais como os concebiam", os nazistas se infiltraram e baniram grupos ocultistas que se afastavam da linha do partido em áreas nas quais havia "uma sobreposição teórica significativa com o imaginário e os ideais nazistas".[94] No entanto, por conta dessas mesmas afinidades ideológicas

A *guerra do Terceiro Reich contra o ocultismo*

e epistemológicas, os nazistas tiveram o cuidado de não descartar o ocultismo científico de imediato.[95] Resta saber até que ponto esse ataque coordenado, embora bastante flexível, ao ocultismo teria sido eficaz.

Os limites do esclarecimento e a controvérsia dos mágicos de Hitler, 1937-41

Em 14 de janeiro de 1941, o desmascarador profissional Albert Stadthagen recebeu uma carta concisa de Helmut Schreiber, presidente do Círculo Mágico da Alemanha (Magischer Zirkel von Deutschland, ou MZVD), associação de mágicos do Reich. De acordo com Schreiber, Stadthagen e seu associado nazista, o comissário de polícia Carl Pelz, estavam prejudicando os ilusionistas de todo o mundo ao demonstrar publicamente a base "científica" da mágica. Insistindo que essas apresentações contradiziam "um ponto de vista expresso no mais alto nível", Schreiber aconselhou Stadthagen e Pelz a "entrarem em contato com o ajudante de ordens do Führer, o ss-Gruppenführer Julius Schaub, caso tivessem alguma dúvida sobre o que isso significava".[96] Duas semanas após a carta de Schreiber, Pelz recebeu uma ordem direta da Gestapo para interromper sua campanha de "esclarecimento" público.[97]

Como um bom nacional-socialista, Pelz recorreu a seu patrocinador mais frequente, a divisão Força pela Alegria [Kraft durch Freude, ou KdF] da Frente Alemã para o Trabalho, chefiada pelo dr. Robert Ley. A KdF considerava as apresentações de Pelz e Stadthagen tão divertidas quanto esclarecedoras, empregando os desmascaradores para realizar "demonstrações" baseadas no ocultismo antes de explicar a ciência por trás do sobrenatural. Mas quando a KdF protestou contra a proibição, ainda que respeitosamente, a resposta do oficial da Gestapo foi inequívoca: "Observo que as medidas contra Pelz foram ordenadas pessoalmente pelo Führer, e que qualquer suspensão ou alteração nessas medidas só é possível com a concordância dele [...] nesse meio-tempo, Pelz deve ser excluído [de sua lista] como orador em potencial".[98]

Esse episódio fascinante, no centro do que chamo de "a controvérsia dos mágicos de Hitler", exemplifica a complicada atitude do Terceiro Reich em relação ao ocultismo.[99] Como as experiências de Pelz e Stadthagen deixam claro, a "repressão" de 1937 já havia começado a se dissipar antes da Segunda

Guerra Mundial. Com efeito, embora tenha levado a um aumento da perseguição à maioria dos inimigos do Terceiro Reich, a guerra pareceu ter o efeito inverso em relação aos mágicos praticantes. Enquanto seguissem as regras — fosse proporcionando entretenimento popular com base no ocultismo ou buscando o "ocultismo científico" —, os mágicos e outros provedores de ideias ocultas e sobrenaturais podiam não apenas evitar a prisão, mas também exercer seu ofício para o prazer e a utilidade do Reich.

Os limites do esclarecimento

A investida de maio de 1937 contra o ocultismo representou um claro afastamento da abordagem desigual durante os primeiros quatro anos do Terceiro Reich.[100] Novas leis mais restritivas contra a prática da astrologia e da quiromancia foram aprovadas. Muitas organizações ocultistas foram banidas. No entanto, como já sugeri, os ocultistas científicos receberam permissão do SD e da Gestapo para prosseguir com seus "experimentos" astrológicos e parapsicológicos.[101] Nos poucos casos em que astrólogos importantes foram colocados sob vigilância ou perseguidos, isso geralmente se deveu a motivos em nada relacionados à astrologia. No caso de Hubert Korsch, sua permissão para publicar foi revogada devido à torpeza moral ("evidência" de homossexualidade) e à falta de confiabilidade política. Esses rumores circulavam desde a tomada do poder pelos nazistas, mas só em 1938 a Gestapo decidiu investigá-los.[102]

O SD e a Gestapo também encomendaram dezenas de relatórios bem-intencionados e revisões por pares a fim de diferenciar o "ocultismo científico" da charlatanice.[103] Como resultado, Heydrich confirmou em junho de 1938 que, embora a "astrologia comercial" devesse ser banida, a "astrologia como campo de pesquisa" não deveria "ser impedida, por solicitação do Reichsführer".[104] Sem dúvida, em agosto de 1938, quando Hitler fez um discurso negando que o movimento nazista estivesse ligado a influências místicas, houve uma enxurrada de debates dentro da SS sobre a viabilidade do "ocultismo científico". Por fim, Himmler e seus associados decidiram não interpretar os comentários gerais de Hitler como um ataque generalizado ao ocultismo.[105] "Como o senhor sabe", o Reichsführer explicou a Heydrich em

A guerra do Terceiro Reich contra o ocultismo

janeiro de 1939, "não considero a astrologia mera bobagem, e acredito que há algo por trás dela [...]. Devemos nos esforçar mais para restringir [os charlatães] e permitir apenas comunidades específicas de pesquisa nessa esfera".[106]

O mesmo padrão de ambivalência — ou, mais precisamente, a mesma distinção entre ocultismo popular e científico — aparece na atitude do Gabinete de Saúde Pública do Reich, sob o comando de Bernard Hörmann e sem dúvida o órgão mais importante, depois do SD e da Gestapo, no policiamento do ocultismo e no esclarecimento da população. Após uma longa diatribe de 1937 ("Proteção da ciência séria") na qual explicou a necessidade de agir contra o ocultismo, Hörmann admitiu que "a ciência médica erra com frequência" e que "ainda há muitas coisas entre o céu e a terra com as quais nossa escolar sabedoria não poderia sonhar".[107] Outro artigo, "O crepúsculo do ocultismo", concordava que seria injusto descartar "sumariamente [todas as ciências ocultas] como superstição". Era preciso aceitar a existência de fenômenos "extrassensoriais", "chamados anteriormente de 'sobrenaturais'".[108]

Para ajudar a traçar a linha entre a "ciência fronteiriça" séria e a charlatanice, Hörmann patrocinou experimentos de astrólogos, cosmobiólogos e antroposofistas "científicos".[109] Ao mesmo tempo, empregou "'especialistas' em ocultismo para dar palestras destinadas a 'esclarecer' o público sobre 'superstições' ultrapassadas que ameaçavam o Reich", especialistas que haviam publicado "livros de abordagem crítica ao ocultismo".[110] Hörmann contratou Pelz e Stadthagen não para desmascarar a ciência fronteiriça em todas as suas formas; seu objetivo era esclarecer a população sobre o engano por trás do ocultismo popular ou comercial.[111]

Faz sentido que Pelz e Stadthagen tenham sido contratados com mais frequência pelo Gabinete de Educação Pública do Reich, subordinado à Frente Alemã para o Trabalho presidida pelo dr. Ley, através da KdF. Suas demonstrações científicas eram sobretudo de entretenimento. Eles começavam com muitos dos famosos truques de inspiração ocultista realizados por Hanussen e outros mágicos, deslumbrando o público. Então, no segundo ato, tentavam explicar seus métodos. Pelz e Stadthagen não viam — ou apenas convenientemente ignoravam — a ironia da situação. Embora acreditassem estar "esclarecendo" os alemães sobre a base científica da magia, a verdade era que estavam proporcionando entretenimento barato e de inspiração ocultista a milhares de trabalhadores e tropas.[112]

O fato de a ss, o Gabinete de Saúde Pública do Reich e a Frente Alemã para o Trabalho terem encabeçado a contratação de demonstrações pró-"esclarecimento" não diminuiu em nada o interesse pessoal de Himmler, Ley ou Hörmann pelo esoterismo,[113] tampouco significou o fim do ocultismo popular. Na primavera de 1937, no momento em que teve início a primeira onda coordenada de políticas antiocultistas, o *Völkischer Beobachter* publicou um artigo intitulado "Dos diários de um aprendiz de mago: Do abracadabra ao círculo mágico". "Certamente a arte mágica é o engano", dizia o artigo, mas "o mundo quer ser enganado".[114] Os nazistas, de fato, eram "surpreendentemente reticentes em divulgar para as massas sua repressão ao ocultismo", preferindo uma mensagem mais gentil de "esclarecimento", ou cada vez mais "silêncio estudioso".[115] A Câmara de Literatura do Reich, que operava sob o guarda-chuva da Câmara de Cultura de Goebbels, tinha dúvidas genuínas sobre o que constituía o ocultismo popular. A partir do final de 1937, um funcionário escreveu para o Ministério da Propaganda várias vezes recomendando a proibição do livro de Hertha Kokott, *Sternenmacht und Liebesleben: Astrologische Betrachtung über Liebe, Ehe und Freundschaft* [O poder mágico das estrelas e a vida amorosa: Observações astrológicas sobre amor, casamento e amizade].[116] O livro havia sido confiscado pela polícia seis meses antes, durante as ações na primavera de 1937. No entanto, a editora protestou contra a proibição, o que levou a Câmara de Literatura do Reich a recrutar um "especialista", o dr. Curt Rosten, para realizar uma revisão do livro.[117]

"Com base na forma e no conteúdo, este é um dos livros mais desprezíveis já publicados sobre o tema", escreveu Rosten.[118] A "autora tenta dar um certo verniz científico a suas exposições", prosseguiu ele, mas falhava devido à falta de conhecimento astrológico rigoroso.[119] Os únicos pontos em que o livro parecia competente eram aqueles em que a "autora copia de maneira literal e irresponsável as obras [do respeitado astrólogo] Karl Brandler-Pracht", como se fossem "suas próprias ideias".[120] Em resumo, o especialista nazista criticava o livro não por sua premissa ocultista, mas pela falta de rigor astrológico. E, no entanto, mesmo essa crítica negativa de um ocultista científico não foi suficiente para convencer a Câmara de Literatura do Reich a proibir o livro. Se a autora publicasse uma nova edição da obra, escreveu o Ministério da Propaganda, seria preciso revisá-la substancialmente na direção mais científica recomendada por Rosten. Até lá, o assunto estava encerrado.[121]

A guerra do Terceiro Reich contra o ocultismo

Em março de 1939, o gabinete da Câmara de Literatura de Goebbels que lidava com assuntos astrológicos e afins foi extinto. Suas responsabilidades foram incorporadas à Comissão Oficial de Exame do Partido para a Proteção das Publicações Nacional-Socialistas [Parteiamtliche Prüfungskommission zum Schutze des nationalsozialistischen Schrifttums, ou PPK] de Philip Bouhler. Os "especialistas" da PPK incluíam um antigo membro do Bund Oberland de Sebottendorff, Karl Heinz Hederich, e um astrólogo profissional, o dr. Werner Kittler, especializado em "cosmobiologia".[122] Mais tarde, Kittler e Hederich usaram sua posição na PPK "para harmonizar a ideologia nacional-socialista e a visão de mundo astrológica". [123]

Incentivada por Hederich e Kittler, a Chancelaria de Hitler interveio com mais vigor em favor dos ocultistas.[124] Assim, em agosto de 1938, a PPK aprovou o calendário astrológico de Elsbeth Ebertin para 1939 devido à sua rigorosa base "cosmobiológica".[125] Como "especialista em cosmobiologia" da PPK, Kittler recrutou dezenas de astrólogos, radiestesistas e parapsicólogos famosos para estudar os possíveis benefícios de várias ciências fronteiriças.[126] Além disso, vários calendários astrológicos e lunares foram aprovados e defendidos pela PPK.[127] De acordo com um funcionário do gabinete de Alfred Rosenberg, a PPK "estava tentando tomar decisões em relação à ideologia oficial do partido com a ajuda de um astrólogo obscuro" (no caso, Kittler).[128]

Depois que a guerra eclodiu, em setembro de 1939, Rosenberg pediu à PPK que proibisse os calendários astrológicos porque eles poderiam ser usados para manipular a opinião pública.[129] Hederich concordou que era importante evitar "qualquer uso político indevido e qualquer comentário sobre os nacional--socialistas", e por isso "proibiu basicamente qualquer profecia relacionada às principais personalidades da vida política", além de restringir "prognósticos políticos" — uma restrição que estava em vigor desde 1934. Hederich, no entanto, insistiu para que o regime permitisse publicações sobre "coisas inofensivas que têm um efeito positivo sobre aqueles abertos à especulação astrológica".[130] A "abordagem de Rosenberg, que introduz repentinamente uma proibição, não promete nenhum sucesso", argumentou Hederich, e apenas levaria à proliferação de grupos astrológicos menores, privados e menos leais do ponto de vista ideológico. Em 14 de outubro de 1939, ele recomendou que a Câmara de Literatura do Reich continuasse permitindo a publicação de literatura astrológica.[131]

Exasperado, Rosenberg escreveu pessoalmente a Goebbels pedindo que ele interviesse.[132] De acordo com ele, seu gabinete não tinha a intenção de "impedir" a prática de uma "pesquisa astrológica" séria. "Se [Bouhler] acredita que essa pesquisa precisa ser publicada em um livro de orientação científica", acrescentou ele, "não pretendemos lhe causar nenhum problema." Mas os "calendários astrológicos" eram algo completamente diferente, pois "seu único propósito era tornar nossas ações dependentes de constelações incontroláveis e, assim, roubar nossa imparcialidade de julgamento. Se uma operação política ou um empreendimento agrícola se tornasse dependente desse tipo de profecia, perderia qualquer tipo de responsabilidade pessoal". Qualquer que fosse a validade científica da astrologia, concluiu Rosenberg, o calendário precisava ser evitado por "razões puramente práticas".[133] O ministro da Propaganda não viu a urgência ou, mais provavelmente, não se preocupou de fato em agir contra uma prática tão popular como a astrologia em meio à guerra. Fosse qual fosse o motivo, Goebbels não intercedeu.[134]

Assim, com a eclosão da Segunda Guerra Mundial, quase todos os gabinetes do Reich encarregados de combater o ocultismo — fosse a PPK de Bouhler, o Gabinete de Saúde Pública de Hörmann, a Frente Alemã para o Trabalho de Ley, a Câmara de Cultura de Goebbels, a SS de Himmler ou até mesmo o SD e a Gestapo de Heydrich — pareciam adotar a mesma abordagem e fazer as mesmas concessões. Ao mesmo tempo que declaravam os males das tendências "sectárias" e da charlatanice ocultista, eles permitiam e, em alguns casos, patrocinavam o "ocultismo científico".[135] Essa abordagem diferenciada para policiar o ocultismo não era o que Pelz havia imaginado ao escrever para o Kripo dois anos antes. Extremamente frustrado, ele admoestou Hörmann a agir de forma mais agressiva contra o "ensino ocultista que promovia a estupidez do povo".[136]

Qualquer decepção que Pelz e Stadthagen pudessem ter sentido em relação à falta de seriedade do Terceiro Reich foi exacerbada pela eclosão da guerra em 1939. Pois a guerra tornaria o ambiente *mais* hostil para os desmascaradores, e pelo mesmo motivo que dera a eles tantas oportunidades de realizar seus atos de "esclarecimento". Ao atender à necessidade de entretenimento popular baseado no ocultismo, as "demonstrações" de Pelz e Stadthagen os colocaram na mira dos ocultistas comerciais mais descarados: os mágicos profissionais.

A controvérsia dos mágicos de Hitler

Em fevereiro de 1940, o já mencionado presidente do Círculo Mágico, Helmut Schreiber, enviou uma carta frustrada ao Amt Rosenberg [Gabinete Rosenberg] reclamando que as atividades de desmascaramento de Pelz e Stadthagen, ao revelarem os truques do ofício, estavam prejudicando o sustento dos mágicos e, sem dúvida, atraindo o público deles por meio de "demonstrações" subsidiadas pelo Estado. Essas apresentações, argumentou Schreiber, tinham que parar.

Seria de imaginar que o regime nazista, em nome do "esclarecimento público", se posicionaria de maneira inequívoca ao lado de seus desmascaradores favoritos. No entanto, após algum debate, a KdF e o Amt Rosenberg, os mais simpáticos a Stadthagen e Pelz, concordaram com um arranjo com a Associação dos Artistas do Reich, que representava vários artistas ocultistas, inclusive o Círculo Mágico. A associação permitiria que Pelz e Stadthagen "se apresentassem", desde que se concentrassem em desmascarar fenômenos ocultos gerais e não truques específicos de "mágica". Pelz e Stadthagen duvidavam de sua capacidade de fazer uma coisa sem a outra. Ainda assim, aceitaram o arranjo, com a ressalva de que "os cavalheiros estão de acordo em esclarecer quaisquer questões em casos limítrofes ou duvidosos de forma bilateral e colegiada".[137]

Apenas três meses depois, em maio de 1940, a associação apelou para as mesmas autoridades, dessa vez incluindo o Gabinete de Imprensa do Reich, a Câmara de Cinema do Reich e a Chancelaria de Hitler. A questão era a apresentação de Stadthagen, "Milagres aparentes do ocultismo", que revelava vários segredos por trás da clarividência, da telepatia e de outras práticas ocultas tradicionais, muitas das quais aparentemente se sobrepunham ao domínio da "magia".[138] Encontrando pouco apoio de seus patrocinadores antiocultistas, Stadthagen prometeu modificar seu número.

Mas, em 14 de janeiro de 1941, o Círculo Mágico renovou suas reclamações, primeiro contra Pelz e depois contra Stadthagen, por revelarem "truques de cartas" que contradiziam o acordo de maio de 1940.[139] Essa nova reclamação levou a Gestapo a proibir as apresentações de Pelz, e a enviar logo em seguida uma carta ácida a Stadthagen ameaçando-o com uma proibição semelhante caso ele não modificasse seu número.[140]

Em 16 de março, Stadthagen respondeu, copiando seu patrocinador Hörmann no Gabinete de Saúde Pública do Reich. Como um dos *"mais antigos pioneiros da luta contra o ocultismo"*, tendo combatido durante décadas "as tentativas de enganar o público com atividades sobrenaturais", a "consciência científica" de Stadthagen não permitiria que ele "ficasse assistindo pacientemente enquanto frívolos conjuradores fingem que seus truques são *realizações científicas"*. Era precisamente essa tentativa de fazer passar um truque de cartas bem conhecido como "prova de fenômenos ocultos" que "explorava a incerteza e a credulidade de nossos semelhantes".[141]

"Uma vez que muitos de nossos camaradas foram induzidos a crenças supersticiosas por meio de manobras fraudulentas, e ainda hoje acreditam no que, na verdade, é apenas mentira e engano", continuou Stadthagen, é *"do interesse do povo* que o defensor do esclarecimento intervenha para dissipar esse absurdo. Pois a superstição, em última análise, é a visão de mundo dos intelectualmente inferiores, dos fatalistas. Nenhum país poderia tolerar esse estado de coisas, muito menos o nosso Terceiro Reich!"[142] Após décadas lutando contra "vigaristas ocultistas, maçons judeus e jesuítas", e suportando os ataques da "máfia da imprensa judaica [...] e outros degenerados", Stadthagen achava irritante que seu trabalho estivesse agora sendo ameaçado por charlatães e mágicos profissionais orientados para o "supersensorial", homens que "não apenas se envolveram em uma série de assuntos supostamente 'ocultos', mas até mesmo os endossaram".[143]

Embora tenha direcionado a maior parte de sua raiva a Schreiber, Stadthagen estava obviamente frustrado com a Chancelaria de Hitler e com o papel da Gestapo na geração da controvérsia. O Círculo Mágico "jamais teria obtido [a proibição]", ele lembrou a Schreiber, "se as autoridades [...] tivessem alguma ideia [...] de que as ordens supostamente destinadas a proteger o ofício do mágico seriam empregadas contra o esclarecimento popular, que é visto pelo Terceiro Reich como incondicionalmente necessário em um sentido ideológico, e foi ordenado e patrocinado pelas mais altas autoridades".[144] Mas, na verdade, a Gestapo havia percebido que a proibição estava impedindo as demonstrações de esclarecimento em favor do ocultismo comercial ("magia") e não fez nada para revertê-la.

Reconhecendo implicitamente a posição firme da associação de mágicos do Reich, Stadthagen pediu um retorno aos termos do acordo de 1940. Meu

A guerra do Terceiro Reich contra o ocultismo

"trabalho de esclarecimento [...] sempre foi dirigido expressamente contra a superstição e o absurdo ocultista", explicou Stadthagen. "A esse respeito, não pode haver discussão sobre o fato de eu revelar talentos artísticos e 'obras de artes mágicas' e, assim, privar os artistas de sua oportunidade de subsistência." Para encerrar, Stadthagen tentou impor sua autoridade, lembrando a Schreiber que suas demonstrações antiocultistas haviam sido aprovadas pelo Ministério da Propaganda de Goebbels todos os anos desde 1935, e que, desde então, eles haviam trabalhado quase que exclusivamente para a KdF de Ley.[145]

Considerada de modo isolado, essa controvérsia parece típica de muitos conflitos sobre competência no Terceiro Reich. Na ausência de uma política clara e de burocracias concorrentes do partido-Estado, questões aparentemente menores, como a permissão ou não de corridas de cavalos durante a guerra, podiam se transformar em controvérsias maiores que exigiam a intervenção direta de Hitler.[146] Stadthagen reconheceu que era cúmplice desse processo de "trabalhar em direção ao Führer", e demonstrou certa reticência em trazer autoridades superiores para julgar uma disputa que deveria ter sido resolvida de forma colegiada em uma instância inferior. No entanto, uma vez que Schreiber havia invocado as grandes armas, envolvendo Hitler e a Gestapo (*"Foi a esse ponto que a situação chegou!"*), ele sentiu que não tinha escolha a não ser alistar seus próprios aliados de alto escalão.[147]

Mais importante ainda, Stadthagen, assim como Pelz, tinha plena consciência do contexto ideológico e epistemológico mais amplo no qual essa disputa aparentemente menor sobre a prática da "magia" estava ocorrendo. De acordo com ele, a questão não era revelar truques de mágica, mas avaliar a seriedade do Terceiro Reich, oito anos após a tomada do poder, no que dizia respeito a eliminar o ocultismo. A proibição não só impedia que os desmascaradores mais talentosos da Alemanha combatessem o ocultismo, como elevava um grupo de conhecidos charlatães "à posição de poder silenciar seus oponentes [pró-esclarecimento] de forma tão desconfortável. E isso em pleno século xx!".[148]

Essa defesa da liberdade de expressão e da investigação científica pode parecer estranha vinda de um nazista durante a guerra mais brutal da história. E, no entanto, Stadthagen ficou genuinamente surpreso com o fato de as mais altas autoridades do Reich terem acatado um pedido de repressão policial nos bastidores em favor do ocultismo comercial. Como ele escreveu a Hörmann, sua relutância em aceitar essa situação não tinha nada a ver com a falta de "disciplina partidária". Depois de trabalharem em prol do esclarecimento durante trinta anos, como ele ou Pelz poderiam tolerar a exploração que o Círculo Mágico empreendia junto a autoridades ignorantes do Reich (incluindo a Chancelaria de Hitler), a fim de obter "proibições bem-intencionadas" que eram usadas indevidamente com o objetivo de "violar a verdade e manter o povo em um estado de superstição"?[149]

Hörmann foi compreensivo, mas realista. Havia limites ao que ele poderia fazer para reverter uma proibição da Gestapo, especialmente uma proibição ordenada pelo próprio Hitler. O conselho que ele deu a Stadthagen foi "direcionar seu trabalho de esclarecimento exclusivamente contra a superstição e o ocultismo", de modo que "não possa haver nenhum questionamento sobre a revelação de truques de mágica".[150] Frustrado com essa resposta inútil, Stadthagen decidiu aceitar o desafio de Schreiber e telefonar diretamente para Hitler — ou, ao menos, para o ajudante de ordens de Hitler, Julius Schaub.[151] Em 22 de fevereiro de 1941, Stadthagen enviou uma longa carta ao dr. Brümmel, na Chancelaria de Hitler, demonstrando frustração com o fato de seu "trabalho de esclarecimento estar sendo impedido por uma pequena camarilha de artistas praticantes do engano", e pedindo uma garantia de que a Gestapo não agiria contra ele como havia feito contra seu colega Pelz.[152]

Pelz, enquanto isso, lutava pela sobrevivência profissional. No início de fevereiro de 1941, ele enviou uma carta detalhada e um currículo à KdF pedindo ajuda para suspender a proibição. Como um nazista de longa data que por muitos anos havia trabalhado contra "ocultistas picaretas", ele não conseguia entender por que seus colegas da Gestapo haviam imposto tal proibição.[153] No dia seguinte ao recebimento da carta de Pelz pela Frente Alemã para o Trabalho, a Gestapo reiterou que "o Führer havia ordenado pessoalmente as medidas que afetavam Pelz, e que a suspensão ou modificação dessas medidas só seria possível com a aprovação do Führer".[154]

O fato de Pelz ter sido proibido especificamente pelo gabinete de Hitler e estar agora sob vigilância da Gestapo foi motivo de consternação nos gabinetes da KdF.[155] Reticente em perder um de seus melhores artistas, a KdF escreveu uma carta em favor de Pelz. "Durante anos organizamos palestras de esclarecimento sobre ocultismo, espiritualismo, clarividência, telepatia e outras esferas", explicou a KdF, "precisamente devido ao desejo do Amt

Rosenberg e do Gabinete de Saúde Pública do Reich, e a demanda por essas palestras sempre foi excepcionalmente alta, embora apenas poucos palestrantes estivessem disponíveis para esse fim." A KdF então observou: "Além do companheiro de partido Pelz, contamos apenas com os companheiros Wilhelm Gubisch, de Dresden, e Albert Stadthagen", que "não são suficientes para atender à demanda".[156]

A palavra-chave para entender a disposição da KdF em fazer lobby com a Gestapo é "demanda". Pelz, enfatizou a KdF, era um excelente orador e artista.[157] Para obter um efeito dramático, ele havia desenvolvido uma técnica em que fingia ser um clarividente, telepata ou leitor de cartas durante a primeira parte de sua apresentação, altamente divertida, revelando a mecânica por trás de seus truques somente na segunda parte, quando adotava um tom mais sóbrio e científico. O próprio Pelz admitia que não era possível revelar esses métodos básicos sem demonstrar de que forma os mágicos realizavam "toda uma série de truques" que, afinal, haviam sido "descobertos e utilizados pela primeira vez por picaretas ocultistas e espiritualistas".[158] A KdF continuou: "É óbvio que apoiamos o ponto de vista segundo o qual não há nada objetável na divertida arte que é empregada pelos mágicos, mas defendemos que o uso enganoso de certos truques na esfera do ocultismo etc. deve ser combatido com toda a severidade".[159] Por essas razões, a KdF solicitava "que a proibição contra Carl Pelz fosse suspensa o mais rápido possível", antes que seu "trabalho de esclarecimento, verdadeiramente importante, fosse prejudicado". E concluía, por fim: "Consideraríamos apropriado que o companheiro de partido Rosenberg solicitasse diretamente ao Führer uma mudança na proibição".[160] Embora Rosenberg ao que parece tenha intercedido junto a Hitler, a proibição continuou em vigor.[161]

Para piorar a situação, em abril de 1941, no mesmo momento em que Pelz e Stadthagen apelavam às autoridades do Reich para que lhes permitissem revelar os truques ocultistas, a Chancelaria de Hitler anulou as "proibições vigentes contra a literatura indesejável de adivinhação e astrologia, por motivos cuidadosamente ponderados e relacionados à importância do esforço de guerra". Com o apoio de Hitler, a Chancelaria "invocou sua competência recém-adquirida para suspender uma série de proibições de livros" decretadas também pelo Amt Rosenberg.[162] O próprio Hitler interveio junto à Gestapo em 1938 para conceder anistia aos membros de organizações maçônicas, incluindo a teosofia e a antroposofia.[163] No outono de 1939, poucas semanas após o início da guerra, o SD de Heydrich concordou que o regime não deveria interferir no trabalho daqueles que pesquisavam forças "cósmicas" usando "métodos científicos".[164] Mais de oito anos após a tomada do poder pelos nazistas, os desmascaradores Pelz e Stadthagen haviam sido silenciados. A prática oculta da magia estava viva e passava bem.[165]

A Ação Hess e suas consequências, 1941-5

Em 10 de maio de 1941, o vice-Führer de Hitler, Rudolf Hess, entrou em um pequeno avião em um campo de aviação nos arredores de Augsburg (Baviera) e fez um pouso forçado na Escócia, com a intenção de intermediar a paz entre o Terceiro Reich e o Império Britânico. Quando ficou claro que Hess não estava agindo em caráter oficial, as autoridades britânicas o prenderam e o interrogaram. Assim começou uma sentença de 46 anos de prisão que terminou com o provável suicídio de Hess em 17 de agosto de 1987.

Hess consultou seu astrólogo pessoal antes de partir,[166] e sugeriu a interlocutores britânicos que a ideia do voo fora inspirada "em um sonho por poderes sobrenaturais".[167] Além disso, ele tinha motivações pragmáticas, pois estava preocupado com os planos de Hitler de invadir a União Soviética, que ameaçavam mergulhar o Terceiro Reich em uma guerra de duas frentes impossível de ser vencida. Cada vez mais alienado no processo de tomada de decisões, Hess viu nesse ousado movimento uma forma de restaurar sua posição junto a Hitler.[168]

Infelizmente para ele, o plano saiu pela culatra. O fato de o sucessor designado por Hitler ter fugido da Alemanha a fim de travar conversas de paz não sancionadas era lamentável em qualquer circunstância, mas foi particularmente embaraçoso naquele momento crítico da guerra, quando o Terceiro Reich estava prestes a desencadear a maior ofensiva militar da história contra a União Soviética.

Hitler estava fora de si de raiva, exigindo saber o que havia acontecido de errado com seu vice-Führer. Rosenberg e Bormann tinham uma resposta pronta: a propensão de Hess para a "adivinhação política".[169] Goebbels concordou, escrevendo em seu diário que "toda a obscura fraude foi enfim des-

A guerra do Terceiro Reich contra o ocultismo

mascarada. Os milagreiros, queridinhos de Hess, estão sendo trancados a sete chaves".[170]

De fato, como era de se esperar, em poucos dias Hitler aprovou a primeira tentativa coordenada do Terceiro Reich de expor e prender todos os praticantes do ocultismo na Alemanha.[171] Lançada em 9 de junho de 1941, a ação de Heydrich "contra as doutrinas ocultistas e as chamadas ciências ocultas" (também conhecida como "Ação Hess") abarcou uma série de doutrinas ocultistas, centenas de indivíduos e milhares de publicações.[172]

Só que esse programa de repressão ficou sujeito quase que de imediato às mesmas contradições que vimos anteriormente.[173] Em poucas semanas, a maior parte dos ocultistas foi libertada.[174] Em poucos meses, o regime havia recuado de sua política declarada de erradicação do ocultismo. A natureza superficial da Ação Hess e suas consequências ambivalentes, portanto, reforçam nossa impressão geral de uma conexão subjacente entre o nazismo e o ocultismo — uma relação que, de fato, se aprofundaria após a Ação Hess.[175]

A Ação Hess, maio-junho de 1941

O fato de a fuga de Hess ter ocorrido apenas três dias após a divulgação da circular antiocultismo de Bormann de 7 de maio, discutida no início deste capítulo, não é coincidência. Ambos os líderes nazistas foram influenciados em suas ações pela iminente invasão da União Soviética ("Operação Barbarossa"), mas de maneiras diferentes.[176] Como já foi observado, Hess via a invasão como um erro que mergulharia a Alemanha em uma guerra de duas frentes ainda mais impossível de ser vencida do que a de 1914. Bormann, por outro lado, recusou-se a questionar a estratégia militar de Hitler. Em vez disso, antecipando ansiosamente o acerto de contas final do Terceiro Reich com o "judeo-bolchevismo" — que incluía ordens secretas para assassinar bolcheviques e "judeus empregados no partido e no Estado" —, Bormann vislumbrou uma oportunidade política. Ele poderia agir de uma vez por todas contra o ocultismo e as igrejas.[177] Heydrich e Rosenberg concordaram.[178] Depois de anos lidando com o ocultismo com luvas de pelica, eles viram a fuga de Hess como uma oportunidade para liberar toda a fúria do estado policial nazista contra as "tendências sectárias", inclusive os ocultistas dentro do partido.[179]

Em 4 de junho de 1941, apenas duas semanas antes da invasão da União Soviética, Heydrich notificou todos os Gauleiter e governadores regionais de que o Terceiro Reich estava prestes a embarcar em uma "ação coordenada contra os ensinamentos ocultistas e as chamadas 'ciências ocultas'".[180] Ele explicou que era de extrema importância, à luz da luta existencial contra a União Soviética, que o Terceiro Reich preservasse os poderes mentais e físicos do povo. Qualquer ensinamento que sugerisse que o destino da humanidade "dependia de forças mágicas e esotéricas" tinha de ser combatido com as "medidas imediatas mais incisivas". Ecoando a circular de Bormann, Heydrich indicou ainda que essas medidas seriam direcionadas a "astrólogos, ocultistas, espiritualistas, adeptos de teorias ocultas ligadas à radiação, adivinhos (não importava o tipo), curandeiros" e "adeptos da antroposofia, da teosofia e da ariosofia".[181] Em uma iniciativa paralela, Heydrich pediu a um subordinado, Hinrich Lohse, que incentivasse os oradores da Gestapo e do SD a promoverem medidas de "esclarecimento e propaganda adequadas" capazes de combater a influência do ocultismo.[182]

A rigor, a "Ação Hess" foi mais sistemática do que qualquer medida anterior tomada pelo Terceiro Reich contra pensadores sectários ou grupos esotéricos. Centenas de ocultistas foram detidos ou presos. Milhares de livros e parafernálias esotéricas foram confiscados.[183] Até mesmo indivíduos e grupos que haviam conseguido sobreviver a campanhas anteriores contra o ocultismo popular foram agora presos ou banidos.[184] As autoridades se concentraram em especial na prisão de astrólogos conhecidos, sobretudo aqueles com vínculos com Hess. Isso incluiu o conselheiro pessoal de Hess, Ernst Schulte-Strathaus, que passou quase dois anos em um campo de concentração.[185] Muitos antroposofistas também sentiram o impacto da ação.[186] Em casos raros, como o de Johannes Verweyen, a Ação Hess resultou na morte dos detidos em campos de concentração.[187] É importante observar, no entanto, que Verweyen era um crítico persistente do regime, que, apesar disso, havia recebido permissão para continuar suas atividades ocultistas-religiosas e publicar legalmente até 1938.[188] Verweyen foi preso não só por causa de seu ocultismo, mas também por seu "pacifismo, internacionalismo e antifascismo".[189]

De fato, a Ação Hess foi bastante moderada em comparação com as medidas tomadas contra outros "inimigos do Reich". Enquanto os bolcheviques, os judeus, os indivíduos considerados "antissociais" e os deficientes eram presos e assassinados com intensidade cada vez maior depois de setembro de 1939, a maioria dos detidos na Ação Hess era libertada.[190] Em vez de eliminar milhares de ocultistas, o gabinete de Heydrich preferiu enviar "especialistas" para dar palestras destinadas a "esclarecer" o público e promover a publicação de livros com uma abordagem crítica do ocultismo.[191] Assim, apesar da repetida associação do ocultismo com o "sectarismo", as medidas contra ele, mesmo no contexto da fuga de Hess e da Operação Barbarossa, foram notavelmente modestas.

Há muito tempo acostumado às concessões feitas por seus colegas para acomodar o ocultismo, Rosenberg escreveu a Bormann no final de maio para sugerir um maior senso de urgência. Embora a diretriz de Bormann de 7 de maio fosse válida, explicou Rosenberg, faltavam explicações concretas sobre por que o Gauleiter deveria combater o ocultismo com argumentos "claros e sistemáticos" baseados na lei natural e na ciência. Essas "complexas questões ideológicas não poderiam ser resolvidas com o simples envio de uma circular".[192]

"O sucesso do nacional-socialismo e o surgimento único do Führer", observou Rosenberg, "não têm precedentes na história alemã. A consequência desses eventos políticos históricos sem precedentes é que muitos alemães, devido à sua propensão para o romântico e o místico, na verdade o ocultismo, passaram a entender o sucesso do nacional-socialismo sob esse prisma."[193] Ele continuou: "Logo após sua chegada ao poder", muitos alemães "rotularam o Führer como um messias e atribuíram os grandes resultados de sua luta a poderes sobrenaturais. Os astrólogos fizeram um esforço especial para explorar essa situação ideológica em proveito próprio e obscureceram as conquistas e os objetivos do nacional-socialismo com profecias e adivinhações do tipo mais primitivo".[194]

Em vez de aproveitar a guerra como uma oportunidade para acertar as contas com o ocultismo, prosseguiu Rosenberg, o partido havia *suspendido* a proibição de publicações ocultistas (e instituído proibições para os desmascaradores). As autoridades do Reich eram mais negligentes com os astrólogos, os "cientistas de fronteira" por excelência, que o Ministério da Propaganda de Goebbels se recusava a atacar de modo consistente (o que não causava espanto, uma vez que ele estava empregando astrólogos profissionais a fim de produzir propaganda contra os Aliados).[195]

Segundo Rosenberg, esse retrocesso em relação ao ocultismo e à superstição não era novidade. Desde o momento em que o SD e a Gestapo haviam emitido as primeiras medidas concretas contra a astrologia, em 1937, Hess e Himmler haviam insistido que a "astrologia científica" fosse excluída. Pouco havia mudado desde então, observou Rosenberg, enviando a Bormann um anexo no qual listava um enorme grupo de nazistas que "se valeram de todos os meios para ancorar a astrologia nociva e alienígena, bem como toda a esfera do ocultismo, e difundi-la firmemente entre o povo alemão, em contradição com todos os princípios da visão de mundo nacional-socialista".[196]

Os principais culpados pela falta de ação decisiva, de acordo com Rosenberg, haviam sido Philip Bouhler, chefe da Chancelaria de Hitler, e o próprio Goebbels, que pareciam desinteressados em cumprir as diretrizes de Bormann contra o ocultismo. Esse patrocínio do ocultismo fora agravado, observou Rosenberg, no momento em que Hess estabelecera o precedente de a Chancelaria de Hitler decidir sobre questões ideológicas que deveriam ter sido deixadas para o próprio Führer. Agora que Hess havia desaparecido, Bormann tinha a oportunidade de reverter essa tendência.[197]

Rosenberg concluiu sua carta oferecendo a Bormann um relatório técnico, que ele esperava que fosse entregue a Hitler. A distinção entre ocultismo científico e popular fazia sentido, admitiu Rosenberg. Entretanto, ainda que aceitasse o ocultismo científico como legítimo, o regime não havia agido de forma eficaz contra sua variante popular. "Todos devem investigar o que quer que sua pesquisa exija", opinou Rosenberg. A "ação propagandística dos astrólogos e ocultistas com suas dezenas de milhares de calendários", no entanto, "mina a capacidade dos homens de tomar decisões e os torna dependentes de influências incontroláveis". Se Bouhler, Goebbels e outros concordavam com esse princípio, então por que sua primeira ação como censores da atividade ocultista fora suspender a proibição de "folhetos astrológicos de mau gosto"?[198]

Embora muitas vezes desdenhasse de Rosenberg, cuja influência havia diminuído em maio de 1941, Bormann também estava frustrado com a indiferença do Terceiro Reich em questões relativas ao ocultismo, o que apontou em uma carta a Goebbels várias semanas depois da Ação Hess. Segundo Bormann, a fuga de Hess havia finalmente inspirado Hitler a combater o ocultismo com os "meios mais incisivos" possíveis. Heydrich, por meio da Ação Hess, ele escreveu, havia feito sua parte para cumprir as pretensões do

Führer. No entanto, "as medidas policiais só podem ser decisivas", insistiu Bormann, "se uma política prática de esclarecimento for simultaneamente empregada, a fim de evitar que amplos setores da população sejam confundidos por ensinamentos ocultistas no futuro. Fui informado de que o senhor indicou a necessidade de se afastar desse tipo de esclarecimento".[199] Bormann referia-se aqui à *Volksgesundheitswacht*, a revista antiocultista de Hörmann descontinuada por Goebbels no outono de 1939, supostamente devido à escassez de papel. Bormann pediu a Goebbels que renovasse a publicação do periódico, se possível "com uma distribuição maior em círculos tão amplos quanto possível da população, para que tivesse um efeito esclarecedor".[200]

A resposta de Goebbels, quatro dias depois, exemplifica a atitude mais sutil em relação ao ocultismo compartilhada pela maioria dos líderes nazistas. O ministro da Propaganda começou assegurando Bormann de que compartilhava de sua antipatia pelo ocultismo popular, citando a própria diretriz de seu ministério, publicada em 15 de maio, proibindo a realização pública "de exibições ocultistas, espiritualistas, clarividentes, telepáticas, astrológicas e similares, bem como experimentos hipnóticos". Ainda assim, Goebbels teve o cuidado de ressalvar, claramente inspirado nas ordens de Hitler de janeiro de 1941, que "a prática artística da magia não deve ser incluída nesta diretriz".[201]

Então por que, depois de suas observações sarcásticas sobre "os queridinhos de Hess" estarem sendo "trancados a sete chaves", Goebbels não tomou nenhuma atitude contra o ocultismo? Em sua resposta a Bormann, ele citou "razões estratégicas". Em meio à guerra, simplesmente não fazia sentido levar a agenda antiocultista muito longe. Uma barragem de propaganda em grande escala poderia ter o efeito paradoxal de fortalecer a percepção do público sobre os vínculos entre Hess, o regime nazista e o ocultismo e gerar um interesse ainda maior no caso. Por enquanto, argumentou Goebbels, o limitado espaço da rádio e da imprensa disponível para o Ministério da Propaganda deveria ser dedicado à propaganda anticomunista e de guerra. Mas "assim que chegar o momento adequado e o fardo sobre nossos meios públicos de propaganda ficar um pouco mais leve", ele prometeu a Bormann, "estarei pronto para concretizar as sugestões para o trabalho de esclarecimento da forma mais ampla possível, especialmente em termos de fundação de uma revista" (como se a refundação de uma revista antiocultista fosse suficiente!).[202] O momento adequado nunca chegou.[203]

As consequências da Ação Hess

Então qual foi a importância da Ação Hess durante o longo processo de eliminação do ocultismo? Como sugeri anteriormente, os meses de verão do ano de 1941 testemunharam uma breve onda de prisões, seguida por uma série de compromissos entre os provedores de "esclarecimento" e os apologistas do ocultismo. Somente em setembro de 1941, após quatro meses de negociações com a Gestapo e o Círculo Mágico, Pelz e Stadthagen receberam permissão da Chancelaria de Hitler para renovar seus esforços de educação pública.[204] No entanto, foi preciso que os dois assinassem uma declaração em que prometiam consultar o Círculo Mágico a respeito de quaisquer "experimentos" relacionados à "magia". O texto era revelador: "Tenho o dever de excluir qualquer explicação das artes mágicas em minhas apresentações de esclarecimento sobre pseudo-ocultismo".[205] A implicação: atacar o ocultismo autêntico (em oposição ao "pseudo-ocultismo") estava fora do alcance dos desmascaradores.

Heydrich continuava arengando com os colegas sobre os perigos da antroposofia e da astrologia,[206] mas Himmler e outros oficiais de alto escalão da ss mais uma vez levantaram preocupações sobre uma ação geral indiscriminada contra o "ocultismo científico", insistindo que o sd e a Gestapo deixassem espaço para "pesquisas legítimas sobre questões astrológicas" e outras doutrinas ocultistas.[207] Em setembro de 1941, o ministro do Interior nazista, Wilhelm Frick, e o ministro da Saúde, dr. Leonard Conti, fizeram o discurso de abertura do Festival Paracelso de Salzburgo, que celebrava o ocultista mais famoso da Alemanha. Embora tenha ficado perplexo, o sd de Heydrich não pôde fazer nada a respeito.[208]

O caso mais ilustrativo do fracasso da Ação Hess é o de Eduard Neumann (também conhecido como Rolf Sylvéro). Neumann estava no radar do regime pelo menos desde junho de 1939, quando Hörmann, do Gabinete de Saúde Pública do Reich, recebeu um relatório com a informação de que o mágico profissional estava anunciando poderes de "telepatia, clarividência e hipnose". Ao praticar a adivinhação comercial, proibida desde 1934, Neumann tentou evitar problemas chamando-a de "poder do pensamento" — um estratagema transparente, sugeria o relatório.[209] No entanto, ele continuou a atuar impunemente, mesmo enquanto Pelz e Stadthagen enfrentavam restrições cada vez maiores. Somente em julho de 1941, após a Ação Hess, o regime decidiu intervir.[210]

Com uma agenda de aparições subitamente canceladas, Neumann entrou em contato com a divisão bávara do Ministério da Propaganda de Goebbels. O ministério respondeu, no início de agosto, dizendo ter encaminhado a questão às autoridades superiores, visto que havia uma animada discussão interna sobre "apresentações semelhantes". Com o objetivo de esclarecer a questão, o funcionário do RMVP perguntou se Neumann poderia indicar a natureza de seus "experimentos" com mais detalhes, "em particular se eles contêm exibições ocultistas, clarividentes, espiritualistas ou similares".[211]

Ciente da linha tênue entre a prática do ocultismo e o esclarecimento na forma de entretenimento baseado no ocultismo, Neumann solicitou ao RMVP, em 7 de agosto, permissão para realizar "palestras experimentais antiocultistas".[212] Em sua carta, ele negou a prática de magia ou de artes ocultas. Em vez disso, enfatizou a natureza "esclarecedora" de sua apresentação, que começava com vários "experimentos" que, "depois, na segunda parte do meu programa, são explicados. Somente dessa forma é possível proteger o público de sucumbir à fraude dos 'clarividentes' no futuro".[213] De forma descarada, Neumann se ofereceu então para denunciar os verdadeiros "vigaristas" que estavam se passando por mágicos a fim de perpetuar o ocultismo — na verdade, exatamente o que Neumann estava fazendo.[214]

A fim de manter o estratagema segundo o qual estava interessado em promover o "esclarecimento", Neumann escreveu ao RMVP no final de agosto solicitando permissão para agendar uma apresentação em Hahnenklee. Aninhada na cordilheira do Harz, um centro de atividades religiosas ocultas e pagãs, Hahnenklee era assolada por "uma verdadeira psicose de raios terrestres", "aparentemente causada por um curandeiro natural" que se intitulava santo Elmo. Era ainda mais "necessário", argumentou Neumann, "realizar uma palestra experimental na região", onde "tais experimentos são sem dúvida indispensáveis, embora seja ingrato realizá-los diante de um público crente", isto é, pessoas difíceis de convencer.[215]

Como "já lhe expliquei por telefone", continuou Neumann, esses experimentos delicados só poderiam "ser realizados na forma de entretenimento; não é possível revelar o propósito de esclarecimento na primeira parte da apresentação". Infelizmente, como santo Elmo havia sido detido pouco tempo antes — e pelo visto liberado — pela Gestapo, Neumann temia que "ela provavelmente fosse informada de [sua] apresentação pelos seguidores" do rival, que a retratariam como puro entretenimento ocultista. Assim, ele queria se assegurar de que nenhum "oficial da Gestapo assistiria à apresentação" sem o seu conhecimento. Sob as circunstâncias da Ação Hess, a cínica tentativa de Neumann de enganar o Ministério da Propaganda e evitar o escrutínio da Gestapo é de fato surpreendente. No mínimo, ela deixa clara sua intenção de tirar proveito das inclinações supersticiosas da "multidão crente" de Hahnenklee a fim de ganhar alguns pontos extras.[216]

E, no entanto, por incrível que pareça, as autoridades do Reich decidiram dar a ele, um conhecido ocultista comercial, cujas apresentações *deveriam* ter sido proibidas já em 1934, uma chance de provar o contrário. Assim, em vez de prender Neumann, o RMVP se ofereceu para organizar, em conjunto com a KdF, uma "apresentação experimental" na qual "Sylvéro" poderia demonstrar seus truques diante de um pequeno grupo de especialistas. E, sem o conhecimento de Neumann, cujo cinismo deve ter sido notado, convidou para o evento representantes do serviço de segurança de Heydrich.[217]

A resposta do SD e do RMVP à apresentação de Sylvéro foi, na melhor das hipóteses, duvidosa. Sylvéro de fato seguiu as linhas desenvolvidas por Stadthagen e Pelz, dedicando a primeira parte da apresentação a experimentos ocultos e paranormais e a segunda parte a explicá-los. Mas, segundo um especialista do RMVP, a performance verdadeiramente "mistificadora" de Sylvéro, que era em todos os aspectos "ocultista", não poderia exercer nada além de um impacto negativo no esclarecimento do público. "Particularmente, concordo com os dois camaradas do SD quando eles dizem que os números artísticos de Sylvéro deixam uma impressão muito mais profunda do que a linguagem de esclarecimento popular que as acompanha. Sou da opinião de que essas apresentações devem ser em essência proibidas."[218]

De maneira notável, foi apenas depois dessa apresentação, e de receber o relatório crítico, que o RMVP exerceu seu papel e desenterrou vários informes sobre as atividades ocultas de Neumann ao longo da década de 1930, indicando claramente "que 'Sylvéro' apenas deseja explorar a situação [do antiocultismo] como um homem de negócios, visto que no passado fez exatamente o oposto". Em 30 de setembro de 1941, com relutância, o Gabinete de Educação Pública da KdF concordou em deixar de empregar "Sylvéro".[219]

Apesar do histórico de oito anos de Neumann violando a lei contra o ocultismo comercial e enganando descaradamente as autoridades nazistas, apesar da natureza dissimulada de sua demonstração "antiocultista", e apesar até

A guerra do Terceiro Reich contra o ocultismo

mesmo da Ação Hess, a KdF continuou a fazer lobby em favor de Neumann. Segundo o simpático relatório da organização sobre seu desempenho no teste, Neumann fora prejudicado pelo "ambiente crítico e pela atmosfera bastante fria" durante a apresentação, e como resultado ficara tímido e nervoso.[220] O representante da KdF em Munique concordou, escrevendo em 16 de outubro que, "durante todo o espetáculo, não consegui afastar a sensação de que se tratava do caso de um homem que, pela força das circunstâncias, tinha de seguir uma linha com a qual não se sentia de todo confortável, e que não parecia especialmente honesta".[221] Em suma, a KdF reconhecia que Neumann era um ocultista de longa data que pretendia desmascarar o ocultismo.

Não obstante o evidente desconforto e a desonestidade de Neumann, o representante da KdF indicou que ele e seus colegas acreditavam que o desempenho de Neumann era adequado para suprir a necessidade de "esclarecimento" público.[222] Fica claro que o patrocínio da KdF a Neumann tinha mais a ver com a oferta de entretenimento ocultista patrocinado pelo Estado, nos moldes da associação de mágicos do Reich, do que com a promoção do esclarecimento no contexto da Ação Hess.

Neumann, por sua vez, não pretendia de modo algum aceitar o relatório do RMVP. Se "minhas palestras tinham um caráter mais divertido", ele explicou a Walter Tiessler, o oficial de ligação do RMVP com a Chancelaria do Partido de Bormann, era porque "o público era constituído sobretudo de círculos da classe trabalhadora". Repetindo sua justificativa de algumas semanas antes, ele argumentou que esses indivíduos tinham de ser abordados de uma maneira diferente da burguesia instruída.[223]

Além disso, quem quer que tivesse sugerido no Ministério da Propaganda que a atuação de Neumann era abertamente desonesta havia feito "declarações caluniosas". Meu "direito de me defender não pode ser revogado", insistiu Neumann, e aqueles "que fizeram essas declarações tão levianas devem ser responsabilizados".[224] Na esteira da Ação Hess, seria de esperar que um ocultista conhecido que acusasse o RMVP de Goebbels (e, sem querer, o SD de Heydrich) de calúnia terminasse em um campo de concentração, ou pior. Em vez disso, porém, Tiessler mostrou-se compreensivo e reabriu o caso de Neumann, apelando diretamente a Rosenberg.[225]

A resposta que Tiessler recebeu de Pfriemer, no Amt Rosenberg, reiterava a sensação de que o desempenho de Neumann carecia de "honestidade intrínseca", pois ele apenas imitava o famoso desmascarador Wilhelm Gubisch.

Essa desonestidade não era surpreendente, observou Pfriemer, uma vez que Neumann havia ganhado a vida por mais de uma década valendo-se "de todos os experimentos telepáticos e hipnóticos possíveis".[226] Era completamente óbvio que ele não tinha a capacidade de "explicar o contexto intelectual" de seus "experimentos". A esse respeito, Pfriemer salientou que seu gabinete já havia enviado uma carta à Frente Alemã para o Trabalho, em junho de 1939, comentando sobre as atividades ocultistas de Sylvéro.[227] "Queremos deixar claro que não apoiamos [a ideia] de que o passado continua a seguir um indivíduo que hoje atua de forma adequada e é aberto quanto à clareza de seus objetivos e atividades", concluiu Pfriemer. "No entanto, é precisamente na esfera do esclarecimento antiocultista que é necessário ter as mãos limpas; quem quer que tenha atuado antes no campo ocultista, tornando as pessoas mais estúpidas, não pode esperar que acreditemos hoje em seu ponto de vista antiocultista."[228]

Não era uma decisão irracional. Neumann havia violado muitas vezes a lei contra o ocultismo comercial, não só mentindo sobre suas intenções e sobre o apoio da Chancelaria do Reich, mas também roubando a identidade de outros artistas. Mesmo na liberal República de Weimar, essa fraude óbvia com fins lucrativos poderia ter levado à sua prisão e julgamento. Tudo o que Tiessler conseguiu reunir em resposta às repetidas tergiversações e reclamações de Neumann foi a declaração apologética de que "a permissão para as performances antiocultistas deve permanecer restrita". Ou seja, Neumann não foi impedido de se apresentar por conta de seu passado ocultista, mas porque as demonstrações "antiocultistas" ainda estavam sendo limitadas, de acordo com as intervenções anteriores do Círculo Mágico.[229]

Neumann se recusou a deixar o assunto de lado. Em 17 de fevereiro de 1942, ele escreveu para Tiessler, furioso: "Não tenho tempo nem o desejo de continuar com uma guerra de papel, e espero que minha situação possa enfim ser resolvida por meio de uma conversa em seu gabinete na primeira oportunidade. Infelizmente, não consigo dissipar a impressão de que há, de alguma forma, uma lamentável falta de empatia social quanto à minha situação".[230] Em uma época em que o Holocausto estava em pleno andamento, é sombriamente cômico ver um conhecido "sectário" responsabilizar as autoridades do Reich por sua falta de "empatia social".[231]

No entanto, algum tipo de acordo favorável a Neumann deve ter sido alcançado, pois sua carta seguinte a Tiessler, de 29 de abril, foi muito mais

A guerra do Terceiro Reich contra o ocultismo

amigável. Ela confirmava os detalhes de uma discussão entre os dois e concordava em rever os termos do acordo que havia sido feito dali a seis meses.[232] Embora o rastro de documentos termine depois disso, parece que Neumann recebeu permissão restrita para se apresentar, contanto que comunicasse Tiessler sobre as apresentações. De fato, nos doze meses que se seguiram à Ação Hess, outros casos indicam que a maioria dos praticantes de ocultismo foi obrigada a solicitar autorização prévia para suas "apresentações", fossem para fins comerciais ("entretenimento") ou científicos ("esclarecimento"), a Tiessler e ao RMVP.[233] Embora se esforçasse para acomodar Neumann e outros ocultistas, Tiessler não era um moderado. Afinal, tratava-se do mesmo oficial do RMVP que, em contraste com seu chefe Goebbels, insistira que o bispo católico conde Galen fosse executado, por alertar seus paroquianos sobre o programa nazista de eutanásia.[234] Quando se tratava do ocultismo, porém, Tiessler estava claramente disposto a exercer uma paciência notável.

Até mesmo o Amt Rosenberg, a Chancelaria de Bormann e o SD, que haviam trabalhado assiduamente para combater o ocultismo antes de junho de 1941, permaneceram limitados pelas afinidades nazistas com a ciência fronteiriça, e por uma atitude diferenciada em relação ao ocultismo. Foi esse o caso do especialista de Rosenberg na divisão de defesa contra a astrologia e a teoria da cosmogonia glacial, Kurd Kisshauer.[235] Como cão de ataque de Rosenberg em assuntos ocultistas e religiosos, ele acreditava que quase todos os demais gabinetes nazistas, desde o RMVP de Goebbels até a Gestapo de Himmler, estavam infestados de ocultistas.[236]

Kisshauer, no entanto, decidiu impedir a publicação de um romance antiocultista sobre os males da astrologia comercial, *Sohn der Sterne* [Filho das estrelas], sob a justificativa de que o livro carecia de "rigor astrológico". Embora o enredo fosse eficaz no ataque ao ocultismo popular — indicando os "esquemas de manipulação de dois leitores de horóscopo desonestos" —, a representação da astrologia era "acientífica" demais. Kisshauer simplesmente não conseguia aprovar uma peça que não reconhecia a diferença entre a astrologia popular exploradora e a astrologia científica respeitável. Além disso, ele exigiu que o autor do livro excluísse uma seção que zombava da teoria da cosmogonia glacial de Hanns Hörbiger, incluindo uma passagem que menosprezava o maior colaborador vivo de Hörbiger, "Philipp Fauth, que fora agraciado pelo Führer com um título de professor em razão dos serviços prestados".[237] Aqui temos o único funcionário do Terceiro Reich *literalmente* encarregado de "defender a astrologia e a cosmogonia glacial" fazendo um esforço sistemático para evitar a deturpação injusta da primeira e proibindo qualquer crítica à segunda.[238]

Como explicar essa notável tolerância ao ocultismo e à ciência fronteiriça apenas alguns meses depois da Ação Hess? Quando se trata de "ocultismo científico", já vimos que muitos nazistas mantinham a mente aberta. Até mesmo a ss e a Gestapo se recusaram a impedir tentativas "científicas" de estudar e utilizar forças esotéricas. Mas o que dizer da persistência do ocultismo popular após a Ação Hess, exemplificada por Neumann ou pelo Círculo Mágico, o tipo de exploração comercial da superstição que até mesmo a liberal República de Weimar havia tentado eliminar por meio de ações policiais ou legais?

A resposta pode ser encontrada em um relatório de 1941 enviado a Tiessler em nome de Rudolf Irkowsky, um oficial do Ministério da Propaganda que atuava na zona rural austríaca perto da cidade natal de Hitler, Linz. Irkowsky começou descrevendo uma ação contra a "superstição" iniciada pela subsidiária local do departamento de educação partidária de Rosenberg. O objetivo da ação, emblemática dos esforços concorrentes de Heydrich e Rosenberg, era produzir um panfleto dedicado ao "esclarecimento dos líderes políticos em relação a todas as formas de charlatanismo, superstição e ocultismo". Mas Irkowsky recomendou que o panfleto não fosse distribuído. Em consonância com seu superior, Goebbels, ele observou "que os temas que não contribuem diretamente para a vitória não devem ser tratados em público, sobretudo na esfera da charlatanice, que é um tema muito delicado".[239]

Tiessler concordou que levantar o moral das pessoas era mais importante do que a educação pública.[240] O departamento de educação partidária deveria ter submetido aqueles polêmicos panfletos antiocultistas ao Ministério da Propaganda, Tiessler escreveu para Rosenberg, frustrado. O gabinete de Goebbels permaneceu "extremamente cético em relação a lidar com a questão da superstição" por meio da educação pública.[241] Alguns dias mais tarde, Irkowsky acrescentou que "a educação pública [*Volksaufklärung*] da população com relação a esse tema [era] impraticável, porque [...] sem dúvida seria introduzido material para conflito".[242] Os alemães adoravam suas superstições. Tanto Irkowsky quanto Rosenberg concordavam com isso. O ponto em que o rmvp divergia do Amt Rosenberg era em sua tentativa de atacar essas crenças em meio à guerra total.

A superstição não era apenas um fenômeno do campo. Em 1943, algumas estimativas registraram mais de 3 mil leitores de tarô somente em Berlim.[243] Em meados da guerra, os antiocultistas nazistas pelo visto reconheceram que "jamais poderiam se livrar [do ocultismo dentro e fora do partido], apesar de todas as medidas tomadas contra ele".[244] De fato, embora seja vista por alguns historiadores "como o contundente fim da atividade coletiva em várias áreas das 'ciências esotéricas' na Alemanha", a Ação Hess não empurrou o ocultismo para a clandestinidade. Pelo contrário, os ocultistas e cientistas de fronteira foram recrutados logo em seguida pelos oficiais nazistas — um fenômeno que veremos nos capítulos seguintes.[245]

A MAIORIA DOS HISTORIADORES CONCORDA que havia uma animosidade generalizada contra o ocultismo na Alemanha antes de 1933. Mas alguns acreditam que essa hostilidade só se institucionalizou no Terceiro Reich.[246] Este capítulo sugere um quadro mais complexo. Corinna Treitel afirma corretamente, referindo-se à liberal República de Weimar, que "o Estado se mostrou permissivo com aqueles que absorveram os fenômenos ocultos na esfera da investigação científica, mas implacável" com aqueles que "buscavam lucrar vendendo suas profecias ocultas". Essa abordagem foi igualmente verdadeira no Terceiro Reich,[247] exceto pelo fato de que o regime esperou *oito* anos, até a Ação Hess, para realizar algo parecido com uma perseguição "implacável". Além disso, a Ação Hess, como vimos, foi notavelmente curta e desigual em seus resultados.[248]

Podemos explicar essa inconsistência no policiamento do ocultismo por meio de dois padrões inter-relacionados. Primeiro, praticamente todos os líderes nazistas pareciam reconhecer a distinção, compartilhada pela maioria dos cientistas de fronteira, entre ocultismo popular e científico. Essa é uma das razões pelas quais tão pouco foi feito para erradicar o ocultismo durante todos os doze anos do Terceiro Reich. A linha entre o ocultismo popular (comercial) e o ocultismo científico era simplesmente muito porosa e aberta a interpretações. Apesar da repressão antiocultista na primavera de 1937 e da Ação Hess de junho de 1941, os líderes nazistas fizeram esforços extraordinários para entender melhor, diferenciar e, em alguns casos, patrocinar o ocultismo científico.[249]

Em segundo lugar, praticamente todos os nazistas reconheciam, para o bem ou para o mal, a ampla popularidade das práticas ocultistas, da superstição popular e do pensamento científico fronteiriço. Essa é outra razão pela qual nem Hitler, nem o Ministério da Propaganda, nem mesmo a Gestapo ou o SD endossariam uma campanha geral contra o ocultismo durante os primeiros oito anos do Terceiro Reich. Ao contrário, o movimento antiocultista permaneceu confinado a um grupo de detratores relativamente obscuros em torno do círculo de Mathilde Ludendorff — detratores que eram motivados por suas próprias doutrinas esotéricas concorrentes. A ampla popularidade do pensamento esotérico no partido e na sociedade civil, incluindo aqueles encarregados de combater o ocultismo, explica por que seu policiamento foi tão desigual e repleto de exceções.[250]

O desejo de Hitler e de Goebbels de aliviar os "mágicos" profissionais às custas do "esclarecimento" público foi emblemático de uma tendência geral de tolerar até mesmo o ocultismo popular — uma tendência notada com pesar por Bormann e Rosenberg. Do início de 1940 em diante, os desmascaradores profissionais do ocultismo enfrentaram diretrizes cada vez mais restritivas em sua atividade antiocultista. Por fim, as proibições, ao que parece, foram estabelecidas pelo próprio Hitler. Mesmo a Ação Hess, após um exame mais detalhado, fez pouco para eliminar o ocultismo popular (e menos ainda o "científico").[251] A retórica e "intransigente posição antiesotérica" adotada por muitos nazistas mascarava a extraordinária "receptividade ao ocultismo" entre outros. De fato, "vários dos mais zelosos oponentes nazistas do ocultismo vieram de origens ocultistas".[252]

Em última análise, nunca houve uma tensão estrita entre nazistas *völksich*-esotéricos como Himmler, Hess ou Walther Darré e nazistas supostamente "antiocultistas" como Hitler, Rosenberg ou Bormann. Em vez disso, havia apenas um debate em andamento, típico dos círculos ocultistas, sobre a necessidade de distinguir entre ocultismo "científico" e charlatanismo. Esse debate acima de tudo epistemológico dentro do Partido Nazista combinava-se com um consenso geral de que o ocultismo popular e o sectarismo em geral eram politicamente perigosos em sua capacidade de manipular a opinião pública. Esse compreensível medo do sectarismo em um Estado com pretensões totalitárias não deve ser confundido com uma antipatia ideológica pelo ocultismo ou pelo pensamento científico fronteiriço. O ocultismo e a ciência fronteiriça, como veremos nos próximos capítulos, encontraram um público surpreendentemente receptivo no Terceiro Reich.

5. As estrelas descem à terra glacial

Ciência fronteiriça no Terceiro Reich

O nacional-socialismo é uma abordagem fria e altamente racional da realidade, baseada no maior conhecimento científico e em sua expressão espiritual [...]. Essa filosofia não defende cultos místicos, mas tem como objetivo cultivar e liderar uma nação determinada por seu sangue.

ADOLF HITLER (1938)[1]

O poder do ocultismo, assim como o do fascismo [...] reside em que, nas panaceias menores, assim como nas imagens sobrepostas, a consciência faminta pela verdade imagina que está captando um conhecimento vagamente presente [...]. Fatos que diferem do que realmente acontece apenas por não serem fatos são apresentados como uma quarta dimensão [...]. Com suas respostas contundentes e drásticas a todas as perguntas, os astrólogos e os espiritualistas não resolvem os problemas, mas os removem, por meio de premissas grosseiras, de toda possibilidade de solução.

THEODOR ADORNO, "Teses contra o ocultismo", *Minima moralia* (1951)[2]

Todos eles [os líderes da ss] acreditavam na teoria da cosmogonia glacial — que, é claro, é totalmente não científica. Mas os homens não liam outros livros. É uma história tão fantástica que chega a ser quase inacreditável. Todos eles tendiam para a perspectiva ocultista.

ERNST SCHÄFER, zoólogo da ss e líder da expedição ao Tibete [3]

EM 1947, o escritor alemão de ciência Willy Ley publicou um artigo na popular revista *Astounding Science Fiction*. Intitulado "Pseudociência na Nazilândia", o artigo de oito páginas foi um dos primeiros relatos publicados sobre a ciência fronteiriça nazista. De acordo com Ley, o Terceiro Reich com frequência evitava a ciência dominante em favor da "magia", refletindo a "disposição de uma proporção notável dos alemães de valorizar a retórica acima da pesquisa e a intuição acima do conhecimento".[4] Ao buscar uma alternativa mágica para o materialismo de judeus e marxistas, continuou Ley, os nazistas haviam se apropriado de ciências fronteiriças que "se originaram na Alemanha e, embora não fossem completamente desconhecidas em outros lugares, tinham um apelo especial entre os alemães".[5] Essas doutrinas sem dúvida floresceram na República de Weimar, mas sua influência mais ampla era "cerceada pela autoridade dos cientistas". Depois que Hitler se tornou Führer, aconteceu "o contrário": todos os tipos de teoria racial esotérica e ciência baseada na fé encontraram patrocínio oficial.[6] Assim, concluiu Ley, não surpreendia que os cientistas de fronteira "tenham vivido seu apogeu sob tal regime".[7]

Em seus ensaios do pós-guerra, "Teses contra o ocultismo" e *As estrelas descem à Terra*, Theodor Adorno concordou. O poder do ocultismo estava enraizado, assim como o fascismo, em seu apelo a indivíduos "semieruditos" que eram "movidos pelo desejo narcisista de se mostrarem superiores às pessoas comuns", embora fossem incapazes de realizar as "operações intelectuais imparciais e complexas" necessárias para se chegar a uma compreensão do mundo natural. Junto com o racismo e o antissemitismo, portanto, as ciências ocultas forneciam um "atalho" sociopolítico e científico ao reduzir problemas complexos a "fórmulas práticas". Para aqueles que se sentiam "excluídos dos privilégios educacionais", elas ofereciam ainda a "agradável gratificação" do senso de pertencimento "à minoria daqueles que estão 'por dentro do assunto'".[8]

O Terceiro Reich foi o epítome desse pensamento científico fronteiriço. Para reformular a pesquisa científica, aprimorar as práticas médicas, aumentar a produção econômica ou moldar a política racial e de assentamento, os líderes nazistas patrocinaram tudo, desde a astrologia, a parapsicologia e a radiestesia até a agricultura biodinâmica e a cosmogonia glacial. Se eles rejeitaram pontos de vista rivais como não científicos, isso apenas indica até que ponto um "culto à ciência havia tomado o lugar da religião" nos círculos ocultistas. Pois no mundo científico fronteiriço do "engano e autoengano", observou Konrad Heiden, todos alegavam trabalhar "segundo linhas estritamente científicas".[9] O Terceiro Reich não foi diferente.

As estrelas descem à terra glacial

Astrologia e parapsicologia no Terceiro Reich[10]

Muitos intelectuais críticos viram os anos finais da República de Weimar como uma época excepcional, um período em que "a materialização do extraordinário encontrou ampla aceitação".[11] Alimentada pelo constante "discurso sobre intuição, pressentimento, fantasmagoria", uma geração de esotéricos afirmou ter feito avanços "em certos campos do espírito" que logo seriam aceitos pelos cientistas tradicionais.[12] Como o astrólogo Karl Krafft, de trinta anos, escreveu para o amigo Hans Bender, na época um estudante de doutorado na Universidade de Bonn, talvez estivesse chegando o momento em que "o conhecimento astrológico real, ou seja, não comprovado, pudesse se tornar acessível a um público mais amplo".[13] Bender era mais cético. Antes que a astrologia ou a parapsicologia pudessem prosperar, era urgente que fossem reconhecidas como ciências legítimas, algo que a liberal República de Weimar não estava disposta a fazer.[14]

Quatro anos depois, Bender estava muito mais entusiasmado com o potencial da ciência fronteiriça.[15] Apesar da persistente dificuldade de serem reconhecidas como "pioneiras" pela ciência dominante, algumas "áreas de fronteira" das ciências haviam sido reconhecidas no Terceiro Reich. Essas áreas incluíam a astrologia científica, o estudo de "raios [cósmicos] [e] outros fenômenos parapsicológicos como aparições, telepatia e clarividência".[16] Para que essa promissora tendência continuasse, Bender recomendou que os ocultistas dispensassem expressões como "paracientífico" e "paranormal" em favor de "áreas de fronteira" ou ciência fronteiriça.[17] Era melhor enquadrar seus experimentos em uma "epistemologia da ciência", insistiu Bender, do que traficar abertamente com "espiritualismo, ensinamentos esotéricos e atividades de organizações esotéricas" que não podiam ser comprovadas.[18]

O parapsicólogo Walther Kröner concordou. Cegos pela "confusão e ignorância induzidas pelo materialismo em relação a todas as coisas mágicas", os principais cientistas alemães continuaram a descartar os indivíduos que estudavam "ocorrências mágicas e ocultas" como "ocultistas, parapsicólogos ou metabiólogos".[19] Mas a pesquisa científica fronteiriça estava pronta para "sair do isolamento" no Terceiro Reich e se tornar a principal "epistemologia" de "uma nova época científica e cultural". Para receber a atenção que mereciam, tudo que os cientistas de fronteira precisavam fazer era dispensar o termo ocultismo.[20]

Ao apresentar esse argumento, Bender e Kröner entraram em um Zeitgeist nazista mais amplo. De que outra forma seria possível explicar a persistência da astrologia no Terceiro Reich? A resposta, escreveu um cético, era que o nazismo havia apagado as "origens orientais" e o "fatalismo antissemita" da astrologia ao proclamar que o ocultismo era agora um "corpo de conhecimento antigo, germânico e sagrado". Depois de 1933, com "grande esforço e rapidez", o Terceiro Reich passou a "pintar os antigos contos de fadas astrológicos como germânicos ou nacional-socialistas", dando à astrologia um nome científico, como "cosmologia ou cosmobiologia".[21] Desse modo, uma série de ciências fronteiriças "longamente combatidas" — nenhuma mais proeminente do que a astrologia e a parapsicologia — tornou-se "politicamente relevante".[22]

A persistência da "astrologia científica" no Terceiro Reich

As preocupações nazistas com a astrologia eram evidentes desde os primórdios do partido. Não faltaram astrólogos afiliados aos nazistas na República de Weimar, desde Wilhelm Gutberlet e Rudolf von Sebottendorff até Karl Heimsoth e Theodor Becher.[23] As propensões astrológicas de Hess, Himmler e Röhm também são bem conhecidas.[24] Embora fosse mais cético, Hitler fez uma série de comentários sobre o mundo e sua relação com as forças cósmicas que incorporavam "um misticismo biológico" semelhante à cosmobiologia.[25] Afinal, as duas maiores organizações astrológicas da Alemanha endossaram o NSDAP; o regime também aprovou uma Comunidade de Trabalho de Astrólogos Alemães, composta em grande parte por nazistas.[26]

O Terceiro Reich estava preocupado — como vimos no capítulo 4 — com a proliferação da astrologia comercial e a facilidade com que ela poderia ser usada para manipular o público.[27] Mas os astrólogos pró-nazistas e os nazistas simpáticos à astrologia trabalharam para tornar a disciplina aceitável, associando-a às tradições religiosas e científicas germânicas. O teólogo e folclorista *völkisch* Otto Sigfrid Reuter, por exemplo, argumentou que os antigos povos nórdicos eram muito habilidosos na leitura das estrelas, uma das razões pelas quais tanto Rosenberg, que se opunha de modo veemente à astrologia, quanto Himmler, que a abraçava, citaram seus trabalhos.[28]

Além de enfatizar as origens germânicas da astrologia, muitos nazistas insistiam em sua legitimidade como uma ciência moderna de fronteira.[29] Os "cosmobiólogos" científicos alegavam que a astrologia poderia ser usada para estudar a ciência da hereditariedade, ligando as forças cósmicas aos processos raciais (caracterológicos) e biológicos. Os astrólogos que praticavam a cosmobiologia e a caracterologia, como Karl Heimsoth, médico da SA, chegaram a desenvolver equações matemáticas complexas para legitimar suas descobertas.[30] Como disse o ocultista nazista H. H. Kritzinger, "em um estudo de contextos cosmobiológicos", muitos indivíduos "cientificamente treinados" aceitaram a relação "entre os signos do zodíaco, o destino e o caráter humano".[31] Pois os "planetas e seus símbolos do zodíaco", observou Kritzinger, "nada mais são do que o gênio ou o demônio. Quem entra em contato com ele coloca a magia em movimento".[32]

O que diferenciava a cosmobiologia da astrologia de rua era, obviamente, em grande parte arbitrário, e dependia de enquadrar o trabalho de alguém como mais rigoroso do que os leitores comuns de cartas de tarô. No entanto, rejeitar a astrologia popular e comercial sem atacar por completo o campo era um ato de equilíbrio cuidadoso. Ao revisar o livro *Umstrittenes Weltbild* [Visão de mundo controversa], do astrônomo Robert Henseling, que tentava "fazer a astrologia parecer risível diante das observações científicas naturais", Bender pediu a Krafft que rejeitasse a crítica do astrônomo de tal forma "que reduzisse a manobra do sr. Henseling a nada", sem "sobrecarregar" um "público que era cético, se não antipático, em relação à astrologia".[33]

Na prática da cosmobiologia, também era útil ter um diploma acadêmico em um campo científico convencional. Kritzinger, por exemplo, era formado em astronomia e engenharia, o que conferia a seus "experimentos" de radiestesia, astrologia e "raios da morte" cósmicos o imprimátur da "ciência".[34] A parapsicóloga e mística religiosa Gerda Walther, que obteve seu doutorado com o renomado filósofo Edmund Husserl, teve permissão para continuar seus "experimentos" durante a década de 1930 e acabou sendo contratada pelo Terceiro Reich durante a guerra. Que Walther tenha afirmado ter tido conversas com o fantasma do chefe da SA, Ernst Röhm, em várias ocasiões parece não ter prejudicado sua credibilidade científica.[35]

Quando se tratava da astrologia, as credenciais nazistas de uma pessoa também podiam compensar a falta de pedigree acadêmico. Vejamos o caso do ex-pastor e proeminente astrólogo nazista Alexander Centgraf. Depois de instalar um vitral em comemoração ao Putsch da Cervejaria de Hitler em sua igreja *antes* da tomada do poder pelos nazistas, Centgraf entrou para a SA em 1933.[36] Demitido pela diocese local em 1935 por sua atitude "imoral", Centgraf descobriu uma nova carreira em outro campo baseado na fé: a astrologia científica. Como veremos no capítulo 7, o trabalho de Centgraf foi posteriormente utilizado por Goebbels para produzir panfletos de propaganda baseados nas quadras de Nostradamus.[37]

Os dois astrólogos possivelmente mais influentes do Terceiro Reich, Karl Krafft e Wilhelm Wulff, não tinham nenhuma credencial científica. Krafft era um ocultista suíço-alemão que se tornou amigo do regime por meio de uma série de horóscopos e previsões políticas pró-nazistas.[38] Durante anos, Krafft teve permissão para publicar sua "pesquisa" nos principais jornais alemães e enviar relatórios não solicitados à Chancelaria do Reich e à SS.[39] Mas foi sua suposta previsão da tentativa de assassinato de Hitler por Georg Elser em novembro de 1939 que chamou a atenção de Goebbels, que o levou para trabalhar no Ministério da Propaganda durante a guerra (ver capítulo 7).[40]

O astrólogo pessoal de Himmler, Wilhelm Wulff, começou sua carreira, assim como Hitler, como um artista fracassado. Sua breve incursão na arte, porém, fez com que ele entrasse em contato com as extensas reflexões de Leonardo da Vinci sobre o ocultismo, que se mostraram extremamente úteis para atender ao mercado de especulação astrológica do pós-guerra.[41] Apesar de cobrar de cinquenta a trezentos marcos por horóscopo — uma clara violação das leis contra o ocultismo comercial —, antes de 1941 Wulff foi simplesmente colocado sob vigilância pela Gestapo. Detido temporariamente após a Ação Hess, logo foi liberado e passou a atuar como funcionário de confiança de Himmler.[42] A única diferença entre Krafft ou Wulff e os "charlatães" que o Terceiro Reich processou de forma intermitente é que os primeiros conseguiram convencer as autoridades, sobretudo Goebbels e Himmler, de sua confiabilidade política.[43]

Mesmo após a ação policial de 1937, vários gabinetes do Reich continuaram a facilitar os esforços daqueles que produziam trabalhos astrológicos "positivos".[44] Um estudo realizado em julho de 1938 pelo SD de Heydrich con-

As estrelas descem à terra glacial

cluiu que era possível que as estrelas e os planetas influenciassem as pessoas de maneiras previsíveis.[45] Assim, em 1938, quando a astrologia "comercial" foi proibida, Heydrich, após consulta ao Reichsführer, garantiu que "a astrologia como campo de pesquisa, como indicação do efeito dos astros sobre a alma e os nervos, não deveria ser impedida".[46] Esse apoio à astrologia científica foi confirmado em janeiro de 1939, quando Himmler pediu a Heydrich que negociasse "a questão da astrologia" de modo a "permitir comunidades de pesquisa específicas nessa área".[47]

O mesmo ocorreu no Gabinete de Saúde Pública do Reich, sob o comando de Hörmann. Embora tenha ajudado a iniciar a campanha da primavera de 1937 contra o ocultismo comercial, Hörmann expressou várias vezes o desejo de "esclarecer essa questão politicamente muito importante por meio de experimentos e investigações precisas, para que se possa excluir pelo menos os vigaristas óbvios por meios legais".[48] Como parte dessas "investigações", Hörmann enviou dois especialistas para um importante congresso astrológico no final de 1938.

O mais crítico deles, Foltz, era cético quanto ao potencial científico da astrologia, mas relatou em tom positivo o discurso principal de um astrólogo nazista que proclamou que o Terceiro Reich havia "eliminado as ideias judaicas da astrologia" e fez "uma nítida distinção entre astrólogos [científicos] e astrólogos de mercado de pulgas. O partido não se opõe a nós, mas exige regulamentação e subordinação".[49] Foltz citou favoravelmente outro astrólogo por seus trabalhos para eliminar o (filos)semitismo, o sectarismo e quaisquer tentativas de minar a "moral popular",[50] e chegou a aplaudir uma palestra sobre o papel da astrologia na união "da ciência e da fé" no interesse do combate ao materialismo.[51]

O segundo enviado de Hörmann, Kiendl, foi mais positivo. Ele afirmou que a conferência havia lhe dado a impressão de que a astrologia continuava a ser popular dentro do Partido Nazista e entre a população em geral.[52] Kiendl reconheceu que os principais cientistas continuavam a vê-la como "indigna de discussão", mas atribuiu esse ceticismo à falta de um mecanismo de "censura" eficaz antes da primavera de 1937, quando Hörmann e Heydrich enfim começaram a policiar o ocultismo comercial. O típico fracasso do Estado em diferenciar entre astrologia popular e científica não significava que fosse possível "descartar sumariamente tudo o que pertence ao ocultismo".[53] Apesar de décadas de escrutínio, a astrologia nunca havia sido provada como errada, concluiu Kiendl. Ele recomendou ainda que Hörmann complementasse "um ou outro experimento de teste astromédico" com o "método original e útil" adotado pelo "especialista em cosmobiologia" da Câmara de Literatura do Reich sob o comando de Goebbels, o dr. Werner Kittler, que "constitui grupos de trabalho de cientistas naturais e astrólogos".[54]

Como "especialista do departamento de cosmobiologia da Câmara de Literatura do Reich", Kittler montou um extenso "grupo de trabalho sobre pesquisa cosmobiológica".[55] Ao recrutar sua equipe de astrólogos, radiestesistas e curandeiros naturais, Kittler explicou que "atualmente está sendo realizado um esforço contínuo e uma reconceitualização de todas as publicações na esfera da cosmobiologia com o objetivo de produzir uma base pragmática para a pesquisa científica correspondente".[56] Kittler procurou quase todos os "especialistas" que pôde encontrar na "esfera da pesquisa astrológica ou, melhor ainda, cosmológico-meteorológica".[57] Esses recrutas incluíam o famoso cosmobiólogo de Weimar, Reinhold Ebertin; o astrólogo amador Thomas Ring, que mais tarde trabalhou no Instituto Paracelso, patrocinado pelos nazistas; e o já mencionado Kritzinger, que contribuiu para a propaganda astrológica durante a guerra.[58]

A maioria dos que atenderam ao chamado eram charlatães evidentes. Vejamos o caso do arrogante R. Herlbauer-Virusgo, que insistiu que seu sistema cosmobiológico ("Dulcanoster"), que logo seria patenteado, constituía uma sólida resposta ao pedido de Rudolf Hess na Conferência de Homeopatia do Reich de 1933 para que se encontrasse uma aplicação "rigorosa" para a "astromedicina".[59] Em vez de descartá-lo como louco, Kittler o convidou a se juntar ao subgrupo de pesquisas de "astromedicina" da Câmara de Literatura do Reich.[60]

O gabinete de Alfred Rosenberg ficou furioso. Mas sua raiva se tornou ainda mais palpável quando Kittler foi transferido, no início de 1939, da Câmara de Literatura do Reich de Goebbels para a PPK de Bouhler. Agora, instalado na Chancelaria de Hitler, Kittler tinha ainda mais autoridade para fomentar o ocultismo por meio dos canais oficiais.[61] Em 1940, por exemplo, quando o associado de Rosenberg, Hugo Koch, tentou banir a literatura astrológica, citando as exigências da guerra, Kittler organizou um encontro entre ele e seu colega na PPK, Karl Heinz Hederich. Durante a reunião, Hederich insistiu que "a astrologia real precisava ser levada a sério. Uma proibição total não poderia ser aprovada sem decisões partidárias no mais alto nível, e seria um *risco para o gabinete [de Koch], bem como para ele pessoalmente, se ele prosseguisse naquela linha partidária".*[62] Hederich deixou claro que o Gabinete Rosenberg não tinha autoridade sobre a PPK e enfatizou "que, na esfera [da astrologia] atualmente em discussão, há esforços muito sérios em andamento que merecem atenção e cuja proibição não pode ser questionada".[63] De fato, no início de 1941, o SD de Heydrich anulou a proibição de vários tratados astrológicos, informando que havia feito isso por ordem da PPK.[64]

Essa abordagem positiva da astrologia — que permeava a SS de Himmler, o Gabinete de Saúde Pública de Hörmann, a Câmara de Literatura de Goebbels e até mesmo a Chancelaria de Hitler — estava por demais arraigada no mundo mental do Terceiro Reich para ser facilmente erradicada na esteira da Ação Hess. No final de maio de 1941, por exemplo, um funcionário do Ministério da Propaganda, Rudolf Erckmann, redigiu um relatório sobre a persistência da astrologia no Terceiro Reich. Segundo Erckmann, nazistas proeminentes, entre os quais Hess e Hederich, acreditavam que "a astrologia baseada nas doutrinas fundamentais relacionadas a cálculos precisos das constelações estava de acordo com a visão de mundo nacional-socialista". A suposição de que manter "esses pontos de vista [era] consistente com o NSDAP revelava-se predominante nos principais círculos do partido". Ao mesmo tempo que "rejeitava a adivinhação barata de rua [*Jahrmarktwahrsagerei*] como impossível", o partido continuava a endossar "a chamada astrologia exata".[65]

Erckmann prosseguiu dizendo que a astrologia não só era vista como "justificada em termos científicos e completamente precisa", como também essencial para antecipar "o destino do indivíduo", do "Reich" e do "movimento nacional-socialista". De acordo com muitos líderes nazistas, "a radiação espacial cósmica exercia certos efeitos [sobre eventos] fixados pelo destino — como o momento da concepção de uma criança ou o surgimento de uma ideia política — que deveriam ser reconhecidos em uma base acadêmica e levados em conta na interpretação do futuro".[66] Não surpreende que Himmler, Goebbels e a marinha alemã tenham empregado a "astrologia científica" durante a guerra (ver capítulo 7).

A institucionalização da parapsicologia

Com base em suas conversas limitadas com Hitler no início da década de 1930, Hermann Rauschning lembra que o Führer devia ter familiaridade com um "sábio de Munique" que "escreveu algumas coisas curiosas sobre o mundo pré-histórico, sobre mitos e visões do homem primitivo, sobre formas de percepção e poderes sobrenaturais. Havia o olho de ciclope, ou olho mediano, o órgão de percepção mágica do infinito, agora reduzido a uma glândula pineal rudimentar". Rauschning diz ainda que "especulações desse tipo fascinavam Hitler, e ele às vezes ficava totalmente envolvido nelas. Ele via sua própria carreira notável como uma confirmação de poderes ocultos".[67] Obter uma "percepção mágica" era "aparentemente a ideia de Hitler sobre o objetivo do progresso humano. Ele achava que já tinha os rudimentos desse dom, ao qual atribuía seus sucessos e sua futura eminência."[68]

O relato de Rauschning, como já vimos, deve sempre ser considerado com um pouco de cautela. No entanto, nesse caso, suas observações parecem ser corroboradas.[69] O ocultista de Munique a quem Rauschning faz alusão era provavelmente o parapsicólogo Ernst Schertel, autor de *Magie*, que Hitler havia lido e anotado com cuidado.[70] Schertel observou, em passagens destacadas por Hitler, que a ciência moderna rotulava aqueles que tinham "percepções mágicas" como histéricos — um rótulo frequentemente aplicado por contemporâneos ao Führer.[71] Não fazia "sentido contrapor as percepções empíricas como 'reais' às concepções 'fictícias' do demoníaco", explicou Schertel, "pois o mundo empírico também é 'fictício', repousando sobre uma base sintética imaginativa". O que os materialistas consideravam "realidade 'empírica'", sugeriu Schertel, era "em suas raízes 'demoníaca' — ou 'mágica' — por natureza".[72]

Schertel afirmou, em uma passagem sublinhada por Hitler, que a alma humana era a "soma de todas as energias do mundo", constituindo um "acúmulo de energias potenciais e cinéticas" a partir "da primeira poeira estelar".[73] O futuro Führer ficou bastante interessado pelas reflexões de Schertel sobre como a humanidade fora aprisionada pelo mundo sensorial, o que havia dificultado o uso de poderes mágicos.[74] No entanto, ao adquirir uma percepção desse "malabarismo da fantasia que chamamos de 'mundo objetivo'", sugeriu Schertel, um mágico treinado poderia adquirir a capacidade de "intervir nessa estrutura, ou seja, mudar o mundo de acordo com a nossa vontade".

As estrelas descem à terra glacial

A "magia", segundo Schertel, era a capacidade de "criar realidade onde ela não existe".[75] As "capacidades especiais" do mágico ou do parapsicólogo, como "clarividência, liberação de corpos astrais, poder de materialização, psicocinese etc." — para não falar da autossugestão, da hipnose ou do magnetismo — haviam surgido da concentração dessas "forças mágico-demoníacas em uma ideia", em "um objetivo desejável".[76]

Quantos líderes nazistas compartilhavam o aparente fascínio de Hitler pela parapsicologia? Parte da resposta a essa pergunta pode ser encontrada na política oficial. Hess demonstrou um profundo interesse pela parapsicologia, assim como Himmler, cuja biblioteca ocultista incluía obras do barão Carl du Prel, um renomado parapsicólogo.[77] Ernst Schäfer, o famoso zoólogo da ss e explorador do Tibete, admitiu que havia "experimentado coisas realmente estranhas" no contexto do ocultismo tibetano, semelhantes aos fenômenos registrados pelos parapsicólogos.[78] De fato, a curiosidade do Terceiro Reich em relação à ciência fronteiriça cristalizou-se em torno do "desejo nacional--socialista de entender fenômenos aparentemente irracionais no âmbito de ideias como a parapsicologia".[79] Contanto que estivesse de acordo com o "sentimento nórdico-germânico", a pesquisa parapsicológica sobre "leitura da mente e telepatia, clarividência, segunda visão, mediunidade e estados de transe, levitação e fenômenos fantasmagóricos" era aceita como legítima pelo Terceiro Reich.[80]

De todos os nomes associados à parapsicologia alemã, Hans Bender é o mais conhecido. Sua fama se deve, em grande parte, a seu papel como especialista em comunicação na década de 1960, além de popularizador do ocultismo por meio de divertidos duelos na tevê da Alemanha Ocidental com os desmascaradores antiocultistas. Ridicularizado na República Federal, o futuro *Spukprofessor* [professor fantasma] fora levado muito mais a sério no Terceiro Reich, uma época em que a parapsicologia ainda era considerada um campo legítimo de estudo científico (de fronteira).[81]

Bender concluiu sua dissertação sobre percepção extrassensorial em 1933, e em seguida tornou-se professor assistente na Universidade de Bonn, onde trabalhou a fim de estabelecer a parapsicologia como uma ciência legítima.[82] Bender, além disso, era nazista, tendo se juntado à sa em 1933 e ao nsdap em 1937.[83] Conforme vimos no capítulo 4, seu trabalho sobre clarividência atraiu considerável atenção dos meios de comunicação em meados da década de

1930. Mais tarde, ele se declarou "surpreso e atônito ao ver que seus resultados tinham, de alguma forma, começado a ganhar vida própria entre o público", e ficou grato com o aparente apoio do regime nazista a seu trabalho.[84] O fato de, assim como Steiner e Hörbiger, ser extraordinariamente bom em termos de relações públicas também ajudou. Embora trabalhasse arduamente para obter a aceitação dos colegas da corrente principal, ele compreendia a importância da política e dos meios de comunicação de massa para garantir a legitimidade da parapsicologia por meio de apelos ao público leigo.[85]

No final da década de 1930, o sucesso dessa estratégia ficou claro. A parapsicologia fora legitimada, e Bender havia se tornado sua figura mais proeminente. Mesmo após a repressão de 1937, os principais gabinetes do Reich e as autoridades do partido continuaram a apoiá-lo.[86] Como Bender lembrou, a Ação Hess não representou o fim do ocultismo no Terceiro Reich. Ela representou, na verdade, o ponto culminante de um processo de verificação e coordenação, iniciado em 1937, que confiou a cientistas de fronteira treinados a pesquisa ocultista e parapsicológica, ao mesmo tempo que impedia seu uso indevido por amadores.[87]

Bender era a pessoa certa no lugar certo e na hora certa. Em 1941, com a Ação Hess em pleno andamento, ele publicou seu segundo trabalho acadêmico, *Experimentelle Visionen: Ein Beitrag zum Problem der Sinnestäuschung, des Realitätsbewusstseins und der Schichten der Persönlichkeit* [Visões experimentais: Uma contribuição para o problema do engano sensorial, da consciência da realidade e das estruturas da personalidade], que lhe rendeu uma nomeação como professor titular e diretor do Instituto de Psicologia na recém-fundada Universidade do Reich de Estrasburgo.[88] De acordo com seu reitor, Ernst Anrich, um historiador nazista com inclinações esotéricas e membro da ss, o objetivo da nova universidade era promover a ciência holística, organicista e *völkisch* de modo a conformá-la à ideologia nazista. Como ele declarou em um discurso de 1942 para o corpo docente, "há questões em que as forças da alma e as forças da ciência — que estão sempre estreitamente relacionadas — se envolvem das formas mais poderosas".[89]

Além de Anrich, Bender tinha outro patrocinador fiel, o líder nacionalista e esotérico da Alsácia, Friedrich Spieser.[90] Um major da ss com conexões pessoais com Himmler, Spieser tinha um enorme interesse em medicina alternativa, astrologia e radiestesia,[91] e estava, portanto, ansioso para financiar

As estrelas descem à terra glacial

a pesquisa de Bender, que buscava mover as questões da "esfera do mito e da superstição para o reino da verificabilidade científica".[92]

Uma década antes, nos meses finais da República, vimos como Bender se tornara pessimista com relação à profissionalização e à institucionalização da ciência fronteiriça. Agora, como professor titular em uma universidade exclusivamente nazista, apoiado por reitores e doadores empenhados em patrocinar o ocultismo científico, ele podia enfim realizar seu sonho de criar "um instituto de pesquisa para ciências psicológicas de fronteira".[93]

Já em meados da década de 1930, Hess havia sugerido a criação de um Instituto Central de Ocultismo para patrocinar certas doutrinas científicas fronteiriças. A Comunidade para a Investigação e o Ensino sobre Herança Ancestral de Himmler, mais conhecida como Ahnenerbe, e discutida em detalhes a seguir, também considerava a ciência fronteiriça uma de suas principais áreas de investigação.[94] No entanto, foi Bender quem conseguiu abrir o primeiro instituto independente inteiramente dedicado à pesquisa sobre parapsicologia, astrologia e outras ciências ocultas. Em 1942, Spieser ofereceu uma "doação significativa" para dar início ao chamado Instituto Paracelso — batizado em homenagem ao cientista (de fronteira) alemão do início da Idade Moderna.[95]

Bender também entrou em contato com o Gabinete Central de Segurança do Reich a fim de solicitar financiamento para o instituto, que se concentraria na "investigação de 'ensinamentos ocultos'", como ele próprio declarou abertamente.[96] Na verdade, no momento em que Bender entrou em contato com a ss, Himmler estava pensando em criar sua própria "biblioteca de ciências esotéricas ocultas (teosofia, ocultismo etc.)", a partir dos extensos materiais científicos fronteiriços confiscados durante a Ação Hess.[97] A ss respondeu positivamente à solicitação de Bender, incentivando seu instituto a realizar pesquisas sobre astrologia e transferindo várias "coleções de livros confiscados para produzir uma biblioteca astrológica de primeira classe", que Anrich negociou com o Gabinete Central de Segurança do Reich em nome de Bender.[98]

Assim, as estrelas se alinharam perfeitamente para Bender, que recebeu o sinal verde para abrir seu Instituto Paracelso de Ciências Fronteiriças, afiliado à Universidade do Reich de Estrasburgo, em outubro de 1942.[99] Além de Spieser e Anrich, o conselho administrativo do instituto incluía o chefe da chancelaria presidencial de Hitler, Otto Meissner, o prefeito da ss de Estrasburgo, Robert Ernst, e outras importantes autoridades e intelectuais nazistas.[100] Como administrador do fundo discricionário de Hitler, Meissner contribuía com outros 20 mil marcos por ano para a Universidade do Reich, que Anrich "convenceu Meissner a permitir" que "fluíssem para o instituto". Assim, embora "certamente sem saber, Hitler cofinanciou essa pesquisa astrológica em Estrasburgo".[101]

Indicando a importância que a Universidade do Reich de Estrasburgo atribuía ao instituto de Bender, Anrich o dispensou de suas funções primárias de professor de modo que ele pudesse se concentrar em sua pesquisa científica fronteiriça.[102] Bender também foi autorizado a contratar um amigo e colega, o astrólogo amador Thomas Ring, como assistente e eventual diretor.[103] Como era de esperar, a formação científica duvidosa de Ring como "desenhista, pintor e poeta" não prejudicou em nada a fé de Bender em sua capacidade de avaliar a validade científica das "estrelas sobre o caráter humano e a leitura do futuro".[104]

Como diretor de um enorme aparato de pesquisa apoiado por Himmler e (indiretamente) por Hitler, Bender teve a "oportunidade de testar diferentes estruturas institucionais em contextos acadêmicos e não acadêmicos". Essa autoridade o ajudou a estabelecer uma rede de ocultistas, políticos nazistas e elites militares que desejavam realizar investigações sobre parapsicologia, astrologia, cosmobiologia, radiestesia com pêndulo e medicina alternativa, incluindo magnetopatia e várias formas de radiestesia.[105] A rede de Bender incluía, por exemplo, membros da ss; cientistas do Instituto Göring em Berlim (dirigido pelo primo de Hermann Göring, o psicólogo Matthias Göring); e a Luftwaffe, que estava interessada no impacto psicológico de realizar voos em condições extremas.[106]

Bender reconheceu a natureza duvidosa de alguns desses projetos, desde a inofensiva técnica de adivinhação do "garfo de ferro" promovida por Spieser até os experimentos humanos do médico da ss Otto Bickenbach com gás fosgênio no campo de concentração de Natzweiler-Struthof.[107] Ainda assim, de modo consciente, a fim de preservar o patrocínio de Hitler e Himmler e manter a independência de seu instituto, continuou a tolerar esses esforços científicos fronteiriços que ele considerava na melhor das hipóteses cientificamente inúteis, e, na pior, assassinos.

Por que Bender — ou seu velho colega Krafft — reclamaria? Uma década antes, Krafft dificilmente poderia ter imaginado que ele e seus colegas astrólogos seriam recrutados pelo regime a fim de liderar uma campanha de

As estrelas descem à terra glacial

contrapropaganda contra os Aliados ou fornecer inteligência militar para a marinha e a ss.[108] Tampouco Bender, apesar de todo o seu carisma e dons parapsicológicos, poderia ter previsto que se tornaria um dos mais importantes cientistas de fronteira do Terceiro Reich, chefe de um instituto patrocinado por Hitler e Himmler.[109] E, como veremos nos capítulos seguintes, Bender, Krafft e outros cientistas de fronteira receberam seu maior apoio oficial do Terceiro Reich durante a Segunda Guerra Mundial.

Radiestesia, antroposofia e agricultura biodinâmica

Em 1931, Krafft escreveu a Bender sobre o tema da antroposofia. Se "considero [Rudolf Steiner] um dos mais talentosos, decisivos e astutos pensadores (intuitivos)", afirmou ele, era preciso admitir que seus seguidores eram muito propensos a "polêmicas pessoais e a uma sublime maldade". Devido ao "mágico poder de sugestão do 'mestre'", eles eram incapazes de avaliar a doutrina de Steiner de maneira objetiva.[110] Alguns anos mais tarde, Bender escreveu a Krafft em um tom semelhante: "Parece-me que os antroposofistas muitas vezes favorecem a visão holística em detrimento dos blocos de construção e desprezam os aspectos empíricos do mundo dos sentidos [...] não é assim que se busca a ciência".[111] Ao contrário das verdadeiras ciências fronteiriças, como a astrologia e a parapsicologia, sugeriram Bender e Krafft, a antroposofia era muito intuitiva, baseada na fé e sectária em sua abordagem.[112]

Se ocultistas rivais rejeitavam a antroposofia como insuficientemente científica, muitos líderes nazistas adotaram as doutrinas esotéricas de Steiner como o corolário natural de sua visão holística e sincretista da biologia e da espiritualidade.[113] Afinal, a antroposofia incorporava as disciplinas científicas fronteiriças da parapsicologia e da astrologia, ao mesmo tempo que oferecia teorias biodinâmicas e naturopáticas populares no movimento de *Lebensreform* austro-alemão antes da Primeira Guerra Mundial.[114] Muitos alemães "comprometidos tanto com o nacional-socialismo quanto com a *Lebensreform*" se dedicaram "a recriar uma vida em harmonia com as leis da natureza e da biologia e fizeram do seu organicismo um elemento importante na visão de mundo de seu movimento".[115]

Entre os milhões de alemães que se voltaram para as práticas ocultistas de saúde estavam "os principais líderes nazistas, cujas razões para se envolver com o ocultismo nos proporcionam uma visão privilegiada para as afinidades entre o ocultismo e o nazismo".[116] Pois a "tendência 'natural' ou 'orgânica' do nazismo", escreve Corinna Treitel, "não era descontínua em relação ao passado alemão nem tangencial à ideologia do regime". Ela era baseada em "uma profunda corrente de ambivalência" que tanto os alemães quanto os nazistas "manifestavam no que dizia respeito ao recente triunfo da biomedicina e à construção da burocracia moderna da saúde".[117] Quaisquer que fossem as medidas tomadas pelos nazistas para policiar os campos ocultos menos científicos, a maioria dos cientistas de fronteira tinha confiança de que o regime aplicaria a "sabedoria dos brâmanes" ao patrocinar a cura natural, a agricultura biodinâmica e outras práticas esotéricas com o potencial de melhorar a saúde e o bem-estar do povo alemão.[118]

Radiestesia e cura natural

Os debates modernos sobre a relação organicista entre mente e espírito, corpo e alma, têm raízes no renascimento ocultista do final do século XIX. Com o surgimento da antroposofia antes da Primeira Guerra Mundial, para não mencionar as tendências mais amplas do pensamento holístico e vitalista, essas doutrinas encontraram uma justificativa científica mais abrangente.[119] Na década de 1920, os alemães haviam se apaixonado por abordagens holísticas da medicina e do cultivo do solo que restauraram algum nível de encantamento da natureza.

De fato, as abordagens "orgânicas" à saúde e à agricultura se espalharam por grande parte da Europa na primeira metade do século XX, influenciando vários indivíduos progressistas e com mentalidade reformista. Entretanto, na Europa Central de língua alemã, os elementos *völkisch*-esotéricos inerentes a essas doutrinas eram particularmente fortes.[120] Alimentadas por uma "fome alemã 'irracional' por totalidade", observa Anne Harrington, a radiestesia, a cura natural e as práticas científicas fronteiriças relacionadas abdicaram do "direito de serem chamadas de ciência 'real'" e, em vez disso, tornaram-se "um reflexo perigoso da política (em grande parte de direita)".[121]

Uma visão *völkisch*-esotérica e organicista da raça e da biologia era predominante até mesmo entre os cientistas alemães "tradicionais".[122] O biólogo Jakob Johann von Uexküll defendia uma forma holística de biologia que purificaria a Alemanha racial e espiritualmente da democracia judaica e da "máquina-gorila" do materialismo.[123] Da mesma forma, o biólogo vitalista Hans Driesch tentou unir a biologia ocidental e a espiritualidade oriental ao defender práticas médicas alternativas e a cura natural. Na década de 1920, ao mergulhar progressivamente em especulações parapsicológicas, as ideias de Driesch se distanciaram cada vez mais da biologia convencional. Na década de 1930, muitos *völkisch*-esotéricos e nazistas consumiram suas visões holísticas de inspiração ocultista com grande interesse.[124]

O já mencionado Walter Kröner, colega e parceiro de escrita de Driesch, exemplifica a abordagem científica fronteiriça do Terceiro Reich em relação à raça e à biologia. Na década de 1920, como presidente da seção de Potsdam da Sociedade Alemã para o Ocultismo Científico, Kröner havia trabalhado em estreita colaboração com Leopold Thoma na promoção do uso de doutrinas ocultas na polícia e na medicina.[125] Após a tomada do poder por Hitler em 1933, Kröner produziu duas de suas obras mais importantes, *Die Wiedergeburt des Magischen* [O renascimento do mágico] (1938), com uma introdução de Driesch, e *Der Untergang des Materialismus und die Grundlegung des biomagischen Weltbildes* [O declínio do materialismo e a fundação do conceito biomágico de mundo] (1939).[126]

De acordo com Kröner, a abordagem mecanicista que definia a ciência dominante antes de 1933 estava sendo questionada, com razão, no Terceiro Reich:

> Pois é precisamente em nossos dias [1938] que começa esse sentimento místico, essa certeza interior do fundamento divino e das forças fundamentais do ser. Os laços de sangue despertam, o chão, as pedras começam a falar novamente [...]. O mito no sangue é ouvido mais uma vez, e um ideal é enviado das raízes mágicas mais profundas, segundo um mundo organizado por princípios cósmicos, para conquistar as esferas culturais mecanicistas artificiais do nosso mundo e reorganizá-lo de forma orgânica. Já podemos ver, a partir dessas poucas dicas, de que modo trazer uma fórmula holística e orgânica a partir da atitude básica dos parapsicólogos modernos, a imagem mágica do mundo que nos fornece uma fórmula holística e biológica para os fenômenos ocultos e abre possibilidades e perspectivas inimagináveis em relação à pesquisa futura sobre a vida e a metafísica.[127]

Aqui, Kröner reúne parapsicologia, espiritualismo e obsessões *völkisch*-esotéricas pelo sangue em um coquetel sincrético que lembra a antroposofia de Rudolf Steiner ou as teorias de sangue e solo de Walther Darré.[128]

A disciplina científica fronteiriça que melhor representava a aplicação prática da "fórmula holística e biológica" de Kröner era provavelmente a radiestesia. Como vimos no capítulo 1, a Alemanha era um centro de pesquisa em radiestesia. Na década de 1920, centenas de radiestesistas científicos em todo o país insistiam que eram capazes de encontrar terras aráveis, descobrir recursos escassos ou localizar pontos de radiação perigosa usando uma haste, um garfo ou um pêndulo com formato especial.[129] Enquanto Siegfried Reuter explorava maneiras de encontrar metais preciosos, H. H. Kritzinger, Ludwig Straniak e Gustav von Pohl estudavam a radiação causadora de câncer ao longo de falhas geológicas ou patogênicas.[130] Outros radiestesistas, como Graf von Klinckowstroem e Rudolf von Malzahn, desenvolveram o subcampo interdisciplinar da "saúde ambiental", que associava doenças a condições climáticas específicas ou "raios terrestres" causadores de câncer que só podiam ser descobertos com o uso de varas de adivinhação.[131]

A radiestesia e o campo relacionado da geomancia haviam recebido pouca atenção do governo de Weimar ou da ciência convencional antes de 1933. Entretanto, com o início do Terceiro Reich, esse quadro se alterou, pois os radiestesistas e geomantes saíram das sombras. Alguns, como o ariosofista Gunther Kirchoff, começaram a trabalhar na construção de um "triângulo" geomântico mágico para a ss a fim de aproveitar "correntes de energia" específicas que emanavam do núcleo magnético da Terra.[132]

Outros, como Kritzinger, promoveram a radiestesia como uma ciência convencional. Antes de 1933, observou ele, a maioria dos geólogos, biólogos e físicos tradicionais rejeitava a radiação invisível e a adivinhação como práticas ocultistas. Mas agora, com a ascensão do Terceiro Reich, muitas empresas industriais e fazendas orgânicas alemãs começavam a empregar essas disciplinas científicas fronteiriças de maneira regular.[133] Elas reconheciam que forças eletromagnéticas subterrâneas interagiam com forças cósmicas das estrelas a fim de explicar fenômenos biológicos aparentemente inexplicáveis.[134] Uma compreensão adequada dos "raios terrestres", "faixas de inflamação" e varas de adivinhação, explicou Kritzinger, poderia prevenir o câncer, melhorar a produção agrícola e superar os "obscuros poderes das profundezas".[135]

Em um livro posterior, *Todesstrahlen* [Raios da morte], Kritzinger detalhou de que forma o clima afetava as pessoas por meio dos raios que emanavam do sol, das estrelas e dos planetas. Esses raios só podiam ser localizados com varas de adivinhação.[136] Aqui, Kritzinger reconhecia explicitamente a importante contribuição da antroposofia para o campo da radiestesia, isto é, sua ênfase na relação entre a saúde do solo e as forças ocultas acima e abaixo dele (o que Steiner chamou de agricultura biodinâmica).[137]

Embora respeitasse Steiner, Kritzinger considerava Ludwig Straniak, seu futuro colega no "Instituto do Pêndulo" da época da guerra (ver capítulo 7), como "o pesquisador mais sério" no campo científico da radiestesia.[138] Bem versado em todos os aspectos da radiestesia, o talento especial de Straniak era o pêndulo sideral. A radiestesia com pêndulo sideral era um subconjunto da adivinhação, em que uma vara em forma de Y ou L podia ser empregada para localizar raios terrestres ou linhas de ley sob a Terra. Um pêndulo de latão também podia ser usado para localizar objetos em um mapa ou fornecer respostas a perguntas do tipo "sim" ou "não".

Ao contrário de Gutberlet — o primeiro nazista que se disse capaz de desmascarar judeus com suas habilidades de adivinhação —, Straniak era um praticante "científico", tendo por exemplo publicado textos acadêmicos sobre a exploração da chamada "oitava força da natureza", uma força que, segundo ele, estava oculta na atmosfera e empurrava o pêndulo (ou agia sobre a vara de adivinhação) para produzir resultados físicos.[139] Atuando de forma independente no Terceiro Reich, Straniak ajudou a fundar a Sociedade para a Pesquisa Científica do Pêndulo e realizou vários estudos "científicos" sobre ocultismo, radiestesia com pêndulo e radiestesia.[140] Mesmo depois que a sociedade passou a ser "coordenada" pelo regime em 1938, a ss e outras organizações do Reich continuaram a encomendar estudos e revisões por pares a fim de diferenciar a radiestesia científica da charlatanice.[141]

Não devemos nos surpreender que radiestesistas considerados suficientemente científicos, como Straniak, se juntassem a Wulff, Krafft, Kritzinger e outros cientistas de fronteira no trabalho para o Terceiro Reich.[142] Muitos líderes nazistas, como vimos, eram fascinados por essas práticas. Em 1934, o próprio Hitler contratou o mais famoso radiestesista da Alemanha, o já mencionado Von Pohl, para vasculhar a Chancelaria do Reich em busca de raios da morte nocivos.[143] Hitler também concordou em ter uma conversa pessoal com o cientista fronteiriço austríaco Viktor Schauberger, que dizia ter localizado "energias livres" invisíveis na natureza que poderiam ser aproveitadas para um efeito notável (ver capítulo 9).[144]

Himmler era obcecado pela cura natural e rejeitava muitos aspectos da medicina moderna. Entre várias práticas médicas alternativas, ele estudou o herbalismo, a homeopatia, o mesmerismo e a naturopatia,[145] além de ter seguido os conselhos de pensadores ariosóficos como Emil Rüdiger e Karl Maria Wiligut, que acreditavam que a prática da ioga era capaz de liberar energias cósmicas presas a corpos astrais como o "sol negro".[146] Por meio de sua Ahnenerbe e do instituto tibetano de Schäfer, Himmler também patrocinou pesquisas geomânticas. Sob o comando de cientistas de fronteira como Wilhelm Teudt, Frenzolf Schmid, Günther Kirchoff e Karl Wienert, a ss realizou uma extensa pesquisa sobre energias geomânticas subterrâneas e linhas de ley. Alguns projetos incluíam os "círculos atlântico-germânicos", os "triângulos do espírito" e o "pentagrama ariano".[147]

Himmler também instruiu a Ahnenerbe a estudar a "extraordinária compreensão da eletricidade" dos antigos alemães, em grande parte herdada dos deuses nórdicos,[148] e chegou a financiar uma expedição de Yrjö von Grönhagen — um entusiasta finlandês do cinema sem formação médica ou antropológica — para investigar ritos mágicos arianos perdidos e rituais de cura ainda realizados na Carélia.[149] Quando Grönhagen retornou, pediram-lhe que compartilhasse sua pesquisa sobre "métodos arianos tradicionais de limpeza corporal" com a equipe médica da ss.[150]

O interesse pessoal de Rudolf Hess pelo vegetarianismo, a homeopatia e a cura natural é bem conhecido.[151] O vice-Führer também acreditava na energia geomântica, na naturopatia e na magnetopatia (que supostamente seria capaz de proteger as pessoas de radiação nociva).[152] Ele empregava um radiestesista e um astrólogo pessoal, e estruturou grande parte de sua dieta e vida em torno de práticas antroposóficas.[153] O mais notável é que Hess incentivou a pesquisa oficial da "nova arte alemã de cura", uma forma de medicina alternativa livremente baseada na antroposofia, na radiestesia e no holismo.[154] Seu investimento nessa "nova arte" incluiu a promoção das teorias de Steiner que se opunham à vacinação, uma vez que as vacinas aparentemente não abordavam as fontes espirituais da saúde e da doença.[155] Em 1934, o vice-Führer abriu em Dresden o Hospital Rudolf Hess, um centro de práticas médicas alternativas.[156]

O interesse na cura natural, na *Lebensreform* e na radiestesia, influenciado pela antroposofia, ia muito além de Hitler, Himmler e Hess. Entre seus proponentes estavam Julius Streicher, Gauleiter de Nuremberg e editor do jornal *Der Stürmer*; Walther Darré, chefe do Gabinete Central de Raça e Colonização e da Autoridade Alimentar do Reich; Robert Ley, chefe da Frente Alemã para o Trabalho e do NSDAP; e o vice de Heydrich, Otto Ohlendorf. Mas foi a agricultura biodinâmica, mais do que qualquer outra doutrina antroposófica ou ocultista, que recebeu o maior patrocínio oficial do Terceiro Reich.

Antroposofia e agricultura biodinâmica

Em 27 de maio de 1941, Hans Merkel, um oficial nazista da Autoridade Alimentar do Reich, escreveu uma longa e sincera carta a seu antigo superior Walther Darré.[157] Merkel confessou que havia se tornado um defensor incondicional dos "métodos agrícolas biológico-dinâmicos" por "razões agrárias, políticas e ideológicas".[158] As "ideias de sangue e solo devem ser as ideias fundamentais preeminentes para um novo campesinato", começou Merkel. A ideia de que o campesinato precisa ter raízes firmes no sangue e no solo para ser produtivo foi bastante aceita durante a maior parte da história. Mas essa convicção, continuou Merkel, fora destruída na esteira do capitalismo e da industrialização. Esses processos estimularam o crescimento do individualismo e a destruição dos laços comunitários e orgânicos que uniam o agricultor à família, à terra e à comunidade. No decorrer do século XIX, a "protossabedoria" do camponês alemão foi substituída pelos "desalmados modos de pensar do Ocidente".[159]

Ao assumir o poder, argumentou Merkel, o Terceiro Reich viu-se diante de um novo cenário, em que a "fazenda havia se transformado em fábrica" por meio da intensificação e da mecanização da agricultura. Continuar esse processo significava "necessariamente destruir a ideia do campesinato".[160] Embora alguns especialistas tentassem descartá-la como "sonho, misticismo ou romantismo", a agricultura biodinâmica era uma resposta notavelmente promissora a esse problema. Ao ler as obras de Rudolf Steiner "e me envolver profundamente com seu trabalho de vida", concluiu Merkel, ficou claro que era possível "confiar nos princípios fundamentais dos métodos agrícolas biodinâmicos".[161]

Merkel não estava sozinho em seu fascínio pela antroposofia, ou mesmo pela agricultura biodinâmica.[162] Seu parceiro de correspondência, Darré, concordava que "precisamos de um melhor conhecimento do homem; saúde por meio de uma vida natural; harmonia entre o sangue, o solo e o cosmo; *Lebensreform* como objetivo nacional".[163] Ohlendorf, um oficial de alto escalão do serviço de inteligência de Heydrich, especialista do Ministério da Economia do Reich e chefe da força-tarefa especial da ss (Einsatzgruppe D) responsável pelo assassinato de dezenas de milhares de judeus no front oriental, era da mesma opinião — e, assim como Darré, um dedicado defensor da antroposofia.[164]

Em seu testemunho após a guerra, Ohlendorf reconheceu com orgulho sua familiaridade com as doutrinas e instituições antroposóficas. Ele encontrou "em muitos ramos da pesquisa [antroposófica] sugestões e resultados valiosos que prometiam tirar [as ciências naturais] do impasse em que se encontravam". Os aspectos espirituais da antroposofia eram úteis, sugeriu Ohlendorf, uma vez que "o nacional-socialismo, no curto período de sua existência, não havia [desenvolvido] nenhuma educação espiritual". Por isso, ela parecia especialmente "imperativa para o desenvolvimento intelectual geral do nacional-socialismo". Ohlendorf argumentou que era preciso "não perturbar a pesquisa [antroposófica] e suas instituições, mas deixá-las em paz, para que se desenvolvam sem influências violentas vindas de fora, qualquer que seja a direção da pesquisa".[165]

O especialista médico nazista Hanns Rascher, pai do famoso médico Sigmund Rascher, da ss, também era antroposofista; assim como Georg Halbe, oficial do alto escalão do Gabinete Central de Raça e Colonização de Darré; Franz Lippert, oficial da ss e mais tarde supervisor da fazenda biodinâmica da ss em Dachau; e Alwin Seifert, um importante ambientalista nazista. Embora não fosse um antroposofista praticante, Oswald Pohl, colega de Ohlendorf, especialista em economia da ss e chefe do sistema de campos de concentração, era um defensor contundente da agricultura biodinâmica.[166] De fato, com a eclosão da Segunda Guerra Mundial, seus apoiadores incluíam Hans Kerrl, ministro nazista de Assuntos Eclesiásticos; Hederich, da ppk; e Alfred Baümler, chefe da seção de ciências no Amt Rosenberg e supostamente antiocultista. Até mesmo o ministro do Interior do Terceiro Reich, Wilhelm Frick, adotou aspectos da antroposofia.[167]

Pode parecer notável que tantos líderes nazistas endossassem um elemento central da doutrina ocultista da antroposofia de Rudolf Steiner — uma

As estrelas descem à terra glacial

doutrina que até mesmo outros cientistas de fronteira, como Bender e Krafft, não consideravam rigorosa o suficiente. Mas isso faz todo sentido quando levamos em conta a estonteante variedade de práticas científicas fronteiriças incorporadas pela antroposofia, prometendo curar o corpo, restaurar a mente e o espírito e renovar o solo e o meio ambiente de forma holística.[168] Ao se basear nas "mesmas correntes de *Lebensreform* do movimento ocultista", a antroposofia — e seu desdobramento mais bem-sucedido, a agricultura biodinâmica — simbolizava o "profundo antagonismo à medicina convencional e a forte convicção de que a vida moderna havia prejudicado a alma e o corpo das pessoas". Esse antagonismo generalizado, segundo Treitel, "levou muitos alemães de todas as tendências políticas, inclusive o fascismo, a adotarem curas naturais, remédios populares, o vegetarianismo, exercícios ao ar livre, a medicina ocultista e outras práticas afins".[169]

Desenvolvida por Steiner no final de sua carreira, a agricultura biodinâmica baseava-se "em uma visão holística da fazenda ou do horta como um organismo integrado que inclui solo, plantas, animais e várias forças cósmicas, com a semeadura e a colheita conduzidas de acordo com princípios astrológicos". Os produtores biodinâmicos rejeitavam a monocultura, os fertilizantes artificiais e os pesticidas, "confiando, em vez disso, no esterco, na compostagem e em uma variedade de preparações homeopáticas destinadas a canalizar as energias etéreas e astrais da Terra e de outros corpos celestes".[170]

Os defensores da agricultura biodinâmica viam a Terra "como um organismo com propriedades magnéticas de simpatia e atração" passível de "ser danificado pelo uso de fertilizantes artificiais".[171] Os defensores da ciência moderna — para não mencionar o setor de fertilizantes químicos — rejeitaram essa "sabedoria camponesa espiritualmente consciente" por considerá-la deficiente do ponto de vista econômico e ideológico. Mas isso não bastou para impedir que muitos nazistas, pelas razões articuladas por Merkel, adotassem a ideia de uma abordagem mais orgânica da agricultura baseada em forças cosmobiológicas.[172]

A principal figura na promoção da agricultura biodinâmica no Terceiro Reich foi Erhard Bartsch, um protegido de Steiner e especialista na área. Em julho de 1933, apenas seis meses após a tomada do poder pelos nazistas, Bartsch fundou a Liga do Reich para a Agricultura Biodinâmica. A liga combinava a retórica romântica, *völkisch*-esotérica do sangue e solo com argumentos sobre as vantagens econômicas práticas dos métodos biodinâmicos.

Muitos nazistas já estavam predispostos à agricultura biodinâmica ou, pelo menos, a abordagens naturais e holísticas, devido a suas propensões científicas fronteiriças. Todavia, os esforços de propaganda inteligentes e concertados de Bartsch ajudaram a agricultura biodinâmica a se espalhar por círculos improváveis, desde o Ministério do Interior até a Wehrmacht.[173] Bartsch conseguiu obter o apoio de vários integrantes da ss e da esfera econômica nazista. Entre eles estavam o ambientalista Seifert e uma série de altos funcionários nazistas e da ss, como Merkel, Halbe e Gunther Pancke, do Gabinete Central de Raça e Colonização, que desejava se libertar da dependência de fertilizantes fabricados no exterior e de outros produtos químicos industriais escassos como parte do movimento em direção à autossuficiência econômica sob o Plano Quadrienal de Hermann Göring.[174]

Aqui é importante enfatizar o nexo entre a ciência fronteiriça e o ambientalismo no pensamento nazista. Rudolf Hess, em sua paixão por métodos naturais extraídos do ocultismo, repreendia "as indústrias interessadas em fertilizantes artificiais, preocupadas com o aumento de seus dividendos", por "realizarem uma espécie de caça às bruxas contra todos aqueles que experimentassem [a agricultura biodinâmica]".[175] Ohlendorf também expressou seu apoio à agricultura biodinâmica em uma linguagem progressista, anticorporativa e ambientalista. O dever do partido era trabalhar contra os burocratas em vários ministérios que estavam interessados em buscar reivindicações de monopólio, apoiados pela IG Farben e outras indústrias químicas. Ohlendorf chegou a conseguir que a Gestapo afrouxasse as regras contra a antroposofia em 1936, trabalhando com Bartsch no patrocínio de pesquisas sobre a agricultura biodinâmica.[176] Enquanto isso, Kittler, na PPK, argumentava que o "conhecimento cosmobiológico" era um "núcleo valioso em conjunto com as experiências da lavoura agrícola moderna".[177] Em 1936, a agricultura biodinâmica tornou-se tão aceita entre os nazistas com inclinação esotérica que os campos de atletismo de Berlim para os Jogos Olímpicos de Verão foram tratados de modo biodinâmico, recebendo muitos elogios.[178]

Talvez o mais contundente defensor da agricultura biodinâmica, depois de Hess e Ohlendorf, tenha sido Darré, o ministro da Alimentação e Agricultura do Reich. Embora seu crescente interesse pela agricultura biodinâmica fosse em parte motivado por considerações econômicas — sobretudo o impulso

As estrelas descem à terra glacial

para a autossuficiência agrícola —, seu esoterismo *völkisch* de sangue e solo desempenhou um papel importante nesse processo.[179] A correspondência de Darré está repleta de trechos dos escritos de Steiner, o que desmente as alegações de que seu interesse pela antroposofia era puramente pragmático.[180] Além disso, suas justificativas para promover a agricultura biodinâmica — o desejo de restaurar o relacionamento orgânico entre homem e Deus, "que trabalha e vive em tudo o que é essencial neste mundo" — obscureciam as mesmas linhas entre a ciência e o sobrenatural que a doutrina original de Steiner.[181] Se os biólogos da corrente dominante podiam argumentar que as plantas cresciam por conta de raios "invisíveis" gerados pelo sol, Darré se perguntou, então por que não podiam aceitar as forças cósmicas por trás da agricultura biodinâmica?[182]

Darré caiu em desgraça com Himmler por uma série de razões no final dos anos 1930, e acabou perdendo o cargo de chefe do Gabinete Central de Raça e Colonização.[183] Felizmente, Bartsch contava com muitos outros aliados nazistas dispostos a carregar a tocha. Em 1937, Ohlendorf se ofereceu como voluntário para atuar como porta-voz da agricultura biodinâmica, fazendo esforços para facilitar a pesquisa de Bartsch.[184] Com a eclosão da Segunda Guerra Mundial, outros membros de alto escalão do partido, incluindo Rosenberg, Ley e Frick, visitaram a sede da Liga do Reich para a Agricultura Biodinâmica e expressaram apoio à organização de Bartsch.[185] Oswald Pohl e Gunther Pancke, sucessor de Darré no Gabinete Central de Raça e Colonização, chegaram a pedir a Heydrich que permitisse a entrada de Bartsch na ss.[186]

A eventual queda em desgraça de Bartsch, mesmo quando a agricultura biodinâmica se tornou amplamente aceita, exemplifica o padrão mais amplo que vimos nas abordagens nazistas à ciência fronteiriça. Pois Bartsch era um sectário carismático e intransigente. Segundo Ohlendorf, um de seus principais patrocinadores, o pedido de Bartsch para entrar no partido não foi rejeitado por causa de seu compromisso com a agricultura biodinâmica ou qualquer outra doutrina científica fronteiriça. O erro de Bartsch foi insistir que os métodos antroposóficos "só poderiam ser usados por pessoas intimamente convencidas das bases intelectuais dessas crenças importantes", ou seja, seguidores leais de Steiner. Bartsch trabalhou para explorar as simpatias dos líderes nazistas "não apenas para impor a agricultura biodinâmica", observou Ohlendorf, mas para impor a "visão de mundo antroposófica" a todo o Terceiro Reich. Ele chegou até mesmo a tentar converter Hitler.[187] "Qualquer tentativa de explicar a ele o absurdo dessa ideia foi em vão", lembrou Ohlendorf.[188]

Isso explica por que a Gestapo finalmente o prendeu na sequência da Ação Hess de junho de 1941. Ele era um sectário impenitente.[189] Apesar disso, Heydrich garantiu a Darré que o SD e a Gestapo continuariam a permitir que os agricultores alemães fizessem experimentos com a agricultura biodinâmica. A única ressalva, Heydrich assegurou a Darré, era que seus praticantes não deveriam se tornar *ideologicamente* comprometidos com a antroposofia de Steiner como uma seita individual.[190]

Felizmente para os defensores da agricultura biodinâmica, na época da prisão de Bartsch, ela havia encontrado um novo patrocinador, e muito mais poderoso: o Reichsführer-ss.[191] Assim como Hess, Ohlendorf e Darré antes dele, o interesse de Himmler pela agricultura biodinâmica era resultado de uma combinação de predisposições *völkisch*-esotéricas e de um desejo prático de melhorar a qualidade e a produtividade da agricultura alemã. "Em relação à fertilização biológico-dinâmica", ele declarou, "só posso dizer uma coisa: de modo geral, como fazendeiro, sou simpático a ela."[192] Antes de setembro de 1939, Himmler havia tido poucas oportunidades ou incentivos para fazer experiências com a agricultura biodinâmica, pois estava concentrado em policiar o Terceiro Reich. No entanto, com o impulso do tempo de guerra para reassentar os camponeses alemães e recuperar espaço vital no Leste Europeu, Himmler, como veremos no capítulo 8, passou a considerar as práticas agrícolas biodinâmicas muito mais atraentes.[193]

Cosmogonia glacial

"Tendo a apoiar a cosmogonia glacial", Hitler declarou em 1942. A teoria de Hörbiger era convincente, sugeriu o Führer, ao provar que luas geladas haviam se chocado com a Terra, criando forças geofísicas que provocaram uma inundação da qual apenas "alguns humanos sobreviveram". Certamente, a cosmogonia glacial só poderia ser compreendida por meio da análise do "contexto intuitivo", embora talvez, acrescentou Hitler, esses métodos mostrassem o caminho para a chamada "ciência exata".[194] "A lenda não pode ser extraída do vazio", porque "a mitologia é um reflexo de coisas que existiram e das quais a humanidade reteve uma vaga memória", argumentou ele.[195] "Em todas as tradições humanas", prosseguiu Hitler, "encontramos menção a um enorme desastre cósmico. Na lenda nórdica, lemos sobre uma luta entre gigantes e deuses. A meu ver, isso só pode ser explicado [com base] na hipótese de um desastre que aniquilou por completo uma humanidade que já possuía um alto grau de civilização."[196]

Hitler não estava sozinho nessas reflexões bizarras. Não houve ciência fronteiriça no Terceiro Reich que tenha sido mais ampla ou acriticamente adotada do que a cosmogonia glacial. Tanto a astrologia quanto a agricultura biodinâmica estavam intimamente associadas às doutrinas ocultistas austro-alemãs, como a ariosofia e a antroposofia. Mas elas ainda derivavam de tradições ocultas que portavam elementos potencialmente "judaicos" ou "orientais" que precisavam ser filtrados ou remodelados antes de serem apropriados pelo Terceiro Reich. A cosmogonia glacial, por outro lado, era autenticamente "alemã", fornecendo um sistema alternativo de compreensão do mundo físico e metafísico que ajudava a reforçar as visões nazistas sobre raça e espaço, ciência e religião.[197]

A cosmogonia glacial também esteve no centro das tentativas nazistas de reformular a ciência e restabelecer a "interdependência de todas as esferas de pesquisa e conhecimento", como teria acontecido "durante a Idade Média". Os nazistas, segundo Michael Kater, caracterizaram "a distinção tradicional entre ciência humanística e natural" como "fetichização especializada", que separava desnecessariamente os "cientistas em seus campos de especialização". No Terceiro Reich, de acordo com muitos líderes nazistas, os campos humanístico, científico social e científico natural seriam fundidos, produzindo "a unidade da alma e do corpo, do intelecto e do sangue, de Deus e do mundo, como precondição para uma nova visão de mundo indo-germânica".[198] Com suas pretensões inócuas de constituir uma grande teoria unificada e interdisciplinar do universo e, ao mesmo tempo, incorporar concepções *völkisch* de raça, espaço e mitologia nórdica, a cosmogonia glacial foi o exemplo perfeito da ciência fronteiriça nazista.[199]

Na seção a seguir, começamos analisando sua influência sobre líderes nazistas proeminentes e seu papel cada vez maior na Comunidade para a Investigação e o Ensino sobre Herança Ancestral de Himmler. Em seguida, abordamos as tentativas da Ahnenerbe de institucionalizar a cosmogonia glacial como uma doutrina científica oficial em meados e no fim da década de

1930. Embora não tenha sido plenamente bem-sucedido, o enorme esforço despendido pelos líderes nazistas para sustentá-la exemplifica a centralidade do pensamento científico fronteiriço no Terceiro Reich.

A cosmogonia glacial e a Ahnenerbe de Himmler

Das muitas teorias esotéricas que não atendiam aos padrões empíricos ou metodológicos da ciência convencional, nenhuma teve maior ressonância entre os pensadores *völkisch* na Alemanha e na Áustria do que a cosmogonia glacial.[200] Em parte, isso se deveu ao fato de Hanns Hörbiger ser um brilhante autopromotor, que conseguiu fazer com que suas fantásticas ideias parecessem científicas aos diletantes que definiam o público ocultista. Mas a cosmogonia glacial também tinha uma vantagem ideológica sobre as demais ciências fronteiriças, uma vez que era quase perfeitamente compatível com a cosmologia nazista.[201]

A cosmogonia glacial, segundo o intelectual nazista Edgar Dacqué, representava um "espírito racial dos tempos e da ciência" reunidos em um só. Era uma "resposta agressiva e um afastamento revolucionário do sistema das potências científicas estrangeiras", incluindo a astronomia e a física do Ocidente, ambas "presunçosas e burguesas".[202] Tanto a mitologia nórdica quanto as doutrinas *völkisch*-esotéricas como a ariosofia haviam postulado uma série de cataclismos primitivos e eras glaciais que haviam causado mutações biológicas nos habitantes da Terra, produzindo super-homens atlantes e humanoides monstruosos. Com base em Wagner, Houston Stewart Chamberlain e Lanz von Liebenfels, muitos pensadores *völkisch* reconheceram na cosmogonia glacial os antigos arianos (atlânticos) cuja civilização fora destruída por seus antigos escravos "chandalas".[203] Os partidários da cosmogonia glacial também faziam questão de apontar paralelos entre os austríacos Hörbiger e Hitler, inclusive o sucesso de ambos, como supostos amadores, na conquista dos campos da ciência e da política, respectivamente.[204]

Como já sugeri, a cosmogonia glacial foi a única "ciência fronteiriça" que Hitler abraçou com plenitude e convicção.[205] Havia muitos debates sobre a "humanidade pré-lunar" nas fontes gregas, Hitler comentou com Himmler, o que, a seu ver, tinha relação com o "império mundial de Atlântida, vítima da catástrofe das luas que caíram sobre a Terra".[206] Ele havia lido os livros fantasiosos escritos pelos proponentes da cosmogonia glacial e parecia acreditar em suas qualidades preditivas quando se tratava de fenômenos geológicos e meteorológicos.[207] Hitler chegou a falar em erguer um grande observatório em sua cidade natal, Linz, na Áustria, que representaria "as três grandes concepções cosmológicas da história — as de Ptolomeu, Copérnico e Hörbiger".[208] Com relação à religião, supõe-se que tenha sugerido que a cosmogonia glacial poderia eventualmente substituir o cristianismo.[209]

O Führer não estava sozinho. Hess era um fervoroso defensor da teoria, tendo patrocinado a indicação do já mencionado Dacqué para uma cátedra na Universidade de Munique e, mais tarde, para a chefia de uma seção no Ministério da Ciência, Educação e Cultura do Reich.[210] Também entusiasmados estavam os dois chefes da Ahnenerbe de Himmler, Herman Wirth e Walther Wüst, bem como o diretor do Gabinete de Imprensa do Reich, Albert Herrmann, que publicou um livro inspirado na cosmogonia glacial em que argumentava que a Atlântida original ficava na Tunísia.[211] Robert Ley, que sempre parecia encontrar tempo para atividades esotéricas, teria dito que "nossos ancestrais nórdicos se fortaleceram no gelo e na neve: a crença na cosmogonia glacial é, portanto, a herança natural do homem nórdico".[212] Igualmente ilustrativo da ampla aceitação da cosmogonia glacial entre os principais nazistas é o fato de Hermann Göring, o segundo em comando de Hitler, e normalmente um tipo mais sóbrio e pragmático, e Baldur von Schirach, chefe da Juventude Hitlerista, apoiarem a teoria.[213] Até mesmo o sd de Heydrich e o Amt Rosenberg — duas organizações explicitamente encarregadas de erradicar o sectarismo — mostraram-se bastante otimistas com relação aos ensinamentos da cosmogonia glacial.[214]

No entanto, se muitos nazistas estavam entusiasmados com as possibilidades da cosmogonia glacial, Himmler era sem dúvida seu maior defensor. Para ele, a cosmogonia glacial encontrava-se no nexo esotérico do pensamento religioso e científico fronteiriço nazista.[215] Os "arianos não evoluíram a partir de macacos como o resto da humanidade", argumentou Himmler; "são deuses que vieram diretamente do céu para a terra", tendo surgido de "grãos vivos" que foram conservados no "gelo eterno do cosmos".[216] Esses super-humanos ancestrais possuíam em outros tempos "poderes paranormais e armas extraordinárias", semelhantes ao "martelo de Thor". Os poderes do Deus do Trovão "não tinham a ver com trovões e relâmpagos naturais", mas eram uma "arma anterior, altamente desenvolvida, possuída apenas [...] pelos Aesir, os deuses, e que presumia um extraordinário conhecimento da eletricidade".[217] A cosmogonia glacial também confirmava a teoria de Himmler de que os chineses e japoneses eram "raças coloniais com um estado central originário de povos que, séculos ou milênios antes, haviam servido a uma classe governante atlante".[218]

Por essas razões, o Reichsführer-ss fez um enorme esforço para patrocinar a cosmogonia glacial como uma ciência de Estado. O exemplo mais famoso disso foi o apoio irrestrito que concedeu (junto com Hitler) ao idoso coautor de Hörbiger, Philipp Fauth, um cientista amador cujas teorias se situavam na "estreita interseção entre o puramente científico e o especulativo e fantástico".[219] Designado astrônomo da Ahnenerbe e nomeado professor titular por Himmler em 1939, aos 73 anos de idade, Fauth também recebeu um doutorado honorário do próprio Hitler.[220]

Outro proeminente defensor da cosmogonia glacial que experimentou um renascimento na carreira durante o Terceiro Reich foi o líder da sa e raivoso escritor antissemita Rudolf von Elmayer-Vestenbrugg (ou Elmar Brugg). Assim como Himmler, Elmayer insistia que a cosmogonia glacial fornecia a única "base científica para uma verdadeira visão de mundo nórdica".[221] Em seu livro mais influente, *Rätsel des Weltgeschehens* [O enigma dos fenômenos universais] (1937), ele argumentou que a cosmogonia glacial substituiria a agora "extinta" teoria da evolução de Darwin, e que a raça ariana havia sido incubada no mundo ártico antes de fundar a civilização da Atlântida.[222] Não surpreende que Elmayer, apesar da total ausência de credenciais científicas, tenha sido mais tarde escolhido por Himmler para chefiar a divisão de cosmogonia glacial da Ahnenerbe.

Talvez o mais importante patrocinador da cosmogonia glacial durante o Terceiro Reich tenha sido o ss-Obersturmführer Hans Robert Scultetus.[223] Embora com formação técnica em meteorologia, Scultetus estava igualmente interessado em astrologia e outros fenômenos paranormais, buscando financiamento para uma expedição à Abissínia (Etiópia) a fim de realizar experimentos sobre "luzes zodiacais" e "aparições celestes".[224] Como chefe do Instituto de Meteorologia da Ahnenerbe, Scultetus tornou-se o mais influente defensor da cosmogonia glacial no círculo íntimo de Himmler.[225]

A equipe de especialistas em cosmogonia glacial de Himmler também incluía Edmund Kiss, um romancista e explorador que combinava ciência e ficção para propagar essa ciência fronteiriça.[226] Arqueólogo amador, Kiss havia participado de uma expedição aos Andes na qual alegou ter encontrado esculturas com características arianas e um calendário que registrava uma época em que a Terra era circundada por outra lua (que teria caído sobre o planeta e destruído a capital andina).[227] Kiss popularizou ainda mais a cosmogonia glacial com romances fantasiosos nos quais estabelecia uma conexão entre ela, a ariosofia e a "teoria da terra oca", que especulava sobre uma civilização subterrânea no Himalaia.[228]

No final de 1935, Himmler reuniu esses teóricos da cosmogonia glacial e alguns dos filhos de Hörbiger na Ahnenerbe.[229] A ideia de um instituto interdisciplinar que combinasse várias vertentes da ciência fronteiriça *völkisch* já vinha se insinuando na mente de Himmler antes de 1933. Já em 1928, ele instituíra uma divisão na Ahnenerbe com o objetivo de pesquisar a genealogia ariana.[230] Nos meses de euforia após a tomada do poder pelos nazistas em janeiro de 1933, o Reichsführer acrescentou uma divisão arqueológica a seu gabinete pessoal, além de postos de pesquisa ad hoc ligados ao Gabinete Central de Raça e Colonização.[231] Mas somente em julho de 1935 é que Himmler, Darré e o *völkisch*-esotérico Herman Wirth criariam um instituto de pesquisa independente dentro da ss (a Ahnenerbe) voltado para a exploração do "espaço, espírito e ação dos indo-alemães". Seu objetivo era popularizar "as descobertas de pesquisas relevantes entre o povo alemão", a fim de incentivar todos os alemães a participarem desses esforços.[232]

As premissas científicas fronteiriças da Ahnenerbe ficaram evidentes desde o início. Juntamente com o "pseudoprofeta" Wirth, tanto o teórico racial nazista H. K. Günther quanto os três mais importantes progenitores da Ahnenerbe — Himmler, Darré e Wolfram Sievers — eram membros da Liga Artamana, o movimento *völkisch*-esotérico surgido durante a República de Weimar. Os três também haviam sido influenciados por místicos ariosóficos como Karl Maria Wiligut e Friedrich Hielscher.[233] O polêmico Wirth foi nomeado diretor da Ahnenerbe em grande parte por ter sido perseguido pela "ciência oficial", o que enalteceu suas credenciais científicas fronteiriças.[234] A pesquisa de Wirth sobre as crônicas forjadas de Oera Linda revelou-se falsa e levou à sua demissão do instituto em 1938. Mas seu sucessor, o indólogo Walter Wüst, ao que parece mais respeitável, fez poucas mudanças na abordagem acadêmica da Ahnenerbe.[235] Sob Wüst, ela continuou a investir em projetos de pesquisa "de modo impulsivo e sem objetivos sólidos". A "propensão do instituto para a fantasia" e o desdém pelos limites científicos, argumenta Kater, foi "sempre mais forte do que o impulso para a objetividade e a disciplina. O irreal sempre levou a melhor em detrimento do real".[236]

Apesar dessa abordagem científica fronteiriça explícita, a Ahnenerbe cresceu rapidamente. No final da década de 1930, Himmler havia desenvolvido conexões não só com as principais organizações acadêmicas e institutos de pesquisa, mas também com o exército, a marinha e a força aérea. A Ahnenerbe também expandiu seu alcance interdisciplinar das ciências humanas (sobretudo pesquisa folclórica) em meados da década de 1930 para as ciências naturais e sociais alguns anos depois.[237]

O instituto abraçou com orgulho a interdisciplinaridade e evitou a "fetichização especializada" da ciência natural convencional. Himmler e seus colegas insistiam, por exemplo, na "interdependência de todos os campos científicos e de pesquisa" — a forma como o conhecimento era deliberadamente buscado na Idade Média. Para o "pensamento organicista de Himmler", que "se opunha ao isolamento de cientistas individuais em suas esferas de especialização", essa ênfase científica fronteiriça na interdisciplinaridade significava a integração concertada das ciências naturais às divisões de ciências humanas e sociais da Ahnenerbe[238] — que poderia, Himmler disse a Heydrich, entusiasmado, trazer o indólogo Wüst e o renomado físico Werner Heisenberg para "cooperarem com nossos teóricos da cosmogonia glacial" em uma Academia Universal Indo-Ariana.[239]

É claro que essa interdisciplinaridade acrítica dentro da Ahnenerbe levou à elisão não sistemática de campos acadêmicos distintos e à perversão científica fronteiriça da investigação acadêmica.[240] Enquanto amadores como Wirth e Wiligut alcançavam os mais altos níveis de autoridade, físicos ganhadores do Prêmio Nobel, como Max Planck e Albert Einstein, eram descartados como "místicos" e charlatães.[241]

Sem dúvida, o diletante Himmler, como a maioria dos cientistas de fronteira, buscava desesperadamente a aprovação e o apoio dos cientistas tradicionais. No entanto, como a maioria dos "cientistas naturais sérios não desejava se associar a esses tipos de proposições", ele estava pronto para entregar as chaves a "fantasistas" como Elmayer, Kiss e Scultetus, "cientistas duvidosos" cuja pesquisa "lembrava a arte oculta dos alquimistas medievais".[242] No cen-

As estrelas descem à terra glacial

tro dos esforços da Ahnenerbe para legitimar essas muitas ciências fronteiriças estava a cosmogonia glacial.[243]

A cosmogonia glacial e a apoteose da ciência fronteiriça nazista

Mesmo após a tomada do poder pelos nazistas, os proponentes da cosmogonia glacial continuaram a enfrentar a oposição praticamente unânime dos principais cientistas e céticos.[244] De todas as "supersticiosas ciências secretas" do Terceiro Reich, escreveu o antiocultista Otto Urbach em 1938, a pior era a cosmogonia glacial. "O que mais comprometia a cosmogonia glacial, que não encontrou ressonância nos círculos de astrônomos", observou Urbach, era o fato de se tratar de uma "religião oculta, uma seita espiritual".[245] O grande físico alemão, Heisenberg, referiu-se a ela como "bobagem", e até mesmo o físico pró-nazista Philip Lenard a considerava "pura fantasia".[246] Como Scultetus escreveu para o ss-Hauptsturmführer Bruno Galke, membro do gabinete pessoal de Himmler, a "oposição generalizada à cosmogonia glacial" na grande comunidade científica estava se revelando um desafio para conferir-lhe status oficial.[247]

Himmler ficou extremamente frustrado. A seu ver, se os cientistas acreditavam na "pesquisa livre em todas as suas formas", por que isso não deveria incluir "a pesquisa livre sobre a cosmogonia glacial? Procuro apoiar essa pesquisa da maneira mais sincera, e encontro-me aqui nos melhores círculos, uma vez que o Führer e chanceler do Reich alemão, Adolf Hitler, tem sido há muitos anos um convicto defensor dessa teoria que tem sido ridicularizada por aqueles associados à fechada guilda da ciência". E ele acrescentou: "Há tantas coisas que não sabemos e cuja pesquisa — mesmo por leigos — devemos aceitar".[248] Em contraste com a arrogância e a mente fechada dos "gatos gordos da ciência calcificada", sugeriu Himmler, a Ahnenerbe estava comprometida com a liberdade intelectual, a tolerância e a abertura para ideias não convencionais.[249]

As afirmações de Himmler sobre a mente fechada da comunidade acadêmica eram típicas de muitos cientistas de fronteira. Exceto que até mesmo Ludwig Straniak e Hans Bender estavam dispostos a reconhecer os perigos do raciocínio puramente baseado na fé, conforme indicado pela crítica de Bender à antroposofia, e muitos ocultistas científicos ainda esperavam convencer os cientistas tradicionais de seus resultados. Hitler, Hess, Himmler e Rosenberg, por outro lado, tendiam a invocar seu apoio à "pesquisa livre" e à "interdisciplinaridade" somente quando isso se adequava à sua agenda ideológica. Para eles, a ideia de obter a chancela de materialistas "judeus", como Einstein, ou de "gatos gordos" arrogantes, como Planck, era asinina e desnecessária. Se um cientista alemão não fosse, antes de tudo, um nazista — ou pelo menos politicamente moderado, como Heisenberg —, Himmler e companhia mostravam pouca paciência para sua "pesquisa livre".[250]

A hipocrisia nazista em relação à pesquisa livre tornou-se evidente em julho de 1936, quando Scultetus, incentivado por Himmler, emitiu o chamado Protocolo de Pyrmont. Ao designar as teorias de Hörbiger como "o dom intelectual de um gênio", os signatários do protocolo concordaram que "todos aqueles que trabalhassem com a cosmogonia glacial" só poderiam fazê-lo "sob a liderança de um líder espiritual, cuja única responsabilidade era para com o Reichsführer-ss".[251] Assinado por Scultetus, Kiss, Fauth e por Alfred Hörbiger, entre outros, o protocolo declarava que os cientistas que se desviassem das teorias de "mestre Hörbiger" em sua "forma fundamental" deixariam de receber financiamento e poderiam responder a procedimentos disciplinares.[252]

Essa flagrante tentativa de impedir qualquer divergência em relação aos princípios originais de Hörbiger era sem dúvida contraditória, dada a repetida crítica de Himmler à recusa da ciência dominante em permitir pontos de vista alternativos, mas estava de acordo com a abordagem subjetiva do Terceiro Reich em relação à ciência fronteiriça: acusar os ocultistas ideologicamente independentes ou comerciais de "sectarismo" e ao mesmo tempo proteger e até patrocinar doutrinas esotéricas favorecidas pelos líderes nazistas.[253] Uma doutrina científica ocultista ou de fronteira só precisava ser considerada suficientemente "ariana" e/ou "científica" pelo líder nazista certo. Assim, Himmler deixou de lado o filho mais velho de Hörbiger como "líder espiritual" do novo Instituto de Meteorologia em favor do nazista mais devotado, Scultetus.[254]

Um dos primeiros defensores da cosmogonia glacial a entrar em conflito com o Protocolo de Pyrmont foi Georg Hinzpeter, presidente da Sociedade para a Promoção da Cosmogonia Glacial.[255] A pesquisa de Hinzpeter sobre

As estrelas descem à terra glacial

uma série de questões astronômicas e meteorológicas — em especial sua crítica à base gelada da Via Láctea de Hörbiger — representava claramente um desvio do entendimento fundamentalista das descobertas originais de Hörbiger.[256] Quando ficou claro que a pesquisa estava causando atrito entre a sociedade e o Instituto Hörbiger da Áustria, dirigido pelo filho de Hörbiger, Scultetus interveio.[257]

Em dezembro de 1936, Scultetus começou a fazer lobby para se livrar de Hinzpeter como presidente da Sociedade para a Promoção da Cosmogonia Glacial e editor do *Zeitschrift für Welteislehre*, patrocinado pelo órgão, em favor do já mencionado Elmayer-Vestenbrugg.[258] Ao defender seu ponto de vista, Scultetus citou o rascunho de um recente artigo de Elmayer intitulado "Hanns Hörbiger, o Copérnico do século xx".[259] Scultetus imaginou Elmayer trabalhando diretamente com o cofundador da cosmogonia glacial, Fauth, para promover essa ciência fronteiriça junto ao público alemão.[260]

Infelizmente, Elmayer provou ser um substituto problemático. Depois que seu artigo foi publicado no popular *Illustrierter Beobachter*, a editora recebeu uma enxurrada de cartas iradas de cientistas profissionais. Um físico de Rostock observou que Elmayer havia abordado a cosmogonia glacial com um "fervor quase religioso", o que "não prestava nenhum serviço nem ao cidadão comum nem ao Estado".[261] Peter Lautner, um engenheiro da Wehrmacht, declarou sem rodeios que o artigo "prejudica a reputação da ciência alemã", que "não tem tempo para debates infrutíferos com teorias religiosas". Como era possível que "contos de fadas" pudessem receber "o nome de ciência" num momento em que os jovens chegavam à Wehrmacht sem saber "praticamente nada de matemática e física"? Lautner enviou sua carta ao Ministério de Ciência, Cultura e Educação do Reich, pedindo às autoridades que "colocassem os autores de contos de fadas em seu devido lugar".[262]

O chefe do observatório astronômico de Berlim não conseguia acreditar na "infinidade de imprecisões factuais e afirmações arbitrárias" feitas pelos proponentes da cosmogonia glacial. Que impressão um leitor deveria ter ao se deparar com uma teoria bizarra que superava "tudo o que sabemos até agora" e estava "destinada a colocar toda a nossa visão de mundo e domínio da natureza sobre novas bases"? Além disso, o que os leitores pensariam quando soubessem que a "ciência dominante — a ciência alemã em particular — se recusara a reconhecer" essa teoria, "em parte por incompetência e em parte por má vontade"? Os leitores podiam muito bem chegar à conclusão de que os funcionários do governo "encarregados da difusão da ciência estão cheios de idiotas e burocratas de mente estreita que impedem o progresso", e até mesmo "adotar uma visão crítica sobre os indivíduos que haviam nomeado" esses indivíduos, isto é, o Partido Nazista.[263]

Diante de críticas tão mordazes, era de esperar que Himmler e Scultetus atacassem o astrônomo-chefe do Reich ou recuassem em seu apoio a Elmayer. Mas não foi o que aconteceu. Em vez disso, eles saíram em defesa de Elmayer — pelo menos por um tempo — e se ofereceram para engajar o Ministério da Propaganda de Goebbels numa campanha contra Hinzpeter.[264] Scultetus, então, disse a Hinzpeter que seu trabalho não seria mais apoiado pelo regime porque se desviava da teoria original de Hörbiger.[265]

Reconhecendo sua formação científica amadora — algo que nunca detivera Hörbiger ou Fauth —, Hinzpeter explicou em resposta que a cosmogonia glacial deveria considerar dados e conclusões alternativos se quisesse ser levada a sério. "Se eu puder fazer uma comparação", escreveu ele, "ninguém questionaria o serviço extraordinário de Daimler ou Benz" na criação dos primeiros automóveis. No entanto, alguém poderia preferir um "modelo mais recente com um estilo mais moderno" a um modelo construído trinta anos antes. Pelo mesmo motivo, argumentou Hinzpeter, "ninguém pensaria em diminuir o grande serviço de Hanns Hörbiger, mas se concentraria em manter o desenvolvimento vivo da cosmogonia glacial". Embora expressasse gratidão pelo apoio financeiro e pelo interesse de Himmler em seu trabalho, Hinzpeter concordou que não poderia continuar a serviço da Ahnenerbe sob os parâmetros restritivos do Protocolo de Pyrmont.[266]

Scultetus e outros não estavam dispostos a deixar o assunto de lado com a saída de Hinzpeter.[267] Poucos dias depois, o filho de Hörbiger escreveu uma carta aberta à Sociedade para a Promoção da Cosmogonia Glacial admoestando Hinzpeter a parar de escrever em nome de Hörbiger. Segundo ele, o objetivo do Instituto Hörbiger era patrocinar a cosmogonia glacial na forma fundamentalista desejada por seu pai, seguindo as linhas do *Führerprinzip* de Hitler, conforme incorporado no Protocolo de Pyrmont. Se os adeptos da teoria de seu pai eram livres para realizar seus próprios experimentos no âmbito da Sociedade para a Promoção da Cosmogonia Glacial, admitiu Hörbiger, os dissidentes precisavam reconhecer publicamente que não representavam o

Instituto Hörbiger ou seus anais (*Mitteilungen*). Assim, ele anunciou sua saída do órgão, cuja pesquisa, conforme representada por Hinzpeter, não estava mais de acordo com a visão do pai.

O jovem Hörbiger reconhecia a contradição irreconciliável entre perpetuar uma visão fundamentalista da cosmogonia glacial e permitir a pesquisa livre. Foi por isso que concordou, de início, em "não interferir na soberania da sociedade".[268] Mas, quando Hinzpeter anunciou o desejo de apresentar uma defesa de seus pontos de vista à Academia Prussiana de Ciências, ele logo mudou de ideia, pedindo a Himmler e Wüst que interviessem.[269]

Atuando como revisor anônimo da Ahnenerbe, o romancista de fantasia Edmund Kiss observou o vasto conhecimento e as boas intenções de Hinzpeter. O escritor também admitiu que "ele não tinha, como os autores do artigo, uma formação científica completa [*gründliche Fachausbildung*]". Ainda assim, Kiss concluiu que o artigo de Hinzpeter, que enumerava muitas áreas em que as alegações de Hörbiger não resistiam ao escrutínio, era incompatível com o Protocolo de Pyrmont, e não melhoraria "a imagem da cosmogonia glacial" se fosse enviado à Academia Prussiana de Ciências. Somente com a adesão estrita ao Protocolo, concluiu Kiss, a cosmogonia glacial poderia obter um reconhecimento mais amplo na comunidade científica.[270]

No momento em que a Ahnenerbe emergia do caso Hinzpeter, surgiu uma nova controvérsia, dessa vez envolvendo o coautor de Hörbiger, o ss-Obersturmführer e astrônomo amador Fauth. A controvérsia teve origem em um artigo de janeiro de 1938, "Ciência e cosmogonia glacial", publicado pelo geólogo Karl Hummel no respeitado *Zeitschrift der Deutschen Geologischen Gesellschaft*.

Hummel começou com cautela: "Se pensamentos não científicos sobre questões científicas conseguem se firmar em muitas partes da população, isso é, por um lado, um sinal positivo da existência de um interesse generalizado nessas questões". Mas ideias equivocadas sobre a ciência representavam, "por outro lado, uma reprovação aos representantes relevantes da ciência, que não conseguiram atender às necessidades científicas das pessoas em razão de seu melhor julgamento".[271] A marginalização da ciência convencional, continuou Hummel, era em parte resultado da cultura "marxista" de Weimar, na qual "todas as autoridades tradicionais", inclusive a ciência convencional, eram questionadas.[272] Ainda assim, os alemães mais propensos a adotarem a cosmogonia glacial e outras ideias esotéricas, admitiu Hummel, eram também os mais propensos a apoiarem o nazismo.[273] Os eleitores nazistas vinham dos mesmos "grupos burgueses" que não reconheciam "a importância e a indispensabilidade da ciência (e em particular das ciências naturais) para a vida do povo". Essa cultura não científica, concluiu Hummel, "ainda não foi totalmente superada hoje".[274]

Fauth ficou furioso, e as autoridades nazistas ficaram profundamente perturbadas. Scultetus logo encaminhou o artigo de Hummel para Wüst, o chefe da Ahnenerbe, acompanhado de uma resposta furiosa de Fauth. No típico estilo das ciências fronteiriças, Fauth chamou Hummel à responsabilidade, invocando o apelo à interdisciplinaridade e à "pesquisa livre" expresso por Himmler. Os teóricos da cosmogonia glacial jamais fariam afirmações absolutas como "Nós sabemos, concluímos, calculamos, provamos", explicou Fauth, porque estavam abertos a pontos de vista alternativos — uma resposta completamente insincera de alguém que acabara de criticar Hinzpeter por se desviar do Protocolo de Pyrmont.[275]

Embora sem dúvida reconhecesse que Hitler e Himmler apoiavam Fauth, Hummel não estava disposto a recuar. Um debate com o astrônomo amador era impossível, "porque até se pode refutar um [argumento] racional por meio de contra-argumentos objetivos, mas nunca uma convicção baseada na fé [glaubensmaessige]", disse ele. "O senhor exige o direito de rejeitar toda 'reivindicação de autoridade' científica", observou Hummel. E, "nesse princípio, está unido a mim e à maior parte dos cientistas que vale a pena levar a sério". No entanto, em vez de aceitar os termos da investigação científica crítica, "o senhor simplesmente retirou da discussão o fato de que a ciência está em desacordo sobre algumas questões". De fato, havia uma grande diferença entre "reconhecer a discordância sobre este ou aquele ponto" e "a conclusão a que o senhor chegou, a de que qualquer hipótese, por mais questionável e oca que seja, por mais contraditória que seja em relação às observações empíricas, pode ter o mesmo valor acadêmico".[276]

Por fim, Hummel aconselhou Fauth a não se surpreender com o fato de que "as teorias da cosmogonia glacial não são usadas pelos cientistas [nem mesmo] em casos que, de outra forma, não teriam solução", pois "há simplesmente muitas evidências contra os seus princípios".[277] É difícil dizer o que é mais notável no artigo de Hummel e na troca de ideias que se seguiu com

Fauth: o fato de Hummel ter exposto tão abertamente a abordagem baseada na fé do Terceiro Reich em relação à ciência ou o fato de Hitler, Himmler e outros terem ainda assim continuado a defender a teoria de Hörbiger.[278]

De qualquer forma, Fauth e seus aliados nazistas ririam por último. Na esteira do caso Hinzpeter e da controvérsia de Hummel, a Ahnenerbe decidiu que chegara o momento de aplicar o Protocolo de Pyrmont com mais rigor — e que se danasse a "pesquisa livre".[279] No verão de 1939, no terceiro aniversário do protocolo, o instituto patrocinou uma conferência focada no uso da cosmogonia glacial para prever eventos meteorológicos de longo prazo em apoio à Luftwaffe. Himmler convidou apenas os proponentes da cosmogonia glacial favoráveis ao ponto de vista da Ahnenerbe.[280]

Quando se começou a discutir sobre como proceder com relação ao Protocolo de Pyrmont, Scultetus insistiu que o regime emitisse um acordo mais vinculativo. Em seguida, enviou uma carta a Sievers, Wüst e Himmler sugerindo que a Sociedade para a Promoção da Cosmogonia Glacial de Hinzpeter e outros dissidentes deveria "desaparecer, de modo que os esforços da Ahnenerbe não pudessem mais ser questionados". Assim que todas as organizações independentes fossem "dissolvidas", argumentou Scultetus, o Reichsführer-ss poderia exercer total "controle protetivo [*Schirmherrschaft*] sobre a cosmogonia glacial".[281] O acordo que se seguiu instruía que a "promoção [da cosmogonia glacial] por meio de publicações leigas fosse mantida em um nível mínimo e que nenhum signatário do Protocolo de Pyrmont publicasse novos textos do tipo, de modo a garantir que a reputação da cosmogonia glacial não fosse mais ameaçada pelo tratamento diletante de outros círculos".[282] Completamente desacreditada dentro da comunidade científica dominante, a cosmogonia glacial havia encontrado outra forma de prosperar: por meio do apoio monopolista do Terceiro Reich.[283]

De acordo com alguns relatos, a ciência fronteiriça "cessou sua presença altamente pública como parte do meio reformista de experimentação cultural da Alemanha" após 1937, quando "o regime nazista suprimiu o ocultismo como um de seus muitos inimigos ideológicos".[284] As evidências que vimos neste capítulo pintam um quadro bastante diferente.[285] Em primeiro lugar, em termos de astrologia e parapsicologia, agricultura biodinâmica e cosmogonia glacial, a abordagem do regime era, muitas vezes, altamente pública. Goebbels contratou astrólogos para produzir propaganda. Os experimentos parapsicológicos de Bender foram noticiados nos principais jornais e patrocinados por um instituto universitário financiado pelo Reich e ligado a Hitler e Himmler. O apoio de alto nível à ciência fronteiriça é igualmente evidente no emprego da agricultura biodinâmica pelo regime para preparar os campos de atletismo para os Jogos Olímpicos de 1936 ou na promoção da cosmogonia glacial por Hitler e Himmler como ciência oficial, apesar da oposição de toda a comunidade acadêmica.

Em segundo lugar, o Terceiro Reich foi claramente atraído pela ciência fronteiriça por causa de seu interesse no "meio reformista de experimentação cultural".[286] O regime pode ter tentado marginalizar certas doutrinas ocultistas na medida em que representavam um sistema de crenças sectário ou eram patrocinadas por um Führer carismático rival, como Steiner ou Sebottendorff. Mas isso não impediu que os líderes nazistas tentassem cooptar ideias e práticas científicas fronteiriças para seus próprios objetivos "interdisciplinares".[287] Em relação à astrologia e à parapsicologia, o compromisso epistemológico do Terceiro Reich com a experimentação científica fronteiriça sempre foi mais forte do que a antipatia geral do regime pelo "sectarismo".

O mesmo padrão se aplicava à doutrina extremamente influente da antroposofia. Como uma *Weltanschauung* [concepção de mundo] concorrente, com seu próprio Führer (Steiner) e tendências sectárias, muitos nazistas a consideravam "não alemã". No entanto, quando se tratava de sua abordagem ao "conhecimento superior", fosse através da radiestesia, da cura natural ou da agricultura biodinâmica, um número notável de nazistas expressava entusiasmo e apoio à antroposofia. Já no que dizia respeito à cosmogonia glacial, o compromisso do regime foi ainda mais poderoso: mais do que qualquer outra doutrina, ela ilustrava o considerável investimento do Terceiro Reich no pensamento científico fronteiriço. Durante a Segunda Guerra Mundial, essa abordagem científica fronteiriça para a tomada de decisões e formulação de políticas, como veremos, ajudou a facilitar projetos tanto fantásticos quanto monstruosos.[288]

6. A corte de Lúcifer

Paganismo ariano-germânico, espiritualidade indo-ariana
e a busca nazista por religiões alternativas

Estamos lutando para chegar a uma forma final de crença [...]. Mas não é correto arrancar as crianças do mundo a que elas estão habituadas e fazê-las enfrentar os problemas da fé antes que tenham crescido [...]. A fé tem que crescer por conta própria; só podemos abrir caminho para ela, não ditá-la.

HEINRICH HIMMLER, conforme relato de Felix Kersten[1]

Assim como no islã, não há nenhum tipo de terrorismo na religião do Estado japonês, mas, ao contrário, uma promessa de felicidade. Esse terrorismo na religião, para resumir em poucas palavras, é o produto de um dogma judaico que o cristianismo universalizou e cujo efeito é semear problemas e confusão na mente dos homens.

ADOLF HITLER (1942)[2]

Meus ancestrais eram bruxos e eu sou um herege.

OTTO RAHN, ss-Obersturmführer (1937)[3]

NA PRIMAVERA DE 1943, o dr. Werner Best, ss-Obergruppenführer e plenipotenciário do Terceiro Reich na Dinamarca, solicitou dois exemplares de um estranho livro chamado *A corte de Lúcifer*, escrito pelo "verdadeiro Indiana Jones" do Terceiro Reich, o filólogo e explorador Otto Rahn.[4] Tirado da obscuridade pelo principal conselheiro esotérico de Heinrich Himmler, Karl Maria Wiligut, Rahn fora incumbido de realizar pesquisas sobre o Santo Graal e a civilização perdida de Thule. Seu primeiro livro, *Kreuzzug gegen den Gral* [A cruzada pelo graal] (1933), muito popular, delineou uma teoria segundo a qual os hereges medievais conhecidos como cátaros eram os verdadeiros guardiões da religião ariana pagã.

O segundo livro de Rahn, *A corte de Lúcifer* (1937), escrito sob os auspícios da Ahnenerbe de Himmler, foi além. Nele, o autor especulou que o graal estava no centro de um culto cátaro de luciferianos — literalmente adoradores do demônio — que praticavam uma religião protoariana oriunda do Tibete e do norte da Índia, via Pérsia, em tempos pré-modernos. Acusados de heresia e bruxaria, esses últimos representantes da civilização indo-ariana de Thule (Atlântida) foram erradicados pela Igreja católica, tendo seus ensinamentos preservados pelos cavaleiros templários e monges tibetanos. Durante a segunda metade do século XIX, essa tradição luciferiana foi ressuscitada pelos teosofistas, ariosofistas e outros grupos *völkisch*-esotéricos, abrindo caminho para um renascimento da religião ariano-germânica. Embora *A corte de Lúcifer* estivesse esgotado, o ajudante de ordens de Himmler, Rudolf Brandt, certificou-se de obter dois exemplares e enviá-los imediatamente a Best na Dinamarca.[5]

A ideia do nazismo como um movimento neopagão com antecedentes indo-arianos e até mesmo "luciferianos" não é nova. No período que se seguiu à guerra, muitos historiadores sustentavam que o nazismo era profundamente anticristão e "pregava uma religião pagã alternativa fundada em deuses míticos da Idade Média germânica, em Thor, Odin e semelhantes".[6] Vários estudiosos, porém, questionaram as raízes pagãs e *völkisch*-esotéricas do nazismo. Alguns destacaram os elementos cristãos do movimento.[7] Outros argumentaram que o nazismo não era religioso em si, mas se apropriara de símbolos místicos e formas rituais a fim de criar uma "religião política" secular baseada em uma fé compartilhada na comunidade racial.[8]

A verdade é que o Terceiro Reich adotou uma série de doutrinas religiosas pagãs, esotéricas e indo-arianas que sustentavam seus objetivos raciais, políticos e ideológicos.[9] É por isso que o nazismo, segundo o teólogo britânico Christopher Dawson, representava uma ameaça diferente para o cristianismo do que o liberalismo secular ou o marxismo ateu. O perigo "não é que o movimento nazista seja antirreligioso", observou Dawson, mas que ele tenha "uma religião própria que não é a da ortodoxia cristã". A religiosidade nazista era "fluida e incoerente", e se expressava de "várias formas distintas". Havia o "neopaganismo do elemento pangermânico extremo", o "cristianismo arianizado e nacionalizado dos cristãos alemães" e "o idealismo racial e nacionalista

A corte de Lúcifer

característico do movimento como um todo". Dawson se preocupava com o fato de que todas essas correntes poderiam "desenvolver uma mitologia e uma ética" capazes de "tomar o lugar da teologia e da ética cristãs".[10]

Essa apropriação eclética do paganismo ariano-germânico e das religiões indo-arianas não pode ser descartada como um projeto de Heinrich Himmler ou Rudolf Hess, tampouco como a província de alguns profetas *völkisch* à margem do Terceiro Reich.[11] As atitudes nazistas em relação à religião, como vimos, tinham raízes profundas no esoterismo do *fin-de-siècle*, no movimento new age e no renascimento religioso *völkisch*. Parte de um imaginário sobrenatural compartilhado, essas várias correntes religiosas foram, até certo ponto, adotadas e exploradas pelo Terceiro Reich no processo de construção de um consenso espiritual dentro de um Partido Nazista diversificado e de uma população alemã ainda mais eclética.

O anticristianismo nazista e a busca por uma religião alternativa

Em 22 de dezembro de 1920, o Partido Nazista patrocinou um festival de solstício de inverno que foi importante, segundo o *Völkischer Beobachter*, para restaurar a unidade espiritual *völkisch* após a guerra e as revoluções de esquerda de 1918-9. "Tudo isso a *Edda* e os ensinamentos do armanismo já haviam profetizado nos tempos antigos", declarou um orador, prometendo que "um dia tempos mais felizes virão para a raça ariana".[12] De acordo com Anton Drexler, cofundador do NSDAP, um "sinal visível do retorno ao pensamento germânico é o ressurgimento do maravilhoso e antigo costume do festival de solstício". Outro orador falou sobre o deus-sol Baldur, sobre deuses e heróis pagãos e sobre a história do grande herói mitológico nórdico, Siegfried ("seu nascimento em nós — é essa a nossa oração de solstício").[13]

Os nazistas não inventaram a tradição de um "Natal germânico" pagão. Como observou o *Völkischer Beobachter*, os organizadores estavam em dívida com festivais de solstício parecidos celebrados cerca de uma década antes pelos ariosofistas Guido von List e Lanz von Liebenfels. Mas o NSDAP fez bom uso dessas tradições *völkisch*-esotéricas em suas tentativas de patrocinar uma religiosidade germânica mais autêntica — uma alternativa tanto ao cristianismo dominante quanto ao secularismo liberal ou marxista.[14]

230   *Parte II*

A primeira parte deste capítulo argumenta, com Wolfgang Kaufmann, que praticamente "todos os principais ideólogos" do movimento nazista "rejeitaram o cristianismo".[15] Se alguns discordavam sobre até que ponto ele deveria ser apaziguado em curto prazo, a maioria compartilhava a firme convicção de que era preciso substituí-lo ou "germanizá-lo" (arianizá-lo) profundamente.[16] Explicaremos a seguir alguns dos motivos pelos quais os nazistas rejeitaram o cristianismo, pelo menos em sua forma tradicional, concentrando-nos em sua visão de que os julgamentos de bruxas medievais e do início da Idade Moderna faziam parte de uma tentativa da Igreja católica de eliminar a cultura, a raça e a religião alemãs. Em seguida, veremos brevemente os elementos espirituais e ideológicos que muitos nazistas buscavam ao (re)construir uma alternativa religiosa ao cristianismo.

A divisão de bruxas da SS e o anticristianismo nazista

Por quase uma década, entre 1935 e 1944, Heinrich Himmler encarregou uma força-tarefa especial (Hexen-Sonderauftrages) de reunir, comprar e/ou roubar material de arquivo sobre bruxaria em toda a Europa Central. Os catorze membros dessa divisão, operando dentro da estrutura do SD de Heydrich, reuniram quase 30 mil documentos de vários arquivos locais e regionais, desde a Renânia até a Boêmia. Eles deixaram para trás um enorme catálogo de cartões e uma biblioteca documentando centenas de relatos de bruxaria e ocultismo.[17]

Himmler alegaria que o projeto tinha como objetivo principal investigar a "superstição nas zonas rurais" e outros aspectos da religião e do folclore germânicos, seguindo a típica linha dos esforços de pesquisa *völkisch*-esotérica da Ahnenerbe.[18] Mas a divisão de bruxas tinha um objetivo paralelo de "grande importância em tempo de guerra" que ia além da pesquisa folclórica.[19] Essa segunda tarefa, ligada ao papel do SD na "pesquisa de oposição" (*Gegnerforschung*), explica por que a divisão foi confiada não aos acadêmicos da Ahnenerbe, mas ao SD de Heydrich. Pois o objetivo era realizar pesquisas sobre grupos de oposição, incluindo judeus, comunistas e maçons, considerados uma ameaça racial e/ou ideológica ao Terceiro Reich.[20]

Nesse contexto, Himmler pediu à divisão que investigasse e descobrisse de que forma a "religião dominante ariano-germânica da natureza podia ser

A corte de Lúcifer

derrotada pela decadente religião judaico-cristã".[21] Himmler e o SD acreditavam que a pesquisa sobre as tentativas judaico-cristãs de acabar com a religião alemã na Idade Média forneceria informações valiosas para combater as
tentativas judaicas e cristãs de minar o Terceiro Reich.[22]

Os pesquisadores da SS concluíram que as bruxas eram as "garantidoras
da fé germânica" e as "curandeiras naturais" das mais antigas sagas germânicas. Ao acusá-las de associação com o demônio, a Igreja havia criminalizado
a prática da religião (cultura) alemã e justificado o assassinato de seus líderes
espirituais.[23] Para Himmler e seus colegas da SS, os julgamentos de bruxaria
da Idade Moderna representavam, portanto, um "crime capital contra o povo
alemão", instigado pelos judeus e presidido pela Igreja católica.[24]

A ideia de que a Igreja católica havia usado acusações de bruxaria para
erradicar a cultura e a religião ariano-germânica tinha raízes no renascimento
religioso *völkisch* do final do século XIX.[25] Esse fascínio folclórico pela bruxaria
e pelos julgamentos de bruxas continuou durante o entreguerras e o Terceiro
Reich. Em seu livro de 1936, *Erdmutter und Hexe* [Mãe Terra e bruxas], por
exemplo, o historiador bávaro Anton Mayer argumentou que a magia e a bruxaria indo-europeias se baseavam em uma antiga crença germânica na Mãe
Terra como guardiã da natureza e detentora de poderes "demoníacos" derivados também da natureza, semelhantes aos descritos por Ernst Schertel.[26] O
cristianismo, prosseguiu ele, havia corroído essas crenças saudáveis na magia
pagã e na religiosidade centrada na figura feminina. Logo, a capacidade das
Mães Terra de se comunicar com a natureza e exercer poderes mágicos fora
demonizada como "bruxaria", tal como refletido nos primeiros textos cristãos,
como *Beowulf* e as lendas do rei Artur.[27] Essa associação predominante do paganismo germânico com a adoração ao demônio, argumentou Mayer, serviu
como uma "nova estrutura para as perseguições contra a bruxaria feminina".[28]

Outro historiador, Gustav Lassen, localizou as raízes da bruxaria em
cultos de fertilidade importados do passado indo-europeu (indo-ariano). Em
suas tentativas de destruir a base mágica e centrada na mulher das crenças
alemãs, como a Walpurgisnacht, as expedições de "caça às bruxas" eram obviamente "antifemininas".[29] Apesar do virulento antiocultismo de Lassen
(presumivelmente hostil à bruxaria), sua colega nazista Mathilde Ludendorff
concordava. Em seu livro *Christliche Grausamkeit an Deutschen Frauen* [Cruel-
dade cristã contra as mulheres alemãs], ela argumentou que a Igreja católica

havia se valido de acusações de bruxaria para erradicar uma cultura e religião germânica autêntica e pagã.[30]

Esses relatos protofeministas do paganismo alemão eram amplamente aceitos nas fileiras nazistas. Himmler chegou ao ponto de argumentar que as "chamadas bruxas eram relíquias de uma comunidade de fé celta-germânica pré-cristã contra a qual a Igreja católica praticava genocídio".[31] Essa ilusão "custou o sangue hereditário de centenas de milhares de vítimas", argumentou ele, tanto em regiões católicas quanto protestantes. Os sacrifícios das "bruxas e feiticeiros do início do período moderno", vítimas esquecidas da "luta ideológica das tribos germânicas", deveriam ser "inscritos na bandeira de sangue do movimento".[32] Em outra ocasião, Himmler afirmou que a Igreja católica era uma "associação homossexual" que havia "aterrorizado a humanidade por 1800 anos".[33]

Embora menos entusiasmado com o ocultismo (bruxaria) do que Himmler, Alfred Rosenberg apoiava esse argumento. Segundo ele, a campanha de "cristianização" da Igreja, que visava eliminar o paganismo, era, na verdade, dirigida às "raízes biológicas de uma estirpe racial saudável", e havia resultado no assassinato de milhares de mulheres e homens alemães inocentes.[34] De forma ainda mais fantástica, Walther Darré estimou em 9 milhões o número de "combatentes pela justiça, defensores da fé, hereges e bruxas que foram assassinados, torturados até a morte e queimados"![35]

A aversão de Himmler, Rosenberg e Darré ao cristianismo é bem conhecida.[36] Mas suas antipatias mais amplas pela religião cristã, exemplificadas pela divisão de bruxas do SD, eram compartilhadas por muitos nazistas.[37] As cartas de Bormann revelam um ódio profundo pelo cristianismo, um interesse pelo paganismo e o desejo de prender e assassinar os líderes da Igreja.[38] O chefe nazista da Frente Alemã para o Trabalho, Robert Ley, alegava que "a rejeição do cristianismo" levaria a um "compromisso mais forte com a ideologia do nacional-socialismo" e a uma "rejeição mais acentuada da influência judaica na sociedade".[39] Baldur von Schirach, o líder da Juventude Hitlerista, também manifestava um visceral desprezo teológico e institucional pelas igrejas cristãs.[40] Goebbels, embora tivesse sido criado como católico devoto e fosse extraordinariamente sensível à opinião pública, expressava antipatias semelhantes em relação às igrejas católica e protestante.[41] Göring, mais cínico e pragmático, compartilhava essas opiniões anticristãs.[42]

Hitler, por sua vez, deu pouca atenção à "pesquisa de oposição" de Heydrich sobre as bruxas. No entanto, claramente aceitou as conclusões do sd, tendo criticado várias vezes a exploração cínica das igrejas cristãs do desejo de realização espiritual dos alemães comuns.[43] A "visão de mundo aristocrática dos povos indo-europeus", afirmava Hitler, fora "dilacerada pela intrusão do Antigo Testamento, trazido pelo espírito desértico dos judeus". Esse espírito, insistiu ele, continua a "acorrentar e minar as igrejas cristãs".[44]

O próprio cristianismo era "universalmente destrutivo", argumentava Hitler, semelhante, em termos metafísicos, ao "bolchevismo puro e simples".[45] Ao introduzir "essa concepção insana de vida que continua no suposto Além" e "vê a vida aqui embaixo como insignificante", opinou Hitler, o cristianismo havia "paralisado a busca natural da humanidade por um sentido".[46] Ele acreditava que "os sacerdotes de ambas as confissões [protestantes e católicos] representavam um enorme perigo público", e esperava ansiosamente pelo dia em que poderia acertar contas com os padres cristãos sem se preocupar com "sutilezas jurídicas".[47] Não admira que muitos contemporâneos o percebessem como "um inimigo declarado do cristianismo".[48]

Considerando essas atitudes, que variavam de críticas gerais a abertamente hostis, por que o Terceiro Reich não agiu de forma mais agressiva contra as igrejas? Uma das razões era o medo paranoico, sobrenatural e conspiratório dos nazistas em relação ao cristianismo (judaico), que tinha paralelos e se entrelaçava com suas próprias teorias fantásticas sobre o poder dos judeus e dos maçons. Além disso, não seria possível eliminar milhões de cristãos "arianos" da mesma forma que se poderia aprisionar, expulsar ou assassinar um grupo relativamente pequeno de maçons ou judeus racialmente "alienígenas". Por essa razão, a liderança nazista só planejava agir contra as igrejas cristãs após uma guerra vitoriosa.[49]

De acordo com Himmler, as "duas grandes potências mundiais, a Igreja católica e os judeus", estavam "lutando pela liderança mundial [...] unidos contra o povo germânico. Já eliminamos uma dessas potências [os judeus], pelo menos da Alemanha; após a guerra, chegará o momento de acertar as contas com a outra [...]. Então, desalojaremos esses sacerdotes — nem seu Deus nem sua Virgem Maria poderão fazer nada por eles".[50] Apesar de seu desejo de longo prazo de eliminar o cristianismo, Rosenberg, Heydrich e Bormann adotaram uma abordagem semelhante.[51]

De acordo com a secretária de Hitler, Christa Schroeder, o Führer também expressou o desejo de agir contra as igrejas após a guerra, quando tal ato teria "um significado simbólico para o mundo — o fim de uma época histórica e o início de uma nova era".[52] Como o nacional-socialismo era uma "forma alternativa de conversão, uma nova fé", ele explicou, "não precisaremos levantar a questão [de erradicar o cristianismo]. Isso virá por si só".[53] Até lá, argumentou ele, era preciso deixar as igrejas "morrerem de morte natural". Um curso mais agressivo seria muito arriscado politicamente.[54]

E isso nos leva ao segundo motivo pelo qual os nazistas não agiram de forma mais agressiva contra as igrejas: o pragmatismo. Hitler com frequência encerrava "seus discursos invocando a providência divina", observou Schroeder, numa tentativa cínica de "conquistar a simpatia da população com inclinações cristãs".[55] Apesar do declínio da religião tradicional e de todo o entusiasmo com as novas ideias *völkisch*-esotéricas, a Alemanha ainda era um país cristão. Assim, a apropriação consciente (e subconsciente) dos tropos cristãos pelo nazismo, com raras exceções, era de ordem prática, parte de seus esforços conjuntos para atrair eleitores antes de 1933 e administrar a opinião pública, coordenando e competindo com as igrejas cristãs, depois disso.[56]

O Partido Nazista, devemos lembrar, surgiu na Baviera em um ambiente católico que, embora talvez mais *völkisch* e particularista do que no resto da Alemanha católica, ainda assim era cristão.[57] Por isso, em sua plataforma partidária de 1920, os nazistas invocaram o conceito de "cristianismo positivo" e empregaram tropos vagamente cristãos em sua propaganda.[58] Eles faziam alusões bíblicas e falavam com frequência de Deus e do Diabo, do bem e do mal, da providência e do destino.[59] Além disso, incorporaram ideias cristãs de milenarismo, messianismo e apocalipticismo, reproduzindo certas tradições heréticas (gnósticas).[60]

Essa invocação oportunista do cristianismo não deve nos distrair do fato de que o NSDAP celebrava o solstício e escolhera a "roda solar" pagã da suástica como seu símbolo.[61] Após a tomada do poder, as tímidas tentativas do partido de atrair eleitores cristãos mudaram, logicamente, para o desejo de chegar a um acordo de coexistência com as igrejas, baseado no ódio mútuo ao comunismo, no nacionalismo virulento e num antissemitismo latente.[62] Qualquer que fosse a necessidade de curto ou médio prazo de apaziguar as igrejas, no entanto, a maioria dos nazistas não estava preparada para tolerar qualquer

A corte de Lúcifer

religião "que transcendesse o Terceiro Reich", muito menos o cristianismo.[63] Darré reconheceu que talvez levasse tempo, mas que a "era do peixe, que é o símbolo de Cristo, está chegando ao fim".[64]

A busca nazista por alternativas

Vários contemporâneos consideravam Hitler um homem de temperamento irreligioso, hostil a qualquer forma de crença transcendental.[65] Alguns de seus colaboradores mais próximos, no entanto, acreditavam que ele "era, em seu coração, fundamentalmente um homem religioso — ou pelo menos alguém que buscava clareza religiosa".[66] Hitler estava convencido da necessidade humana de fé e crença. As pessoas precisavam de superstições, observou ele, "porque a noção de divindade dá à maioria dos homens a oportunidade de concretizar o sentimento que eles têm de realidades sobrenaturais. Por que deveríamos destruir esse maravilhoso poder que eles possuem de encarnar o sentimento do divino que existe dentro deles?".[67] A religião e a superstição eram necessárias, acrescentou o Führer, para que as pessoas pudessem explicar "eventos inesperados e imprevisíveis com os quais não podem lidar".[68]

Enquanto Hitler reconhecia a necessidade de uma religiosidade favorável aos nazistas, Himmler e Rosenberg contemplavam ativamente como seria essa nova "religião substituta" germânica.[69] A "hostilidade de Himmler em relação ao cristianismo", relatou Felix Kersten em seu livro de memórias, "levou-o a desenvolver um interesse sistemático por outras religiões".[70] Com essa exploração de religiões alternativas em mente, Himmler planejou criar observatórios em toda a Alemanha "para dar à mais ampla gama de pessoas a oportunidade de se interessar pela astronomia e, por meio dela, descobrir um substituto parcial para o cristianismo que planejamos transcender".[71] Rosenberg concordava. O nacional-socialismo jamais poderia deixar "o importante domínio da liderança espiritual [...] do ser humano" para as igrejas.[72] "Pois não passou despercebido às igrejas que, com o controle sobre a alma", observou ele, ganha-se "o poder de moldar a imaginação", o pensamento e a ação.[73]

Assim, Hitler, Rosenberg, Himmler e Goebbels falavam com frequência sobre a necessidade de instituir uma religiosidade alternativa emulando as táticas das igrejas.[74] Teologicamente, no entanto, o catolicismo e o protestantismo jamais poderiam fornecer um modelo para o Terceiro Reich, porque o cristianismo representava a dessacralização da natureza e do sangue. Para afirmar sua "autoridade sobre a terra", ele tivera de "desespiritualizar a natureza, removendo sua divindade por meio do estabelecimento de um Deus transcendental". O nacional-socialismo, por outro lado, privilegiava a santidade da natureza — do sangue, do solo e da raça.[75]

Ao evitar uma concepção transcendental da divindade, os nazistas não rejeitaram por completo o misticismo, mas a "crença literal em algum tipo de divindade acima da natureza [...] característica do pensamento judaico-cristão". Eles eram, segundo Robert Pois, "crentes fervorosos em uma religião da natureza [...] de conteúdo intensamente místico".[76] Ou, como afirmou o folclorista e antropólogo britânico Lewis Spence, enquanto o "grande e genuíno místico" abordava a "casa intermediária entre a terra e o céu" como "um lugar de êxtase divino", Hitler e seus acólitos viam "a ponte entre as planícies do material e do terrestre" como "nada mais que uma série de pontões para a marcha de suas ambições e esperanças pessoais". Em vez de constituir "um istmo celestial" que se aproximava do paraíso, o divino era para os nazistas "a Bifröst da mitologia teutônica", conectando a religiosidade alemã à vida social e política cotidiana.[77]

Isso nos leva ao primeiro elemento da busca nazista por religiões alternativas: uma espiritualidade pré- (ou pós-) cristã fundamentada nas tradições germânicas da natureza, do sangue e das crenças populares.[78] Sob o edifício superficial do cristianismo alemão, argumentava Hitler, "esconde-se uma fé autêntica enraizada na natureza e no sangue".[79] O cristianismo "quer que o indivíduo se prepare para o além", acrescentou Rosenberg, o que "é fundamentalmente falso e míope".[80] Ley fez observações semelhantes, enfatizando a importância de buscar uma alternativa ao cristianismo que se concentrasse na "energia vital, na coragem, na alegria de viver", experiências do espírito que "fazem a vida valer a pena neste mundo, sem promessas vazias em um além".[81]

Em outras palavras, o problema do cristianismo — além de sua origem judaica — era seu foco no "além (*Jenseit*) em vez de neste mundo (*Diesseit*)".[82] Por isso, os nazistas procuraram substituir a religião transcendente ou "transmundana" (*überweltliche*) do judeo-cristianismo por um sentimento religioso "interior-mundano" (*innerweltliche*) "que encontra o divino nos subconteúdos do mundo", na pureza do sangue e do solo, na mitologia nórdica e nos rituais da comunidade *völkisch*.[83]

Um segundo aspecto da religiosidade nazista era uma visão relativista do bem e do mal, um "etnoteísmo", nas palavras de Samuel Koehne, que favorecia a apoteose da própria raça em detrimento da moralidade universal.[84] A consequência infeliz da substituição de tradições mágicas mais antigas por religiões monoteístas, Hitler ressaltou em seu exemplar de *Magie*, de Schertel, foi "a instituição de uma moralidade absoluta, vista como aplicável a todos". A época pré-cristã, espiritualmente mais autêntica,

> não conhece nenhuma moralidade nesse sentido universal. Sua regra de vida é dada pelo "costume" popular e pela vontade do deus tribal, que dava ordens a seu próprio critério e cujo governo era totalmente autocrático. Esses costumes, assim como os do povo, podem ser muito violentos e "imorais", podem exigir sangue e destruição, e não têm nada a ver com "humanidade", "amor fraternal" ou algum tipo de "bem" abstrato. A regra de vida pertinente fica sempre limitada a cada nação, que concebe como perfeitamente natural que outras pessoas tenham outras diretrizes para seu modo de vida.[85]

Em outras palavras, o "egoísmo etnorracial pode ser bom, e o altruísmo [universal] pode ser ruim".[86] Com efeito, se nos basearmos nas anotações de Hitler no livro de Schertel, fica claro que ele imaginou "uma nova atitude básica em relação à existência", uma "transformação completamente irracional, supramoral e suprapessoal".[87]

Hitler não estava sozinho nesse aspecto. Muitos nazistas repudiavam a ideia cristã do bem e do mal, na qual Satanás é o "rebelde contra a autoridade divina", como uma invenção "judaica" do Antigo Testamento.[88] Em vez disso, eles promoviam um "relativismo religioso", insistindo, segundo Rosenberg, que "o que nós vemos como bom, outros veem como mau, que o que chamamos de Deus aparece para outros como o Diabo".[89]

Inicialmente, o Terceiro Reich poderia não atrair todos os cristãos para essa revolução moral e espiritual. Levaria tempo para reunir os rituais e a liturgia do dia a dia — as marchas e os festivais de solstício, os ritos de nascimento, casamento e morte —, para descristianizar a Alemanha e institucionalizar uma nova moralidade.[90] No entanto, "para aqueles milhões que estavam livres e em busca de 'compromissos com uma nova visão de mundo'", observa o historiador Irving Hexham, o nazismo "ofereceu uma nova fé baseada em uma nova mitologia que daria forma a um novo tipo de ser humano".[91]

Intrínseco à ideia de uma revolução *völkisch* na moralidade estava um terceiro elemento da religiosidade nazista: a necessidade de um profeta "deste mundo", um "rei sagrado incapaz de cometer erros", que pudesse se opor ao Deus cristão.[92] Na tentativa de construir uma nova fé na vontade coletiva e na moralidade da comunidade racial, o movimento nazista transformou Hitler "em um meio sagrado para os ditames salvíficos do que se tornou, no início da década de 1930, uma incontestável 'Volkswille' [vontade popular]".[93] Primeiro os nazistas e depois muitos alemães começaram a ver Hitler como um messias no centro de uma revolução moral e espiritual.[94] O próprio Führer acreditava em um "Deus providencial que o havia escolhido para liderar a nação alemã de acordo com o antigo princípio germânico do líder e seus seguidores".[95]

Um quarto aspecto da religiosidade nazista era o culto à morte e ao renascimento. Baseado em um "conjunto de símbolos e conceitos amplamente disponível e intimamente familiar", observa Monica Black, esse culto à morte privilegiava "a imortalidade terrena — a fé germânica e sua incorporação à tribo racial".[96] Segundo Bormann, "a morte não existe", pois "todo ser humano vive para sempre" como parte da comunidade etnorracial orgânica. "Os cristãos nunca deveriam ter representado o fenômeno que chamam de morte como uma criatura temível, fantasmagórica, que porta uma foice e arranca os ossos do indivíduo", ele escreveu a um amigo, mas "como o bondoso guardião de um futuro melhor". A extinção física de um homem não denota nem morte nem separação", continuou Bormann. Ela "vive na consciência do outro após a separação mais intensamente do que nunca".[97]

Esse culto à morte e ao renascimento ressoou de forma particularmente forte em um contexto marcial. Hitler se referiu àqueles que haviam caído durante o período de luta como "meus apóstolos" — que, como o Império Alemão, haviam "ressuscitado dos mortos".[98] Ao perecerem pela pátria, explicou Ley, os soldados mortos "encontraram o caminho para a eternidade".[99] "Não se lamentem mais!", exclamou um poeta nazista. "Pois os soldados deixaram seus túmulos/ E voltaram em liberdade/ Para as fileiras/ Eles marcham pelas ruas e estradas como sóis que dão vida."[100] Nessa visão mística da camarada-

A corte de Lúcifer

gem entre soldados, os nazistas "garantiam uma vida social intensa, segurança e ternura em meio à frieza da morte em massa".[101]

Em quinto e último lugar, os nazistas adotaram uma religião da natureza, um misticismo "mundano" de sangue e solo baseado no paganismo *völkisch* e nas religiões orientais.[102] Em seu exemplar de *Magie*, de Schertel, Hitler destacou várias passagens sobre as energias latentes que permeiam todos os seres vivos. Essas passagens incluíam a alegação de que a relação espiritual do homem com a natureza "era promovida nos tempos antigos por meio de deuses e cerimônias concretas", produzindo um "culto completo com seus templos e abóbadas subterrâneas, seus ídolos, seus bosques sagrados, jardins, lagos e montanhas, toda a sua pompa mágica e ritual solene".[103] Himmler e Darré também buscaram ressuscitar uma comunidade de fé protogermânica de sangue, solo e natureza que dispensava os apetrechos do cristianismo. Um "culto à Mãe Terra", explicou Darré, é na verdade muito mais autêntico do que uma fé "divinamente ordenada". Essa "protofé via a aparição da mãe na Terra, o efeito do pai no filho, e as forças que unem ambos na Lua".[104]

"Qualquer um que se sinta uma criatura desta vida", explicou Bormann, "em outras palavras, pela vontade do Altíssimo, da Onipotência, da Natureza", qualquer um que "se sinta apenas uma das incontáveis malhas da teia que chamamos de povo não pode se assustar com as dificuldades desta existência. Ele realmente se sairá como no antigo hino: 'Nenhum mal jamais poderá me tocar'. Estamos entrelaçados no padrão eterno de toda a vida, ou seja, no ciclo da natureza, e não pode ser de outra forma".[105]

Quer se trate de Hitler ou Darré, Himmler ou Bormann, Ley ou Rosenberg, encontramos líderes nazistas retratando a alma em termos de uma "consubstancialidade" semelhante à do budismo, um estado em que o indivíduo se considera parte de uma essência divina e abrangente que busca se desenvolver.[106] Ao negar a distinção entre a humanidade e a natureza, os nazistas conseguiram remodelar "um antigo repertório de símbolos com base no ideal cristão secular de morte transcendente, em noções românticas de uma união orgânica e harmoniosa entre os seres humanos e a natureza e no poderoso legado simbólico do sangue sagrado".[107]

Depois de 1945, alguns nazistas desiludidos afirmaram que Hitler e Bormann, ao contrário de Himmler e Darré, haviam traído o nazismo ao evitarem sua autêntica base "espiritual-*völkisch*" e favorecerem uma abordagem "materialista-racista" do mundo.[108] Não há dúvida de que Hitler e Bormann estavam menos preocupados com as questões "espiritualistas-*völkisch*" — pelo menos publicamente — do que Himmler ou Rosenberg. Entretanto, como vimos, todos eles concordavam de forma mais ampla com a necessidade de encontrar um autêntico substituto ariano-germânico para o cristianismo, "um novo sincretismo que superasse a divisão confessional da Alemanha".[109]

Em 1933, quando os nazistas assumiram o poder, os contornos desse sincretismo ariano-germânico *völkisch* ainda não estavam claros. No entanto, os elementos centrais incluiriam uma religião não transcendental semelhante ao ocultismo em seu misticismo "deste mundo"; uma revolução moral baseada no poder, na raça e na lealdade ao Führer; e uma ênfase metafísica na morte e no renascimento dentro do contexto de sangue, solo e raça.[110] Se o cristianismo tradicional era amplamente incompatível com essa visão, havia muitas tradições espirituais alternativas dentro do imaginário sobrenatural alemão nas quais se basear.

Luciferianismo, hermionismo e alternativas *völkisch*-esotéricas

Em seu livro de 1940, *Occult Causes of the Present War*, Lewis Spence apresentou um argumento provocativo: o de que o nazismo era "satânico" em suas raízes religiosas e ideológicas.[111] Na Alemanha, observou ele, "mais do que em qualquer outro lugar", a bruxaria "possuía alguns dos atributos de um culto à fertilidade, o da grande Mãe Terra", além de "associações mais fortes com a antiga religião do solo". Durante a Idade Média, essa religião popular havia se fundido com "os primeiros traços da heresia oriental do luciferianismo nas terras germânicas, quando da acusação e execução de um certo cátaro em Goslar, em 1051". A partir de então, afirmou Spence, "a caça e a queima de hereges se tornaram cotidianas nas cidades germânicas. O campo parece ter fervilhado de satanistas, e reis, governadores e bispos competiam entre si" para extirpar "esse povo adorador de Lúcifer".[112]

No início do período moderno, esses satanistas teriam levado adiante suas tradições luciferianas em segredo por meio de uma série de sociedades clandestinas e cultos religiosos pagãos que culminaram no renascimento ocultista do final do século XIX.[113] Agora, sob o pretexto de preservar o "cristianismo positivo", os nazistas ressuscitaram a "deusa da fertilidade Holda, padroeira das bruxas", a fim de "atrair os alemães para um novo paganismo".[114] "A substituição da cruz pela suástica, a revogação do sacramento em favor de um rito semelhante ao dos mistérios de Deméter, a perseguição às igrejas cristãs", observou Spence, "tudo isso fornece a prova mais clara da recaída da Alemanha" no paganismo e do desejo do Terceiro Reich de "destruir e extirpar a fé cristã".[115]

Apesar de toda sua parcialidade e sensacionalismo, o argumento de Spence é preciso em muitos aspectos. Já discutimos o surgimento de movimentos neo-pagãos nas décadas anteriores à Primeira Guerra Mundial, movimentos que "buscavam restaurar práticas culturais supostamente germânicas de um pas-sado distante".[116] Influenciados por essas tradições *völkisch*-esotéricas e ins-pirados pela pesquisa de intelectuais científicos fronteiriços, muitos nazistas se apropriaram de elementos do luciferianismo e de uma tradição associada a ele, o "hermionismo", este último extraído do armanismo de Guido von List e Lanz von Liebenfels.[117] Com o apoio de Himmler, Rosenberg e outros líderes proeminentes, esses "teólogos da nova fé germânica" conduziram ex-pedições em busca do Santo Graal, realizaram escavações em locais sagrados pagãos e elaboraram estranhas teorias sobre linhas de ley e o "sol negro", na tentativa de criar um "sistema de crenças populares e teologia natural, além de um código moral".[118]

Ao tentar ressuscitar "práticas supostamente antigas", esses líderes nazis-tas não estavam fazendo nada de novo. Esses esforços estavam em andamento desde pelo menos meados do século XIX. No entanto, depois de 1933, os gru-pos religiosos ariano-germânicos se beneficiaram do apoio de instituições e figuras nazistas poderosas na busca de seus objetivos.[119] Se nenhuma dessas práticas se tornou doutrina oficial, a profundidade e a amplitude do interesse no luciferianismo, no hermionismo e nas práticas religiosas indo/ariano--germânicas acrescentam uma dimensão importante à nossa compreensão da religiosidade nazista.

Otto Rahn, luciferianismo e o Santo Graal

O fascínio pelo Santo Graal não é exclusivo do nazismo. Dos apócrifos cris-tãos aos mitos arturianos medievais, dos cavaleiros templários aos maçons, a crença na existência do Graal, o cálice usado por Cristo na última ceia, persistiu na cultura europeia. O graal assumiu muitas formas. Ele pode ser visto como o cálice literal de Cristo ou como uma chaleira celta pagã usada para ressuscitar os mortos, e também foi interpretado por alguns como uma metáfora para a "coroa de Lúcifer" ou a verdadeira esposa de Cristo. Durante todo esse tempo, sua ressonância mística cresceu, encontrando nova vida entre os pagãos, *völkisch*-esotéricos e cristãos alemães do final do século XIX que vimos no capítulo I.[120]

Entre os locais onde se supõe que o Santo Graal tenha sido escondido, Montségur ("montanha segura", em occitano), nos Pirineus franceses, é um dos mais proeminentes, tendo sido o lar da famosa heresia cátara ou albigense, erradicada pela Igreja católica no século XIII. Embora nominalmente cristãos, os cátaros propagavam uma teologia gnóstica que insistia na conexão intrínseca entre o espírito e a matéria, o bem e o mal, Deus e o demônio, que ligava todos os seres viventes. Por esse motivo, eles foram considerados hereges — até mesmo "luciferianos" — pela Igreja e julgados pela Inquisição.[121]

Alguns especialistas no graal especulam que, antes de sua aniquilação, os cátaros conseguiram contrabandear várias relíquias sagradas, inclusive o Santo Graal, pela parte de trás da montanha. No início do século XX, muitos pensadores *völkisch*-esotéricos adotaram e elaboraram aspectos desse mito, inclusive a ligação entre os cátaros, o luciferianismo e o graal.[122] No entanto, foi o filólogo Otto Rahn que chamou a atenção do Terceiro Reich para a interpretação luciferiana do graal.

Nascido em 1904, no Tirol austríaco, Rahn estudou literatura medieval alemã e arqueologia após a Primeira Guerra, acabando por desenvolver um fascínio pelos cátaros. Em 1928, ele viajou a Paris a fim de aprofundar seus estudos sobre a cruzada albigense e logo conheceu o esotérico Maurice Magre, que apresentou a teoria de uma conexão entre o budismo tibetano e a religião cátara, centrada no graal. Por intermédio de Magre, Rahn conheceu sua futura patrocinadora nos estudos do graal, a condessa Miryane Pujol-Marat. Pujol-Marat integrava o grupo teosófico francês conhecido como A Sociedade Polar, que defendia as teorias fantasiosas de Magre sobre o graal, sua ligação com a civilização protoariana de Atlântida e a cosmogonia glacial.[123] Com o apoio de Pujol-Marat e da Sociedade Polar, Rahn começou a investigar sítios cátaros no Languedoc, onde conheceu o antroposofista Déodat Roche e o his-

A corte de Lúcifer

toriador e místico Antonin Gadal, especialista em cátaros. Gadal apresentou Rahn à ideia de que o graal estava escondido nas cavernas ao redor de Montségur, onde os dois procuraram sinais da tradição "cátara-graálica-shambala", os últimos remanescentes da civilização ariana de Thule.[124]

Em 1933, reunindo todas essas teorias científicas fronteiriças em um único livro, *Kreuzzug gegen den Gral*, Rahn argumentou que a heresia albigense, a religião budista e o Santo Graal estavam interligados por uma tradição gnóstica indo-europeia. Ele postulou que o albigensianismo ("luciferianismo") foi trazido aos alemães por meio dos celtas e ibéricos, que haviam se apropriado das tradições religiosas do noroeste da Índia e da antiga Pérsia. O graal, de acordo com Rahn, vinha do mani indiano, uma joia mágica ou relíquia divina que caía do céu e legava poder a quem a possuísse.[125]

Por meio de Karl Maria Wiligut, seu especialista em religião, o trabalho de Rahn logo chamou a atenção de Himmler. Wiligut ofereceu a Rahn apoio à pesquisa e trabalho como consultor no Gabinete Central de Raça e Colonização de Darré.[126] Patrocinado oficialmente pela Ahnenerbe, Rahn foi encarregado de continuar sua pesquisa sobre o Santo Graal e outros esforços a fim de recuperar uma religião indo-ariana protogermânica — esforços que acabariam por produzir seu segundo livro, *A corte de Lúcifer* (1937).[127]

A corte de Lúcifer indica que a interpretação de Rahn havia evoluído em uma direção mais explicitamente "luciferiana".[128] Embora ainda fosse nominalmente o representante do mal em sua obra anterior, Satanás era agora o provedor (ariano) da luz, e os cátaros eram luciferianos ("portadores da luz") que protegiam o graal segundo a antiga tradição indo-ariana de Thule (Shambala), razão pela qual foram queimados pelos dominicanos.[129] De forma mais concreta, de acordo com Lewis Spence, o livro de Rahn vinculava explicitamente a religião ariano-germânica nazista ao paganismo e à bruxaria praticados em toda a Alemanha durante a Idade Média, em lugares como a montanha de Brocken, na cordilheira do Harz, cenário da Noite de Santa Valburga no *Fausto* de Goethe.[130]

Embora duvidosas por qualquer padrão acadêmico, as ideias de Rahn repercutiram entre os políticos e intelectuais nazistas.[131] De acordo com Wiligut, a pesquisa de Rahn confirmava as teorias ariano-germânicas e "hermionistas" — extraídas de List e Liebenfels, entre outros — segundo as quais Jesus Cristo era um ariano indo-europeu semelhante ao Baldur da mitologia nórdica.[132] Os ariosofistas da ss Gunter Kirchoff e Frenzolf Schmid receberam bem o trabalho de Rahn, uma vez que ele confirmava suas teorias místicas sobre o centro "geomântico" da religião hermionista.[133]

O pesquisador da ss Rudolf Mund e outros membros da divisão de bruxas do sD também abraçaram com entusiasmo as ideias de Rahn, que consideraram especialmente úteis para validar sua teoria de que a Igreja medieval havia tentado eliminar os arianos (luciferianos) sobreviventes do colapso de Atlântida.[134] As teorias de Rahn também reforçavam as predileções espirituais de Himmler, desde a apropriação do mito do Graal pela ss até a justificativa da importância do budismo tibetano e da cosmogonia glacial na história e na religião dos povos indo-arianos.[135] Até mesmo Rosenberg, crítico de muitos projetos da ss, abraçou a ideia de que os cátaros eram mártires da Igreja judaico-católica e ancestrais dos nazistas.[136]

Himmler ficou tão entusiasmado com os argumentos de Rahn em *A corte de Lúcifer* que encomendou cem exemplares do livro para a ss. Dez seriam encadernados em couro de porco, e outros dez em luxuoso pergaminho. Ele inclusive ofereceu um exemplar a Hitler no aniversário do Führer.[137] Mais tarde, Himmler incentivou Rahn a dar palestras na ss sobre o papel de Lúcifer como portador da iluminação e inimigo do Deus judeu.[138] Além disso, financiou várias expedições de Rahn à Islândia e a locais paleolíticos em toda a Europa, na tentativa de ajudar a provar as conexões entre a tese luciferiana de Rahn e a civilização de Thule (Atlântida).[139] Embora circulassem rumores sobre suas preferências sexuais e falta de confiabilidade política, Rahn foi promovido a Oberscharführer em 1937 e continuou a trabalhar em estreita colaboração com Himmler, Wiligut e outros pesquisadores da ss.[140]

Rahn aos poucos caiu em desgraça com os nazistas devido a relatos persistentes de alcoolismo e homossexualidade, e acabou por cometer suicídio em 1939.[141] No entanto, pouco depois de sua morte, foi reabilitado por Himmler.[142] *A corte de Lúcifer* ainda era amplamente lido. Em novembro de 1943, Erich Naumann — diretor do sD, Brigadeführer da ss e sucessor de Arthur Nebe como comandante do infame Einsatzgruppe B — aprovou a impressão de mais 10 mil exemplares do livro.[143] Com efeito, apesar da subsequente escassez de papel, do desembarque do Dia D e de um ataque a bomba que destruiu a editora que detinha os direitos do livro, Naumann ainda estava disposto a aprovar uma tiragem de 5 mil novos exemplares em junho de 1944.

A corte de Lúcifer   245

De acordo com sua equipe, Himmler "destinou a maior parte dos livros às unidades estacionadas na França".[144]

Igualmente importante, a ss continuou a patrocinar a pesquisa sobre o graal. O barão Julius Evola, por exemplo, o homólogo fascista italiano de Rahn, e um despudorado paganista e esotérico que havia começado a colaborar diretamente com Walther Wüst a partir de 1937, fez uma série de discursos no Terceiro Reich nos dois anos seguintes que foram destilados em um livro bem recebido, *O mistério do graal*.[145] A ideia de Evola de criar uma revista fascista bilíngue (alemão-italiano) com foco na pesquisa esotérica recebeu apoio não apenas de Himmler, mas também do normalmente mais sóbrio Göring. Como sua pesquisa esotérica se cruzava com a da divisão de bruxas do sd, Evola também iniciou uma colaboração acadêmica com o brigadeiro Franz Alfred Six, da ss, chefe do Amt vii [Gabinete vii] do Gabinete Central de Segurança do Reich para "pesquisa de oposição", incluindo bruxas.[146] Por fim, na primavera de 1939, os "departamentos de pesquisa do sd" concordaram em abrir seus arquivos sobre "lojas e seitas" para Evola, devido ao desejo do pesquisador do graal de escrever uma ambiciosa história da mitologia e das sociedades ocultas, pedindo-lhe que disponibilizasse "os primeiros resultados de sua pesquisa" para o sd.[147]

O mentor de Rahn, Karl Maria Wiligut, é outro elo importante com a religiosidade ariano-germânica no Terceiro Reich.[148] Nascido em Viena em 1866, Wiligut embarcou na carreira militar quando jovem, e, depois de ingressar em uma loja maçônica em 1889, mergulhou nos círculos ariosóficos de List e Liebenfels, publicando uma recontagem épica da história de Siegfried em 1903 e um manual hermionista em 1908. Depois de servir no front oriental durante a Primeira Guerra, ele editou um periódico *völkisch*-esotérico, *Der eiserne Besen*, com o objetivo de expor conspirações dos judeus, dos maçons e da Igreja católica.[149] Devido a uma série de crises pessoais e psicológicas, a esposa de Wiligut o internou em um asilo de Salzburgo em 1924, mesmo ano da prisão de Hitler em Landsberg.[150]

Liberado em 1927, Wiligut renovou seus contatos com a Sociedade Edda e a Ordem dos Novos Templários de Lanz. Por fim, mudou-se para Munique, onde passou a dar aulas sobre tópicos ariosóficos. Tendo participado da fundação do Movimento da Fé Germânica em junho de 1933 e impressionado Himmler durante uma reunião inicial em setembro, Wiligut recebeu um convite para ingressar na ss. Ele logo subiu na hierarquia, sendo nomeado chefe do departamento de pré-história no Gabinete Central de Raça e Colonização de Darré, juntando-se ao gabinete pessoal de Himmler e assumindo um papel central no patrocínio da pesquisa científica fronteiriça dentro da Ahnenerbe.[151]

Nessa função, Wiligut, que se autodenominava "Weisthor" (Sábio Thor), participou de quase todos os aspectos das tentativas da ss de construir uma religião ariano-germânica. Com clara inspiração na ariosofia e na cosmogonia glacial, seu hermionismo "misturava o arcaísmo teutônico de List com o ariano-cristianismo de Lanz, embora de forma inovadora".[152] Assim como List, Wiligut acreditava ter poderes espirituais derivados de seus ancestrais divinos, descendentes dos Aesir e dos Vanir da mitologia nórdica, incluindo Thor, Odin e Armínio, o antigo herói germânico.[153] Os "espíritos" de Wiligut o instruíram sobre a existência de "nove mandamentos de Deus", originados da "transmissão oculta de nosso clã Asa-Una Uilligotis". Ele afirmava ainda ser um médium, capaz de fazer contato com seus antepassados e obter conhecimento oculto por meios místicos (algo que Himmler facilitou, ao lhe fornecer uma enorme quantidade de drogas e álcool).[154]

Wiligut argumentou que sua religião fazia parte de uma civilização ariana superior, que surgira milênios antes da história registrada, "uma época em que gigantes, anões e bestas míticas se moviam sob um céu com três sóis".[155] Ele e seus partidários afirmaram ainda que os deuses hermionistas, os Asen, eram divididos em quatro classes — deuses odinistas, balduristas, thoristas e lokistas —, sendo que todos eram capazes de "controlar o pensamento" dos seres humanos. A super-raça branca ("filhos da luz"), que descendia dos Asen, havia se mantido acima das formas raciais inferiores — neandertais, negros e judeus — por milhares de anos.[156] Infelizmente, a mistura racial e o "demonismo" haviam produzido uma guerra fatal entre fiéis hermionistas e odinistas, que divergiam sobre a divindade de um deus germânico chamado "Krist" (o Cristo alemão). Como resultado desse conflito interno, a civilização hermionista entrou em colapso, e tudo que restou foram relíquias antigas, como o (suposto) templo nos Externsteine.[157]

Nem Wiligut nem seus associados hermionistas tinham qualquer ideia de "como avaliar evidências". Sua "datação era absurda", e sua "biblioteca continha muitas obras ocultistas de List, Koerner e Gorsleben, mas quase nada relacionado à pesquisa pré-histórica acadêmica".[158] De fato, Wiligut e seus colegas hermionistas e ariosofistas — Emil Rüdiger, Wilhelm Teudt e Günther Kirchoff, entre outros — postularam a ideia de um "sol negro", o núcleo de uma rede de energia geomântica que poderia ser acessada por meio da ioga e cujo centro ficava em algum lugar da Floresta Negra.[159]

As bizarras afirmações teológicas e a incompetência acadêmica de Wiligut não dissuadiram Himmler, Wirth ou Wüst, que lhe concederam imensa autoridade. Wiligut projetou o "anel da caveira" dado a todos os novos iniciados da ss, determinou de que forma os objetos rituais deveriam ser usados nas cerimônias de nascimento, casamento e enterro da organização e dirigiu grandes projetos arqueológicos em busca de relíquias religiosas, como aqueles nos Externsteine. Um dos aspectos mais misteriosos da pesquisa de Wiligut sobre os antigos rituais germânicos veio na forma dos seus enigmáticos encantamentos de Halgarita, mantras hermionistas destinados a aprimorar a memória ancestral e facilitar o ressurgimento da fé ariano-germânica.[160] Ao realizar esses esforços de pesquisa, tanto os acadêmicos tradicionais, como Wolfgang Krause, quanto os esotéricos, como Karl Theodor Weigel, procuraram o patrocínio de Wiligut e Wirth.[161]

Essa crença nada científica em runas foi o cerne das tentativas de Wirth de reconstruir uma antiga religião ariano-germânica. Antes de ser nomeado chefe da Ahnenerbe, Wirth havia feito carreira investigando a protorreligião e a civilização protoariana de Atlântida ou Thule por meio de estudos rúnicos e simbológicos duvidosos, que foram rejeitados pela maioria dos acadêmicos, embora tenham sido adotados por Himmler e outros *völkisch*-esotéricos.[162] Wirth via o objetivo principal da Ahnenerbe como "a renovação e o fortalecimento da espiritualidade alemã", destacando as origens sagradas da suástica e definindo o nacional-socialismo "como uma luta pela alma alemã".[163] Assim, a "selvagem runomania atlante" e o "arctoatlanticismo" de Wirth se encaixavam perfeitamente com o hermionismo de Wiligut. Ambos tinham a intenção de provar a existência de uma civilização ariana de 2 milhões de anos (Atlântida ou Thule) destruída por um cataclismo e preservada em runas antigas.[164]

Crucial para facilitar esse processo foram os esforços de Wiligut e Wirth para escavar e renovar antigos "lugares sagrados" germânicos. Esses locais incluíam, notadamente, o castelo de Wewelsburg, perto de Buren, na Westfália, o local de sepultamento de Henrique i, em Quedlinburg, e os Externsteine, nos arredores de Detmold.[165]

Wiligut foi o primeiro a sugerir que Himmler comprasse e reformasse o castelo de Wewelsburg como o "centro [religioso e ideológico] do mundo". Como *spiritus rector* do Reichsführer, ele presidiu a conversão do local de museu e instituto educacional em uma igreja hermionista, inspirada por List, Rahn e Kirchoff. Ao redesenhar o castelo, fez várias alusões ao Santo Graal e a outras características esotéricas e "geomânticas", como um emblema do "sol negro" na cripta.[166]

Wiligut também incluiu um "Salão do Graal", destinado a ser um espaço ritual para cerimônias do círculo de elite de Himmler na ss.[167] Dessa forma, ele transformou Wewelsburg em um centro para a fé hermionista de 3 mil anos, em um "castelo atlante" repleto de cerimônias pagãs de casamento para oficiais da ss e de festivais de solstício para os alemães locais.[168]

Três quilômetros a nordeste de Wewelsburg, perto de Detmold, ficavam os Externsteine, outro centro religioso-cultural para a ss. Muitos pensadores *völkisch*, inclusive Wiligut, Wirth e Himmler, acreditavam que se tratava de um centro religioso germânico pagão, a "Irminsul", o santuário do chefe saxão morto por Carlos Magno.[169] Em conjunto com Wirth, Wiligut liderou as escavações da ss em torno dos Externsteine a fim de provar suas teorias, ao mesmo tempo que impedia publicações que contradissessem a importância arqueológica e religiosa do local.[170] Ao transformar os Externsteine em um "lugar sagrado neogermânico", Wiligut não teve dificuldade em encontrar apoio entre cientistas de fronteira de reputação duvidosa. Entre eles estava o arqueólogo favorito de Rosenberg, Hans Reinerth, chefe da Associação do Reich para a Pré-História Alemã, e "astroarqueólogos" como Wilhelm Teudt.[171]

Essas escavações, expedições e preocupações com a runologia baseadas na fé continuaram por muito tempo depois que Rahn, Wiligut e Wirth caíram em desgraça.[172] Embora Wiligut tenha perdido seu cargo oficial em 1939 devido a uma série de escândalos, Himmler manteve seu anel de caveira em seu cofre pessoal e continuou a consultá-lo sobre assuntos militares e espirituais.[173] O Rasputin de Himmler pode ter se retirado para as sombras, mas sua religião hermionista, complementada pelas reflexões luciferianas de Otto Rahn, sobreviveu na busca nazista por uma autêntica religiosidade ariano-germânica.[174]

A corte de Lúcifer

Religião ariano-germânica no Terceiro Reich

No início da década de 1920, o *Völkischer Beobachter* publicou uma série de artigos dos autores *völkisch*-esotéricos Johannes Dingfelder e Franz Schröng-hamer-Heimdal explorando as raízes da religião ariano-germânica na *Edda* e na *Canção dos nibelungos*. Dingfelder havia participado da Ordem Germânica ariosófica de Fritsch e da Sociedade Thule, ajudando Drexler e Hitler mais tarde a promoverem o DAP.[175] Assim como Wiligut insistia que era descendente de Thor e Himmler acreditava ser a reencarnação do rei saxão Henrique, o Passarinheiro, Schrönghamer se via como descendente do deus nórdico Heimdal.[176]

Dingfelder e Schrönghamer também elogiavam a "alma racial" ariana e consideravam a cruz "um antigo símbolo sagrado ariano que deriva sua origem diretamente da suástica". No entanto, os dois ariosofistas não haviam abandonado completamente o cristianismo. Na esperança de ressuscitar a "igreja de Odin ou do armanismo", eles endossaram um amálgama de paganismo *völkisch* e "cristianismo ariano", nos moldes de Lanz e Wiligut, enfatizando a "degeneração e bestialização" dos "chandalas" enquanto invocavam a ideia hermionista de um "Jesus Cristo" ariano, a quem os nórdicos "chamavam de Fraujaz" ou "Freyr".[177]

O que esse exemplo sugere? Primeiro, ele nos lembra das continuidades ideológicas entre o movimento religioso *völkisch* do pré-guerra e o NSDAP. Além disso, nas palavras de Samuel Koehne, ele nos mostra que "não podemos presumir uma dicotomia inerente dentro do Partido Nazista entre os adeptos do paganismo e os adeptos do cristianismo ariano". Tampouco podemos presumir que "as referências a Jesus Cristo, ao cristianismo ou à *Bíblia* necessariamente excluíam o paganismo". Ao contrário, Dingfelder, Schrönghamer e muitos correligionários nazistas compararam Cristo a Baldur ou a alguma forma de "deus-luz". Eles argumentaram ainda que "a *Bíblia* pode ser entendida como uma versão corrompida da *Edda*", e que a "cruz pode ser vista como uma roda solar".[178]

Seguindo as tradições do arianismo, alguns pensadores religiosos pró--nazistas destacaram a "eterna luta entre Ormuzd e Ahriman [espíritos divinos zoroastristas em persa pré-islâmico], entre a luz e as trevas", que "mais uma vez terminou com a vitória do sol, cujo símbolo é o antigo sinal ariano de salvação: a suástica". Outros, mais imersos nas tradições da *Germanentum* nórdica, aludiam a "batalhas de Thor" contra gigantes do gelo e lembravam os "espíritos da Caçada Selvagem" que "cavalgam através das tempestades à frente de um exército fantasmagórico durante as Doze Noites de Natal". O fato é que as primeiras discussões nazistas da década de 1920 apresentavam conceitos ariosóficos (hermionistas) "derivados de Madame Blavatsky e popularizados por Theodor Fritsch", complementados por noções do paganismo, do folclore germânico e da mitologia nórdica.[179]

Essa mistura sincrética de religiosidade ariano-germânica nunca se limitou aos obscuros nazistas, e tampouco se dissipou quando eles tomaram o poder.[180] Desde seus primórdios, o NSDAP estava "imerso no movimento *völkisch*, incluindo suas tendências e tradições pagãs". As ideias religiosas de Hitler, Himmler e seus colegas foram inspiradas e "misturadas com as ideias de Guido von List e Jörg Lanz von Liebenfels, Theodor Fritsch e Artur Dinter".[181]

O progenitor da ideologia nazista de sangue e solo, Walther Darré, abraçou com entusiasmo a ênfase ariano-germânica em uma "religião do sangue", as raízes nórdico-germânicas de Jesus e as origens da raça ariana em Atlântida.[182] Darré concordava com Wiligut que a Igreja católica havia adotado os ensinamentos do Cristo ariano (Krist), mas depois os distorcera da verdadeira missão racial de Deus, que estava no sangue e no solo.[183] Em seu diário, Darré fez observações religiosas sobre os sinais do martelo de Thor e proclamou seu próprio "paganismo" (*Heidentum*), exaltando uma religião panteísta baseada em uma combinação de valores pagãos indo-arianos e germânicos.[184]

Alfred Rosenberg defendeu muitos elementos da religiosidade ariano--germânica.[185] Baseando-se nas tradições pagãs e ariosóficas alemãs, seu objetivo era despertar os "antigos mitos e valores nórdicos simbolizados por deuses".[186] Seu livro *O mito do século XX* (1930) propagou a noção de uma "alma racial" que misturava conceitos pagãos germânicos com a ideia de uma civilização indo-ariana perdida de Thule ou Atlântida.[187] Rosenberg defendia a adoração dos ancestrais, o culto aos mortos e outros rituais germânicos pagãos que vemos nas próprias reflexões de Himmler.[188] Ele acreditava que a pesquisa do Terceiro Reich "no campo da história religiosa nórdica" seria capaz de "produzir o fermento que permearia os antigos componentes católicos e luteranos da Igreja alemã. Nesse momento, as sagas nórdicas e os contos de fadas tomarão o lugar das histórias de cafetões e negociantes de gado do Antigo Testamento".[189] Por meio de seu gabinete, Rosenberg logrou patrocinar centenas de festivais, escavações arqueológicas e publicações que exaltavam o paganismo germânico.[190]

Embora igualmente investido na busca por uma religião ariano-germânica, Himmler nunca tentou desenvolver um catecismo religioso ou artigos de fé específicos.[191] Como a maioria dos líderes nazistas, o Reichsführer era muito diletante, preferindo uma série de "símbolos, insígnias, mitos e santuários, festivais e rituais", que poderiam dar uma "expressão sensual a seu mundo de fantasia" e incentivar o "caráter de elite da ss como guardiã do Santo Graal do nazismo".[192]

Com esses objetivos em mente, Himmler procurou "substituir os ritos cristãos por rituais que considerava mais arianos". Por acreditar que "o sol desempenhava um papel central na religião primordial da raça nórdica", por exemplo, "ele manifestou o desejo de criar um festival de solstício de verão para celebrar a vida e um festival de solstício de inverno para lembrar os mortos e honrar os ancestrais".[193] Himmler também procurou reinstituir a chamada lei "Odal", supostamente praticada pelos antigos povos nórdicos, e, por fim, deu aos líderes da ss espadas de honra, luzes de Yule e anéis de caveira desenhados por Wiligut, enquanto as mulheres receberam broches rúnicos e luzes da vida para honrar a maternidade.[194]

Nesse meio-tempo, o castelo de Wewelsburg e os Externsteine foram escolhidos para (re)inventar espaços positivos que pudessem substituir os locais sagrados e igrejas cristãs.[195] Himmler criou um "bosque saxão" (Sachsenhain) perto de Derven para relembrar a suposta execução de 4500 saxões por Carlos Magno em 782, que ele e Rosenberg inauguraram em 1935.[196] Além disso, chegou a enviar uma expedição da Ahnenerbe à Carélia, na Finlândia ("a terra das bruxas e feiticeiros"), a fim de recuperar a religião protogermânica presente na Edda.[197] Com base nessa expedição e na pesquisa de bruxaria do SD, Himmler encomendou a produção de literatura infantil popular, bem como "romances de bruxas na forma de uma trilogia", mais voltados para adultos.[198] Esses esforços foram pelo menos moderadamente bem-sucedidos na tarefa de expandir o interesse popular pela religiosidade ariano-germânica.[199]

Além de seu interesse pragmático em patrocinar a religiosidade ariano-germânica, Himmler parece ter acreditado em divindades nórdicas como Odin e Thor,[200] tendo pedido a Wüst que pesquisasse onde, "em toda a cultura ariana nórdico-germânica, aparece o conceito do relâmpago, do raio, do martelo de Thor ou do martelo lançado ou voando pelo ar. Além disso, onde há esculturas de um deus segurando um machado e aparecendo em um relâmpago". Todas essas evidências, "fossem imagens, esculturas, escritos ou lendas", sugeriu Himmler, poderiam ser usadas para distinguir entre "trovões e relâmpagos naturais" e uma "arma anterior, altamente desenvolvida, possuída apenas [...] pelos Aesir, os deuses, e que presumia um extraordinário conhecimento da eletricidade".[201]

Himmler continuou a tornar o estudo de runas praticamente obrigatório para os oficiais da ss. Há evidências de que ele acreditava que elas tinham um poder místico que poderia ser usado como proteção em uniformes e edifícios.[202] Seu interesse pelas energias mágicas que cercavam a montanha de Brocken — o chamado "Púlpito do Diabo", onde os pagãos alemães celebravam a Noite de Santa Valburga — também é bem conhecido.[203]

Embora não compartilhasse a paixão de Darré, Rosenberg ou Himmler pela pré-história germânica, Hitler era um entusiasta de muitos elementos da religiosidade ariano-germânica. Em seu exemplar de *Magie*, de Schertel, por exemplo, ele sublinhou a seguinte passagem: "Satanás é o começo [...] Satanás está em tudo o que vive e aparece [...]. Disso, que não é razoável (irracional), nasce a razão no verdadeiro sentido. Sem essa escuridão precedente, a criação não teria realidade; a escuridão é sua herança necessária".[204] Hitler também destacou a declaração de Schertel sobre o "papel criativo/destrutivo" de Satanás, sem o qual o pacífico "serafim" não poderia existir.[205] Essas passagens, que à primeira vista parecem notáveis, fazem sentido no contexto das tradições luciferianas.

O interesse de Hitler pelo paganismo e pelo gnosticismo foi além de Schertel. Ele aprovava as celebrações do solstício germânico e invocava tropos religiosos extraídos da mitologia nórdica.[206] Ele se identificava com Siegfried, idealizava Odin e falou em honrar os guerreiros mortos a caminho do Valhalla (seguindo sua paixão por Wagner).[207] O Führer argumentava que o mito nórdico poderia ser usado para aproximar a juventude alemã da natureza, "para lhe mostrar o poderoso funcionamento da criação divina [...] mantendo a juventude fora dos salões e dos 'mergulhos sufocantes'".[208]

Em termos de paganismo ariano-germânico, Hitler aceitou que os Externsteine eram importantes para as antigas tribos germânicas e demonstrou interesse na "pesquisa de símbolos gnósticos germanomaníacos" de Wirth.[209] Combinando elementos da ariosofia e da cosmogonia glacial, ele também alegou que o "ariano, durante a era glacial, empenhou-se em construir sua força espiritual e corporal na dura luta contra a natureza, surgindo de forma bem distinta de outras raças que viviam pacificamente em meio a um mundo abundante".[210] Seguindo os armânicos/hermionistas, Hitler também afirmou que o Jesus histórico era loiro de olhos azuis, provavelmente um renegado de uma tribo ariana perdida.[211]

Segundo Rauschning, o Führer afirmava que "o período solar do homem estava chegando ao fim", conforme predito nas "imperecíveis profecias dos antigos povos nórdicos". O "mundo precisa se renovar continuamente", acrescentou, "a velha ordem está perecendo com seus deuses".[212] A avaliação de Rauschning, possivelmente floreada, é corroborada pela afirmação de Hitler no início da década de 1920 de que os arianos "tinham um signo em comum, o símbolo do sol. Todos os seus cultos foram construídos sobre a luz, e em todos eles é possível encontrar esse símbolo, o meio de geração do fogo, o Quirl, a cruz. Podemos encontrar essa cruz não apenas aqui [na Alemanha], mas também nos pilares de templos na Índia e no Japão. É a suástica da comunidade outrora fundada pela cultura ariana".[213]

Argumentar que muitos líderes proeminentes do Terceiro Reich simpatizavam com a religiosidade ariano-germânica não significa negar a heterogeneidade dessas ideias ou esforços. Essas linhagens díspares incluíam, por exemplo, os cristãos alemães oficialmente patrocinados. Liderados pelo bispo nazista Ludwig Müller, os cristãos alemães eram um ramo *völkisch* do protestantismo que havia eliminado o Antigo Testamento, excluído os não arianos e incorporado elementos nórdicos pagãos.[214] O Terceiro Reich também tolerou a Sociedade para o Conhecimento de Deus, de Mathilde Ludendorff, que rejeitava totalmente o cristianismo.[215]

Concorrendo com os cristãos alemães e o movimento de Ludendorff estava o Movimento da Fé Germânica de J. W. Hauer, Ernst Reventlow e Herbert Grabert.[216] Seus apoiadores, que tinham fortes raízes no *völkisch*-paganismo do período entreguerras, "desejavam moldar o meio cultural da política, religião, teologia, metafísica indo-ariana, literatura e ciência darwiniana em uma nova comunidade política genuinamente alemã baseada na fé".[217] Hess trabalhou para garantir a legalidade do movimento após

1933, enquanto Heydrich e Himmler se dignaram a se encontrar com Hauer para discutir uma possível colaboração. Durante alguns anos, as ideias de Hauer e de seu grupo foram patrocinadas de forma intermitente, embora morna, pela ss.[218]

Nenhum desses grupos conseguiu obter reconhecimento oficial.[219] Mas o previsível fracasso de qualquer movimento dissidente ariano-alemão em tomar o lugar do cristianismo desmente a popularidade de conceitos mais amplos como as raças de sangue "'ariano-nórdico' ou 'alemão' [...] sacralizadas e deificadas no sentido de uma nova crença religiosa" contrária à "velha fé" do cristianismo.[220] Muitos nazistas, talvez a maioria, abraçaram e propagaram visões religiosas que "variavam do paganismo a algum tipo de crença cristã ariana", onde o "conceito de um Jesus ariano se misturava com as ideias de Guido von List e Jörg Lanz von Liebenfels, Theodor Fritsch e Artur Dinter".[221] Não surpreende que essas visões tenham incorporado doutrinas religiosas do Oriente Médio e do Leste Asiático que refletem tendências de longo prazo no imaginário sobrenatural austro-alemão.

Espiritualidade indo-ariana e religiões orientais

Em 2007, uma antiga estátua de Buda com uma suástica no ventre foi vendida em um leilão e depois analisada por cientistas da Universidade de Stuttgart. Esculpida em um meteorito de 15 mil anos, ela retrata o deus Vaisravana, o Rei Budista do Norte, ao que parece trazido de volta à Alemanha no final da década de 1930 como parte da famosa expedição nazista de Ernst Schäfer ao Tibete.[222] Considerado de forma isolada, esse curioso achado pode ser visto como qualquer outra relíquia "oriental" roubada pelos europeus na era do imperialismo. Exceto que, ao contrário dos obeliscos e múmias egípcias armazenados no Louvre ou no Museu Britânico, a estátua possuía o mesmo significado religioso e espiritual para os nazistas que tinha para os próprios tibetanos.

A expedição nazista ao Tibete e as razões religiosas e esotéricas que a motivaram adquiriram uma reputação agora lendária, uma mistura de mito e realidade.[223] Em termos de mito, não há evidências de que o nazismo tenha sido patrocinado por uma sombria "Sociedade Vril" inspirada no Tibete, um dos mitos favoritos dos cripto-historiadores. Tampouco temos qualquer razão para acreditar que Hitler tenha sido guiado por um grupo de sábios tibetanos, os "agartas", ligados ao místico armênio Georgiĭ Gĭurdžiev.[224]

No entanto, há elementos de verdade nessas mitologias.[225] De Hitler, Hess e Himmler a Rosenberg e Darré, a maioria dos líderes nazistas compartilhava um profundo interesse pela religião, pelo espiritualismo e pelo esoterismo do sul e do leste asiático. Quando afirmou que todo alemão tem um pé na Atlântida e outro no Tibete, Rauschning estava se referindo exatamente a essa crença nas conexões etnorreligiosas entre a civilização ariano-germânica perdida de Thule e uma civilização indo-ariana centrada no norte da Índia.[226] Muitos nazistas acreditavam que o Tibete "era um refúgio no qual elementos importantes de uma 'protocultura ariana-nórdica-atlante" haviam sobrevivido". Outros adotaram "elementos de uma fé budista-lamaísta com raízes supostamente 'protoarianas' ou 'protogermânicas' (como as doutrinas da reencarnação e do carma)", que integraram em "uma religião substituta nazista".[227]

Ao se apropriar seletivamente dessas tradições indo-arianas, os nazistas estavam seguindo, é claro, uma tradição religiosa *völkisch* mais extensa. O que eles buscavam, nas palavras de um *völkisch*-esotérico, era uma alternativa ao "Deus todo-poderoso e onisciente da teologia cristã, que nem os indianos nem os chineses, nem o budismo nem o taoismo reconhecem".[228] Pois, apesar de seu discurso sobre a pureza racial nórdica, os nazistas estavam igualmente preocupados com a religião e a espiritualidade indo-arianas.

De Buda a Hitler

O fascínio do nazismo pelo budismo, o hinduísmo e o Tibete tem muitas raízes. Como vimos, as teorias de uma civilização perdida de Thule, extraídas de Blavatsky, Lanz e Hörbiger, inspiraram a crença *völkisch*-esotérica de que o Tibete fora o último refúgio dos arianos, que haviam fugido de Atlântida após um grande dilúvio.[229] Uma geração de pensadores *völkisch* também foi influenciada por H. K. Günther, cujas teorias raciais indo-arianas foram citadas com igual autoridade por Hitler e Himmler.[230] Günther apresentou a tese de que as tribos nórdicas haviam, em algum momento, invadido o leste e o sul da Ásia, muito provavelmente após uma catástrofe natural. Os intrusos

256   *Parte II*

nórdicos teriam então se reproduzido com os povos asiáticos, formando a casta brâmane governante da Índia, inspirando o budismo e constituindo o núcleo do antigo samurai japonês.[231]

O trabalho de Jakob Wilhelm Hauer e Walther Wüst é especialmente importante para a compreensão das tradições religiosas indo-arianas que permeavam o imaginário sobrenatural nazista. Antes da tomada do poder pelos nazistas, Hauer era um antroposofista e proeminente estudioso da religião indiana que mantinha vínculos com vários intelectuais e líderes religiosos do sul da Ásia. Nessa função, ele se tornou um dos maiores defensores do pensamento religioso indo-ariano e neopagão da Alemanha de Weimar, conectando as teorias de sangue e solo do nacional-socialismo com uma religião protoariana centrada no norte da Índia. Depois de 1933, Hauer utilizou sua posição como líder do Movimento da Fé Germânica e membro da ss para disseminar essas ideias mais amplamente.[232]

Em 1936, quando ficou claro que o Terceiro Reich não estava disposto a tornar sua "Fé Germânica" a religião do Estado, Hauer deixou o cargo de líder do movimento. Sua obsessão em institucionalizar a própria doutrina religiosa era típica dos *völkisch*-esotéricos criticados por Hitler e Goebbels, inclusive Sebottendorff e Dinter. Entretanto, depois de colocar suas teorias a serviço do Terceiro Reich, a reputação de Hauer disparou.[233] Com efeito, depois de entrar para o NSDAP em 1937, ele foi agraciado com um prestigioso cargo de docência na Universidade de Tübingen, onde continuou a trabalhar com Himmler e a ss.[234]

Sem a responsabilidade de dirigir um movimento religioso, Hauer redobrou seus esforços para delinear os fundamentos indo-arianos de uma religião nazista. "Buda não pertencia aos nativos da Índia, mas a uma raça real de origem racial ariana-indiana", argumentou Hauer, tornando os ensinamentos de Buda intrínsecos à "fé germânica".[235] Reunindo ideias retiradas dos "Vedas, dos Upanixades, do Mahabharata (Bhagavad Gita) e do Cânone Pali (os ensinamentos de Buda)", Hauer tornou acessível "um arsenal gigantesco de deuses e demônios indianos para os debates do NSDAP sobre religião", conectando "o misticismo de sangue racista e a metafísica indiana".[236]

Hauer também defendia que as técnicas sagradas dos iogues orientais eram na verdade ensinamentos "ariano-nórdicos". A ioga havia sido estabelecida pelos indo-alemães na Europa e depois feito a viagem de volta para o subcontinente asiático, ele argumentou — dando crédito à teosofia e a outras filosofias ocultas por trazerem esses ensinamentos de volta à Europa.[237] O SD reconheceu que a "filosofia indiana e os modos de pensar orientais" estavam "muito próximos da teosofia e da antroposofia" de Hauer.[238] E sua influência só aumentaria durante a guerra, depois de ele fundar um "Seminário Ariano" em Tübingen a fim de promover suas visões religiosas.[239]

Walther Wüst, presidente da Ahnenerbe de Heinrich Himmler de 1937 a 1945 e reitor da Universidade de Munique entre 1941 e 1945, também exerceu significativa influência sobre a opinião acadêmica e pública.[240] Wüst via os alemães como descendentes de Atlântida, um antigo império indo-germânico cujos ensinamentos religiosos haviam sobrevivido no budismo do sul da Ásia, preservados pelos monges do Tibete.[241] Em uma palestra de 1936 intitulada "O livro do Führer, *Minha luta*, como espelho de uma visão de mundo indo--germânica", Wüst argumentou que a "visão de mundo indo-germânica" estava no centro da ideologia de Hitler[242] e o comparou a Buda, na medida em que ele havia herdado a missão sagrada de Buda de preservar a raça e a religião indo-arianas.[243]

Citando o mito de Atlântida e os contos de fadas alemães, Wüst argumentou que elementos dessa civilização indo-ariana, outrora transcendente, ainda floresciam em toda a Europa.[244] Além disso, graças à antroposofia (e a outras doutrinas esotéricas), o hinduísmo, o budismo, a ioga e outras tradições espirituais do sul da Ásia haviam se infiltrado mais uma vez na vida cultural e religiosa alemã. A partir dessas tradições religiosas-raciais sobreviventes, sugeriu Wüst, seria possível (re)construir uma religião que combinasse as tradições nórdicas e hindu-budistas.[245]

A notável convergência entre acadêmicos indólogos, como Hauer e Wüst; nórdicos, como Günther e Wirth; e hermionistas e luciferianos, como Wiligut e Rahn, constitui um bom indicativo da natureza sincrética do pensamento religioso nazista.[246] Rahn argumentou que os cátaros praticavam uma variação da religião budista tibetana, originalmente inventada na Atlântida nórdica e transferida para o Tibete após o dilúvio, para depois retornar aos povos germânicos por meio do norte da Índia e da Pérsia. Günther, um dos mais fortes defensores da *Germanentum* nórdica, concordou.[247] Assim como o "atlantemaníaco" Wirth, que insistia nas semelhanças raciais e culturais entre os "hiperbóreos" nórdicos, que viviam na cidade-Estado de Ultima Thule, e os povos indo-arianos dos Vedas, do *Brâmana* e do Mahabharata.[248] Wiligut também era fascinado pela ideia de uma religião indo-ariana compartilhada. Ele estudou as lendas tibetanas, praticou ioga e descreveu vividamente uma experiência fora do corpo durante um teste realizado por sacerdotes tibetanos.[249] Além disso, sem apresentar nenhuma evidência científica, ele alegou que as runas alemãs derivavam de uma linguagem indo-europeia comum que aparecia não só na escrita tibetana, mas também na chinesa e na da Ásia Central.[250]

Um dos motivos pelos quais Wiligut recrutou Gaston de Mengel, um dos colegas de Rahn na Sociedade Polar esotérica, foi para instruir os pesquisadores da Ahnenerbe sobre as ligações entre a literatura pré-cristã indiana, persa e chinesa e a *Edda*, os Vedas e a cabala. Impressionado, Wiligut pediu a Rahn que traduzisse para o alemão o trabalho de Mengel sobre a lendária cidade tibetana de Agartha e o reino de Shambala.[251] Wiligut, então, encaminhou as traduções de Rahn para o ss-Obersturmführer e ariosofista Frenzolf Schmid, que, duas décadas antes, havia publicado um romance, *Der letzte Ramadan* [O último Ramadã], no qual expressava a ideia de uma religião indo-ariana compartilhada.[252] Usando as traduções de Mengel, Schmid procurou provar a existência de um triângulo mundial "atlante-ariano", ou "eixo geomântico", que ligava os países nórdicos à França, ao sul da Ásia e ao Tibete.[253]

Essas reflexões indo-arianas eram comuns na ss. O protegido hermionista de Wiligut, Günther Kirchoff, argumentava que os pontos geomânticos de Urga (a cidade monástica budista de Ulaanbaatar) e Lhasa eram os "dois importantes centros lamaístas" do mundo.[254] Da mesma forma, Friedrich Hielscher, um paganista da ss próximo ao diretor administrativo da Ahnenerbe, Wolfram Sievers, defendia uma teocracia baseada nas tradições indianas e japonesas de pureza etnorreligiosa. Havia uma relação orgânica, argumentou Hielscher, entre "Estado e sacralidade, governo e casta sacerdotal". Hielscher invocou ainda os paralelos que muitos estudiosos religiosos indianos e alemães haviam observado entre os Vedas e o Bhagavad Gita, por um lado, e a mitologia nórdica, por outro. Sievers e o teórico da cosmogonia glacial Edmund Kiss também adotaram essas teorias.[255]

Alimentado por essas ideias, o próprio Himmler se convenceu de que uma "civilização avançada" havia existido no passado "nas montanhas do Tibete", possivelmente "produto de uma raça original e sofisticada que ali buscara refúgio após uma catástrofe global". A civilização em questão devia estar relacionada à lenda de Atlântida. Depois de algum tipo de cataclismo natural, "a desamparada classe dominante de Atlântida", raciocinou Himmler, teria se "espalhado de lá para a Europa e o leste da Ásia".[256] Além disso, ele confidenciou a Schäfer "que a raça nórdica não evoluiu, mas desceu diretamente do céu para se estabelecer no continente atlântico", citando a crença do general japonês Oshima "em uma teoria semelhante sobre a origem das castas nobres no Japão" (que Oshima também explicou pessoalmente a Hitler).[257]

Embora as raízes de muitas teorias religiosas nazistas estivessem claramente no Tibete, a oportunidade para uma expedição oficial só surgiu em 1938.[258] O impulso foi um convite do governo tibetano para as celebrações do Losar. O convite teve pouco a ver com o interesse do Tibete em apoiar as teorias nazistas sobre a religião indo-ariana; com o início da Guerra Sino-Japonesa em 1937, o Tibete estava profundamente interessado em obter o apoio do Eixo contra a China.[259] Himmler aproveitou o interesse tibetano em uma aliança militar para obter a aprovação de Hitler a uma expedição que, apesar de caráter diplomático, se concentrava na ciência fronteiriça e na religião.[260]

O reservado e despretensioso Rahn por vezes é visto como o "verdadeiro Indiana Jones" em razão de sua busca pelo Santo Graal em nome da ss. Mas o belo e arrojado cientista e aventureiro Ernst Schäfer — a quem Goebbels se referiu como "um exemplo da verdadeira masculinidade alemã" — está bem mais próximo da inspiração de Steven Spielberg.[261] Além de ter participado de duas expedições anteriores ao Tibete, Schäfer concluíra seu doutorado em zoologia em 1937, com a idade oportuna de 27 anos. Uma vez que combinava energia juvenil, respeitabilidade científica e confiabilidade político-ideológica, Himmler viu nele a pessoa perfeita para liderar a expedição.[262]

As expectativas do Reichsführer eram ambiciosas. Além de realizar pesquisas geológicas a fim de confirmar a cosmogonia glacial, Schäfer deveria reunir evidências arqueológicas e antropológicas de que o Tibete havia sido o refúgio místico dos arianos. Por motivos profissionais e interpessoais, Schäfer recusou a ideia de incluir o teórico da cosmogonia glacial Edmund Kiss na expedição.[263] Mas não era um empirista ferrenho. Ele concordou em receber conselhos de Wiligut — e relatou que, durante o encontro, Wiligut leu sua mente de acordo com a "telemetria" dos lamas tibetanos![264] Schäfer também incluiu na expedição um aluno de H. K. Günther, Bruno Beger, que mais tarde realizou experimentos científicos fronteiriços em seres humanos para a ss.

O jovem geólogo Karl Wienert, um discípulo do geofísico nazista Wilhelm Filchner, também acompanhou Schäfer, recebendo um curso intensivo sobre geomancia, linhas de ley e teorias ocultas sobre o Tibete.[265]

No decorrer de suas viagens, Schäfer e seus companheiros provaram ser patrocinadores notavelmente eficazes da ideologia e das preocupações religiosas nazistas. Referindo-se à expedição como um "encontro entre as suásticas ocidental e oriental", Schäfer observou que "abrimos, durante nossa visita de dois meses à capital tibetana, as câmaras secretas dos palácios e templos tibetanos, para não mencionar a alma racial tibetana (*Volksseele*)".[266] Assim que chegou ao Tibete, Schäfer fez questão de celebrar a "festa de Yule" pagã durante o solstício de inverno. Em outra oportunidade, ofereceu orações pagãs para relembrar os mártires de 9 de novembro de 1923.[267]

Essas ações não podem ser descartadas como propaganda. Depois de conhecer o Reting Rinpoche, regente tibetano, Schäfer sugeriu que ele era uma figura sobrenatural semelhante a Hitler. Em seguida, comparou o trono adornado com suásticas do líder tibetano ao "raio" nórdico.[268] Schäfer afirmou ainda que os lamas tinham acesso a um "mundo místico mágico" e "estavam a par de um protoconhecimento esotérico", como a adivinhação de pensamentos, que poderia ser dominado pela ss.[269] Beger, por sua vez, procurou reunir histórias do "antigo épico tibetano, o *Gesar*; fotos e desenhos dos deuses tibetanos; cópias das tabelas e calendários astrológicos tibetanos; e informações detalhadas sobre os antigos lugares sagrados da antiga religião xamanística do Tibete, conhecida como bön e antecessora do budismo".[270] Por fim, Schäfer e Beger estudaram os ritos mágicos que os tibetanos usavam para honrar os mortos, sugerindo que o lugar macabro da morte e do renascimento, o terror e a caveira tinham semelhanças com o paganismo germânico.[271]

Ao retornar à Alemanha, a expedição de Schäfer proporcionou um ganho inesperado aos esotéricos, orientalistas e ocultistas rúnicos nazistas.[272] Sua "pesquisa" também foi incluída em um acréscimo atualizado do popular livro de Schäfer de 1933, *Berge, Buddhas und Bären* [Montanhas, budas e ursos], e em um novo volume sobre a "celebração do Ano-Novo em Lhasa".[273] Schäfer agradeceu Wüst pelo apoio, dando ao chefe da Ahnenerbe uma das únicas cópias existentes da *Enciclopédia sobre lamaísmo de Kandschur*.[274]

A fim de reunir todo esse material para o público, Schäfer produziu um documentário em *live-action* intitulado *Geheimnis Tibet* [Tibete secreto], o

A corte de Lúcifer

ponto culminante de uma série de filmes de temática "himalaia", celebrando a religião tibetana e o "triunfo da vontade" na filosofia budista.[275] Schäfer aproveitou a ocasião da estreia do filme para entregar um presente pessoal de Reting Rinpoche a "Sua Majestade Herr Hitler", uma peça de roupa do último Dalai Lama.[276] Impressionado com o sucesso de Schäfer, Himmler decidiu abrir um Instituto Tibetano de Pesquisa da Ásia Central, que acabou sendo renomeado como Instituto Sven Hedin em homenagem ao explorador do Tibete favorito de Hitler. Schäfer foi designado seu diretor.[277]

O nacional-socialismo e as religiões do Oriente

Quando se tratava de promover os laços "budistas-lamaístas" entre as religiões nórdicas e asiáticas, o fascínio nazista pelo Tibete era apenas a ponta do iceberg.[278] O interesse de Hitler pelas religiões orientais é evidente em uma variedade de fontes.[279] Segundo Dietrich Eckart, o Führer lamentou o assassinato (pelos judeus) de "75 mil persas" e "centenas de milhares de não judeus do mais nobre sangue na Babilônia, em Cirene e no Egito".[280] Em seu discurso à mesa, Hitler salientou que "o jejum e muitos ensinamentos de cura natural são úteis". Não era "um acaso que o sacerdócio egípcio fosse ao mesmo tempo a profissão médica", observou Hitler, pois, "se a ciência moderna não faz nada além de eliminar [as antigas práticas de cura], então ela causa danos".[281] De sua perspectiva, havia também muitos aspectos atraentes no hinduísmo, desde o vegetarianismo até a crença compartilhada na pureza racial.[282] Hitler sublinhou passagens de Schertel que falavam em oração ritual, ioga, reencarnação, meditação, medicina homeopática e outras práticas extraídas do budismo e do hinduísmo.[283]

O Führer não investia tanto no budismo tibetano ou nas mitologias atlantes como Hess ou Himmler, mas compartilhava o fascínio quase místico de muitos outros nazistas pelo Tibete, acompanhando com atenção as expedições europeias.[284] Sua admiração pelo xintoísmo japonês também aparece repetidas vezes.[285] Deus reservara sua "misericórdia para os heróis do Japão", sugeriu Hitler durante a guerra, porque a "religião dos japoneses é, acima de tudo, um culto ao heroísmo, e seus heróis são aqueles que não hesitam em sacrificar a própria vida pela glória e segurança do país". Segundo ele, "a religião japonesa desperta o entusiasmo dos homens pela promessa de recompensas na outra vida, enquanto o infeliz cristão não tem diante de si outra perspectiva senão os tormentos do inferno".[286]

Aqui, podemos lembrar sua afirmação de que, como no xintoísmo, "não há nenhum tipo de terrorismo" no islã, apenas "uma promessa de felicidade".[287] Hitler apoiou os esforços gerais de propaganda ao traçar paralelos entre as civilizações alemã e islâmica, porque a última possuía uma "religião superior".[288] De fato, observadores contemporâneos tão díspares quanto Lewis Spence e Carl Jung o compararam a um "novo Maomé".[289] A religião nacional-socialista estava "mais próxima do maometismo", argumentou Jung, na medida em que era "realista, terrena, prometendo o máximo de recompensas nesta vida, mas com um Valhalla semelhante ao muçulmano, no qual os alemães dignos podem entrar e continuar a se divertir. Assim como o maometismo, ela ensina a virtude da espada".[290]

Na condição de principal "teólogo" do Terceiro Reich, Alfred Rosenberg talvez estivesse menos convencido do que Hitler, Hess, Darré ou Himmler em relação ao hinduísmo, ao xintoísmo ou ao papel central do islã nas tradições religiosas ariano-germânicas. Rosenberg, no entanto, simpatizava com a ideia de uma semelhança protorreligiosa entre o budismo e a religião alemã, e com as premissas indo-arianas da "teoria de Shambhala".[291] Além disso, ele parece ter aceitado que uma antiga raça de ariano-atlantes havia se refugiado no sul da Ásia, estabelecendo uma civilização dominante baseada em uma religião de castas e pureza de sangue (bramanismo). Antes que essa civilização se desintegrasse por conta da mestiçagem, argumentou Rosenberg, um ramo dos arianos imigrara para o Irã, desenvolvendo uma variante persa da religião indo-ariana que pregava a eterna luta gnóstica entre a luz e as trevas.[292] Assim, a religião neonórdica de Rosenberg incorporava os mesmos elementos indo-arianos de Rahn, Günther, Himmler e outros. Para ele, de forma mais prática, o sistema de castas indiano e os conceitos asiáticos de autossacrifício e espiritualidade forneciam uma base que justificava as visões nacional-socialistas de comunidade racial e religiosa.[293]

É interessante notar que Bormann, apesar de extremamente cético em relação ao cristianismo, compartilhava um fascínio pelas religiões orientais. Ele acreditava que o misticismo de estilo oriental, ao contrário da teologia judaico-cristã, superava o materialismo estreito do nascimento e da morte.[294]

A corte de Lúcifer

263

Sua esposa, Gerda, também comentou com ele sobre o quanto havia gostado de uma palestra a que assistira e que propunha a divisão da humanidade em três grupos: "camponeses virtuosos e cultos, como os alemães e os japoneses; nômades itinerantes, como os russos; e 'parasitas de mentalidade comercial', como os britânicos, americanos e judeus".[295]

Os Bormann também discutiram o islã em termos favoráveis. Maomé "de fato era um homem muito inteligente", escreveu Gerda. "Que companheiros maravilhosos eram os maometanos no campo científico — eles envergonhavam toda a Igreja romana com sua astronomia e geometria." Para Maomé, "que deixou sua fé se espalhar pelo fogo e pela espada", continuou ela, "a introdução da poligamia era uma necessidade absoluta. De que outra forma ele poderia ter reunido soldados suficientes? O fato de que esses pontos sempre foram interpretados como sintomas de atraso e barbarismo é apenas mais uma prova da triste mesquinhez das igrejas cristãs".[296]

Nos círculos do partido, muitos se referiam a Hess como "o iogue do Egito", devido não apenas a seu exótico local de nascimento, mas também a seu fascínio pelas religiões asiáticas, adquirido por meio de seu mentor, o japonólogo Karl Haushofer.[297] Hess compartilhava o desejo de Haushofer de fortalecer os laços da Alemanha com a Ásia por meio da emulação da "unidade mística do xintoísmo com a natureza, os ancestrais e os governantes, em torno de uma reverência ao divino e obediência incondicional" ao imperador, "que era visto como um descendente direto do rei sol".[298] Hess ao que tudo indica leu o Alcorão, que recomendou a Himmler, e estava amplamente imerso em ideias extraídas do hinduísmo e do budismo por meio da antroposofia.[299] De acordo com o SD, ele promoveu o esotérico nazista Edgar Dacqué a um cargo de alto escalão no Ministério da Educação devido a seu amplo conhecimento da "filosofia indiana e ideias orientais" derivadas da "teosofia e antroposofia".[300]

Darré era igualmente apaixonado pelas religiões do leste asiático.[301] Assim como Himmler, ele investiu nas ideias orientais de reencarnação e culto aos ancestrais, citando Confúcio e Steiner sobre a importância da "sabedoria oriental".[302] Darré observou com admiração a "santíssima trindade" que sustentava a religião chinesa: o "campesinato, o culto aos ancestrais e o dever de produzir uma progênie masculina que, em algum momento, deveria servir no túmulo do ancestral". Esta última tradição havia preservado a "vida duradoura e *völkisch* do povo chinês neste mundo".[303] Em uma linguagem típica do budismo, Darré também falou sobre o objetivo da humanidade de obter harmonia espiritual com o "mundo divino",[304] e, com relação ao xintoísmo japonês, especulou em seu diário que a "classe nobre dos japoneses [era] de origem ariana". Repetindo Günther, Wüst e Hauer, disse também que "a religião xintoísta é provavelmente a antiga religião pagã ainda autêntica dos alemães. Há semelhanças notáveis, por exemplo, entre o pagode japonês e uma igreja norueguesa tradicional."[305]

É claro que Himmler estava entre os consumidores mais fervorosos, embora ecléticos, das religiões orientais. Ele com frequência invocava "a sabedoria das figuras religiosas indianas",[306] citando o *Arthashastra* [Manual de política] hindu e afirmando que o hinduísmo era instrutivo no que dizia respeito a ensinar a equilibrar o prazer (*kama*) com preocupações morais (*dharma*) e práticas (*artha*).[307] O Reichsführer também circulava por toda parte com seu próprio exemplar do Bhagavad Gita, comentando sobre os paralelos entre Hitler e Krishna.[308] Seguindo uma tradição de décadas na indologia alemã, Himmler comparou a consciência racial heroica da casta guerreira ariana-hindu e xátria no Gita e no Mahabharata com as tradições descritas na *Edda* e na *Canção dos nibelungos*. Assim como Roma havia eliminado os cátaros, que preservavam as tradições da religião indo-ariana, Himmler acreditava que a "degradação dos xátrias era um ato de vingança dos sacerdotes brâmanes, a fim de eliminar os 'iogues guerreiros' como perigosos rivais".[309]

As ideias hindus de carma e reencarnação também eram temas favoritos, que Himmler, Rahn e outros viam representados no luciferianismo cátaro.[310] Ao emular as práticas religiosas orientais, Himmler achava que "poderia penetrar diretamente no mundo dos ancestrais germânicos" e "reencarnar".[311] "Os povos indo-germânicos", explicou ele, "acreditam no renascimento. A vida não termina com uma única experiência. As boas e más ações que o homem pratica neste mundo afetam sua próxima vida na forma de seu carma, que não é um destino inexorável". As crenças indo-germânicas, continuou Himmler, não implicam "nenhuma rendição à graça divina, mas o conhecimento de que o que fazemos nesta terra inevitavelmente testemunhará contra ou a nosso favor. Mas temos a chance de alterar o destino por meio de nossos próprios esforços em uma nova vida".[312]

As preocupações religiosas de Himmler também incluíam o budismo. Embora não fosse um budista praticante, Himmler seguia alguns de seus princípios, inclusive o vegetarianismo, e admirava a adesão mais séria de seu astrólogo Wilhelm Wulff aos princípios budistas.[313] Por razões semelhantes, ele elogiava seu massagista homeopata, Felix Kersten, a quem se referia como seu "Buda mágico", por conta da formação de Kersten em terapia manual chinesa.[314]

Inspirado pelo taoismo, pelo budismo e pelo confucionismo chineses, Himmler, enquanto isso, tentou estabelecer dentro da ss um culto de adoração aos ancestrais, de "imortalidade terrena", que equiparou à perpetuação do *Volk*. "Devo dizer que essa crença tem tanto a seu favor quanto muitas outras", ele escreveu. "Ela não pode ser provada pelos métodos da ciência exata mais do que o cristianismo, os ensinamentos de Zaratustra, de Confúcio e assim por diante. Mas possui uma grande vantagem: uma nação que crê na reencarnação e reverencia seus ancestrais — e, portanto, a si mesma — sempre tem filhos, e desse modo vida eterna."[315] Por essas razões, Himmler incentivou seus especialistas em Tibete a pesquisarem sobre a civilização perdida de Shambala e ordenou que o sucessor de Heydrich como chefe do sd e da Gestapo, Ernst Kaltenbrunner, exportasse o budismo para os territórios ocupados.[316]

Assim como Hitler, Darré e outros, as afinidades religiosas indo-arianas de Himmler incluíam o xintoísmo japonês. Ele queria que a ss inculcasse os valores do samurai japonês, tendo contribuído com o prefácio do livro de Heinz Corazza, *Die Samurai: Ritter des Reiches in Ehre und Treue* [Os samurais: Cavaleiros imperiais leais e honrados]. Em "tempos distantes, o povo do Extremo Oriente possuía o mesmo código de honra seguido por nossos pais em um passado que foi logo destruído", escreveu Himmler, concluindo que "com frequência são as minorias do mais alto calibre [como os membros da ss e os samurais] que dão vida eterna a uma nação em termos terrenos".[317] Em suma, Himmler passou a acreditar, assim como Wüst, "que as elites da Ásia — os sacerdotes brâmanes, os chefes mongóis e os samurais japoneses — descendiam todas de antigos conquistadores europeus".[318] Por fim, ele via o islã como uma religião nobre com admiráveis virtudes raciais e marciais,[319] e ordenou que a ss fizesse um esforço sincero para traçar paralelos entre textos germânicos antigos como a *Edda* e o Alcorão, que ele leu com interesse, a fim de propagar a ideia de uma herança racial e espiritual indo-ariana comum entre alemães, árabes e persas.[320] Em um discurso para uma divisão voluntária de tropas islâmicas recrutadas para as Waffen-ss, Himmler declarou que os alemães "eram amigos do islã com base em convicções". E acrescentou: "Nós, alemães, e vocês, muçulmanos, compartilhamos o sentimento de gratidão ao destino pelo fato de Deus Todo-Poderoso — vocês dizem Alá, mas é claro que é a mesma coisa — ter enviado o Führer ao torturado e sofrido povo da Europa".[321]

Ao ignorar as raízes obviamente "semíticas" da religião e civilização árabes, Himmler estava em um genuíno terreno científico fronteiriço. Afinal de contas, começamos esta seção com as especulações ariosóficas de Dingfelder, Schrönghamer-Heimdal, List, Fritsch e Dinter — até mesmo do próprio Hitler —, e todos eles insistiam que Jesus era de fato um ariano, parte de um povo protoariano cananeu ou aramaico que havia precedido os judeus.[322]

Em seu livro *German Orientalism in the Age of Empire*, a historiadora Suzanne Marchand sugere que os intelectuais alemães eram mais sensíveis às culturas da Ásia e do Oriente Médio do que seus colegas britânicos e franceses. Ela afirma que, por meio do estudo do Oriente, os orientalistas alemães começaram a questionar a superioridade de suas próprias visões de mundo eurocêntricas e cristãs, o que levou a uma forma de "pensamento multicultural".[323]

Ao final deste capítulo, não devemos ter muita dúvida de que Marchand está certa, exceto pela ressalva de que até mesmo os nazistas precisam ser incluídos nesse grupo. Os líderes nazistas investiram tanto nas religiões indo-arianas quanto seus antepassados orientalistas. Dos Vedas, do Bhagavad Gita e do tantrismo hindu aos ensinamentos do lamaísmo tibetano, do xintoísmo japonês ao zen-budismo e ao bushido, uma notável variedade de influências religiosas asiáticas foi apropriada pelo Terceiro Reich "como formas expressivas do 'espírito ariano'".[324] Além disso, ao se deixarem "inspirar por mitologias, filosofias e práticas religiosas asiáticas, como o vedismo, a ioga, o budismo e o zen", os nazistas ajudaram a estabelecer "a base ideológica e religiosa para um Grande Império", tópico que abordaremos no capítulo 7.[325]

DE ACORDO COM O BIÓGRAFO de Himmler, Peter Longerich, o esboço principal do quadro religioso e ideológico do Reichsführer era claro: "a restauração de uma espiritualidade descristianizada e germânica" por meio dos "mitos de Atlântida e do Tibete" e "da cosmogonia glacial/astrologia/astronomia".

Através dessa mistura de história e mito, paganismo germânico, reencarnação e ocultismo, combinados com teorias esotéricas da criação, "foi criada uma verdadeira religião substituta".[326] Certamente Himmler investiu mais nessa concepção específica de uma "religião substituta" do que Hitler, Goebbels ou mesmo Rosenberg. Entretanto, como sugerem as evidências deste capítulo, muitos, talvez a maioria dos líderes nazistas, compartilhavam alguns ou todos os elementos descritos por Longerich.

O pensamento religioso nazista incluía um anticristianismo fundamental, que separava o nazismo de outros movimentos fascistas. Quer se tratasse dos camisas-negras de Mussolini, da Action Française ou dos falangistas de Franco, a maior parte dos movimentos fascistas, embora focados em subordinar o cristianismo ao Estado, eram ideologicamente ambivalentes, até mesmo simpáticos, em suas atitudes em relação à Igreja.[327] O mesmo não pode ser dito do Terceiro Reich, e menos ainda do nazismo. A hostilidade inerente dos nazistas ao cristianismo como rival ideológico e sociopolítico foi o que estimulou suas tentativas de encontrar uma alternativa ariano-germânica adequada.

Essa alternativa nunca teve a intenção de se tornar uma religião estatal. Como disse Rosenberg, "o nacional-socialismo está acima de todas as denominações e engloba todas elas, incorporando-as à essência da germanidade".[328] É por isso que Rosenberg, Hitler e Himmler tiveram o cuidado de não se tornar muito prescritivos. Desde que essas alternativas religiosas e espirituais pudessem "garantir a estabilidade da formação da vontade alemã e, portanto, a liderança política", não havia necessidade de se intrometer na superstição e na crença cotidianas.[329] A introdução de vários feriados pagãos e nacional-socialistas no calendário alemão indica menos o desejo de criar uma nova religião do que reviver e explorar as tradições ariano-germânicas e indo-arianas existentes no imaginário sobrenatural nazista.[330]

Sem dúvida, o Terceiro Reich jamais conseguiu, em seus doze curtos anos de vida, substituir o cristianismo como o sistema de crenças mais importante da Alemanha. Os nazistas fizeram incursões substanciais, mas a grande maioria dos alemães permanecia protestante ou católica em 1945, ou pelo menos assim o declarava.[331] Os próprios nazistas tampouco concordavam com a mistura precisa de elementos litúrgicos ou teológicos em sua busca por alternativas ao cristianismo, fossem o hermionismo ou o luciferianismo, o hinduísmo inspirado na antroposofia ou o budismo tibetano.

Todavia, esse ecletismo religioso, característico tanto do nazismo quanto do meio *völkisch*-esotérico no qual ele se baseou, mascara um consenso maior e mais importante.[332] Um número surpreendente de nazistas concordava, afinal, com o "vínculo sagrado entre o Führer e seus seguidores", com "a adoração de heróis e ancestrais, a comunicação animista com a natureza (animais, árvores, fontes de água), celebrações de cultos arcaicos" e "bandos de guerreiros masculinos". Um número quase igual trabalhou para estabelecer "um códice de símbolos indo-arianos (suástica, Irminsul)", que incluía a "res-sacralização de lugares sagrados (geomancia), ritos iniciáticos e a criação de locais de peregrinação".[333] Se muitas dessas tradições religiosas e mitológicas "pareciam caminhar em direções diferentes", observa George Williamson, todas serviam "ao propósito de forjar uma religiosidade nacional desejada pelo regime nazista".[334]

Parte III

7. O sobrenatural e a Segunda Guerra Mundial

Folclore e ciência fronteiriça na política externa, na propaganda e nas operações militares

Vemos o folclore como um apoio para a preservação de nossa própria nacionalidade [...]. Ele deveria eliminar o ultrapassado e nocivo modo de pensar de acordo com as sub-regiões [...]. Deveria mostrar [...] como a vida alemã contemporânea e o caráter alemão transbordaram [...] para o leste [...] que esses grupos tribais são sangue de seu sangue. E reiterar para os silesianos que seus irmãos de tribo estão em casa em todas as três regiões da Polônia.

ALFRED KARASEK, folclorista da ss (1935)[1]

Fui para a cama cedo. Passei um longo tempo lendo as profecias de Nostradamus, muito interessantes para nós hoje. Espero que o ousado comentário esteja certo. Então a Inglaterra não terá motivos para rir [...]. Falei [com Hitler] sobre as profecias. Considerando os tempos em que vivemos, elas são surpreendentes. O Führer está muito interessado.

JOSEPH GOEBBELS, registro no diário (23 de novembro de 1939)[2]

EM MARÇO DE 1940, Hans Bender, então o principal parapsicólogo da Alemanha, escreveu uma carta pessimista a Karl Krafft. Desde 1937, ambos haviam testemunhado as crescentes restrições ao ocultismo. Bender temia que essa repressão cada vez maior fosse exacerbada com a eclosão da guerra.[3] "Sobre as perspectivas das ciências fronteiriças em nossa geração", respondeu Krafft, tranquilizando o colega, "não sou tão pessimista quanto você. Sobretudo nos círculos governamentais", ele insistiu, "existe uma procura por pessoas" que "tenham algo a dizer" em termos de pesquisa científica fronteiriça.[4]

Krafft sabia do que estava falando. Em março de 1940, ele estava trabalhando em estreita colaboração com o Ministério da Propaganda de Goebbels e com os serviços de inteligência do Reich para produzir propaganda e empreender uma guerra psicológica contra os Aliados. Muitos de seus colegas, especialistas em astrologia e adivinhação, logo seriam recrutados também. A própria pesquisa científica fronteiriça de Bender, como vimos no capítulo 5, começou a receber patrocínio oficial somente durante a guerra. Pois, assim como o conflito liberou energias econômicas anteriormente reprimidas, ele também levou a uma maior disposição nazista para experimentar e explorar as ciências fronteiriças no interesse da política externa, da propaganda e da ciência militar.[5]

Por um lado, a gênese e o curso da Segunda Guerra Mundial têm pouco a ver com o pensamento sobrenatural. A guerra foi uma consequência dos esforços agressivos do Terceiro Reich para alterar o resultado do Tratado de Versalhes, obter recursos e conquistar espaço vital (*Lebensraum*) no leste da Europa.[6] No entanto, quando analisamos de perto as justificativas ideológicas e a implementação desses objetivos, encontramos muitas maneiras pelas quais o folclore e as ciências fronteiriças influenciaram a política externa nazista.[7]

Como nos lembra George Mosse, o folclore e a mitologia ajudaram a criar o "sonho de um Reich" que ainda não havia sido alcançado.[8] Esse sonho de inspiração sobrenatural tornou-se realidade pouco a pouco após 1933, quando o Terceiro Reich apropriou-se deliberadamente do folclore e das ciências fronteiriças para justificar a agressão militar e a expansão territorial.[9] Elementos da religião e da mitologia indo-arianas, extraídos do imaginário sobrenatural, também informaram as concepções nazistas de geopolítica e os esforços para cultivar alianças com potências asiáticas e do Oriente Médio.[10]

Em vez de se basear em avaliações práticas de risco e recompensa, Hitler com frequência recorria à própria intuição para tomar decisões de política externa e apelava ao inconsciente coletivo do povo alemão para vender suas políticas agressivas.[11] Em apoio à política externa do Führer, baseada na fé, o Ministério da Propaganda e o Ministério das Relações Exteriores empregavam astrólogos e adivinhos profissionais para produzir propaganda em tempo de guerra voltada tanto para os Aliados quanto para o público alemão. Por fim, o Terceiro Reich utilizou o ocultismo e as ciências fronteiriças para reunir informações militares, procurar navios de guerra inimigos e treinar

O sobrenatural e a Segunda Guerra Mundial 273

soldados nazistas. A Segunda Guerra Mundial não foi causada nem dirigida principalmente por projetos ocultistas. Mas muitos aspectos da guerra foram influenciados ou determinados pelo folclore, pelas ciências fronteiriças e pelo imaginário sobrenatural nazista mais amplo.

Folclore, ciências fronteiriças e geopolítica, 1933-9

Em 1930, o futuro folclorista da ss, Alfred Karasek, publicou um artigo na popular revista *Volk und Rasse* intitulado "Sobre o folclore dos alemães dos Cárpatos". Ele observou que o folclore poderia servir como uma espécie de genética cultural, indicando as origens étnicas e as reivindicações territoriais de uma determinada nacionalidade.[12] A folclórica tradição dos "caçadores selvagens", que surgem à noite para se vingar de seus opressores (provavelmente a inspiração para o cavaleiro hessiano sem cabeça de Washington Irving), estava disseminada em toda a Europa Central de língua alemã.[13] No entanto, sugeriu Karasek, essa tradição era mais forte em regiões inseguras nas quais os alemães haviam sofrido séculos de violência de seus vizinhos eslavos.[14] Quaisquer que fossem as vicissitudes da história, ele explicou, permanecia uma "imutabilidade típica da tradição etnocultural".[15]

Para os alemães no período entreguerras, o folclore não era uma mera coleção de histórias infantis. Como observou o filósofo de esquerda Ernst Bloch no início da década de 1930, o significado alegórico das sagas havia sido colocado em ação por pensadores *völkisch* para "inferir visões pequeno-burguesas de grande estilo e depois usar os contos folclóricos, sem provas reais, de forma 'científica natural'". Esses contos se tornaram os "eventos históricos mundiais" para aqueles sem instrução, fomentando "opiniões apocalípticas na pequena burguesia — uma fantasia vulgar". O pensamento mágico floresceu "na cidade e no campo de forma mítica", semeando "total confusão".[16]

Nascido nos Sudetos, a cadeia de montanhas que separa a Alemanha da Polônia, Karasek pode ter tido um interesse especial em utilizar contos folclóricos para justificar a reincorporação de alemães étnicos ao Reich.[17] E, no entanto, ele era apenas mais um entre milhares de antropólogos, historiadores e geopolíticos *völkisch* que, como sugere Bloch, utilizaram o folclore e a ciência fronteiriça indo-ariana como um meio de "mostrar ao

274 *Parte III*

mundo a missão do povo alemão", antecipando "o caminho da destruição, mesmo antes que os folcloristas se tornassem instrumentos para a legitimação acadêmica" do projeto imperial nazista.[18] Se praticamente todas as ciências sociais e humanas foram alistadas nesse projeto, nenhuma ficou tão entrelaçada com os sonhos nazistas de império quanto a etnologia e os estudos de folclore (*Volkskunde*).[19]

Folclore e império

A exploração prática do folclore e da ciência fronteiriça na política internacional foi definida nas últimas décadas do Império Guilhermino e nos primeiros anos da República de Weimar. A crença quase mística no *Lebensraum*, como vimos no capítulo 1, foi extraída de geopolíticos nazistas como Karl Haushofer, por meio de seu mentor Friedrich Ratzel.[20] Em suas premissas científicas fronteiriças e maleabilidade geopolítica, o *Lebensraum* justificava praticamente qualquer intervenção alemã na Europa Central e Oriental, fornecendo ao mesmo tempo uma base "científica" importante para o ressurgimento do interesse antropológico no folclore alemão.[21] O mesmo aconteceu com os movimentos do final do período guilhermino, como a antroposofia e a ariosofia, que ofereciam uma visão indo-ariana de raça e espaço que ajudou a alimentar as concepções de império do pós-guerra.[22] Após a Primeira Guerra Mundial, essas tradições científicas fronteiriças se encaixaram perfeitamente com o racialismo nórdico de Hans Günther e com as "deliberações imperialistas dos novos especialistas no Oriente".[23]

No período entreguerras, vários folcloristas argumentaram que as fronteiras de Weimar não constituíam os limites naturais do território alemão.[24] Em vez disso, em seus estudos, eles se concentraram em destacar uma "rede de localidades" e "ilhas de fala" alemãs (*Sprachinseln*) fora do Reich. A unificação de todos esses alemães étnicos e seus territórios com o Reich tinha "importância política eminente".[25] Esses estudos foram complementados pelo "folclorismo de combate" de grupos paramilitares como a Wehrwolf, a Organização de Proteção e Defesa Alemã e a Liga Artamana, aos quais muitos nazistas pertenciam. Empregando slogans como "povo sem espaço" (*Volk ohne Raum*) e "camponeses guerreiros" (*Wehrbauern*), esses grupos inspiraram

O sobrenatural e a Segunda Guerra Mundial

uma geração de imperialistas nazistas, incluindo Himmler, Darré e Wolfram Sievers, diretor administrativo da Ahnenerbe.[26]

Após 1933, vários líderes nazistas recrutaram, incentivaram e recompensaram antropólogos, geopolíticos e historiadores que promoviam essas visões de raça e espaço.[27] O Gabinete Florestal do Reich, de Hermann Göring, por exemplo, encarregou seus funcionários de estudarem "todos os tipos de tradições 'ariano-germânicas'" que pudessem facilitar a expansão oriental e a "colonização interna".[28] Por motivos semelhantes, Hess promoveu o esotérico nazista Edgar Dacqué a uma cátedra na Universidade de Munique e a chefe de divisão no Ministério da Ciência, Educação e Cultura do Reich.[29] Como "mitólogo, intérprete do folclore e pesquisador", relatou o SD, normalmente cético, Dacqué havia "feito contribuições notáveis", transformando "folclore e mitos" em uma "fonte histórica [...] de igual valor à paleontologia e à geologia". A pesquisa de Dacqué era particularmente convincente, continuou o relatório, ao revelar "memórias reais [...] percepções mágicas da natureza [...] transmitidas ao longo de milhões de anos".[30] O fato de o absurdo científico de tais observações ter passado despercebido pela organização mais antissectária do Terceiro Reich indica o poder do pensamento científico fronteiriço nas concepções nazistas de raça e espaço.

Se Göring e Hess continuavam entusiasmados com os usos geopolíticos do folclore e das ciências fronteiriças, foram Himmler e Rosenberg que patrocinaram essas ideias com mais vigor. As indústrias de folclore "negro" (ss) e "marrom" (NSDAP) do Terceiro Reich eram lideradas, respectivamente, pela Ahnenerbe de Himmler e pelo Gabinete de Pesquisas Folclóricas de Rosenberg.[31] Assim como a Ahnenerbe, esse gabinete evoluiu de uma organização nazista anterior a 1933, a Liga de Combate pela Cultura Alemã. Depois de 1933, Rosenberg criou nove institutos diferentes voltados para o folclore, desde o Instituto Bávaro de Folclore até o Instituto de Berlim para o Folclore Alemão e o Gabinete de Folclore e Planejamento de Celebrações. Todos esses órgãos tinham a intenção de implementar estudos de folclore na política interna e externa.[32] Rosenberg foi auxiliado em seus esforços pelo arqueólogo Hans Reinerth, chefe da Associação do Reich para a Pré-História Alemã.[33]

Himmler havia criado o Gabinete Central de Raça e Colonização da ss em 1931, nomeando Darré como chefe. Sua missão antes de 1933, inspirada na Liga Artamana, era ajudar a produzir um campesinato nórdico leigo que pudesse recuperar e repovoar o território alemão no leste. Depois de 1935, agora com o apoio da Ahnenerbe, a missão do gabinete de Darré se expandiu e passou a incluir o esquadrinhamento do "passado alemão" em busca de conhecimentos antigos que pudessem ser usados para justificar a subjugação da Europa a seus novos "senhores arianos".[34] "Para mim, tanto faz qual é a verdade sobre a pré-história das tribos germânicas", escreveu Himmler. "A única coisa que importa, e para a qual essas pessoas estão sendo pagas, é produzir os tipos de pensamento sobre a história que fortalecerão nosso povo em seu tão necessário orgulho nacional."[35] Ao perseguir essa missão científica fronteiriça, a Ahnenerbe recebeu financiamento de agências acadêmicas respeitadas e doadores privados, além dos vastos recursos de Himmler como chefe da polícia alemã.[36]

A rivalidade ideológica e organizacional de longa data entre Rosenberg e Himmler se manifestou na competição entre o Gabinete de Pesquisas Folclóricas do primeiro e a Ahnenerbe do segundo. O Gabinete de Pesquisas Folclóricas estava indiscutivelmente mais concentrado em propagar o ângulo nórdico, a *Germanentum*, do que o *Ariertum* [arianismo] indo-europeu de Himmler e Walther Wüst.[37] Alguns membros da organização de Rosenberg atacaram a Ahnenerbe por sua abordagem excessivamente esotérica.[38] Os folcloristas da ss, por sua vez, acusaram Rosenberg de produzir trabalhos acadêmicos fraudulentos que minavam a "missão sagrada" dos estudos de folclore.[39]

Tanto Rosenberg quanto Himmler, entretanto, investiram no "negócio de criar mitos",[40] rejeitando a história acadêmica em favor de mitos irracionais que propagavam a ideologia pagã e *völkisch*.[41] E ambos tinham o desejo de nutrir a "alma popular alemã em sua totalidade" por meio de uma ênfase na pátria (*Heimat*), no culto aos ancestrais, no sangue e no solo.[42] Por isso, seus pesquisadores mais proeminentes "se dedicaram a distorcer a verdade [...] produzindo evidências cuidadosamente elaboradas para apoiar as ideias raciais de Adolf Hitler". Alguns "distorceram suas descobertas de modo consciente", enquanto outros "as distorceram sem se dar conta disso, sem perceber que suas visões políticas moldavam de forma drástica suas pesquisas".[43] Seja qual for a justificativa, os institutos de Rosenberg e Himmler se basearam em estudos folclóricos e na arqueologia de assentamentos para justificar reivindicações de territórios no Leste Europeu sem nenhuma base na realidade científica e nenhuma justificativa legal.[44]

O *sobrenatural e a Segunda Guerra Mundial*

Antes de 1939, esses esforços haviam se concentrado na construção de um senso de comunidade racial na Alemanha. Rosenberg e Himmler trabalharam em estreita colaboração com o líder da Juventude Hitlerista, Baldur von Schirach, o líder trabalhista Willy Ley e o ministro da Agricultura e Colonização, Walther Darré, para promover a ideia da unidade *völkisch*-orgânica. Na primavera de 1934, já havia 10 mil sociedades politicamente coordenadas e 4 milhões de pessoas sob a Liga do Reich para o Povo e a Pátria, que inculcou a ideia de uma "alma racial" orgânica na Juventude Hitlerista, na Liga das Jovens Alemãs, no Serviço de Trabalho do Reich e até mesmo na arte popular.[45] Esses grupos também ajudaram a propagar a importância do espaço vital, incluindo a suposição de que "os antigos assentamentos germânicos no leste da Europa validavam as reivindicações alemãs de soberania sobre as regiões povoadas por eslavos".[46]

No final da década de 1930, enquanto o Terceiro Reich se preparava para a guerra, esses esforços se tornaram mais deliberados e agressivos.[47] Em 1937, por exemplo, Himmler empreendeu um ataque de propaganda contra os arqueólogos eslavos por supostamente encobrirem e deturparem "antigos vestígios alemães".[48] Em julho de 1939, Otto Plassmann, editor da revista *Germania*, patrocinada pela Ahnenerbe, argumentou que a "política oriental" do rei saxão medieval Henrique I ("o Passarinheiro") fornecia um modelo histórico para "a criação e reconquista do espaço vital da raça alemã" na Europa Oriental.[49] Wüst, como presidente da Ahnenerbe, apresentou um caso semelhante. A Alemanha tinha o direito de invadir os Países Baixos, a Polônia, a França e a Iugoslávia com base não em "interesses materiais", mas nas "leis eternas registradas nas escrituras sagradas dos arianos há milhares de anos".[50]

Com a invasão alemã da Polônia em 1939, muitas dessas ideias inspiradas no folclore assumiram um "significado novo e mais urgente".[51] Himmler e Rosenberg entregaram "listas de compras arqueológicas" a seus folcloristas e historiadores com o objetivo de legitimar as ideias científicas fronteiriças sobre raça e espaço por meio da "pilhagem organizada de coleções de antiquários do Leste Europeu".[52] Os principais cientistas de fronteira, como Wüst, Reinerth, Günther e Teudt, foram fundamentais nesse sentido.[53] O mesmo aconteceu com um grupo maior de arqueólogos profissionais, incluindo estudiosos respeitados como Heinrich Harmjanz e Eugen Fehrle.[54]

Professor de etnologia na Universidade de Frankfurt, Harmjanz passou a liderar a divisão de pesquisa folclórica e antropologia da Ahnenerbe, que criou mapas altamente ambiciosos justificando a maior extensão da expansão alemã.[55] Fehrle, professor de etnologia e filologia na Universidade de Heidelberg, empregou as teorias raciais científicas fronteiriças de Günther a fim de justificar a expansão oriental e a regeneração racial do campesinato alemão.[56]

Enquanto Harmjanz e Fehrle estabeleceram um amplo consenso ideológico em relação às implicações geopolíticas da ciência fronteiriça inspirada no folclore, outros estudiosos buscaram pesquisas empíricas para justificar a expansão para regiões específicas. A chamada Nordmark (Escandinávia) foi uma dessas regiões.[57] Jürgen Hansen, professor de folclore e etnologia em Kiel, no estado de Schleswig-Holstein, argumentou que a "terra natal tribal, o habitat de uma tribo que se estabeleceu aqui desde tempos imemoriais", estava ligada ao povo nórdico "pela raça e pela história". As raízes dos alemães na pátria (*Heimat*) nórdica não eram "puramente físicas", mas "espirituais e emocionais".[58] Hansen também elogiou a crença popular nórdica "em demônios e magia" como exemplos de uma protorreligião pangermânica, o que ajudou a justificar a incorporação da Escandinávia ao Reich.[59]

Himmler e Rosenberg seguiram essas teorias com entusiasmo. Por meio de Reinerth, Wirth e Wüst — para não mencionar Rahn, Wiligut e Fehrle —, a Ahnenerbe e o Gabinete de Pesquisas Folclóricas patrocinaram várias expedições escandinavas,[60] e exploraram a outrora dinamarquesa (depois britânica) Helgoland a fim de determinar se a ilha era um resquício de Atlântida, apoiando as tentativas de reivindicar o estratégico território.[61] As viagens do finlandês Yrjö von Grönhagen entre 1936 e 1938 para investigar ritos mágicos em sua terra natal ajudaram a insinuar a extensão do Império Alemão para o norte.[62] A pesquisa patrocinada pela ss sobre o paganismo e o esoterismo ariano-germânico também serviu de ponte para o movimento colaboracionista na Noruega, onde, em 1942, Vidkun Quisling tornou-se ministro-presidente.[63] Em 1942, Himmler criou a Força-Tarefa Científica Alemã (Germanischer Wissenschaftseinsatz) com o objetivo explícito de "fortalecer a unidade ideológica com as nações nórdicas", abrindo filiais na Escandinávia e nos Países Baixos.[64]

Os estudos de folclore e a arqueologia de assentamentos foram fundamentais para o projeto expansionista também na região de Westmark, isto é, a Alsácia, a Holanda e partes da França. A interpretação de Herman Wirth da crônica fraudulenta de Oera Linda, inspirada no ocultismo, situou a fonte

O sobrenatural e a Segunda Guerra Mundial

da religião protoalemã na Holanda.[65] Ernst Anrich, esotérico da ss e reitor de Humanidades na Universidade do Reich de Estrasburgo, presumiu que a "pesquisa ocidental" (*Westforschung*) científica fronteiriça empreendida por sua instituição ajudaria a justificar a integração da Alsácia, da Lorena, de Luxemburgo e da Holanda em um Grande Império Germânico.[66] O trabalho de Assien Bohmers sobre o caráter supostamente nórdico das gravuras rupestres dos Cro-Magnon ajudou a justificar a expansão nazista para a região do sul da França que Otto Rahn alegava ser o lar de uma religião cátara ariano-germânica.[67]

Enquanto isso, as contribuições desses cientistas de fronteira repercutiam além da ss.[68] Goebbels chegou a recrutar o historiador Plassmann, da Ahnenerbe, para trabalhar em seu Plano Holanda, que visava "germanizar" os Países Baixos.[69]

Himmler, Rosenberg e Göring também financiaram viagens à Itália e à Grécia motivadas por questões de "pré-história". Os arqueólogos Franz Altheim e Erika Trautmann, afiliados à ss e patrocinados por Göring, coletaram vários glifos a fim de legitimar sua teoria de que as guerras do Império Romano haviam sido definidas por uma luta entre "povos indo-germânicos do norte" e "semitas do Oriente".[70] O historiador de arte silesiano Josef Strzygowski e o classicista nazista Hans Schleif trabalharam de maneira criativa para estabelecer vínculos religiosos, culturais e raciais entre o Império Greco-Romano e o Império Nórdico Alemão.[71] Para não ficar para trás, Rosenberg enviou Reinerth para o sul da Europa a fim de encontrar provas de assentamentos arianos anteriores à civilização grega e romana.[72]

Os estudiosos nazistas invocaram lendas míticas e o "culto extático" do folclore para justificar a incorporação de grande parte do antigo Império Habsburgo (Sudostmark).[73] Altheim e Trautmann usaram suas expedições para desenvolver laços com os fascistas romenos e preparar o caminho para possíveis incursões nazistas na Grécia e na Turquia,[74] em um projeto auxiliado pelos esforços de propaganda de místicos fascistas, como Julius Evola, cuja "doutrina ariana da guerra santa" contra o bolchevismo, os judeus e outras raças sub-humanas era voltada diretamente para os fascistas da Itália e da Romênia.[75] Na época em que prestaram auxílio militar aos italianos na Grécia, na primavera de 1941, os nazistas já haviam desenvolvido argumentos científicos fronteiriços para a extensão do Império Alemão para o sudeste da Europa.

O que os acadêmicos convencionais afirmaram sobre a pesquisa de Altheim — que era baseada em evidências insuficientes e alimentada por uma fé mística na superioridade racial alemã — aplicava-se duplamente aos acadêmicos nazistas que operavam na Europa Oriental.[76] O folclorista de Greifswald, Lutz Mackensen, relacionou o mundo dos espíritos e dos fantasmas à política de fronteira alemã na região polonesa do Wartheland, onde Himmler planejava deslocar os eslavos e estabelecer os alemães.[77] A pesquisa pré-histórica de Harmjanz entre novembro de 1939 e outubro de 1940 justificou ainda mais os intercâmbios populacionais entre o Wartheland e os países bálticos.[78]

O mesmo poderia ser dito de grande parte da "pesquisa" folclórica de Karasek. Tomando as supostamente assombradas montanhas dos Cárpatos como estudo de caso, ele observou que os grupos dissidentes alemães, separados há muito tempo, jamais haviam abandonado sua pureza etnorracial, o que poderia ser interpretado por meio da comparação com os contos folclóricos etnicamente "estranhos" dos eslavos. Recuperar e preservar o folclore germânico ajudaria a reconstituir a raça e o império alemão na Europa Central e Oriental.[79]

Depois de Karasek, as revistas *Sudetendeutschen Zeitschrift für Volkskunde* (de Gustav Jungbauer) e *Beiträge zur Sudetendeutschen Volkskunde* promoveram a ideia de que a região de língua alemã da Tchecoslováquia, os Sudetos, pertencia ao Reich.[80] O estudo do folclore alemão dos Sudetos, argumentou Jungbauer, servia à missão de angariar território para um "povo sem espaço".[81] Himmler e Rosenberg patrocinaram pesquisas de mesmo tipo em lugares tão distantes quanto a Bulgária, a Sérvia, a Croácia, o sul da Rússia e até mesmo o Cáucaso.[82]

A promoção da pré-história esotérica no interesse da expansão imperial e da colonização do leste nunca se limitou aos folcloristas acadêmicos. Nos bastidores, encontramos Himmler, Rosenberg e o governador-geral da Polônia, Hans Frank (ex-membro da Sociedade Thule), discutindo ansiosamente a procedência da obscura "ponta de lança de Kovel" com o runologista da ss Wolfgang Krause. Descoberta no século XIX no que hoje é o noroeste da Ucrânia, o artefato foi roubado de seu proprietário polonês pelos nazistas em 1939. Em meio à ofensiva da primavera de 1942 contra a União Soviética, todos os quatro nazistas concordaram que a ponta de lança fornecia evidências de assentamentos protogermânicos na Volínia — o Wartheland alemão

O sobrenatural e a Segunda Guerra Mundial

281

— e, portanto, justificava o reassentamento alemão e a expulsão de judeus e eslavos da região.[83]

Os motivos imperialistas do Terceiro Reich também eram extremamente públicos e abertamente didáticos. Enquanto Himmler, Frank e Rosenberg realizavam sua discussão científica fronteiriça sobre a ponta de lança de Kovel, por exemplo, o arqueólogo-chefe de Rosenberg foi convidado a contribuir com um artigo que resumia esses esforços para o principal jornal do Terceiro Reich, o *Völkischer Beobachter* ("Tarefa de pesquisa para o professor Reinerth: Pesquisa pré-histórica e de história primitiva no território oriental ocupado").[84] Karasek, por sua vez, foi acusado de espionagem durante suas viagens de "pesquisa" pela Europa Oriental e acabou sendo expulso da Polônia.[85] Com a eclosão da guerra, Reinerth, Karasek e outros tiveram que literalmente forçar seu retorno aos arquivos do Leste Europeu e aos sítios arqueológicos.[86] As consequências dessa "pesquisa" em termos de raça e espaço, como veremos no capítulo 8, foram significativas. Mas os sonhos imperiais nazistas não pararam nas fronteiras da Europa Oriental. Eles se estenderam até o Oriente.

Indo-arianismo e geopolítica

Segundo o "estado atual de todo o nosso conhecimento pré-histórico", escreveu Walther Wüst, presidente da Ahnenerbe, "os indo-germânicos eram tribos raciais" de "língua indo-germânica e raça primordialmente nórdica" que "se forçaram a conquistar cinturões de poder além das grandes cadeias de montanhas — Alpes, Cárpatos, Cáucaso, Urais, Himalaia — e se dividiram em distintos grupos étnicos". Talvez, admitiu Wüst, eles não possuíssem "o que hoje chamamos de império".[87] Apesar disso, era possível perceber a "relação elementar" entre todos os indo-alemães ao longo do tempo, o que provava que eles eram os naturais "governantes do mundo" (*Welthersscher*).[88] Citando Jakob Wilhelm Hauer, Wüst explicou que esse novo Reich indo-germânico não era "um reino, nem um Estado", mas "uma unidade de suporte e de vida, uma espiritualização aperfeiçoada de uma comunidade de sangue e cultura [...] ancorada na realidade" e, ao mesmo tempo, "não deste mundo!".[89]

O império dos "antigos arianos" imaginado por Wüst se estendia da Islândia, no noroeste, até a Pérsia e o norte da Índia, no sudeste. Ele teria declinado devido à miscigenação racial com "semitas" e "africanos", que "minaram o estado da raça dominante e seus princípios fundamentais, o sangue e o solo".[90] De qualquer forma, embora dividido por séculos, o povo indo--germânico poderia um dia se reunir para restaurar o antigo "império".[91] Embora altamente fantasioso, o relato de Wüst sobre as "cosmocracias arianas da Índia e da Pérsia" ajudou a alimentar o projeto imperial nazista. Se os antigos indo-arianos eram colonizadores naturais cuja pegada racial e espiritual se estendia além do continente europeu, o mesmo deveria se aplicar ao Terceiro Reich.[92]

Com base nessa afinidade com os outrora grandes impérios indo-arianos, os pensadores *völkisch*-esotéricos viam os alemães como um povo "colonizado" que travava a mesma luta da Índia e da Pérsia contra a França, a Grã-Bretanha e a Rússia soviética. Muitos orientalistas, ocultistas e, por fim, nazistas alemães viam seus irmãos indo-arianos como importantes aliados na oposição aos Estados imperialistas liberais e comunistas.[93] "Os pensadores nacionalistas da Alemanha e da Índia", escreve Kris Manjapra, viam um ao outro como "representantes holísticos visionários" de uma "nova ordem mundial".[94] Ernst Bloch também reconheceu esse parentesco entre nazistas e anticolonialistas em termos de sua mútua "busca de falsas utopias". Como a oposição ao colonialismo britânico e francês "uniu os pensadores nacionalistas 'desfavorecidos'", conclui Manjapra, "alemães e indianos geraram potenciais para a libertação, para a construção de solidariedade, para a retaliação, para o jingoísmo e até mesmo para o genocídio".[95]

Hitler foi claramente influenciado por essas concepções indo-arianas de geopolítica. No início da década de 1920, Karl Haushofer o apresentou pela primeira vez a essas ideias.[96] Uma década depois, Hitler assistiu a palestras de Hans Günther, que afirmava que os arianos haviam lançado seu primeiro ataque à Ásia mais de dois milênios antes de Cristo. Alguns teriam conseguido chegar ao Japão e à China, tornando-se nobres, razão pela qual as aristocracias chinesa e japonesa possuíam traços nórdicos, como "um crânio decididamente longo e pele quase branca, às vezes combinada com belos traços europeus". O restante dos arianos atravessara o Cáucaso rumo à Índia. Lá, eles criaram um sistema de castas a fim de proteger sua linhagem, e "um jovem e rico casal nórdico deu à luz um príncipe Buda".[97] Essas concepções indo-arianas sustentaram a aliança de Hitler com o Japão e ajudam a explicar seus planos

O sobrenatural e a Segunda Guerra Mundial

283

sobre a criação de um império mundial, incluindo uma ferrovia da costa francesa até a Manchúria.[98]

As alegações fantásticas sobre as origens nórdicas da civilização asiática também causaram profunda impressão em Himmler, que estava "ansioso para descobrir provas arqueológicas concretas desses conquistadores de 'cabelos dourados'".[99] Himmler acreditava que os antigos emigrantes de Atlântida haviam fundado uma grande civilização na Ásia Central, com uma capital chamada Obo, citando a crença do nacionalista japonês Oshima em uma teoria semelhante.[100] De acordo com Himmler, as "elites da Ásia — os sacerdotes brâmanes, os chefes mongóis e os samurais japoneses [...] descendiam dos antigos conquistadores europeus".[101] Essas concepções científicas fronteiriças da civilização indo-ariana claramente influenciaram seu desejo de instituir um "império mundial germânico" unido pela "germanidade ariana".[102]

Vários funcionários de nível médio do partido e pesquisadores da ss estabeleceram conexões semelhantes.[103] Em um artigo intitulado "O mistério do graal e a ideia de império", o místico italiano Julius Evola, patrocinado pela ss, invocou uma combinação de ciência fronteiriça indo-ariana e ocultista-graálica a fim de defender o domínio do Eixo sobre o globo.[104] Sievers, Himmler e Wüst demonstraram interesse nos argumentos de Evola, incluindo sua sugestão de que o Santo Graal representava uma "arma" em uma "guerra secreta" contra os "agentes das trevas" judeus.[105] Wüst, em especial, considerou sua "justificativa metafísica da guerra imperialista" em bases indo-arianas perfeitamente exemplar.[106]

De fato, a ss contemplava um império global dominado pelos alemães e dividido em tribos indo-arianas.[107] Himmler patrocinou a pesquisa de Edmund Kiss sobre as possibilidades de colonização protoariana da América do Sul e da África por motivos semelhantes.[108] Enquanto isso, Otto Huth, especialista em teologia da Ahnenerbe, chegou a argumentar que os habitantes das Ilhas Canárias eram uma linhagem pura da raça nórdica que havia preservado as práticas religiosas arianas até ser convertida à força pelos espanhóis judaizantes. Suas afirmações duvidosas eram baseadas em restos mortais mumificados que mostravam que os habitantes das ilhas Canárias tinham cabelos loiros — obviamente descoloridos. Mas a Ahnenerbe demorou a rejeitar tais descobertas.[109]

De forma ainda mais fantástica, os pesquisadores da ss Frenzolf Schmid e Günther Kirchoff justificaram o império global com base na suposição de que a Alemanha e a Áustria estavam no centro de uma vasta rede geomântica de "pontos de referência". Esses pontos, segundo eles, carregavam energias subterrâneas substanciais e já haviam unido antigas civilizações indo-arianas. Se a ss não conseguisse vencer a corrida armamentista mágica, aprendendo a aproveitar essas energias, então o Terceiro Reich cederia o campo para as potências aliadas, lideradas por judeus, bolchevistas e jesuítas.[110]

A mais poderosa dessas teorias se concentrava na Índia. De Hartmann e Hübbe-Schleiden a Steiner e Lanz von Liebenfels, de Lagarde e Chamberlain a Günther, Hauer e Wüst, o fascínio pela Índia e pelo Oriente definiu as visões *völkisch*-esotéricas sobre raça e geopolítica.[111] Günther, Wüst e Hauer viam a Índia como uma "terra colonial indo-germânica" colonizada por povos indo-arianos supostamente "originários do Ártico e da Europa Central".[112] A Índia, de acordo com Wüst, era um "país das maravilhas" sobre o qual fluía "o símbolo solar da suástica".[113] O livro de Hauer de 1932, *Indiens Kampf um das Reich* [A luta da Índia pelo Império], argumentava ainda que o "Oriente e o Ocidente" tinham como "centro espiritual da tempestade [...] a Índia e a Alemanha". Himmler também adotou esse ponto de vista, insistindo que "nós, alemães, já devemos, por sentimento de justiça, ter a maior simpatia pela luta emancipatória dos indianos".[114]

Com o aumento das tensões internacionais na década de 1930, a Índia passou a desempenhar um papel cada vez mais estratégico nos preparativos diplomáticos e militares nazistas.[115] Os nazistas apoiaram por exemplo Subhas Chandra Bose, indiano combatente pela liberdade que defendia a ideia de uma "síntese entre o socialismo e o fascismo". Em 1943, ao ser enviado de volta à Índia em um submarino para trabalhar no movimento de liberdade indiano, Bose escreveu a Himmler "em nome do movimento nacional de liberdade indiano", expressando um "sentimento de verdadeira associação na luta comum pela liberdade e pela vitória". Himmler respondeu que compartilhava esse sentimento "da mesma forma em relação a você e à luta pela liberdade que você lidera para o povo indiano".[116]

Já para os tibetanos, o relacionamento positivo com o Terceiro Reich surgiu de uma busca amplamente pragmática por um poderoso aliado europeu contra a China. Do lado alemão, esse relacionamento foi alimentado pelo menos no mesmo grau pelo esoterismo indo-ariano.[117] O Terceiro Reich retratou a expedição de Ernst Schäfer ao Tibete não como um típico colonialista europeu explorando um país exótico. Tratava-se de mais uma ocasião para os alemães restaurarem os laços com seus primos raciais e espirituais, para os quais "o antigo símbolo indo-ariano da suástica" era "o símbolo máximo da felicidade".[118] O próprio cônsul-geral da Alemanha em Calcutá citou essa estranha mistura de ciência, religião e política ao explicar a Himmler por que Schäfer e seus homens estavam tendo problemas para obter vistos de entrada dos britânicos.[119]

É bem verdade que, após o início da guerra, Himmler encarregou Schäfer de uma missão diplomática e militar secreta para ajudar a construir as alianças da Alemanha no Extremo Oriente — o chamado "bloco continental" — por meio da então aliada Rússia.[120] Himmler queria que Schäfer e um pequeno pelotão de tropas armadas da ss também provocassem tumultos contra os britânicos no Tibete.[121] Schäfer, por sua vez, insistiu que seu documentário, *Geheimnis Tibet*, "não seria um filme qualquer. Ele refletiria exatamente o que considero meu objetivo ideal há mais de dez anos", isto é, adquirir "o espaço vital da Ásia Central que é tão essencial para nós", com base nas leis da natureza e na luta racial indo-ariana.[122]

Esse fascínio pelo Tibete nos leva ao pan-asiatismo mais geral dos nazistas. Himmler e seus ocultistas rúnicos foram atraídos pelo Tibete devido à sua "posição entre os grupos raciais mongol e europeu". Isso significava que o Tibete poderia desempenhar um "papel significativo em uma federação pan-mongol de Estados" sob a égide da Alemanha e do Japão.[123] A facilidade das negociações entre o Terceiro Reich e o Tibete, observou Schäfer, era facilitada pelo fato de que "nós, alemães, fomos a primeira nação branca a estender a mão para um povo asiático, ou seja, os japoneses".[124]

Wüst explicou que os japoneses eram "companheiros de sofrimento" racial com os quais seria possível desenvolver uma aliança contra as "democracias exploradoras anglo-saxônicas" e o "capitalismo mundial judaico".[125] Gerda e Martin Bormann discutiram a aliança do Eixo com o Japão em termos semelhantes, no contexto da ascendência indo-ariana mútua e da superioridade racial.[126] O gabinete de relações exteriores do sp inaugurou um Instituto do Leste Asiático (bem como uma "Comunidade de Trabalho Indiana") para construir essas conexões com o Japão.[127] Não surpreende que as Leis de Nuremberg tenham sido modificadas no final da década de 1930 de modo a não envolver os asiáticos do leste.[128]

Naturalmente, Hitler e o mentor de Hess, Karl Haushofer, argumentaram que a Alemanha e o Japão tinham o direito mútuo de expandir seu espaço vital às custas dos impérios ocidentais e até mesmo por meio da guerra, se necessário.[129] Os japoneses eram uma "raça de elite", de acordo com Haushofer, que valorizava a criação adequada e os valores marciais.[130] O império do Japão, portanto, constituía o perfeito "intermediário entre o Oriente e o Ocidente".[131] Haushofer também proclamou que "o maior e mais importante ponto de inflexão geopolítico de nosso tempo é a construção de uma Europa poderosa como parte de um bloco continental abarcando o norte e o leste da Ásia".[132] A influência de Haushofer talvez explique por que Hitler modificou seus sentimentos mornos em relação aos japoneses, tal como expressado inicialmente em *Minha luta* (onde ele se referiu aos nipônicos como "portadores de cultura" em vez de "criadores de cultura", como os alemães). Na época da Segunda Guerra Mundial, Hitler considerava os japoneses uma raça indo-ariana "altamente cultivada", que havia preservado sua pureza em uma "luta sangrenta contra os asiáticos da Mongólia".[133]

De acordo com muitos nazistas, os japoneses e os alemães compartilhavam o mesmo "espírito militar altamente desenvolvido da experiência da frente de batalha e o mesmo tipo de camaradagem", que haviam culminado em um "movimento de renovação cada vez mais poderoso" cujo objetivo mais elevado, nas palavras do general japonês Oshima, era "uma ordem mundial de justiça".[134] A invasão japonesa da China em 1937 e o ataque a Pearl Harbor em dezembro de 1941 apenas reforçaram essas justificativas científicas fronteiriças para um império do Eixo no Oriente e no Ocidente.[135] O fato de essa aliança geopolítica jamais ter sido consolidada deveu-se à rápida virada de maré contra as duas potências do Eixo em 1942, levando à desconfiança e ao pessimismo de ambos os lados.[136]

O Terceiro Reich também se baseou no esoterismo indo-ariano para ir em busca dos interesses alemães no Oriente Médio.[137] A pesquisa esotérica de Wüst sobre a Pérsia antiga ajudou a patrocinar os laços político-religiosos e diplomáticos com o Irã.[138] Ao mesmo tempo, o estudo científico fronteiriço de Altheim e Trautmann sobre os antigos conflitos raciais entre arianos e semitas, *Die Soldatenkaiser* [Os imperadores soldados], afirmava a suposta herança ariana dos aliados árabes da Alemanha.[139] Durante sua expedição de pesquisa ao Oriente Médio, Altheim e Trautmann receberam ordens de

Himmler para discutir uma aliança com o xeque beduíno Ajil al-Yawar e o líder nacionalista iraquiano Rashid Ali al-Gaylani.[140]

Depois de 1939, essa pesquisa serviu de base para os apelos de Hitler, Himmler e Goebbels a uma aliança árabe contra o "imperialismo anglo-bolchevique", o "materialismo americano" e a hegemonia judaica na Palestina.[141] Hitler propôs um conselho de árabes com sede em Berlim, enquanto Goebbels e o Ministério das Relações Exteriores cortejavam celebridades árabes como Rashid Ali al-Gaylani, do Iraque, e o Grande Mufti da Palestina. Na verdade, o Terceiro Reich fez milhares de transmissões em árabe entre 1940 e 1944, destinadas a lugares como Egito, Afeganistão, Arábia Saudita, Palestina, Síria, Turquia, Índia, Irã, Sudão e Ceilão.[142]

Alguns historiadores afirmam que os nazistas estavam jogando de forma engenhosa com a "doutrina da raça ariana a fim de atrair árabes e muçulmanos", ignorando de maneira cínica sua doutrina racial.[143] A verdade é que as teorias raciais indo-arianas preexistentes que permeavam o imaginário sobrenatural nazista tornavam plausíveis esses argumentos geopolíticos e alianças diplomáticas. Com base na extensa pesquisa de Schäfer e Beger sobre raça e espaço na Ásia Central, o Instituto Sven Hedin e a Ahnenerbe apoiaram uma aliança com os povos do Turquestão, em sua maioria de confissão islâmica, enquanto o Gabinete Central de Segurança do Reich fundou um instituto do Turquestão em Dresden a fim de promover tais medidas.[144]

Apelando para o fundamentalismo islâmico, o nacionalismo, o comunitarismo e o antissemitismo, as autoridades nazistas incentivaram os árabes e os persas em seu pensamento paranoico e conspiratório contra os judeus e os britânicos.[145] O Terceiro Reich chegou a distribuir panfletos retratando Hitler como um profeta combatendo demônios judeus, com versos do Alcorão representando a guerra como um conflito apocalíptico contra os infiéis. Dessa forma, o Terceiro Reich criou uma "fusão política e ideológica entre a ideologia nacional-socialista, o nacionalismo árabe radical e o islã igualmente radical e militante".[146] De maneira notável, essa propaganda foi levada a sério — e teve um efeito significativo — em ambos os lados.[147] Em tempo de guerra, o Partido Baath iraquiano, a Alta Comissão Árabe e o Grande Mufti de Jerusalém demonstraram interesse pelas propostas diplomáticas e militares nazistas.[148]

Esse indo-arianismo, em grande parte científico fronteiriço, facilitou uma concepção altamente maleável da geopolítica que "não fez nenhuma tentativa de diferenciar entre desejo e realidade, mas apenas indicou cada uma das extensões de terra favoritas [do Terceiro Reich]". Isso incluía a Itália, a Dalmácia, a Suécia, a Noruega, a Holanda, a Bélgica, a França, a Inglaterra, os Bálcãs, o Oriente Médio e a Grécia. Para a Ásia, a África e o ultramar, eles favoreceram a Colômbia, a Bolívia, o Peru, as ilhas Canárias, a Líbia, a Pérsia e o Tibete — "ao todo, 122 lugares nacionais e estrangeiros aparecem como locais em potencial para a comunidade de pesquisa" e, por extensão, a confederação indo-ariana ou o Império Alemão.[149] Os nazistas podem não ter se interessado *primordialmente* por um império global, cedendo grande parte do leste e do sul da Ásia aos aliados japoneses,[150] mas, na medida em que o folclore e o esoterismo nazistas ajudaram a patrocinar uma guerra pelo "espaço vital" do Eixo, mostraram-se surpreendentemente otimistas quanto às perspectivas de ressuscitar um Império Indo-Ariano do canal da Mancha ao mar da China Oriental.[151]

Política externa, propaganda em tempo de guerra e o público alemão

Em uma série de entrevistas a jornalistas ocidentais nos anos imediatamente anteriores à guerra, Carl Jung foi convidado a "diagnosticar os ditadores": Mussolini, Stálin e Hitler. Jung sugeriu que Mussolini e Stálin eram homens fortes e cínicos que se encaixavam nas respectivas tradições nacionais de seus países. Mas Hitler era diferente. Na condução da política externa, nenhum líder europeu confiava tanto na própria intuição, alimentada pelo inconsciente coletivo de seu público. Hitler, argumentou Jung, teria sido impotente em uma sala negociando com uma figura imponente como Mussolini ou um pragmático maquiavélico como Stálin, uma vez que possuía "pouca ou nenhuma força física" própria. Somente quando cercado pelo "poder que o povo projetava nele" como "vidente" ou "curandeiro" é que Hitler se tornava onipotente. Com efeito, seu "poder real" superou o de Stálin e Mussolini porque o "povo concordou que ele possuía magia, isto é, capacidade sobrenatural".[152]

A política externa de Hitler não poderia ter sido sustentada sem um público receptivo, incluindo milhões de alemães que viam a política externa em termos cósmicos e metafísicos.[153] Durante a Primeira Guerra Mundial, muitos *völkisch*-esotéricos saudaram publicamente a guerra como um pré-requisito

O sobrenatural e a Segunda Guerra Mundial

para "o renascimento do nosso povo alemão". A guerra era "cosmicamente necessária", um conflito "ancorado no carma das nações" que "deve acontecer para a salvação de toda a humanidade". Segundo Rudolf Steiner, a guerra era a "manifestação terrena de processos que se desenrolam entre 'os seres do mundo espiritual'", um "mundo de demônios e espíritos que atua por meio da humanidade quando as nações lutam entre si".[154]

Muitos pensadores *völkisch* viam a guerra em termos místicos semelhantes. Como não podiam ser cumpridos de imediato, os objetivos da política externa da Alemanha foram transferidos para o reino dos "sonhos, alucinação e fantasia".[155] Esses mundos de fantasia tinham seus antecedentes no nacionalismo *völkisch* e no esoterismo, na "ficção científica e nas profecias de guerra da era guilhermina", mas se manifestaram com força especial na década de 1930 por meio da política externa de Hitler e do Partido Nazista.[156]

Nesta seção, analisaremos a política externa, a propaganda e a opinião pública nazistas pelas lentes do imaginário sobrenatural. Primeiro, vamos considerar os elementos esotéricos na abordagem de Hitler à política externa, inclusive sua confiança na intuição e sua capacidade de transcender a precária realidade geopolítica da Alemanha apelando para o inconsciente coletivo.[157] Da mesma forma, veremos como Joseph Goebbels utilizou a astrologia para manipular a opinião pública, produzindo propaganda nacional e estrangeira em tempos de guerra. Goebbels começou a empregar astrólogos, com a aprovação de Hitler, apenas algumas semanas após o início da guerra, e continuou a fazê-lo — com poucas evidências de sua eficácia. Esses estudos de caso não têm a intenção de sugerir que a política externa alemã só pode ser entendida por meio de uma lente sobrenatural, mas acrescentam um ângulo interessante e muitas vezes negligenciado ao nosso conhecimento da política externa nazista e da propaganda em tempo de guerra.

Profecia, fantasia e a política externa de Hitler

Hitler e Goebbels não precisaram se esforçar muito para gerar sentimentos de ressentimento ou vingança popular. As perdas devastadoras da Primeira Guerra Mundial e as impopulares exigências do Tratado de Versalhes fizeram o trabalho por eles. As fantasias geopolíticas de renascimento imperial e vingança militar "refletiam a necessidade de superar os sentimentos de humilhação e a sensação de que todas as perspectivas de realização individual e coletiva haviam desaparecido". Ansiosos por "alguma forma de alívio imediato para uma realidade deprimente", os nacionalistas *völkisch* "previam guerras iminentes que sempre terminavam com o triunfo da Alemanha".[158] A derrota militar, a crise econômica e a ocupação do território alemão pelas tropas francesas do norte da África foram, portanto, "transpostas para um reino conceitual emoldurado por noções de vingança e milagres inspirados pelo céu, de crucificação e ressurreição coletivas".[159]

A descrição de Frantz Fanon dos ressentimentos dos norte-africanos contra o colonialismo francês no período entreguerras se aplica aos alemães da República de Weimar, igualmente frustrados pela ocupação francesa.[160] Para os povos colonizados, observou Fanon, uma "atmosfera de mito e magia" integrava os indivíduos às "tradições e à história" de sua nação. Nos países colonizados, "a esfera oculta é uma esfera pertencente à comunidade que está inteiramente sob jurisdição mágica [...] os poderes sobrenaturais e mágicos se revelam essencialmente pessoais".[161] Os "poderes do colonizador" — franceses, britânicos, judeus e comunistas, no imaginário sobrenatural nazista — tornaram-se "infinitamente menores, marcados com sua origem estrangeira [...] um inimigo assustador criado por mitos". Antes de 1933, desprovida de armas e oportunidades, a luta contra esse inimigo seria travada "no plano fantasmático", ou seja, dentro do imaginário sobrenatural.[162]

Assim como os nacionalistas argelinos submetidos ao domínio francês, os nacionalistas *völkisch* perceberam o período entreguerras como "um estado de fluxo determinado, em última instância, pelo sobrenatural". Peter Fisher argumenta que, "fracassados na guerra e incapazes de se ajustar a uma paz conturbada", os pensadores nacionalistas "descartaram o que para eles era uma realidade excessivamente complexa, difícil e desmoralizante e se entregaram à elaboração de fantasias de uma guerra vitoriosa de vingança".[163] O trabalho árduo da diplomacia multilateral e da recuperação econômica foi substituído por preocupações e ansiedades sobre "uma luta mortal entre nações, raças ou partidos inimigos".[164]

Ao mesmo tempo, o "público ansioso" da Alemanha tornou-se "suscetível às mensagens e à manipulação psicológica" da literatura nacionalista. Eles liam obras como *Achtung! Ostmarkenrundfuk! Polnische Truppen haben heute nacht die ostpreußische Grenze überschritten* [Atenção! Rádio Ostmark! As tropas polonesas cruzaram a fronteira da Prússia Oriental na noite passada], de Hans Martin (1932), uma profecia de guerra que pode ser enquadrada no subgênero do "alarmismo de defesa" (em oposição a "vingança e renovação"). O livro vendeu milhares de cópias na Prússia Oriental e ensejou reuniões febris de moradores que realmente acreditaram que os poloneses estavam atacando, criando uma verdadeira "psicose".[165] Os alemães também leram *Der Feldherr Psychologos. Ein Suchen nach dem Führer der deutschen Zukunft* [O comandante psicólogo: A busca pelo líder do futuro alemão] (1922), do oficial do exército nazista Kurt Hesse, que argumentava que a Alemanha precisava encontrar um líder capaz de aproveitar o "reservatório de força espiritual e militar ainda não totalmente explorado" do Reich.[166]

Durante a República de Weimar, os líderes liberais, católicos e socialistas fizeram o possível para combater essas fantasias, injetando uma dose saudável de pragmatismo no discurso público e na política externa. Mas em meio à "luta pela liberdade", observou Fanon, era comum que pessoas "perdidas em um labirinto imaginário, presas de terrores indescritíveis, mas felizes por se perderem em um tormento onírico", ficassem "desequilibradas [...] e com sangue e lágrimas" procurassem "ação real e imediata". Por muitos anos, esses sentimentos imaginários alimentaram os "mujahidin" (nas palavras de Fanon) da Alemanha — milhões de nacionalistas *völkisch* e paramilitares que fantasiavam sobre o extermínio de socialistas, comunistas e judeus e a restauração de um Grande Império Germânico.[167]

A tomada do poder pelos nazistas permitiu que esse gênio da política externa, antes confinado ao reino da fantasia, saísse da garrafa. Hitler prometeu aos mujahidin nacionalistas de toda a Europa de língua alemã restaurar um império "que se acreditava invencível", que havia sido "esmagado e quebrado, despojado dos frutos de suas vitórias anteriores, de suas colônias, de sua honra", por uma paz vergonhosa.[168] A visão fantástica dos nazistas sobre a situação interna e externa da Alemanha — a de que o país estaria cercado e infiltrado por uma cabala secreta de judeus, maçons e comunistas — encontrou um público receptivo.[169] Como vimos, milhões de alemães e nazistas estavam convencidos de que o "curso da história mundial era o resultado sinistro do ministério de antigas sociedades secretas, como as dos maçons, judeus e jesuítas".[170] O Führer podia transformar esses ressentimentos sobrenaturais e conspiratórios em realidade política, geopolítica e institucional.[171]

Hitler também podia explorar o desejo popular, pelo menos entre a direita *völkisch*, de um Führer poderoso. A Alemanha do entreguerras estava repleta de esperanças de um "salvador nacional". A literatura popular e a imprensa exaltavam as virtudes de generais, ditadores carismáticos e "super-humanos fictícios" que poderiam "prenunciar a materialização de um salvador poderoso e real".[172] "Desde a derrota na [Primeira] Guerra Mundial", observou Jung, os alemães "esperam um messias, um salvador [...] algo característico de pessoas com complexo de inferioridade".[173] Citando a sorte e o destino, o bem e o mal, os nacionalistas alemães esperavam a vinda de um "sacerdote mágico" (*Zauberpriester*) que pudesse atuar como tradutor de forças poderosas que as pessoas comuns não conseguiam entender.[174] Embora não fosse amigo do ocultismo, Alfred Rosenberg declarou sem rodeios que o renascimento da astrologia e da clarividência em Weimar havia preparado o caminho para "aspirantes a profetas" como Hitler.[175]

Não surpreende que os profetas *völkisch* da década de 1920, inclusive Hitler, se apresentassem como messias, "operadores de milagres" enviados para resgatar os alemães do desastre de 1918.[176] Nenhum deles foi mais eficaz do que Hitler, visto por seus seguidores como um profeta do Antigo Testamento cuja missão era unir o povo alemão e conduzi-lo à Terra Prometida.[177] Em seu papel de Führer, ele podia, por exemplo, "ajudar ou obstruir o caminho para uma vida feliz após a morte, proibir um indivíduo, uma comunidade ou uma nação inteira e, por meio da excomunhão, causar grande desconforto ou dor às pessoas", disse Jung.[178] "É como se ele possuísse tentáculos nervosos estendendo-se em todas as direções." Assim como o "curandeiro, o místico, o vidente", Hitler parecia "sensível a tudo que sua nação está sentindo". Ao dizer aos alemães "simplesmente o que eles querem ouvir", ele se tornou "o espelho do complexo de inferioridade" que caracterizou a política externa da Alemanha no entreguerras.[179]

A propaganda nazista revelou-se eficaz na integração da "vontade do povo com a de um Führer muito aguardado", criando a imagem de "um único profeta" que serviria e preservaria a Alemanha contra todas as adversidades.[180] "Certa vez, ouvi Hitler falar sobre a futura guerra alemã de vingança e libertação", lembrou Heiden, e "só conseguia pensar: 'Quando ele vai parar

O sobrenatural e a Segunda Guerra Mundial   293

de dizer essas bobagens?'." No entanto, "a voz do general Ludendorff", o maior herói da Primeira Guerra, "tremia de emoção no momento em que ele se levantou e, modestamente, quase respeitosamente, agradeceu ao orador" por suas "maravilhosas palavras".[181] Da mesma forma, o líder da Sociedade Alemã para o Ocultismo Científico, Fritz Quade, proclamou em 1933 que a capacidade sobre-humana de Hitler de enxergar "além" (*Jenseits*) lhe daria uma visão da política externa que outros políticos não tinham.[182]

A capacidade de Hitler de convencer os alemães da infalibilidade de sua política externa teria sido perigosa em qualquer circunstância. No entanto, era ainda mais perigosa porque ele parecia acreditar nela. Ao conduzir a política externa, sugeriu Jung, Hitler era "um homem que age sob compulsão", como um paciente que não pode desobedecer à sua voz interior.[183] Ele "ouve atentamente um fluxo de sugestões em uma voz sussurrada, de uma fonte misteriosa, e então age de acordo com elas".[184] Hitler não podia honrar um tratado ou promessa feito a uma potência estrangeira, observou Jung, porque "não há ninguém para fazer a promessa! Ele é o megafone que expressa o estado de espírito ou a psicologia dos 80 milhões de alemães".[185] Como "também pareciam ser bem-sucedidas", escreveu o historiador Raymond Sickinger, "as soluções mágicas de Hitler confirmaram para ele a legitimidade de sua abordagem". Como resultado, ele aprendeu a não questionar sua maneira de pensar, mas a culpar aqueles que não a seguiam com precisão."[186]

Até 1939, essa forma mágica de conduzir a política externa, baseada na fé e na intuição, parecia bem-sucedida. Ela facilitou as três maiores vitórias da política externa do Terceiro Reich, "cada uma delas envolvendo o perigo agudo da guerra: as marchas para a Renânia em março de 1936 e para a Áustria em março de 1938 e a mobilização de suas forças e expulsão dos Aliados da Tchecoslováquia".[187] Isso não significa que os alemães aceitaram de forma acrítica a abordagem baseada na fé da política externa de Hitler. Sua decisão de remilitarizar a Renânia foi de início recebida com ceticismo e até mesmo resistência não oficial por muitos líderes militares, que "temiam que o exército não estivesse preparado para uma eventual retaliação dos franceses e britânicos". Mas Hitler, acreditando "em seus instintos superiores", seguiu adiante, o que o convenceu de que sua percepção do resultado futuro das ações presentes era sólida: "Só se pode servir a Deus como herói. Eu sigo o caminho ditado pela Providência com a segurança de um sonâmbulo".[188]

No período que antecedeu a crise de Munique de 1938, muitos dos mais influentes conselheiros militares de Hitler o advertiram contra a anexação dos Sudetos, à qual acreditavam que os Aliados resistiriam. Mas Hitler, segundo Jung, "era capaz de julgar seus oponentes melhor do que qualquer outra pessoa". Embora parecesse inevitável que suas ações levassem à guerra, ele de alguma forma "sabia que seus adversários cederiam sem lutar", como na ocasião em que Neville Chamberlain o visitou em Berchtesgaden.[189] Confiante na "providência" e na intuição, Hitler assumiu riscos que poucos outros estadistas assumiriam em um país industrial moderno, apoiado por milhões de alemães que reconheceram esses riscos, mas mantiveram a fé no julgamento do Führer.[190]

No caso da Tchecoslováquia, a "voz de Hitler estava correta".[191] De fato, em março de 1939, ele havia alcançado muitos dos objetivos de política externa que havia proposto já na década de 1920. Mas o que aconteceria se sua voz se mostrasse incorreta? Hitler não se contentou em parar depois de ter obtido esses ganhos imensos, e na maior parte das vezes sem derramamento de sangue. Seu repetido sucesso "reforçou sua crença em si mesmo — a de que tinha uma 'intuição' especial e podia prever o futuro". "Estou convencido", ele declarou, de que os "maiores sucessos da história" não se baseiam na lógica, "mas em inspirações do momento". Hitler prosseguiu afirmando que era a "intuição" que desempenhava o papel mais importante na "política, no Estado e na estratégia militar".[192]

Em 24 de agosto de 1939, um dia depois de assinar o pacto de não agressão com a União Soviética, Hitler se reuniu com seu círculo íntimo no Ninho da Águia, acima de Berchtesgaden. Enquanto observava a aurora boreal, ele teria visto "um presságio na luz predominantemente vermelha lançada sobre ele e seus amigos", e comentado com um assessor que "ele significava claramente que, sem o uso da força, a Alemanha não conseguiria vencer".[193] Esse presságio, segundo testemunhas, confirmou sua decisão de prosseguir com a invasão da Polônia uma semana depois. Ele não olharia para trás, adotando uma abordagem "mágica" para as operações bélicas durante toda a guerra. Hitler também não permitiria a retirada. Pois a retirada só poderia resultar de um cálculo diferenciado das situações militares do mundo real, indicando "que suas percepções e sua fórmula mágica para a Alemanha não eram infalíveis. Qualquer desvio de seus planos, como o desvio de um conjunto preciso de rituais mágicos, levaria a um desastre".[194]

Propaganda astrológica e guerra psicológica

Antes de setembro de 1939, o Terceiro Reich era ambivalente quanto ao patrocínio da astrologia em caráter oficial. Com a eclosão da guerra, quaisquer reservas remanescentes sobre o alistamento da ciência fronteiriça para o benefício do regime se dissiparam. Apenas quatro dias após o início da guerra, o cão de ataque de Rosenberg em assuntos ocultos, Kurd Kisshauer, produziu um relatório intitulado "Astrologia como meio de influenciar a opinião pública", no qual indicava que os britânicos haviam utilizado horóscopos falsos para obter bons resultados na Alemanha. Se os alemães eram suscetíveis ao pensamento ocultista, por que não empregar propaganda astrológica semelhante contra os Aliados?[195]

Em 30 de outubro de 1939, Goebbels escreveu em seu diário sobre uma conferência ministerial durante a qual anunciou que estava examinando escritos astrológicos "a fim de determinar se havia algum perigo inerente" ao regime.[196] Duas semanas depois, ele levou uma carta de Karl Krafft de 2 de novembro para um almoço com Hitler; a carta havia previsto o atentado de Johann Georg Elser contra o Führer em 8 de novembro no Bürgerbräukeller, em Munique. Hitler ficou fascinado e pediu a Goebbels que explicasse os detalhes. Himmler, que na época estava reunindo material astrológico para sua própria biblioteca ocultista, também ficou muito interessado, e concordou que a carta e sua "previsão" eram genuínas. Goebbels foi claramente encorajado pela resposta de Hitler e Himmler.[197] Como anotou em seu diário dois dias depois, "abordei a ideia de Nostradamus [a seu colega Herwarth von Bittenfeld, no Ministério da Propaganda] pela primeira vez. O mundo inteiro está cheio de superstições místicas. Por que não deveríamos explorar isso para minar a frente inimiga?".[198]

Agora empenhado em patrocinar a propaganda astrológica, Goebbels proibiu o uso de previsões astrológicas pelos civis alemães. O mefistotélico ministro da Propaganda queria ter a certeza de que era *ele* quem controlava a mensagem.[199] Isso, no entanto, não significava que ele rejeitasse peremptoriamente a astrologia científica. Em dezembro de 1939, Goebbels observou que os folhetos produzidos por seu ministério "deveriam ter caráter propagandístico e não científico", o que sugere que ele acreditava que a astrologia "científica" era de fato possível.[200]

Ao formar sua equipe de astrólogos experientes, Goebbels visitou primeiro Hans Hermann Kritzinger, que disse estar muito ocupado para se envolver, mas recomendou Krafft.[201] Krafft já vinha se dedicando à diplomacia de alto nível, sobretudo na condição de consultor de Virgil Tilea, o embaixador romeno na Grã-Bretanha. Tilea passara a confiar nas habilidades de clarividência de Krafft quando este produziu seu horóscopo e pareceu interpretá-lo de maneira eficiente.[202] Depois que Tilea vazou para os britânicos as exigências alemãs em relação à Romênia em 1939, Krafft se encarregou de convencê-lo a adotar as políticas alemãs no leste, inclusive o conceito de *Lebensraum*.[203] No início de 1940, essas intervenções políticas diletantes — inclusive a previsão de Krafft sobre o atentado de Elser — haviam irritado o gabinete de Heydrich.[204] Mas as habilidades de previsão de Krafft impressionaram Goebbels o suficiente para que este o convidasse a fazer parte do "comitê de especialistas" de astrólogos de seu ministério.[205]

Goebbels estava tão ansioso para testar sua nova estratégia de propaganda que começou a produzir profecias de Nostradamus antes mesmo de contratar Krafft. No final de novembro de 1939, ele encarregou dois funcionários do ministério, Bittenfeld e Leopold Gutterer, de redigir um panfleto derivando profecias pró-alemãs das *Centúrias* de Nostradamus.[206] Parcos conhecedores de astrologia, Bittenfeld e Gutterer decidiram empregar a 32ª centúria de Nostradamus ("O grande império, precocemente desmembrado/ Crescerá de dentro para fora/ De um pequeno país/ Em seu colo repousará o cetro") para justificar a revisão sistemática do Tratado de Versalhes empreendida por Hitler. Útil para a invasão pendente da França foi a 33ª centúria, na qual Nostradamus observou que "Brabante, Flandres, Ghent, Bruges e Boulogne/ Estão temporariamente unidas à grande Alemanha".[207]

Segundo Goebbels, os pontos de discussão do panfleto incluiriam a reconstrução da Europa, a ocupação temporária da França e o futuro Reich de Mil Anos. O material sobre o "grande príncipe da Armênia", no entanto, seria "guardado até que o sr. Stálin da Geórgia declare guerra a nós — ou nós a ele". E, para concluir, lembrando a todos dos perigos de publicar previsões astrológicas sem a aprovação do Ministério da Propaganda, Goebbels advertia: "Cuidado! Não mostrem Nostradamus a ninguém".[208] Depois de produzir um conjunto "excepcional" de folhetos prevendo a vitória alemã, Herwarth e Gutterer foram instruídos a desenvolver horóscopos de homens importantes

O sobrenatural e a Segunda Guerra Mundial 297

das potências ocidentais, juntamente com palavras cruzadas astrológicas, para serem espalhados na França e nos Países Baixos.[209]

No final de fevereiro de 1940, reforçada pela chegada de Krafft e de outro astrólogo "científico", Georg Lucht, a divisão "Nostradamus" começou a se preparar para a invasão da Dinamarca, da Noruega, dos Países Baixos e da França.[210] De acordo com Goebbels, Krafft e Lucht produziram um "folheto brilhante" para ser distribuído na Suécia e nos países neutros.[211] No final de abril, Goebbels ordenou que os folhetos fossem distribuídos na Dinamarca, na Holanda e na Suíça.[212]

Duas semanas depois, com a invasão dos Países Baixos e da França, os esforços de propaganda astrológica de Goebbels se deslocaram para o sul e para o oeste.[213] Entre 24 de abril e 27 de maio, ele se entusiasmou várias vezes com seus panfletos sobre Nostradamus, citando reportagens radiofônicas que afirmavam, a partir de evidências meramente anedóticas, que eles estavam tendo um efeito significativo: "Nossa propaganda de pânico na França é muito bem-sucedida. Lá, os seguidores de Nostradamus representam uma quinta- -coluna. Estamos intensificando nossos esforços nesse sentido. A maior parte do dia é dedicada a esse projeto".[214] Em 26 e 27 de maio, quando ficou claro que a maré estava virando a favor da Alemanha, Goebbels sugeriu diminuir as profecias para não "minar os esforços diplomáticos" — como se a situação mi- litar tivesse sido realmente influenciada por seus panfletos de Nostradamus![215]

Devido ao grande "sucesso" do empreendimento, Krafft e seus colegas tornaram-se parceiros plenos do regime.[216] Krafft passou grande parte da primavera de 1940 participando de festas luxuosas e eventos da alta socie- dade, onde conheceu — e impressionou — importantes nazistas. Entre essas personalidades favoráveis ao ocultismo estavam Hans Frank, Robert Ley e o escultor favorito de Hitler, Arno Breker.[217] Nessas circunstâncias, podemos entender por que Krafft escreveu a Bender com tanto entusiasmo em março de 1940 "sobre as perspectivas das ciências fronteiriças em nossa geração".

Em privado, no entanto, Krafft e Lucht começavam a ter sérias dúvidas sobre a leitura equivocada e a manipulação não científica das profecias por Goebbels. Lucht simplesmente pediu demissão em 2 de abril de 1940. Mais tarde, Goebbels trouxe Kritzinger, politicamente mais confiável, para traba- lhar com Krafft. Mas Krafft e Kritzinger não conseguiram chegar a um acordo sobre uma leitura das quadras de Nostradamus que atendesse aos propósitos de Goebbels.[218] Como astrólogo científico, Krafft simplesmente não estava interessado em seguir a linha do partido. Além disso, ele era abertamente insubordinado, recusando-se a reconhecer qualquer irregularidade no caso Tilea, mesmo depois que suas cartas incriminadoras e a atitude pró-britânica de Tilea vieram à tona. Por considerar intoleráveis as condições em que estava trabalhando, Krafft pediu demissão do Ministério da Propaganda e voltou a trabalhar "com atendimentos particulares".[219]

Embora Krafft tivesse se demitido do ministério, suas publicações continuaram a receber aprovação. De fato, Goebbels empregou os panfletos e livros de Krafft de maneira intermitente até outubro de 1940, quando Hitler desviou sua atenção para a União Soviética.[220] A determinação de Krafft em dar palestras sobre política externa e fazer comentários públicos sobre "operações militares iminentes no leste" não o fez cair nas graças da Gestapo. E, no entanto, durante quase um ano após sua demissão, ele conseguiu ignorar o regime, violando repetidamente a lei do Ministério da Propaganda contra a realização de previsões astrológicas não oficiais. Somente em junho de 1941, com a Ação Hess, ele pagou o preço por sua falta de disciplina partidária.[221]

A queda de popularidade de Krafft e sua posterior prisão não desanimaram Goebbels.[222] Sem Krafft e com a França subjugada, ele simplesmente mudou a ênfase de sua propaganda para apoiar a invasão da Grã-Bretanha e os objetivos de guerra de Hitler na Europa Oriental.[223] Em 22 de julho, com o início da Batalha da Grã-Bretanha, Goebbels fez anotações em seu diário sobre um debate detalhado quanto à melhor maneira de divulgar a propaganda de Nostradamus nos círculos ingleses. Ele optou pelas estações de rádio secretas dirigidas por Adolf Raskin, do Ministério da Propaganda, porque elas seriam capazes de atingir o maior número de pessoas. A propaganda astrológica cuidadosamente orquestrada funcionava "em etapas, primeiro ilustrando o que Nostradamus havia profetizado corretamente para épocas anteriores e, depois, introduzindo pouco a pouco a profecia que mostraria a destruição de Londres no ano de 1940".[224]

Embora a Grã-Bretanha não mostrasse sinais de rendição, Goebbels insistia que seus folhetos estavam surtindo o efeito desejado. De maneira notável, o Ministério das Relações Exteriores alemão e o SD de Heydrich concordaram.[225] Walter Schellenberg, que sucederia Heydrich como chefe do SD em 1942, afirmou que as profecias haviam sido particularmente úteis para comba-

O sobrenatural e a Segunda Guerra Mundial

ter a distribuição em território alemão de horóscopos falsos e exemplares falsificados da revista astrológica *Zenit* produzidos pela inteligência britânica.[226]

A diferença, naturalmente, é que os britânicos não davam crédito ao impacto da astrologia na opinião nacional.[227] Já Goebbels, Schellenberg e Raskin acreditavam de fato que a astrologia era um fator concreto para influenciar a opinião pública na Alemanha e no exterior.[228] De acordo com esse pensamento, Goebbels chegou até mesmo a afrouxar as restrições sobre a divulgação de trabalhos astrológicos na Alemanha no verão de 1940. A única ressalva era que eles seguissem a linha do partido.[229]

Em setembro de 1940, ficou claro que a Luftwaffe de Göring não seria capaz de derrotar a RAF, a força aérea britânica. Goebbels, porém, aparentemente alheio, mantinha a esperança de que seu projeto Nostradamus pudesse, de alguma forma, mudar a maré: "Lord Haw-Haw [o radialista britânico pró-nazista William Joyce] deve indicar hoje as profecias de Nostradamus, que devem ser cumpridas agora".[230] Como Lucht e Krafft haviam deixado o Ministério da Propaganda e Kritzinger estava ocupado com seu trabalho de balística, Goebbels decidiu confiar no astrólogo Alexander Centgraf, mais complacente do ponto de vista político (embora pouco "científico").[231] As profecias do devoto nazista, em contraste com as de Krafft e Lucht, estavam perfeitamente alinhadas com os novos esforços de propaganda de Goebbels, que se concentravam no plano de Hitler de atacar a "União Soviética judeo-bolchevista".[232]

Com a campanha oriental em mente, Goebbels encarregou seu ministério de começar a trabalhar na famosa passagem de Nostradamus sobre o "grande príncipe da Armênia". Devido às mudanças nas circunstâncias, ele agora queria que a profecia se referisse a Hitler e não a Stálin. Em vez de o "armênio" Stálin atacar a Alemanha, como Goebbels previra um ano antes, seria Hitler quem planejaria romper o pacto de não agressão por meio de um ataque surpresa à União Soviética.[233] O "grande príncipe da Armênia [Stálin], portanto, foi alterado na propaganda oficial para o "grande príncipe da Armínia [Hitler]", uma referência ao chefe guerreiro Armínio, que liderou as tribos germânicas em seu ataque vitorioso a Roma.[234]

Goebbels e seus colegas produziram centenas de livros, panfletos e programas de rádio com teor astrológico, em vários idiomas, entre novembro de 1939 e 1943. Embora inteiramente ineficazes, esses esforços mostram como

300

Parte III

ele, Schellenberg e alguns membros do Ministério das Relações Exteriores acreditavam que a astrologia poderia ser importante para fins de propaganda e guerra psicológica.[235] Na primavera de 1942, quando a maré virou no norte da África, Goebbels ainda tinha esperanças em uma nova onda de "propaganda ocultista" voltada para os Aliados. Como "os americanos e ingleses caem tão facilmente nesse tipo de propaganda", ele explicou, "estamos empregando de todas as formas possíveis as joias da coroa da adivinhação ocultista. É preciso acreditar em Nostradamus mais uma vez".[236]

Isso suscita a questão de por que os Aliados "se limitaram a usar quase que exclusivamente métodos clássicos de guerra psicológica", com "atividades de propaganda na esfera 'oculta' que merecem apenas atenção tangencial".[237] A resposta, talvez, seja que os britânicos simplesmente não acreditavam que a massa da população pudesse ser suscetível às quadras de Nostradamus.[238] Os alemães, por outro lado, eram "bem informados sobre assuntos ocultos". É por isso que, segundo Schellenberg, eles continuavam suscetíveis à "propaganda ocultista".[239]

Travando uma guerra com a ciência fronteiriça

Em 12 de setembro de 1943, um capitão da ss, Otto Skorzeny, realizou um ousado ataque ao hotel Campo Imperatore, nas montanhas do Gran Sasso, na Itália. Sua missão era libertar Il Duce, Benito Mussolini, que o povo italiano havia deposto e prendido após os desembarques dos Aliados na Sicília em julho e agosto. Durante semanas, os italianos vinham transferindo Mussolini de um local obscuro para outro a fim de evitar esse tipo de operação de resgate. De alguma forma, porém, Skorzeny descobriu a localização do ditador, e, em questão de horas, suas tropas aerotransportadas chegaram em seus planadores DFS 230 e derrotaram os captores de Mussolini sem disparar um tiro sequer.

Levado às presas para Viena, Mussolini foi designado líder da nova República Social Italiana, um Estado substituto dominado pelos alemães, desesperados para conter o avanço dos Aliados. Em meio à última ofensiva da Alemanha no leste, a Operação Cidadela, interrompida pelas forças soviéticas apenas algumas semanas antes na Batalha de Kursk, o resgate de Mussolini na

O sobrenatural e a Segunda Guerra Mundial

chamada Operação Carvalho constituiu uma das últimas vitórias do Terceiro Reich em termos de relações públicas.[240]

No entanto, o aspecto mais notável do episódio não foi o resgate em si, mas a Operação Marte, os esforços de inteligência que permitiram localizar o ditador italiano. As evidências sugerem que as informações sobre o paradeiro de Mussolini foram obtidas por meio de operações convencionais de inteligência destinadas a quebrar os códigos de rádio dos Aliados. Mas Himmler e Schellenberg insistiram que as haviam obtido de uma equipe especializada de ocultistas reunidos em uma vila sob a administração da ss.

A Operação Marte não foi a única vez que astrólogos, videntes ou adivinhos foram recrutados para ajudar o regime. Durante quatro anos após a Ação Hess, a ss empregou cientistas de fronteira nas áreas de tecnologia e pesquisa militar, buscando maneiras de melhorar o ânimo, reunir inteligência e exercer controle mental.[241] Até mesmo a marinha alemã participou desses esforços, reunindo um grupo de adivinhos e astrólogos para localizar navios de guerra dos Aliados.[242] Nesta última seção, examinaremos dois estudos de caso essenciais da ciência fronteiriça na inteligência militar, concluindo com algumas das aplicações militares menos sistemáticas, embora igualmente interessantes, da ciência fronteiriça iniciadas pela guerra.

O Instituto do Pêndulo da marinha e a Operação Marte

Depois da cosmogonia glacial, nenhuma ciência fronteiriça foi considerada mais valiosa no Terceiro Reich do que a radiestesia.[243] Devemos lembrar que muitos líderes nazistas, sobretudo Himmler e Hess, acreditavam na existência de forças cósmicas ou raios terrestres (radiação) que poderiam ser detectados e aproveitados com o devido treinamento. Hitler havia ordenado que um dos adivinhos mais famosos da Alemanha varresse a Chancelaria do Reich em busca de formas malignas desses raios. Goebbels também contratara radiestesistas como Kritzinger para ajudar na propaganda de Nostradamus. Mas talvez o experimento mais estranho e revelador de radiestesia tenha sido iniciado não pelo Partido Nazista, mas pela marinha alemã.[244] No verão de 1942, os britânicos haviam começado a virar a maré na batalha do Atlântico, afundando uma porcentagem muito maior de submarinos alemães. Seu sucesso não tinha nada a ver com a radiestesia. A fim de localizar os submarinos inimigos, os britânicos empregaram métodos científicos bastante naturais, como o radar (ASDIC) e o sonar, sendo auxiliados nessa tarefa pela sofisticada quebra de códigos das comunicações alemãs e pelo uso sistemático de comboios americanos.[245]

Entre os oficiais da marinha alemã que ficaram intrigados com essa mudança repentina na batalha do Atlântico estava o capitão Hans Roeder, um especialista em ciências do escritório de patentes da marinha. Como radiestesista amador de pêndulos, Roeder estava convencido de que os britânicos estavam utilizando essa técnica para localizar os navios nazistas, e, como contramedida, sugeriu que a marinha alemã começasse a empregar métodos científicos fronteiriços.[246] Se Roeder estivesse atuando na marinha britânica, sua sugestão de criar um Instituto do Pêndulo patrocinado pelo governo provavelmente teria sido considerada ultrajante. Roeder, porém, estava operando no Terceiro Reich, onde muitos oficiais do partido e militares estavam abertos às doutrinas científicas fronteiriças.[247]

De acordo com o cientista aeroespacial emigrado Willy Ley, alguns oficiais da marinha alemã já aceitavam a bizarra "teoria da terra oca", que afirmava ser possível localizar a frota britânica por meio de raios infravermelhos, "uma vez que a curvatura da Terra não obstruiria a observação". Ley relatou que um grupo de cientistas ligados à marinha, sob a liderança do dr. Heinz Fischer, "foi enviado de Berlim para a ilha de Rügen a fim de fotografar a frota britânica com equipamento infravermelho em um ângulo ascendente de cerca de 45 graus".[248] Oficiais da marinha também haviam realizado experimentos de teste com Ludwig Straniak antes da guerra.[249]

Dado o contexto, não surpreende que, em setembro de 1942, Roeder tenha recebido aprovação do serviço de inteligência da marinha para seu Instituto do Pêndulo. Seu objetivo era "identificar a posição dos comboios inimigos no mar por meio de pêndulos e outros dispositivos sobrenaturais, de modo que as flotilhas de submarinos alemães pudessem ter certeza de afundá-los".[250] Como admitiu o contra-almirante Gerhard Wagner, chefe do gabinete de operações da marinha, o radiestesista Roeder "era bem conhecido por todos nós. A julgar pela ótica daqueles dias, seu trabalho não era tão incomum. Afinal de contas, estávamos sempre pensando em novas técnicas, e, se alguém aparecesse e afirmasse ser capaz de realizar algo utilizando determinado método, era natural que lhe fosse dada a oportunidade".[251]

O sobrenatural e a Segunda Guerra Mundial

Depois de receber aprovação e financiamento oficiais, Roeder começou a reunir um "estranho grupo" de médiuns, radiestesistas de pêndulo, pesquisadores do tattva, astrólogos, astrônomos, balísticos e matemáticos.[252] Esses indivíduos incluíam Wilhelm Hartmann, astrônomo/astrólogo da Luftwaffe, bem como Wilhelm Wulff e Straniak — o primeiro radiestesista que afirmou ser capaz de ensinar leigos a usarem pêndulos a fim de localizar grandes objetos de metal a centenas de quilômetros de distância.[253] Roeder também recorreu aos proeminentes astrólogos Kritzinger e Krafft, este último recrutado diretamente da prisão, onde havia permanecido por algum tempo desde a Ação Hess. Gerda Walther, uma parapsicóloga que entrou e saiu da mira de Heydrich ao longo dos anos, também foi convidada a participar do grupo,[254] que incluía ainda Fritz Quade e Konrad Schuppe, da Sociedade Alemã para o Ocultismo Científico, o que confirma ainda mais o desejo do regime de coordenar e explorar o pensamento científico fronteiriço. Porque ainda que os últimos resquícios de independência da sociedade tenham se dissipado após a Ação Hess, a experiência de seus membros com raios terrestres e varas de adivinhação tornou-se ainda mais interessante para o regime.[255]

As atividades e a localização do Instituto do Pêndulo em Berlim eram supostamente secretas. No entanto, poucas semanas após sua abertura, tornou-se amplamente conhecido o fato de que o regime havia recrutado a ajuda de ocultistas para o esforço de guerra.[256] O principal método empregado na sede era a radiestesia, o que significava que um "grande mapa do Atlântico era estendido na horizontal, com um navio de guerra de brinquedo de uma polegada como objeto de teste". Em seguida, um "pêndulo, consistindo em um cubo de metal de cerca de um centímetro cúbico e uma corda curta, era balançado sobre o navio. Se o pêndulo reagisse, isso provava a presença de um verdadeiro navio de guerra naquele local".[257]

O instituto empregava uma ampla gama de "grupos e indivíduos ocultistas com diferentes tarefas e usando diferentes técnicas". Cientistas de fronteira sérios, como Roeder e Straniak, insistiam nas leis físicas por trás do pêndulo, enquanto ocultistas menos rigorosos, como Gerda Walther, citavam fenômenos paranormais para explicar seus resultados. Dia após dia, os radiestesistas eram forçados pela ss a ficar "com os braços esticados sobre as cartas náuticas", apenas para o caso de o pêndulo registrar o menor movimento. A fim de aumentar a probabilidade de fazer previsões, alguns videntes, segundo

Wulff, estavam "em transe o tempo todo". Apesar da natureza caótica dos procedimentos, a maioria dos participantes atestava a seriedade do regime, passando por vários testes para garantir seus talentos "científicos".[258]

De acordo com vários oficiais da marinha, o instituto não produziu resultados significativos.[259] Ainda assim, ele indica que o Terceiro Reich, alimentado pela necessidade do tempo de guerra, havia entrado em uma fase nova e mais aberta de experimentos científicos fronteiriços. É bem verdade que nem todos os oficiais da marinha eram "movidos por uma crença esotérica em milagres". No entanto, é digno de nota o fato de que o "pêndulo sideral chegou a ser considerado uma possível ferramenta prática e tecnológica de guerra". Mesmo bastante tempo depois de a marinha ter desistido do Instituto Pêndulo, a ss e a liderança nazista continuavam a empreender esforços para dominar os "fundamentos e possibilidades" tecnológicas da radiestesia.[260]

A busca por Benito Mussolini é emblemática desses esforços contínuos.[261] A inspiração para a Operação Marte provavelmente surgiu do Instituto do Pêndulo, que colocou a ss em contato mais próximo com vários cientistas proeminentes de fronteira, inclusive Wilhelm Wulff. O massagista e confidente de Himmler, Felix Kersten, alega ter facilitado a ascensão de Wulff ao solicitar um horóscopo de Hitler, que foi encaminhado a Arthur Nebe e ao Kripo. É mais provável, porém, que o trabalho exemplar de Wulff no Instituto do Pêndulo tenha chamado a atenção de Nebe, de Schellenberg e, por fim, de Himmler.[262] Qualquer que tenha sido o motivo, em 28 de julho de 1943, Himmler ordenou que a Gestapo levasse Wulff para Berlim. Lá, ele se encontrou com Nebe, que o instruiu sobre os detalhes de sua missão: Mussolini havia sido sequestrado, e Himmler queria que Wulff localizasse o Duce por meios astrológicos.[263]

Wulff foi o primeiro de muitos ocultistas contatados. Poucos dias após a entrevista de Wulff com Nebe, o vidente Curt Münch relatou ter sido levado de Sachsenhausen para Berlim, onde lhe pediram que localizasse Mussolini.[264] Nos dias seguintes, quase quarenta outros representantes das ciências ocultas foram reunidos em uma confortável casa em Wannsee, provavelmente a sede da polícia criminal de Nebe. Ao chegar, eles exigiram — e foram atendidos — grandes quantidades de comida, álcool e cigarros. De fato, Schellenberg reclamaria que essas "sessões nos custaram muito dinheiro, pois a demanda desses 'cientistas' por boa comida, bebida e tabaco era enorme".[265] O colega

O sobrenatural e a Segunda Guerra Mundial

de Schellenberg no Gabinete Central de Segurança do Reich, Wilhelm Höttl, era mais compreensivo com esses "pedidos aparentemente epicuristas". Não admira que os "pobres-diabos", tendo vivido durante anos "com as rações miseráveis dos campos de concentração, tenham explorado a oportunidade de desfrutar de potes de mel, cigarros e álcool".[266]

Toda essa comida e bebida em nada embotaram os sentidos sobrenaturais dos colegas cientistas de fronteira de Wulff, que argumentou que seus próprios cálculos, realizados ao longo da maior parte de agosto e do início de setembro, foram fundamentais para localizar Mussolini. Münch afirmou o mesmo. Segundo ele, a ss produziu um pseudopêndulo e um mapa da Itália no qual ele identificou um "ponto morto" nas montanhas de Abruzzo.[267]

A maior parte dos registros documentais indica que foi a inteligência convencional do sd e da ss, com o auxílio do capitão de um esquadrão de hidroaviões alemão, que descobriu a localização de Mussolini.[268] Anos depois, o próprio Höttl admitiu que foi a inteligência convencional que localizou Il Duce. Toda a operação, sugeriu ele, havia sido organizada para aplacar Himmler, cuja crença nas ciências ocultas era bem conhecida.[269]

Não obstante, é interessante observar que as primeiras memórias de Höttl sobre a experiência — escritas antes da conotação negativa associada ao ocultismo nazista no pós-guerra — afirmavam que os astrólogos e radiestesistas haviam de fato sido bem-sucedidos.[270] Igualmente significativo é o relato de Schellenberg, que afirmou que os astrólogos e adivinhos tinham de alguma forma localizado Mussolini, mesmo sem "nenhum contato com o mundo exterior".[271] O próprio Skorzeny relatou, após a guerra, que a ss havia confiado em "videntes e astrólogos para descobrir o paradeiro de Mussolini".[272]

Esses relatos indicam que muitos nazistas, e não apenas Himmler, levaram a Operação Marte a sério — assim como o fato de Himmler, Nebe e Schellenberg terem reunido em uma luxuosa vila em Wannsee mais de quarenta ocultistas de toda a Alemanha, alguns dos quais retirados de campos de concentração.[273] Himmler inclusive cumpriu sua promessa de conceder aos ocultistas "a liberdade e 100 mil marcos" caso fossem bem-sucedidos.[274] Quando Münch apresentou sua petição para ser libertado de Sachsenhausen, o comandante do campo, sem dúvida nada surpreso com o pedido, contrapôs com a opção de uma posição mais confortável como ancião do campo. Mas o astrólogo insistiu em sua libertação total, citando seu trabalho em nome da "libertação de Mussolini". Depois que o comandante entrou em contato com a liderança da ss, Münch foi libertado.[275] Wulff também se beneficiou de uma anistia, e em seguida pediu que a ss devolvesse os livros e outros materiais ocultos que a Gestapo havia confiscado em sua residência durante a Ação Hess, mais de dois anos antes. No final de 1943, Nebe ordenou a devolução de toda a biblioteca de Wulff. Poucos meses depois, Wulff tornou-se astrólogo pessoal de Himmler.[276]

As aplicações militares da ciência fronteiriça

Bem antes de os nazistas assumirem o poder já havia um interesse em tecnologias milagrosas e uma convicção baseada na fé da superioridade do exército alemão. *Völkisch*-esotéricos e oficiais nacionalistas do exército, escritores de fantasia e políticos de direita compartilhavam uma crença quase religiosa na eficácia e invencibilidade do exército alemão.[277] Invocando a luta mítica entre Thor e os nibelungos, alemães e judeus, civilização ariana e bolchevismo, uma mistura de militarismo e misticismo apocalíptico foi adotada pelos nacionalistas *völkisch* no período entreguerras. Além disso, a fim de ajudar os civis a "compartilharem as experiências quase religiosas de transcendência e eternidade do soldado",[278] os ex-combatentes interpretavam "o derramamento de sangue no campo de batalha como uma forma de comunhão sagrada que os havia transformado em apóstolos da 'nação'".[279]

Sem uma fé permanente na religião e no folclore protogermânico, argumentou o folclorista da ss Richard Wolfram, "o que poderia ser dado como *Weltanschaaung* aos soldados nas trincheiras?".[280] Muitos nazistas haviam se apropriado, por exemplo, do conceito artamano de "camponeses guerreiros", que ocupariam o leste por meio da violência.[281] A ss inspirou-se no modelo artamano de uma elite cavalheiresca vestida de preto que lutava em nome "da morte e do demônio".[282] Seu símbolo da caveira e dos ossos cruzados eram inspirados nos caçadores selvagens que chamavam tanto a atenção dos folcloristas do nsdap.[283] Os nazistas insistiam nos "poderes regenerativos e criativos de uma morte expressamente masculina e inflexivelmente heroica", apoteotizando o berserker nórdico como um herói, e aqueles que morriam, inclusive mulheres, como guerreiros no Valhalla.[284] Como escreveu um fun-

O sobrenatural e a Segunda Guerra Mundial

cionário do Amt Rosenberg em uma dissertação sobre o lobisomem alemão, os guerreiros berserkers de Odin muitas vezes se transformavam em cães selvagens ou lobos para devorar suas presas.[285] Essa ideia foi complementada mais tarde pelo conceito de Hermann Löns de lobisomens guerrilheiros, combatentes camponeses que surgiam com ferocidade para defender sua *Heimat* em tempos de guerra.[286]

As fantasias ariano-germânicas de heróis caçadores selvagens, lobisomens e berserkers foram complementadas pelas tradições marciais indo-arianas. Entre elas destacava-se a ideia da casta guerreira dos xátrias, extraída dos Vedas hindus. Desde o final do século xix, os indólogos alemães insistiam nos paralelos etnoculturais entre as antigas castas guerreiras alemãs e os xátrias védicos, analisando o épico hindu Bhagavad Gita e a *Edda* nórdica em busca de semelhanças.[287] Indólogos nazistas como Hauer, Wüst e Herman Lommel adotaram esses argumentos no Terceiro Reich. Em seu livro de 1939, *Der arische Kriegsgott* [O deus guerreiro ariano], Lommel retratou o deus védico Indra como um modelo para os soldados nazistas, personificando a "disciplina, o controle dos sentimentos, a prontidão para o sacrifício, a obediência". Chegou a representar Indra com cabelos ruivos e "uma atiradeira de raios na mão" para afirmar que esse "arquétipo divino da religião ariana [tinha] muitas características em comum com os deuses germânicos Thor e Odin".[288]

Em outra obra, Hauer interpretou o iogue como um guerreiro e Buda como um "herói passivo" que operava por meio da "disciplina ariana do espírito".[289] Wüst também enfatizou os poderes "solares", "cósmicos" e "microcósmicos" do chakravartin budista, ou "governante sagrado do mundo", que Hitler representou como "mestre guerreiro".[290] O teórico religioso Friedrich Hielscher, filiado à ss, concordou que Buda não era um pacifista, mas um "guerreiro sábio". "Se o militarismo e a sabedoria são contradições, se os guerreiros estão abaixo dos sábios", argumentou Hielscher, "então a realidade não pode se aperfeiçoar, pois é militarista."[291]

Aproveitando a ideia do "guerreiro iogue", Himmler promoveu *Tibete secreto*, o filme de Ernst Schäfer, como uma forma de incentivar valores e rituais marciais na ss e na Wehrmacht. Schäfer interpretou os lamas budistas tibetanos, a "magia, o encantamento e a meditação", bem como as "danças rituais para a invocação dos deuses da guerra", como um modelo de educação para as tropas alemãs.[292] A fim de inspirar o ânimo alemão e a disposição para o sacrifício, o Reichsführer fez um discurso de propaganda no qual citou a "tradição militar dos lamas".[293] E, para disseminar os valores marciais indo-arianos dentro da ss, também defendeu sessões regulares de meditação de acordo com os "líderes religiosos indianos".[294] Ele também racionalizou a Noite dos Longos Punhais e outros crimes terríveis da ss citando "a sacralização do terror" incorporada no código xátria e no Bhagavad Gita.[295]

Essas fantasias sobre o ressuscitamento de um espírito marcial indo-ariano se estenderam à Pérsia e ao Oriente Médio. Citando o mitraísmo iraniano, o místico fascista Julius Evola complementou as teorias bizarras da ss sobre a casta guerreira dos xátrias e Buda como um iogue guerreiro com a ideia do "guerreiro insone" que lidera seus aliados contra os "inimigos satânicos dos arianos". Evola imaginou uma pequena elite de heróis indo-arianos, semelhante à ss, capaz de travar uma "guerra santa" contra raças inferiores. Esse espírito heroico de luta poderia ser alcançado por meio de "técnicas espirituais objetivas" que explorassem a "potência divina" do indivíduo.[296] A uma divisão voluntária de muçulmanos das Waffen-ss, Himmler também elogiou o islã como "uma religião prática e atraente para os soldados", pois "lhes promete o céu se lutarem e caírem em batalha".[297] Na leitura de Himmler das "tradições e mitos" islâmicos, Hitler era "um profeta vingador" que ajudaria a libertar os árabes dos britânicos e judeus imperialistas.[298]

Enquanto isso, Hitler e Himmler exaltavam os japoneses como uma raça guerreira, e Himmler especulava que a ss "deveria se tornar o samurai alemão".[299] Trechos do entusiástico prefácio do Reichsführer ao livro de Heinz Corazza, *Die Samurai: Ritter des Reiches in Ehre und Treue* (1937), foram publicados em *Das Schwarze Korp*, o jornal da ss.[300] Wüst também comparou as tradições marciais dos samurais aos cavaleiros teutônicos, que precisavam ser ressuscitados.[301] As publicações da época da guerra apresentavam argumentos semelhantes sobre a "corajosa disposição do povo japonês a sacrificar a própria vida", embutida no sentimento religioso "mais profundo" da "educação zen".[302] Como afirmou um relatório do sd, a situação do Japão, em que "a vida, a política e o engajamento militar" são baseados em "um fundamento ideológico-religioso não cristão", proporcionava um modelo para o povo da Alemanha.[303] Infelizmente, o sd temia que a constante celebração das virtudes raciais e guerreiras japonesas na imprensa e na propaganda estivesse levando a um "complexo de inferioridade" alemão.[304]

Essas fantasias indo-arianas tiveram consequências militares. A ss montou uma legião indiana de soldados supostamente arianos vindos do subcontinente.[305] Himmler também queria criar uma divisão de muçulmanos bósnios, buscando alistar mais soldados muçulmanos de toda a Europa e do Oriente Médio.[306] Cerca de 100 mil "turcomanos" foram recrutados para uma "Legião do Turquestão" sob a "bandeira do islã".[307] Bruno Beger também convenceu Himmler a criar uma divisão de cavalaria de calmucos mongóis, supostamente indo-arianos que adoravam o Dalai Lama.[308]

Ariosofistas como Guido von List, Lanz von Liebenfels e Rudolf Gorsleben acreditavam que os antigos arianos possuíam habilidades físicas e mentais sobre-humanas, que poderiam ser recuperadas por meio do estudo de textos antigos e de experimentos com seus rituais.[309] Não surpreende que os pesquisadores da ss Günther Kirchoff e Karl Wiligut, ambos educados em tradições ariosóficas, tenham insistido em sua capacidade de aproveitar "correntes de poder" localizadas na região protoariana "ártico-atlante" entre a Groenlândia e o polo Norte.[310] Himmler instruiu Wulff a realizar experimentos com métodos de "onda humana" extraídos também do esoterismo indo-ariano.[311]

No final da década de 1930, como o foco da Ahnenerbe mudou para a "ciência militar", os cientistas de fronteira da ss começaram a explorar novas tecnologias.[312] Himmler instruiu Wüst, por exemplo, a pesquisar onde, "em toda a cultura ariana nórdico-germânica, aparece o conceito do relâmpago, do raio, do martelo de Thor ou do martelo lançado ou voando pelo ar. Além disso, onde há esculturas de um deus segurando um machado e aparecendo em um relâmpago".[313] O Reichsführer solicitou todas as evidências desse tipo, "fossem imagens, esculturas, escritos ou lendas", porque estava convencido de que elas não representavam "trovões e relâmpagos" naturais, mas eram uma "arma anterior, altamente desenvolvida, possuída apenas [...] pelos Aesir, os deuses, e que presumia um extraordinário conhecimento da eletricidade".[314]

Himmler recomendou ainda o envio do cientista fronteiriço Ludwig Ferdinand Clauss para colaborar com Beger na realização de pesquisas "fenomenológicas" sobre a "alma racial dos centro-asiáticos".[315] De interesse especial para Beger e Clauss era a diferença "nas ações das raças no campo de batalha", incluindo as divisões muçulmanas bósnias patrocinadas pela ss, e as consequências práticas que isso poderia ter na luta contra um oponente de raça estrangeira.[316] Por motivos semelhantes, o esotérico dr. Kurt Wessely foi encarregado de examinar "as chamadas fronteiras militares" e motivar as forças guerrilheiras.[317]

O resultado natural do crescente investimento da Ahnenerbe em ciência militar foi o Instituto de Pesquisa Militar Aplicada.[318] Dirigido por Wolfram Sievers, chefe da Ahnenerbe, o instituto foi fundado no verão de 1942 e financiado por Oswald Pohl, chefe do sistema de campos de concentração. Ele reunia uma série de institutos "científicos" e alguns ramos das forças armadas com o propósito expresso de realizar pesquisas práticas úteis para o esforço de guerra.[319] O próprio Wüst trabalhou com uma unidade do instituto dedicada à pesquisa em ciências humanas para aplicação na guerra ideológica.[320] Após a Operação Marte, Wulff se viu empregado pelo Instituto para a Guerra Oculta, afiliado ao Instituto de Pesquisa Militar Aplicada, onde Hartmann, Straniak, Gutberlet e outros trabalharam em aplicações militares da ciência fronteiriça.[321]

Em conjunto com a divisão de pesquisa ideológica de Franz Alfred Six, Wulff e seus colegas exploraram técnicas de lavagem cerebral e guerra psíquica.[322] Outro projeto procurou determinar se havia uma forma astrológica de calcular o clima (uma questão que a ss também pediu que fosse explorada pelos teóricos da cosmogonia glacial).[323] O Instituto de Pesquisa Militar Aplicada também patrocinou projetos que buscavam aplicações militares práticas da vara radiestésica.[324] Por fim, havia divisões dentro da Ahnenerbe, vinculadas ao instituto, que lidavam com "geologia militar" e experimentos humanos (ver capítulo 8).[325]

A propensão nazista para a experimentação científica fronteiriça em assuntos militares não começou nem terminou com o Instituto de Pesquisa Militar Aplicada.[326] No verão de 1940, Hans Bender começou a colaborar com o primo de Hermann Göring, o proeminente psicólogo Matthias Göring, no emprego de técnicas (para)psicológicas durante os treinamentos militares.[327] Bender também trabalhou com o regime em experimentos para testar a validade da grafologia. No início de agosto de 1940, Bender estava entusiasmado: "É emocionante que esses experimentos tenham sido realizados, e continuem a ser realizados, com a ajuda de um gabinete administrativo do Reich".[328]

Por fim, Bender entrou em contato com membros do corpo de oficiais e oficiais da marinha associados ao Instituto do Pêndulo. Segundo ele, os experimentos haviam fracassado por terem sido realizados por "pessoas não devidamente examinadas".[329] Para evitar esse problema em futuros experimentos com pêndulos, Friedrich Spieser, patrocinador de Bender na ss, sugeriu que "talvez fosse mais prático pedir à ss os instrumentos que foram confiscados, [incluindo] uma grande coleção de varas de adivinhação em vários formatos e batizadas com nomes de elementos; portanto, aparelhos cuja utilidade econômica parece valer a pena investigar".[330] Com esses experimentos em mente, Spieser pediu que Bender fosse a Berlim o mais rápido possível, junto com Ernst Anrich, reitor de Humanidades da Universidade de Estrasburgo. Lá, sugeriu Spieser, Bender poderia informar "de maneira sigilosa os homens responsáveis da ss no gabinete principal (Spengler, Brandt etc.) sobre nossos experimentos, e fazer todo o possível para obter aquilo de que precisamos para a pesquisa livre".[331] Como resultado, Bender não apenas recebeu apoio da ss, mas seu instituto posteriormente desenvolveu laços estreitos com notórios médicos nazistas com propensões científicas fronteiriças, entre os quais Sigmund Rascher e o presidente da Universidade do Reich de Estrasburgo, August Hirt.[332]

Antes de concluirmos, é importante mencionar o investimento do próprio Hitler na ciência militar de inspiração sobrenatural. O conceito de Thule, a gelada terra natal dos nórdicos atlantes, persistiu no imaginário sobrenatural de Hitler. Em agosto de 1942, ele batizou pessoalmente de "Thule" um novo regimento de tanques das ss-Totenkopfverbände [Unidades da Caveira], e pediu que se realizasse em seguida uma "cerimônia comemorativa".[333] Himmler ordenou que a divisão recebesse 6 mil novos voluntários da ss em preparação para os brutais combates no front oriental durante o inverno de 1942-3.[334] Além disso, a escolha estratégica de Hitler para o quartel-general militar da Toca do Lobo (Wolfsschanze) pode ter sido baseada na "geografia sagrada" promovida por Josef Heinsch, Wilhelm Teudt e outros geomantes nazistas.[335]

Por fim, não podemos ignorar a possibilidade de que a cosmogonia glacial tenha influenciado as principais decisões e operações militares do Führer.[336] Hitler, ao que parece, acreditava que a Operação Barbarossa teria mais chances de sucesso porque os teóricos da cosmogonia glacial do instituto meteorológico de Himmler haviam previsto um inverno ameno. Com base na cosmogonia glacial, Hitler e Himmler também conjecturaram que os soldados nórdicos estavam mais bem preparados do que os eslavos para lutar no clima frio e, consequentemente, não os equiparam de maneira adequada para a guerra no front oriental, o que resultou, por exemplo, na terrível perda de vidas em Stalingrado.[337]

De fato, "o compromisso grotescamente justificado de Hitler com a cosmogonia glacial", escreveu Christina Wessely, indica o "potencial ininterrupto da ciência fronteiriça para combinar experiências aleatórias e cotidianas com intuição sobrecarregada e propensa a prognósticos e rotular a combinação de método científico".[338] Por mais perigosos que possam ter sido ao influenciar a política externa e a ciência militar nazistas, esses métodos científicos fronteiriços se mostraram ainda mais monstruosos quando se tratava de questões de raça, espaço e eugenia.

À MEDIDA QUE AUMENTAVAM os riscos durante a Segunda Guerra Mundial, aumentava também o investimento do Terceiro Reich na ciência fronteiriça. A obsessão nazista com o folclore e as concepções científicas fronteiriças da geopolítica constituiu um prelúdio importante para a expansão em tempo de guerra, direcionada aos "pontos médios extremamente importantes do cinturão ariano-nórdico de culturas que se estendem por toda a Terra".[339] O próprio Hitler adotou uma abordagem mágica para as operações em tempo de guerra. A fim de atrair apoio popular e tomar decisões, ele confiava tanto na intuição e na fé quanto em avaliações práticas das circunstâncias militares, seguro em sua crença de que "bastava querer alguma coisa e ela simplesmente aconteceria".[340]

A centralidade da ciência fronteiriça na propaganda e na coleta de inteligência é igualmente notável. Desde o trabalho de Krafft e Kritzinger para Goebbels até os esforços de Wulff no Instituto do Pêndulo da marinha, os cientistas de fronteira foram extremamente ativos durante a guerra. Devido a seus talentos ocultistas, Wulff deixou de ser preso no verão de 1941 para se tornar conselheiro pessoal do segundo nazista mais poderoso do Terceiro Reich.[341] O fato de Himmler e Schellenberg terem reunido quarenta ocultistas no subúrbio de Wannsee, em Berlim, a apenas algumas ruas de distância da mansão em que seus colegas Heydrich e Adolf Eichmann planejaram o Holocausto, é mais uma evidência de que a trajetória do ocultismo e das ciências fronteiriças no Terceiro Reich foi, em muitos aspectos, o oposto do que experimentaram judeus, ciganos ou pessoas com deficiência.[342]

O sobrenatural e a Segunda Guerra Mundial

Alguns estudiosos enxergaram nessa atitude sinuosa do Terceiro Reich em relação a "práticas, doutrinas e projetos de pesquisa científicos ocultos" uma contradição flagrante, definida por "ambiguidades e duplicidades". O investimento em ciência fronteiriça durante a guerra, entretanto, não era contraditório. Tampouco foi simplesmente uma questão de flexibilidade dos nazistas, como afirmou um estudioso, ao "equilibrar objetivos militares práticos com convicções ideológicas supostamente antiocultistas".[343]

Ao contrário, a exploração do folclore e das doutrinas científicas fronteiriças pelo Terceiro Reich durante a guerra resume um padrão que vimos desde os primeiros dias do movimento: criticar as tendências sectárias consideradas ideologicamente insustentáveis e, ao mesmo tempo, abraçar seletivamente as doutrinas científicas fronteiriças com longa tradição nos círculos *völkisch-esotéricos* — especialmente quando elas se mostravam vantajosas do ponto de vista político ou ideológico.[344] Em suma, contanto que "suas políticas ou práticas não contradissessem de forma muito evidente a ideologia nacional-socialista oficial", os ocultistas seriam capazes de encontrar oportunidades de colaborar com o Terceiro Reich.[345] Como veremos nos capítulos a seguir, essas práticas científicas fronteiriças teriam prosseguimento, ajudando a definir tanto as políticas raciais nazistas quanto a busca desesperada por armas e tecnologias milagrosas durante os últimos anos da guerra.[346]

8. Ciência monstruosa

Reassentamento racial, experimentos humanos e o Holocausto

> Os ocultistas se sentem atraídos, com razão, por fantasias científicas infantilmente monstruosas.
>
> THEODOR ADORNO, "Teses contra o ocultismo", *Minima Moralia* (1951)[1]

> Uma vez que ele próprio [o judeu] nunca cultiva o solo, mas o considera apenas uma propriedade a ser explorada [...]. Sua tirania sugadora de sangue torna-se tão grande que ocorrem excessos contra ele [...]. O fim não é apenas o fim da liberdade dos povos oprimidos pelo judeu, mas também o fim desse parasita das nações. Após a morte de sua vítima, o vampiro, mais cedo ou mais tarde, também morre.
>
> ADOLF HITLER, *Minha luta* (1925)[2]

O BIÓLOGO HANNS RASCHER ERA FASCINADO pelas aplicações científicas do ocultismo. Tendo estudado teosofia e antroposofia antes da Primeira Guerra Mundial, ele desenvolveu uma especialização em fisiologia oculta, métodos de cura natural e medicina holística. Enquanto estudava homeopatia após a guerra, Rascher conheceu o cofundador da Sociedade Thule, Rudolf von Sebottendorff, com quem discutiu maneiras de promover ideias científicas fronteiriças entre o público alemão. Em 1931, Rascher entrou para o NSDAP e, posteriormente, trabalhou para patrocinar os ensinamentos de Rudolf Steiner no Terceiro Reich, incluindo a cura natural e a agricultura biodinâmica.[3]

O interesse pelo holismo, pela cura natural e pela espiritualidade alternativa abarcou todo o espectro político de Weimar, mas as teorias científicas fronteiriças de Rascher estavam longe de ser inócuas. Como veremos, elas ajudaram a inspirar as práticas higienistas raciais de um "regime que assassinou milhões".[4] Entretanto, há uma ligação mais direta entre Hanns Rascher e as vítimas do nazismo: seu filho, o médico da ss Sigmund Rascher, que se tornou um dos acólitos mais notórios de Himmler, conduzindo experimentos humanos terríveis em Dachau — o mesmo lugar onde os prisioneiros dos campos de concentração testaram os ensinamentos de seu pai para melhorar a agricultura camponesa alemã no leste.

Os Rascher resumem o nexo científico fronteiriço entre o pensamento sobrenatural e a ciência racial nazista, que juntos produziram alguns dos piores crimes do século xx. Isso não significa negar o recurso da Alemanha nazista a meios tecnocráticos eminentemente modernos para eliminar a "vida indigna da vida" ou cometer assassinatos em massa.[5] Tampouco nossa ênfase no pensamento sobrenatural é incompatível com argumentos que destacam a irracionalidade inerente da modernidade. O pensamento eugênico nazista sem dúvida fazia parte de um projeto europeu mais amplo para remodelar o mundo por meio da biologia aplicada, do capitalismo e do colonialismo.

Mas uma propensão europeia generalizada para a retórica biopolítica e o imperialismo não pode explicar a natureza extrema e o escopo sem precedentes das políticas raciais nazistas.[6] Ainda precisamos entender de que forma "pequenos e malévolos programas sociais de valor científico duvidoso" na Grã-Bretanha ou nos Estados Unidos "foram elevados ao nível de importância literalmente cósmica na Alemanha nazista".[7] Para entender a divergência entre as políticas nazistas e a já problemática norma europeia, as "excêntricas teorias, superstições e disparates ocultistas da ss precisam ser levadas a sério".[8] Os crimes do Terceiro Reich assumiram dimensões monumentais porque os nazistas se basearam tanto em teorias científicas fronteiriças peculiares ao imaginário sobrenatural austro-alemão quanto em uma mistura europeia mais ampla de eugenia, racismo e colonialismo.[9] Este capítulo examina o papel do pensamento sobrenatural na facilitação do monstruoso projeto do Terceiro Reich de reassentamento racial, experimentação humana e genocídio judeu.

Ciência fronteiriça, guerra e reassentamento racial

Na introdução de seu livro *Indogermanisches Bekenntnis* [Confissões indo-germânicas], de 1943, Walter Wüst mencionou a importância da antiga região

Ciência monstruosa

de Detmold, um lugar de transcendência religiosa e racial, mas também um "exemplo chocante" de como a Alemanha foi dividida e subjugada durante séculos pelo "ódio da raça estrangeira".[10] Assim como o Vaticano, influenciado pelo judaísmo, havia tentado uma vez extirpar a comunidade "germânico-nórdica" representada por Detmold, também a Segunda Guerra Mundial constituiu um "ataque exterminatório de ódio racial ao estrangeiro contra a fundação" da germanidade.[11] Ao reviver a tradição medieval dos cavaleiros teutônicos que assolava o leste, o Terceiro Reich poderia recuperar os "blocos de construção fundamentais" da raça alemã "ancorados na cultura e na história" e garantir o retorno de seu "sangue heroico".[12]

Por meio das lentes do imaginário sobrenatural, Wüst e seus colegas nazistas canalizaram uma "fusão pegajosa de religião, visão de mundo, arte, arquitetura, música, escultura, poética, sagas, etnologia, indologia, orientalismo e praticamente todas as outras disciplinas humanísticas" em suas justificativas para a expansão e o reassentamento racial.[13] Antes da guerra, o folclore e a mitologia eram usados por Wüst e outros para a demonização mítica de inimigos estrangeiros e nacionais.[14] Depois de 1939, essas concepções teóricas de guerra racial, violência em massa e limpeza étnica se tornaram realidade.[15] Com o desenrolar da guerra, milhões de soldados alemães "foram reconcebidos como instrumentos de colonização, por meio dos quais terras estrangeiras seriam transformadas em pátria, ou *Heimat*". Essa "reconfiguração do espaço teve como contrapartida direta a destruição simultânea de judeus, poloneses e outros forasteiros raciais".[16]

Uma vez que a Segunda Guerra era para eles uma guerra colonial, pelo menos no front a leste, os nazistas puderam legitimar técnicas, como George Steinmetz nos lembra, que seriam desprezadas na guerra "civilizada".[17] Em comparação com as políticas coloniais europeias na África ou na Ásia, a construção do império nazista na Europa Oriental era mais focada na engenharia biopolítica, inspirada em teorias raciais científicas fronteiriças, e mais explicitamente motivada por fantasias de recuperação de uma utopia indo-ariana perdida.[18] Se o projeto imperial nazista incorporou práticas coloniais em toda a Europa, elas foram informadas e radicalizadas por concepções sobrenaturais de raça e espaço extraídas do folclore, da ciência fronteiriça e do esoterismo *völkisch*.[19]

Sangue, solo e fantasias de reassentamento antes de 1939

Friedrich Ratzel, Gustaf Kossina e Alfred Ploetz; Hans Günther, Fritz Lenz e Jakob Wilhelm Hauer — esses decanos da raça e do espaço do início do século xx produziram um corpo inteiro de teorias de sangue e solo que foram assimiladas pela direita *völkisch* durante o período entreguerras.[20] Na década de 1930, o foco desses indivíduos na higiene racial e no passado germânico alimentou diretamente a conceituação de sangue, solo e espaço vital proposta por Darré, Himmler e outros líderes nazistas; isso incluía a "ideia de que os antigos assentamentos germânicos na Europa Oriental validavam as reivindicações alemãs de soberania sobre as regiões povoadas por eslavos".[21]

Em um discurso de 1937 para a ss intitulado "A ss como organização de batalha antibolchevista", Himmler expôs seu caso. Com base na sabedoria e nos ensinamentos antigos, ele começou dizendo que o "povo alemão estava convencido da ordem divina de toda a terra, de todo o mundo vegetal e animal", de que "o sangue deve ser considerado uma obrigação, como um legado sagrado". Uma "raça e um povo têm vida eterna".[22] "O de onde e para onde da nossa existência não pode parar nas fontes germânicas", argumentou Himmler em outro momento, "mas deve retroceder no tempo até a conexão original de todos os povos de sangue nórdico dentro da ampla cultura indo-germânica".[23]

Os métodos de pesquisa articulados aqui correspondem à "visão peculiar da história germânica" de Himmler "que não deveria ser diferenciada com base no mito ou na realidade".[24] Sua ideologia, observa Peter Longerich, era uma "construção da imaginação dependente de um conceito de raça caprichosamente aplicado, e os odiados inimigos [...] [no Oriente] descritos de forma tão imprecisa [...] eram praticamente intercambiáveis e podiam ser culpados por qualquer coisa".[25] Não é de admirar que os estudiosos tenham identificado paralelos entre a preocupação da ss com as bruxas e as atitudes nazistas em relação ao policiamento da raça e do espaço no Oriente.[26]

As teorias raciais esotéricas serviram para confirmar que o Terceiro Reich tinha o direito de (re)construir um império "indo-ariano" no leste da Europa e subjugar ou eliminar seus povos.[27] Depois de reassentar os alemães étnicos, Himmler estava determinado a recuperar todo o sangue "sobre-humano" remanescente dos povos mestiços. O restante da população seria deixado para "vegetar em um modo de vida primitivo".[28] Sem dúvida, os folcloristas, arqueólogos e historiadores *völkisch* empregaram esses argumentos para justificar a reintegração das populações de etnia alemã em Ostmark (Áustria) e na Boêmia, bem como na Alsácia e nos Países Baixos.[29] Ainda assim, o foco principal sempre foi o leste, onde os camponeses se instalariam após a eliminação das populações eslavas e judias locais.[30]

O Gabinete Central de Raça e Colonização da ss, primeiramente liderado por Darré, tornou-se a peça central dessa missão racial e imperial.[31] Como membros da Liga Artamana na década de 1920, Himmler e Darré haviam desenvolvido um modelo para "escolas de colonos" baseado na mitologia de sangue e solo.[32] Depois de 1933, eles construíram uma colônia-modelo da ss a leste de Berlim, onde os habitantes eram incentivados a realizar celebrações pagãs de solstício de inverno e de verão, seguindo o modelo da Liga Artamana. A Ahnenerbe também queria trazer de volta os antigos estilos de construção e linguagem germânicos — até mesmo raças pré-históricas de animais (!). Por sua vez, periódicos como o *Völkischer Beobachter* e o *Germania* divulgavam essa "pesquisa" científica fronteiriça para o público alemão.[33] Uma vez reassentados, esses chamados "fazendeiros armados" (*Wehrbauern*) viveriam em casas de estilo medieval, curariam os doentes com remédios naturais e recriariam uma antiga cultura e religião pagãs germânicas.[34]

A promoção utópica da colonização alemã, no entanto, era apenas o contraponto positivo à "negatividade quase esmagadora do pensamento nacional-socialista [...] de demonização e extermínio".[35] Por isso, a ss planejava estabelecer "postos avançados" ou camponeses armados, "soldados das fronteiras" no espírito dos artamanos, que liderariam o "combate a outras raças" a fim de criar um novo espaço para viver.[36] Esses camponeses só poderiam continuar sua agricultura em um ambiente mais "alemão" subordinando ou eliminando poloneses e judeus.[37]

Alguns ativistas do sangue e solo, como Darré, estavam mais concentrados na reestruturação da sociedade por meio de "um vínculo orgânico entre o solo e o povo" do que preocupados com a expansão imperial. Mas Himmler era um imperialista *völkisch*, concordando com Hitler que seu objetivo era um império racialmente puro, desprovido de "elementos estranhos e traiçoeiros".[38] Himmler e o jovem antropólogo Bruno Beger estavam convencidos de que uma mistura de sangue mongol e eslavo era o que tornava os bolcheviques tão perigosos.[39]

Wüst também caracterizou a história da raça e da religião germânicas como uma história de afastamento dos "esforços genocidas" dos estrangeiros, o que, em sua opinião, seria a "base da próxima guerra".[40] De acordo com ele, os indo-alemães tinham o dever histórico de "eliminar com ódio mortal tudo o que fosse nocivo e estranho à comunidade *völkisch*".[41] Ecoando o místico fascista italiano Julius Evola,[42] Wüst (e Hauer) invocou um "arsenal de deuses e demônios indianos" para propagar uma ideologia imperialista alimentada pelo "misticismo racista de sangue".[43] A batalha vindoura seria uma continuação da luta milenar entre as raças leves arianas e as monstruosas "formas raciais inferiores", como os neandertais, os africanos e os judeus, que propagavam a "perseguição fanática" (*Verfolgungswahn*) e o "desencadeamento do demonismo".[44] Impulsionada por essas "lendas históricas", a imaginação nazista deu origem a "lobos, assassinos e todos os tipos de monstros" que povoaram o selvagem leste bolchevique.[45]

O folclore e a ciência fronteiriça até sugeriram os métodos e a lógica para eliminar o outro racial. "É o fardo de um grande homem", argumentou Himmler, "que ele deva passar por cima de cadáveres para criar uma nova vida [...] o espaço deve estar livre de ervas daninhas, ou nada poderá crescer". E acrescentou: "Um povo governante deve ter o direito de eliminar da comunidade, sem misericórdia cristã, qualquer ser humano que seja prejudicial à comunidade".[46] Devemos lembrar que Himmler citava a natureza salvífica da disposição da casta guerreira dos xátrias de sacrificar outros por um objetivo maior.[47] A fim de proteger o núcleo racial da Alemanha e promover sua maior pureza, argumentou ele, o SD e a Gestapo não precisavam se preocupar em ser amados pelos alemães, nem mesmo em ser temidos por eles. Seu único objetivo era encarnar "a espada de um carrasco impiedoso" contra o judeo-bolchevismo, a fim de dar ao povo alemão "vida eterna".[48] Para Himmler, legitimar o reassentamento racial e o assassinato com base "em contos de fadas" e glorificar a "morte horrível como algo honroso" eram coisas que estavam em conformidade com a "consciência de elite da ss".[49]

Para o Reichsführer, o objetivo da ss sempre fora realizar essa missão, provar a superioridade da "humanidade ariana" e o "domínio intelectual mundial da germanidade ariana" como condições prévias para o reassentamento racial e a limpeza étnica no Oriente.[50] Nessas fantasias de recolonização, o personagem Hagen, da mitologia dos nibelungos, tornou-se um herói que pode

Ciência monstruosa

ter "agido por motivos desumanos, mas, como executor da lei da honra e da lealdade", assumiu um "ato hediondo".[51] Tanto Himmler quanto Rosenberg invocaram a devastação que os cavaleiros teutônicos haviam causado às populações eslavas e judias locais. Em sua missão religiosa e racial de colonizar os territórios do leste, os nazistas mais uma vez cavalgariam como cavaleiros das trevas confiantes em sua "invencibilidade".[52] O Führer também estava convicto de que o poder e o direito divino justificavam as "decisões frias como gelo" que "provavelmente seriam condenadas pelos direitos humanos atualmente em prática".[53]

Assim, a Ahnenerbe e o Amt Rosenberg recrutaram cientistas de fronteira que "subordinaram seus métodos de pesquisa, tópicos, disciplinas e afiliações" à batalha contra o inimigo racial.[54] Joseph Otto Plassmann, editor da *Germania*, utilizou sua posição como historiador-chefe da Ahnenerbe para defender uma série de políticas que justificavam a raça e a conquista, além de uma guerra de "luta, morte e sangue" contra os "vendedores ambulantes de instrumentos judeus".[55]

Enquanto isso, o cientista político Franz Six e o historiador Günther Franz transformaram suas investigações sobre bruxaria em pesquisas de oposição sobre judeus, comunistas e maçons.[56] Por meio desses esforços, praticamente todas as disciplinas científicas — biologia e antropologia, história e ciência política, até mesmo "estudos da língua indo-germânica--ariana" — tornaram-se uma camuflagem para o reassentamento racial e o assassinato em massa.[57]

Reassentamento racial depois de 1939

Essa relação predominantemente teórica entre a ciência fronteiriça e o império racial tornou-se real em setembro de 1939.[58] A invasão alemã da Polônia "instituiu um ponto de virada nas mentalidades de morte", observa Monica Black, pois muitas ideias racistas e imperialistas que já existiam "assumiram um significado novo e mais urgente".[59] A "guerra agressiva de conquista foi transfigurada; os alemães partiram para conquistar novas terras para a luz e a vida na terra dos demônios [*Utgard*], o império sombrio do bolchevismo e do judaísmo mundial".[60] Quase todos os líderes nazistas, de Rosenberg e Darré a Göring e Hans Frank, juntaram-se a esse projeto científico fronteiriço para refazer a raça e o espaço no Oriente. Mas o papel central de Himmler e da ss nas questões de policiamento e reassentamento, para não mencionar a ciência fronteiriça racial, deu a eles um lugar de destaque.[61]

Já em outubro de 1939, um subordinado de Himmler, o arqueólogo clássico Hans Schleif, tornou-se administrador de todas as atividades da Ahnenerbe na Polônia. Nessa função, ele trabalhou com o Gabinete de Administração Principal para o Leste de Göring a fim de obter o controle das propriedades polonesas e judaicas. Em novembro, Himmler, como comissário do Reich para a consolidação da nacionalidade alemã, começou a assumir um papel pessoal no processo. Em dezembro, ele instruiu a Ahnenerbe a saquear casas particulares, bem como museus e arquivos poloneses e judeus, em busca de fontes históricas e pré-históricas que fossem importantes para "propósitos históricos culturais" e para reconstruir o papel dos alemães na "formação histórica, cultural e econômica do país".[62]

O folclore e a ciência fronteiriça agora se fundiam perfeitamente com as políticas nazistas de raça e reassentamento.[63] O professor nazista de religião e folclore nórdicos Bernhard Kummer, por exemplo, deu uma série de palestras em 1940 em que utilizou uma antiga canção folclórica alemã usada pelos artamanos para patrocinar a colonização do leste.[64] Beger foi encarregado de estudar a "vida da alma da raça da Ásia Central" a fim de diferenciar "as fronteiras da essência germânica [...] e assim purificar" os arianos dos elementos centro-asiáticos.[65] E Himmler nomeou o folclorista e historiador Heinrich Harmjanz como curador-geral para "registrar e processar todo o patrimônio material de todos os alemães étnicos reassentados [...] e todas as questões pré-históricas, históricas iniciais e etnográficas no novo Oriente".[66]

Em um discurso de setembro de 1942 para a ss, Himmler explicou que os grandes líderes da Ásia Central, como Átila, Gengis Khan, Tamerlão e Stálin, haviam sido produzidos pela mistura de traços perdidos de sangue nórdico com sangue turco e asiático. Essa mistura racial tornara os povos da Ásia Central extremamente poderosos e perigosos. A fim de recuperar o "sangue bom" e evitar que a Europa fosse invadida por asiáticos, Himmler concluiu que esses "sub-humanos" mestiços precisavam ser destruídos.[67] Cada indivíduo tinha de passar por uma avaliação racial para evitar o surgimento de novos "tipos de mestiços nos territórios a serem colonizados".[68]

Ciência monstruosa

Um dos pontos focais dessa política científica fronteiriça de reassentamento racial foi o Wartheland polonês (Volínia), lar da apreciada ponta de lança de Kovel (discutida no capítulo 7). Como parte do processo de construção de uma colônia-modelo alemã na Polônia ocupada, o classicista nazista Hans Schleif confiscou vagões de artefatos germânicos de judeus e poloneses e os enviou para a Volínia.[69] Wolfgang Krause, chefe da divisão de runas da Ahnenerbe, realizou simultaneamente escavações de sítios pré-históricos na região. Esses esforços arqueológicos ajudariam a justificar o reassentamento dos alemães, bem como a realocação — e o eventual assassinato em massa — de poloneses e judeus.[70]

Logo após a invasão da Polônia, ninguém menos que o folclorista *völkisch* Alfred Karasek foi nomeado chefe do "comando de reassentamento da Volínia". O comando trabalhou com a Wehrmacht e a Volksdeutsche Mittelstelle [Centro de Coordenação para Alemães Étnicos] na supervisão do reassentamento de 34 mil alemães étnicos no Wartheland. Em agosto de 1941, quando os Einsatzgruppen da ss intensificaram o assassinato de judeus do Leste Europeu, Karasek foi designado para a unidade das ss-Totenkopfverbände em Oranienburg, na Ucrânia. Lá, ele organizou o reassentamento de outros 27 mil alemães da Bessarábia. Pouco tempo depois, Karasek foi nomeado "líder especial Z" do Sonderkommando Künsberg do Grupo de Exércitos Centro (*Heeresgruppe Mitte*), envolvendo-se no processo de reassentamento de forma mais direta. Em seguida, ele assumiu um cargo na Crimeia como Sonderführer da ss, com o posto de Untersturmführer nas Waffen-ss. Em 1942, foi nomeado "especialista em *Landeskunde*" (geografia, história e cultura) com o Einsatzgruppen B em Stalingrado. Enquanto presidia o destino de dezenas de milhares de alemães étnicos (e, por extensão, de judeus e poloneses), Karasek ainda encontrou tempo para saquear arquivos, bibliotecas e museus em toda a Ucrânia, até que finalmente foi forçado a se retirar de Stalingrado com o restante do Einsatzgruppen B em outubro de 1942.[71]

Lutz Mackensen, professor de estudos alemães na nova Universidade do Reich local, empregou contos folclóricos de mortos-vivos, fantasmas e espíritos como prova da natureza germânica do Wartheland.[72] Os alemães nas fronteiras do Reich estavam preocupados com a ideia da "Caçada Selvagem", argumentou Mackensen, porque se lembravam de uma época em que os alemães viviam cercados por eslavos alienígenas, contra os quais esses "cavaleiros selvagens", que residiam nas montanhas ao redor, poderiam defendê-los.[73] Para Mackensen, a invasão alemã — e o reassentamento de poloneses, judeus e alemães — representava um retorno físico e espiritual ao lar, como espíritos mortos retornando de seus esconderijos nas montanhas para advertir os alemães a não esquecerem sua herança.[74] Mackensen era especialista em folclore e especulação sobrenatural, não em biologia ou genética. Ainda assim, ele foi encarregado pelo SD de avaliar os refugiados que chegavam do Báltico, da Bessarábia e da Bucovina a fim de determinar se eles poderiam fornecer um "novo ramo racial de colonos" para o "campesinato da fronteira".[75]

Esse padrão de folcloristas e cientistas de fronteira assumindo papéis ativos no processo de pilhagem, colonização e reassentamento racial ocorreu em toda a Europa.[76] Em contradição direta com as convenções de Haia, Sievers e o arqueólogo Herbert Jankuhn, das Waffen-ss, trabalharam com os ss-Sonderkommandos para confiscar dezenas de caixas de materiais históricos, etnológicos e religiosos do Cáucaso, dos países bálticos e do sul da Rússia. Jankuhn usou esses materiais para apoiar sua própria tese sobre a natureza historicamente germânica desses territórios.[77] No sudeste da Europa, a repressão e a eliminação dos inferiores raciais andavam de mãos dadas com uma batalha para saquear artefatos supostamente germânicos e conduzir pesquisas científicas fronteiriças em pessoas e assentamentos.[78] No norte da Europa, a ss e a Ahnenerbe empreenderam esses esforços sob a chancela da Unidade Científica Alemã (Germanische Wissenschaftseinsatz ou GWE), encarregada de desenvolver uma política de ampliação territorial (*Grossraumpolitik*) na Escandinávia e nos Países Baixos.[79]

Por meio da Unidade Científica Alemã, Himmler formalizou a cooperação entre os militares das Waffen-ss e a Ahnenerbe, associando cientistas de fronteira e especialistas em folclore da ss aos comandos em campo.[80] Em fevereiro de 1942, por exemplo, o dr. Kurt Wessely, ss-Oberscharführer, propagandista do RMVP e esotérico, foi encarregado de estudar as "chamadas fronteiras militares" a fim de determinar a extensão do "espaço vital alemão na Europa Central".[81] Beger, inspirado por seus estudos de esqueletos tibetanos, acompanhou a Wehrmacht para avaliar quais "tipos nórdicos" da população soviética deveriam ser germanizados e quais deveriam ser enviados para a Sibéria.[82] Odilo Globočnik, o líder da ss encarregado da Solução Final ("Operação Reinhard") em grande parte do Leste Europeu, empregou o codinome

Ciência monstruosa

sobrenatural "Lobisomem" para suas próprias operações de reassentamento racial com o objetivo de reintroduzir "os *Volksdeutsche* e as pessoas de origem racial alemã".[83] Por fim, Rudolf Levin e Günther Franz, da infame divisão de bruxas, citaram as lições de sua "pesquisa de oposição" sobre os judeus e a Igreja católica para justificar a limpeza e a purificação de um Grande Espaço Germânico.[84]

A ciência da raça e do espaço baseada na fé facilitou o recrutamento de supostos indo-arianos, como bálticos, indianos e até mesmo árabes, para unidades móveis de extermínio e para as Waffen-ss. Dessa forma, a ciência fronteiriça nazista reforçou as necessidades cínicas dos comandos da ss em campo, que precisavam de não alemães para fins militares, administrativos e de limpeza étnica.[85] Os pesquisadores de folclore e os cientistas de fronteira que não podiam participar diretamente do processo de reassentamento racial ou das operações militares devido à idade ou a ferimentos sofridos juntaram-se à divisão de humanidades, cultura indo-germânica e história intelectual em tempos de guerra, responsável por organizar apresentações de música e festivais folclóricos locais a fim de incentivar o desenvolvimento da identidade racial étnica alemã depois que os judeus e os eslavos foram "evacuados".[86] Obviamente, nas palavras de Michael Kater, esses esforços tinham menos a ver com pesquisa científica autêntica do que com a implementação de "medidas práticas na esfera da política étnica".[87]

Os fundamentos científicos fronteiriços do reassentamento racial e da colonização do leste também são evidentes na implementação de métodos agrícolas biodinâmicos após setembro de 1939. Desde o início da guerra, Himmler recrutou produtores biodinâmicos para colaborar com a ss em "vários projetos, incluindo planos de assentamento agrícola e colonização no leste ocupado".[88] Poucas semanas após a invasão da Polônia, Himmler encarregou o tsar da economia da ss, Oswald Pohl, e Günther Pancke, substituto de Darré como chefe do Gabinete Central de Raça e Colonização, de pensarem num plano para remodelar o leste "de acordo com linhas orgânicas". As populações eslavas seriam removidas em favor de "agricultores de etnia alemã" que construiriam um "império agrário" alimentado por plantações biodinâmicas.[89] Hess, Darré, Rosenberg e Ley visitaram a fazenda biodinâmica de Erhard Bartsch em Marienhöhe, indicando um entusiasmo generalizado pelo projeto de Pohl e Pancke.[90]

Incentivados por esses experimentos, Himmler, Hess, Darré, Pancke e Pohl pediram, de forma independente, um maior investimento estatal na agricultura biodinâmica para ajudar a promover assentamentos de "agricultores-soldados" alemães no leste.[91] Em outubro de 1939, poucas semanas após a invasão da Polônia, a ss "requisitou uma grande propriedade na província ocupada de Posen para transformá-la em um centro de formação agrícola baseado em princípios biodinâmicos, com a cooperação ativa da Liga do Reich para a Agricultura Biodinâmica".[92] Patrocinado pelo Centro Alemão de Pesquisa de Alimentos e Nutrição, Pancke, Pohl e Hans Merkel estabeleceram outras plantações biodinâmicas nos territórios do leste, bem como nos campos de concentração de Dachau, Ravensbrück e Auschwitz. Muitos deles eram administrados por antroposofistas.[93]

Sem dúvida, Heydrich e Bormann de início protestaram contra o uso de ocultistas declarados no centro do sistema racial, imperial e econômico da ss: os campos de concentração. Mas Pohl, que estava encarregado dos campos, e Heinrich Vogel, chefe da seção agrícola do Centro Alemão de Pesquisa de Alimentos e Nutrição, prevaleceram. Em julho de 1941, Heydrich concordou com a política de permitir que ex-membros da Liga do Reich para a Agricultura Biodinâmica patrocinassem seus ensinamentos no sistema de campos de concentração e nos territórios do leste.[94]

O antroposofista Franz Löffler, cujo Instituto de Cura Natural de Berlim cultivava 25 hectares empregando métodos da agricultura biodinâmica, fornecia regularmente produtos para figuras de alto escalão do partido.[95] As operações de Dachau também eram supervisionadas pelo proeminente antroposofista Franz Lippert, da ss. Horticultor-chefe da Weleda de Steiner desde meados da década de 1920, Lippert empregava ex-antroposofistas e proponentes da agricultura biodinâmica com total impunidade. Ele também trabalhou em estreita colaboração com Rudi Peuckert, comissário para o campesinato e os territórios orientais, e com o oficial da ss Carl Grund, encarregado de desenvolver plantações biodinâmicas no Oriente. Himmler chegou a confiar a Lippert a importante tarefa de treinar colonos como "parte dos planos da ss de usar o cultivo biodinâmico na reordenação ambiental e étnica do leste".[96]

Quando a mão de obra disponível para a produção militar convencional se tornou escassa, Peuckert recorreu a suas conexões com o general Fritz Sauckel, plenipotenciário para o desenvolvimento do trabalho, a fim de

Ciência monstruosa 327

garantir que as lavouras de agricultura biodinâmica recebessem trabalhadores escravizados em número suficiente.[97] Além de Merkel, que promoveu a agricultura biodinâmica a partir de sua posição no Gabinete Central de Raça e Colonização, o protegido de Darré, Georg Halbe, foi nomeado para o Ministério dos Territórios Orientais Ocupados, onde citou a agricultura biodinâmica como um componente importante das políticas alemãs de reassentamento e ocupação.[98]

Em 1943, mais de dois anos após a Ação Hess, Himmler continuou a empregar (antigos) membros da Liga do Reich para a Agricultura Biodinâmica para ajudar a ss e a Wehrmacht a colonizarem o leste.[99] Esses esforços científicos fronteiriços, alimentados pelo trabalho escravo na agricultiura e no reassentamento racial, incluindo experimentos com grãos supostamente superiores do Tibete, prosseguiram até janeiro de 1945, terminando apenas com a libertação dos campos.[100] De fato, o sistema de campos de concentração representa o nexo científico fronteiriço entre a política racial e de reassentamento da ss, os experimentos humanos e o genocídio. Afinal, foi no sistema de campos que o trabalho do antroposofista nazista Hanns Rascher se fundiu com o de seu filho Sigmund Rascher, o médico nazista cujos "experimentos" veremos a seguir.[101]

Ciência fronteiriça, eugenia e experimentos humanos

Em 1938, pouco antes das primeiras tentativas do Terceiro Reich de eliminar a "vida indigna da vida", Hitler opinou que o nazismo era uma "abordagem fria e altamente racional da realidade, baseada no maior conhecimento científico e em sua expressão espiritual". Segundo ele, "o movimento nacional-socialista não é um movimento de culto, é uma filosofia política e *völkisch* surgida a partir de considerações de natureza exclusivamente racista. Essa filosofia não defende cultos místicos, mas tem como objetivo cultivar e liderar uma nação determinada por seu sangue".[102] Mais do que qualquer outra coisa, Hitler queria que os alemães — e seus colegas de partido — aceitassem que o nazismo era biologia aplicada politicamente.[103]

No entanto, a insistência do Führer na aversão do nazismo aos cultos místicos, assim como suas críticas anteriores aos estudiosos itinerantes vestidos com peles de urso, revelam uma consciência subjacente do pensamento sobrenatural por trás da ciência racial nazista. O próprio Hitler, de acordo com algumas testemunhas oculares, pensava sobre raça em termos bem distantes da biologia convencional. Segundo Rauschning, Hitler acreditava que o mundo "estava passando por uma vasta metamorfose". Com o "período solar" do homem chegando ao fim, uma "nova variedade de homem está começando a se destacar", ele teria dito. "Assim como os povos nórdicos viam a passagem do sol pelos solstícios como uma figura do ritmo da vida, que não segue em uma linha reta de progresso eterno, mas em uma espiral", assim também "o homem deve agora, ao que parece, dar um passo atrás de modo a atingir um estágio [evolutivo] mais elevado".[104]

As impressões de Rauschning sobre Hitler, por mais floreadas que sejam, dizem muito sobre a maneira como os contemporâneos interpretavam a "abordagem altamente racional da realidade" do nacional-socialismo. Como observou o acadêmico nazista Ernst Anrich, havia duas tendências em ação no Terceiro Reich, uma de caráter "racista materialista" e outra de caráter "espiritual-racialista (*völkisch*)".[105] Embora alguns contemporâneos acreditassem que essas duas tendências fossem incompatíveis, para a maioria dos nazistas elas se reforçavam mutuamente em sua concepção *völkisch*-organicista de raça.[106] Os experimentos nazistas com seres humanos, embora inspirados pelo pensamento eugênico popular em toda a Europa, receberam um impulso adicional das teorias científicas fronteiriças fundamentadas no esoterismo *völkisch* e nas fantasias indo-arianas. Nesta seção, analisaremos a interação entre a ciência natural e a ciência fronteiriça nas concepções nazistas de eugenia, examinando de que forma elas interagiram, produzindo uma abordagem monstruosa de experimentação humana que era tudo menos "altamente racional".

Eugenia nazista antes de 1939

Durante o período entreguerras, a ideia de poder melhorar o indivíduo e a nação por meio da eugenia existiu, em graus variados, em toda a Europa.[107] Os médicos e biólogos alemães estavam preocupados com muitas das mesmas questões que interessavam a outros profissionais da medicina ocidental. É possível transplantar pele e órgãos? O que acontece com os seres humanos no frio e no calor extremos? Como podemos prevenir e combater o câncer?[108] Ao tentar entender as ações criminosas dos médicos nazistas, não podemos ignorar o grau em que os cientistas americanos em Tuskegee, no Alabama, ou Edgewood, em Maryland, realizaram experimentos humanos cruéis e até mesmo assassinos. Os experimentos e práticas médicas nazistas, entretanto, não eram apenas uma versão exagerada da norma ocidental.[109] Os médicos nazistas levaram sua ciência monstruosa muito além dos experimentos que ocorriam nos Estados Unidos, na Grã-Bretanha e na Escandinávia devido, pelo menos em parte, a ideias e premissas científicas fronteiriças.

Antes da Primeira Guerra Mundial, como lembraremos, a antroposofia e a ariosofia enfatizavam diferentes estágios do desenvolvimento espiritual e biológico, argumentando que a pureza racial protoariana (de Atlântida) poderia ser recuperada por meio da reprodução adequada.[110] Esses "grupos não acadêmicos" estavam claramente "fora da ciência", mas se sentiam no direito de produzir "pesquisas" sobre raça — uma prática raramente vislumbrada no contexto anglo-americano.[111] J. W. Hauer argumentou, por exemplo, que as "leis da hereditariedade seriam mais bem compreendidas em sua forma semimística do que nas teorias primariamente [materialistas] do Ocidente". Em conjunto com as "leis cósmico-éticas do carma", a ciência racial alemã enfatizava tanto "o sangue quanto o espírito".[112] Declarações como as de Hauer foram o que levou o biólogo judeu-alemão Hugo Iltis a rejeitar a ciência racial austro-alemã como uma religião *völkisch*, na qual a maior ênfase era colocada em "fantasias de fé racial".[113]

Ao mesmo tempo, a ciência racial alemã divergiu da biologia e da antropologia britânicas ou americanas convencionais ao aplicar argumentos totalizantes, organicistas e político-ideológicos que, cada vez mais, se opunham a uma compreensão mais sutil dos marcadores genéticos e da complexa interação entre biologia (natureza) e ambiente (criação).[114] Não surpreende que os teóricos raciais nazistas pudessem justificar a eliminação dos judeus que pareciam "alemães", mas ao mesmo tempo trabalhar para preservar os ciganos "racialmente puros" ou aliar-se a indianos e japoneses supostamente indo-arianos.[115] Pois na medida em que "a ciência holística alemã era alimentada por uma fome alemã 'irracional' de totalidade", lembra Anne Harrington, ela abdicou do direito de ser chamada "de ciência 'real'" e se tornou apenas "um reflexo perigoso da política (em grande parte de direita)".[116]

Em contraste com os estudos americanos de inteligência racial, a psicologia racial alemã favorecia análises caracterológicas mais amplas e holísticas, que invocavam doutrinas *völkisch*-esotéricas e religiosas para justificar intervenções eugenistas.[117] Como disse o ocultista da era nazista Walther Kröner em seu livro de 1939, *Der Untergang des Materialismus und die Grundlegung des biomagischen Weltbildes*, "a perspectiva biomágica" privilegia uma "era cultural novamente unida pelo solo, o sangue e a comunidade".[118] Não se podia mais confiar no "reconhecimento empírico e racional da natureza", continuou ele, pois "a voz do sangue" precisava combinar natureza e "metafísica vitalista".[119]

Assim como outros pensadores holistas e *völkisch*-esotéricos, os teóricos raciais nazistas não viam a sociedade como um conjunto de partes. A *Volksgemeinschaft* era vista, em vez disso, como uma entidade coletiva racial-organicista, na qual o indivíduo era considerado como um todo.[120] De acordo com Ernst Lehmann, fundador e editor do jornal oficial dos professores de biologia nazistas, "somente por meio da reintegração do homem na totalidade da natureza é que o nosso *Volk* pode voltar a ser forte". Segundo ele, esse "é o objetivo mais profundo e a verdadeira essência do pensamento nacional-socialista".[121]

O outro lado dessa obsessão científica fronteiriça com a integridade foi a seleção de pessoas congenitamente fracas e deficientes. Esses elementos eram um "lastro" e "parasitas" dentro do "corpo organísmico da nação", pessoas que "deveriam ser higienicamente retiradas do corpo social alemão" por meio da esterilização em massa e da eutanásia.[122] O objetivo da "ciência nacional-socialista", de acordo com Walter Wüst, era se libertar "de qualquer lastro racial estrangeiro, que só a impede de atingir seus objetivos mais elevados: a nova criação de uma classe dominante nórdica".[123]

De fato, muitos líderes nazistas e cientistas da ss rejeitaram a ideia de que os humanos evoluíram dos macacos como "inteiramente falsa do ponto de vista científico" e "bastante insultante para os humanos".[124] Em vez disso, eles acreditavam que os arianos descendiam de uma antiga classe dominante de homens-deuses que haviam se enraizado no Tibete, o que acrescentava contornos claramente sobrenaturais e baseados na fé ao seu projeto higiênico racial.[125] Como Wüst escreveu em 1943, a "realidade *völkisch*" não era um produto da ciência material, mas "surge de uma unidade de espaço, sangue e espírito", representando "a precondição para criar uma humanidade superior".[126] A abordagem de Himmler e Darré em relação à reprodução racial e à eugenia era sustentada por um "sentimento religioso panteísta" e também por um "holismo naturalista".[127]

Certamente, para Himmler, a raça nórdica "não evoluiu, mas veio diretamente do céu para se estabelecer no continente atlântico".[128] Obcecado por magia e horóscopos, Himmler "buscou as origens da humanidade germânica, rejeitando a teoria evolucionária de Darwin, confiando no conteúdo de uma saga, que, para eles, era naturalmente um fato, não um conto de fadas".[129] Em vez da biologia evolucionária, Himmler propagou os argumentos de Wiligut, Frenzolf Schmid e outros cientistas de fronteira da ss segundo os quais a *Edda* e os encantamentos de Halgarita ofereciam uma lição de higiene racial que poderia devolver a humanidade à sua pureza atlante.[130] Esses épicos indo-arianos indicavam que somente uma casta ou raça superior deveria ter permissão para se reproduzir.[131]

Hitler teria articulado opiniões semelhantes às de Rauschning. "O velho tipo de homem terá apenas uma existência atrofiada", supõe-se que ele tenha dito. "Toda a energia criativa será concentrada no novo. Os dois tipos divergirão rapidamente um do outro. Um deles se reduzirá a uma raça sub-humana e o outro se elevará muito acima do homem de hoje. Eu poderia chamar as duas variedades de homem-deus e animal de massa". O nacional-socialismo é "mais do que uma religião", concluiu Hitler, "é a vontade de criar uma nova humanidade".[132] "É claro que não podemos criar o super-homem", Rauschning se lembra de ter dito a Hitler. Tudo o que um político poderia conseguir era uma forma de seleção "inatural": "Isso, afinal de contas, era tudo o que nós fazendeiros fazíamos, eu disse a ele. Se surgisse uma variedade, nós a mantínhamos viva, selecionávamos deliberadamente para propagação e, assim, acelerávamos o processo natural. Em linguagem científica, procurávamos a variação homozigótica positiva e a cultivávamos".[133] Mas Hitler, segundo Rauschning, ignorou sua cuidadosa resposta, insistindo que "o criador" poderia "ajudar a natureza" de forma mais agressiva (como exatamente, ele não explicou).[134]

O fato de Himmler, Hitler e outros nazistas terem inculcado teorias científicas fronteiriças sobre a evolução humana e a genética ajuda a explicar sua disposição de suspender a descrença quando se tratava de questões eugenistas.[135] Combinadas com o darwinismo vulgar ("biologia politicamente aplicada"), essas teorias raciais científicas fronteiriças ajudaram a produzir uma abordagem radical à eugenia e à experimentação humana. Às vezes, é claro, esse raciocínio científico fronteiriço pode produzir resultados aparentemente "progressivos". Com base em sua compreensão das "deusas da terra" na religião germânica e das "valquírias guerreiras" na mitologia nórdica, Himmler, Wirth e outros *völkisch*-esotéricos justificaram atitudes relativamente liberais em relação a gênero e sexualidade — ainda que de forma seletiva.[136]

E, no entanto, esse tipo de raciocínio científico fronteiriço, que pouco tinha a ver com a ciência moderna ou o feminismo, podia facilmente produzir resultados horríveis. Himmler teorizou, por exemplo, que os bichos-papões nas turfeiras do norte eram "homossexuais condenados à morte por suas transgressões contra as antigas leis alemãs". E utilizou essas teorias para justificar experimentos de castração terríveis contra homossexuais e outros "desviantes" da norma.[137] Os perigos da "pesquisa pseudocientífica" de Himmler também se tornam evidentes por meio do princípio do programa de reprodução "Lebensborn", ou "fonte da vida". A ideia era endossar o maior número possível de nascimentos de casais de raças puras e, na falta disso, adotar ou "sequestrar" crianças racialmente recuperáveis de outros países, inclusive dos territórios orientais. Inspirado pelas ciências fronteiriças raciais, Himmler acreditava que seus cientistas poderiam "extrair" o sangue judeu e eslavo da população e produzir "germânicos racialmente aceitáveis". O antigo criador de galinhas instruiu seus colegas a basear o programa não na genética moderna, mas nas leis pagãs germânicas de casamento e hereditariedade, esperando produzir alemães com "nariz grego" e outras "características raciais específicas".[138]

Essa abordagem científica fronteiriça da higiene racial permeou a comunidade médica nazista. Incentivados por Himmler, Hess e Rosenberg, periódicos acadêmicos e universidades respeitadas começaram a patrocinar a ciência fronteiriça racial por meio de institutos e programas de pesquisa independentes.[139] O Terceiro Reich também encontrou defensores ávidos das ciências fronteiriças raciais, como o infame Sigmund Rascher, imerso nas tradições antroposóficas do pai desde criança. August Hirt, professor de anatomia na Universidade do Reich de Estrasburgo, não era menos imune às especulações científicas fronteiriças. Hirt colaborou com Günther Franz, uma das figuras centrais da divisão de bruxas, a fim de determinar as origens raciais das vítimas de bruxaria através do exame seus restos mortais. Sua conclusão bizarra

Ciência monstruosa

foi que os luteranos eram "nórdico-germânicos", enquanto os católicos eram "mediterrâneo-judeus".[140]

O Instituto Sven Hedin de Ernst Schäfer para a Ásia Central tornou-se outro local de ciência fronteiriça racial. O braço direito de Schäfer, Bruno Beger, citava suas experiências ocultas e mágicas no Tibete para confirmar a superioridade biológica e os poderes da raça tibetana (indo-ariana).[141] O Instituto Asiático chegou a modelar sua "pesquisa total" no Cáucaso com base no modelo tibetano "holístico" (científico fronteiriço): mesclando as ciências humanas, sociais e naturais a torto e a direito em uma tentativa de provar as teorias raciais nazistas.[142] Esses "princípios higienistas raciais", derivados de premissas científicas fronteiriças, foram posteriormente aplicados no extermínio de judeus e outros grupos indesejáveis.[143]

Quando um cientista alemão se recusava a aceitar essas teorias fantásticas, ele era sistematicamente marginalizado. Por isso, a ss escreveu um relatório desfavorável sobre o respeitado biólogo e filósofo natural Eduard May. May foi contratado para trabalhar como líder da divisão entomológica do Instituto de Pesquisa Militar Aplicada em Dachau. A questão era a abordagem "positivista" de May à ciência e a rejeição do relativismo. "As observações de May sofrem com sua determinação de uma noção de verdade absoluta, transcendente e eterna", escreveu o revisor da ss, um produto da Escola de Viena "judaica" que se recusava obstinadamente a endossar conclusões científicas sem evidências empíricas.[144]

O fato de os pareceristas da ss considerarem problemática a abordagem empírica de May ao fazer "observações sobre o problema racial" exemplifica o raciocínio científico fronteiriço baseado na fé, subjacente à eugenia nazista. Isso também explica por que May nunca foi convidado a participar diretamente de experimentos com seres humanos em Dachau ou Auschwitz (ele seria absolvido de crimes de guerra em Nuremberg em 1945).[145] May também foi encarregado de trabalhar no desenvolvimento de meios de extermínio de pragas nos campos. No entanto, o comandante de Auschwitz e ex-membro da Liga Artamana, Rudolf Höss, preferiu que ele se concentrasse em remédios "naturais" em vez de químicos — outro resultado da propensão nazista para a medicina alternativa de inspiração esotérica.[146]

Se May foi marginalizado, a ss ainda encontrou muitos médicos dispostos a fazer experimentos com a eugenia empregando meios menos "positivistas".

Entre eles estava o já mencionado Sigmund Rascher, que teve liberdade de ação em Dachau.[147] O grupo também incluía Hirt e Beger, que realizaram seus experimentos médicos em parceria com a Universidade do Reich de Estrasburgo, totalmente nazificada.[148] A universidade era dirigida por Hirt, a faculdade de ciências humanas presidida por Anrich, o místico da ss, e o Instituto Psicológico liderado pelo parapsicólogo Hans Bender, que conduzia seus próprios experimentos científicos fronteiriços em nome da Luftwaffe.[149] O instituto de Bender empregaria Otto Bickenbach, que foi preso depois da guerra por realizar terríveis experimentos humanos com gás fosgênio no campo de concentração vizinho, Natzweiler-Struthof.[150] Até mesmo Bender, um defensor do ocultismo, reconhecia a dubiedade empírica de muitos projetos patrocinados pela Universidade do Reich — experimentos que seu instituto relutantemente aceitava para manter o financiamento e a independência. Os colegas científicos fronteiriços de Bender — Bickenbach, Hirt, Rascher e Beger — não tinham tais escrúpulos.[151]

Ciência fronteiriça e experimentos humanos

Uma vez desencadeados no Oriente colonial, os sonhos nazistas de império e limpeza étnica foram trazidos de volta, nas palavras de George Steinmetz, para "contextos da vida metropolitana nos quais os mecanismos de defesa que normalmente limitam a expressão de fantasias ilusórias são atenuados e um senso onírico de onipotência é incentivado".[152] Nada ilustra melhor as consequências monstruosas dessas fantasias ilusórias ou do senso onírico de onipotência do que a experimentação sistemática do Terceiro Reich com a "vida indigna da vida".

Enquanto Matthias Göring se correspondia com Bender sobre estudos relativamente inócuos da psicologia dos soldados, seu primo Hermann Göring estava cada vez mais preocupado com a capacidade da Luftwaffe de se defender contra bombardeiros de alta altitude, e já vinha realizando experimentos de altitude com macacos. No final de 1941, porém, Sigmund Rascher sugeriu que a Luftwaffe aproveitasse o suprimento cada vez maior de cobaias humanas nos campos de concentração para realizar experimentos com seres humanos.[153]

Durante algum tempo, a ss havia patrocinado a pesquisa de Rascher sobre a administração de "extratos de plantas" a pacientes humanos com câncer retirados de Dachau. Impressionados agora com sua proposta de experimentos em grandes altitudes, Sievers e Wüst se empenharam em garantir sua liberação da Luftwaffe para que ele pudesse trabalhar com a ss em tempo integral.[154] Em 1942, Rascher havia se mudado para o Instituto de Medicina Aeronáutica de Munique, sob a direção do dr. Georg August Weltz,[155] onde, para conseguir mais cobaias, decidiu começar a rotular os presos saudáveis como "terminais". Então, para impressionar ainda mais Himmler quanto ao "valor" desses experimentos, decidiu filmá-los.[156]

Ao longo de duas semanas em 1942, Rascher forçou quase duzentos judeus, russos, poloneses e prisioneiros alemães a participar do experimento, assassinando quase metade deles no processo.[157] Sem se deixar abater pelos resultados horríveis e pelo valor científico duvidoso dos experimentos de Rascher, Himmler aprovou a construção de uma câmara de pressão para que ele continuasse seu trabalho.[158] De fato, Rascher estava procurando responder à pergunta de Himmler se era possível matar cobaias e depois "trazer esse tipo de ser humano de volta à vida".[159] Sem dúvida, alguns oficiais da Luftwaffe tinham reservas. Até mesmo Schäfer, que observou os experimentos de Rascher em Dachau, ficou impressionado com a natureza macabra e desanimado com o desejo perverso de Himmler de filmá-los. No entanto, ninguém teve ressalvas grandes o suficiente para interromper os experimentos.[160]

No verão de 1942, inspirado pela colaboração "bem-sucedida" de Rascher e Ruff, Himmler fundou o já mencionado Instituto de Pesquisa Militar Aplicada.[161] Com a aprovação de Hitler, o Instituto de Pesquisa Militar Aplicada foi criado diretamente sob a égide da Ahnenerbe e financiado por Oswald Pohl, chefe do sistema de campos de concentração.[162] As razões para a criação de uma instalação independente de "pesquisa medicinal militar" sem supervisão direta das forças armadas tinham algo a ver com o fato de que a pesquisa estava à margem ("além das fronteiras") da ciência médica. Mas um desejo típico da ss por sigilo e controle era igualmente importante.[163] Como Thomas Kühne nos lembra, o uso do sigilo e da linguagem simbólica pelos nazistas contribuiu para a capacidade do Terceiro Reich de quebrar tabus e promover a transgressão moral em uma escala que provavelmente seria impossível em um contexto primordialmente científico.[164] Quem quer que trabalhasse nos campos de concentração, inclusive os infames médicos nazistas como Josef Mengele, já podia fazer o que quisesse fora da lei (contanto que tivesse a aprovação de Himmler).[165] O Instituto de Pesquisa Militar Aplicada garantiu aos médicos nazistas um grau semelhante de independência e autoridade além da estrutura do campo.

Com o tempo, como a Ahnenerbe antes dele, o órgão se expandiu para incorporar campos científicos naturais e projetos além da pesquisa "prática". Incentivado pelos estudos não convencionais de Sigmund Rascher sobre o câncer, por exemplo, Himmler instruiu o instituto a trabalhar na *Volksmedizin* — métodos holísticos e homeopáticos inspirados na antroposofia e na *Lebensreform*, o que também atraiu Hirt e May. Um departamento de matemática foi criado no campo de concentração de Sachsenhausen em 1944, e um instituto de botânica no início de 1945.[166] Com efeito, o Instituto de Pesquisa Militar Aplicada empregou muitos cientistas de fronteira já afiliados à Ahnenerbe ou ao Instituto Sven Hedin de Schäfer.[167]

Apesar de suas claríssimas premissas científicas fronteiriças, a Luftwaffe de Göring estava ansiosa para trabalhar com o instituto. No verão de 1942, a força aérea participou de experimentos conjuntos — ao que parece inspirados pelo desejo de Himmler de trazer os mortos de volta à vida — sobre os efeitos do calor artificial na ressuscitação de seres humanos que haviam sucumbido ao frio extremo. Rascher jogava um ser humano vivo em água gelada e, em seguida, tentava reanimar a vítima por meio da aplicação de calor artificial, o que, segundo ele, não funcionava. Sem se intimidar, Himmler aconselhou Rascher a continuar os experimentos aplicando o "calor animal" natural, já que "a esposa de um pescador simplesmente teria de levar o marido semicongelado para a cama e, assim, aquecê-lo. Todo mundo sabe que o calor animal funciona de forma diferente do calor artificial. Rascher também deve saber disso. Os experimentos nessa direção devem ser realizados sem questionamentos".[168]

Encorajado pela sabedoria popular de Himmler, Rascher tentou vários métodos não convencionais para ressuscitar os mortos e moribundos. Ele até mesmo ordenou que as prisioneiras ("esposas de pescadores") ajudassem a "aquecer" os indivíduos congelados de forma natural e "animal", criando cenas que mais lembravam uma orgia romana do que um experimento científico — cenas às quais Himmler assistiu com entusiasmo. Plenamente ciente

Ciência monstruosa 337

da virada absurda dos experimentos, a Luftwaffe não fez nada para intervir. No final, mais de um quarto dos quase trezentos "voluntários" pereceram durante os procedimentos.[169]

Rascher caiu em desgraça com Himmler na primavera de 1944, quando se descobriu que sua esposa — com o conhecimento de Rascher — estava sequestrando crianças da rua e dizendo que eram suas.[170] Ainda assim, havia muitos cientistas de fronteira da ss para compensar a falta. O principal deles era August Hirt. Em julho de 1942, Hirt conseguiu que Himmler criasse uma divisão da Ahnenerbe denominada "Amt Hirt" (ou "Amt H", Gabinete de Hirt) a fim de facilitar seus terríveis experimentos.[171] Na primavera de 1943, frustrado pelo teste inconclusivo sobre os efeitos do gás mostarda em animais, Hirt obteve a aprovação de Sievers para começar a fazer experimentos com gás fosgênio em seres humanos, em cooperação com outro professor de Estrasburgo, o já mencionado Otto Bickenbach.[172]

Em 1942, Hirt também convidou Bruno Beger para ir a Estrasburgo. A missão de Beger era coletar e examinar crânios humanos. Devemos lembrar que Beger começou sua carreira desenvolvendo critérios de esterilização, castração e aborto para o Gabinete Central de Raça e Colonização.[173] Depois de acompanhar Schäfer ao Tibete, ele subiu rapidamente na hierarquia da ss, impressionando Himmler, que o convidou para se juntar ao instituto de Schäfer e o incentivou a fazer um doutorado com o psicólogo *völkisch*-esotérico Ludwig Ferdinand Clauss, cujo trabalho sobre a "alma racial" era admirado pelo Reichsführer. Em 1943, Sievers nomeou o recém-formado dr. Beger como o "antropólogo designado" da ss e "especialista racial da Ahnenerbe".[174]

O fascínio macabro de Beger pela coleta de esqueletos humanos ficou evidente durante a expedição ao Tibete, onde ele reuniu crânios a fim de provar que os alemães e os tibetanos descendiam da mesma super-raça protoariana.[175] Agora, com o Holocausto em andamento, Beger sugeriu a Sievers que começasse a coletar e estudar crânios de judeus. Beger admitiu que ainda havia "muito poucos crânios disponíveis" para produzir "resultados conclusivos". Mas a "guerra no Oriente nos oferece a oportunidade de corrigir essa falta. Nos comissários bolcheviques judeus, que personificam uma raça desprezível, embora característica, de sub-humanos, a possibilidade de obter essa documentação científica em relação aos crânios está ao nosso alcance".[176]

Enquanto realizava sua grotesca pesquisa, Beger decidiu colaborar com seu "querido camarada" August Hirt, cuja Universidade do Reich de Estrasburgo já era um centro de pesquisa científica fronteiriça e de experimentação humana.[177] Na verdade, Hirt e Beger escreveram uma proposta de pesquisa conjunta argumentando que "a nova Universidade do Reich de Estrasburgo seria o local mais apropriado para a coleta e pesquisa dos crânios assim adquiridos".[178] A fim de obter seu primeiro lote de crânios, Beger pediu às forças-tarefas especiais da ss que tirassem medidas dos prisioneiros judeus nos campos e, se fossem considerados adequados, que os executassem sem danificar seus ossos.[179]

Pouco depois de Beger e Hirt começarem suas pesquisas sobre esqueletos em Estrasburgo, Wüst ofereceu-lhes a chance de investigar as origens das tribos judaicas perdidas na Ásia Central. Wüst e Himmler aparentemente queriam determinar se os judeus da Ásia Central eram, na realidade, eslavos étnicos ou indo-arianos que poderiam ser empregados como mão de obra escrava. Enquanto os folcloristas mais ideológicos afiliados à Ahnenerbe argumentavam que eles eram judeus raciais, o chefe local do sd afirmava que os "judeus das montanhas" no Cáucaso eram apenas "convertidos" que poderiam ser alistados para o trabalho. Também na Crimeia havia pouco consenso. Alguns judeus qualificados foram considerados aptos para o trabalho, enquanto outros foram classificados como "incondicionalmente judeus do ponto de vista racial" e assassinados.[180]

O ímpeto para esse "comando do Cáucaso" patrocinado pelo Instituto da Ásia Central pode ter tido a ver com a questão prática de resolver a escassez de mão de obra em tempos de guerra. No entanto, a subsequente atenção recebida pelos judeus da Ásia Central — e pelos centro-asiáticos em geral — lembra as premissas sobrenaturais mais amplas da ciência racial nazista, parte do objetivo maior de Himmler de tornar o "Tibete e todo o [complexo] de pesquisa sobre a Ásia" uma prioridade militar.[181] Não há dúvida de que o equipamento que Schäfer ordenou que acompanhasse a viagem de Beger ao Cáucaso, incluindo dezenas de bisturis e "máquinas de esfolar", não estava de acordo com o objetivo declarado de medir os "crânios de pessoas vivas" e preservar o máximo possível de mão de obra.[182] A insistência de Beger em estudar os judeus da Ásia Central "em termos parapsicológicos" (o que quer

Ciência monstruosa

que isso significasse), bem como "psicologicamente raciais", atesta as premissas científicas fronteiriças do comando de Schäfer.[183]

No outono de 1942, Sievers, Hirt e Beger concordaram que os campos de extermínio eram uma fonte melhor do que a Ásia Central para esqueletos inequivocamente judeus. Como a maioria desses esqueletos era enviada diretamente para os crematórios, Beger obteve a aprovação de Adolf Eichmann para visitar Auschwitz e selecionar suas próprias cobaias. Em junho de 1943, Beger chegou ao campo e solicitou a Eichmann "115 [indivíduos], incluindo 79 judeus do sexo masculino, 2 poloneses, 4 centro-asiáticos e trinta judias". Esses indivíduos foram então transferidos para o campo de concentração de Natzweiler-Struthof, a quase cinquenta quilômetros de Estrasburgo, onde o ss-Hauptsturmführer Josef Kramer assassinou os detentos em uma câmara de gás improvisada, utilizando produtos químicos preparados pelo próprio reitor da universidade, Hirt. Em seguida, Hirt e Beger receberam os esqueletos "frescos" para exame posterior.[184]

Até mesmo a parceria aparentemente inócua entre a cura natural, a antroposofia e o nazismo teve um preço mortal. Para que continuassem existindo, a ss pressionou os institutos antroposóficos que praticavam a agricultura biodinâmica a participarem de um programa de eutanásia T4 ao longo do qual os médicos nazistas assassinaram pelo menos 70 mil alemães idosos e deficientes considerados "indignos de viver".[185] O desejo de experimentar métodos naturais de cura também levou a ss a infectar os detentos dos campos de concentração com câncer, tifo e malária.[186] Como observa Michael Kater, o "fanatismo de Himmler e de outros nazistas pela cura natural e por ervas" estava alinhado a uma rejeição geral dos "métodos tradicionais de pesquisa limitados por diretrizes éticas". Somente descartando os métodos "ultrapassados", conforme definidos pela biologia convencional ou pela moralidade cristã, Himmler poderia descobrir a "pedra mágica" que se encontra "além das fronteiras de qualquer ética médica".[187]

Perto do fim da guerra, Felix Kersten, massagista de Himmler, perguntou diretamente ao seu chefe como ele podia abominar a matança e a experimentação em animais enquanto alistava seres humanos em experimentos bizarros e os matava em câmaras de gás.[188] Himmler respondeu que os judeus e os eslavos, ao contrário dos animais, eram biologicamente inferiores e fisicamente perigosos, enquanto a ciência se beneficiaria dos resultados da pesquisa da ss (de que forma essa pesquisa conduzida em sub-humanos se aplicaria aos arianos nunca foi explicado). Qualquer pessoa que se opusesse "a esses experimentos humanos", acrescentou Himmler, era um traidor que preferia "deixar os bravos soldados alemães morrerem".[189]

A eugenia e os experimentos nazistas em humanos não foram produto apenas da ciência fronteiriça. No contexto da guerra total, os xiboletes sobre o bem-estar das tropas e a importância da vontade de Hitler ajudaram os médicos nazistas a superar as barreiras éticas.[190] No entanto, a política do tempo de guerra e a necessidade militar só vão até certo ponto para explicar a guinada do Terceiro Reich em direção à ciência monstruosa.[191] Como observou o fisiologista alemão Viktor von Weizsäcker após a guerra, os experimentos humanos podem ter sido realizados "sob a máscara da ciência", mas, na realidade, eram "absurdos e prejudiciais".[192] Imersos em teorias científicas fronteiriças, os nazistas possuíam uma visão totalizante da ciência racial e da eugenia que ia muito além de qualquer aplicação razoável da biologia evolutiva ou da genética humana tal como elas se apresentavam nas décadas de 1930 e 1940.[193] Seus experimentos eram, portanto, mais "flexíveis, brutais [e] pseudocientíficos" do que seus equivalentes anglo-americanos, impulsionados pela "ideologia racial da ss" mais do que por qualquer problema empírico a ser resolvido.[194]

Essa propensão para a teoria e prática racial científica fronteiriça, ademais, não pode ser atribuída a alguns poucos desviantes ou sociopatas escolhidos a dedo por Himmler. Enquanto a formação esotérica de Rascher era clara, Hirt era um acadêmico respeitado. No entanto, ambos se envolveram da mesma forma em "assassinatos cientificamente camuflados",[195] e ambos eram motivados por teorias raciais científicas fronteiriças e por um fascínio macabro em eliminar a "vida indigna da vida".[196] E essas atitudes não convencionais em relação à vida e à morte se estendiam para além do laboratório. Ao receber sua boa amiga Gerda Bormann, a amante de Himmler, Hedwig Potthast, mostrou-lhe uma cadeira feita de osso pélvico humano e um exemplar de *Minha luta* supostamente encadernado em pele humana — presentes do próprio Reichsführer. Não há nenhuma evidência de que Gerda Bormann tenha se sentido desconfortável com o entusiasmo de Potthast.[197]

Demonização e genocídio

Em 14 de janeiro de 1942, enquanto Reinhard Heydrich preparava a infame Conferência de Wannsee, convocada seis dias depois para planejar o Holocausto, o roteirista nazista Hans Fischer-Gerhold enviou um manuscrito para o departamento de educação partidária de Rosenberg, a poucos quilômetros dali, em Berlim-Charlottenburg. Intitulado *Superstição no cinema*, o manuscrito descrevia a necessidade de proteger o público alemão da manipulação por elementos sobrenaturais que permeavam os filmes de terror de Weimar. Entre eles estava *O golem* (1915), um filme sobre o rabino Löw, de Praga, que recorria à magia cabalística para se vingar de seus inimigos gentios. Na verdade, segundo Fischer-Gerhold, o filme tinha um final positivo, porque o "golem é privado de sua força vital (*'entseelt'*) por uma criança loira e ariana". "Como sempre", ele explicou, "o judeu está consciente de que, para ele, o maior perigo é o homem germânico e nórdico." Em seguida, ele abordou a aparência "fetichista" dos mortos-vivos em outros filmes, especialmente *Nosferatu* (1922). O "vampiro de origem eslava", observou Fischer-Gerhold, retorna do túmulo para sugar o sangue do ariano inocente. A lição de ambos os filmes era clara: somente um indivíduo poderia sobreviver, "ou o alemão [sobre-humano] ou o judeu [monstruoso]."[198]

A justaposição da Conferência de Wannsee e o estudo de Fischer-Gerhold sobre "superstição no cinema" podem parecer incongruentes. O Holocausto — ou o que o Terceiro Reich chamou de "Solução Final" para a "Questão Judaica" — foi um processo maciço e altamente técnico de assassinato industrial em massa. Os estudiosos interessados em entender como, quando e por que a "Solução Final" ocorreu tendem, portanto, a se concentrar, compreensivelmente, nas circunstâncias políticas, militares e econômicas. Muitos examinaram a relação entre as políticas antijudaicas desenvolvidas pelas autoridades nazistas superiores em Berlim e a maneira como essas políticas foram interpretadas e executadas pelas forças-tarefas da ss no campo.[199] Outros enfatizaram a lógica darwinista por trás da "Solução Final", concebida em um ambiente de guerra de brutalidade cada vez maior e recursos escassos.[200] Pesquisas recentes também relacionaram o Holocausto ao imperialismo europeu e à limpeza étnica na África, na Ásia e no Novo Mundo, considerando a "Solução Final" como a extensão de um projeto colonial mais amplo.[201]

Mas ao lado dessa ênfase em processos técnicos, circunstâncias de guerra e legados coloniais está a questão intimamente relacionada de por que, para início de conversa, os judeus precisavam ser eliminados — uma questão incorporada na análise de Fischer-Gerhold do filme alemão. Os nazistas precisavam primeiro imaginar um "mundo sem judeus", de acordo com Alon Confino, antes que pudessem implementar o genocídio.[202] O que havia na imaginação da Europa Central que tornava um mundo sem judeus tão indispensável?

Uma teoria sugere que o antissemitismo nazista foi um subproduto das teorias racistas e darwinistas sociais que circulavam em toda a Europa desde o final do século XIX.[203] Sob essa perspectiva, os judeus eram apenas a ameaça biológica mais perigosa para o corpo político alemão. Enquanto os eslavos e os ciganos, os deficientes mentais e os homossexuais podiam ser gradualmente esterilizados, mortos de fome ou seletivamente assassinados, os judeus, como uma ameaça biopolítica particularmente virulenta, tinham de ser eliminados por completo. Na medida em que o antissemitismo nazista era de origem biopolítica, o Holocausto se torna o exemplo mais flagrante de um amplo projeto eugênico endêmico no Ocidente.[204]

No entanto, há também um grupo de estudiosos que enfatizam o "pano de fundo mágico do antissemitismo moderno" — o que Saul Friedländer chamou de "antissemitismo redentor" e Confino descreve como a "tradição imaginária cristã sobre os judeus".[205] Como observou Jonathan Steinberg, os métodos técnicos altamente modernos empregados na eliminação dos judeus não devem nos distrair do "poder dos dogmas raciais e da cruzada quase mística" que sustentou o antissemitismo nazista.[206] Sem a figura sobrenatural do judeu monstruoso, o processo altamente técnico de genocídio jamais poderia ter sido aplicado de forma tão ampla ou veemente como aconteceu.[207]

Ao apresentar esse argumento, não quero desconsiderar o importante papel do pensamento biopolítico, da radicalização em tempos de guerra ou da invasão da União Soviética na catalisação da "Solução Final". Em vez disso, quero sugerir que o Holocausto só foi possível em seu escopo e gravidade devido à justaposição desses fatores biopolíticos e circunstanciais com as concepções *völkisch*-esotéricas, fantásticas e até mágicas da monstruosidade judaica.[208] Sem o processo de décadas de demonização dos judeus, não apenas em termos tradicionalmente cristãos, mas também pagãos e ocultistas, a concepção e a solução radicais para a "questão judaica" provavelmente não teriam ocorrido.[209] Essa concepção dos judeus como uma ameaça biológica ao corpo político racial e monstros vampíricos operando fora dos limites da humanidade, por sua vez, convidou a soluções ainda mais radicais e totalizantes para a "questão judaica" — culminando no Holocausto.[210]

O "vampirismo" judaico e a demonização, 1919-39

O rosto macabro, as unhas incrivelmente longas e afiadas, os olhos encovados e os dentes serrilhados — a horripilante representação de Max Schreck do vampiro conde Orlok está gravada para sempre na imaginação do século xx.[211] Artisticamente, *Nosferatu* continua sendo um exemplo impressionante do expressionismo da era de Weimar. Mas o filme também constituiu, para os pensadores *völkisch*, uma reflexão sobre o judeu do Leste Europeu: um intruso sobrenatural quase onipotente com feições semíticas de desenho animado, imensa riqueza e estranhos poderes de manipulação psicossexual.[212] Associado aos vermes, à peste e à morte que invadem o leste eslavo, o conde Orlok preside um sindicato internacional de servos cretinos prontos para cumprir suas ordens.[213] Sua chegada leva a uma infecção de rápida disseminação do sangue ariano-cristão, roubado de mulheres e crianças à noite, lembrando tanto o libelo de sangue medieval quanto a ideia biológica moderna de doença. Essa ideia de "um judeu deformado, tóxico e sugador de sangue", incorporada nas "tradições folclóricas da Europa Central, para não falar do vampiro da literatura e das telas", foi uma característica fundamental do antissemitismo entreguerras.[214]

Não surpreende que essas características e metáforas vampíricas tenham sido amplamente reproduzidas nas representações nazistas dos judeus. Em *Minha luta*, Hitler faz várias referências aos judeus como "vampiros", "sugadores de sangue" e "esponjas": onde quer que o judeu apareça, "o povo hospedeiro morre após um curto período".[215] Ele acrescentou que o judeu "nunca cultiva o solo, mas o considera apenas uma propriedade a ser explorada". Por meio das "extorsões mais miseráveis por parte de seu novo senhor, a aversão a ele [entre os camponeses] aumenta gradualmente, até se transformar em ódio aberto. Sua tirania sugadora de sangue torna-se tão grande que ocorrem excessos contra ele".[216] Aqui Hitler evoca a imagem de habitantes arianos furiosos da cidade prendendo o vampiro judeu em sua cripta e enfiando uma estaca em seu coração.

A metáfora não termina aí. Após a "morte de sua vítima, o vampiro, mais cedo ou mais tarde, também morre", explicou Hitler. Os judeus sempre buscavam sociedades novas e saudáveis das quais pudessem se alimentar por longos períodos de tempo.[217] "Tirar qualquer um desses [vampiros judeus] do caminho era completamente irrelevante", acrescentou o Führer, pois o "principal resultado era que novos sugadores de sangue, tão enormes e tão surrados, logo ocupariam o seu lugar".[218] Como um vampiro morto-vivo, o judeu precisava "do cheiro da decomposição, do fedor de cadáveres, da fraqueza, da falta de resistência, da submissão, da doença, da degeneração! E, onde quer que se enraíze, ele continua o processo de decomposição!". Somente "sob essas condições", concluiu Hitler, um judeu poderia "levar sua existência parasitária".[219]

Dezenas de antissemitas *völkisch* e nazistas dos primeiros tempos falaram da exploração parasitária da sociedade alemã pelos judeus e da corrupção venenosa do sangue ariano.[220] Para a Liga Artamana, que tinha Himmler, Darré e o comandante de Auschwitz, Rudolf Höss, entre seus membros na década de 1920, o vampiro se fundiu com a ideia do "judeu como símbolo da cidade corrupta", que destrói "os bons elementos da vida rural", um parasita maligno que infecta "os bons valores alemães".[221] Influenciados por esotéricos como Sebottendorff e Evola, os líderes nazistas argumentaram ainda que os símbolos comunistas e maçônicos derivavam do misticismo judaico e eram prova dos planos milenares dos judeus para dominar o mundo.[222] A luta travada pelo "judeo-bolchevismo" contra o povo alemão, Himmler instruiu a ss em 1937, era a "luta de bactérias pestilentas contra um corpo saudável", mas também uma cabala de maçons liderados por judeus que haviam liderado o assassinato de homens e mulheres arianos nas revoluções Francesa e Russa.[223]

Temos de reconhecer que essas afirmações bizarras não eram apenas metafóricas. Karl Maria Wiligut argumentou que, "como o sangue puro e claro era escasso, surgiu a época do assassinato ritual, no qual criaturas vampíricas escuras [os judeus] consumiam o sangue de criaturas claras sacrificadas [os arianos]".[224] Martin e Gerda Bormann se referiam aos judeus como "parasitas com mentalidade comercial".[225] Rosenberg se referiu ao "judeu" repetidas vezes como um "bacilo", um "parasita" e outras metáforas tão biológicas quanto vampíricas.[226] O notório antissemita Julius Streicher disseminou a ideia de que o sangue, o hálito e os fluidos dos judeus, como os dos vampiros, eram nocivos e podiam infectar o corpo feminino.[227] De acordo com Streicher, o judeu era um "cogumelo venenoso" (*Giftpilz*) que precisava de terra para crescer, assim como os vampiros carregavam caixões cheios de terra fétida.[228] Para não ficar atrás, Gregor Schwarz, colaborador de Rosenberg, combinou esses clichês em um enorme tomo intitulado *Jude und Weib Theorie und die Praxis des jüdischen Vampyrismus, der Ausbeutung und Verseuchung der Wirtsvölker* [Judeu e mulher: Teoria e prática do vampirismo judaico, exploração e infecção de povos íntegros] (1939).[229]

Enquanto a metáfora do vampiro parasita ocupava um lugar de destaque, os judeus eram vinculados a outros monstros sobrenaturais extraídos da cosmologia cristã e ocultista.[230] Muitos nazistas ressuscitaram a imagem do "judeu errante", semelhante ao vampiro morto-vivo, cuja "figura horripilante e espectral de Assuero" tocava as "emoções mais profundas" dos alemães ao "enganar a morte para sempre".[231] Além disso, os judeus eram associados a Caim, o "monstro original" e a "encarnação do mal que caminha pela terra, amaldiçoado por Deus e marcado como tal por toda a eternidade".[232]

Não admira que Hitler retratasse os judeus como filhos do demônio e fizesse uso extensivo do simbolismo do Livro do Apocalipse.[233] O Führer argumentou que impedir o "apocalipse judaico era nosso dever, nossa missão dada por Deus, sim, é a substância da Criação Divina por completo".[234] Ele teria dito a Dietrich Eckart que a própria "natureza" do judeu o impelia ao objetivo de "aniquilação do mundo, embora ele perceba vagamente que deve, portanto, destruir a si mesmo". E acrescentado: "nos aniquilar com todas as suas forças, mas ao mesmo tempo suspeitar que isso deve levar irrevogavelmente à sua própria destruição. É aí que reside a tragédia de Lúcifer".[235] Hitler indicou que os judeus haviam assassinado 75 mil persas e "centenas de milhares de não judeus do mais nobre sangue na Babilônia, em Cirene e no Egito" — sugerindo, como fizeram os pesquisadores da divisão de bruxas, que a melhor defesa era um bom ataque: assassinar os judeus primeiro.[236]

De maneira similar a outros pensadores *völkisch*, Hitler acreditava que "os judeus" careciam de "experiência espiritual interior", razão pela qual haviam matado as tribos originais da Palestina responsáveis por produzir o Jesus ariano. O cristianismo, segundo Hitler, havia sido apropriado pelos judeus para destruir o "culto à luz" promovido pelos povos pré-cristãos (a mesma metáfora luz/trevas invocada por Wiligut).[237] Por meio de são Paulo, os judeus perverteram o ensinamento de Cristo, que era, originalmente, segundo Hitler, "um movimento local de oposição ariana aos judeus". Uma vez corrompido por Paulo, o cristianismo tornou-se "uma religião supratemporal, que postula a igualdade de todos os homens entre si" e "causou a morte do Império Romano".[238]

Hitler não era o único a citar evidências bíblicas dos planos malévolos dos judeus, incentivados pelas instituições e pela cosmologia cristãs. De acordo com Himmler, "o papa judeu" de hoje promoveu os interesses judaicos por meio do controle da cultura e dos meios de comunicação, assegurando que "seu espírito de Antigo Testamento apodrecesse tudo".[239] Para justificar suas teorias conspiratórias, Himmler citou os relatos bíblicos da participação dos judeus em tramas nefastas contra homens justos, as implicações genocidas da festa de Purim, as tentações das mulheres judias bíblicas e o papel dos judeus em praticamente todas as guerras ao longo da história.[240] Rosenberg e Schwartz-Bostunitsch se referiram aos judeus como "demônios do deserto", com a intenção de cometer assassinatos rituais, estabelecer um "culto a Moloch" e "queimar crianças".[241] Schwartz-Bostunitsch também lembrou seus leitores de como Jacó massacrou uma aldeia inteira de arianos que se recusaram a obedecer à lei sexual judaica.[242]

Todas essas teorias bizarras lembram a conexão no imaginário sobrenatural nazista entre os judeus e a campanha da Igreja católica para exterminar a religião e a cultura pagãs alemãs.[243] Os pesquisadores do SD na divisão de bruxas do Amt VII da SS, trabalhando em estreita colaboração com cientistas de fronteira na Universidade do Reich de Estrasburgo, tiveram um papel importante no desenvolvimento dessa narrativa.[244] Tendo começado com um estudo sobre a perseguição da Igreja às bruxas, os pesquisadores do SD "sob o comando de [Franz] Six" expandiram seu alcance, "concentrando-se primeiro no complexo temático da maçonaria", e e mais tarde, "graças à coordenação de Günther Franz, no judaísmo, ao qual todos os outros temas estavam subordinados".[245] Franz e Six produziram um relatório confirmando a diferença racial judaica com base na análise do esqueleto, de acordo com Beger, e culparam os judeus diretamente pelo extermínio de mulheres alemãs acusadas de bruxaria pela Igreja católica.[246] Franz também voltou a atenção do Amt VII para a pesquisa de "tentativas históricas" de "resolver a questão judaica" em outras épocas e países.[247] O fato de Six estar ao mesmo tempo trabalhando com o místico fascista Evola em um "livro antimaçônico" e propagando teorias indo-arianas de superioridade racial asiática indica a completa natureza científica fronteiriça da "pesquisa" do Amt VII sobre a "Questão Judaica".[248] Ao representar a questão das bruxas como uma tentativa dos judeus de destruir a raça alemã — uma espécie de eugenia invertida —, Franz e Six ajudaram a preparar o terreno para a "Solução Final".[249]

O astrólogo nazista Alexander Centgraf retomou esse tema, acusando os judeus de "sexualidade demoníaca" com o objetivo de aniquilar a raça ariana. Citando teóricos sexuais judeus como Freud, Otto Weininger e Magnus Hirschfeld, Centgraf argumentou que os judeus haviam intencionalmente corrompido as mulheres alemãs para minar seu papel social e biológico na garantia da dominação racial alemã (da mesma forma que a Igreja católica, controlada pelos judeus, as havia assassinado quinhentos anos antes).[250] A corrupção sexual das mulheres alemãs pelos judeus e o endosso da homossexualidade, argumentou Centgraf, eram o "subproduto de uma mente asiática ou de um filho do deserto, criado pelos demônios do Geena". As "ideias do judeu brotam" do "inferno mais profundo" de Dante, continuou Centgraf. O veneno de suas ejaculações demoníacas de ideias [*dämonischen Gedankenejakulationen*] abriu caminho para a desintegração espiritual dos povos ocidentais", afirmou. "O bolchevismo pode justamente chamá-lo de seu apóstolo e precursor."[251]

Aqui as imagens criptocristãs, *völkisch*-esotéricas e biopolíticas do judeu se fundiram no imaginário sobrenatural nazista. Juntos, esses elementos refletiam, de acordo com Anne Harrington, uma "tendência explícita de sobrepor os termos da luta holística contra o mecanismo à ideia de uma luta racial entre alemães e judeus". Esse conceito científico fronteiriço foi "posteriormente adotado por Rosenberg e pelo próprio Hitler".[252] De acordo com Rauschning, o Führer acreditava que o "judeu é o anti-homem, a criatura de outro deus. Deve ter vindo de outra raiz da raça humana [...] tão amplamente distinta quanto o homem e o animal". O judeu era "uma criatura fora da natureza e alheia à natureza".[253] Nessa cosmologia científica fronteiriça, o Terceiro Reich estava apenas dando continuidade a uma batalha milenar entre as "raças claras" arianas e as "formas raciais inferiores", especialmente os judeus, que eram definidos pela "perda da luz interior e do material refinado".[254]

Os judeus haviam se tornado, simplesmente, o "inimigo maligno de toda a luz [...] de toda a humanidade".[255]

Michael Burleigh observou que o poder "atribuído aos judeus nessa pseudocosmologia diferenciava o antissemitismo de outras formas de racismo", na medida em que "os 'fardos' eugênicos e os 'incômodos' ciganos não eram existencialmente ameaçadores da mesma forma abrangente".[256] As leis antigas de décadas contra os ciganos itinerantes — até mesmo o decreto de Heydrich contra a "adivinhação cigana" — nunca causaram uma mudança radical na política em relação aos romas ou sintis como raça.[257] A maioria dos ciganos também não foi assassinada nos campos de extermínio.[258] Pelo contrário, inspirado por Robert Ritter, o médico nazista encarregado da política cigana no Instituto de Biologia Criminal do Reich, Himmler ordenou que Arthur Nebe e o Kripo "estabelecessem um contato mais próximo e muito positivo com os ciganos" a fim de estudar sua língua cigana e, além disso, "aprender sobre seus costumes".[259] O motivo era que Himmler, Ritter e outros nazistas "acreditavam na história pseudocientífica da origem ariana dos ciganos e, portanto, queriam que aqueles considerados 'racialmente puros' fossem preservados como uma adição potencialmente valiosa ao estoque de sangue ariano".[260] Os nazistas simplesmente não viam os ciganos como "o tipo de ameaça sobrenatural que os judeus supostamente representavam".[261]

O Terceiro Reich também foi muito astucioso com a teoria racial quando se tratava de outros povos "orientais". De acordo com alguns cientistas nazistas de fronteira, como vimos, os mongóis eram uma "raça líder" de influência ariana, liderada por Gengis Khan, de "pele clara", com seus "olhos verdes ou azul-acinzentados e cabelos castanho-avermelhados".[262] Os tibetanos também eram considerados muito superiores aos judeus, apesar de sua origem "oriental".[263] Nenhuma dessas afirmações sobre ciganos, asiáticos ou judeus era baseada em estudo empírico de evidências genéticas ou antropológicas segundo os padrões científicos do período entreguerras. Elas se baseavam em "relatos selvagens e alucinatórios sobre a natureza dos judeus, seu poder praticamente ilimitado e sua responsabilidade por quase todos os males que haviam se abatido sobre o mundo", teorias "tão divorciadas da realidade que qualquer pessoa que as lesse teria dificuldade em concluir que eram qualquer coisa, menos o produto [...] de um asilo de loucos".[264] Os judeus eram, a priori, o epítome do mal, com base não na ciência da eugenia ou da sociobiologia

— por mais falhas que elas fossem —, mas em uma combinação de "antissemitismo religioso e mito nórdico".[265]

Os nazistas estavam imersos em um imaginário sobrenatural compartilhado, no qual certas "crenças cosmológicas e ontológicas" sobre os judeus eram praticamente universais — a crença "no sobrenatural, que os estrangeiros não são humanos, que a raça de um indivíduo determina suas qualidades morais e intelectuais" e "que os judeus são maus".[266] Essa mistura de folclore, mitologia e higienismo racial idealizava a "aplicação violenta de um princípio profilático" dentro do "corpo racial alemão". Em plena guerra, esse "princípio profilático" científico fronteiriço deu lugar ao Holocausto.[267]

Da demonização ao extermínio, 1939-45

No verão de 1943, o departamento regional de educação do NSDAP publicou um panfleto com o sugestivo título "O vampiro judeu traz o caos ao mundo". Parte de uma série de propaganda sobre "O judeu como parasita do mundo" patrocinada pelo Amt Rosenberg, o panfleto argumentava que a Segunda Guerra havia sido definida por um conflito existencial milenar entre arianos e judeus. Os judeus estavam mais uma vez tentando destruir "a Europa definida germanicamente", "o último bastião decisivo em sua busca pela dominação mundial". A única maneira de evitar a derrota, continuava o texto, era reconhecendo "a natureza parasitária dos judeus" como o principal inimigo. Os riscos da guerra eram claros: "um mundo infectado pelos judeus ou um mundo livre dos judeus".[268]

Indicando a importante relação entre a imaginação antissemita e o extermínio, o autor reconheceu que toda civilização tem uma mitologia que cria seu poder. "Esse poder monstruoso revela não apenas um puro cenário de sonhos criativos", mas também "o destrutivo sonho judaico de dominação mundial. Ele tem propagado a magia negra política e econômica por três milênios [...]. Se em algum lugar o poder das asas espirituais nórdicas começa a se tornar manco, a pesada essência de Assuero" — aqui, mais uma vez, confundindo o vampiro judeu com o judeu errante — "suga os músculos enfraquecidos [...]. Sempre que uma ferida é aberta no corpo de uma nação, o demônio judeu se alimenta no local doente", como um "poderoso parasita dos sonhos".[269]

Com base em uma combinação essencialmente nazista de raciocínio sobrenatural e floreios biopolíticos, o autor insistia que os judeus agiam da maneira que agiam porque "não têm forma orgânica de alma e, portanto, não têm forma racial". Os pesquisadores raciais haviam provado esse ponto, insistia o propagandista nazista, com base em "provas científicas rigorosas". As leis biológicas dos "parasitas judeus" indicavam que "as diversas formas de judaísmo só poderiam existir [...] [por meio] da alimentação parasitária da raça nórdica".[270] Do "demônio [judeu] nasce o predador destemido que rói todas as expressões da alma nórdica".[271] O "demônio maligno dos judeus" assegurava que nada produtivo pudesse tomar forma. Os judeus eram "esponjas" (Schmarotzen), não em um sentido metafórico, mas em termos das "leis da vida (biologia)". Assim como as "aparições parasitárias" penetravam "cada vez mais fundo" em sua vítima vegetal ou animal, "sugando os últimos elementos da vida, o mesmo acontece quando o judeu se força a entrar na sociedade por meio de feridas abertas, alimentando-se de seus poderes raciais e criativos — até sua desintegração".[272] Tendo dominado a União Soviética por meio do bolchevismo, os judeus agora ameaçavam trazer a mesma doença infernal para a Alemanha.[273] Somente o Terceiro Reich poderia fornecer um "arsenal na luta amargamente difícil contra o espírito causador de caos do vampiro judeu".[274]

"O vampiro judeu traz o caos ao mundo" empregava todos os clichês antissemitas que circulavam pelo imaginário sobrenatural nazista — o judeu como demônio, vampiro, parasita, fantasma, bolchevique e agente secreto do ocultismo, sugando a força vital da civilização nórdico-ariana e germânica.[275] Isso não era mera propaganda. Os líderes nazistas realmente viam os judeus como monstros onipotentes e sobrenaturais responsáveis pela devastação da Segunda Guerra (e por todos os outros crimes ao longo da história).[276] Era "incrível que um punhado de judeus fosse capaz de virar o mundo inteiro de cabeça para baixo!", Gerda Bormann escreveu em uma correspondência particular ao marido. "Porque, como diz Goebbels, não estamos lutando contra as três grandes potências, mas contra uma única potência que está por trás delas, algo que é muito pior, e essa é a razão pela qual, no momento, não consigo imaginar como conseguiremos a paz, mesmo que vençamos a guerra."[277]

Os cérebros por trás do Terceiro Reich realmente acreditavam nesses clichês sobrenaturais. Esse raciocínio sobrenatural assumiu um caráter cada vez mais

Ciência monstruosa

violento e totalizante no verão e no outono de 1941, no momento em que foi tomada a decisão de exterminar todos os judeus europeus, em conjunto com a batalha existencial contra o judeo-bolchevismo no Oriente.[278] Em dezembro de 1941, pouco depois de aprovar o plano inicial de Heydrich para a "Solução Final", Hitler comentou: "Agora, aquele que destrói a vida arrisca a própria morte. Esse é o segredo do que está acontecendo com os judeus. Esse papel destrutivo do judeu tem, de certa forma, uma explicação providencial". A natureza, como Hitler havia argumentado em *Minha luta* quinze anos antes, "queria que o judeu fosse o fermento que causa a decadência dos povos, proporcionando a esses povos a oportunidade de uma reação saudável". "A longo prazo", concluiu ele, "a natureza elimina os elementos nocivos."[279] Aqui, claramente articulado, estava o outro lado da glorificação científica fronteiriça da pureza racial ariano-germânica de Hitler: "a demonização e o extermínio do judaísmo".[280]

Em fevereiro de 1942, Hitler empregou outra metáfora quase biológica e quase sobrenatural para explicar o extermínio dos judeus: "A descoberta do vírus judeu é uma das maiores revoluções que ocorreram no mundo. A batalha na qual estamos engajados hoje é o mesmo tipo de batalha travada, durante o século passado, por Pasteur e Koch. Quantas doenças têm sua origem no vírus judeu!".[281] Auschwitz, nesse sentido, foi o subproduto científico fronteiriço da visão baseada na fé dos nazistas de purificação racial e utopia ariana.[282] "Hitler parece ter imaginado algo semelhante a um inverno nuclear caso 'o judeu' triunfasse", argumenta Michael Burleigh. A coroa do judeu representaria "a coroa fúnebre da humanidade", advertiu o Führer, condenando a raça humana à quase extinção, como havia acontecido milhares de anos antes. "Para evitar esse terrível resultado", acreditava ele, "a única coisa que parece adequada é um ato maciço de violência purificadora."[283]

Como e até que ponto esse ato de violência purificadora seria realizado? Embora os judeus tenham sido incluídos em conversas eugênicas mais amplas, eles não foram inicialmente submetidos à esterilização em massa ou à eutanásia a partir de setembro de 1939. Os judeus também não foram alvo, enquanto judeus, da primeira onda de "ordens dos comissários de Hitler", que instruíram a ss e a Wehrmacht a eliminar combatentes bolcheviques e oficiais do partido excessivamente preconceituosos. A decisão de incluir "judeus empregados pelo partido e pelo Estado" entre as vítimas ocorreu relativamente tarde no processo, dez dias após a invasão da União Soviética em 22 de junho de 1941.[284] No entanto, uma vez abertas as comportas para o assassinato, a decisão de exterminar *todos* os judeus europeus, independentemente das circunstâncias, parecia quase implacável, baseando-se em uma concepção imaginária dos judeus como monstros vampíricos, quase onipotentes, cujo único objetivo era destruir a civilização ariana.

Essa visão totalizante da monstruosidade judaica baseou-se no cristianismo e em uma forma vulgar de darwinismo, sem dúvida, mas também em estudos de folclore, ocultismo e ciência fronteiriça.[285] Como Michael Kater nos lembra, os Einsatzgruppen da ss se basearam na "mais alemã de todas as sagas, a *Canção dos nibelungos*", para justificar suas ações desumanas contra os judeus russos.[286] E embora os folcloristas alemães não fossem "diretamente culpados pelo extermínio da vida judaica", escreve Christoph Daxelmuller, o "prazer quase inacreditável da *Volkskunde* de língua alemã em caricaturar grotescamente os judeus como assassinos rituais de crianças, sub-humanos fedorentos e psicopatas sexuais" teve um papel importante para justificar os assassinatos no front oriental.[287]

O mesmo aconteceu com os esforços da divisão de bruxas da ss de Himmler. Trabalhando com pesquisadores científicos fronteiriços em Estrasburgo, Franz Six e Rudolf Levin ajudaram a desenvolver as bases ideológicas para a "Solução Final".[288] Atrás dos "corpos martirizados e despedaçados de nossas mães e meninas reduzidas a cinzas nos julgamentos de bruxaria", Himmler afirmou, "só podemos suspeitar que nosso eterno inimigo, o judeu, tenha imiscuido sua mão sangrenta sob algum manto ou atuado por meio de uma de suas organizações".[289]

Com base nessa "prova" de que os judeus estavam por trás do extermínio das "bruxas" (mulheres alemãs) pela Igreja, Six e outros argumentaram que as autoridades nazistas não precisavam se basear em provas concretas de intenção criminosa para justificar a eliminação dos inimigos raciais do Reich.[290] Assim como a Inquisição acreditava que "as bruxas devem ser exterminadas para destruir o demônio e interromper a absurda genética pela qual só podem ter filhas bruxas", o Terceiro Reich acreditava que a "raça nórdica" poderia alcançar a dominação mundial apenas "exterminando" a "raça inimiga" judaica que infectava a população saudável com "tuberculose racial".[291]

Portanto, as justificativas nazistas para a "Solução Final" eram baseadas em concepções fantásticas dos judeus fora de qualquer relação com a realidade

Ciência monstruosa

histórica, biológica ou antropológica.[292] Não há melhor prova do absurdo científico do pensamento racial nazista do que os esforços do Terceiro Reich para cultivar uma relação diplomática e militar mais próxima com os povos do Leste Asiático, da Índia e do Oriente Médio ("semitas") no exato momento em que eles investiam enormes recursos, completamente desnecessários, para assassinar todos os judeus possíveis na Europa.[293] Para resolver essa contradição flagrante, os teóricos raciais nazistas simplesmente se envolveram no que Raymond Williams chamou de "o trabalho da tradição seletiva". Eles argumentaram, sem nenhuma evidência, que árabes, persas e indianos do norte faziam parte de uma raça-mestra indo-ariana comum, enquanto os judeus — que a maioria dos biólogos entendia como uma mistura de povos semitas e europeus — eram considerados completamente estranhos.[294]

Embora dezenas de milhares de romas e sintis "mestiços" tenham morrido em Auschwitz, devemos lembrar que Himmler, com a aprovação de Hitler, ordenou que os ciganos "puros" poderiam sobreviver. Afinal, na cosmologia científica fronteiriça dos nazistas, os ciganos eram os prováveis descendentes dos arianos originais do noroeste da Índia.[295] Os ciganos "arianos" até mesmo recebiam tratamento especial em Auschwitz — de ninguém menos que Rudolf Höss, um ex-membro da Liga Artamana —, e foram considerados para uma "legião indiana" de soldados arianos.[296] Todo judeu europeu, no entanto, qualquer que fosse sua origem étnica, deveria ser rastreado e assassinado.

Sem dúvida, conforme vimos anteriormente, muitos eugenistas na Grã-Bretanha e nos Estados Unidos definiram os judeus e outros povos como racialmente diferentes, muitas vezes de forma arbitrária. Alguns cientistas anglo-americanos também promoveram políticas repreensíveis de esterilização e segregação. Mas a premissa da "Solução Final" nazista foi muito além da "ciência" da eugenia, definindo os judeus ao mesmo tempo como monstros vampíricos e uma doença biológica generalizada fora dos limites da humanidade. "A imprecisão sobre a distopia desejada, em que o fazendeiro separava os torrões, o soldado ficava de sentinela e as mães produziam bebês 'arianos' saudáveis em série", escreve Michael Burleigh, "contrastava com a 'descrição carregada' do judeu, cuja erradicação era parte integrante da leitura de Hitler do ciclo da perdição à redenção." E conclui: o "poder atribuído aos judeus nessa pseudocosmologia diferenciava o antissemitismo de outras formas de 'racismo'".[297] A "Solução Final" pode ter sido facilitada por um projeto biopolítico e colonial europeu mais amplo que não deu certo, catalisada pela guerra total contra o judeo-bolchevismo no front oriental. Mas, independentemente dos múltiplos fatores que tornaram o Holocausto possível, "a perseguição e o extermínio" dos judeus, nas palavras de Alon Confino, sempre foram "construídos sobre a fantasia".[298]

Em *A World without Jews*, Confino enfatiza os "padrões de significado e propósito em um mundo de fantasias" sobre os judeus que povoava a imaginação nazista.[299] Essa figura alternativamente biopolítica e mítica dos amigos e inimigos — fossem eles arianos ou judeus — era emblemática da interação mais ampla entre a ciência e o sobrenatural no Terceiro Reich.[300] Nem toda a ciência nazista era pseudocientífica ou de fronteira, é claro. No entanto, está claro que o retorno frequente ao pensamento sobrenatural tornou possível a abordagem totalmente monstruosa e não científica que sustentava as políticas nazistas de reassentamento racial, eugenia e genocídio.[301]

Anne Harrington sugere que "a ciência holística alemã funcionou como um discurso de vários níveis, em parte porque seus cientistas encontraram maneiras de criar suas verdades mais certas a partir de palavras e imagens ricas em ressonâncias culturais".[302] Em outras palavras, a invocação nazista do outro racial — fosse ele judeu, eslavo ou cigano — era culturalmente contingente e altamente maleável, parte de um mundo de sonhos no qual "a abstração ilusória se tornava real por meio da violência maciça". Uma vez "divorciadas de qualquer quadro de referência moral ou espiritual restritivo", essas percepções científicas fronteiriças sobre raça e espaço tiveram resultados letais.[303]

Antes da guerra, Hitler, Himmler e outros ideólogos nazistas haviam tido relativamente poucas oportunidades de realizar suas fantasias raciais e eugênicas. Mas o que era apenas um sonho antes de setembro de 1939 tornou-se realidade durante o conflito que se seguiu.[304] Não há dúvida de que o projeto nazista de reassentamento baseava-se em premissas coloniais europeias mais amplas e em necessidades práticas militares e econômicas. A ideologia que orientou essas políticas, no entanto, foi alimentada por concepções sobrenaturais de raça e espaço.[305]

Da mesma forma, nem todos os aspectos da eugenia nazista foram motivados pela ciência fronteiriça. Até mesmo a Ahnenerbe produziu algumas

Ciência monstruosa

pesquisas potencialmente valiosas.[306] Além disso, é extremamente difícil diferenciar de forma consistente entre a ciência fronteiriça ou a chamada "pseudociência, que apoiava as políticas de extermínio do nacional-socialismo", e a "biologia racial inocente e não corrompida".[307]

Embora o pensamento biopolítico e até mesmo eugênico fosse popular em toda a Europa, no entanto, as tentativas nazistas de esterilizar e assassinar milhões de pessoas foram além de qualquer entendimento predominante de eugenia nos círculos científicos naturais dos Estados Unidos, da Grã-Bretanha ou da Suécia.[308] Se a "Questão Judaica" fosse mesmo de natureza científica, teria sido altamente impraticável e improvável que os nazistas buscassem uma aliança com os povos árabes (semitas), muito menos com os asiáticos do sul ou do leste, enquanto gastavam tantos recursos na tentativa de assassinar todos os judeus da Europa.

O Holocausto foi parte de um padrão de longo prazo de violência colonial europeia contra as outras raças, exacerbado pela guerra total, pela escassez econômica e pelo antibolchevismo virulento. Os planos genocidas do Terceiro Reich em relação aos judeus, no entanto, foram mais radicais do que os de outros colonizadores europeus em relação às raças com que se depararam, porque os nazistas se basearam e distorceram não apenas Darwin, Rudyard Kipling ou a Bíblia, mas um imaginário sobrenatural que compartilhavam com Lanz von Liebenfels e Theodor Fritsch.[309] Se o processo de genocídio foi conduzido de forma altamente tecnocrática, seus fundamentos estavam em uma concepção dos judeus como monstros sobrenaturais.[310] Somente ao associar os judeus a adversários vampíricos, parasitas, quase sobre-humanos, envolvidos em uma conspiração secular para destruir a raça ariana, foi que os nazistas puderam estabelecer a base conceitual para assassinar tantos civis inocentes de forma tão monstruosa.[311]

9. Crepúsculo nazista

Armas milagrosas, guerrilheiros sobrenaturais e o colapso do Terceiro Reich

> Você sabe que eu penso em termos reais e que não gostaria que caíssemos na psicose que atribui muito significado às novas armas [milagrosas]. Também não sou da opinião de que elas devam desempenhar agora um papel tão proeminente na propaganda.
>
> ALBERT SPEER (agosto de 1944)[1]

> Tragam-me alemães; quero beber sangue, sangue da Suábia! Já matei 170 e ainda quero mais sangue.
>
> ELISABETH KOWITZKI, refugiada alemã, falando sobre o ataque de um guerrilheiro eslavo "bebedor de sangue" que afirmou ter presenciado (primavera de 1945)[2]

> Se estivermos destinados, como os antigos nibelungos, a descer ao salão do rei Átila, então iremos com orgulho e de cabeça erguida.
>
> MARTIN BORMANN (abril de 1945)[3]

RICHARD WAGNER, o compositor favorito de Hitler, chamou de *Crepúsculo dos deuses* a ópera final de seu ciclo do *Anel*.[4] Emblemático do renascimento do folclore que Wagner ajudou a inspirar, o título deriva do nórdico antigo "Ragnarök", conotando o "destino dos deuses", culminando em uma batalha final e cataclísmica com seus inimigos. Extraído da *Edda em prosa* e da *Edda poética* do século XIII, o Ragnarök previa uma série de ataques dos gigantes de Jotunheim, dos demônios de fogo de Muspellheim e da serpente de Midgard. Nessa terrível batalha, Odin, Thor, Baldur e outros deuses são mortos, a terra e o céu são destruídos e o sol se torna negro. No entanto, conforme predito pela profecia, dois dos filhos de Thor sobrevivem, Baldur retorna de Hel e a Terra e a humanidade renascem.[5]

Crepúsculo dos deuses é diferente em muitos aspectos do Ragnarök da *Edda*, já que a tetralogia de Wagner foi baseada sobretudo na medieval *A canção dos nibelungos*, com os anões (nibelungos) Hagen e Alberich substituindo os gigantes e demônios de fogo da *Edda*. Mas ambos os relatos culminam em uma batalha final contra implacáveis inimigos sobrenaturais. E ambos terminam da mesma forma: com os deuses e heróis nórdicos consumidos pelo fogo em uma mensagem de redenção.[6] Essa ideia de conflagração existencial, uma série de batalhas que levaria a Alemanha ao seu âmago, produzindo a vitória final (*Endsieg*) ou a derrota total, teve especial proeminência durante os últimos anos da Segunda Guerra.[7]

As imagens crepusculares reforçaram o renascimento do pensamento sobrenatural durante a guerra, uma "fé inabalável no poder das descobertas milagrosas no contexto bélico".[8] Esse pensamento milagroso se estendeu aos armamentos, produzindo uma busca desesperada por armas milagrosas hiperdestrutivas e cada vez mais fantásticas.[9] O pensamento inspirado no crepúsculo era igualmente visível na Operação Werwolf, que reuniu uma unidade das forças especiais concebida para realizar ataques de guerrilha cruéis contra ocupantes e colaboradores aliados.[10] Ao mesmo tempo, e de forma ainda mais notável, os alemães étnicos que fugiam dos russos acusavam os guerrilheiros eslavos de vampirismo.[11]

Durante os últimos meses da guerra, quando a derrota parecia inevitável, muitos nazistas e milhões de alemães comuns queriam acreditar que a morte não era permanente, que a fantasia era realidade, que um "padre mágico" poderia salvá-los da aniquilação.[12] Dessa forma, a invocação fantasiosa do regime a armas milagrosas, lobisomens, guerrilheiros vampiros e rituais de autoimolação funcionou como uma forma de terapia para os alemães que estavam sofrendo com a angústia material e psicológica.[13] No entanto, se ajudaram os alemães a se reconciliarem com a violência, a criminalidade e a perda cotidianas, as imagens crepusculares também pressagiavam a desintegração do Terceiro Reich e o renascimento da Alemanha no pós-guerra.[14]

Crepúsculo nazista

Armas milagrosas e ciência fronteiriça na busca da vitória final

Em setembro de 1945, o ministro do Armamento de Hitler, Albert Speer, reuniu uma seleção de documentos que registravam a história das "armas milagrosas" no Terceiro Reich. Ele começou com um trecho de um discurso proferido pelo líder da Juventude Hitlerista, Baldur von Schirach, em 6 de outubro de 1943: "Temos um segredo coletivo do qual todo o povo alemão já está ciente", declarava Schirach, embora admitindo que "os detalhes certamente não são conhecidos", e que era "muito cedo para falar com certeza sobre o lançamento dessas novas armas". Mais cedo ou mais tarde, porém, as armas milagrosas chegariam.[15] Speer acreditava que essas afirmações baseadas na fé precisavam ser reduzidas, e passou os dezoito meses seguintes diminuindo as expectativas do povo alemão em relação ao potencial das armas milagrosas, ainda que sem sucesso.[16]

Sem dúvida, todos os Estados industriais, especialmente os fascistas, sonharam com novas tecnologias militares no período entreguerras e durante a Segunda Guerra Mundial. A Alemanha nazista, no entanto, oferecia o ambiente ideal para a busca das chamadas armas milagrosas, excluindo a produção de armamentos convencionais.[17] Pois o Terceiro Reich combinava uma fetichização das novas tecnologias com um raciocínio científico fronteiriço generalizado — o que George Mosse chama de "realismo mágico" e Alexander Geppert e Till Kössler descrevem como "pensamento milagroso".[18] Eles argumentam que esse tipo de pensamento é intrínseco à compreensão da busca nazista por "armas milagrosas" no final da guerra.[19]

A obsessão por novas e destrutivas tecnologias milagrosas foi um componente fundamental da ideologia e da prática nazistas durante a última fase da guerra, e um resultado direto das fantasias de ficção científica do entreguerras sobre o desenvolvimento de armas que poderiam transcender as desvantagens estratégicas da Alemanha em termos de geografia, recursos ou mão de obra.[20] A crença de que a vitória final poderia ser alcançada por meio de tecnologias milagrosas era, além disso, o corolário lógico do fascínio de muitos nazistas por super-humanos ancestrais, possivelmente extraterrestres, capazes de produzir armas sofisticadas, exercer o controle da mente ou usar raios.

Esta primeira seção analisa os esforços nazistas para desenvolver armas milagrosas e tecnologias científicas fronteiriças nos últimos anos da guerra. Não quero sugerir aqui que todos os esforços de produção de armamentos do

Terceiro Reich foram definidos pelo pensamento científico fronteiriço. Tampouco descarto os impressionantes avanços alemães em tecnologia militar durante a guerra, de motores a jato a mísseis teleguiados.

Em vez disso, seguindo as advertências feitas por Speer, quero enfatizar o grau em que o extraordinário complexo militar-industrial da Alemanha foi repetidamente desafiado, e até mesmo prejudicado, em termos materiais e estratégicos, por uma crença nazista em ideias e tecnologias científicas fronteiriças. Em sua convicção baseada na fé de que novas e milagrosas tecnologias (ou tecnologias antigas perdidas) de alguma forma surgiriam do éter para salvar a Alemanha do crepúsculo dos deuses, a busca dos nazistas por armas milagrosas foi apenas em parte o resultado da necessidade em tempo de guerra, empoleirando-se, em vez disso, no nexo entre a ciência e o sobrenatural que definiu grande parte do pensamento no Terceiro Reich.[21]

Tecnologia nuclear e aeroespacial

Até Speer assumir o comando da produção de armas em fevereiro de 1942, Hitler não tinha uma política de armamentos coerente. Ele mudava as prioridades rapidamente com base em uma combinação de realidades variáveis no terreno e sua própria preferência por armas ofensivas em vez de defensivas.[22] Uma área em que Speer, Hitler e muitos outros líderes concordavam era que a Alemanha precisava de armas de qualidade superior, uma vez que os Aliados, pelo menos a partir de 1942, sempre venceriam a batalha das munições em termos de quantidade.[23] A decisão de privilegiar a qualidade em detrimento da quantidade em parte levou à ênfase de Speer na eficiência e na organização, bem como ao interesse de Hitler e Himmler em tecnologias milagrosas. No entanto, o investimento precipitado em armas milagrosas também derivava de um fascínio nazista pelo pensamento científico fronteiriço.

A ss contribuiu para essa tendência. À medida que a situação militar se deteriorava, a ss se insinuava diretamente na produção de armamentos. O interesse de Himmler pela tecnologia militar, sintetizada pelo Instituto de Pesquisa Militar Aplicada, incluía na equação dezenas de campos de concentração, centenas de cientistas da ss e milhares de trabalhadores escravos.[24] Himmler concordou com Hitler que a ênfase na "superioridade qualitativa"

Crepúsculo nazista										361

significava concentrar-se em armas únicas. Assim como Hitler, Himmler era um diletante que evitava projetos altamente complexos em favor de ideias facilmente acessíveis ou que lhe eram familiares. Por esse motivo, ele deu pouca atenção à tecnologia nuclear, preferindo investir, assim como o Führer, na produção de caças, foguetes e outros armamentos que lembravam a ficção científica do início do século xx (e eram menos dependentes da revolucionária "ciência judaica" da física atômica).[25]

Antes de falarmos sobre a extraordinária preocupação de Hitler e Himmler com a tecnologia aeroespacial, devemos falar um pouco sobre o programa de pesquisa nuclear do Terceiro Reich. Segundo o pensamento convencional, quando a guerra terminou, o Terceiro Reich ainda estava a anos de desenvolver a tecnologia para uma bomba atômica.[26] Mas há evidências circunstanciais de que pequenos grupos de cientistas realizaram pesquisas sobre o uso de urânio como arma em Auschwitz, Praga e Nuremberg.[27]

Evidências adicionais, também fragmentárias, indicam que os alemães podiam estar mais adiantados no enriquecimento de urânio do que se pensava anteriormente. Alguns relatórios indicam que havia cientistas trabalhando para desenvolver uma "bomba suja" à base de urânio, possivelmente realizando testes no final de 1944 e início de 1945 em Ohrdruf, na Turíngia, ou na ilha de Rügen.[28] Escavações recentes sob o campo de trabalhos forçados de Mauthausen-Gusen, inicialmente construído para a fabricação de aeronaves, indicam um alto nível de radioatividade, aumentando os rumores de um laboratório secreto de armas atômicas patrocinado por Himmler.[29]

Para questionar esses relatórios — e a seriedade de Hitler e Himmler em relação às armas nucleares — há uma apresentação mais bem documentada de 1942 sobre urânio-235 organizada pelo Conselho de Pesquisa do Reich e liderada por Werner Heisenberg. Ao que parece, Himmler não compareceu à reunião porque seu secretário não a considerava prioritária. Hitler demonstrou um desinteresse semelhante.[30] A destruição das instalações norueguesas de água pesada em fevereiro de 1943 e o afundamento do navio de transporte de água pesada *Hydro* um ano depois reforçaram o desejo de Hitler e Himmler de se concentrar no programa aeroespacial e em outras naves experimentais.[31]

É possível que a tecnologia nuclear tenha sido discutida com relação a outros tipos de armas. Em 10 de outubro de 1942, o alto-comando do exército alemão aparentemente encomendou uma investigação sobre a possibilidade de desintegração atômica, reações em cadeia e máquinas antigravitacionais: "discos voadores".[32] Supostamente desenvolvidos por especialistas em foguetes, incluindo Walter Dornberger e Rudolf Schriever, esses discos voadores podem ter tido poderes de perturbação elétrica e eletromagnética (um objetivo dos chamados raios da morte perseguidos pela ss, como veremos a seguir).[33] Os projetos de teste subsequentes, denominados Kugelblitz [raio esférico] e Feuerball [bola de fogo], são provavelmente os responsáveis pelos chamados "Foo Fighters", cuja aparição em 1943 foi relatada pelas forças aéreas aliadas. Testemunhas disseram ter visto pequenos objetos redondos que voavam nas rotas dos bombardeiros aliados a fim de provocar confusão e falhas elétricas.[34] Os documentos de arquivo refletem uma grande preocupação alemã em interromper os bombardeios inimigos, incluindo todo tipo de experimentos, desde os práticos até os ultrajantes, com o objetivo de detê-los.[35]

Nesse ínterim, a pesquisa alemã sobre foguetes estava extremamente avançada e repleta de especulações científicas fronteiriças. Antes de 1933, os entusiastas alemães de foguetes, incluindo Willy Ley, Johannes Winkler e Max Valier, haviam fundado uma Sociedade para a Navegação Aeroespacial — que incluía, vale ressaltar, romancistas e dramaturgos como Thomas Mann e George Bernard Shaw, e escritores de ficção científica como H. G. Wells. Wernher von Braun, que se tornaria o cientista aeroespacial mais influente da Alemanha, entrou para a sociedade em 1930.[36]

Mais notáveis são as opiniões do mentor de Von Braun, o pioneiro do programa aeroespacial alemão, Hermann Oberth. Assim como o líder da Liga Artamana no entreguerras, o esotericamente inclinado Oberth nasceu, entre todos os lugares, na Transilvânia. Próximo de Rudolf Hess, ele era fascinado pela parapsicologia e pelo "ocultismo thuleano". Em uma série de artigos e entrevistas no pós-guerra, Oberth também insistiu na existência de óvnis e tecnologias alienígenas das quais os Estados Unidos teriam se apropriado, recusando-se a compartilhá-las com o público.[37]

Em 1932, o exército alemão começou a apoiar a pesquisa aeroespacial, empregando Oberth, Von Braun, Dornberger e outros. Em meados da década de 1930, a Wehrmacht havia escolhido Peenemünde, uma ilha no Báltico, como seu principal centro de desenvolvimento. Nos anos seguintes, liderada por Dornberger e Von Braun, a indústria aeroespacial alemã obteve grande

Crepúsculo nazista 363

sucesso, aprimorando as técnicas introduzidas pelo americano Robbert Goddard. No verão de 1942, os pesquisadores do exército haviam desenvolvido o foguete A5 Vergeltungswaffe [Retaliação], ou V-1, e planos para o primeiro míssil balístico, o A4 (V-2).[38]

Com a deterioração da situação militar, a ss começou a desempenhar um papel cada vez maior na pesquisa de aviação. Primeiro, ela se insinuou na produção de aeronaves. Depois, no início do verão de 1943, passou ao setor de foguetes e outras "armas secretas". Von Braun, que nessa época tinha uma patente da ss, continuou a trabalhar para o exército e a força aérea. No entanto, com a tentativa de assassinato de Hitler em 20 de julho de 1944, que o Führer atribuiu a oficiais do exército descontentes, Himmler passou a controlar o programa aeroespacial, marginalizando o papel de especialistas como Von Braun em favor de ideólogos como o dr. Hans Kammler, ss-Obergruppenführer.[39]

Kammler foi tenente-general das Waffen-ss e engenheiro da Luftwaffe. Antes de assumir o programa de armamentos da ss, sua fama era a de ter ampliado o espaço e a eficiência das instalações de cremação de Auschwitz sob o comando de Oswald Pohl (um defensor da agricultura biodinâmica).[40] O trabalho em Auschwitz deu a Kammler uma reputação de eficiência implacável e pensamento criativo, e ele logo foi designado para dirigir uma "unidade de projetos especiais" da Ahnenerbe. No verão de 1944, Kammler, contando com o patrocínio agressivo de Himmler e a desconfiança de Hitler em relação às elites militares tradicionais, substituiu oficialmente o cientista aeroespacial Dornberger como chefe do programa. O arquiteto de Auschwitz alistou milhares de prisioneiros dos campos de concentração, com a aprovação de Speer, para construir instalações de pesquisa subterrâneas perto da cordilheira do Harz, na Turíngia.[41]

Em março de 1945, Kammler foi promovido a plenipotenciário para aeronaves a jato, tornando-se independente até mesmo de Speer.[42] Em abril do mesmo ano, 450 cientistas importantes se juntaram a ele, incluindo Dornberger e Von Braun, cujos esforços eram agora complementados por milhares de trabalhadores escravos.[43]

Tendo tomado o programa aeroespacial de Dornberger e de outros cientistas profissionais, Kammler produziu pouco de valor em termos de tecnologias milagrosas. Ainda assim, ele e seus colegas foram responsáveis por centenas de execuções e milhares de outras mortes devido ao abuso de mão de obra nos campos de concentração e em experimentos científicos fronteiriços.[44]

Enquanto Kammler e a ss prometiam resultados cada vez mais exagerados, Speer tornou-se ainda mais cauteloso.[45] No início de agosto de 1944, quando o tão esperado foguete V-2 aguardava seu primeiro lançamento, ele advertiu que "não podemos depender do efeito dessas novas armas como se fosse algo completamente certo".[46] Quatro semanas depois, ele aconselhou Goebbels a reduzir a campanha do Ministério da Propaganda sobre o V-1, e especialmente sobre o novo V-2, que era irrealista e dava falsas esperanças ao povo alemão.[47]

Speer reconheceu que houve desenvolvimentos importantes, mas "é necessário, nesse círculo, deixar claro que as novas armas não podem prometer uma panaceia universal". Ele observou que as "armas de retaliação", isto é, os foguetes V-1, podiam "apresentar [ao inimigo] alguma surpresa perceptível". Mas "essas novas armas [como o V-2], das quais realmente precisamos", ainda não teriam "um impacto decisivo por alguns meses".[48] Goebbels não deveria prometer "resultados milagrosos" com o V-2, argumentou Speer, porque não se pode "esperar nos próximos meses uma nova arma que tenha um impacto decisivo no resultado da guerra".[49]

O problema eram as expectativas constantemente falsas do regime com relação às tecnologias militares, desproporcionais à realidade. "O que nos surpreendeu em particular no V-1 foi seu efeito psicológico [sobre os britânicos]", explicou Speer, que não foi excessivamente severo. Quanto ao efeito psicológico do V-2, prosseguiu ele, "não podemos dizer nada [...]. Só posso dizer que [...] nossa nova arma [...] precisará de um tempo considerável antes de produzir qualquer efeito".[50] As advertências de Speer foram confirmadas por relatórios de britânicos e americanos, recebidos algumas semanas depois, observando que o "valor militar do V-2" — e a probabilidade de o V-3 chegar a Nova York — era tão "insignificante" que os alemães deviam estar pensando nesses foguetes como uma mera manobra de "diversão".[51]

Com exceção de Speer, porém, quase todos os líderes nazistas aparentemente acreditavam que armas milagrosas poderiam mudar o rumo da guerra. Em 15 de setembro de 1944, logo após o lançamento do V-2, Speer alertou um grupo de líderes políticos e militares, incluindo Bormann, Himmler e os generais Sepp Dietrich, Heinz Guderian, Gerd von Rundstedt e Wilhelm Keitel:

Crepúsculo nazista 365

A fé na implementação de novos armamentos militarmente decisivos no futuro próximo está disseminada por todas as tropas. Elas esperam que essa implementação ocorra nos próximos dias. Essa opinião também é compartilhada com seriedade entre oficiais de alto escalão. Num momento tão difícil, não sei se criar uma decepção que não pode deixar de ter um efeito desfavorável em nosso moral militar, incentivando esperanças que não podem ser cumpridas em tão pouco tempo, é a coisa certa a fazer. [Na medida] em que a população espera diariamente [...] pelo milagre de novas armas e, assim, fomenta-se a dúvida quanto a se reconhecemos já faltarem "alguns minutos para a meia-noite", e que continuar a reter essas novas armas "estocadas" não pode mais ser explicado, surge a questão de saber se essa propaganda faz sentido.[52]

Em novembro de 1944, Speer voltou a escrever a Goebbels, dessa vez em particular, pedindo que ele interrompesse a prática de propagar relatórios exagerados de desenvolvimentos militares positivos, que davam às pessoas "esperanças que não poderiam ser cumpridas em um futuro previsível".[53] Goebbels, no entanto, continuou com sua propaganda baseada na fé.[54]

Em dezembro, Speer fez uma apresentação detalhada para um grupo de especialistas militares e políticos: "Vocês tiveram hoje uma pequena visão dos vários novos desenvolvimentos que foram concluídos recentemente. Sem dúvida viram que não temos e nunca teremos uma arma milagrosa!". De uma "perspectiva técnica, sempre esteve claro, para qualquer um que quisesse saber, que milagres [*Wunder*] na esfera técnica, como esperam os leigos, simplesmente não são possíveis". Por esse motivo, reiterou Speer, não fazia sentido continuar falando sobre armas milagrosas, nem em particular nem em público. Em vez disso, o que os líderes alemães (e implicitamente Hitler) deveriam fazer, sugeriu ele, era repetir as palavras que "Churchill disse uma vez depois de Dunquerque, quando prometeu ao povo 'sangue, suor e lágrimas'".[55]

Speer, o oficial nazista com o maior conhecimento das capacidades técnicas do Terceiro Reich, não poderia ter sido mais claro ou mais consistente em sua sóbria avaliação. E, no entanto, ele foi repetidamente frustrado pelas obsessões fantasiosas dos líderes do Partido Nazista em obter e pôr em ação armas milagrosas que tinham pouca ou nenhuma base na realidade militar.[56]

Goebbels não apenas ignorou as admoestações de Speer, mas "espalhou intencionalmente rumores falsos a fim de desviar a atenção do curso cada vez mais sombrio da guerra", inclusive enviando "profecias datilografadas, de forma anônima, pelo correio, sugerindo que a vitória era iminente".[57]

O efeito cumulativo desses falsos rumores é bem representado por uma conversa que Speer teve com o Gauleiter da Baixa Francônia, Otto Hellmuth, no final de março de 1945. Mesmo com os tanques aliados avançando em direção a Würzburg, com a guerra quase no fim, Hellmuth declarou: "Seria tudo absurdo, se não houvesse uma chance de mudar a situação no último minuto. Camarada Speer, quando chegará a nova arma que todos nós estamos esperando?". Speer respondeu, como havia feito nos dezoito meses anteriores: as armas milagrosas "não virão, pois a propaganda não foi correta; elas nunca foram produzidas".[58]

Apesar dos repetidos protestos de Speer, os "círculos mais altos do partido" insistiam em acreditar "na magia aérea que estava sendo preparada pelo 'tio Heinrich'".[59] Até mesmo Bormann, normalmente cético em relação aos projetos de estimação de Himmler, escreveu para a esposa em abril de 1945 dizendo que as armas secretas há muito prometidas por Kammler poderiam se tornar realidade a tempo de salvar a vitória das garras da derrota.[60] Ironicamente, Kammler pode ter sido o único líder nazista, além de Speer, a reconhecer a verdade. Em 17 de abril de 1945, um dia depois de recusar uma requisição de Himmler, Kammler desapareceu misteriosamente — e com ele as últimas esperanças de que o Terceiro Reich pudesse ser salvo por um milagre.[61]

Raios da morte e antigravidade

Frustrado com a resistência de Speer a "experiências" diletantes em tecnologia militar, Himmler deu instruções a Kammler para criar o seu próprio "gabinete de projetos secretos" no contexto da Ahnenerbe.[62] Em março de 1942, Himmler já tinha dado instruções ao diretor da fábrica da Škoda no protetorado da Boêmia e Morávia, William Voss, para avaliar e duplicar as armas aliadas capturadas. Uma vez que a "unidade de projetos especiais" da Ahnenerbe também estava encarregada de desenvolver armas de "segunda geração", Kammler instalou-se na fábrica da Škoda. Ali, dirigiu projetos de

Crepúsculo nazista 367

sistemas de armamento avançados, incluindo, segundo alguns relatos, dispositivos antigravidade, armas teleguiadas e lasers antiaéreos ("raios da morte").[63]

Enquanto os projetos de Kammler se intensificavam durante os dois últimos anos da guerra, Himmler prosseguia a sua própria agenda científica fronteiriça. Anos antes, um oficial da Luftwaffe, Schröder-Stranz, havia tentado sem sucesso que a Luftwaffe patrocinasse seu "dispositivo de raios" (*Strahlengeräte*), que supostamente seria capaz de abater aviões rivais. Na Ahnenerbe, entretanto, ele encontrou um público ávido, pois Himmler voltou-se "mais uma vez para um charlatão" a fim de dar seguimento a suas fantasias científicas fronteiriças.[64]

Infelizmente, Speer havia conseguido convencer Hitler, em maio de 1944, a não investir dinheiro em novos projetos de armas. Assim, Himmler e Schröder-Stranz argumentaram que o dispositivo não era uma arma, mas um aparelho capaz de produzir "raios" saudáveis, com aplicações práticas para a saúde, mas também "raios da morte", que poderiam ser empregados em combate. Quando o dispositivo inevitavelmente se mostrou ineficaz como arma, Schröder-Stranz sugeriu que ele poderia ser adaptado como "dispositivo de detecção" (*Mutungsgerät*) para encontrar reservas de petróleo, algo que entusiasmou o Reichsführer devido à grave falta de recursos naturais.[65]

Schröder-Stranz foi transferido da Luftwaffe para a ss no momento perfeito. Oswald Pohl, diretor do sistema de campos de concentração, especialista em economia e entusiasta da ciência fronteiriça, estava convencido de que poderia localizar petróleo dentro das fronteiras do Reich. Assim, apesar do ceticismo dos radiologistas profissionais, ele concedeu a Schröder-Stranz espaço em Dachau — juntamente com os pesquisadores da agricultura biodinâmica — para que ele preparasse uma equipe de "técnicos" para trabalhar na adaptação de seu "dispositivo de raios". Somente sete meses mais tarde, em fevereiro de 1945, Himmler por fim encerrou essa busca explicitamente ocultista por combustíveis fósseis; não por causa de suas premissas científicas fronteiriças, mas porque a situação catastrófica no front não permitia a realização de novos experimentos.[66]

Enquanto Schröder-Stranz trabalhava na adaptação de seu dispositivo de raios para uso na busca de petróleo, Himmler recrutou cientistas de fronteira em um último esforço para localizar reservas de ouro. Ele concentrou o projeto nos rios Reno e Inn, onde Hitler, provavelmente inspirado pelo *Ouro do Reno*, de Wagner, e pela tradição local de sua juventude em Braunau am Inn, insistiu que havia recursos consideráveis inexplorados. Himmler, por sua vez, recomendou o Isar em sua própria cidade natal, Munique.[67] Como os principais geólogos tendiam a discordar das suposições de Hitler e Himmler — não encontrando evidências substanciais de ouro em nenhum dos vales dos rios —, Himmler pediu a ajuda do cientista fronteiriço da ss Karl Wienert, um veterano da expedição ao Tibete. Sem se intimidar com a literatura científica, Himmler incentivou Wienert a concentrar seus esforços nas áreas ao redor de sua cidade natal e da cidade de Hitler, citando evidências circunstanciais de "garimpo de ouro no Reno e no Isar" desde o século XVIII.[68]

É claro que os esforços de Wienert não foram bem-sucedidos, e, por isso, na primavera de 1944, Himmler decidiu trazer outro famoso cientista fronteiriço, o radiestesista Josef Wimmer. Wimmer havia construído sua reputação a serviço do governo da Baviera na década de 1930. Durante a guerra, Himmler o encarregou de várias tarefas esotéricas, como usar sua vara de adivinhação para procurar bombas nas sinagogas da Cracóvia. Ele também recrutou Wimmer para treinar equipes de "localizadores de água" nos jardins homeopáticos (de agricultura biodinâmica) em Dachau (nessa época, uma verdadeira meca da atividade científica fronteiriça).[69] Himmler e Wüst ficaram tão impressionados com o trabalho de Wimmer que ele foi nomeado chefe da divisão de geologia aplicada da Ahnenerbe e recebeu um nível de independência anteriormente concedido apenas ao esotérico Instituto Meteorológico da ss, dirigido por Scultetus e infundido pela cosmogonia glacial.[70]

No verão de 1942, o próprio Hitler designou Wimmer como geólogo especial do Reich, por seu brilhantismo no ensino de técnicas de adivinhação.[71] Seis meses depois, Himmler decidiu que toda unidade de tropas geológicas das Waffen-ss precisava de pelo menos um adivinho; uma divisão das Waffen--ss em Belgrado tinha três. Em agosto de 1943, mais uma vez aparentemente inspirado pelo mítico "ouro do Reno", Himmler instruiu as equipes de radiestesia de Wimmer a procurarem um "fabuloso tesouro" na montanha de Hohenhöwen, perto do Reno, no sul da Alemanha. Quando Wimmer e seus radiestesistas não encontraram nenhum tesouro, o Reichsführer decidiu unir Wimmer a Wienert, na esperança de que os dois pudessem alcançar juntos o que não conseguiriam sozinhos. Quando esse sonho se mostrou efêmero, Himmler desviou a atenção do ouro para os depósitos de magnetita.[72]

Juntamente com a busca desesperada por recursos naturais, Himmler continuou a perseguir armas científicas fronteiriças inspiradas na mitologia germânica. Em outubro de 1944, por exemplo, a empresa Elemag-Hildesheim propôs uma arma, vagamente inspirada em experimentos de Tesla, que usaria o material isolante da atmosfera como um meio para transformar a eletricidade em arma.[73] O entusiasmo de Himmler por essa proposta, no entanto, não tinha nenhuma base em qualquer familiaridade com os experimentos de Tesla, mas em sua crença ocultista de longa data de que havia forças eletromagnéticas inexploradas no universo, como um martelo de Thor, que poderiam ser aproveitadas com a tecnologia correta. Esses "poderes paranormais e armas extraordinárias", acreditava Himmler, "não tinham a ver com trovões e relâmpagos naturais", mas eram uma "arma anterior, altamente desenvolvida, possuída apenas [...] pelos Aesir, os deuses, e que presumia um extraordinário conhecimento da eletricidade".[74] Embora tivesse relegado a busca mais promissora da energia atômica ao segundo plano, Himmler instruiu o Conselho de Pesquisa do Reich a analisar a proposta da Elemag, chegando à decepcionante conclusão de que era impossível obter a arma com a presente tecnologia (ou sem o poder do Deus do Trovão de acessar as forças cósmicas do universo).[75]

Os esforços para transformar em armas energias eletromagnéticas e bioelétricas de caráter místico foram reforçados por uma crença mais geral na cosmogonia glacial e na radiestesia, que postulava a existência de forças geológicas e físicas inexploradas escondidas logo abaixo da Terra, no espaço ou em blocos de gelo. Inspirado por essa crença esotérica em campos de alta energia e linhas de ley, o Terceiro Reich instalou "transmissores" em antigos locais místicos, como Brocken e Feldberg. Alguns cientistas nazistas aparentemente acreditavam que eles poderiam emitir impulsos elétricos, talvez até ondas sonoras de baixa frequência capazes de interferir na função cerebral humana. Os experimentos de adivinhação de Wimmer e o "dispositivo de raios" de Schröder-Stranz podem ter inspirado essas tentativas de aproveitamento da energia bioelétrica para uso em guerra psíquica.[76]

Enquanto isso, Kammler estava ocupado patrocinando esforços em larga escala para transformar as energias científicas fronteiriças em armas. O mais lendário desses esforços é o dispositivo "antigravitacional" conhecido como o "sino" (Die Glocke). Um dos muitos experimentos secretos com armas supostamente realizados no Oriente, o "sino" foi relatado pela primeira vez pelo jornalista polonês Igor Witkowski com base em informações confidenciais supostamente coletadas pela inteligência polonesa antes da execução de Jakob Sporrenberg, um oficial da ss.[77] De acordo com Sporrenberg, por meio de Witkowski, vários cientistas e cobaias alemães morreram no final de 1944 e início de 1945 trabalhando em algum tipo de dispositivo antigravitacional movido a energia nuclear ou "sino" ("disco voador") na Baixa Silésia, em uma instalação conhecida como "O Gigante", perto da mina de Wenceslaus, na fronteira tcheca.[78]

Sporrenberg afirmou que o sino era um dispositivo de três a cinco metros de altura com dois cilindros contrarrotativos repletos de um líquido chamado de Xerum 525. O líquido era obviamente perigoso, semelhante ao mercúrio e mantido em recipientes de chumbo. De acordo com uma testemunha, outros metais leves raros, como o tório e o peróxido de berílio, foram usados nos experimentos para estimular a propulsão antigravitacional dentro do sino. Sporrenberg sugeriu que o dispositivo usava "compressão de vórtice" e "separação de campo magnético", técnicas associadas aos pioneiros da antigravidade, como Viktor Schauberger. Outros detalhes relatados por cripto-historiadores, incluindo o uso de espelhos côncavos para "ver o passado", são impossíveis de verificar.[79]

O que pode ser verificado é que os nazistas, incluindo Hitler, estavam interessados em dispositivos antigravitacionais e de "energia livre", incluindo o trabalho do enigmático Schauberger. Quando os nazistas assumiram o poder, Schauberger era mais conhecido na Europa Central como um biofísico com inclinação esotérica que estudava a ação natural da água, das florestas e da terra, argumentando que elas continham poderosas energias inexploradas. Tal como a de seu contemporâneo austríaco Hanns Hörbiger, a abordagem sincrética e científica fronteiriça de Schauberger, que incluía o interesse em agricultura biodinâmica e radiestesia, era profundamente atraente para muitos nazistas.[80]

Em julho de 1934, o industrial nazista e chefe da Câmara Econômica do Terceiro Reich, Albert Pietzsch, organizou uma reunião entre Hitler e Schauberger para discutir aplicações práticas econômicas e militares das ideias científicas fronteiriças de Schauberger.[81] Os relatórios sobre a reunião, que estão disponíveis nos arquivos federais alemães, variam. Cético em relação à reputação de autopromoção de Schauberger, Hitler solicitou uma cópia das atas e uma garantia de que a reunião não seria usada "como propaganda de suas ideias e atividades".[82] Após a reunião, Hitler e o chefe da Chancelaria do Reich, Hans Lammers, expressaram frustração com a atitude arrogante e a timidez de Schauberger em compartilhar quaisquer detalhes técnicos sobre purificação de água, energia livre ou outras "inovações secretas" — o que o biofísico havia prometido fazer antes da reunião. Hitler também não ficou satisfeito com a explicação de Schauberger sobre seu relacionamento com Mussolini, com quem Schauberger também estivera em contato.[83]

Suspeitando que o tivesse afastado, Schauberger seguiu com uma carta para Hitler (e outra para Himmler) fornecendo alguns detalhes específicos e agora indicando seu desejo, como austro-alemão, de oferecer seus segredos exclusivamente ao Terceiro Reich (em vez de colocar Hitler e Mussolini um contra o outro).[84] A essa altura, no entanto, Lammers estava convencido de que Schauberger era uma fraude, que tivera todas as oportunidades de explicar suas invenções e falhara. Schauberger reforçava o pensamento convencional, opinou Lammers, de que "autodidatas" raramente contribuíam com "invenções revolucionárias" (o que é irônico, considerando o patrocínio oficial do regime a Hitler, Hörbiger e outros cientistas de fronteira "autodidatas").[85] O mais revelador no relatório de Lammers era sua preocupação de que Hitler, apesar do encontro embaraçoso e da natureza duvidosa do trabalho de Schauberger, fosse enganado, da mesma forma que o imperador austríaco Francisco José fora enganado por alquimistas que prometiam transformar chumbo em ouro.[86]

Lammers não estava errado. Apenas um ano depois de conhecer Hitler, o esotérico Julius Streicher organizou uma reunião entre Schauberger e alguns gerentes da Siemens. A empresa contratou Schauberger por recomendação de Streicher, mas o dispensou em 1937 quando seus esforços de pesquisa e desenvolvimento revelaram-se inúteis.[87] Sem se intimidar com esses fracassos, Hitler permitiu que a fabricante de armamentos Heinkel, no contexto do Plano Quadrienal, recrutasse Schauberger para trabalhar em um motor de "repulsão" ("*repulsine*") capaz de aproveitar a "energia livre" e possivelmente produzir um "voo levitacional". Em 1940, Rudolf Schriever, trabalhando para a Heinkel, começou a aplicar as ideias não convencionais de Schauberger em um novo tipo de "disco voador" ou "pião voador".[88]

Em maio de 1941, com a invasão da União Soviética pela Alemanha a apenas um mês de distância, Schauberger foi pressionado a ajudar as forças armadas em experimentos secretos com energias invisíveis e dispositivos antigravitacionais. Contra a vontade, a ss levou Schauberger para o campo de concentração de Mauthausen, onde lhe foi ordenado que escolhesse a dedo um grupo de engenheiros entre os prisioneiros.[89] Com sua nova "equipe", Schauberger desenvolveu vários projetos, quase idênticos aos que haviam chamado a atenção de Hitler sete anos antes. Esses projetos incluíam um purificador de água, um gerador de alta voltagem para biossintetizar combustível de hidrogênio feito de água, dispositivos de "esmagamento de átomos" e, o mais famoso, seu suposto disco voador, ou "Repulsine".[90]

O Repulsine tinha uma finalidade dupla, tanto como gerador de energia quanto como usina de força para um veículo aeroespacial de aparência semelhante a um pires. Com base em relatos de segunda mão, a nave tinha "1,5 metro de diâmetro, pesava 135 quilos e era acionada por um pequeno motor elétrico com energia de decolagem fornecida por uma turbina chamada truta". Quando foi testado, na primavera de 1945, um cientista que trabalhava com Schauberger relatou que "o disco voador subiu inesperadamente até o teto", deixando um rastro de "um brilho azul-esverdeado e depois prateado".[91] Alguns dias após esses testes, segundo alguns relatos, um grupo de americanos chegou e levou Schauberger sob custódia, confiscando todos os seus materiais de pesquisa sob a rubrica confidencial de "pesquisa de energia atômica".[92]

Os detalhes do trabalho de Schauberger durante a guerra permanecem obscuros. No entanto, a combinação de documentos primários autênticos e relatos de testemunhas oculares parece confirmar que seus experimentos, que culminaram no Repulsine, reuniram quase todas as ideias científicas fronteiriças e tecnologias milagrosas discutidas acima: aproveitamento de raios terrestres invisíveis e raios da morte, armamento de forças eletromagnéticas e impulsos bioelétricos, desenvolvimento de energia atômica e produção de novas tecnologias de foguetes. Esses experimentos parecem ter levado — reconhecidamente contra a vontade de Schauberger — à morte de centenas de prisioneiros de campos de concentração, cientistas e cobaias devido a condições de trabalho perigosas, envenenamento por radiação ou assassinato direto pela ss.[93] Além disso, não há evidências de que os experimentos de Schauberger, envolvendo centenas de cientistas e milhares de marcos do Reich, tenham

Crepúsculo nazista 373

resultado em uma única arma ou aeronave operacional. Também não foram verificados os muitos relatos de exploração americana da pesquisa científica fronteiriça realizada por Schauberger, Kammler e outros cientistas nazistas, obtidos por meio da Operação Paperclip.[94]

Com a notável exceção das tentativas bem-intencionadas de Speer de concentrar o regime nas aplicações práticas da tecnologia militar, a ciência convencional enfrentou um impasse com a ciência fronteiriça durante a guerra.[95] As intervenções de Hitler e Himmler na economia de guerra eram, muitas vezes, "simplesmente absurdas", seja em relação aos experimentos de radiestesia de Wienert e Wimmer, aos dispositivos de "energia livre" de Schauberger ou aos raios da morte de Schröder-Stranz.[96] Mesmo durante os momentos mais desesperadores da guerra, a ciência nazista estava tão preocupada com as fantasias baseadas na fé de "absoluta ausência de limites conceituais" quanto com as tecnologias militares práticas. Himmler e outros podem ter aceitado as ciências naturais "quando se tratava de fazer água mineral", observa Michael Kater. No entanto, quando se tratava de projetos maiores e mais importantes, como "'armas milagrosas', eles davam rédea solta a especulações pessoais ou sonhos intelectualmente duvidosos e, assim, esbarravam em labirintos metodológicos".[97] Só podemos imaginar o quanto a produção alemã de armamentos poderia ter sido mais eficaz sem essa propensão nazista ao pensamento milagroso.

Lobisomens nazistas e vampiros guerrilheiros

Apenas alguns anos após a Segunda Guerra Mundial, o historiador Robert Eisler deu uma palestra na Royal Society of Medicine, em Londres, intitulada "De homem a lobo: Uma interpretação antropológica do sadismo, do masoquismo e do licantropo". A crença na licantropia, começou Eisler, era predominante na Alemanha antiga e medieval. Muitos alemães acreditavam que uma mudança mágica de homem para lobo poderia ser realizada "vestindo a pele de um lobo, assim como os Isawiyya e as mênades báquicas se envolviam em peles de animais ao saírem para a floresta".[98]

Essa crença na licantropia, argumentou Eisler, fora ressuscitada na Alemanha nazista. Ele observou que o Terceiro Reich empregara a "estranha palavra" *Werwolf*, lobisomem, para designar a "Organização Wehrwolf", de caráter secreto, terrorista e paramilitar. O termo foi empregado novamente no "discurso raivoso de Himmler sobre a nova *Volkssturm* [milícia do povo] de 1945", que foi instada pelo Reichsführer a "atacar 'como lobisomens' as linhas de comunicação dos aliados na Alemanha ocupada".[99] O próprio Hitler esperava que a necessidade do tempo de guerra pudesse erradicar "milhares de anos de domesticação humana". Nada poderia ser mais emocionante, sugeriu o Führer, do que "ver mais uma vez nos olhos de um jovem impiedoso o brilho de orgulho e independência da fera de rapina", que, organizada em "matilhas de lobos", poderia caçar e assassinar os inimigos da Alemanha na calada da noite.[100]

A palestra de Eisler, proferida apenas dois anos após a rendição alemã, abordou um aspecto importante do pensamento sobrenatural no Terceiro Reich: a notável persistência de lobisomens e vampiros na imaginação dos tempos de guerra. Assim como os nazistas baseavam seus ataques de guerrilha em lobisomens, os alemães étnicos que fugiam dos soviéticos acusavam os guerrilheiros eslavos de vampirismo, como já vimos. Esses estranhos relatos, coletados pelo folclorista da ss Alfred Karasek, confirmam a impressão contemporânea de um ressurgimento do ocultismo e da superstição em toda a população durante a guerra.[101] A convicção dos alemães étnicos de que seus inimigos se transformavam em vampiros, assim como as esperanças que os líderes nazistas depositavam nos lobisomens, são emblemáticas da fase final da guerra.

Muito antes de 1945, os nazistas, assim como muitos alemães, haviam absorvido os contos populares como uma característica central da consciência popular, ligada não à fé religiosa formal (*Glaube*), mas à superstição popular (*Aberglaube*).[102] Pode parecer implausível que os alemães comuns, menos ainda os líderes nazistas, tenham apostado de forma autêntica nessas tradições. E, no entanto, "o folclore e os contos orais", nas palavras de Monica Black, "não precisam ter uma lógica interna" para fazer sentido para as pessoas que os reproduzem.[103] As preocupações generalizadas com os lobisomens nazistas e os vampiros eslavos fornecem uma janela importante para a "psicologia da violência e seus legados após a guerra", essencial para o nosso argumento mais amplo sobre "levar a fantasia e o monstruoso a sério" ao se chegar a um acordo com o Terceiro Reich.[104]

Lobisomens nazistas

A ideia nazista de organizar soldados e guerrilheiros alemães em bandos de lobisomens não surgiu pela primeira vez no inverno de 1944. Hitler, cujo primeiro nome deriva de "pai lobo", apropriou-se com entusiasmo da metáfora do lobo ao longo de sua vida.[105] Ele se comparou a um lobo em mais de uma ocasião, afirmando que "não preciso ter medo de lobos, eu mesmo sou o lobo".[106] Além disso, empregou a metáfora do lobo ao elogiar a Juventude Hitlerista, bem como sua tropa de assalto, que "se lançava como lobos sobre o inimigo, em matilhas de oito a dez".[107] Hitler se referia a seu quartel-general na Ucrânia entre 1942 e 1943 como Werwolf, e batizou seu quartel-general mais conhecido perto de Rastenburg, na Prússia Oriental, de Toca do Lobo.[108] Eisler chega a especular que Hitler "sofria de uma psicose maníaco-depressiva ciclotímica", o que explicava sua transformação "licantrópica" em um "estado amaldiçoado de lobisomem ou homem-leão predatório manchado de sangue".[109]

Havia precursores da Organização Wehrwolf fora do âmbito do imaginário sobrenatural do próprio Hitler.[110] O chefe da Ahnenerbe, Walther Wüst, observou que a "encarnação do lobisomem está presente nos contos de fadas e nas convenções de nomes arianos e alemães" como uma das características protogermânicas do espírito racial alemão.[111] O arquétipo do guerrilheiro protogermânico podia ser encontrado em contos de lobisomens que, como caçadores selvagens, protegiam os alemães contra seus inimigos.[112] Não havia conexão entre o "lobisomem e o vampiro eslavo", de acordo com o folclorista nazista Mackensen. Enquanto os vampiros eram maus, os lobisomens pertenciam àquele raro grupo de heróis que podiam se transformar em animais, como Sigmund.[113] A crença de que os seres humanos podiam se transformar em lobos à vontade e fazê-lo por motivos nobres era comum nos países de língua alemã.[114] Os lobisomens só comiam animais e nunca poderiam "servir ao demônio", acrescentou Mackensen. Como "cães de Deus", eles eram forças do bem, um contrapeso ao demônio na defesa das pessoas contra o mal e na proteção de suas almas.[115]

Outro exemplo do fascínio nazista por lobisomens é uma dissertação escrita por um dos subordinados de Alfred Rosenberg, "A essência e a história do lobisomem".[116] A Igreja católica pode ter associado os lobisomens à bruxaria e ao satanismo, observou o autor, mas a licantropia tinha uma conotação muito diferente no "velho Norte".[117] Para defender seus parentes, os soldados de Odin se transformavam em cães ou lobos selvagens com a força de ursos ("berserkers") e quase invulneráveis.[118] Os lobisomens alemães — em contraste com os vampiros eslavos — eram vistos como figuras positivas na literatura alemã, concluiu o autor.[119] Muitos alemães (e nazistas) também se lembraram das unidades do Freikorps criadas pelo general Lützow contra Napoleão em 1813. Os "caçadores selvagens" de Lützow foram batizados em homenagem aos fantasmas que surgiam à noite para se vingar dos inimigos da Alemanha, muitas vezes acompanhados por Odin e seus lobos. Tanto a "caveira" da ss quanto a insígnia dos Wehrwolf da era Weimar tinham semelhanças com esses "caçadores selvagens".[120]

Igualmente importante para popularizar a ligação entre lobisomens e a resistência partidária no Terceiro Reich foi o romance de Hermann Löns *Wehrwolf* (1910), já mencionado. Assediado e aterrorizado por soldados errantes, que assassinam sua família, o protagonista de Löns, Harm Wulf, organiza um bando de guerrilheiros nas florestas vizinhas e repele os invasores com sucesso.[121] A organização paramilitar Wehrwolf, da era Weimar, à qual muitos nazistas pertenciam, foi inspirada no livro de Löns[122] — assim como os nazistas, que anunciaram com grande entusiasmo em 1934 que "o túmulo do poeta [Löns] havia sido encontrado" na França e que o regime faria todos os esforços para trazer seus restos mortais de volta à Alemanha.[123] A promoção da obra de Löns pelo Terceiro Reich foi tão eficaz que uma nova edição do livro vendeu meio milhão de exemplares.[124]

Considerando esses muitos antecedentes culturais, não admira que o lobisomem tenha surgido com vigor renovado durante a Segunda Guerra Mundial. Em 1941, o serviço de inteligência alemão (Abwehr) criou um grupo de forças especiais, com o codinome "Wehrwolf", a fim de treinar espiões para operar atrás das linhas inimigas.[125] Em 1943, Himmler e Globočnik batizaram seu projeto de reassentamento racial na Ucrânia de "Werwolf".[126] Também nos lembraremos da invocação do lobisomem feita por Hitler ao nomear seu quartel-general durante a guerra. No momento em que iniciaram a Operação Werwolf no final de 1944, Hitler, Himmler e Goebbels estavam claramente se baseando em uma ampla gama de tradições paramilitares e sobrenaturais nativas.[127]

Ao escolher o nome para a operação, no entanto, houve uma pequena, porém importante, diferença na nomenclatura que distinguiu o Lobisomem nazista de seus predecessores paramilitares. O *Wehrwolf* de Löns e a Organização Wehrwolf do entreguerras empregavam o termo "Wehr", uma brincadeira com a palavra alemã para "defesa", em seu título. Hitler e Himmler, no entanto, escolheram a derivação mais abertamente sobrenatural da palavra, *Werwolf* — como haviam feito anteriormente ao nomear seus respectivos quartéis-generais e operações de reassentamento na Ucrânia. Peter Longerich observa que, ao romper sutilmente com a tradição paramilitar, não há dúvida de que Hitler e Himmler queriam invocar "a criatura do folclore, um ser humano que, sob a cobertura da noite, se transforma em um animal".[128] Himmler, em particular, imaginou um "programa para esses lobisomens a partir da mitologia germânica e do ocultismo vulgar", incentivando o uso de uma braçadeira preta com a imagem da caveira e ossos cruzados e insígnias prateadas da ss, inspiradas nos "caçadores selvagens" de Lützow.[129]

Para Hitler, Himmler e Goebbels, a Operação Werwolf era muito mais do que uma operação militar de última hora. Ela constituía um elemento central em sua visão wagneriana de vitória total ou apocalipse.[130] O momento em que foi posta em ação, afinal, estava ligado à iminente invasão do Reich pelos Aliados e ao surgimento de movimentos de milícias locais no leste, onde guerrilheiros comunistas empreendiam guerrilhas, assassinatos e sabotagens cada vez mais eficazes contra os ocupantes alemães.[131] Himmler acreditava que seus lobisomens, de alguma forma, resgatariam o Reich das garras da derrota e, ao mesmo tempo, forneceriam a base para "postos avançados" de camponeses armados na tradição da Liga Artamana.[132] Ele fez alusão a essa visão sobrenaturalmente inspirada de renascimento político, militar e racial em uma transmissão de rádio em outubro de 1944: "Mesmo no território que [os Aliados] acreditam ter conquistado", ele anunciou, os alemães "ressuscitarão e, como lobisomens, voluntários que desafiam a morte, danificarão e destruirão o inimigo pela retaguarda".[133]

Goebbels também adotou o lobisomem como um elemento central em sua propaganda do fim dos tempos. O ministro da Propaganda chegou até a criar sua própria estação, a "Rádio Werwolf". Muitas transmissões da Werwolf começavam com o som de um lobo uivando e uma canção, entoada por uma mulher chamada Lily, com a seguinte letra: "Eu sou tão selvagem. Estou tão cheia de raiva [...]. Lily, a lobisomem, é esse o meu nome. Eu mordo, eu como, eu não sou mansa [...]. Meus dentes de lobisomem mordem o inimigo/

E então ele está acabado e já era/ Hoo, hoo hoo".[134] Em outra transmissão, a Rádio Werwolf declarou: "Os membros da Werwolf usarão qualquer meio bom o suficiente para ferir o inimigo. Ai dos inimigos do país, mas ai ai ai dos traidores de nosso povo vencedor que se colocam à disposição deles!".[135]

O ônus dessas expectativas (irrealistas) recaiu sobre dois renomados oficiais da ss, Hans-Adolf Prützmann e Otto Skorzeny, o que indica a importância que Hitler e Himmler deram à Operação Werwolf. De junho a outubro de 1941, Prützmann foi o chefe da ss e da polícia para a Rússia-Norte, desempenhando um papel decisivo no início do Holocausto na Letônia. Em 1944, atuou na mesma capacidade para a Rússia-Sul, e como diretor de inteligência da ss, liderando as forças de combate contra os russos.[136] Em seu posto na Ucrânia, Prützmann estudou de perto as táticas dos guerrilheiros soviéticos, que tanto admirava quanto temia.[137] Assim como estes, ele afirmava, os novos lobisomens deveriam ser recrutados por seu fanatismo ideológico e brutalidade no campo de batalha. Mas, devido à indisponibilidade de combatentes experientes, muitos recrutas tiveram de vir da Juventude Hitlerista.[138]

A Werwolf treinou em locais secretos em Berlim e na Renânia sob a supervisão de Skorzeny, o notório líder das forças especiais conhecido por seus esforços na Operação Carvalho para resgatar Mussolini. O treinamento de guerrilha era semelhante ao das forças especiais dos países aliados, incluindo técnicas de sobrevivência em condições adversas, sabotagem, combate corpo a corpo e assassinato.[139] Há evidências de que Himmler e Prützmann também tenham acolhido mulheres no grupo, não só porque os soviéticos as usavam, mas porque a mão de obra era escassa e porque elas se encaixavam no clichê wagneriano das valquírias dentro do imaginário sobrenatural nazista.[140]

Os membros da Werwolf realizaram atos ousados de terrorismo, explodindo aviões capturados, plantando bombas e incendiando instalações militares.[141] Eles também recebiam ordens para assassinar colaboradores, atirar nas tropas da Wehrmacht em retirada e abater poloneses e russos hostis. Assim, eram um grupo mais perigoso — e que causava mais apreensão — entre os "colaboradores" alemães e eslavos locais do que entre as forças aliadas.[142]

Os Werwolf também eram mais bem organizados e temidos pelas populações locais no leste da Alemanha, onde era mais fácil recrutar refugiados que fugiam dos russos.[143] A Rádio Werwolf, de acordo com Skorzeny, também era mais ativa e eficaz nas zonas orientais, refletindo tanto a maior urgência da

Crepúsculo nazista 379

guerra partidária quanto a ressonância do conceito de lobisomem no leste.[144] Por motivos semelhantes, os Werwolf eram populares entre as populações étnicas alemãs nos Sudetos, na Silésia e no sul do Tirol, onde podiam se apresentar de forma mais legítima como uma força de "legítima defesa" alemã contra os invasores eslavos.[145]

Não há dúvida de que alguns soldados franceses e britânicos foram mortos por lobisomens no sudoeste e no norte da Alemanha, respectivamente.[146] Os americanos ainda estavam lutando contra os Werwolf no Tirol austríaco até o final de maio de 1945, duas semanas após a rendição da Alemanha.[147] Mas mesmo em regiões onde sua influência política e militar era insignificante, a mera ideia do lobisomem, combinada com os esforços de propaganda de Himmler e Goebbels, encorajava os nazistas e assustava os colaboradores alemães. Os lobisomens deixavam mensagens portentosas em casas e prédios públicos, escrevendo nos túmulos dos companheiros mortos: "Nós o vingaremos. Os lobos estão aguardando sua chance de atacar".[148] Também houve relatos de lobisomens fêmeas em Leipzig que "derramavam água escaldante das janelas sobre as tropas que passavam nas ruas".[149] Mesmo quando os Werwolf não eram responsáveis por uma morte específica, Prützmann e Goebbels muitas vezes a reivindicavam, a fim de criar ansiedade entre as populações locais.[150]

A Rádio Werwolf de Goebbels foi especialmente eficaz na criação do mito segundo o qual milhares de guerrilheiros cruéis, um número desproporcional à realidade, estava mobilizando forças em toda a Alemanha.[151] Esses rumores, alimentados por alemães nativos, geraram consternação entre os invasores aliados, que temiam ações generalizadas de guerrilha coordenadas a partir de um suposto "reduto nacional" ou "fortaleza alpina" nas montanhas do sul da Alemanha.[152] Embora nenhum reduto alpino tenha se concretizado, o general Eisenhower estava preocupado o suficiente com a resistência dos lobisomens em Munique para ordenar a detenção e o internamento de milhares de possíveis guerrilheiros, além de represálias contra guerrilhas. Os soviéticos foram ainda mais impiedosos e indiscriminados.[153]

Em última análise, os Werwolf eram um movimento de guerrilha onipresente e amplamente temido, que teve um impacto psicológico significativo sobre os apreensivos alemães e os fanáticos nazistas que vagavam pelo campo nos últimos meses da guerra.[154] Sem dúvida, os Werwolf nunca tiveram o apoio total da população alemã, tampouco um impacto político ou militar significativo. No entanto, eles capturaram a imaginação popular, constituindo o epítome do que o Terceiro Reich esperava criar por meio de sua exploração de última hora do imaginário sobrenatural: lobisomens nazistas implacáveis como o contraponto heroico alemão aos monstros eslavos-comunistas que chegavam do leste.[155]

Vampiros guerrilheiros

Enquanto o lobisomem era o monstro "bom" no folclore protogermânico, o vampiro era o "outro" maligno.[156] Já vimos como o vampiro eslavo e judeu, como colonizador sugador de sangue e progenitor da miscigenação racial, havia funcionado como um suporte para justificar o antissemitismo e o genocídio nazistas.[157] Nos últimos meses da guerra, essa imagem do eslavo como intruso vampírico ressurgiu em relatos coletados por Alfred Karasek, o infame folclorista da ss.[158]

Karasek reuniu relatos sobre eslavos bebedores de sangue dos alemães do Banato (também chamados de "suábios do Danúbio"), um pequeno grupo entre os milhões de alemães étnicos que inundaram o oeste do país em uma onda de emigração forçada conhecida como *Vertriebung*. Ainda assim, ao contrário de muitos alemães étnicos evacuados durante os últimos meses da guerra, milhares de alemães do Banato permaneceram retidos no leste por um período mais longo, expostos à violência etnopolítica e à retaliação.[159] Sua posição era ainda mais precária devido ao medo que os soviéticos tinham dos "lobisomens" nazistas, que empreendiam ataques especialmente cruéis nas fronteiras do Reich.[160]

Segundo os alemães que fugiam do Banato, os guerrilheiros sob o comando do líder comunista iugoslavo Josip Tito haviam se tornado vampiros.[161] Milhares de testemunhas oculares confirmaram essas observações, relatando um "ataque semelhante a uma convulsão epiléptica, no qual o corpo da vítima, possuído como um demônio, era jogado violentamente no chão". Em seguida, "ruídos animalescos surgiam, espuma jorrava da boca e do nariz, até que o corpo era transformado em uma fúria". Os guerrilheiros vampíricos "torturavam suas vítimas antes de assassiná-las da maneira mais fantástica, cortando suas orelhas ou nariz, arrancando seus olhos ou rostos", enquanto

Crepúsculo nazista

381

seus colegas ficavam observando, expressando "com olhos vermelhos, de forma predatória", seu "desejo de beber sangue 'fascista'".[162] Os guerrilheiros também se sentiam compelidos a gritar obscenidades e detalhes perturbadores sobre os atos violentos que haviam cometido ou estavam prestes a cometer. Em um estado frenético, uma mulher afirmou "ter matado setenta suábios", episódio que começou a "descrever em detalhes horríveis".[163]

Mesmo quando os guerrilheiros estavam desarmados, relatou outra testemunha, os alemães étnicos viam-se indefesos, porque os eslavos, dominados pela "doença dos guerrilheiros", haviam desenvolvido "poderes físicos não naturais e exterminavam tudo a seu redor [...]. Em um estado demoníaco, eles clamavam e gritavam [por] sangue suábio e praticavam assassinatos e ameaças de terror". Às vezes, "paravam em silêncio por um breve momento e, com um olhar vazio e desalmado", murmuravam as palavras: "Oh, como é doce o sangue suábio". Uma vez saciados, os guerrilheiros caíam de exaustão e pouco a pouco recobravam os sentidos, razão pela qual tais acessos eram conhecidos como a "doença dos guerrilheiros".[164]

Indicando o caráter racializado desses ataques, testemunhas alemãs afirmaram que a "transformação" era desencadeada por encontros casuais com alemães.[165] Um oficial guerrilheiro teve um acesso enquanto comia em um restaurante alemão étnico.[166] Já um civil sérvio se transformou repentinamente depois de descobrir que um transeunte era alemão.[167] Muitas testemunhas também relataram o caráter contagioso da doença, mesmo que apenas entre os sérvios. De acordo com Bertha Sohl, que testemunhou três ataques diferentes, a doença podia "atingir facilmente as pessoas e se espalhar de forma contagiosa".[168] Muitas testemunhas confirmaram que somente os eslavos se transformavam em monstros, enquanto "os soldados alemães, que também estavam na floresta e em meio à luta, jamais pegaram a doença, e nenhum prisioneiro de guerra alemão ou suábio cativo a teve".[169]

Esses relatos não se limitavam ao Banato. Stefan Apazeller, que fugiu da região em 1944, relatou rumores de bebedores de sangue eslavo entre os sérvios, croatas e até mesmo alemães étnicos em outras partes da Iugoslávia.[170] De fato, muitos civis sérvios pareciam igualmente cautelosos com os guerrilheiros — ocasionalmente corroborando as histórias dos alemães —, o que sugere que os ataques eram bem reais, ainda que suas causas sobrenaturais não fossem.[171]

Relatos fantásticos de atrocidades comunistas também surgiram na Polônia, na Ucrânia e no Báltico. Mas o tema do vampirismo e da ingestão de sangue era peculiar aos Bálcãs.[172] Em parte, isso pode estar relacionado à mitologia regional, pois a Sérvia era o centro das lendas modernas sobre vampiros.[173] Não há dúvida de que os suábios católicos eram mais propensos a ver a ingestão de sangue no sentido sacrificial da comunhão (negra) do que os protestantes alemães.[174] Ao mesmo tempo, porém, devemos lembrar até que ponto a preocupação *völkisch* com o poder biomístico do sangue e do vampiro judeu-eslavo era predominante na Alemanha do entreguerras.[175] Assim, a equiparação da guerra de guerrilha — ou da guerra de modo geral — com vampiros judeus/eslavos (ou "lobisomens" nazistas) não deveria ser surpreendente.

Além disso, assim como os vampiros judeus no imaginário sobrenatural nazista, os guerrilheiros eslavos não precisavam sair do túmulo para disseminar o vampirismo. Assim como os judeus, eles eram inimigos biológicos infectados por doenças (e capazes de disseminá-las) e monstros vampíricos amaldiçoados com a "marca de Caim".[176] Também da mesma forma como os nazistas viam os judeus como vampiros, os alemães do Banato percebiam os guerrilheiros eslavos de maneira biomística. Os guerrilheiros desejavam apenas o sangue (*krev*) suábio (*svabi*), pois somente assim poderiam consumir ou destruir a pureza e o poder da etnia alemã.[177]

É interessante notar que os relatos sugerem que os guerrilheiros eslavos com frequência saíam das florestas, o que tendia a provocar uma forma particularmente selvagem e monstruosa de "doença dos guerrilheiros".[178] O alemão Philipp Ungar observou a recaída de um "demônio selvagem" que havia vivido na floresta durante o "período de luta" e que repetidamente capturava e matava prisioneiros alemães. O sérvio de vez em quando tinha "acessos" durante os quais ganhava força sobre-humana, fantasiava com "sangue suábio" e balbuciava descontroladamente sobre as atrocidades que havia cometido na floresta.[179] Ao se deparar com civis alemães enquanto caminhavam pelo parque, três guerrilheiros sofreram um acesso, provavelmente desencadeado por lembranças de terem sido "guerrilheiros das florestas". Todos os três caíram no chão, tentando febrilmente "cavar buracos com as próprias mãos e mordendo a grama com os dentes".[180] As semelhanças com um cão ou lobo selvagem são inconfundíveis.

Crepúsculo nazista 383

A ideia de guerrilheiros eslavos selvagens vagando pela floresta e se transformando em animais bebedores de sangue parecidos com lobisomens é fascinante, e também indica a importância de tradições folclóricas distintas na definição do pensamento sobrenatural em todo o Reich. Pois enquanto o lobisomem (*Werwolf*) e o vampiro (*vampir*) eram distintos do ponto vista étnico e linguístico no imaginário sobrenatural nazista — sendo o lobisomem visto de forma muito mais positiva —, ambos os conceitos estavam intimamente ligados no imaginário do leste europeu. Afinal de contas, a antiga palavra eslava para vampiro (*varkolak* ou *vrykolak*; sérvio *vukodlak*) também podia significar lobisomem — e nos dois casos a criatura era maligna.[181] Assim como acontecia no mito do lobisomem, muitas testemunhas notaram a natureza infeliz da transformação dos guerrilheiros, e a terrível violência e mutilação sexual que acompanhavam seus surtos de febre.[182]

Aqui, a imagem de monstros "selvagens" bebedores de sangue que emergem das florestas para travar combates de guerrilha contra soldados e civis alemães torna-se a imagem espelhada do movimento Werwolf alemão, que precedeu em apenas alguns meses os relatos de guerrilheiros bebedores de sangue. Exceto pelo fato de que a imagem positiva que os alemães étnicos tinham do "lobisomem", em contraste com o híbrido *"vrykolak"* do folclore eslavo, aparentemente impedia que os suábios do Danúbio empregassem o clichê do lobisomem para descrever os inimigos. Como quer que se manifestassem e de onde quer que viessem, os guerrilheiros eslavos selvagens que vagavam pela floresta eram repetidamente associados a vampiros.

A imagem do guerrilheiro eslavo bebedor de sangue também era baseada no gênero. As mulheres, segundo muitas testemunhas, eram particularmente suscetíveis a se tornar monstros devoradores de sangue.[183] Um grupo de estudantes do ensino médio da Suábia descreveu uma guerrilheira que "andava pelo campo de maneira completamente normal quando, de repente, foi acometida, puxou o cabelo e começou a gritar: 'Quero sangue!' [...]. Durante o período de luta, quando muitos ainda estavam na floresta, ela era uma das piores [...] se capturasse um prisioneiro alemão, o massacrava da pior maneira possível".[184] Barbara Prumm observou uma sérvia que, após um acesso da "doença dos guerrilheiros" no meio de Belgrado, começou a espumar pela boca e a gritar: "Viva, avante contra os suábios".[185] Outra guerrilheira sofria ataques que "sempre vinham à noite", o que lhe valeu o apelido "A Nada

Negra" (*Der Schwarze Nada*).[186] A Nada Negra tinha um rosto extremamente "maligno", "capaz de aterrorizar qualquer pessoa". Quando um refugiado zombava dela, "ela imediatamente tinha um acesso". Então "espuma jorrava de sua boca", e, "com imensa raiva e toda a sua força", ela atacava quem havia gritado com ela.[187]

Essa percepção de que as eslavas eram mais suscetíveis à doença dos guerrilheiros se encaixa em um medo alemão mais amplo da *Flintenweib* ("moça armada") entre os bolcheviques "sub-humanos", que com frequência recrutavam mulheres para funções militares.[188] Não foi por acaso que os alemães rotularam de "bruxas da noite" as mulheres do 588º Regimento de Bombardeiros soviético, um regimento mais temido por eles do que qualquer outro. Embora certamente tão eficazes quanto seus colegas homens, não há evidências de que as "bruxas da noite" fossem consistentemente mais precisas em suas missões. Os rumores sobre sua crueldade estavam ligados sobretudo a ideias de gênero segundo as quais as mulheres eslavas (bolcheviques) eram particularmente monstruosas e antinaturais.[189] Já os lobisomens nazistas eram quase sempre homens, indicando seu poder racial e masculinidade protogermânicos.

Os elementos chauvinistas e racistas nesses relatos sem dúvida estão subordinados ao medo muito real dos sérvios enquanto guerrilheiros.[190] De acordo com Magdalena Jerich, vários homens suábios, muitos deles doentes de tifo, foram isolados em uma casa a pretexto de se "recuperar". Então, certa noite, foram levados para fora por guerrilheiros bêbados, forçados a se despir e assassinados da maneira mais brutal — crânios rachados, cérebros arrancados, corpos pendurados no teto e queimados. Os suábios do campo foram em seguida obrigados a carregar os corpos mutilados em uma carroça, de modo que os braços e pernas desmembrados não caíssem no chão.[191] Em julho de 1946, um candidato político bósnio local teria dito: "Cortamos o tronco e os galhos, mas as raízes infelizmente permaneceram; garantiremos, no entanto, que elas não sejam mais uma ameaça".[192] Os refugiados alegaram ainda que "os túmulos que tiveram de deixar para trás foram profanados em sua ausência [...] o ouro sendo extraído dos dentes de seus mortos abandonados" — uma reminiscência dos crimes cometidos pelos nazistas contra os judeus.[193]

De fato, há evidências de que as expressões de terror dos alemães do Banato tenham sido "geradas tanto pela violência real quanto por fantasias e apreensões ligadas à culpa dos próprios suábios, aos crimes e transgressões

Crepúsculo nazista 385

cometidos por seu grupo".[194] Os relatos do vampirismo e da monstruosidade eslava ajudaram a sublimar a culpa dos alemães étnicos, facilitaram sua auto-figuração como vítimas e até justificaram as ações dos soldados alemães (ou lobisomens) contra os eslavos.[195] Eles representam o que John Horne e Alan Kramer chamam de "lenda" ou "complexo de mito", que apresenta elementos comuns: ênfase nas guerrilheiras, violência transgressora, crises psicológicas e desejo de beber sangue.[196]

Uma forte história regional de vampirismo e o status de minoria étnica dos alemães na região podem ter ampliado as lentes sobrenaturais pelas quais os suábios do Danúbio viam seus vizinhos eslavos.[197] Mas as histórias sobre guerrilheiros bebedores de sangue não podem ser atribuídas "exclusivamente a uma erupção de irracionalidade em um momento de caos e angústia".[198] Esses relatos tinham um histórico no imaginário sobrenatural alemão (e nazista) que se estendia por muitas décadas. Eles faziam referência aos "elementos fantasmagóricos de uma guerra de conquista e extermínio" na Europa Central e forneciam o idioma com o qual muitos alemães "explicavam para si mesmos e para os outros os violentos encontros do tempo de guerra e do pós-guerra".[199]

O fim do Terceiro Reich

A tentativa de assassinato de Hitler em 20 de julho de 1944 representa um divisor de águas. Por um lado, ela sinalizou que os alemães comuns enfim haviam começado a se libertar do feitiço do Führer. Milhões de pessoas reconheceram que Hitler e seu círculo, movidos por fantasias megalomaníacas e pela crença em sua missão divina, estavam levando o Terceiro Reich à catástrofe. É claro que muitos continuaram a honrar o apelo de Goebbels à "resistência fanática", imaginando "todo tipo de cenários apocalípticos" caso a Alemanha perdesse a guerra.[200] Mas quando a "euforia da vitória começou a dar lugar às realidades sombrias da morte violenta e em massa", a imagem do Terceiro Reich começou a mudar.[201]

Incapazes de descartar uma propensão ao pensamento sobrenatural que ajudava a dar sentido ao projeto racial e imperial nazista, os alemães comuns "tateavam no escuro em busca de pontos de comparação, ligando o que estava acontecendo a uma catástrofe natural ou a um fim bíblico dos tempos".[202] O imaginário sobrenatural, repleto de imagens de inundações violentas, terremotos e eras glaciais, ajudou a preparar os alemães para a conflagração global. Assim como a queda da Lua sobre a Terra havia destruído Atlântida 10 mil anos antes, a Segunda Guerra Mundial resultaria em um novo apocalipse.[203] No entanto, para milhões de alemães comuns, cujas preocupações há muito tinham mudado para a mera sobrevivência, a mitologia do Ragnarök também oferecia a promessa de renascimento e redenção.

Para muitos nazistas que não conseguiam suportar o colapso de seu Reich de Mil Anos, essas imagens representavam uma espécie de realização de desejo. Alimentados pela mitologia nórdica, por Wagner e pela *Edda*, pela ariosofia e pela cosmogonia glacial, os líderes nazistas "começaram a imaginar uma guerra diferente de qualquer outra já testemunhada e a coreografar seu desfecho". Mesmo que ela fosse perdida, o que se tornou cada vez mais provável com o passar do tempo, os nazistas sonhavam que as gerações futuras olhariam para trás e reverenciariam a Alemanha por sua vontade incessante de lutar, sua vontade de morrer. Os nazistas, como já sugerido, "sempre fantasiaram sobre um entusiasmo especificamente alemão pela morte; essa ilusão agora se tornava uma questão de política de guerra".[204] Tanto para os alemães comuns quanto para os nazistas, essas imagens generalizadas de aniquilação e renascimento refletiam a devastação cotidiana que definiu os meses finais da guerra.

Crepúsculo nazista

O Terceiro Reich era fascinado pelo culto à morte, que muitas vezes se fundia com o culto ao guerreiro no imaginário sobrenatural nazista. Para os pensadores fascistas, após a Primeira Guerra, "o campo de trigo sugeria o destino coletivo — morte, ressurreição e força crescente [...] uma morte comum na batalha, fileiras inteiras de homens abatidos juntos".[205] Pensadores *völkisch* e de direita incorporaram seus sentimentos incipientes de "humilhação, ansiedade, ódio e medo" em "uma mitologia de sacrifício patriótico e ressurreição nacional". Por meio desse processo psicológico, escreve Peter Fisher, os "produtos intelectual e moralmente estropiados de uma guerra desastrosa" transformaram-se "na vanguarda de um futuro ainda mais catastrófico".[206]

Esses sentimentos, filtrados pelo imaginário sobrenatural, repercutiram além da direita *völkisch*. Um jornalista liberal descreveu sua "descrença na impressionabilidade da população e a incapacidade do governo local de conter o alarme" inerente à literatura de fantasia. Essa "psicose gerada por livros" também se revelou em reações públicas exageradas ao barulho de um carro de transporte ou de um avião em sobrevoo, e no medo de que toda atividade envolvendo a construção pública fosse o prelúdio de outra guerra devastadora.[207]

Os folcloristas e políticos nazistas descreveram fenômenos semelhantes.[208] "As raças brancas estão em fase de declínio", afirmou o nazista Gottfried Benn, "pela colisão da Lua com a Terra ou pela destruição atômica, congelamento" ou incineração.[209] A visão wagneriana que Hitler tinha da política se manifestou desde os primeiros anos do Terceiro Reich, quando ele instruiu Goebbels a comprar um rascunho original da obra-prima de Wagner — o prelúdio de *Crepúsculo dos deuses*.[210]

Essa visão milenar de cataclismo político, militar e racial tornou-se exagerada durante os últimos anos da Segunda Guerra.[211] Para os verdadeiros crentes nazistas, a tentativa de assassinato de 20 de julho de 1944 empreendida contra Hitler reforçou a convicção de que o Terceiro Reich estava cercado por inimigos internos que não tinham fé no Führer. Somente um compromisso firme com a "guerra total" poderia superar a conspiração global de judeus, bolcheviques e maçons que agora havia se infiltrado até mesmo nos escalões superiores da Wehrmacht. Ou a Alemanha alcançaria a vitória final (*Endsieg*) ou a aniquilação total.[212] Toda a infraestrutura do Reich seria agora dedicada a travar a guerra total.[213]

Em apoio a essa guerra, a máquina de propaganda nazista adotou a mitologia da "luta final" (*Endkampf*), do Ragnarök, que profetizava "a desgraça dos deuses [...]. A luta do homem contra o homem [...]. O Grande Inverno cairá, estendendo-se por três anos [...]. O lobo Skoll engolirá o Sol, e Hati devorará a Lua; seu sangue respingará na terra e nos céus".[214] Em seu livro *Indogermanisches Bekenntnis*, de 1943, Wüst evocou o mito do Ragnarök, lamentando o fracasso histórico da cultura indo-germânica em alcançar a vitória final contra os repetidos ataques a seu núcleo racial, espiritual e geográfico. A Segunda Guerra representava mais uma ocasião em que civilizações "racialmente alienígenas" empreendiam um "ataque exterminatório" contra os fundamentos da "essência germânica".[215] Com o desmoronamento do Reich no inverno de 1945, o indólogo alemão Jakob Wilhelm Hauer ofereceu um curso em Tübingen, com linhas semelhantes, intitulado "Morte e imortalidade na fé e no pensamento indo-germânico, 1944-5".[216]

No início de 1945, o Gauleiter da Prússia Oriental e administrador assassino da ss, Erich Koch, já falava em termos apocalípticos sobre a derrota iminente. O mesmo acontecia com Rudolf Hess, que se comparava a uma bruxa que logo seria queimada em uma fogueira.[217] A correspondência entre Martin e Gerda Bormann assumiu um tom igualmente apocalíptico. Gerda relatou que suas conversas com as crianças haviam se voltado para as "canções folclóricas, que nos levaram à *Canção dos nibelungos* e, portanto, à luta entre a Luz e as Trevas nos contos de fadas e mitos, na história e na vida cotidiana, uma luta contra o bolchevismo e os britânicos que não é outra coisa senão a luta do Bem contra o Mal. Mas o princípio da Luz, do Bem, sempre emerge triunfante no final, e nenhum sacrifício é grande demais para a vitória final da Luz".[218] Segundo Hugh Trevor-Roper, Koch, Hess e os Bormann eram exemplos perfeitos de muitos nazistas que haviam engolido por completo a metafísica nórdica da "teologia nazista — Carlos Magno e os nibelungos, o vírus do cristianismo e o crepúsculo wagneriano".[219]

Quando jovem, Himmler também havia lido as histórias dos nibelungos de Werner Jansen, que manipulara as sagas de modo a reforçar o sentimento nacional alemão.[220] Décadas mais tarde, com o desmoronamento do Terceiro Reich, Himmler e seus colegas da ss continuaram suas investigações sobre a mitologia nórdica e indo-ariana de forma maníaca, desesperados para localizar símbolos da morte e ressurreição da Alemanha.[221] Ernst Schäfer e Bruno Beger, atraídos "pelo lado destrutivo, horrível, mórbido e macabro da cultura tibetana", ruminavam sobre a "gloriosa dança de guerra" dos tibetanos. Os deuses tibetanos, segundo Schäfer, tinham fome de sangue real e imaginário, oferecendo "sacrifícios de sangue" para "satisfazer os deuses tântricos".[222] Supostamente inspirado pela "coroa da caveira" do demônio da proteção, Mahakala, um poema apareceu em *Das Schwarze Korps* com a seguinte frase: "O símbolo da caveira no boné nos diz quão pouco significa a vida. Lembra--nos de que é preciso estar pronto em todos os momentos".[223]

Assim como o Terceiro Reich de modo geral, a Ahnenerbe de Himmler passou por uma crise durante os últimos anos da guerra, refletindo a contradição endêmica entre a busca de fantasias científicas fronteiriças e a canalização dos últimos recursos para o esforço de guerra.[224] Himmler desperdiçou tempo e energia consultando o destituído Karl Maria Wiligut sobre as runas de vida ou morte apropriadas para adornar o número cada vez maior de túmulos da ss — preferindo aquelas que honrassem o deus nórdico da guerra, Tyr.[225] Em 1944, Himmler chegou a incentivar Wolfgang Krause e seus colegas obcecados por folclore a produzir "fábulas rúnicas" a fim de melhorar o ânimo dos alemães.[226]

Os nazistas se ressentiam da maneira como o cemitério alemão antes de 1933 havia se tornado corrompido e dessacralizado, um "parque de diversões de raças e visões de mundo estrangeiras". Agora, na esteira da morte em massa, os cemitérios e os rituais de sepultamento precisavam corresponder aos valores nazistas, invocando a mitologia nórdica ou o Führer ("em minha lápide estará Adolf Hitler, e nada mais").[227] Ao mesmo tempo, os soldados nazistas usavam o símbolo da ave de rapina, o *Totenvögel*, tornando-se uma "versão uniformizada das antigas feras" que "previam a carnificina da guerra nas sagas medievais".[228] Inspirados por esse simbolismo apocalíptico e wagneriano de morte e renascimento, os obstinados nazistas, assim como os membros da Wehrwolf, continuaram a lutar muito tempo depois de a guerra ter sido perdida.[229]

Embora a maior parte dos membros da Wehrwolf tenha se rendido em questão de anos, o culto esotérico da morte em torno de Himmler e do castelo de Wewelsburg ecoou por muito tempo depois de 1945,[230] com rumores de que a ss havia retirado um objeto do castelo — possivelmente o Santo Graal — e o enterrado na geleira de Hochfeiler, em Zillertal, na Áustria, em antecipação ao momento em que o Terceiro Reich renasceria.[231]

O fato de tantas profecias anteriores terem se revelado falsas não impediu que os nazistas apostassem na astrologia.[232] Nas últimas semanas da guerra, o astrólogo Wilhelm Wulff praticamente não conseguia sair do lado de Himmler. O Reichsführer o consultava sobre praticamente todos os assuntos, desde a estratégia militar e a Questão Judaica até quando e como Hitler morreria. A situação chegou ao ponto de Walter Schellenberg interrogar Wulff apenas para saber o que Himmler — na época a segunda figura mais poderosa do Reich — poderia fazer em seguida.[233] Gerda Bormann e outras esposas nazistas ficaram entusiasmadas no final de 1944 com os rumores de um "vidente sueco que fala de uma grande batalha no Ocidente em novembro, mas prevê um final de guerra favorável a nós em 1946".[234]

Até mesmo Goebbels parece ter revisitado a astrologia nessa época. Alexander Centgraf afirma ter sido chamado a Berlim no verão de 1944 para ajudar o ministro da Propaganda a produzir interpretações de Nostradamus que tranquilizassem os alemães de que os soviéticos não conquistariam Berlim.[235] As lembranças de Centgraf são circunstanciais, mas Goebbels anotou em seu diário em 25 de julho de 1944 — apenas cinco dias após o atentado contra a vida de Hitler — que uma nova brochura de Nostradamus estava sendo preparada para ser distribuída na Inglaterra. Cinco dias depois, ele mencionou que Nostradamus ainda poderia ser útil para a propaganda doméstica, já que suas profecias "poderiam ser relacionadas ao presente e ao futuro da Alemanha de forma muito positiva".[236] E acrescentou, nas últimas semanas da guerra: "Sabemos que a ideia continua viva, mesmo que todos os seus portadores tenham caído".[237]

Alfred Rosenberg, fiel à sua forma, continuou a acreditar que os problemas da Alemanha estavam ligados a uma conspiração global de judeus, maçons e grupos esotéricos obscuros. Após os desembarques do Dia D em 6 de junho de 1944, a equipe de Rosenberg na França enviou um relatório detalhado sobre um obscuro grupo ocultista-maçônico chamado "Sinarquia".[238] De acordo com o relatório, a Sinarquia era uma ordem neorrosacrucianista que representava uma ameaça por apoiar a ideia de uma "monarquia sem pátria" baseada em um "império francês federativo".[239] Também circularam rumores de que uma aeronave alemã havia sobrevoado as runas de Montségur — a Montanha do Graal — no septingentésimo aniversário de sua queda. Testemunhas afirmaram que Rosenberg estava a bordo e que o avião traçou "uma cruz celta no céu".[240]

Em termos de seu próprio "fatalismo e atração por um crepúsculo dos deuses wagneriano", Hitler, em grande parte, era um produto de sua época. Havia uma "dimensão peculiar e apocalíptica" em seu pensamento, que ele compartilhava com outros nazistas, incorporada à ideia de que a "vida da nação está alojada em um ciclo inalterável de ascensão e queda".[241] Antes de 1939, Hitler agia como um profeta cujos objetivos de guerra eram "motivados, em grande parte, por visões apocalípticas de pureza, por uma batalha existencial entre o bem e o mal e pela promessa de estabelecer um mundo novo e (para os poucos escolhidos) utópico".[242] À medida que a guerra tomava um rumo mais sombrio, ele tornou-se obcecado por essa "interação de destruição e criatividade", articulando uma visão grandiosa da Alemanha consumida pelo fogo.[243]

A política de terra arrasada de Hitler durante os últimos meses da guerra estava ligada a uma obsessão particular com "sua própria imolação" e a uma crença nazista mais ampla segundo a qual os alemães tinham de morrer para que a Alemanha renascesse.[244] Suas muitas referências à "Solução Final" e a decisão de destruir a infraestrutura do país são apenas os exemplos mais evidentes de sua tentativa de forçar o fim dos tempos.[245] Ao ordenar um crepúsculo dos deuses para este mundo, observou Robert Waite, Hitler viu a si mesmo como "a realização de um mito antigo [...] um Deus teutônico sombrio e taciturno entronizado no Valhalla, o sombrio Salão dos Mortos".[246] Não surpreende que Albert Speer, ao planejar o último concerto de aniversário de Hitler, tenha encomendado "a última ária de Brünnhilde e o final de *Crepúsculo dos deuses* — um gesto um tanto quanto anticlimático e também melancólico que apontava para o fim do Reich".[247] Pois até mesmo o suicídio de Hitler em 30 de abril de 1945 foi um ato "grandioso e mágico" consistente com o mito do Ragnarök, quando o mundo seria destruído pelo "fogo e seguido pela renovação da vida".[248]

Renascimento

A realidade que os alemães confrontaram com o final da guerra foi tão "fantástica e terrível", observou Konrad Heiden, que superou "terrivelmente qualquer coisa que até mesmo a imaginação mais vivida poderia ter evocado".[249] Encarando uma morte em massa sem precedentes e uma derrota catastrófica, os alemães foram forçados a "lidar com suas perdas em uma atmosfera de crise existencial aguda".[250] E muitos o fizeram de maneiras que não chegam a representar um rompimento com o pensamento sobrenatural nazista. O runologista Bernhard Kummer invocou a *Edda* para capturar seus sentimentos logo após a derrota, observando que "o concussivo poema do Ragnarök poderia ter um significado novo e direto na compreensão dos nossos próprios dias", ajudando os alemães a lidarem com suas angústias psicológicas.[251] De maneira similar, Hauer também refletiu sobre o "significado do Ragnarök", que, depois de muita destruição, poderia ajudar as pessoas a ajustarem as contas com a "visão germânica-alemã" da divindade da tradição nórdica antiga e hindu.[252]

Em seu último testamento, Robert Ley fez uma tentativa explícita de resgatar o "lado positivo" do nazismo, a síntese biomística de raça e espírito que "foi uma das melhores coisas já pensadas por alguém".[253] Walther Darré também exaltou as virtudes "positivas" do pensamento *völkisch*-organicista, que, segundo ele, não tinha nada a ver com a atitude niilista de Hitler em relação aos judeus. Em vez de se distanciar das fantasias de sangue e solo, Darré enalteceu seu misticismo *völkisch*-esotérico. A tentativa positiva de construir uma comunidade racial orgânica, argumentou ele, sempre havia sido diferente da brutal guerra racial liderada por Hitler e Himmler.[254]

O reitor da Universidade do Reich de Estrasburgo, Ernst Anrich, declarou com orgulho após 1945 que "seria reconhecido como um verdadeiro nacional-socialista", em contraste com os "traidores do nacional-socialismo" como Hitler.[255] Anrich admitiu que era inegável que o "partido e que Hitler haviam liderado o povo e o exército de forma equivocada". No entanto, isso não significava que todos os verdadeiros nacional-socialistas fossem "cúmplices", ou que "as ideias às quais se acreditava estar servindo" fossem falsas.[256] Aqui Anrich tentou defender uma forma "pura" de nacional-socialismo cujo racialismo era mais espiritual e místico do que biopolítico e, portanto, passível de ser reabilitado.[257] O verdadeiro nacional-socialismo não poderia florescer sob a ocupação ocidental, argumentou Anrich, porque os Aliados materialistas haviam minado o "peso espiritual-intelectual do povo". Os Aliados precisavam entender que valia a pena reabilitar a "fé pura na ideia do nacional-socialismo, da etnia e do poder obrigatório do todo".[258]

Alguns pensadores nazistas afirmavam rejeitar completamente o Terceiro Reich. O destituído Herman Wirth, que já tinha sido o braço direito de Himmler, agora argumentava que sua saída da Ahnenerbe devia-se a profundas diferenças "ideológicas" com o regime. Mas a carta de dezembro de 1938 a Himmler que Wirth citou para indicar tais diferenças era, de acordo com a maioria dos especialistas, uma falsificação — como a crônica de Oera Linda na qual havia baseado suas fantasias nórdicas. Na verdade, Wirth continuou a ser um fervoroso defensor da raça e da cultura nórdicas, fundando um museu pré-histórico *völkisch*-esotérico e apresentando artigos em grandes conferências acadêmicas com títulos pitorescos como "A formação das religiões dos líderes militares durante a migração indo-europeia e o fim do culto matriarcal".[259]

Embora obviamente dissimuladas, as alegações de Wirth e de outros cientistas de fronteira de que se opunham ao regime ao que parece funcionaram.[260] De que outra forma explicar o fato de Herman Wirth e Franz Altheim terem sido convidados para o VIII Congresso Internacional de História das Religiões, em Roma, em 1955? Ou o fato de os esotéricos da SS Julius Evola e Hermann Grabert terem se tornado figuras importantes da extrema direita do pós-guerra?[261]

Carl Jung concordou que as impressões da contrição alemã mascaravam, em alguns casos, "a psicologia nazista mais pronunciada [...] ainda viva com toda a sua violência e selvageria".[262] Quando questionado por que os alemães haviam se metido nessa "confusão psíquica", Jung explicou que eles haviam projetado seus "demônios" — suas inseguranças e ressentimentos — nos outros, fossem eles os judeus ou os Aliados, e "carregaram constantemente [seu] inconsciente com eles".[263] Para os alemães que viviam no Terceiro Reich, todas essas fantasias conspiratórias, inseguranças e ressentimentos, a "pressão dos demônios", nas palavras de Jung, tornaram-se "tão grandes que colocaram seres humanos em seu poder" — primeiro Hitler, que "depois infectou os demais". Assim, "todos os líderes nazistas estavam possuídos no sentido mais verdadeiro da palavra".[264]

E, no entanto, muitos alemães, admitiu Jung, estavam prontos para exorcizar Hitler e seus demônios. Como obedientemente informou o SD no início de 1945, a maioria dos alemães começou a questionar a propaganda apocalíptica do regime. Outros observaram que as tropas aliadas — pelo menos no Ocidente — dificilmente se encaixavam nas monstruosas representações divulgadas pela propaganda oficial. Se havia mesmo algum monstro, argumentaram alguns alemães, tratava-se dos membros da SS que haviam cometido atrocidades no leste.[265]

O investimento ideológico dos alemães no imaginário sobrenatural não desapareceu imediatamente nos últimos meses da guerra. Tampouco podemos ignorar o papel do processo de desnazificação dos Aliados na remoção dos compromissos do Terceiro Reich com "as glórias da guerra e o sacrifício da morte no campo de batalha".[266] Ainda assim, a busca pela integridade espiritual *völkisch* poderia ser canalizada para caminhos menos racistas, menos imperialistas e mais produtivos. "Qualquer pessoa que caia tão baixo tem profundidade", sugeriu Jung, tornando provável o surgimento de "forças positivas após a catástrofe".[267]

Por um lado, os alemães buscavam conforto em suas igrejas e formas alternativas de cristianismo.[268] A estigmática católica Thérèse Neumann von Konnersreuth, por exemplo, ressurgiu em 1945 para tirar proveito de uma "nova onda de milagres, religiosos e outros, que expressava a ansiedade de uma população devastada". Seus visitantes anuais chegavam às dezenas de milhares, incluindo centenas de soldados americanos, que ajudaram a fazer de Neumann "um símbolo ideal para superar as tensões no relacionamento germano-americano".[269]

Nem todas essas profecias ocorreram em um idioma cristão. No caos e na confusão da derrota, uma série de "profecias e lendas folclóricas" se espalharam pelo imaginário sobrenatural alemão.[270] Algumas prometiam novas guerras apocalípticas. Outras ajudaram a tranquilizar os alemães de que seu sofrimento não havia sido em vão, e de que eles podiam voltar para suas aldeias e viver de maneira harmônica com outras nacionalidades.[271]

Muitos alemães começaram a imaginar os próprios nazistas como "bestas, demônios [...] totalmente depravados, apenas disfarçados de humanos" e propensos à "profanação de cadáveres".[272] Conforme a célebre frase do Livro do Apocalipse circulou entre as ruínas ("Quem é inteligente calcule o número da Besta"), alguns alemães passaram a retratar seu antigo messias, Hitler, como a Besta — afinal, seu nome supostamente somava 666.[273]

No entanto, o processo de "desnazificação da consciência" foi complexo. Os alemães "se apegavam a certas crenças enraizadas no passado recente com relação à morte, mesmo quando se distanciavam do nazismo". Eles consideravam o suposto manuseio incorreto dos mortos alemães pelos Aliados como "um tema importante nos discursos pós-guerra sobre a vitimização alemã" e "o comparavam com o manuseio incorreto dos corpos das vítimas dos nazistas nos campos de concentração".[274]

Com milhões de desaparecidos, muitos também recorreram a "explicações sobrenaturais" que evocavam o pensamento da era nazista a fim de "iluminar as mortes de entes queridos que, de outra forma, seriam insondáveis".[275] A ênfase no destino, extraída da tradição religiosa germânica, serviu após 1945 "para vincular os horrores do nacional-socialismo e da Segunda Guerra a um

Crepúsculo nazista

conceito transcendental [...] a uma metáfora para enfrentamento, repressão e justificação".[276] Assim como havia contecido com Neumann no final da década de 1940, surgiu então um curandeiro imensamente popular, Bruno Groening, que atraiu milhões de alemães, tanto católicos quanto protestantes. Alguns o viam como um messias pós-hitleriano, ajudando a exorcizar os demônios nazistas. Outros temiam que Groening, um ex-membro do Partido Nazista sem vínculos reais com a tradição cristã (ele foi comparado a um "iogue indiano"), representasse "outro Hitler".[277]

Os alemães burgueses menos propensos à religião popular de Groening recorreram ao misticismo científico fronteiriço de Ernst Kallmeyer e Willy Hellpach. O livro de Kallmeyer, *Leben unsere Toten? Eine Weltanschauung als Antwort* [Nossos mortos vivem? Uma visão de mundo como resposta] (1946), reflete a persistência da religiosidade "deste mundo" propagada pelos nazistas antes de 1945.[278] Empregando metáforas esotéricas que lembravam Bormann ou Himmler, Kallmeyer comparou a alma humana a átomos que não podiam ser extintos pela morte física. Havia evidências científicas, segundo ele, de que os mortos ainda viviam no reino "sobrenatural" (*übersinnliche*) cotidiano que se opõe ao mundo "empírico" (*sinnliche*), um "além" (*Jenseits*) que vive ao lado do "aqui e agora [*Diesseits*]", e que, "por essas razões, podemos ter certeza de que nossos mortos vivem!".[279] A humanidade só tinha significado "do ponto de vista do ensinamento da reencarnação, do contrário seria sem sentido e não valeria a pena viver".[280]

Encontramos a mesma mistura *völkisch*-esotérica de ciência e religião nos estudos de Willy Hellpach no pós-guerra.[281] Antes de 1945, o antigo reitor da Universidade de Heidelberg havia contribuído para o campo da *Völkerpsychologie*, que ajudou a justificar o conceito de comunidade racial e o império nazistas.[282] Com o colapso do Terceiro Reich, Hellpach voltou-se para uma forma menos *völkisch* de parapsicologia.[283] Na primavera de 1946, ele concluiu *Das Magethos: eine Untersuchung über Zauberdenken und Zauberdienst als Verknüpfung von jenseitigen Mächten mit diesseitigen Pfflichten für die Entstehung und Befestigung von Geltungen und Setzungen, Brauch und Recht, Gewissen udn Gesittung, Moralen und Religionen* [O Magethos: Uma investigação sobre o pensamento mágico e o serviço mágico enquanto conexão entre os poderes do além e os deveres deste mundo para a criação e garantia de valores e princípios, costumes e leis, consciências e práticas, morais e religiões].[284] A obra não trazia uma análise científica desapaixonada. "Talvez o problema fundamental dos poderes de outras palavras e dos deveres deste mundo nunca tenha sido tão candente", explicou Hellpach em seu prefácio, "como durante a terrível experiência dos últimos anos."[285]

Um dos colaboradores ocultistas favoritos de Goebbels e Himmler, H. H. Kritzinger encontrou um público receptivo após 1945. Em um livro de 1951, *Zur Philosophie der Überwelt* [Sobre a filosofia do mundo superior], ele reiterou sua crença na necessidade de reconhecer as antinomias místicas do mundo. Exceto que teve o cuidado, dessa vez, de não descartar a "ciência judaica" da relatividade, que, em sua visão alternativa do continuum espaço-tempo, ajudava a confirmar as percepções esotéricas do Oriente Médio.[286] A esse respeito, Kritzinger tentou reinscrever um universalismo em seu pensamento oculto que havia sido gradualmente perdido na Alemanha — pelo menos em relação aos judeus — após a Primeira Guerra Mundial.

Muitos outros astrólogos nazistas caíram de pé. Um colaborador de longa data de Goebbels, Alexander Centgraf ressuscitou sua carreira como estudioso de Nostradamus, afirmando que se opunha ao nazismo e que quase todas as suas previsões de guerra haviam se tornado realidade.[287] Com seu relato sobre a astrologia durante o Terceiro Reich, *Tierkreis und Hakenkreuz* [Zodíaco e suástica], Wilhelm Wulff tornou-se uma pequena celebridade.[288] Outros ocultistas pró-nazistas, inclusive muitos antroposofistas, se distanciaram do nazismo, juntando-se ao Partido Verde Alemão ou (re)direcionando seus esforços para escolas com pedagogia Waldorf e atividades progressistas new age.[289]

Antigo folclorista da ss, Alfred Karasek conseguiu fazer uma transição perfeita do imperialismo alimentado pelo folclore para um acadêmico respeitado. Suas repetidas declarações em apoio à reconciliação europeia ajudaram a mascarar sua crença contínua na pureza etnolinguística alemã e suas sutis contribuições acadêmicas para o campo revanchista do "folclore dos exilados" (*Vertriebenenvolkskunde*).[290] Típica dessa história revisionista, a análise de Karasek sobre os *Volkserzählung der Karpatendeutschen* [Contos folclóricos dos alemães dos Cárpatos] falava sobre os terríveis eventos que os exilados precisavam enfrentar desde 1944.[291] Karasek continuou a insistir em sua capacidade de captar o sentimento dos alemães étnicos por meio do folclore — especialmente o daqueles que haviam perdido sua *Heimat*.[292] Esses sentimentos revanchistas maldisfarçados, fundamentados em uma ênfase quase mística na

Crepúsculo nazista

pureza etnonacional do folclore alemão, persistiriam no trabalho de Karasek até sua morte em 1970.[293]

Detido em um campo de internamento americano, Hans Bender lidou com a dura realidade da perda, da derrota e da cumplicidade abandonando qualquer aparência remanescente de distância crítica em relação à ciência fronteiriça. Em anotações coletadas por interrogadores americanos, Bender criticou a tendência do Ocidente materialista de "pensar" demais. "Pensar é uma indicação da decadência do cérebro. Todo pensamento sério é a lápide de uma célula cerebral. Toda vez que uma pessoa pensa, é sinal de que uma célula cerebral morreu e se deteriorou, e o resultado é a decomposição do pensamento". Enquanto os humanos se "envenenavam" com pensamentos e, portanto, perdiam a visão da natureza, uma "pantera é inteligente demais para pensar". Tal como uma pantera, "cuja corrente sanguínea" estava livre do veneno "desses produtos gasosos da degeneração do cérebro que chamamos de pensamentos", era preciso "destruir o pensamento, matá-lo em seu início de forma completa, a fim de impedir a multiplicação de micro-organismos como em uma ferida infectada; o sol torna nosso cérebro cético e livre de pensamentos".[294]

Não surpreende que, devido ao financiamento da ss e à sua origem nazista, o Instituto Paracelso de Bender tenha sido imediatamente fechado pelo governo francês. Somente em 1954, com uma mudança na lei alemã permitindo a renomeação de ex-oficiais nazistas, é que Bender foi reintegrado como "professor associado para áreas de fronteira da psicologia na Universidade de Freiburg".[295] No espaço de uma década, o "professor fantasma" retomou seu lugar como o principal (para)psicólogo da Alemanha, fundando seu próprio instituto de pesquisa esotérica e tornando-se uma figura conhecida nos meios de comunicação, atraindo uma nova geração de alemães que buscavam respostas alternativas para perguntas que nem a ciência convencional nem a religião tradicional conseguiam responder.

Com seus "experimentos" agora transmitidos em *game shows* na televisão e em programas de rádio populares, a pesquisa de Bender deixou de receber patrocínio oficial do governo no Terceiro Reich para se tornar um entretenimento inofensivo na tevê da República Federal. Mas o fato de um dos principais colaboradores de Bender nas telas ser o mágico judeu-israelense Uri Geller é emblemático da natureza despolitizada (desracializada) do ocultismo na nova república.[296]

PARA A MAIOR PARTE DOS NAZISTAS e milhões de alemães durante a primeira metade do século xx, a linha entre o natural e o sobrenatural, a ciência empírica e a ciência fronteiriça, sempre foi porosa. Quando o Terceiro Reich entrou em um período de guerra total após a Batalha de Stalingrado, esses elementos do imaginário sobrenatural nazista encontraram uma expressão ainda mais fantástica e violenta.[297] "Dificilmente podemos esperar que a história cultural da violência na esteira de uma guerra de dimensões tão fantásticas, apocalípticas e patológicas, uma guerra que desencadeou tantos demônios selvagens", observou Monica Black, "chegue até nós na linguagem direta de um relatório agrícola ou de um extrato bancário".[298]

É improvável que a Alemanha pudesse ter vencido a guerra mesmo que a liderança nazista tivesse abandonado o pensamento sobrenatural e se comprometido com processos de tomada de decisão mais racionais e pragmáticos. Mas o investimento material, humano e psicológico em armas milagrosas e tecnologias científicas fronteiriças certamente não ajudaram o esforço de guerra. Em vez disso, esses projetos atestam o impacto do imaginário sobrenatural mesmo em áreas nas quais os historiadores do século xx se acostumaram mais à "linguagem direta de um relatório agrícola ou de um extrato bancário".[299]

Como a *Endkampf* assumiu dimensões especialmente violentas, monstruosas e apocalípticas, os nazistas reviveram a ideia de uma batalha final, um crepúsculo dos deuses, da qual todos os alemães deveriam participar.[300] Um imaginário sobrenatural amplamente compartilhado havia funcionado antes da eclosão da guerra para marginalizar os inimigos eslavos e judeus do Reich. Mas o zelo exterminatório em relação ao outro monstruoso que encontramos depois de 1939 foi exacerbado pelo "cataclismo da guerra étnica e da derrota", que desencadeou "fantasmas, rumores selvagens e histórias estranhas" que legitimavam "eventos que parecem estar fora da nossa realidade".[301] O estágio final da Segunda Guerra, simbolizado pela batalha entre lobisomens alemães e vampiros eslavos, destaca tanto a notável ressonância quanto os perigos inerentes ao imaginário sobrenatural.

Se não seguiu os lobisomens e se revoltou da maneira como pretendiam Hitler, Goebbels e Himmler, a maior parte dos alemães certamente concebeu os últimos anos da guerra, assim como os próprios nazistas, em termos sobrenaturais.[302] Mas as inúmeras histórias, profecias e teorias conspiratórias

Crepúsculo nazista 399

compartilhadas pelos alemães comuns tinham menos probabilidade de criticar os judeus ou maçons do que de vender visões de vingança e redenção que ajudaram o povo alemão a lidar com o resultado da guerra.[303] Seu derradeiro recurso ao imaginário sobrenatural não tinha mais a ver com questões de dominação política, limpeza étnica ou império. Era muito mais a expressão da "insegurança corporal" e do "medo da aniquilação", da "culpa reprimida" e da dissolução de sua "comunidade e seu lugar no mundo" — ou seja, a dissolução do Terceiro Reich.[304]

Epílogo

O PENSAMENTO SOBRENATURAL É APENAS um elemento para entender o nazismo. A fim de explicar a ascensão, a popularidade e o caráter do Terceiro Reich, devemos levar em conta uma série de fatores. Entre eles estão o resultado devastador da Primeira Guerra Mundial, o ressentimento popular em relação ao Tratado de Versalhes e a dinâmica desafiadora (e o colapso) do capitalismo global após a hiperinflação e a Grande Depressão. Em termos de política interna após 1933, precisamos prestar atenção especial no estilo de governo característico de Hitler, seu desejo de obter o consentimento popular e a complexa dinâmica entre partido, Estado, trabalho, indústria e igrejas. A manipulação da cultura de massa e dos meios de comunicação pelos nazistas é significativa, assim como o papel integrador da *Volksgemeinschaft* na política e na propaganda. Na política externa e na tomada de decisões militares, qualquer análise deve começar com as obsessões nazistas pela obtenção de "espaço vital" e pela eliminação do "judeo-bolchevismo" no Leste Europeu, ainda que reconhecendo os importantes papéis desempenhados pelas pressões políticas e econômicas internas e pelas circunstâncias do tempo de guerra.[1]

Ao aceitarmos os argumentos deste livro, também precisamos reconhecer que alternativas sobrenaturais à religião tradicional e à ciência dominante surgiram em outras partes da Europa e dos Estados Unidos. Raramente essas ideias e práticas contribuíram para o surgimento de movimentos fascistas ou do imperialismo racista, como aconteceu na Alemanha de Hitler.

A interação específica do pensamento sobrenatural e da realidade sociopolítica, porém, dificilmente era idêntica em conteúdo e caráter nas diferentes regiões da Europa no período entreguerras. Na Grã-Bretanha e na França, por exemplo, o ocultismo e a ciência fronteiriça não continham o mesmo nível e a mesma mistura de racismo biomístico, paganismo indo-ariano ou antissemitismo vista na Alemanha. Um modo de pensar sobrenatural tampouco encontrou expressão análoga, em termos políticos e ideológicos — que dirá socioculturais, religiosos e científicos —, nos partidos de massa que dominaram a política do entreguerras na França, na Grã-Bretanha ou nos Estados Unidos.[2] O mesmo se aplica, em menor escala, à Itália fascista e à Espanha falangista.[3]

Mesmo em um contexto especificamente austro-alemão, o movimento nazista tinha laços mais estreitos com ideias e doutrinas ocultistas, científicas fronteiriças e pagãs-mitológicas do que qualquer outro partido político de massa. Simplesmente não há relação equivalente entre o ocultismo popular, o paganismo ou a ciência fronteiriça, por um lado, e o liberalismo alemão, o socialismo, o comunismo, o catolicismo político ou o conservadorismo dominante, por outro. Sem dúvida, Hitler e o Partido Nazista podem ter rompido com a Sociedade Thule que ajudou a inspirar o nacional-socialismo. No entanto, as ideias *völkisch*-esotéricas da sociedade e as doutrinas científicas fronteiriças persistiram no imaginário sobrenatural nazista (e alemão em geral) muito tempo depois que indivíduos como Sebottendorff e Karl Harrer perderam sua influência.

Nem todos os alemães que compartilhavam elementos desse imaginário eram fascistas, imperialistas racistas ou antissemitas. Mas é exatamente por isso que a exploração do imaginário sobrenatural pelos nazistas foi tão eficaz para atrair e manter o apoio de uma ampla seção transversal da população alemã. O apelo do NSDAP a essas ideias ajudou o partido a transcender a espinhosa realidade social e política da Alemanha da era da Depressão. Isso permitiu que um partido sem um programa político ou econômico claro superasse a retórica materialista e classista da esquerda, o republicanismo pragmático e gradual do centro liberal e o conservadorismo nacionalista mais tradicional da centro-direita católica e protestante.[4]

EMBORA O IMAGINÁRIO SOBRENATURAL nazista não tenha desaparecido da noite para o dia, seus elementos mais abertamente racistas e imperialistas recuaram nos últimos meses da guerra.[5] Forçados a confrontar a realidade destrutiva da política externa e interna de Hitler, os alemães tornaram-se mais cautelosos quanto a confiar em raciocínios ocultos, mitológicos, religiosos

Epílogo

pagãos e científicos fronteiriços ao abordar problemas sociais ou políticos. E, por esses motivos, observou Carl Jung, provavelmente se "recuperariam" e se livrariam de seus "demônios" históricos.[6]

Mas outras nações, prosseguiu Jung, "se tornarão vítimas de possessão se, em seu horror pela culpa alemã, esquecerem que podem, da mesma forma repentina, se tornar vítimas dos poderes demoníacos", pois "todo homem que perde sua sombra, toda nação que cai na presunção é presa deles. Amamos o criminoso e temos um interesse ardente por ele porque o diabo nos faz esquecer a trave em nosso próprio olho".[7] De fato, "o poder dos demônios é imenso, e os meios mais modernos de sugestão em massa — imprensa, rádio, cinema etc. — estão a seu serviço", concluiu Jung. Essa "sugestionabilidade geral desempenha um papel tremendo nos Estados Unidos de hoje".[8]

Jung escreveu essas palavras há mais de setenta anos. Entretanto, quer olhemos para a Europa ou para os Estados Unidos, está claro que a Alemanha não é mais o país onde o pensamento sobrenatural, a serviço da política de direita, parece ser o mais perigoso para a democracia.[9] Com o fim da Guerra Fria, testemunhamos uma "guinada paranormal" na "esfera cultural anglo--americana", segundo Annette Hill, "uma resposta à ansiedade e à incerteza que permite brincar com ideias de mortalidade, morte e vida após a morte, ou de lidar com traumas individuais e nacionais".[10] Rumores generalizados sobre óvnis e relatos de abdução alienígena são apenas respostas contemporâneas à "barreira artificial erguida no Ocidente entre os mundos espiritual e material".[11]

Esse retorno do reprimido em termos de pensamento sobrenatural, argumenta a historiadora Sabine Doering-Manteuffel, tem contado com a ajuda da internet, que propiciou a criação de uma "estrutura oculta" e de um espaço discursivo no qual várias teorias da conspiração, afirmações apocalípticas e argumentos científicos fronteiriços podem desafiar a realidade empírica.[12] Assim como o pensamento sobrenatural na Alemanha do entreguerras um século atrás, milhões de europeus e americanos estão convencidos de que sua "ciência espiritual" é verdadeira, e de que "sua visão de outra realidade [está] firmemente ancorada nos mundos superiores, e muito distante do degradante mundo inferior".[13]

Nada disso seria particularmente notável se a propensão ao pensamento sobrenatural se limitasse a questões religiosas e à esfera privada, como parece ter acontecido durante grande parte da Guerra Fria. Mas aqueles que se envolvem hoje com o pensamento sobrenatural, aplicando-o à esfera social e política, são potencialmente tão suscetíveis quanto os alemães do entreguerras aos "efeitos distorcidos e prejudiciais de ver os eventos políticos por meio de um prisma ocultista".[14]

Assim como na Alemanha um século atrás, o renascimento do raciocínio sobrenatural, de teorias da conspiração obscuras, dos poderes extraterrestres e da onipresença de um outro etno-religioso visto como hostil começou a estabelecer uma correlação com convicções políticas e ideológicas iliberais, influenciando eleições, políticas sociais domésticas e questões de guerra e paz.[15] Esse fenômeno é evidente em todo o mundo, seja na emergência de grupos nativistas e neofascistas ("alt-right") na Europa e nos Estados Unidos ou na disseminação e politização exponencial do islamismo fundamentalista.[16] A história do Terceiro Reich, tanto real quanto imaginária, ajudou a inspirar esses movimentos neofolclóricos e neofascistas, que, por sua vez, ressuscitaram fantasias de uma Europa racialmente pura e livre de imigrantes (islâmicos).[17]

Ainda assim, o maior perigo não é que os americanos e os europeus fiquem preocupados com as mesmas ideias e doutrinas científicas fronteiriças, com as mesmas utopias mitológicas e fantasias raciais tão avidamente consumidas pelos alemães no período entreguerras e exploradas pelo Terceiro Reich entre 1919 e 1945. A verdade é que toda cultura possui seu próprio imaginário sobrenatural, que pode, em tempos de crise, começar a tomar o lugar de argumentos mais empiricamente fundamentados e matizados sobre os desafios que definem nossa realidade sociopolítica e geopolítica. O fato de ser sempre mais maleável, acessível e aberto ao raciocínio científico fronteiriço do que a religião tradicional e a ciência moderna torna o imaginário sobrenatural ainda mais perigoso e fácil de explorar.

Devemos lembrar que as ligações entre o nazismo e o sobrenatural não eram "nem ocultas nem surpreendentes", podendo ser explicadas, nas palavras de Peter Staudenmaier, "não pela aparente estranheza e caráter desviante do esoterismo, mas por sua vulgaridade e popularidade, por sua participação e influência nas correntes culturais centrais da época".[18] Para aqueles que estão imersos em um modo de pensar sobrenatural, Adorno nos lembra, os fatos "que diferem do que realmente acontece apenas por não

Epílogo

serem fatos são apresentados como uma quarta dimensão [...]. Com suas respostas contundentes e drásticas a todas as perguntas, os astrólogos e os espiritualistas" — e aqui Adorno se referia também aos nazistas — "não resolvem os problemas, mas os removem, por meio de premissas grosseiras, de toda possibilidade de solução".[19] Somente reconhecendo a persistência e os potenciais perigos desse tipo de pensamento sobrenatural é que podemos compreender "seu desenvolvimento na era nazista e suas implicações para os dias de hoje".[20]

Agradecimentos

Nos oito anos em que trabalhei neste livro, fiquei em dívida com muitas pessoas e instituições. Para a pesquisa e a escrita, contei com o apoio de uma bolsa de pesquisa do Programa Fulbright em 2012, de um intercâmbio docente com a Freiburg Pädagogische Hochschule, também em 2012, de quatro bolsas de pesquisa de verão da Universidade Stetson (2009, 2012, 2013, 2015) e de um Stetson Sabbatical Award na primavera de 2015. Sou extremamente grato ao CIES e ao Comitê de Desenvolvimento Profissional da Universidade Stetson por esse apoio. Sem a competência e a assistência dos incríveis arquivistas dos arquivos nacionais alemães em Berlim, Koblenz e Freiburg, eu jamais teria conseguido reunir material suficiente para este livro. Tenho também uma enorme dívida de gratidão com a equipe do Institut für Zeitgeschichte de Munique e do Institut für Grenzgebiete der Psychologie und Psychohygiene de Freiburg.

Sou grato às incríveis bibliotecas da Universidade de Colônia, onde conduzi a maior parte da pesquisa preliminar para este projeto, e da Universidade de Freiburg, onde passei um semestre como pesquisador convidado na primavera de 2012. A Biblioteca Estadual de Berlim (Staatsbibliothek zu Berlin, Stiftung Preussischer Kulturbesitz) foi de igual valor. As coleções excepcionais dessas três instituições forneceram a maior parte das fontes primárias e secundárias publicadas nas quais este livro se baseia. Eu também gostaria de agradecer ao corpo docente e à equipe da Biblioteca da Universidade Stetson, em especial Barbara Costello e Susan Derryberry, que me ajudaram a encontrar e obter fontes obscuras online ou por empréstimo entre bibliotecas.

Um número considerável de colegas acadêmicos possibilitou a pesquisa e a escrita deste livro. Os incomparáveis David Blackburn e Geoff Eley apoiaram o projeto, como muitos de meus projetos anteriores, com dedicação e entusiasmo, assim como Grady Ballenger, Paul Croce, Karen Ryan e Margaret Venzke, meus colegas da Stetson. Sou muito grato aos acadêmicos que me convidaram para painéis, conferências e colóquios na Alemanha e nos Estados Unidos, onde pude apresentar aspectos deste projeto desde seus estágios iniciais até os últimos capítulos. Entre eles, Jason Coy, Norbert Finzsch, Bryan Ganaway, Geoffrey Giles, Bernd Grewe, Thomas Pegelow Kaplan, Thomas Lekan, Johannes Mueller, Sylvia Paletschek, Heather Perry e Richard Wetzell. Muitos colegas ofereceram comentários úteis sobre rascunhos iniciais de capítulos, artigos ou apresentações que fiz na Alemanha e nos Estados Unidos. Entre eles, Ofer Ashkenazi, Benita Blessing, Erik Butler, Joel Davis, Michael Fahlbusch, Jamil Khader, Samuel Koehne, Fabian Link, Emily Mieras, Nicole Mottier, Perry Myers, Barry Murnane, Clyde Kurlander, Michele Kurlander, Peter Staudenmaier, Anthony Steinhof, Julia Torrie, Jared Poley, Andrew Port e George Williamson.

Eu também gostaria de agradecer a Monica Black, Joanne Miyang Cho e Douglas McGetchin, com quem organizei duas coletâneas que me ajudaram a pensar em detalhes da minha pesquisa, a conhecer acadêmicos dedicados a linhas semelhantes à minha e a desenvolver os argumentos que apresento aqui. Um agradecimento especial a Nicholas Goodrick-Clarke, Peter Fritzsche, Richard Steigmann-Gall e a outros três pareceristas anônimos pela leitura atenta do primeiro rascunho, assim como do manuscrito final. Suas prestativas sugestões tornaram este livro muito melhor.

Eu seria negligente se não mencionasse os excelentes editores da Yale University Press, a começar por Heather McCallum, uma das editoras mais solidárias e entusiasmadas com quem já trabalhei. Seu envolvimento contínuo no projeto, desde a concepção até a execução, foi indispensável para que este livro fosse concretizado. Sou igualmente grato a Melissa Bond, Samantha Cross e Rachael Lonsdale pelo conhecimento e assistência. Em particular, gostaria de agradecer a meu fantástico editor de texto, Richard Mason, que não apenas exerceu sua tarefa habitual de encontrar referências incompletas e problemas de estilo, mas também fez várias sugestões editoriais relevantes.

Gostaria ainda de expressar minha gratidão aos assistentes administrativos do Departamento de História da Universidade Stetson durante os últimos seis anos, em especial a Mary Bernard, Jennifer Snyder Hildebrandt e Chelsea Santoro, pelo apoio logístico e editorial em vários momentos do projeto. De maneira notável, elas supervisionaram os esforços de alunos da universidade que ajudaram na pesquisa como estagiários, encontrando livros e artigos, compilando uma bibliografia preliminar e realizando uma série de outras tarefas úteis. Entre esses estudantes estão Jesika Butler, John Dieck, Maria Frank, Marissa Hanley, Josh Howard, Katie Nathensen, Andrei Pemberton e Brett Whitmore. Quero agradecer também meus assistentes de pesquisa e alunos Drew Glasnovich, Noah Katz, Justin McCallister, William Proper, Alex (Matthew) Rafferty, Julie Stevens e Tabea Wanninger, que me ajudaram a selecionar, organizar e analisar centenas de páginas de fontes primárias e secundárias.

Por fim, agradeço a meus filhos, Amélie e Kolya. Eles nos acompanharam (a minha esposa Monika e a mim) alegremente até a Alemanha em meia dúzia de ocasiões nos últimos oito anos — inclusive frequentando a escola lá por um semestre —, de modo a tornar possível todo o trabalho de pesquisa e escrita. É a eles que dedico este livro.

Notas

Introdução [pp. 7-23]

1. Alfred Rosenberg, como mencionado em BAB: NS 8/185, pp. 49-50. | **2.** Schertel, *Magic*, p. 130. | **3.** Goodrick-Clarke, *Black Sun*, p. 107. | **4.** Treitel, *A Science for the Soul*, pp. 56-8. | **5.** Ver, por exemplo, Uwe Schellinger, Andreas Anton e Michael Schetsche (Orgs.), "Zwischen Szientismus und Okkultismus. Frenzwissenchaftliche Experimente der deutschen Marine im Zweiten Weltkrieg". *Zeitschrift für Anomalistik*, n. 10, pp. 287-321, 2010. | **6.** Ryback, "Hitler's Forgotten Library" e *Hitler's Private Library*, pp. 159-62; Schertel, *Magic*. | **7.** Goodrick-Clarke, *The Occult Roots of Nazism*, pp. 202-4; Pennick, *Hitler's Secret Sciences*, pp. 1-2. | **8.** Ver Kurlander, "Hitler's Monsters". | **9.** H. R. Knickerbocker, *Is Tomorrow Hitler's* (Nova York: Penguin, 1942); <www.oldmagazinearticles.com/pdf/Carl_Jung_on_Hitler.pdf>; Sickinger, "Hitler and the Occult". | **10.** Rauschning, *Gespräche mit Hitler*, p. 208. | **11.** Burleigh, "National Socialism as a Political Religion", pp. 2-3; Klaus Vondung, "Von der völkischen Religiösität zur politischen Religion". In: Uwe Puschner e Clemens Vollnhals (Orgs.), *Bewegung*, pp. 30-3. | **12.** IfzG: ED 386; Szczesny, *Die Presse des Okkultismus*, pp. 48-65, 119-32. | **13.** Ley, "Pseudoscience in Naziland", p. 90; McGuire e Hull (Orgs.), *C. G. Jung Speaking*, p. 142. | **14.** Staudernmaier, "Nazi Perceptions of Esotericism", pp. 26--7. | **15.** Spence, *The Occult Causes of the Present War*, pp. 172-4. | **16.** Treitel, *Science*, p. 210. | **17.** Como exemplos proeminentes, que variam em qualidade acadêmica, ver Bloch, *Erbschaft dieser Zeit*; Spence, *The Occult Causes of the Present War*; Kracauer, *From Caligari to Hitler*; Mosse, *The Crisis of German Ideology*; Adorno, *The Stars Down to Earth and Other Essays on the Irrational in Culture*; Stern, *The Politics of Cultural Despair*; Nederman e Wray, "Popular Occultism and Critical Social Theory". | **18.** Ver Kracauer, *From Caligari to Hitler*; ver também Jared Poley, "Siegfried Kracauer, Spirit, and the Soul of Weimar Germany". In: Black e Kurlander (Orgs.), *Revisiting the "Nazi Occult"*. | **19.** Por meio de sua "racionalização irracional do que a sociedade industrialmente avançada não é capaz de racionalizar" e da "mistificação ideológica de condições sociais reais", Adorno argumentou que o ocultismo facilitou o nazismo. Nederman e Wray, "Popular Occultism and Critical Social Theory". Ver também Adorno, *The Stars Down to Earth*. | **20.** Eisner, *The Haunted Screen*, pp. 8-9, 95-7. O livro foi publicado originalmente em francês (1952) e depois em alemão (1955) com o título *A tela demoníaca*. | **21.** Treitel, *Science*, p. 25; ver também Mosse, *The Crisis of German Ideology*, 1999; Stern, *The Politics of Cultural Despair*; Howe, *Nostradamus and the Nazis*; Webb, *Flight from Reason*; Goodrick-Clarke, *The Occult Roots of Nazism*. | **22.** Rißmann, *Hitlers Gott*, pp. 144-8. Como exemplos, ver Ravenscroft, *The Spear of Destiny*; Pauwels e Bergier, *The Morning of the Magicians*; Baigent, Leigh, Lincoln, *Holy Blood, Holy Grail*;

Orzechowski, *Schwarze Magie, braune Macht*; Angebert, *The Occult and the Third Reich*; King, *Satan and Swastika*; Fitzgerald, *Stormtroopers of Satan*; Levenda, *Unholy Alliance*; Sklar, *Gods and Beasts*; Flowers, Moynihan, *The Secret King*. | **23.** Rißmann, *Hitlers Gott*, pp. 139-40; Rose, *Die Thule-Gesellschaft*, pp. 159-72. Ver também Engelhardt, "Nazis of Tibet"; Michael Howard, *The Occult Conspiracy* (Rochester: Destiny Books, 1989); Pauwels e Bergier, *Morning of the Magicians*; Bronder, *Bevor Hitler kam*; Michel-Jean Angebert, *Les Mystiques du soleil* (Paris: Robert Lafont, 1971); Brennan, *Occult Reich*; Alan Baker, *Invisible Eagle* (Londres: Virgin Books, 2000); Carmin, *Das schwarze Reich*; Pennick, *Hitler's Secret Sciences*; Roland, *The Nazis and the Occult*; Wegener, *Heinrich Himmler*; Wegener, *Der Alchemist Franz Tausend*. | **24.** Goodrick-Clarke, *The Occult Roots of Nazism*. | **25.** Ibid. | **26.** Treitel, *Science*, pp. 26, 52. | **27.** Ibid., pp. 50-2. | **28.** Ibid., pp. 209-10; como Marco Pasi argumenta, "a atração mútua entre o esoterismo e o radicalismo de direita parece ser uma reorientação contingente da cor política do esoterismo, em vez de uma necessidade estrutural inerente [...]. Organizações ocultistas como a Sociedade Teosófica e a Ordem Hermética da Aurora Dourada ofereciam, entre outras coisas, um espaço virtual para experimentação e inovação social e cultural [...]. É claro que isso entra em conflito com a opinião que vimos expressa por pensadores de autoridade como Adorno. A ideia apresentada por Orwell logo após a Segunda Guerra Mundial, segundo a qual os esotéricos devem necessariamente 'temer a perspectiva do sufrágio universal, da educação popular, da liberdade de pensamento, da emancipação das mulheres', não convence mais ninguém que tenha estudado a história do esoterismo do século XIX". Marco Pasi, "The Modernity of Occultism", pp. 62, 67-8. Ver também Lacqueur, "Why the Margins Matter"; Heater Wolffram, *The Stepchildren of Science*; Repp, *Reformers, Critics, and the Paths of German Modernity*; Rabinback, *In the Shadow of Catastrophe*; Gregory, *Nature Lost*; Harrington, *Reenchanted Science*. | **29.** Laqueur, *Why the Margins Matter*, pp. 111-35. | **30.** Ver Black e Kurlander (Orgs.), *Revisiting the "Nazi Occult"*; Staudenmaier, *Between Occultism and Nazism*; Kurlander, "The Nazi Magician's Controversy"; Eric Kurlander, "Hitler's Supernatural Sciences". In: Monica Black e Eric Kurlander (Orgs.), *The Nazi Soul Between Science and Religion* (Elizabethtown: Camden House, 2015), pp. 132-56; "Liberalism in Imperial Germany, 1871-1918". In: Matthew Jefferies (Org.), *Ashgate Research Companion to Imperial Germany* (Londres: Ashgate, 2015), pp. 91-110; Kurlander, "Between Weimar's Horrors and Hitler's Monsters"; Kurlander, "The Orientalist Roots of National Socialism?"; Kurlander, "Hitler's Monsters", pp. 528-49. | **31.** Dow e Lixfeld (Orgs.), *The Nazification of an Academic Discipline*; Fahlbusch, *Wissenschaft im Dienst der nationalsozialistischen Politik?*; Haar, *Historiker im Nationalsozialismus*; Burleigh, *Germany Turns Eastwards*; Michael Burleigh, *Sacred Causes*. | **32.** Black e Kurlander (Orgs.), *Revisiting the "Nazi Occult"*; Staudenmaier, *Between Occultism and Nazism*; Staudenmaier, "Nazi Perceptions of Esotericism", pp. 26-7; Uwe Schellinger, Andreas Anton e Michael T. Schitsche, "Pragmatic Occultism in the Military History of the Third Reich". In: Black e Kurlander (Orgs.), *Revisiting the "Nazi Occult"*, pp. 157-80; Uwe Schellinger, Andreas Anton e Michael T. Schitsche, "Zwischen Szientismus und Okkultismus. Grenzwissenschaftliche Experimente der deutschen Marine im Zweiten Weltkrieg" (*Zeitschrift für Anomalistik*, v. 10, 2010); Eric Kurlander,

"Supernatural Science". In: Black e Kurlander (Orgs.), *Revisiting the "Nazi Occult"*; Werner, *Anthroposophen in der Zeit des Nationalsozialismus (1933-1945)*, pp. 287-336; Kurlander, "Hitler's Monsters"; Uwe Schellinger, "Sonderaktion Heß" (IV Hannoverisches Symposium, NS-Raubgut in Museen, Bibliotheken und Archiven, Frankfurt, 2012, p. 318); Rißmann, *Hitlers Gott*; Mosse, *Crisis*; Stern, *Politics of Cultural Despair*; Goodrick-Clarke, *The Occult Roots of Nazism*. Ver também Staudenmaier, "Occultism, Race and Politics in Germany, 1880-1940". | **33.** Saler, "Modernity and Enchantment"; Treitel, *Science*; Goodrick-Clarke, *The Occult Roots of Nazism*; Diethard Sawicki, *Leben mit den Toten* (Paderborn: Schöningh, 2002); Zander, *Anthroposophie in Deutschland*; Christoph Meinel, "Okkulte und exakte Wissenschaften". In: August Buck (Org.), *Die okkulten Wissenschaften in der Renaissance* (Wiesbaden: Harrassowitz, 1992). | **34.** Como Konrad Jarausch e Michael Geyer afirmam, "o consumo de massa é cada vez mais apresentado como o destino da história alemã, seu refúgio e redenção. O surgimento de uma sociedade orientada para o consumo está se tornando a narrativa desta época". Jarausch e Geyer, *Shattered Past*, p. 269; Ganaway, "Consumer Culture and Political Transformations in Twentieth-Century Germany", pp. 1-5; Treitel, *Science*, pp. 57-62, 75-7; Sabine Doering-Manteuffel, *Das Okkulte* (Munique: Siedler, 2008). | **35.** Treitel, *Science*, pp. 73-5; Mosse, *Masses and Man*, pp. 199-200, 205-8; Rupnow, Lipphardt, Thiel e Wessely (Orgs.), *Pseudowissenschaft*. | **36.** O ocultismo pode ter se originado em um "modo de pensar religioso cujas raízes remontam à Antiguidade, e que pode ser descrito como a tradição esotérica ocidental". Goodrick-Clarke, *The Occult Roots of Nazism*, p. 17; Williamson, *The Longing for Myth in Germany*, p. 289. | **37.** Voegelin, *Political Religions*; Stanley Payne, *Fascism* (Madison: University of Wisconsin Press, 1980), pp. 3-13; Robert Paxton, *The Anatomy of Fascism* (Nova York: Knopf, 2004), pp. 13-5; Roger Griffin (Org.), *International Fascism* (Londres: Oxford University Press, 1998); Maier, *Politische Religionen*; Meier, "Political Religion"; Steigmann-Gall, *The Holy Reich*. Ver o fórum de discussão "Richard Steigmann-Gall's *The Holy Reich*" (*Journal of Contemporary History*, v. 42, n. 1, jan. 2007); Burleigh, *The Third Reich*, pp. 252-5; Jürgen Schreiber, *Politische Religion* (Marburg: Tectum, 2009); Gentile, *Politics as Religion*; Ley e Schoeps, *Der Nationalsozialismus als politische Religion*; Bärsch, *Die Politische Religion des Nationalsozialismus*; Reichelt, *Das braune Evangelium*; Vondung, *Magie und Manipulation*; Hans-Jochen Gamm, *Der braune Kult* (Hamburgo: Rütten & Loening, 1962). | **38.** Mosse, *The Nationalization of the Masses*, p. 2; Mosse, *Masses and Man*, pp. 76-7. | **39.** Mosse, *Masses and Man*, p. 14; ver também Gugenberger e Schweidlenka, *Die Faden der Nornen*, pp. 23-4, 73-97; a "importância do mito e do símbolo não está confinada ao antissemitismo ou ao racismo", recorda Mosse. "Durante a primeira parte do século xx, homens e mulheres percebiam o mundo em que viviam cada vez mais por meio de mitos, símbolos e estereótipos [...]. O anseio por totalidade era acompanhado por uma forte necessidade de apropriação de imutabilidades: a paisagem, as tradições nacionais, a história e até mesmo o céu. Todas essas características, de acordo com o pensamento de então, estavam fora do correr do tempo, ajudando os homens a manterem o controle e introduzirem algo de sagrado em suas vidas individuais." Mosse, *Masses and Man*, pp. 11-2. | **40.** Ver Puschner e Vollnhals (Orgs.), *Bewegung*; Mark Edward Ruff, "Review Essay". *Central*

European History, v. 42, p. 311, 2009; Herzog, "The Death of God in West Germany", p. 428. Ver também Ziemann, *Katholische Kirche und Sozialwissenschaften, 1945-1975*; Ziemann, "Religion and the Search for Meaning, 1945-1990". Ainda: "teorias sobre o próprio fascismo tendem a ignorar a importância dos mitos e cultos que eventualmente forneceram a essência da política fascista", de acordo com Mosse, *Nationalization of the Masses*, p. 3; Mosse, *Masses and Man*, pp. 77-9; Darnton, "Peasants Tell Tales", pp. 21-2, 50-63; Zipes, *Fairy Tale as Myth/Myth as Fairy Tale*. | **41.** Anna Lux, "On All Channels". In: Black e Kurlander (Orgs.), *Revisiting the "Nazi Occult"*, pp. 223-4; ver por exemplo Kurlander, "The Orientalist Roots of National Socialism?"; Manjapra, *Age of Entanglement*; Marchand, *German Orientalism in the Age of Empire*; Treitel, *Science*; Wolffram, *Stepchildren of Science*; Owen, *The Place of Enchantment*; Repp, *Reformers, Critics, and the Paths of German Modernity*; Saler, "Clap if You Believe in Sherlock Holmes"; Tiryakian, "Dialectics of Modernity"; Simon, "'Volksmedizin' im frühen 20. Jahrhundert", pp. 147-8; Davies, *Grimoires*, p. 11. | **42.** Ver <www.mpiwg-berlin.mpg.de/en/research/projects/deptIII-ChristinaWessely-Welteislehre>; Wessely, "Cosmic Ice Theory"; Wessely, "Welteis, Die 'Astronomie des Unsichtbaren' um 1900"; ibid., p. 166; David Redkes, *Hitler's Millennial Reich* (Nova York: New York University Press, 2005), p. 13; Saler, "Modernity and Enchantment", pp. 692-716; Daston e Park, *Wonders and the Order of Nature*; Owen, *The Place of Enchantment*, p. 25; Pick, *Faces of Degeneration*. | **43.** Treitel, *Science*; Saler, "Modernity and Enchantment", pp. 692-716; Mitchell Gash, "Pseudowissen als historische Größe; Ein Abschlusskommentar". In: Alexander C. T. Geppert e Till Kössler (Orgs.), *Wunder* (Berlim: Suhrkamp, 2011), pp. 422-5, 457-8. | **44.** Nos últimos trinta anos, houve um "destronamento [das] narrativas positivistas sobre o progresso da ciência" no campo da história, da antropologia, da sociologia e até mesmo das ciências naturais. Nesse novo paradigma, a ciência fronteiriça é apenas outra forma de "produção de conhecimento não hegemônico", nem mais nem menos válida que qualquer outra. Ver "Gesellschaftliche Innovation durch 'Nichthegemoniale' Wissensproduktion. 'Okkulte' Phänomene zwischen Mediengeschichte, Kulturtransfer und Wissenschaft", 1770, acessado em: <www.uni-siegen.de/mediaresearch/nichthegemoniale_innovation>. Além disso, como Anna Lux nos lembra, a ciência, tanto na época como agora, é "determinada não apenas na arena da prática científica, mas também na arena pública". Lux, "On All Channels", p. 224. | **45.** Adorno citado por Dutton, "Theodor Adorno on Astrology"; esses ocultistas "semieruditos", argumentou Adorno, eram "movidos pelo desejo narcisista de se mostrarem superiores às pessoas comuns", mas "não estavam em condições de realizar operações intelectuais complicadas e independentes". Ver também Asprem, *The Problem of Disenchantment*; Latour, *Science in Action*; Latour, *Reassembling the Social*. | **46.** Ver Michael Hagner, "Bye Bye Science, Welcome Pseudoscience?". In: Rupnow et al. (Orgs.), *Pseudowissenschaft*, p. 50; Saler, "Modernity and Enchantment"; muitos talvez achem "impressionante" que tantas pessoas instruídas se mostrassem "dispostas a ignorar os fatos [...] se eles entrarem em conflito com a noção que elas têm do que alguém como elas acredita". No entanto, vários estudiosos começaram a mostrar cientificamente as maneiras pelas quais "as pessoas processam as evidências de forma diferente

Notas

quando pensam com uma mentalidade factual e não religiosa"; C. H. Legare e A. Visala, "Between Religion and Science" (*Human Development*, n. 54, pp. 169-84, 2011); C. H. Legare e S. A. Gelman, "Bewitchment, Biology, or Both" (*Cognitive Science*, n. 32, pp. 607-42, 2008). | **47.** Ver Mosse, *Crisis*; ver também Laslett, *The World We Have Lost*; Fritzsche, *Stranded in the Present*; Hughes, *Consciousness and Society*; Sedgwick, *Against the Modern World*; Berman, *The Reenchantment of the World*; Thomas, *Religion and the Decline of Magic*; Darnton, *Mesmerism and the End of the Enlightenment in France*. | **48.** "Para o temperamento científico, qualquer desvio do pensamento da atividade de manipular o real [...] não é menos insensato e autodestrutivo do que seria para o mágico sair do círculo mágico desenhado para seu encantamento; e, em ambos os casos, a violação do tabu tem um preço alto para o infrator. O domínio da natureza desenha o círculo no qual a crítica da razão pura mantém o pensamento enfeitiçado", como citado em Horkheimer e Adorno, *Dialectic of Enlightenment*, p. 19; ibid., p. 5; Staudenmaier, "Nazi Perceptions of Esotericism", pp. 49-50. | **49.** "Lá, deve-se encontrar uma maneira de combinar visões de mundo arcaico-religiosas com o 'moderno': romantismo camponês e indústria em larga escala, o retorno dos deuses e o alto desempenho técnico, magia e ciência." In: Trimondi, *Hitler, Buddha, Krishna*, p. 17; ver também Saler, "Modernity and Enchantment", pp. 704-5; Christoph Asendorf, *Batteries of Life* (Berkeley: University of California Press, 1993); Erik Davis, *Techgnosis* (Nova York: Harmony, 1998); Erik Larson, *The Devil in the White City*; David Nye, *Electrifying America* (Cambridge: Harvard University Press, 1992); Vanessa R. Schwartz, *Spectacular Realities* (Berkeley: University of California Press, 1999); Barbara Maria Stafford e Frances Terpak, *Devices of Wonder* (Los Angeles: Getty, 2001); Robin Walz, *Pulp Surrealism* (Berkeley: University of California Press, 2000). | **50.** George Steinmetz afirma que "a noção de identificação imaginária também pode ser conectada à concepção psicanalítica abrangente de fantasia, que tem sido usada com grande proveito por teóricos do nacionalismo, do comunismo, do totalitarismo e do pós-fascismo. Os cenários de fantasia expressam um desejo consciente ou inconsciente. A identificação imaginária é um espaço para esses cenários de desejo". Steinmetz, *The Devil's Handwriting*, p. 60. | **51.** Taylor, *Modern Social Imaginaries*, pp. 23-4. Embora o conceito de "imaginário" de Taylor tenha algumas afinidades importantes com o de Jacques Lacan, ele é muito mais amplo em suas implicações e obviamente transcende o "estágio do espelho" do desenvolvimento da primeira infância. Ver Jacques Lacan, *The Seminar of Jacques Lacan, Book 3* (Nova York: Norton, 1997), pp. 143-60. [Ed. bras.: *O seminário, livro 3* (Rio de Janeiro: Zahar, 1985).] | **52.** Taylor, *Modern Social Imaginaries*, p. 25. | **53.** Ibid., pp. 185-7. | **54.** Ibid. | **55.** "Valores sagrados podem inclusive ter assinaturas neurais diferentes no cérebro", de acordo com T. M. Luhrmann ("Faith vs. Facts", *The New York Times*, 18 abr. 2015). | **56.** Ibid. | **57.** Ver Baumeister, "Auf dem Weg in die Diktatur", p. 31. | **58.** Steinmetz, *Devil's Handwriting*, pp. 62, 66; ver também Puschner e Cancik (Orgs.), *Antisemitismus, Paganismus, Völkische Religion*; Christina von Braun, Wolfgang Gerlach e Ludger Heid (Orgs.), *Der ewige Judenhaß* (Berlim: Philo Verlag, 2000); Olaf Blaschke, *Katholizismus und Antisemitismus im deutschem Kaiserreich* (Göttingen: Vandenhoeck & Ruprecht, 1997); Leschnitzer, *The Magic Background of Modern Antisemitism*; Wolfgang Heinrichs, *Das Judenbild im Protestantismus* *des deutschen Kaiserreichs* (Pulheim: Theinland-Verlag, 2000); Walter Stephens, *Demon Lovers* (Chicago: The University of Chicago Press, 2001); Daniel Pick, *Svengali's Web* (New Haven: Yale University Press, 2000); os intelectuais nazistas costumavam invocar o poder dos deuses nórdicos contra "demônios estrangeiros" ou a demonização mítica do inimigo estrangeiro e doméstico. Gugenberger e Schweidlenka, *Die Faden der Nornen*, pp. 112-3. | **59.** Porque os monstros "incorporam as ansiedades sociais e formam o discurso no qual as pessoas falam sobre elas. Cada vez que reaparece, o monstro se torna algo novo e específico que expressa as ansiedades do momento". Black, "Expellees Tell Tales", pp. 97-8. | **60.** Fanon, *The Wretched of the Earth*, pp. 54-7. | **61.** Ver Poley, *Decolonization in Germany*. | **62.** Steinmeitz, *Devil's Handwriting*, pp. 59-61. | **63.** Em sua preocupação com os julgamentos de bruxaria, por exemplo, Himmler e outros pesquisadores da ss lamentaram profundamente o assassinato bárbaro de mulheres pela Igreja medieval por expressarem uma visão de mundo alternativa, baseada na natureza e nas tradições populares. Ver Wolfgang Behringer e Jürgen Michael Schmidt, *Das Interesse des Nationalsozialismus an der Hexenverfolgung*; Trevor-Roper (Org.), *Hitler's Secret Conversations, 1941-1944*; Kersten, *The Kersten Memoirs 1940-1945*; Trevor-Roper (Org.), *The Bormann*; Wulff, *Zodiac and Swastika*. | **64.** Ver Zantop, *Colonial Fantasies*. | **65.** Ver Berman, *Enlightenment or Empire*. | **66.** Gibson, *Dracula and the Eastern Question*; Kugel, *Der Unverantwortliche*; Poley, *Decolonization*; Zantop, *Colonial Fantasies*; Zimmerman, *Anthropology and Antihumanism in Imperial Germany*; Friedrichsmeyer, Lennox e Zantop (Orgs.), *The Imperialist Imagination*; Lutz Mackensen, *Sagen in Wartheland* (Posen: Hirt Reger, 1943). | **67.** Shieder e Rauschnings, *"Gespräche mit Hitler" als Geschichtsquelle*, p. 16. | **68.** Ibid., p. 18. | **69.** Ibid., p. 62. | **70.** Ao empregar a tradução para o inglês de Trevor-Roper, por vezes problemática, das conversas à mesa de Hitler (*Hitler's Secret Conversations 1941-1944*, org. de Martin Bormann), me esforcei para incluir apenas as passagens que são confirmadas pelos originais em alemão em Picker (Org.), *Hitlers Tischgespräche im Führerhauptquartier*. | **71.** Kaufmann, *Das Dritte Reich und Tibet*, pp. 87-8. | **72.** Ibid., pp. 82-5. | **73.** Treitel, *Science*, pp. 24-38, 243-8. | **74.** Williamson, *The Longing for Myth in Germany*; para mais exemplos da relação entre o sobrenatural e as raças no "imaginário imperial", ver Steinmetz, *The Devil's Handwriting*; Gibson, *Dracula and the Eastern Question*; Poley, *Decolonization*; Zantop, *Colonial Fantasies*; Zimmerman, *Anthropology and Antihumanism in Imperial Germany*; Friedrichsmeyer, Lennox e Zantop (Orgs.), *The Imperialist Imagination*; Cohn, *The Pursuit of the Millennium*; Redles, *Hitlers Millennial Reich*; Grabner-Haider e Strasser, *Hitlers mythische Religion*.

1. As raízes sobrenaturais do nazismo [pp. 27-64]

1. Citado em *The Month*, n. 610, p. 354, abr. 1915. | **2.** Mosse, *Masses and Man*, p. 213. | **3.** Goodrick-Clarke, *The Occult Roots of Nazism*, pp. 194-6; *Ostara*, n. 39, 1915. | **4.** Daim, *Der Mann der Hitler die Ideen Gab*, pp. 25-7. | **5.** Goodrick-Clarke, *The Occult Roots of Nazism*, pp. 194-8. | **6.** *Ostara*, n. 39, 1915; Goodrick-Clarke, *The Occult Roots of Nazism*, pp. 193-4; Daim, *Der Mann der Hitler die Ideen Gab*, pp. 160-75. | **7.** Para mais

Notas 415

detalhes sobre o amplo conceito de ideologia *völkish* (racialista), ver Puschner, "The Notions Völkisch and Nordic". In: Horst Junginger e Andreas Åkerlund (Orgs.), *Nordic Ideology Between Religion and Scholarship*, pp. 21-32. | **8.** Mosse, *Masses and Man*, p. 69; ver também Weber, *Science as a Vocation*; Stark, *Discovering God*; Webb, *The Occult Underground*; Luckmann, *The Invisible Religion*, pp. 44-9; Williamson, *The Longing for Myth in Germany*, pp. 12-8; Geppert e Kössler (Orgs.), *Wunder*, pp. 9-12; Steigmann-Gall, *Holy Reich*, pp. 112-3. | **9.** Ver "Introduction" de Black e Kurlander (Orgs.), *Revisiting the "Nazi Occult"*, p. 9; ver também Peter Staudenmaier, "Esoteric Alternatives in Imperial Germany". In: Black e Kurlander (Orgs.), *Revisiting the "Nazi Occult"*; ver Treitel, *Science*; Pasi, "The Modernity of Occultism". In: Hanegraaff e Pijnenburg (Orgs.), *Hermes*, pp. 62, 67-8. | **10.** Ver Williamson, *The Longing for Myth in Germany*, pp. 1-6, 294-8; Hamann, *Hitlers Wien*, pp. 7-9, 285-323; Howe, *Urania's Children*, p. 4; Thomas Weber, *Hitler's First War* (Oxford: Oxford University Press, 2010), pp. 255-60; Mosse, *Masses and Man*, pp. 178-80. | **11.** Mosse, *Masses and Man*, p. 69. | **12.** Gerth e Wright Mills (Orgs.), *From Max Weber*, pp. 153-4. | **13.** Ibid. | **14.** Ver Weber, *Science*; Stark, *Discovering God*; Webb, *Occult Underground*; Eva Johach, "Entzauberte Natur?". In: Geppert e Kössler (Orgs.), *Wunder*, p. 181; Harrington, *Reenchanted Science*, p. xx. | **15.** Ver Mosse, *Masses and Man*; Rupnow et al. (Orgs.), *Pseudowissenschaft*. Como nos lembra Monica Black, as "décadas que antecederam a Primeira Guerra Mundial já viram um florescimento de movimentos religiosos fora da divisão convencional da igreja confessional católico-protestante". Black, "Groening". In: Black e Kurlander (Orgs.), *Revisiting the "Nazi Occult"*, p. 212. | **16.** Voller, "Wider die 'Mode heutiger Archaik'", pp. 226-7. | **17.** "Alemanha, onde fica isso?". James J. Sheenan, "What is German History?" (*Journal of Modern History*, n. 53, p. 1, mar. 1981). | **18.** Acessado em: <www.virtualreligion.net/primer/herder.html>. | **19.** Gugenberger e Schweidlenka, *Die Faden*, pp. 97-9. | **20.** Mosse, *Nationalization*, pp. 7-8, 14-5, 40-43; Bernard Mees, "Hitler and Germanentum". | **21.** Darnton, "Peasants Tell Tales", pp. 35-41. | **22.** Louis L. Synder, "Nationalistic Aspects of the Grimm Brothers' Fairy Tales" (*The Journal of Social Psychology*, n. 332, 1951); Maria Tatar, "Reading the Grimms' Children's Stories and Household Tales". In: Maria Tatar (Org.), *The Annotated Brothers Grimm* (Nova York: Norton, 2012), pp. xxvii-xxxix. | **23.** Gugenberger e Schweidlenka, *Die Faden*, pp. 103-5. | **24.** Goodrick-Clarke, *The Occult Roots of Nazism*, p. 193. | **25.** Mosse, *Masses and Man*, pp. 76-7; ver também Lixfeld, *Folklore and Fascism*, pp. 21-2; Smith, *Politics and the Sciences of Culture in Germany, 1840-1920*, pp. 162-3; Howe, *Rudolph Freiherr von Sebottendorff*, pp. 25-7. | **26.** Dusse, "The Edda Myth Between Academic and Religious Interpretations". In: Junginger e Åkerlund (Orgs.), *Nordic Ideology*, pp. 73-8. | **27.** Pushner, *Die völkische Bewegung im wilhelminischen Kaiserreich*, pp. 29-51, 125-41. | **28.** Williamson, *The Longing for Myth in Germany*, pp. 12-8; Luckmann, *Invisible Religion*, pp. 43-4. | **29.** Mosse, *Masses and Man*, pp. 199-208. | **30.** Treitel, *Science*, p. 217. | **31.** Puschner, *Die völkische Bewegung*, pp. 207-52. | **32.** Alexis, *Der Werwolf*; Löns, *Der Wehrwolf*. | **33.** K. F. Koppen, *Hexen und Hexenprozesse: Zur Geschichte des aberglaubens und des inquisitorischen Prozesses* (Leipzig: Wigand, 1858); Wilhelm Pressel, *Hexen und Hexenmeister; oder, Vollständige und getreue Schilderung und Beurtheilung des Hexenwesens* (Stuttgart: Belser, 1860); Joseph Hansen, *Zauberwahn, Inquisition und Hexenprozess im*

Mittelalter (Munique: Oldenbourg, 1900); Hugo Gering, *Über Weissagung und Zauber im nordischen Altertum* (Kiel: Lipsius, 1902); Paul Ehrenreich, "Götter und Heilbringer" (*Zeitschrift für Ethnologie*, v. 4-5, n. 38, pp. 536-610, 1 jan. 1906); Alfred Lehmann, *Aberglaube und Zauberei von den ältesten Zeiten an bis in die Gegenwart* (Stuttgart: Enke, 1908); Hans Kübert, *Zauberwahn, die Greuel der Inquisition und Hexenprozesse: Dem Ultramontanismus ein Spiegel* (palestra em 28 abr. 1913 na Associação Livre de Munique. Munique: Nationalverein, 1913); Oswald Kurtz, *Beiträge zur Erklärung des volkstümlichen Hexenglaubens in Schlesien* (Anklam: Pottke, 1916); Ernst Maass, "Hekate und ihre Hexen" (*Zeitschrift für vergleichende Sprachforschung auf dem Gebiete der Indogermanischen Sprachen*, v. 3-4, n. 50, pp. 219-31, 1 jan. 1922). | **34.** Spence, *Occult Causes*, pp. 40-1, 72-3. | **35.** Ibid., pp. 81-2; Eduard Jacobs, *Der Brocken in Geschichte und Sage* (Halle: Pfeffer, 1879); Michael Zelle, *Externsteine* (Detmold: Lippischer Heimatbund, 2012). | **36.** McCall, *The Medieval Underworld*, pp. 110-2; Spence, *Occult Causes*, pp. 92-6; P. Wigand, *Das Femgericht Westfalens* (Hamm: Schulz and Wundermann, 1825, 2. ed., 1893); Tross, *Sammlung merkwurdiger Urkunden für die Geschichte der Femgerichte*; Usener, *Die frei- und heimlichen Gerichte Westfalens*; Wächter, *Femgerichte und Hexenprozesse in Deutschland*; Lindner, *Die Feme*; Thudichum, *Femgericht und Inquisition*; Lindner, *Der angebliche Ursprung der Femgerichte aus der Inquisition.* | **37.** Gumbel, Jacob e Falck (Orgs.), *Verräter verfallen der Feme*; Brenner, "Feme Murder". | **38.** Black, "Expellees", p. 94; ver também Barber, *Vampires, Burial, and Death*, pp. 5-14, 90-101; Bohn, "Vampirismus in Österreich und Preussen"; McNally e Florescu, *In Search of Dracula*, p. 197. | **39.** Bohn, "Vampirismus", pp. 1-2, 5-6; Striedter, "Die Erzahlung vom walachischen vojevoden Drakula in der russischen und deutschen Überlierferung" (*Zeitscrift für Slawische Philologie*, Heidelberg, v. 29, 1961-2), pp. 12-20, 32-6, 107-20. | **40.** Bohn, "Vampirismus", p. 8. | **41.** Mosse, *Masses and Man*, p. 66; Hamann, *Hitlers Wien*, pp. 39-45; Goodrick--Clarke, *The Occult Roots of Nazism*, p. 193; Kubizek, *The Young Hitler I Knew*, pp. 117, 179-83, 190-8; Picker, *Hitlers Tischgespräche*, p. 95. | **42.** Kurlander, "Orientalist Roots"; Mosse, *Masses and Man*, pp. 69, 213, 178-80; Williamson, *The Longing for Myth in Germany*, pp. 1-6; Goodrick-Clarke, *Hitler's Priestess*, pp. 30-5; Germana, *The Orient of Europe*; Horsch, "'Was findest du darinne, das nicht mit der allerstrengsten Vernunft übereinkomme?'"; Moser, "Aneignung, Verpflanzung, Zirkulation". | **43.** Puschner, *Die völkische Bewegung*, pp. 79-87; Mees, "Hitler and Germanentum", pp. 255-70; Chamberlain, *The Foundations of the Nineteenth Century*, v. 1, pp. 264-6, 403-36; v. 2, pp. 18-25, 62-70. | **44.** Koehne, "Were the National Socialists a *völkisch* Party?", p. 763. | **45.** Puschner, *Die völkische Bewegung*, pp. 139-43; Kaufmann, *Das Dritte Reich*, pp. 103--4. | **46.** Vishwa Adluri e Joydeep Bagchee, *The Nay Science* (Oxford: Oxford University Press, 2014), pp. 31-2, 107. | **47.** Ibid. Ver também Goodrick-Clarke. *Hitler's Priestess*, pp. 30-5; Germana, *Orient of Europe*; Horsch, "'Was findest Du darinne...'". In: Joshua e Vilain (Orgs.), *Edinburgh German Yearbook*, pp. 45-62; Moser, "Aneignung", pp. 89-108; Williamson, *The Longing for Myth in Germany*, pp. 294-5; Marchand, *German Orientalism*, pp. 252-91; Kaufmann, *Das Dritte Reich*, pp. 143-4, 381-2. | **48.** Motadel, *Islam and Nazi Germany's War*, pp. 18-28. | **49.** Ver Kurlander, "Orientalist Roots", pp. 156-7; Mosse, *Masses and Man*, pp. 69, 213, 178-80; Williamson, *The Longing for Myth in Germany*, pp. 1-6, 294-5; Goodrick-Clarke, *Hitler's Priestess*, pp. 30-5; Germana, *Orient*

Notas 417

of Europe; Horsch, "'Was findest Du darinne...'", pp. 45-62; Moser, "Aneignung", pp. 45-62. | **50.** Myers, "Imagined India", p. 619; Kaufmann, *Das Dritte Reich*, pp. 145-6. | **51.** Adluri e Bagchee, *Nay Science*, pp. 26-7, 72-3. | **52.** O estudo de Hauer era pouco diferente de "todos os outros indólogos [alemães]" por estar "inteiramente a serviço de necessidades religiosas, nacionalistas ou etnocêntricas [...] porque [Hauer] estava se baseando em uma ampla continuidade no estudo alemão do Gita [...] essencialmente um amálgama das visões de Jacobi e Otto". Adluri e Bagchee, *Nay Science*, p. 277; Kaufmann, *Das Dritte Reich*, pp. 100-1, 143-51; Myers, "Imagined India", pp. 631-62. | **53.** Mosse, *Masses and Man*, pp. 213, 178-80; Puschner, *Die völkische Bewegung*; ver também Vondung, "Von der völkischen Religiösität zur politischen Religion des Nationalsozialismus". In: Puschner e Vollnhals (Orgs.), *Bewegung*, pp. 29-30. | **54.** Mosse, *Masses and Man*, pp. 76-7; Hermann Bausinger, "Nazi Folk Ideology and Folk Research". In: Dow e Lixfeld (Orgs.), *Nazification*, pp. 13-4. | **55.** Goodrick-Clarke, *Occult Roots*, p. 193. | **56.** Manjapra, *Age of Entanglement*, p. 210. | **57.** Ibid.; ver também Berman, *Enlightenment or Empire*; Zantop, *Colonial Fantasies*; Williamson, *The Longing for Myth in Germany*, p. 4; Motadel, *Islam*. | **58.** Leschnitzer, *Magic Background*, pp. 155-8. | **59.** Stern, *Politics of Cultural Despair*. | **60.** Junginger e Åkerlund (Orgs.), *Nordic Ideology*, p. 30; ver também Repp, *Reformers*. | **61.** Ver Stern, *Politics of Cultural Despair*, pp. 5-16. | **62.** Ver ibid., pp. 13-25; Mosse, *Masses and Man*, pp. 199-200, 13; Mees, "Hitler and Germanentum"; Sieg, *Deutschlands Prophet*. | **63.** Stern, *Politics of Cultural Despair*, pp. 108-21. | **64.** Mosse, *Masses and Man*, pp. 199-200. | **65.** Puschner, *Die völkische Bewegung*, pp. 146-51; para mais detalhes sobre o papel ambivalente da *Heimat* para o imaginário político e social alemão, ver Walker, *German Home Towns*; e Applegate, *A Nation of Provincials*. | **66.** Puschner, *Die völkische Bewegung*, pp. 66-75; Hildegard Chatellier, "Friedrich Lienhard". In: Uwe Puschner, Walter Schmitz e Justus H. Ulbricht (Orgs.), *Handbuch zur "Völkischen Bewegung" 1871-1918* (Munique: K. G. Saur, 1996), pp. 121-7. | **67.** Wegener, *Alfred Schuler, der letzte Deutsche katharer*, pp. 50-73. | **68.** Mosse, *Masses and Man*, p. 201; Puschner e Vollnhals, "Zur Abbildung auf dem Umschlag". In: Puschner e Vollnhals (Orgs.), *Die völkisch-religiöse Bewegung im Nationalsozialismus*, pp. 11-2; "Germanentum als Überideologie". In: Puschner e Vollnhals (Orgs.), *Die völkisch-religiöse Bewegung im Nationalsozialismus*, pp. 266-80; Wegener, *Schuler*, pp. 30-49, 74-81; ver também Cornelia Essner, *Die "Nürnberger Gesetze" oder die Verwaltung des Rassenwahns 1933-1945* (Paderborn: Schöningh, 2002), pp. 37-8. | **69.** Stern, *Politics of Cultural Despair*, pp. 185-202. | **70.** Fischer, *Fantasy and Politics*, p. 3. | **71.** Ver Kurlander, "Between Völkisch and Universal Visions of Empire". | **72.** Smith, *Politics*, pp. 223-4. | **73.** Ibid., pp. 226-8. | **74.** Puschner, *Die völkische Bewegung*, pp. 153-5. | **75.** Manjapra, *Age of Entanglement*, p. 200. | **76.** Smith, *Politics*, pp. 229-32. | **77.** Puschner, "The Notions Völkisch and Nordic", pp. 29-30; Spielvogel e Redles, "Hitler's Racial Ideology". | **78.** Mees, "Hitler and Germanentum", pp. 259--61; Puschner, *Die völkische Bewegung*, pp. 92-9. Não surpreende que a primeira publicação de Günther tenha sido um panfleto bizarro de 1919 intitulado *Cavaleiros, morte e o diabo: A ideia heroica*, que misturava religião pagã, folclore e mitologia com nacionalismo biológico e eugenia. Ver Günther, *Ritter, Tod und Teufel*. | **79.** Kaufmann, *Das Dritte Reich*, pp. 388-9; Mees, "Hitler and Germanentum", pp. 267-8. | **80.** Mees,

"Hitler and Germanentum", p. 268; Puschner, *Die völkische Bewegung*, pp. 100-2. | **81.** Vondung, "Von der völkischen Religiösität zur politischen Religion des National- sozialismus". In: Puschner e Vollnhals (Orgs.), *Bewegung*, p. 29; Kaufmann, *Das Dritte Reich*, pp. 390-1. | **82.** Kaufmann, *Das Dritte Reich*; Mees, "Hitler and Germanentum", pp. 268-9. | **83.** Howe, *Urania's Children*, pp. 5-6. | **84.** Spence, *Occult Causes*, pp. 59-60. | **85.** Treitel, *Science*, pp. 57-8. | **86.** Ibid., p. 71. | **87.** Webb, *Flight from Reason*; Owen, *Place of Enchantment*; McIntosh, *Eliphas Lévi and the French Occult Revival*; Harvey, "Beyond Enlightenment"; Monroe, *Laboratories of Faith*. | **88.** Treitel, *Science*, pp. 58- -9; Hamann, *Wien*, pp. 7-9, 285-323; Howe, *Urania's Children*, p. 4. | **89.** Treitel, *Science*, pp. 73-4. | **90.** Pasi, "The Modernity of Occultism", pp. 62-8. | **91.** Ver Stern, *Politics of Cultural Despair*; Mosse, *Masses and Man*, pp. 199-200. | **92.** Goodrick-Clarke, *Occult Roots*, pp. 59-60. | **93.** Howe, *Urania's Children*, pp. 78-90. | **94.** Blavatsky, *The Secret Doctrine*. | **95.** Ibid; Ley, "Pseudoscience in Naziland", p. 93; ver também Strube, *Vril*, pp. 55-74; Berzin, "The Berzin Archives", maio 2003. | **96.** Blavatsksy, *Secret Doctrine*, pp. 150-200, 421; Treitel, *Science*, pp. 85-6. | **97.** Webb, *Flight from Reason*. | **98.** Glowka, *Deutsche Okkultgruppen 1875-1937*, pp. 7-15; Treitel, *Science*, pp. 82-3. | **99.** Glowka, *Deutsche Okkultgruppen*, pp. 8-10. | **100.** Treitel, *Science*, pp. 85-6. | **101.** Ibid., pp. 84-5; Bruce Campbell, *Ancient Wisdom Revived* (Berkeley: University of California Press, 1980). | **102.** Treitel, *Science*, p. 103. | **103.** Ibid., pp. 106-7. | **104.** Ibid., p. 84. | **105.** Engelhardt, "Nazis of Tibet", pp. 131-4. | **106.** Kaufmann, *Das Dritte Reich*, pp. 133-5. | **107.** Goodrick-Clarke, *Occult Roots*, pp. 100-1; Rose, *Die Thule-Gesellschaft*, pp. 37-9; ver também *Rudolf von Sebottendorff's History of the Thule Society in Thule-Bote* (Munique: Thule-Gesellschaft, 1933), p. 28. | **108.** Südwestrundfunk SWR2, "Manuskriptdienst Zivilisation ist Eis". | **109.** Treitel, *Science*, pp. 90-1. | **110.** Ibid., pp. 90-3. | **111.** Ibid., pp. 92-4. | **112.** Ibid., pp. 84-9. | **113.** Goodrick-Clarke, *Occult Roots*, pp. 24-6, 58-61. | **114.** Treitel, *Science*, pp. 94-5; Goodrick-Clarke, *Occult Roots*, pp. 25-6. | **115.** Treitel, *Science*, pp. 95-7. | **116.** Goodrick-Clarke, *Occult Roots*, pp. 27-9, 44-5. | **117.** Treitel, *Science*, pp. 99-100. | **118.** Helmut Zander, "Esoterische Wissenschaft um 1900. 'Pseudowissenschaft' als Produkt ehemals 'hochkultureller' Praxis". In: Rupnow et al. (Orgs.), *Pseudowissenschaft*, pp. 78-9. | **119.** Goodrick-Clarke, *Occult Roots*, pp. 26-30. | **120.** Zander, "Esoterische Wissenschaft um 1900", pp. 81-4. | **121.** Treitel, *Science*, pp. 99-102; Staudenmaier, *Between Occultism and Nazism*, pp. 24-7. | **122.** Zander, "Esoterische Wissenschaft um 1900", pp. 89-94. | **123.** Ver Rudolf Steiner, "Christ in Relation to Lucifer and Ahriman". In: Kaufmann, *Das Dritte Reich*, pp. 134-5. | **124.** Treitel, *Science*, p. 103; Staudenmaier, *Between Occultism and Nazism*, p. 39. | **125.** Staudenmaier, "Race and Redemption", pp. 20-1; Staudenmauer, *Between Occultism and Nazism*, pp. 45-55. | **126.** Staudenmaier, *Between Occultism and Nazism*, pp. 164-5. | **127.** Goodrick-Clarke, *Occult Roots*, pp. 24-30, 58-61; Treitel, *Science*, pp. 98-9; Zander, *Rudolf Steiner*. | **128.** Staudenmaier, *Between Occultism and Nazism*, pp. 264-5. | **129.** Staudenmaier, "Rudolf Steiner and the Jewish Question", pp. 127-47, 128-9. | **130.** Ibid., pp. 127-47. | **131.** Treitel, *Science*, pp. 84-5. | **132.** Black e Kurlander (Orgs.), *Revisiting the "Nazi Occult"*, p. 10. | **133.** Goodrick-Clarke, *Occult Roots*, pp. 33-40; Mosse, *Masses and Man*, p. 201. | **134.** Treitel, *Science*, pp. 104-7. | **135.** Mosse, *Masses and Man*, pp. 103-4, 207-12; Treitel, *Science*, pp. 74-5; Goodrick-Clarke, *Occult Roots*, pp. 28-30, 59-61. | **136.** Goodrick-

Notas 419

-Clarke, *Occult Roots*, pp. 49-50, 157-60; Puschner, *Die völkische Bewegung*, pp. 138-9. | **137.** Mosse, *Masses and Man*, p. 209; ver também Winfried Mogge, "Wir lieben Balder, den Lichten...". In: Puschner and Vollnhals (Orgs.), *Die völkisch-religiöse Bewegung im Nationalsozialismus*, pp. 45-52. | **138.** Mosse, *Masses and Man*, pp. 103-4, 207-12; Treitel, *Science*, pp. 74-5; Goodrick-Clarke, *Occult Roots*, pp. 28-30, 59-61. | **139.** Goodrick--Clarke, *Occult Roots*, pp. 33-48; Treitel, *Science*, pp. 104-6; Mosse, *Masses and Man*, p. 209. | **140.** Jörg Lanz von Liebenfels, *Die Theozoologie oder die Kunde von den Sodoms--Äfflingen und dem Götter-Elektron* (Viena: Ostara, 1905); Puschner, *Die völkische Bewegung*, pp. 180-2, 191-3; Daim, *Der Mann der Hitler die Ideen Gab*, pp. 23-74; Goodrick--Clarke, *Occult Roots*, pp. 196-9. | **141.** Daim, *Der Mann der Hitler die Ideen Gab*, pp. 142-4. | **142.** Ibid., pp. 144-6. | **143.** Ley, "Pseudoscience in Naziland", pp. 91-2. | **144.** Ibid., pp. 91-2; Hiemer, *Der Giftpilz*. | **145.** Lanz von Liebenfels, *Die Theozoologie oder die Kunde*; Luhrssen, *Hammer of the Gods*, pp. 40-1; Daim, *Der Mann der Hitler die Ideen Gab*, pp. 23-74; Goodrick-Clarke, *Occult Roots*, pp. 196-9. | **146.** Goodrick-Clarke, *Occult Roots*, pp. 196-8; Ernst Issberner-Haldane, *Mein eigener Weg* (Zeulenroda: Bernhard Sporn, 1936), p. 276. | **147.** Kurlander, "Orientalist Roots"; Ach, *Hitlers Religion*, pp. 8-19; Glowka, *Deutsche Okkultgruppen*, pp. 14-24; Mosse, *Masses and Man*, p. 209; Goodrick-Clarke, *Occult Roots*, pp. 90-105; McGetchin, *Indology, Indomania, Orientalism*, pp. 171-6. | **148.** Koehne, "Were the National Socialists a *völkisch* Party?", pp. 778-80. | **149.** Goodrick-Clarke, *Occult Roots*, pp. 177-8. | **150.** Puschner, *Die völkische Bewegung*, pp. 173-8; Mosse, *Masses and Man*, pp. 165-71, 204-5; Goodrick-Clarke, *Occult Roots*, pp. 59-60; Redles, *Hitler's Millennial Reich*, pp. 35-57. | **151.** Treitel, *Science*, pp. 103-4; Kaufmann, *Das Dritte Reich*, pp. 134-8. | **152.** Treitel, *Science*, pp. 104-7; Goodrick-Clarke, *Occult Roots*, pp. 192-4; Essner, *Die "Nürnberger Gesetze"*, p. 43; Weindling, *Health, Race and German Politics between National Unification and Nazism, 1870-1945*, p. 74. | **153.** Treitel, *Science*, pp. 71-4; Howe, *Urania's Children*, pp. 84-7. | **154.** Pammer, *Hitlers Vorbilder*, pp. 3-4, 9-11; Pauley, *From Prejudice to Persecution*, pp. 42-5. | **155.** Goodrick-Clarke, *Occult Roots*, pp. 194-8. | **156.** Christina Wessely, *Cosmic Ice Theory*; <www.mpiwgberlin.mpg.de/en/research/projects/deptIII-ChristinaWessely--Welteislehre>. | **157.** Como lembra Michael Saler, "a tradição científica alemã no século XIX consiste em uma mistura de empirismo e idealismo que acolhia as preocupações metafísicas dos ocultistas modernos". Saler, "Modernity and Enchantment", pp. 38-51. | **158.** Geppert e Kössler (Orgs.), *Wunder*, p. 26. | **159.** Issberner-Haldane, *Mein eigener Weg*, p. 271. | **160.** Treitel, *Science*, pp. 8-10, 16-8, 72-4. | **161.** Harrington, *Reenchanted Science*, p. 4; ver também Treitel, *Science*, pp. 165-209; Owen, *Enchantment*; McIntosh, *Eliphas Lévi*; Harvey, "Beyond Enlightenment"; Monroe, *Laboratories of Faith*. | **162.** Harrington, *Reenchanted Science*, p. 4; ver também Treitel, *Science*, pp. 8-10, 16-8, 72-4. | **163.** Geppert e Kössler (Orgs.), *Wunder*, p. 26; Ley, "Pseudoscience in Naziland", pp. 90-1. | **164.** Harrington, *Reenchanted Science*, p. 4, 19-20. | **165.** Treitel, *Science*, pp. 22-5, 30-8. | **166.** Wolfram, *Stepchildren*, pp. 264-7. | **167.** Ibid., pp. 271-2. | **168.** Kaiser, *Zwischen Philosophie und Spiritismus*, pp. 39-54. | **169.** Ibid., pp. 61-2; Sommer, "From Astronomy to Transcendental Darwinism", pp. 59-60. | **170.** Treitel, *Science*, pp. 43-4. | **171.** Ibid., pp. 15-6. | **172.** A revista *Sphinx* foi fundada com o jornal ocultista de Steiner, *Lucifer Gnosis*, em 1908; Treitel, *Science*, pp. 53-4. | **173.** Wolfram,

Science, pp. 273-4. | **174.** Susanne Michl, "Gehe hin, dein Glaube hat dir geholfen. Kriegswunder und Heilsversprechen in der Medizin des 20. Jahrhunderts". In: Geppert e Kössler (Orgs.), *Wunder*, p. 216; Wolfram, *Science*, pp. 279-82. | **175.** Manjapra, *Age of Entanglement*, pp. 218-9. | **176.** Wolfram, *Science*, pp. 282-4. | **177.** Michl, "Gehe hin, dein Glaube hat dir geholfen", p. 217; Howe, *Urania's Children*, pp. 2-3. | **178.** Manjapra, *Age of Entanglement*, pp. 231-3; Hamann, *Wien*, pp. 7-9, 285-323; Howe, *Urania's Children*, p. 4; Weber, *Hitler's First War* (Oxford: Oxford University Press, 2010), pp. 255-60. | **179.** Wolfram, *Science*, pp. 263-4. | **180.** Gonen, *The Roots of Nazi Psychology*, p. 92. | **181.** Wolfram, *Science*, pp. 273-7. | **182.** Gonen, *Roots*, pp. 92-3. | **183.** Howe, *Urania's Children*, pp. 8-12. | **184.** Ibid., pp. 78-80. | **185.** Treitel, *Science*, p. 141; Johach, "Entzauberte Natur?", p. 181. | **186.** Howe, *Urania's Children*, pp. 78-83. | **187.** Ibid., pp. 83-8; Howe, *Sebottendorff*. | **188.** Treitel, *Science*, pp. 138-41. | **189.** Ibid., p. 190; Howe, *Urania's Children*, pp. 84-6. | **190.** Howe, *Urania's Children*, pp. 84-90; Szczesny, *Die Presse des Okkultismus*, pp. 55-6, 119-20; Heimsoth, *Charakter-Kontsellation*; Treitel, *Science*, pp. 44-5. | **191.** Treitel, *Science*, p. 154. | **192.** Ver Kaufmann, *Das Dritte Reich*, p. 367; Tromp, *Psychical Physics*; Kritzinger, *Erdstrahlen, Reizstreifen und Wünschelrute*; Kritzinger, *Todesstrahlen und Wünschelrute*, pp. 65-72; carta do Sturmbannführer Frenzolf Schmid, 21 mar. 1937. BAB: NS 19/3974, pp. 10-1. | **193.** Ver Kaufmann, *Das Dritte Reich*, pp. 363-8; Howe, *Nostradamus and the Nazis*, p. 127. | **194.** Treitel, *Science*, pp. 133-4. | **195.** Kritzinger, *Erdstrahlen*, pp. 8-22, 25-39. | **196.** Kaufmann, *Das Dritte Reich*, p. 368. | **197.** Kuiper, "German Astronomy during the War", p. 278; Ley, "Pseudoscience in Naziland", p. 93. | **198.** Goodrick-Clarke, *Occult Roots*, pp. 22-3; Bramwell, *Blood and Soil*, pp. 172-4; Puschner, *Die völkische Bewegung*, pp. 164-73. | **199.** Treitel, *Science*, pp. 75, 154-5. Ver também Linse, "Das 'natürliche' Leben. Die Lebensreform"; Heyll, *Wasser, Fasten, Luft und Licht*; Krabbe, *Gesellschaftsveränderung durch Lebensreform*. | **200.** Bramwell, *Blood and Soil*, pp. 174-7. | **201.** Stephens, "Blood, Not Soil", p. 175. | **202.** Puschner, *Die völkische Bewegung*, pp. 119-23. | **203.** Treitel, *Science*, pp. 153-4. | **204.** Ibid., pp. 154-5; Puschner, *Die völkische Bewegung*, pp. 131-8. | **205.** Treitel, *Science*, pp. 153-4. | **206.** Harrington, *Reenchanted Science*, pp. 23-33; Ley, "Pseudoscience in Naziland", pp. 93-4; Kuiper, "German Astronomy during the War", pp. 263-80. | **207.** Goodrick-Clarke, *Occult Roots*, pp. 22-3; Mees, "Hitler and Germanentum", pp. 255-70. | **208.** Treitel, *Science*, p. 107. | **209.** Staudenmaier, *Between Occultism and Nazism*, pp. 146-7, 153-4, 159. | **210.** Ibid., pp. 161-2. | **211.** Ibid., pp. 163-5. | **212.** Johach, "Entzauberte Natur?", pp. 189-95; Harrington, *Reenchanted Science*, pp. xx. | **213.** Mogge, "Wir lieben Balder", pp. 46-8; Puschner, "The Notions Völkisch and Nordic", pp. 29-30; Puschner, *Die völkische Bewegung*, pp. 145-63, 178-9. | **214.** Puschner, *Die völkische Bewegung*, pp. 189-201. | **215.** Jestram, *Mythen, Monster und Maschinen*. | **216.** Ibid., pp. 55-62, 89-92. | **217.** Ao lado de *völkisch*-esotéricos radicais e eugenistas como Fritsch e List, os adeptos das teorias holísticas incluíam cientistas de renome do período guilhermino, como Ernst Haeckel, Alfred Ploetz e Hans Driesch. Harrington, *Reenchanted Science*, p. xx. | **218.** Ley, *Watchers of the Skies*, p. 515; Christina Wessely, "Welteis, die 'Astronomie des Unsichtbaren' um 1900". In: Rupnow et al., *Konzeptionen*, pp. 163-4; Halter, "Zivilisation ist Eis". Ao desenvolver sua teoria, Hörbiger, assim como Blavatsky, inspirou-se mais na ficção científica do

Notas 421

que na ciência — nesse caso, no já mencionado *Planetenfeuer*, do escritor Max Haushofer, de Munique. No romance de Haushofer, uma sociedade futurista de Munique que se tornou irremediavelmente liberal e decadente é despertada de seu ciclo de degeneração e inspirada a renascer por uma violenta chuva de meteoros congelados. | **219.** Ley, "Pseudoscience in Naziland", pp. 95-6; Bowen, *Universal Ice*, pp. 5-6. | **220.** Halter, *Zivilisation*. | **221.** Wessely, "Welteis, die 'Astronomie des Unsichtbaren' um 1900", p. 171; Ley, "Pseudoscience in Naziland", pp. 96-7. | **222.** Halter, *Zivilisation*, p. 83. | **223.** Wessely, "Welteis, die 'Astronomie des Unsichtbaren' um 1900", pp. 186-7; Ley, "Pseudoscience in Naziland", pp. 95-6. | **224.** Acessado em: <www.mpiwg-berlin.mpg.de/en/research/projects/deptIII-ChristinaWessely-Welteislehre>; Fisher, *Fantasy*, pp. 3-4. | **225.** Como diz Christina Wessely, "a popularidade da *Welteislehre* foi, em grande medida, o resultado de sua atração subversiva baseada em um amálgama inquietante e fascinante de terminologia e metodologia científicas com imagens e clichês populares"; ver <www.mpiwg-berlin.mpg.de/en/research/projects/deptIII-ChristinaWessely-Welteislehre>. | **226.** Wessely, "Welteis, die 'Astronomie des Unsichtbaren' um 1900", pp. 182-6. | **227.** Ibid., pp. 174-8. | **228.** Ver <www.mpiwg-berlin.mpg.de/en/research/projects/deptIII-ChristinaWesselyWelteislehre>. | **229.** Wessely, "Welteis, die 'Astronomie des Unsichtbaren' um 1900", p. 166; Halter, *Zivilisation*. | **230.** Ver <www.mpiwg-berlin.mpg.de/en/research/projects/deptIII-ChristinaWessely-Welteislehre>. | **231.** Treitel, *Science*, p. 190. | **232.** Ibid., pp. 25-6. | **233.** Goodrick-Clarke, *Occult Roots*, pp. 177-93; Mosse, *Masses and Man*, pp. 210-2. | **234.** Wessely, *Cosmic Ice Theory*. | **235.** Williamson, *The Longing for Myth in Germany*, pp. 292-8. | **236.** Rupnow et al. (Orgs.), *Pseudowissenschaft*. | **237.** Geppert e Kössler (Orgs.), *Wunder*, p. 26; Saler, "Modernity and Enchantment". | **238.** Treitel, *Science*, p. 217.

2. Da Sociedade Thule ao NSDAP [pp. 65-100]

1. Mees, "Hitler and Germanentum", p. 255. | **2.** Sebottendorff, *Bevor Hitler kam*, p. 8. | **3.** Gilbhard, *Die Thule-Gesellschaft*, pp. 15-8. | **4.** Goodrick-Clarke, *Occult Roots*, pp. 143-4. | **5.** Gilbhard, *Thule-Gesellschaft*, pp. 10-5; Goodrick-Clarke, *Occult Roots*, pp. 195-7. | **6.** Goodrick-Clarke, *Occult Roots*, p. 192; Daim, *Der Mann der Hitler die Ideen Gab*, pp. 17-48; Sebottendorff, *Bevor Hitler kam*. | **7.** Puschner e Vollnhals, "Forschungs- und problemgeschichtliche Perspektiven". In: Puschner e Vollnhals (Orgs.), *Die völkisch-religiöse Bewegung im Nationalsozialismus*, pp. 18-20. | **8.** Ibid., pp. 22-3; Goodrick-Clarke, *Occult Roots*, pp. 196-204; Treitel, *Science*, pp. 210-42; Staudenmaier, "Occultism, Race and Politics", pp. 47-70. | **9.** Howe, *Urania's Children*, pp. 84-7; Gilbhard, *Thule-Gesellschaft*, pp. 40-4; Phelps, "Before Hitler Came"; Mosse, *Masses and Man*, pp. 165-71. | **10.** Phelps, "Theodor Fritsch und der Antisemitismus"; Gilbhard, *Thule-Gesellschaft*, pp. 44-5. | **11.** Phelps, "Before Hitler Came", pp. 248-50. | **12.** Puschner, *Die völkische Bewegung*, pp. 57-8; Gellately, *The Politics of Economic Despair*, pp. 163, 176-83. | **13.** Puschner, *Die völkische Bewegung*, pp. 58-9; Gilbhard, *Thule-Gesellschaft*, pp. 44-6. | **14.** Goodrick-Clarke, *Occult Roots*, pp. 114-6; Puschner, *Die* *völkische Bewegung*, pp. 52-4; Gilbhard, *Thule-Gesellschaft*, p. 45. | **15.** Howe, *Sebottendorff*, pp. 26-7; Gilbhard, *Thule-Gesellschaft*, pp. 45-7; Franz Wegener, *Weishaar und der Geheimbund der Guoten* (Gladbeck: Kulturförderverein Ruhrgebiet (KVFR), 2005), pp. 35-6; Goodrick-Clarke, *Occult Roots*, pp. 64-5. | **16.** Phelps, "Before Hitler Came", pp. 247-8. | **17.** Ibid., pp. 248-50; Gilbhard, *Thule-Gesellschaft*, pp. 45-7; Wegener, *Weishaar*, p. 36. | **18.** Winfried Mogge, "Wir lieben Balder, den Lichten...". In: Puschner e Vollnhals (Orgs.), *Bewegung*, pp. 49-50. | **19.** Howe, *Sebottendorff*, pp. 26-7; Goodrick-Clarke, *Occult Roots*, p. 45. | **20.** Sebottendorff, *Bevor Hitler kam*, pp. 33-5. | **21.** Egbert Klautke, "Theodor Fritsch". In: Haynes e Rady (Orgs.), *In the Shadow of Hitler* (Londres: Tauris, 2011), p. 83; Wegener, *Weishaar*, p. 36. | **22.** Phelps, "Before Hitler Came", pp. 248-9. | **23.** Howe, *Sebottendorff*, p. 25. | **24.** Goodrick-Clarke, *Occult Roots*, p. 128; Gilbhard, *Thule-Gesellschaft*, p. 45. | **25.** Phelps, "Before Hitler Came", pp. 248-50. | **26.** Puschner and Vollnhals, "Forschungs- und problemgeschichtliche Perspektiven", pp. 22-3; Gilbhard, *Thule-Gesellschaft*, pp. 45-7. | **27.** Rose, *Thule--Gesellschaft*, p. 20. | **28.** Phelps, "Before Hitler Came", pp. 249-50. | **29.** Szczesny, *Die Presse des Okkultismus*, p. 119. | **30.** Staudenmaier, *Occultism*, pp. 64-5. | **31.** Richard J. Evans, "The Emergence of Nazi Ideology". In: Jane Caplan (Org.), *Nazi Germany* (Oxford: Oxford University Press, 2008), p. 43. | **32.** Klautke, "Theodor Fritsch", p. 83. | **33.** Gilbhard, *Thule-Gesellschaft*, pp. 47-8; Goodrick-Clarke, *Occult Roots*, pp. 131--2. | **34.** Howe, *Sebottendorff*, pp. 5-7. | **35.** Ibid., pp. 11-3; Rose, *Thule-Gesellschaft*, pp. 26-32; Goodrick-Clarke, *Occult Roots*, pp. 135-9. | **36.** Goodrick-Clarke, *Occult Roots*, pp. 139-40; Phelps, "Before Hitler Came", pp. 246-7. | **37.** Staudenmaier, "Esoteric Alternatives in Imperial Germany", pp. 23-41; e Staudenmaier, *Between Occultism and Nazism*. | **38.** Staudenmaier, *Between Occultism and Nazism*, pp. 73-93. | **39.** Howe, *Sebottendorff*, pp. 16-7. | **40.** Howe, *Urania's Children*, pp. 86-9; Howe, *Nostradamus*, pp. 126-7. | **41.** Howe, *Sebottendorff*, pp. 17-23. | **42.** Goodrick-Clarke, *Occult Roots*, pp. 141-3; Gilbhard, *Thule-Gesellschaft*, pp. 47-51; Rose, *Thule-Gesellschaft*, pp. 32-3. | **43.** Rose, *Thule-Gesellschaft*, p. 20. | **44.** Howe, *Sebottendorff*, pp. 24-7, 32-4; Sebottendorff, *Bevor Hitler kam*, pp. 20-3. | **45.** Howe, *Sebottendorff*, pp. 33-4. | **46.** Ibid., pp. 28-9. | **47.** Rose, *Thule-Gesellschaft*, pp. 34-5; Sebottendorff, *Bevor Hitler kam*, pp. 41-3. | **48.** Gilbhard, *Thule-Gesellschaft*, pp. 10-5; Strohmeyer, *Von Hyperborea nach Auschwitz*; Rose, *Thule-Gesellschaft*, pp. 37-9; BAB: NS 26/865A; Felix Niedner et al. (Orgs.), *Thule: Altnordische Dichtung und Prosa* (Jena: Eugen Diederichs Verlag, 1930. 24 v). | **49.** Rose, *Thule-Gesellschaft*, pp. 37-9; Sebottendorff, *Bevor Hitler kam*, pp. 35-42. | **50.** Howe, *Sebottendorff*, p. 35. | **51.** Ibid., pp. 33-4. | **52.** Ibid., pp. 33-4. | **53.** Sebottendorff, *Bevor Hitler kam*, pp. 23-5; Gilbhard, *Thule-Gesellschaft*, pp. 15-8; Redles, *Hitler's Millennial Reich*, pp. 54-5. | **54.** Sebottendorff, *Bevor Hitler kam*, pp. 47-56. | **55.** Goodrick-Clarke, *Occult Roots*, p. 149. | **56.** Ver Howe, *Sebottendorff*, p. 31; Phelps, "Before Hitler Came", pp. 253-61; Sebottendorff, *Bevor Hitler kam*, pp. 7-8. | **57.** Redles, *Hitler's Millennial Reich*, pp. 56-7. | **58.** Howe, *Sebottendorff*, pp. 36-7. | **59.** Sebottendorff, *Bevor Hitler kam*, pp. 47-9. | **60.** Rose, *Thule-Gesellschaft*, p. 211. | **61.** Black, "Groening". In: Black e Kurlander (Orgs.), *Revisiting the "Nazi Occult"*, p. 213. | **62.** Redles, *Hitler's Millennial Reich*, pp. 41-2. | **63.** Phelps, "Before Hitler Came", pp. 245-61. | **64.** Redles, *Hitler's Millennial Reich*, pp. 54-5. Ver também Hartwig von Rheden in BAK: N 1094I/77, pp.

Notas

24-6. | **65.** Sebottendorff, *Bevor Hitler kam*, pp. 52-62; Howe, *Sebottendorff*, pp. 1-2, 60-
-6. | **66.** Kershaw, *Hitler: Hubris*, pp. 170-3. | **67.** Sebottendorff, *Bevor Hitler kam*, pp.
105-9; Redles, *Hitler's Millennial Reich*, pp. 56-7; Kershaw, *Hubris*, pp. 172-4. | **68.**
Kershaw, *Hubris*, pp. 116-22. | **69.** Sebottendorff, *Bevor Hitler kam*, p. 105; Kershaw,
Hubris, pp. 119-20. | **70.** Goodrick-Clarke, *Occult Roots*, pp. 143-6; Gilbhard, *Thule-*
-Gesellschaft, pp. 60-6. | **71.** Sebottendorff, *Bevor Hitler kam*, pp. 90-1. | **72.** Ibid. | **73.**
Ibid. | **74.** Ibid., pp. 93-102. | **75.** Ibid., pp. 111-3. | **76.** Gilbhard, *Thule-Gesellschaft*, pp.
76-87, 136-47. | **77.** Phelps, "Theodor Fritsch", pp. 442-9. | **78.** Sebottendorff, *Bevor*
Hitler kam, pp. 81-4; Gilbhard, *Thule-Gesellschaft*, pp. 148-51; Goodrick-Clarke, *Occult*
Roots, pp. 149-50. | **79.** Ver relatórios policiais e reportagens em jornais em relação
ao DAP e Dietrich Eckart, BAB: R 1507/545, pp. 319-32. | **80.** Kershaw, *Hubris*, pp. 138-9;
Goodrick-Clarke, *Occult Roots*, pp. 151-2; Sebottendorff, *Bevor Hitler kam*, pp. 103-25;
materiais de associações de direita, BAB: R 1507/2034, pp. 101-3, 111-2. | **81.** Phelps,
"Before Hitler Came", pp. 252-4; Mosse, *Masses and Man*, pp. 204-5; Sebottendorff,
Bevor Hitler kam, pp. 7-8, 171-81. | **82.** Phelps, "Before Hitler Came", pp. 252-4; Thomas
Weber, *Hitler's First War* (Oxford: Oxford University Press, 2010), pp. 257-9;
Sebottendorff, *Bevor Hitler kam*, pp. 7-8. | **83.** Richard J. Evans, "The Emergence of
Nazi Ideology". In: Caplan (Org.), *Nazi Germany*, pp. 42-3. | **84.** Howe, *Sebottendorff*,
pp. 66-8; quase "todos os colaboradores de Hitler, no começo, estavam conectados à
Sociedade Thule, mesmo se não fossem membros". Gilbhard, *Thule-Gesellschaft*, pp.
71-5. | **85.** Howe, *Sebottendorff*, p. 14. | **86.** Os combatentes interpretaram "o derra-
mamento de sangue no campo de batalha como uma forma de comunhão sagrada
que os havia transformado em apóstolos da nação". Fisher, *Fantasy*, p. 220. | **87.** Ibid.,
p. 220. | **88.** Redles, *Hitler's Millennial Reich*, pp. 56-7. | **89.** Howe, *Nostradamus*, pp.
126-8. | **90.** Gilbhard, *Thule-Gesellschaft*, pp. 70-6; Rose, *Thule-Gesellschaft*, pp. 10-1;
Kellogg, *The Russian Roots of Nazism*, p. 70. | **91.** Sebottendorff, *Bevor Hitler kam*, pp.
14-5. | **92.** Acessado em: <www.historischeslexikon-bayerns.de/Lexikon/
Deutschsozialistische_Partei_(DSP),_1920-1922>. | **93.** Kershaw, *Hubris*, pp. 126-7. |
94. Sebottendorff, *Bevor Hitler kam*, pp. 183-9. | **95.** Como um membro da Sociedade
Thule relembrou após a tomada do poder pelos nazistas: "Para mim, a inter-relação
com assuntos ocultos sempre foi desconfortável, pois eles volta e meia traziam membros questionáveis para a sociedade". Ver também a palestra "Wilde über
Okkultismus", 7 maio 1919. BAB: NS 26/2233. | **96.** Puschner e Vollnhals, "Forschungs-
und problemgeschichtliche Perspektiven", pp. 22-3. | **97.** Sebottendorff, *Bevor Hitler*
kam, pp. 9-10, 189-90; Goodrick-Clarke, *Occult Roots*, pp. 150-1; Howe, *Sebottendorff*,
pp. 37-8; biografia de Darré em BAK: N 10941/77, pp. 5-6. | **98.** Howe, *Sebottendorff*, pp.
37-8. | **99.** Goodrick-Clarke, *Roots*, p. 221; Gilbhard, *Thule-Gesellschaft*, pp. 152-66. |
100. Bullock, *Hitler*, p. 67. | **101.** Goodrick-Clarke, *Roots*, pp. 150-254; Howe,
Sebottendorff, pp. 66-8, 190-6; Piper, *Alfred Rosenberg*, pp. 19-42; Cecil, *The Myth of the*
Master Race, pp. 34-5. | **102.** Puschner e Vollnhals, "Forschungs- und problemgeschicht-
liche Perspektiven", pp. 22-3. | **103.** Phelps, "Before Hitler Came", pp. 254-6; ver tam-
bém os relatórios policiais de 22 fev. 1924, BAB: R 1507/2022, pp. 112-4; 1 dez. 1924, BAB:
R 1507/2025. | **104.** Puschner, *Die völkische Bewegung*, pp. 57-8. | **105.** Essner, *Nürnberger*
Gesetze, pp. 33-8; Samuel Koehne, "Were the Nazis a *völkisch* Party?" (*Central European*

History, n. 47, v. 4, pp. 765-9, 2014). | **106.** Koehne, "Paganism", pp. 765-9; relatórios policiais de 6 jan. 1923, BAB: R 1507/2019, pp. 10-1; mar. 1927, BAB: R 1507/2032, pp. 60-3; 7 jan. 1922, relatório sobre o Bund Oberland, BAB: R 1507/2016, p. 75; Kater, *Das "Ahnenerbe" der SS*, pp. 17-8; 16 out. 1934, carta de Gauamtsleiter Graf elogiando Schmid; carta de 10 dez. 1934; Frenzolf Schmid à Câmara de Literatura do Reich, 12 ago. 1935, BAK: R 9361-V/10777. | **107.** Ibid., pp. 778-9. | **108.** Ibid., pp. 777-8. | **109.** Koehne, "Paganism", pp. 781-3. | **110.** Ibid., pp. 783-4. | **111.** Ibid., pp. 786-7. | **112.** Hitler chegou a homenagear Dinter como o quinto membro mais importante do partido na refundação do NSDAP em 1925. Ver relatórios policiais de 20 dez. 1924, BAB: R 1507/2025, pp. 141-5; Nico Ocken, *Hitler's Braune Hochburg* (Hamburgo: Diplomica, 2013), p. 65; Essner, *Nürnberger Gesetze*, pp. 33-5. | **113.** Ver relatórios policiais de 22 jul. 1925, BAB: R 1507/2028, p. 14; relatório 1 out. 1928, BAB: R 1507/2029, pp. 126-7; relatórios de 1927, BAB: R 1507/2032, p. 77; no entanto, já em 1939, a SS ainda incentivava a Câmara de Literatura do Reich de Goebbels a dar tratamento preferencial a Dinter, já que ele era "um dos membros mais antigos do partido, o primeiro Gauleiter da Turíngia". Ver relatório do SD, 18 jun. 1939, BAB: R 58/6217. | **114.** Fisher, *Fantasy*, pp. 5-6. | **115.** Sebottendorff, *Bevor Hitler kam*, pp. 14-5. | **116.** Treitel, *Science*, pp. 216-7; Koehne, "Paganism", pp. 760-2. | **117.** A fonte: Goebbels, "Erkenntnis und Propaganda", pp. 28-52. | **118.** Puschner e Vollnhals, "Forschungs- und problemgeschichtliche Perspektiven", pp. 22-3. | **119.** Ernst Anrich, *Protokoll*, IfzG 1536/54 (ZS n. 542), pp. 3-4. | **120.** Mees, "Hitler and Germanentum", p. 268. | **121.** Koehne, "Paganism", p. 764; ver também Heiden, *A History of National Socialism*, pp. 66-9; Piper, *Rosenberg*, pp. 15-7; Koehne, "The Racial Yardstick", p. 577. De acordo com o teólogo nazista Ernst Anrich, "as primeiras declarações de Hitler contra o movimento *völkisch* foram ignoradas por seus partidários". NL Ernst Anrich, IfzG: ZS 542 1536/54, pp. 3-4. | **122.** Ver John Ondrovcik, "War, Revolution, and Phantasmagoria". In: Black e Kurlander (Orgs.), *Revisiting the "Nazi Occult"*. | **123.** Longerich, *Himmler*, pp. 77-8; Gilbhard, *Thule Gesellschaft*, pp. 15-21, 67-9; Redles, *Hitler's Millennial Reich*, pp. 64-5; Szczesny, *Die Presse des Okkultismus*, pp. 119-22, 131-44; Fisher, *Fantasy*, pp. 11-2. | **124.** Bärsch, *Die Politische Religion des Nationalsozialismus*, pp. 43-4. | **125.** Koehne, "Paganism", p. 763; ver também Bullock, *Hitler*, pp. 79-80; Goodrick-Clarke, *The Occult Roots of Nazism*, pp. 169-70; Redles, *Hitler's Millennial Reich*, pp. 56-7; Bärsch, *Politische Religion*, pp. 79-83; Trimondi, *Hitler*, pp. 17-20. | **126.** Heiden, *History*, pp. 42, 66. | **127.** Fisher, *Fantasy*, p. 6. | **128.** Ryback, *Hitler's Private Library*, p. 30. | **129.** Bullock, *Hitler*, pp. 78-9. | **130.** Kellogg, *Russian Roots*, pp. 73-4; Rosenberg, *Dietrich Eckart*, pp. 53-4. | **131.** Steigmann-Gall, *Holy Reich*, pp. 17-22, 142-3; Picker, *Hitlers Tischgespräche*, pp. 94-5. | **132.** Steigmann-Gall, *Holy Reich*, pp. 21-2; Eckart, *Der Bolschewismus von Moses bis Lenin*, pp. 18-25. | **133.** Rosenberg, *Eckart*, pp. 23-4. | **134.** Ibid., pp. 26-8. | **135.** Bärsch, *Politische Religion*, pp. 58-9. | **136.** Kellogg, *Russian Roots*, pp. 70-3. | **137.** Steigmann--Gall, *Holy Reich*, pp. 17-22, 142-3; Picker, *Hitlers Tischgespräche*, pp. 94-5; Eckart, *Bolschewismus*, pp. 18-25; Heiden, *History*, pp. 66-9; Piper, *Rosenberg*, pp. 15-7. | **138.** Bärsch, *Politische Religion*, pp. 198-9, 206-8; Spence, *Occult Causes*, pp. 128-9, 144-6; Rosenberg, *Myth of the Twentieth Century*, pp. 21-144; Bronder, *Bevor Hitler kam*, pp. 219-25. | **139.** Rosenberg, *Myth of the Twentieth Century*, p. 4. | **140.** Ibid., pp. 5-7; Mees,

Notas

"Hitler and Germanentum", pp. 268-9. | **141.** Piper, *Rosenberg*, pp. 179-230; Williamson, *The Longing for Myth in Germany*, pp. 290-2; Mosse, *Masses and Man*, pp. 71-5; Alfred Rosenberg, *Houston Stewart Chamberlain als Verkünder und Begründer einer deutschen Zukunft* (Munique: Bruckmann, 1927); Spence, *Occult Causes*, pp. 126-8; Kater, *Das "Ahnenerbe"*, pp. 32-3. | **142.** Bronder, *Bevor Hitler kam*, p. 94. | **143.** Black, *Death in Berlin*, p. 9. | **144.** Mosse, *Masses and Man*, p. 167. | **145.** Ibid., p. 71-3. | **146.** Cecil, *Myth*, pp. 95-6; ver também Steigmann-Gall, *Holy Reich*, p. 263. | **147.** Hitler, *Mein Kampf*, pp. 402, 324, 327, 544, 665, 141; ver também H. Schneider, *Der jüdische Vampyr Chaotisiert die Welt (Der Jude als Weltparasit)* (Lüneberg: Gauschulungsamt der NSDAP, 1943); Karsten, *Vampyre des Aberglaubens*; Ernst Graf von Reventlow, *The Vampire of the Continent* (Nova York: Jackson, 1916). | **148.** Griffin (Org.), *Fascism*, pp. 121-2. | **149.** Hitler, *Mein Kampf*, pp. 63, 662, 480; Schneider, *Der jüdische Vampyr*; Karsten, *Vampyre des Aberglaubens*; Reventlow, *Vampire of the Continent*; Heiden, *National Socialism*, pp. 66-70. | **150.** Black, *Death in Berlin*, p. 76. | **151.** Ibid. | **152.** Jacobsen, "'Kampf um Lebensraum'". | **153.** Wolf Hess, *Rudolf Hess, Briefe 1908-1933* (Munique; Viena: Langen Müller, 1987), 25 jun. 1919, p. 243; Fest, *The Face of the Third Reich*, pp. 4-5, 190-1. | **154.** Hess, *Rudolf Hess*, 13 nov. 1918, 25 jun. 1919, pp. 235, 243; Fest, *Face of the Third Reich*, pp. 190-1. | **155.** Smith, *Politics*, pp. 229-32; Ach, *Hitlers Religion*, pp. 31-49; Wolf Rüdiger Hess (Org.), *Rudolf Hess* (Munique: Lange, 1987), pp. 17-8; Glowka, *Deutsche Okkultgruppen*, pp. 25-6; Treitel, *Science*, pp. 213-6; ver também Bormann para Gauleiter, 7 maio 1941, BAB: NS 6/334; Bronder, *Bevor Hitler kam*, pp. 239-44. | **156.** Höhne, *Order of the Death's Head*, pp. 43-4. | **157.** Longerich, *Himmler*, pp. 70-1, 78-9. | **158.** Pringle, *The Master Plan*, p. 18. | **159.** Trimondi, *Hitler*, pp. 27-8. | **160.** Longerich, *Himmler*, pp. 77-8; ver também a lista de leitura de Heinrich Himmler (4 set. 1919-19 fev. 1927), BAK: NL Himmler, N 1126/9; Treitel, *Science*, pp. 214-5. | **161.** Trimondi, *Hitler*, p. 28. | **162.** Longerich, *Himmler*, p. 739. | **163.** Wesen und Geschichte des Werwolfs, BAB: R 58/7237, pp. 54-73. | **164.** Ibid., pp. 89-91. | **165.** Eisler, *Man into Wolf*, p. 34. | **166.** Ibid., p. 35; ver também o panfleto de 1927 e as diretrizes da Wehrwolf, n. 32, nov. 1928, BAB: R 1501/125673B, pp. 69-76. | **167.** Frankenberger, *Fertigmachen zum Einsatz*, pp. 3-5. | **168.** Poewe, *New Religions and the Nazis*, pp. 98-100. | **169.** Ver relatórios policiais sobre a Wehrwolf e outras organizações paramilitares de mar. 1927. BAB: R 1507/2032, mar. 1927, pp. 60-6, 74, 101-4, 112, 126-9; ver relatórios policiais sobre Theodor Fritsch e o Bund Oberland, 16 mar. 1925, BAB: R 1507/2026, pp. 45-51. | **170.** Ver o "Wehrwolf", 3 jul. 1924, BAK: NL Himmler N 1126/17; ver relatórios policiais sobre grupos paramilitares, BAB: R 1507/2028, pp. 18, 95, 151. | **171.** Ibid. | **172.** Ver relatório sobre Wolf Graf von Helldorff, BAK: R 1507/2027, pp. 37-8; ver relatório policial, 26 jan. 1926, 19 mar. 1926, BAB: R 1507/2029, pp. 40-1, 90. | **173.** Ver relatórios policiais do início de 1926, BAB: R 1507/2028, pp. 16, 158-9, 168; relatórios sobre Edmund Heines, BAB: R 1507/2027, p. 39; sobre Röhm, BAB: R 1507/2028, pp. 95-9, 158-9; sobre Heines e grupos militares, BAB: R 1507/2031, pp. 65-7; sobre Heines e paramilitares, BAB: R 1507/2032, p. 105; discurso de Fritz Kloppe, 16 mar. 1930, BAB: R 1501/125673B; Bund Wehrwolf, 31 out. 1928, BAB: R 1507/2029, pp. 114-7. | **174.** Dow e Lixfeld (Orgs.), *Nazification*, pp. 13-21. | **175.** Kater, "Artamanen", pp. 598-9, 602-3; Brauckmann, "Artamanen als völkisch-nationalistische Gruppierung innerhalb der deutschen

Jugendbewegung 1924-1935"; Bramwell, *Blood and Soil*, p. 59. | **176.** Breuer e Schmidt (Orgs.), *Die Kommende*, pp. 26 ss. | **177.** Diehl, *Macht, Mythos, Utopie*, p. 59; Kater, "Die Artamanen", pp. 577-80, 592-8. | **178.** Kater, "Artamanen", pp. 592-8. | **179.** Ibid., p. 603. | **180.** Ibid., pp. 598-9, 602-3; Brauckmann, "Artamanen". | **181.** Kater, "Artamanen", p. 600; Kater, *Das "Ahnenerbe"*, p. 31. | **182.** Kater, "Artamenen", pp. 599-601. | **183.** Ibid., p. 597. | **184.** Höhne, *Order*, p. 53; Hans-Christian Brandenburg, *Die Geschichte der H. J. Wege und Irrwege einer Generation* (Colônia: Verlag Wissenschaft und Politik, 1982), pp. 77-80 (Die Artamanen); Reitzenstein, *Himmlers Forscher*, pp. 47-8. | **185.** Brandenburg, *Die Geschichte der H. J. Wege*. | **186.** Bramwell, *Blood and Soil*, pp. 41-3; ver o discurso de 1923 de Steiner "Die Miterleben der Geistigkeit und Bildekräfte der Nature", N 10941-33. | **187.** Rudolf Steiner, "Westliche und östliche Weltgegensätzlichkeit" (*Anthroposophie und Soziologie 3. Die Zeit und ihre sozialen Mängel (Asien-Europa)*). BAK: N 10941/33, pp. 1-7; BAK: N 10941-77, pp. 107-13. | **188.** NL Darré, BAK: N 10941-77, pp. 94-7. | **189.** Ibid., pp. 107-13. | **190.** Black, *Death in Berlin*, p. 76. | **191.** Ibid. | **192.** NL Darré, BAK: N 10941-77, p. 57; ver também Essner, *Nürnberger Gesetze*, pp. 78-9, 154-5. | **193.** Stefan Breuer, *Die Völkischen in Deutschland* (Darmstadt: Wissenschaftliche Buchgesellschaft, 2008), pp. 218-20. | **194.** Acessado em: <www.zeit.de/1958/42/ueber-die-artamanen-zur-ss>; August Kenstler: R 1507/2031, Lage-Bericht, n. 115, 21 dez. 1926, p. 71. | **195.** Sickinger, "Hitler and the Occult", pp. 107-25. | **196.** Mosse, *Masses and Man*, p. 66; Hamann, *Hitlers Wien*, pp. 39-45; Goodrick-Clarke, *The Occult Roots of Nazism*, pp. 192-3; Kubizek, *Young Hitler*, pp. 117, 179-83, 190-8; Picker, *Hitlers Tischgespräche*, p. 95; ver Repp, *Reformers*. | **197.** Kubizek, *Young Hitler*, pp. 117, 179-83, 190-8; <www.telegraph.co.uk/culture/music/classicalmusic/8659814/Hitler-and-Wagner.html>. | **198.** Pammer, *Hitlers Vorbilder*, pp. 10-1; ver também Goodrick-Clarke, *Occult Roots*, pp. 196-7; Bratton, "From Iron Age Myth to Idealized National Landscape". | **199.** Goodrick-Clarke, *Occult Roots*, pp. 192, 194-9; Daim, *Der Mann*, pp. 17-48; Sebottendorff, *Bevor Hitler kam*, pp. 188-90. | **200.** Martin Leutsch, "Karrieren des arischen Jesus zwischen 1918 und 1945". In: Puschner e Vollnhals (Orgs.), *Bewegung*, pp. 196-7; Essner, *Nürnberger Gesetze*, pp. 33-8. | **201.** Ver <www.theatlantic.com/magazine/archive/2003/05/hitlers-forgotten-library/302727>. | **202.** Jörg Lanz von Liebenfels, *Das Buch der Psalmen Teutsch* (Viena: Ostara, 1926); Waite, *Psychopathic God*. | **203.** Koehne, "Paganism", pp. 773-4. | **204.** Mees, "Hitler and Germanentum", p. 268. | **205.** Rauschning, *The Voice of Destruction*, p. 252. | **206.** Redles, *Hitler's Millennial Reich*, pp. 71-2; ver C. M. Vasey, *Nazi Ideology* (Lanham: University Press of America, 2006), p. 60; Koehne, "The Racial Yardstick", pp. 589-90. | **207.** Hitler, *Mein Kampf*, pp. 402, 324; Redles, *Hitler's Millennial Reich*, pp. 67, 70-1. | **208.** Ver Spielvogel e Redles, "Hitler's Racial Ideology"; ver também Anson Rabinbach e Sander Gilman, *The Third Reich Sourcebook* (Berkeley: University of California Press, 2013), p. 113; Goodrick-Clarke, *Occult Roots*, pp. 194-203; Mosse, *Masses and Man*, p. 66; Hamann, *Hitlers Wien*, pp. 39-45; Goodrick-Clarke, *Occult Roots*, p. 193; Kubizek, *Young Hitler*, pp. 117, 179-83, 190-8; Picker, *Hitlers Tischgespräche*, p. 95; Hamann, *Hitlers Wien*, pp. 7-9, 285-323; Howe, *Urania's Children*, p. 4. | **209.** Mees, "Hitler and Germanentum", p. 267. | **210.** Ibid., pp. 267-8. | **211.** Vasey, *Nazi Ideology*, p. 59. | **212.** Mees, "Hitler and Germanentum", pp. 267-8. | **213.** Um "produto de Lueger e Schönerer", o pensamento

Notas   427

sobrenatural de Hitler era "mais rude" e mais pragmático do que os "exemplares efêmeros" do antigo movimento *völkisch*. Burleigh, "National Socialism as a Political Religion", pp. 2-3. | **214.** Hamann, *Hitlers Wien*, pp. 327-9; Mosse, *Masses and Man*, pp. 54-7, 65-7, 71-3; Ach, *Hitlers Religion*, p. 52. | **215.** Bronder, *Bevor Hitler kam*, pp. 219-28. | **216.** Ryback, *Hitler's Library*, pp. 159-62; Schertel, *Magic*; Picker, *Hitlers Tischgespräche*, p. 74. | **217.** Schertel, *Magic*, p. 37. | **218.** Ibid., pp. 42-3. | **219.** Ibid., p. 45. | **220.** Ibid., p. 70. | **221.** Ibid., p. 72. | **222.** Ibid., p. 73. | **223.** Ibid., pp. 74, 78-9. | **224.** Ibid., pp. 82-7; "para cumprir completamente sua missão", afirma Rauschning em outro momento, Hitler acreditava que "deveria ter uma morte de mártir", e que na "hora do perigo supremo" precisaria se sacrificar. Rauschning, *Voice of Destruction*, p. 252. | **225.** Schertel, *Magic*, p. 92; Sickinger, "Hitler and the Occult", p. 108; Mosse, *Masses and Man*, pp. 54-7, 71-3. | **226.** Rauschning, *Voice of Destruction*, p. 253. | **227.** Ibid., p. 240. | **228.** Redles, *Hitler's Millennial Reich*, pp. 64-5. | **229.** Ver Kurlander, "Hitler's Monsters". | **230.** Treitel, *Science*, pp. 73-96, 155-9; Williamson, *The Longing for Myth in Germany*, pp. 285-7; Zander, *Anthroposophie*, pp. 218-49, 308-34. | **231.** Black, *Death in Berlin*, p. 71. | **232.** Fest, *Face of the Third Reich*, p. 188. | **233.** Fisher, *Fantasy*, p. 6. | **234.** Ibid., p. 6. | **235.** Ibid., pp. 5-6. | **236.** Treitel, *Science*, pp. 24-6, 243-8. | **237.** Ver Williamson, *The Longing for Myth in Germany*; Steinmetz, *Devil's Handwriting*; ver também Cohn, *Pursuit of the Millenium*; Redles, *Hitler's Millennial Reich*; Grabner-Haider e Strasser, *Hitlers mythische Religion*.

3. Investigando a mágica de Hitler [pp. 101-43]

1. MS Konrad Heiden, IfzG: ED 209/34, pp. 9-10. | **2.** Ley, "Pseudoscience in Naziland", pp. 90-8. | **3.** Heiden, IfzG: ED 209/34, pp. 12-3. | **4.** Ibid. | **5.** Eisner, *Haunted Screen*, pp. 8-9. | **6.** Fisher, *Fantasy*, pp. 11-2. | **7.** Hans Mommsen, *The Rise and Fall of Weimar Democracy* (Chapel Hill: University of North Carolina Press, 1998); Detlev Peukert, *The Weimar Republic* (Nova York: Hill and Wang, 1992); Eric Kurlander, "Violence, Volksgemeinschaft, and Empire" (*Journal of Contemporary History*, v. 4, n. 46, pp. 920-34, 2011). | **8.** Ver também Geoff Eley, "The German Right from Weimar to Hitler" (*Central European History*, v. 1 n. 48, pp. 100-13, mar. 2015); Fritzsche, "The NSDAP 1919-1934"; Fritzsche, *Germans into Nazis*; Evans, *The Coming of the Third Reich*. | **9.** Fisher, *Fantasy*, pp. 11-2. | **10.** Ryback, "Hitler's Forgotten Library". *Atlantic Monthly*, acessado em: <www.theatlantic.com/doc/200305/ryback>; Ryback, *Hitler's Private Library*, pp. 146-7. | **11.** Norton, *Secret Germany*, p. 727. | **12.** Depois da guerra, Schertel abriu suas próprias academias de dança holísticas e com infusão ocultista. Gerd Meyer, "Verfemter Nächte blasser Sohn". In: Michael Farin (Org.), *Phantom Schmerz* (Munique: Belleville Verlag, 2003), pp. 496-7. | **13.** Ibid., p. 498. | **14.** Ibid., pp. 497-8; Schertel, *Magie*; Schertel, *Der Flagellantismus als literarisches Motiv*; ver também Thomas Karlauf, *Stefan George* (Munique: Blessing, 2007). | **15.** Ryback, "Hitler's Forgotten Library"; Ryback, *Hitler's Private Library*, pp. 146-7. | **16.** Ryback, *Hitler's Private Library*, pp. 159-62. | **17.** Treitel, *Science*, pp. 77-8, 122-5. | **18.** Oscar A. H. Schmitz, "Warum treibt unsere Zeit Astrologie?", p. 28. | **19.** Szczesny, "Presse",

p. 119. | **20.** Ibid., p. 48. | **21.** Ibid., p. 55. | **22.** Ibid., p. 119. | **23.** Ibid. | **24.** Ibid., pp. 56-8. | **25.** Ibid. | **26.** Ibid., p. 94. | **27.** Ver Treitel, *Science*; Staudenmaier, "Occultism". | **28.** Heiden, "Preface", IfzG: ED 209/34, pp. 10-1. | **29.** Ibid., pp. 11-2. | **30.** Treitel, *Science*, pp. 77-8. | **31.** Heiden, "Preface", IfzG: ED 209/34, pp. 11-2. | **32.** Ibid., pp. 13-4; ver Treitel, *Science*, pp. 244-8. | **33.** Ley, "Pseudoscience in Naziland", p. 91. "As condições entre 1920 e 1940", escreveu o jornalista britânico Lewis Spence, "deixaram a Alemanha especialmente vulnerável aos ataques e sugestões do grupo satanista." Spence, *Occult Causes*, pp. 22-3. | **34.** "Além desse processo recíproco de enfraquecimento da religião estabelecida e do aumento da quantidade de aspirantes a profetas", acrescenta o historiador Peter Fisher, "a instabilidade econômica e política dos anos pós-guerra ajudou a disseminar sentimentos de ansiedade e frustração, sobretudo na classe média, o que minou qualquer disposição inicial que ela pudesse ter tido para se adaptar à democracia." Fisher, *Fantasy*, pp. 11-2. | **35.** Kracauer, *Caligari*, p. 11. | **36.** "No entanto, a dependência das atitudes mentais de um povo em relação a fatores externos", como os profundos deslocamentos políticos, socioeconômicos e psicológicos da Primeira Guerra Mundial, "não justifica a frequente desconsideração [pelos estudiosos] dessas atitudes." Kracauer, *Caligari*, pp. 11-2. | **37.** Wolfram, *Stepchildren*, pp. 9-10, 21-2. | **38.** Richard Baerwald (Org.), *Zeitschrift für kritischen Okkultismus*, v. 1, pp. 1-2, 16-7, 22-41, 1926. | **39.** Ver, por exemplo, vários artigos em *Zentralblatt für Okkultismus*, v. 26, 1932-3. | **40.** Wolfram, *Stepchildren*, pp. 22-3, 263-4. | **41.** Richard Baerwald, "Das Dämonische Unterbewusstsein". *Zeitschrift für kritischen Okkultismus*, p. 99-103, 1926; Kracauer, *Caligari*, pp. 3-11. | **42.** Howard L. Philp, "Interview". *The Psychologist*, maio 1939 (Apud McGuire e Hull (Orgs.), *C. G. Jung Speaking*, pp. 134-9). | **43.** Mircea Eliade, "Rencontre avec Jung" (*Combat*, p. 226, 9 out. 1952). | **44.** Ibid., p. 217. | **45.** Willy Hellpach, "Völkerentwicklung und Völkergeschichte unter Walten und Wirken von bindenden Gesetz und schöpferischer Freiheit im Völkerseelenleben". In: *Schriftenreihe zur Völkerpsychologie*, pp. 7-10, 107-8; Egbert Klautke, *The Mind of the Nation* (Oxford: Berghahn Books, 2013). | **46.** Eliade, "Rencontre avec Jung", p. 226. | **47.** Schertel, *Magic*, pp. 7-19. | **48.** Ibid., pp. 10-2. | **49.** Ibid., p. 17. | **50.** Ibid., p. 82. | **51.** Ibid., pp. 88-91; "Ao despertar de uma nova atitude básica em relação à existência [...] quando essa transformação completamente irracional, acima da moral e da pessoa, tiver ocorrido dentro de nós, todas as instruções [do mago] farão sentido"; ibid., p. 100. | **52.** Ibid., pp. 122-3. | **53.** Ibid., p. 128. | **54.** Ibid., pp. 30, 67. | **55.** Ibid., pp. 135-6. | **56.** "Hitler foi muito influenciado por Gustave Le Bon, e seguiu a máxima de *A psicologia das multidões* segundo a qual o líder deve ser parte integrante da fé compartilhada." Mosse, *Nationalization of the Masses*, pp. 201-2. | **57.** Wolfram, *Stepchildren*, pp. 274-5. | **58.** Ibid., pp. 275-7. | **59.** Rauschning, *Voice of Destruction*, pp. 222-3. | **60.** Mosse, *Nationalization of the Masses*, pp. 199-201. | **61.** Sickinger, "Hitler and the Occult", p. 112; Rauschning, *Voice of Destruction*, p. 245. | **62.** NL Ley, BAK: N 1468/5, pp. 24-5; prof. dr. Karl Brandt, pp. 87-8, NL Hitler, BAK: N 1128/33. | **63.** Howe, *Nostradamus*, pp. 123-4. | **64.** Olden, "Introduction". In: Olden (Org.), *Propheten in deutscher Krise*, pp. 18-9. | **65.** "Essas qualidades não têm nada a ver com a própria personalidade do médium. O médium é possuído por elas. Da mesma forma, poderes inegáveis se incorporam em Hitler, poderes genuinamente demoníacos, que fazem dos homens seus instrumentos."

Notas   429

Rauschning, *Voice of Destruction*, pp. 258-9. | **66.** Carl Jung, "The Psychology of Dictatorship" (*The Observer*, 18 out. 1936). In: McGuire e Hull (Orgs.), *C. G. Jung Speaking*, p. 92. A tendência de Hitler de mergulhar em estados mais "primitivos", ou "maníacos licantrópicos", de ser dominado pelo êxtase e pela emoção, foi citada por contemporâneos como evidência de xamanismo ou mediunidade. Eisler, *Man Into Wolf*. "A raiva de Hitler, como a raiva do xamã, era notória [...] as visões e fórmulas mágicas do xamã se tornaram ordens absolutas. O xamã era agora o líder que adivinhava o futuro." Sickinger, "Hitler and the Occult", p. 116. | **67.** Ibid. | **68.** Ibid., p. 117. | **69.** Strasser, *Hitler and I*, pp. 65-6. | **70.** Sickinger, "Hitler and the Occult", p. 118. | **71.** Heiden, "Preface", IfzG: ED 209/34, pp. 15-6. | **72.** Pammer, *Hitlers Vorbilder*, p. 11. | **73.** Sickinger, "Hitler and the Occult", p. 116. | **74.** Heiden, "Preface", IfzG: ED 209/34, pp. 14-5. | **75.** Olden (Org.), "Introduction". In: *Propheten*, p. 17.| **76.** "Muitos não entendem", escreveu um apoiador inicial. "Povos estrangeiros, os judeus e seus enganadores o odeiam e tentam os desesperados; mas o povo honesto resiste a mentiras e enganos, para seguir o Invocador". Redles, *Hitler's Millennial Reich*, pp. 83-4. | **77.** Sickinger, "Hitler and the Occult", p. 118. | **78.** H. R. Knickerbocker, "Diagnosing the Dictators", 1938. In: McGuire e Hull (Orgs.), *C. G. Jung Speaking*, pp. 114-22. | **79.** McGuire e Hull (Orgs.), *C. G. Jung Speaking*, p. 138. | **80.** Ibid. | **81.** Heiden, "Preface", IfzG: ED 209/34, pp. 14-5. | **82.** McGuire e Hull (Orgs.), *C. G. Jung Speaking*, p. 138. | **83.** "Ele é o primeiro homem a dizer a todos os alemães o que sempre pensou e sentiu em seu inconsciente sobre o destino da Alemanha, sobretudo desde a derrota na Guerra Mundial." Knickerbocker, "Diagnosing the Dictators", pp. 114-8. | **84.** Fisher, *Fantasy*, p. 219. | **85.** Redles, *Hitler's Millennial Reich*, pp. 81-2. | **86.** Rauschning, *Voice of Destruction*, pp. 221-2; Sickinger, "Hitler and the Occult", p. 110. | **87.** Fisher, *Fantasy*, p. 219. | **88.** Redles, *Hitler's Millennial Reich*, p. 87. | **89.** Sickinger, "Hitler and the Occult", p. 117. | **90.** Redles, *Hitler's Millennial Reich*, pp. 81-2. | **91.** Heiden, "Preface", IfzG: ED 209/34, pp. 14-5. | **92.** Schertel, *Magic*, p. 41. "Entender a natureza dessa experiência de conversão", observa David Redles, "é essencial para compreender a surpreendente ascensão de Hitler e do nazismo." Redles, *Hitler's Millennial Reich*, pp. 77-7; Heiden, "Preface", IfzG: ED 209/34, p. 16. | **93.** Heiden, "Preface", IfzG: ED 209/34, p. 16. | **94.** Ver, por exemplo, Fritzsche, "The NSDAP 1919-1934", pp. 49, 59-63, 66. | **95.** Heiden, "Preface", IfzG: ED 209/34, p. 16; Peukert, *Inside Nazi Germany*, pp. 26-7. | **96.** Ibid. | **97.** Goebbels, "Erkenntnis und Propaganda", pp. 28-52. | **98.** Ibid. | **99.** Ibid. | **100.** Ibid. "Isso é o que acontece quando se ouve pela primeira vez um dos grandes discursos de Hitler. Conheci pessoas que participaram de uma reunião com Hitler pela primeira vez e, no final, disseram: 'Esse homem colocou em palavras tudo o que eu vinha procurando havia anos. Pela primeira vez, alguém deu forma ao que eu desejo'." | **101.** Ibid. | **102.** Ibid. | **103.** Kugel, *Ewers*, pp. 8, 126; Gmachl, *Zauberlehrling, Alraune und Vampir*, p. 57. | **104.** Kugel, *Ewers*, pp. 24-5, 81-2, 126-7. | **105.** Poley, *Decolonization*, pp. 19-20, 44-6; Kriegk, *Der deutsche Film im Spiegel der Ufa*, p. 47; Eisner, *Haunted Screen*, p. 97; Oscar Wilde, *Das Bildnis des Dorian Gray* (Leipzig: Max Spohr, 1912). | **106.** Ver Kurlander, "Orientalist Roots"; Timo Kozlowski, "Wenn Nazis weltenbummeln und schreiben. Über die Nähe zwischen Künstlern und Nationalsozialismus"; Poley, *Colonization*, pp. 21-2; Hanns Heinz Ewers, "Die Mamaloi". In: *Die Grauen*. | **107.** Ver Ewers, *Alraune*, pp. 31-85; Gmachl, *Zauberlehrling*, pp. 166-222; Jestram, *Mythen*, pp. 43-5. | **108.** Ewers, *Vampir*; Jestram, *Mythen*, pp. 6-9, 49-52; Poley, *Decolonization*, pp. 116-26; Kozlowski, "Ewers"; Jestram, *Mythen*, pp. 43--7. | **109.** Fisher, *Fantasy*, pp. 6-7. | **110.** Clemens Ruthner, *Unheimliche Wiederkehr.* | **111.** Treitel, *Science*, pp. 109-10. | **112.** Ibid. | **113.** Ibid., pp. 108-9. | **114.** Ibid., pp. 109-20. | **115.** Ibid., pp. 125-31. | **116.** Ibid. | **117.** Ashkenazi, *Weimar Film and Modern Jewish Identity.* | **118.** Kracauer, *Caligari.* | **119.** Eisner, *Haunted Screen*, pp. 95-7. | **120.** Treitel, *Science*, p. 109. | **121.** Thomas Koebner, "Murnau". | **122.** Eisner, *Haunted Screen*, pp. 95-7. | **123.** Jestram, *Mythen*, pp. 45-57. | **124.** Ibid., pp. 55-61, 89-91; ver também Barzilai, *Golem.* | **125.** Bratton, "From Iron Age Myth", pp. 206-7. | **126.** Paul Coates, *The Gorgon's Gaze*; Herf, *The Jewish Enemy*; Auerbach, *Our Vampires, Ourselves*, pp. 73-4; Eisner, *Haunted Screen*, pp. 96-7. | **127.** Koebner, "Murnau", pp. 111-23. | **128.** Black, "Expellees", p. 97; para uma perspectiva menos pessimista desses temas, ver Ashkenazi, *Weimar Film*, pp. 88-101. | **129.** Kracauer, *Caligari*, pp. 3-11; Koebner, "Murnau", pp. 111-23; Jared Poley, "Siegfried Kracauer, Spirit, and the Soul of Weimar Germany". In: Black e Kurlander (Orgs.), *Revisiting the "Nazi Occult".* | **130.** Fisher, *Fantasy*, pp. 120-1. | **131.** Schulte-Sasse, *Entertaining the Third Reich*, p. 11; ver também Schindler e Koepnick, *The Cosmopolitan Screen*, pp. 1-2; Kaes, *From Hitler to Heimat*. Elsaesser, *Weimar Cinema and After*, pp. 420-37. | **132.** Scheunemann, *Expressionist Film*, pp. ix-xi. | **133.** Mosse, *Nationalization*, pp. 114-5; ver também Hull, *Film in the Third Reich*, pp. 8-12, e a correspondência em Amt Rosenberg, BAB: NS 15/399, pp. 207-18. | **134.** Koepnick, *The Dark Mirror*, pp. 2-6. | **135.** Os escritores de fantasia da República de Weimar "produziram uma literatura de massa imensamente popular [...] que serviu como um potente ingrediente no fervente caldo de ressentimento, nacionalismo frustrado, irracionalismo político e angústia econômica subjacente à ascensão nazista ao poder". Fisher, *Fantasy*, pp. 1-2. | **136.** Acessado em: <uwpress.wisc.edu/ books/0271.htm>. | **137.** Treitel, *Science*, p. 109. | **138.** Fisher, *Fantasy*, pp. 6-7. | **139.** Ibid. | **140.** Ibid., pp. 9-10. | **141.** Poley, *Decolonization*, p. 48; Gmachl, *Zauberlehrling*, pp. 41-3. | **142.** Gmachl, *Zauberlehrling*, pp. 54-5, 257-71; Poley, *Decolonization*, pp. 91-4, 104-10, 127-40; Auerbach, *Our Vampires, Ourselves*, pp. 72-4; Eisner, *Haunted Screen*, p. 95. | **143.** Fritzsche, "The NSDAP 1919-1934"; Eric Kurlander, *The Price of Exclusion* (Nova York: Berghahn, 2006); Gmachl, *Zauberlehrling*, pp. 37-45. | **144.** Andreas Dornheim, *Röhms Mann für Ausland* (Münster: LIT, 1998), pp. 108-9; Bernhard Sauer, "Die Schwarze Reichswehr" (*Berlin in Geschichte und Gegenwart*, Jahrbuch des Landesarchivs Berlin, 2008), pp. 57-8; *Die Weltbühne*, n. 21, pp. 565, 1925. | **145.** Ewers, *Reiter in deutscher Nacht.* | **146.** Kugel, *Ewers*, pp. 296-7. | **147.** Ibid., pp. 297-9; Heimsoth, *Charakter-Konstellation.* | **148.** Susanne zur Nieden, "Aufstieg und Fall des virilen Männerhelden. Der Skandal um Ernst Röhm und seine Ermordung". In: Nieden (Org.), *Homosexualität und Staatsräson* (Frankfurt: Campus, 2005), pp. 147-61; ver Goodrick-Clarke, *Occult Roots*, p. 234; Kugel, *Ewers*, pp. 298-9; Karl Heimsoth, "Homosexualität. Eine Kontroverse mit Johannes Lang (Weniger eine Berichtigung als eine Rückweisung und Selbstergänzung)" (*Zenit*, n. 3, p. 111, 1931). | **149.** Ver o relatório sobre Wolf Graf von Helldorff, BAB: R 1507/2027, pp. 37-8; ver os relatórios policiais da primavera de 1926 sobre a Wehrwolf, BAB: R 1507/2028, pp. 16, 40. | **150.** Ver relatórios sobre Edmund Heines, Hermann Eckhardt, Friedrich Weber, Ludendorff e outros grupos paramilitares *völkisch*-esotéricos, BAB: R 1507/2027, p. 39; BAB: R 1507/2028, pp. 18, 95-9, 65-9,

Notas

105-6, 158-9; BAB: R 1507/2032, p. 105. | **151.** Kugel, *Ewers*, pp. 296-7. | **152.** Puschner e Vollnhals, "Forschungs- und problemgeschichtliche Perspektiven". In: Puschner e Vollnhals (Orgs.), *Bewegung*, pp. 23-4. | **153.** Ver relatórios de 1927 sobre a Wehrwolf, incluindo artigos de 2 fev. 1927 e 3 fev. 1927, relatórios policiais do Reichskommisar, 19 fev. 1927, 8 fev. 1927, 12 abr. 1927, relatórios do Reichskommisar, 19 fev. 1927, 8 fev. 1927, 12 abr. 1927, em relação a Ehlert, Kloppe e à dissolução voluntária do *Ortsgruppen* de Berlim; 26 abr. 1927, relatório "Verhaftung einees Wehrwolfführers"; 13 dez. 1927, artigo do *Vossische Ztg* sobre o declínio das associações nacionais; *Reichskommissr für Überwachung der öffentlichen Ordnung to Reichsminister des Innern*, 9 nov. 1928; em relação à separação da Wehrwolf e do Stahlhelm ou Jungdo, 17 dez. 1928; 12 set. 1930, cópia do artigo do *Berliner Volkszeitung* criticando "Eine Werwolfrede" na sepultura daqueles que assassinaram Rathenau. BAB: R 1501/125673B, pp. 69-76. | **154.** Kater, "Artamanen", p. 618. | **155.** Ewers, *Reiter*; Kugel, *Ewers*, pp. 299-301. | **156.** Kugel, *Ewers*, pp. 299-301. | **157.** Fisher, *Fantasy*, pp. 6-7; Poley, *Decolonization*, pp. 16-18, 93-8. | **158.** Wolfgang Emmerich, "The Mythos of Germanic Continuity". In: Dow e Lixfeld (Orgs.), *Nazification*, p. 34. | **159.** Black, *Death in Berlin*, p. 272. | **160.** Fanon, *Wretched*, p. 55. | **161.** Kugel, *Ewers*, pp. 299-302, 311-2. | **162.** Ibid., pp. 303-8. | **163.** Ibid., pp. 322--3. | **164.** Ibid., pp. 307-9. | **165.** Hanns Heinz Ewers, *Stürmer!* (Stuttgart/ Berlim: Cotta, 1934); Ewers, *Horst Wessel*; Kugel, *Ewers*, pp. 311-3. | **166.** Siemens, *Horst Wessel*, pp. 55-72, 90-110, 170-208; Kugel, *Ewers*, pp. 319-20; Horst Wessel, BAB: R 1507/2063, p. 87; BAB: R 1507/2058, pp. 193, 42, 45, 81; "Denkschrift über Kampfvorbereitung und Kampfgrundsätze radikaler Organisationen", do Polizeimajor Ratcliffe, 30 nov. 1931, BAB: R 1507/2059, p. 16. | **167.** Kugel, *Ewers*, pp. 320-2; Kozlowski, "Ewers". | **168.** Kugel, *Ewers*, p. 325. | **169.** Kozlowski, "Ewers"; Kugel, *Ewers*, pp. 382-4. | **170.** Gmachl, *Zauberlehrling*, pp. 45-53; Sennewald, *Hanns Heinz Ewers*, pp. 200-7; Kugel, *Hanussen*, p. 326; Fisher, *Fantasy*, pp. 19-20. | **171.** Kugel, *Ewers*, pp. 326-7; H. H. Ewers, BAK: R 9361-V/5138, carta de 11 jul. 1934. | **172.** Kugel, *Ewers*, pp. 328-9. | **173.** Ibid., pp. 329-30. | **174.** Ibid., pp. 327-8. | **175.** Ibid., pp. 329-30. | **176.** *Reiter* e *Wessel*, de Ewers, exemplificavam as "antinomias gritantes" do "universo maniqueísta" do NSDAP, atraindo os jovens alemães para "uma visão de mundo na qual a razão era condenada como o resultado doentio da civilização ocidental", e em que "o homem *völkish*" opunha "a razão à religião, o indivíduo à coletividade". Fisher, *Fantasy*, pp. 17-9. | **177.** Ibid., pp. 6-7. | **178.** Ibid. | **179.** Ibid. | **180.** Kugel, *Hanussen*, pp. 334-5. | **181.** Fisher, *Fantasy*, p. 10. | **182.** Ver Rosenberg, BAB: NS 8/185, p. 50. | **183.** Olden (Org.), "Introduction". In: *Propheten*, p. 16. | **184.** Treitel, *Science*, pp. 195-7. | **185.** Szczesny, "Okkultismus", pp. 131-2; ver também Walther, *Zum Anderen Ufer*, pp. 481-92. | **186.** Monica Black, "A Messiah after Hitler, and His Miracles". In: Black e Kurlander (Orgs.), *Revisiting the "Nazi Occult"*, p. 213. | **187.** Howe, *Urania's Children*, pp. 84-7, 95-103; Treitel, *Science*, pp. 192-4. | **188.** Howe, *Urania's Children*, pp. 102-3. | **189.** Treitel, *Science*, pp. 77-8. | **190.** Walter Stach, *Gemeingefähliche Mysterien*, pp. 40, 93-4. | **191.** Schmitz, "Warum treibt unsere Zeit Astrologie?", p. 33. | **192.** Albert Hellwig, "Ein betrügerischer Kriminaltelepath". *ZfKO*, v. 2, p. 130, 1927. | **193.** Graf Carl v. Klinckowstroem, "Mein okkultistischer Lebenslauf", p. 104; ver também Klinckowstroem, "Die Seele des Okkultisten", pp. 206-7. | **194.** "Zum Geleit". *Zenit*, jan. 1933; Buchbender, "Die

Gedankenübertragung. Eine objektive Betrachtung" (*Zentralblatt für Okkultismus*, v. 26, pp. 84-5, 1932-3). | **195.** Após deixar a política em 1920, Sebottendorff assumiu a edição da maior revista astrológica da Alemanha, a *Astrologische Rundschau*. Howe, *Urania's Children*, pp. 126-7. | **196.** Wulff, *Zodiac*, pp. 37-45; Howe, *Nostradamus*, pp. 126-7. | **197.** Heimsoth, "Homosexualität"; Kugel, *Ewers*, pp. 295-8. | **198.** Howe, *Nostradamus*, p. 122; Howe, *Urania's Children*, pp. 87-9. | **199.** Howe, *Nostradamus*, pp. 123-4. | **200.** Ver várias edições de *ZfKO* (1926-8); *Zeitschrift für Parapsychologie* (1927); *Astrologische Rundschau* (1924-9). | **201.** Howe, *Nostradamus*, pp. 127-8. | **202.** Karl Frankenbach e Graz-Gösting, "Astrologische Portraits" (*Zenit*, v. 4, pp. 129-35, abr. 1931). | **203.** "Adolf Hitler" (*Zenit*, v. 4, pp. 198-9, maio 1931). | **204.** Fr. Sachs, "Reichskanzler D. Brüning" (*Zenit*, v. 11, n. 2, pp. 428-30, nov. 1931). | **205.** Korsch, "Erneuerung" (*Zenit*, pp. 177-9, maio 1933). | **206.** Ver artigo de 2 maio 1933, em NL Herbert Frank, IfzG: 414/138. | **207.** Howe, *Nostradamus*, p. 129; ver Noesselt, "Schicksalsdeterminaten des Reichskanzlers Adolf Hitler", pp. 301-11, 378-82; Sellnich, "Der Nationalsozialismus und die Astrologie", pp. 363-7; Hentges, "Zum Horoskop des Reichskanzlers Adolf Hitler", pp. 437-8; Dierst, "Die astropolitische Tagespresse", pp. 180-4; Pietzke, "Das Hakenkreuz als Sternbild", pp. 443-9; Dietrich, "Dietrich Eckart", pp. 456-63; Kuhr, "Aussprache und Diskussion. Primär-Direktionen des Reichskanzlers Adolf Hitler", pp. 469-71; Staudenmaier, "Nazi Perceptions of Esotericism", pp. 32-9. | **208.** Staudenmaier, *Between Occultism*, pp. 223-9. | **209.** Discurso de Fritz Quade, "Occultism and Politics", 12 out. 1933, BAB: R 58/6218, pp. 1-39; biografia de Fritz Quade, BAB: R 58/7312; Breidenbach, "Der XII. Astrologen--Kongress", pp. 331-3. | **210.** Szczesny, "Presse", pp. 131-2. | **211.** Ibid. | **212.** Fisher, *Fantasy*, pp. 219-20, 223-6. | **213.** Redles, *Hitler's Millennial Reich*, pp. 83-4. | **214.** Fisher, *Fantasy*, pp. 221-3; ver também a correspondência entre Kurt Hesse e Câmara de Literatura do Reich, 27 jan. 1937, carta de Hans Johst, 6 set. 1940; correspondência sobre pseudônimo, 7 jul. 1941, 17 jul. 1941, BAB: R 9361-v/6199. | **215.** Redles, *Hitler's Millennial Reich*, p. 65. | **216.** Hanussen, *Meine Lebenslinie*, pp. 21-2, 36, 47-55, 78-83. | **217.** Ibid., pp. 103-16; Hitler, *Mein Kampf*, pp. 54-65. | **218.** Hanussen, *Lebenslinie*, pp. 136-8, 162-70, 222-9; Treitel, *Science*, p. 231. | **219.** Hanussen, *Lebenslinie*, pp. 184-208; Kugel, *Hanussen*, p. 37. | **220.** Szczesny, "Presse", pp. 122-4; Treitel, *Science*, p. 231. | **221.** Kugel, *Hanussen*, pp. 33-6. | **222.** Ibid., pp. 46-8. | **223.** Ibid., pp. 61-7; Cziffra, *Hanussen, Hellseher des Teufels*, pp. 86-7. | **224.** Kugel, *Hanussen*, pp. 89, 93-5. | **225.** Cziffra, *Hanussen*, pp. 94-112; Kugel, *Hanussen*, pp. 106-7. | **226.** Cziffra, *Hanussen*, pp. 114-23. | **227.** Kugel, *Hanussen*, p. 165; Hanussen, "Was bringt 1932?". In: *Die Andere Welt*. | **228.** Em grandes eventos públicos, ele lançava "bolas do destino" para a plateia. Quem pegasse a bola ganhava seu autógrafo e a oportunidade de lhe fazer perguntas. Hanussen oferecia 10 mil marcos a quem pudesse provar que ele havia pré-selecionado os destinatários. Kugel, *Hanussen*, p. 207. | **229.** Ver vários artigos, como por exemplo "Du wirst verfolgt von diesen Augen", em Hanussen, *Die Andere Welt* (1931), assim como textos adicionais em Hanussen, *Die Andere Welt* (1932). | **230.** Cziffra, *Hanussen*, p. 143. Após a quebra do mercado de ações, Hanussen se gabou de sua capacidade de manipular futuros financeiros, dando dicas econômicas sobre como investir num mercado em baixa. Kugel, *Hanussen*, pp. 155-6. | **231.** Kugel e

Bahar, *Der Reichstagsbrand*, pp. 640-1. | **232.** Cziffra, *Hanussen*, p. 135; Szczesny, "Presse", pp. 128-9. | **233.** Treitel, Science, p. 231. | **234.** Kugel, *Hanussen*, pp. 159-62, 45-7: "Séance des Monates". Há uma série de manchetes na p. 47, como "Unwetter erschlägt Menschen!", "Schicksalsstunde", "Brüning noch einem Sieger", "Die Krise ist beigelegt" e "24 Millionen Verlust!", todas em *Die Andere Welt*, v. 1, 1931; "1932". *Die Andere Welt*, v. 2, 1931. | **235.** Kugel, *Hanussen*, p. 213. | **236.** Szczesny, "Presse", p. 142. | **237.** Kugel, *Hanussen*, pp. 187-9. | **238.** Cziffra, *Hanussen*, p. 133. | **239.** Kugel, *Hanussen*, pp. 334-5; Dirk Walter, *Antisemitische Kriminalität und Gewalt* (Bonn: Dietz, 1999), pp. 215-6; Hett, *Burning the Reichstag*, p. 54. | **240.** Kugel, *Hanussen*, pp. 131-8. | **241.** Treitel, *Science*, p. 232. | **242.** Kugel, *Hanussen*, pp. 159-62. | **243.** Ibid., pp. 195-201; 131-2: IfzG, ED 386, Szczesny, *Die Presse des Okkultismus*, caps. 3 e 5. | **244.** Cziffra, *Hanussen*, pp. 9-10. | **245.** Kugel, *Hanussen*, pp. 182-4. | **246.** Kugel e Bahar, *Reichstagsbrand*, pp. 640- -1. | **247.** Kugel, *Hanussen*, pp. 186-7; ver também Langer, *The Mind of Adolf Hitler*, p. 40. | **248.** Cziffra, *Hanussen*, p. 135. | **249.** Kugel, *Hanussen*, pp. 334-5. | **250.** Hett, *Burning*, pp. 106-7; Benjamin Hett, "'This Story Is about Something Fundamental'" (*Central European History*, v. 48, n. 2, pp. 199-224, 2015). Sobre interpretações anteriores que não enfatizam o papel do Terceiro Reich no incêndio, ver Fritz Tobias, *The Reichstag Fire* (Nova York: Putnam, 1964); Hans Mommsen, "Der Reichstagsbrand und seine politischen Folgen". | **251.** Kugel, *Hanussen*, p. 191. | **252.** Ibid., pp. 221-5; Kugel e Bahar, *Reichstagsbrand*, p. 642. | **253.** Kugel, *Hanussen*, pp. 230-1; Kugel e Bahar, *Reichstagsbrand*, pp. 15-16, 122, 644-52; Hett, "This Story Is about Something Fundamental". | **254.** Kugel e Bahar, *Reichstagsbrand*, pp. 644-52. | **255.** Fisher, *Fantasy*, pp. 3-4, 15-8; Karl Frankenbach, "Die Zeichen der Zeit. Die Gefahrenherde Europas". *Zenit*, p. 52, mar. 1931; H. C. Dierst, "Astropolitsche Fehltreffer". *Zenit*, pp. 43-52, fev. 1933. | **256.** Cziffra, *Hanussen*, p. 150. | **257.** Knickerbocker, "Diagnosing the Dictators", pp. 114-22. | **258.** Ibid. | **259.** Olden (Org.), "Introduction". In: *Propheten*, p. 20. | **260.** Ibid., p. 16. | **261.** Ibid., p. 19. | **262.** Ibid., pp. 19-20. | **263.** Ibid., p. 18. | **264.** Ibid., pp. 19-20. | **265.** Maier, "Political Religion", pp. 7-8. | **266.** Black, "Groening", p. 213. | **267.** "Para ser útil, a apresentação mítica teve de optar por um meio-termo entre a imprecisão e a especificidade, pois ou a intenção do mito é muito obscura para ser útil ou é muito clara para ser credível." Emmerich, "The Mythos of Germanic Continuity". In: Dow e Lixfeld (Orgs.), *Nazification*, pp. 36-7. | **268.** Fisher, *Fantasy*, pp. 7-8; ver também Scheunemann, *Expressionist Film*, pp. 59-67.

4. A guerra do Terceiro Reich contra o ocultismo [pp. 147-86]

1. Heinrich Himmler, conforme citado por Emmerich, "The Mythos of Germanic Continuity". In: Dow e Lixfeld (Orgs.), *Nazification*, p. 43. | **2.** Ver relatório "Kampf für und gegen Astrologie und Okkultismus", BAB: NS 8/185, Amt Rosenberg, pp. 64-8. | **3.** Anrich, IfzG: 1867/56. ZS-542-6. "Bemerkungen zur Niederschrift über die Unterredung mit Professor dr. Ernst Anrich am 16. Februar 1960 (verfasst von dr. Hans-Dietrich Loock)", pp. 5-6. | **4.** Circular de Bormann para todos os Gauleiter, 7 maio 1941, BAB: NS 6/334. | **5.** Ibid. | **6.** Ibid. | **7.** Uwe Schellinger, Andreas Anton e

434   *Os monstros de Hitler*

Michael T. Schetsche, "Pragmatic Occultism in the Military History of the Third Reich". In: Black e Kurlander (Orgs.), *Revisiting the "Nazi Occult"*, p. 157. | **8.** Treitel, *Science*, pp. 209-10. | **9.** Ludendorff sobre Hanussen, sv, 5 fev. 1933, em NL Herbert Frank, IfzG: 414/38. | **10.** Kugel, *Hanussen*, pp. 159-62, 221-4; Kugel e Bahar, *Reichstagsbrand*, pp. 641-2. | **11.** Treitel, *Science*, p. 209. | **12.** Ibid., pp. 225-8; Wolffram, *Stepchildren*, pp. 203-6; Ver Hörmann para Neumann, 6 dez. 1940, Neumann para Hörmann, 9 dez. 1940, BAB: NS 18/497; Kersten, *Kersten Memoirs*, pp. 28-37. | **13.** Treitel, *Science*, p. 209. | **14.** Ibid., p. 201. | **15.** Na década de 1920, "cientistas, médicos, filósofos e teólogos profissionais" haviam "começado a se interessar de fato por ciências ocultas como a parapsicologia, a grafologia e a radiestesia". Treitel, *Science*, pp. 193-4. | **16.** Howe, *Nostradamus*, p. 129; Treitel, *Science*, pp. 226-8; Staudenmaier, "Nazi Perceptions of Esotericism", pp. 32-9. | **17.** Karsten, *Vampyre*, pp. 62-4. | **18.** Ver BAB: R 58/6206, relatório de Carl Pelz para Kripo, 28 fev. 1937; Treitel, *Science*, p. 220. | **19.** Treitel, *Science*, pp. 205-6. | **20.** Ibid., pp. 147-8. | **21.** Ibid., pp. 201-3. | **22.** Ver o artigo de *Das Schwarze Korps*, 26 nov. 1936, "Über einen grünen Weg", BAB: NS 5-VI/16959; Eric Kurlander, "Supernatural Sciences". In: Black e Kurlander (Orgs.), *Revisiting the "Nazi Occult"*, pp. 132-56; Treitel, *Science*, pp. 206-7, 212-5. | **23.** Ver o artigo de *Das Schwarze Korps*, 26 nov. 1936, "Über einen grünen Weg". | **24.** Schellinger et al., "Pragmatic Occultism". | **25.** "Dois dos principais astrólogos da Alemanha, por exemplo, Leopold Korsch e Hugo Vollrath, aproveitaram a ocasião da tomada do poder pelos nazistas para atacar um ao outro com mais veemência do que nunca, apelando para a nova Liga para a Proteção da Cultura Alemã de Goebbels a fim de resolver o debate." Howe, *Urania's Children*, pp. 114-8; H. C. Dierst, "Astropolitsche Fehltreffer". *Zenit*, pp. 43-52, 1933. "Em suas polêmicas", observou um cético já em 1926, "os ocultistas desenvolveram agora a tática de desacreditar seus oponentes e depois atribuir-lhes motivos tendenciosos." Perovsky-Petrovo-Solovovo, "Versuche zur Feststellung des sog. Hellsehens der Medien", pp. 51-4; Dierst, "Die astropolitische Tagespresse", pp. 180-4; Howe, *Urania's Children*, pp. 114-9; Walther, *Zum Anderen Ufer*, pp. 568-82. | **26.** Acessado em: <www.dorsten-unterm-hakenkreuz.de/2012/05/28/hubert-korsch-dorstener-petrinumabsolvent-jurist-verleger-und-begrunder-der-wissenschaftliche-nastrologie-wurde-1942-im-kzermordet>. O telegrama é ainda mais notável devido à opinião da Gestapo de que Korsch era um homossexual que criticava abertamente o regime nazista. Sobre as opiniões do Terceiro Reich a respeito da política e da vida privada de Korsch, ver BAB: R 9361V/7196. Correspondência sobre imoralidade, 23 jan. 1940, 21 abr. 1940, 9 set. 1937, 2 abr. 1935. | **27.** Ver cartas e documentos da Câmara de Literatura do Reich, 10 nov. 1934, 4 maio 1934, 5 set. 1934, 20 jan. 1937, BAB: R 58/6207; Lux, "On All Channels". In: Black e Kurlander (Orgs.), *Revisiting the "Nazi Occult"*, pp. 229-30. | **28.** Ibid., pp. 203-1. | **29.** Howe, *Sebottendorff*, pp. 64-5; Goodrick-Clarke, *Occult Roots*, p. 221. | **30.** Sebottendorff, "Thule-Bote". 15. Hartung 1934, Nummer 1. t. Thule-Bote, BAB: NS 26/2232. | **31.** Phelps "Before Hitler Came"; Howe, *Sebottendorff*, pp. 66-8. | **32.** Sebottendorff, "Thule-Bote". 15. Hartung 1934, Nummer 1. t. Thule-Bote, BAB: NS 26/2232; Gilbhard, Thule-Gesellschaft, pp. 176-8; Phelps, "Before Hitler Came"; Schriftleiter Rudolf von Sebottendorff. Erschienen 31. Gilbhart 1933, n. 1. Thule-Bote, BAB: NS 26/2232. | **33.** *Völkischer Beobachter*, 14 maio 1936. Abend der Thule-

Notas   435

-Gesellschaft, BAB: NS 26/2233; "Lieber Thulebruder!", por Valentin Büchold, H. G. Grassinger e Dr. Kurz, Munique, 20 mar. 1934; "Betrifft", por Valentin Büchold, H. G. Grassinger e Dr. Kurz, Munique, 19 mar. 1934; para Herrn Franz Dannehl, Tondichter, Thule-Bote, BAB: NS 26/2232. | **34.** Kater, "Artamanen", pp. 612-3. | **35.** Ibid., p. 618. | **36.** Ibid., pp. 619-21. | **37.** "Por motivos de tradução", observou um periódico *völkisch*, o *Germania*, "os membros da Wehrwolf têm permissão para manter suas insígnias pretas com a caveira". Ver Bund Wehrwolf. Ver também Wehrwolf para Frick, 15 jul. 1933, Frick para Wehrwolf, 2 ago. 1933, Verbindungsstab der NSDAP, 9 set. 1933, carta de Röhm, 25 ago. 1933, permitindo que o grupo mantivesse suas bandeiras; 10 out. 1933, artigo no *Germania*, "Wehrwolf in SA. Eingegliedert", BAB: R 1501/125673B. | **38.** Treitel, *Science*, p. 220. | **39.** Ibid., p. 221; Okkultismus-Neue Salemsgesellschaft, BAB: R 58/6218. | **40.** Goodrick-Clarke, *Occult Roots*, pp. 118-9, 170, 192-7; Bramwell, *Blood and Soil*, pp. 52-3, 95-6, 125-9. | **41.** O SD de fato reclamou da "série de erros inaceitáveis" que infundiam os "ensinamentos raciais" ariosóficos, desde a "perversidade sexual dos heróis arianos" até o uso de "fontes orientais antigas" como a "cabala judaica". Ver o relatório do SD sobre a antroposofia e a ariosofia, BAB: R 58/64, pp. 45-8. | **42.** Ver BAB: R 58/6217: gabinete de Himmler para a Frente Alemã para o Trabalho, 28 abr. 1939, pp. 1-2. | **43.** Ver relatórios do SD de 24 maio 1939, BAB: R 58/6217; ver também Bramwell, *Blood and Soil*, pp. 95-6, 126. | **44.** Treitel, *Science*, pp. 204-5, 227-8; ver também Staudenmaier, "Nazi Perceptions of Esotericism", pp. 31-5; Werner, *Anthroposophen*, pp. 7-13; BAB: R 58/6203: 13 abr. 1936, dissolução voluntária da Sociedade Teosófica; Staudenmaier, *Between Occultism and Nazism*, pp. 113-9, 223-6. | **45.** Ver relatório sobre a antroposofia, BAB: R 58/64, pp. 2-18; Werner, *Anthroposophen*, pp. 47-50. | **46.** Werner, *Anthroposophen*, pp. 7-8, 32-50, 66-72, 143-7, 194-6, 212-1, 341; Staudemaier, *Between Nazism and Occultism*, pp. 101-16; Bramwell, *Blood and Soil*, p. 176; Staudenmaier, "Organic Farming in Nazi Germany", p. 14. | **47.** Segundo Rauschning, Hitler teria dito: "Nós mesmos, os maçons ou a Igreja". Acrescentando em seguida: "Há espaço para um dos três e não mais [...] e nós somos o mais forte dos três e nos livraremos dos outros dois". Rauschning, *Voice of Destruction*, pp. 240-1. | **48.** Kersten, *Memoirs*, pp. 29-36; Sebottendorff, *Bevor Hitler kam*, p. 23. | **49.** Treitel, *Science*, pp. 216-9; ss Spengler escreve ss/sp, 1 out. 1941; Heydrich para organizações, 12 jan. 1942. In: R 58/1029; Werner, *Anthroposophen*, p. 310. | **50.** Chris Thomas, "Defining 'Freemason'" (*German Studies Review*, v. 3, n. 35, pp. 587-605, out. 2012); Melzer, "In the Eye of the Hurricane". | **51.** Relatório do SD de 30 jun. 1941, pp. 6-7, BAB: R 58/6517. Thomas, "Defining 'Freemason'", pp. 587-605; Cesarani, *Becoming Eichmann*, pp. 362, 44-5; ver também Staudenmaier, "Nazi Perceptions of Esotericism", pp. 32-40. | **52.** Ver sv, 2 maio 1933, em NL Herbert Frank, IfzG: 414/38; Kugel, *Hanussen*, p. 214; Treitel, *Science*, pp. 232-3. | **53.** Corroborando essa explicação, há o fato de que seu gabinete foi destruído e as linhas telefônicas foram cortadas após seu assassinato, enquanto Karl Ernst possuía os recibos de Hanussen referentes ao dinheiro emprestado a Helldorf quando ele foi morto em 1934. Cziffra, *Hanussen*, pp. 180-2; Kugel e Bahar, *Reichstagsbrand*, pp. 647-53; Treitel, *Science*, p. 233; Kugel, *Hanussen*, pp. 247-8, 260. | **54.** Kugel, *Hanussen*, pp. 202-3, 214, 246, 290-328; NL Herbert Frank, IfzG: 414/138, Ludendorff sobre Hanussen, 2 maio

1933; Treitel, *Science*, pp. 233-4; Hett, *Burning the Reichstag*, pp. 106-7, 131-2; Treitel, *Science*, pp. 233-4; Kugel e Bahar, *Reichstagsbrand*, pp. 15-6, 644-9. | **55.** Treitel, *Science*, pp. 232-4; Sickinger, "Hitler and the Occult"; Hanns Heinz Ewers, amigo de Hanussen, também foi marginalizado depois de 1933, mas suas crenças ocultas e sobrenaturais tiveram pouco papel nisso. Ewers permaneceu ativo no Terceiro Reich, obtendo, depois de 1934, a reintegração à Câmara de Literatura do Reich e o direito de publicar. H. Ewers: R 9361-V/5138, 6 ago. 1938; RMVP concorda em trocar Verbot por *Ameisen* e *Augen*, 12 jun. 1941; Karl Karsch, 11 jul. 1934; Reichsminister für Wiss., Erziehung, und Volksbildung percebendo o sucesso de Wessel, 24 jul. 1941; nota para o editor Englehardt, 13 ago. 1941; carta para Ewers, 18 jun. 1943; obituário positivo de FrZtg, 15 jun. 1936. | **56.** Treitel, *Science*, p. 221; Staudenmaier, "Nazi Perceptions of Esotericism", pp. 35-7. | **57.** Treitel, *Science*, pp. 223-4; 25 jul. 1938, carta do SD para o RSHA; 23 jul. 1938, Hauer encaminha uma corrente de carta, BAB: R 58 6206. | **58.** Hausmann, *Hans Bender (1907-1991)*, pp. 46-8; ver também relatórios, incluindo cartas do Reichsführer-SS para o ministro do Interior de fev. 1937, BAB: R 58/6207. | **59.** Ver Karsten, *Vampyre*; BAB: NS 18/497, Neumann para Hörmann, 12 set. 1940. | **60.** Treitel, *Science*, p. 219; ver também Spiker, *Geschlecht, Religion und völkischer Nationalismus*, pp. 99-134. | **61.** Artigos de 19 fev. 1933, 3 mar. 1933 e 28 mar. 1933 em NL Herbert Frank, IfzG: 414/138; Karsten, *Vampyre*, pp. 5-11; Stadthagen, *Die Raetsel des Spiritismus*, pp. 5-11; Pelz, *Die Hellseherin*. | **62.** Artigos de 19 fev. 1933, 26 mar. 1933, 28 mar. 1933 em NL Herbert Frank, IfzG: 414/138. | **63.** Karsten, *Vampyre*, pp. 3-4; Mathilde Ludendorff, BAB: R 1507/2091, pp. 178-80: correspondência de Röhm com Ludendorff, 28 dez. 1931; Pelz para Rosenberg, jan. 1941; Stadthagen para Tietze, 26 jan. 1941, BAB: NS 15/399, pp. 110-1. | **64.** Karsten, *Vampyre*, pp. 9-16, 53-4. | **65.** Ibid., pp. 62-4; Ludendorff, *Der Trug der Astrologie*. Munique: Ludendorff, 1932; Rehwaldt, *Religion*; Treitel, *Science*, p. 219; Spiker, *Geschlecht*, pp. 166-204. | **66.** Karsten, *Vampyre*; Ludendorff, *Der Trug der Astrologie*; Rehwaldt, *Die Kommendo Religion*; Treitel, *Science*, pp. 219-20; Spiker, *Geschlecht*, pp. 166-204. | **67.** Karsten, *Vampyre*, pp. 69-70. | **68.** Ibid., pp. 64-9; Ludendorff, *Trug der Astrologie*; Rehwaldt, *Religion*. | **69.** Treitel, *Science*, p. 225. | **70.** Ludendorff, *Trug der Astrologie*, pp. 1-2. | **71.** Ibid., p. 2. | **72.** Ibid., pp. 5-18: "Os astrólogos que alegavam ser uma fé antiga e também uma ciência jovem eram inerentemente contraditórios e perniciosos. Mas enquanto a mistura de sangue fizesse dos homens seres sem raízes", concluiu Ludendorff, essas formas semíticas de ocultismo dominariam. | **73.** "Die Astrologie", IGPP: 10/5 AII156. | **74.** Kaufmann, *Tibet*, pp. 107-14; Engelhardt, "Nazis of Tibet". | **75.** Heiden, "Preface", pp. 10-1. | **76.** Rehwaldt, *Geheimbuende in Afrika*, pp. 55-6. | **77.** "Os relatórios se contradizem na medida em que [um dos colaboradores mais próximos de Ludendorff] é retratado [tanto] como ocultista quanto como um fanático entusiasta de Ludendorff." Relatório do SD sobre o apoiador de Ludendorff, Küchenmeister, 23 jun. 1939. Embora Küchenmeister fosse um "fanático partidário de Ludendorff", seus livros sobre os "homens das sombras" e a morte não natural de Schiller representam tendências claramente esotéricas, prosseguia o relatório do SD, concluindo que "é preciso mais pesquisa para entender com quais círculos ocultistas Küchenmeister está associado". BAB: R 58/6217; Rehwaldt aprovado como membro do Bund Reichsdeutscher Buchhandler, 11 ago. 1936, RMVP

Notas

para Rehwaldt, 5 jun. 1939, BAB: R 9361-V; carta do Führer des SD-Leitabschnittes para Hermann Rehwaldt, 12 dez. 1940, BAB: R 58/7313. | **78.** Pelz, *Hellseherin*, pp. 5-11. | **79.** Relatório de Carl Pelz para Kripo, 28 fev. 1937; Nebe para Himmler, 23 mar. 1937, 24 abr. 1937, BAB: R 58/6206. | **80.** Nebe para Himmler, 23 mar. 1937, 24 abr. 1937, BAB: R 58/6206. | **81.** Ibid. | **82.** Ver Gellately, *Backing Hitler*; Gellately, *The Gestapo and German Society*; Johnson, *Nazi Terror*. | **83.** De acordo com Peter Staudenmaier, a hostilidade do SD estava menos relacionada à ideologia do que à falta de autoridade do ocultismo e à "busca de uma imagem e missão", ou seja, uma tentativa de se provar identificando e, posteriormente, exagerando o perigo de "inimigos ideológicos". Staudenmaier, "Nazi Perceptions of Esotericism", pp. 38-42. Ver também Staudenmaier, *Occultism*, pp. 214-22; ver também Dierker, *Himmlers Glaubenkrieger*. | **84.** Ver Tooze, *The Wages of Destruction*, pp. 238-9; Kershaw, *Hitler: Nemesis*, pp. 43--60. | **85.** Ver Kurlander, "Supernatural Sciences". In: Black e Kurlander (Orgs.), *Revisiting the "Nazi Occult"*, pp. 135-43, 145-51; Treitel, *Science*, pp. 214-5. | **86.** Bernard Hörmann, "Gesundheitsfuehrung und geistige Infektionen". *Volksgesundheitswacht*, v. 10, maio 1937, IGPP 10/5 BIII (Bender-Hellwig); BAB: R 58/6207. | **87.** Ver Treitel, *Science*, pp. 210-21, 222-3; Sickinger, "Hitler and the Occult"; Staudenmaier, "Nazi Perceptions of Esotericism", pp. 39-44. | **88.** Treitel, *Science*, pp. 221-2; Urbach, *Reich des Aberglaubens*, pp. 4-20, 49-65; R 58/6215B: ataques ao sectarismo. | **89.** Howe, *Nostradamus*, p. 129; Treitel, *Science*, p. 224; Howe, *Urania's Children*, pp. 114-9; Treitel, *Science*, pp. 226-8; 13 jun. 1937, o Stellvertreter des Führers cobra uma resposta do SD quanto ao pedido do Int. Astrologen Kongress, 19-25 jul. 1937, por Devisiebgenehmigung; Congress in Baden, BAB: R 58/6207. | **90.** Treitel, *Science*, pp. 228-30; Howe, *Urania's Children*, pp. 114-8; SD, carta de 23 ago. 1938, BAB: R 58/6205. | **91.** Treitel, *Science*, pp. 238-9; ver também relatórios de 4 ago. 1938, 30 jul. 1938, BAB: R 58/6207. | **92.** Ver artigo de Hörmann, "Schutz der ernsthaften Wissenschaft", jul. 1937, BAB: NS 5VI/16959; relatório de Bernhard Hörmann sobre Johannes Verweyen de 2 fev. 1937 e carta para a Câmara de Literatura do Reich, 30 jul. 1938, BAB: R 9361V/89324; relatórios sobre ocultismo endereçados a Hörmann de 2 set. 1938 e 13 dez. 1938, BAB: R 58/6206; Herlbauer para Hörmann, 26 fev. 1937; Herlbauer para Kittler, 3 dez. 1937; Herlbauer para a Chancelaria de Hitler, 7 fev. 1938, BAB: R 58/6217. | **93.** Hörmann, "Gesundheitsfuehrung". | **94.** "Em um sentido importante, o objetivo da Weltanschauliche Gegnerforschung era construir seus alvos e seus objetos de estudo, criar um perfil das tendências ocultistas e conformar a imagem do inimigo no molde preparado para ele e, em seguida, mobilizar-se contra esse oponente inventado." Staudenmaier, "Nazi Perceptions of Esotericism", pp. 49-50. | **95.** Ver artigos em *Volksgesundheitswacht*, 14 jul. 1937, pp. 211-2, 213-22; Kisshauer, "Die Astrologie"; *Völkischer Beobachter*, 5 out. 1938, publica artigo "Sterne und Schiksal. Kostproben astrologischer Propheziehungen", BAB: NS 5-VI/16959. | **96.** Schreiber para Stadthagen, 14 jan. 1941, BAB: NS 15/399. | **97.** Relatório da KdF, 28 fev. 1941, BAB: NS 15/399. | **98.** Gestapo para a Frente Alemã para o Trabalho, divisão KdF, Amt Deutsches Volksbildungswerk, 7 fev. 1941, BAB: NS 15/399. | **99.** Como disse Treitel, "mesmo sob a rubrica geral de hostilidade [...] a resposta oficial [nazista] ao ocultismo foi multifacetada, e nem todas as formas de atividade ocultista foram tratadas da mesma maneira". Treitel, *Science*, p. 231; Schellinger et al., "Zwischen Szientismus und Okkultismus" (*Zeitschrift für Anomalistik*, v. 10, pp. 287-321, 2010). | **100.** Treitel, *Science*, pp. 228-30, 238-9; Nils Klimsch, ss-Untersturmführer e sd Unterabschnitt, conexões com o ocultismo e biblioteca com obras ocultistas, 8 mar. 1938; 12 mar. 1938, Aktennotiz, 11 mar. 1938, Zentralbibliothek, BAB: R 58/6206. | **101.** Hausmann, *Hans Bender*, pp. 46-8. Ver cartas de Hellwig para Bender em IGPP 10 — 5 BIII (Bender--Hellwig), pp. 155-8; relatório da Frente Alemã para o Trabalho/Deutsches Volksbildungswerk, 5 jun. 1939, BAB: NS 18/497, Rolf Sylvéro (Eduard Neumann) Experimental-Psychologe; Werner, *Anthroposophen*, pp. 56-7. | **102.** Evidência de Ausweis para permissão de publicar concedida pela Câmara de Literatura do Reich/ Ministério da Propaganda, 29 ago. 1935; inquérito de Korsch, 26 jun. 1940; Anmeldung, 20 mar. 1937; 13 ago. 1937, "Ersuchen aus dem Strafregister"; 16 jul. 1934, carta do RMVP para o conselho da "organização"; 21 jun. 1934, carta da Câmara de Literatura do Reich; 19 jul. 1938, resposta da Câmara de Literatura do Reich à carta de Korsch, 22 dez. 1937; 3 fev. 1938, carta de Metzner na Câmara de Literatura do Reich, 9 set. 1937, e depois 23 jan. 1940, discutindo a condenação por imoralidade e mentira, da qual Korsch recorre (21 abr. 1940), sendo seu recurso rejeitado em 12 jun. 1940, BAB: R 9361--v/7196. | **103.** Himmler para Heydrich, 10 jan. 1939, BAB: R 58/6207; para mais detalhes sobre as tentativas cuidadosas do sd e da Gestapo de diferenciar entre "ocultismo científico" e charlatanismo ocultista, ver Haselbacher para Gestapo, 29 mar. 1937, Nebe para Himmler, 24 abr. 1937, Aktennotiz, 12 mar. 1938, relatórios de revisão por pares encaminhados a Ehlich por Hörmann, 13 dez. 1938, BAB: R 58/6206. | **104.** Relatório para Heydrich, 23 jun. 1938, BAB: R 58/6207. | **105.** Relatório de 4 ago. 1938; 29 set. 1938, Himmler concorda em endossar o panfleto da Geheimisse Mächte; 10 jan. 1939, Himmler para Heydrich, BAB: R 58/6207. | **106.** Himmler para Heydrich, 1 out. 1939, BAB: R 58/6207. | **107.** "Deutsche Arbeitsfront (okkultismus)". *Volksgesundheitswacht 1947 Nr. 14 Juli*, pp. 211-2; longo artigo sobre "Schutz der ernsthaften Wissenschaft", de Bernhard Hörmann, BAB: NS 5-VI/16959. | **108.** Ibid., *Volksgesundheitswacht 1947.* | **109.** Relatório de Kiendl para Hörmann, 2 set. 1938, 13 dez. 1938, BAB: R 58/6206; Herlbauer para Hörmann, 26 fev. 1937; Herlbauer para a Chancelaria de Hitler, 7 fev. 1938; Bayer para Kittler, 13 mar. 1938; Rossnagel para Kittler, 21 maio 1938, Kittler para Herlbauer, 1 jul. 1938; ver também Staudenmaier, *Between Occultism and Nazism*, p. 126; Howe, *Urania's Children*, pp. 173-6, 178-81; Frank, *Im Angesichts des Galgens*, pp. 15, BAB: R 58/6217. | **110.** Treitel, *Science*, pp. 238-9. | **111.** Pelz para Tietze, 26 jan. 1941, BAB: NS 15/399, p. 111. | **112.** Anexo a carta de Tietze, 28 jan. 1941; Stadthagen para Tietze, 26 jan. 1941, BAB: NS 15/399, pp. 110-1, BAB: NS 15/399, pp. 90-1; Pelz para Tietze, 26 jan. 1941, BAB: NS 15/399, p. 111. | **113.** Relatório de Kiendl para Hörmann, 2 set. 1938, 13 dez. 1938, BAB: R 58/6206; Herlbauer para Hörmann, 26 fev. 1937; Herlbauer para a Chancelaria de Hitler, 7 fev. 1938; Bayer para Kittler, 13 mar. 1938; Rossnagel para Kittler, 21 maio 1938; Kittler para Herlbauer, 1 jul. 1938; Frank, *Im Angesichts des Galgens*, p. 15; carta do sd de 2 ago. 1938, carta de 8 dez. 1936 para Frick, BAB: R 58/6205. | **114.** *Völkischer Beobachter*, 29 abr. 1937, "Aus dem Lesebuch des Zauberlehrlings. Von Abracadabra bis zum Magischen Zirkel", artigo em homenagem à celebração de 8-10 de maio do Círculo Mágico, BAB: NS 5-VI/16959. | **115.** Treitel,

Notas   439

Science, pp. 238-9. | **116.** Parecer sobre *Sternenmacht und Liebesleben*: 5 jan. 1938, Câmara de Literatura do Reich escreve pela primeira vez pedindo o banimento do livro; 16 fev. 1938, Câmara de Literatura do Reich escreve ao RMVP requisitando que o livro seja banido, R 56-V/1150. | **117.** Parecer sobre *Sternenmacht und Liebesleben*, relatório da Câmara de Literatura do Reich de 21 dez. 1937 descrevendo a situação, BAB: R 56--V/1150. | **118.** Ibid. | **119.** "Em vez de comparar dois horóscopos e múltiplos fatores de importância neles inscritos", observou Rosten, "a autora se restringe a comparar dois tipos de signos do zodíaco. Mas como nunca é possível encontrar representações puras de tipos de signos do zodíaco, em consequência das muitas combinações possíveis das constelações dos planetas em um horóscopo, a comparação de dois tipos de signos do zodíaco jamais pode ter significado prático." Ibid. | **120.** "A exposição do autor com relação à posição da Lua nos signos individuais parece igualmente grotesca"; "por meio desse tipo de conselho, os leigos apenas inculcarão o absurdo em uma forma que só pode ser prejudicial, porque produz uma visão totalmente equivocada das leis efetivas da harmonia entre marido e mulher." BAB: R 56-V/1150, parecer sobre *Sternenmacht und Liebesleben*: Rosten, 21 dez. 1937. | **121.** Parecer sobre *Sternenmacht und Liebesleben*, 10 maio 1938, BAB: R 56-V/1150. | **122.** Ver cartas de 9 nov. 1923, 20 abr. 1937, 26 ago. 1936, 13 nov. 1937; 17 out. 1938, 18 out. 1938, BAB: R 55/24198. | **123.** Dokument Abschriftlich, BAB: R 43 II/479. Hugo Koch, RMVP, zu pro-Astrologie--Politik der PPK Berlin, 20 maio 1941, acessado em: <www.polunbi.de/archiv/41-05-20-01.html>. | **124.** Ver carta da Frente Alemã para o Trabalho, 30 jan. 1940, BAB: NS 8/185, p. 53. | **125.** Ver relatório de Hitler sobre a PPK, 3 ago. 1938; relatório do RMVP, 10 maio 1941, BAB: R 43 II/479A, acessado em: <www.polunbi.de/ar-chiv/39-11-29-01.html>. | **126.** Ver o apoio de Kiendl ao "método original e útil de Werner Kittler, que reunia cientistas naturais e astrólogos" nos grupos de trabalho da Câmara de Literatura do Reich e do Ministério da Propaganda do Reich (RMVP), relatório de Kiendl a Hörmann, 2 set. 1938, BAB: R 58/6206; Werner Kittler, 14 mar. 1938, 13 jun. 1938, BAB: R 9361V/1107. | **127.** Dokument Abschriftlich, BAB: R 43 II/479A. Hugo Koch, RMVP, zu pro-Astrologie-Politik der PPK Berlin, 20 maio 1941, acessado em: <www.polunbi.de/archiv/41-05-20-01.html>. | **128.** Ibid. | **129.** "Convicto de sua própria capacidade de adivinhar a direção futura da Alemanha, Hitler não precisava de astrólogos e de outros que reivindicavam conhecimentos especiais. De fato, essas pessoas eram uma verdadeira ameaça a seu próprio poder." Sickinger, "Hitler and the Occult". | **130.** Karl Heinz Hederich, PPK para a Câmara de Literatura do Reich, Abt. Schrifttum — Stellungnahme gegen Verbot astrologischer Literatur Berlin, 14 out. 1939; Rosenberg para Bouhler, 29 nov. 1939, BAB: R 43 II/479A, acessado em: <www.polunbi.de/archiv/39-10-14-01.html>. | **131.** Sem mencionar o fato, concluiu Hederich, de que era "infantil pensar que o movimento nacional-socialista poderia ser ameaçado por publicações astrológicas". Rosenberg para Bouhler, 29 nov. 1939, BAB: R 43 II/479A, acessado em: <www.polunbi.de/archiv/39-11-29-01.html>. | **132.** Rosenberg para Joseph Goebbels, "Gegen Unterstützung astrologischen Schrifttums durch die PPK", Berlim, 29 nov. 1939, BAB: R 43 II/479A, acessado em: <www.polunbi.de/archiv/39-11-29-01.html>. | **133.** Ibid. | **134.** Goebbels era muito mais tolerante com o ocultismo e a superstição, por exemplo, do que com os cabarés. Nota de Joseph

Goebbels, "Trotz meiner wiederholten Erlasse vom 8. Dezember 1937, 6 Mai 1939 und 11. Dezember 1940", BAB: R 2/4871. | **135.** Treitel, *Science*, p. 39. | **136.** Stadthagen para Hörmann, presidente da Associação Alemã para o Combate a Influências Negativas na Saúde Pública, 26 jan. 1941, BAB: NS 15/399. | **137.** Pelz para Rosenberg, jan. 1941; Stadthagen para Tietze, 26 jan. 1941, BAB: NS 15/399, pp. 110-1; ver também Mauer para Deutsche Verlag, 27 dez. 1939, Pelz para a Câmara de Literatura do Reich, 1 jan. 1940, Câmara de Literatura do Reich para Pelz, 17 jan. 1940, discussão com Buhl, 20 dez. 1939, papel timbrado com a indicação "Carl Pelz, Vortragsredner des Reichsamtes Detusches Volksbildungswerk", BAB: R 9361-v/9000. | **138.** Schreiber para Stadthagen, 14 jan. 1941; Stadthagen para Hörmann, 26 jan. 1941, BAB: NS 15/399. | **139.** Schreiber para Stadthagen, 14 jan. 1941, BAB: NS 15/399. | **140.** Schreiber para Stadthagen, 20 fev. 1941, BAB: NS 15/399. | **141.** Stadthagen para Schreiber, 16 mar. 1941, BAB: NS 15/399. | **142.** Ibid. | **143.** Stadthagen para Schreiber, 16 mar. 1941, BAB: NS 15/399. | **144.** Ibid. | **145.** Ibid. | **146.** Ver Kershaw, *Hubris*, pp. 168-9; Kurlander, "Violence, Volksgemeinschaft, and Empire", pp. 921-4. | **147.** Stadthagen para Hörmann, 26 jan. 1941, BAB: NS 15/399; ver Kershaw, "Working towards the Führer" (*Contemporary European History*, v. 2, n. 2, pp. 103-18, jul. 1993). | **148.** Stadthagen para Hörmann, 26 jan. 1941, BAB: NS 15/399. | **149.** Ibid. | **150.** Stadthagen para Hörmann, 19 fev. 1941; Hörmann para Stadthagen, 3 fev. 1941, BAB: NS 15/399. | **151.** Carta da Chancelaria de Hitler para Kisshauer, 31 mar. 1941, BAB: NS 15/399. | **152.** Stadthagen para Brümmel, 22 fev. 1941, BAB: NS 15/399. | **153.** Cerco de Pelz, 6 fev. 1941, BAB: NS 15/399. | **154.** Gestapo para a Frente Alemã para o Trabalho, 7 fev. 1941, BAB: NS 15/399. | **155.** Registro da Frente Alemã para o Trabalho na carta da Gestapo, 7 fev. 1941, BAB: NS 15/399. | **156.** KdF, Divisão III/Vortragswesen, para Rosenberg, 28 fev. 1941, BAB: NS 15/399. | **157.** Ibid. | **158.** Anexo à carta, incluindo carta pessoal de Pelz para Rosenberg, 28 jan. 1941, BAB: NS 15/399. | **159.** KdF, Divisão III/Vortragswesen (Tietze), para "Beauftragten des Führers für die Überwachung der gesamten geistigen und weltanschaulichen Schulung und Erziehung der NSDAP", 28 fev. 1941, BAB: NS 15/399. | **160.** Ibid. | **161.** Ver novamente a carta anexada, incluindo a carta pessoal de Pelz para Rosenberg, 28 abr. 1941, BAB: NS 15/399. | **162.** Carta para o ministro do Reich e chefe da Chancelaria do Reich, 2 abr. 1941, do representante de Gutterer, acessado em: <www.polunbi.de/archiv/39-11-29-01.html>. | **163.** Werner, *Anthroposophen*, pp. 248-9, 259-61. | **164.** Carta a Reinhard Heydrich solicitando que a biblioteca astrológica de Heinrich Träncker fosse entregue a Himmler, devido ao seu grande interesse em tais assuntos, 4 dez. 1939; 5 dez. 1939, outra carta pedindo a Heydrich que todos esses materiais fossem enviados a Himmler; 6 jan. 1940, discussão sobre *Denkschrift zur Astrologie*; 16 fev. 1940, carta do RSHA sobre o memorando e o pedido de Himmler para que o SD reimprimisse o memorando da discussão de 6 jul. 1938, BAB: R 58/6207; Treitel, *Science*, p. 230; Werner, *Anthroposophen*, pp. 302-3; 7 set. 1939, Kisshauer para SS Hartl, e 4 set. 1939, memorando de Kisshauer, "Astrologie als Mittel zur Beeinflussung der Volksstimmung", BAB: R 58/6207. | **165.** Quando a guerra estourou, ainda existiam muitos jornais astrológicos, instituições antroposóficas, radiestesistas profissionais e "cosmobiólogos" praticantes. Treitel, *Science*, pp. 228-30; Goodrick--Clarke, *Occult Roots*, pp. 118-9, 192-7; Bramwell, *Blood e Soil*, pp. 95-6, 129; Glowka,

Deutsche Okkultgruppen, p. 28. | **166.** Rainer F. Schmidt, *Rudolf Hess*. Düsseldorf: Econ, 1997, p. 198. Alguns observadores afirmam ainda que Hess foi assassinado pela inteligência britânica para que não revelasse segredos sobre a má conduta britânica na guerra. Embora algumas dúvidas permaneçam, a autópsia parece ter confirmado a causa da morte. Ver Roy Conyers Nesbitt e Georges van Acker, *The Flight of Rudolf Hess* (Stroud: History Press, 2007), pp. 83-97. | **167.** Ibid., pp. 197-8. | **168.** Howe, *Urania's Children*, pp. 192-5; Schellinger, "Hess", pp. 321-2. | **169.** Schmidt, *Hess*, p. 198; Staudenmaier, *Between Nazism and Occultism*, p. 230; a hostilidade de Bormann ao ocultismo não era tão intensa quanto seu "ódio absolutamente diabólico ao cristianismo", mas ele via ambos os sistemas de crenças como rivais da ideologia nazista. Trevor-Roper (Org.), *Bormann Letters*, pp. xvi. | **170.** O caso Hess foi "uma comédia trágica [sobre a qual] era possível ao mesmo tempo rir e chorar [...]. A coisa toda surgiu da atmosfera em torno de sua cura pela fé e ingestão de grama. Um caso completamente patológico". Treitel, *Science*, pp. 216-7; Staudenmaier, "Nazi Perceptions of Esotericism", p. 46; Werner, *Anthroposophen*, p. 304; Schellinger, "Hess", p. 322. | **171.** Em 14 de maio, quatro dias após a fuga de Hess, Bormann relatou alegremente a Heydrich que Hitler havia finalmente decidido agir contra "ocultistas, astrólogos, curandeiros naturais e similares que atraem o povo para a estupidez e a superstição". Werner, *Anthroposophen*, p. 304; Longerich, *Hitlers Stellvertreter*, p. 153; Staudenmaier, "Nazi Perceptions of Esotericism", p. 46; Hitler teria dito, logo após a fuga de Hess: "Para mim, essa medida parece ter sido coautorizada por esses comparsas da astrologia pelos quais Hess se permitiu ser influenciado. Portanto, está mais do que na hora de esclarecer radicalmente esse lixo astrológico". Frank, *Im Angesichts des Galgens*, p. 401; Schellinger, "Hess", p. 320. | **172.** Treitel, *Science*, p. 225. | **173.** Ibid., p. 225. | **174.** Mesmo que Heydrich, o sd e a Gestapo tivessem recebido carta branca para prender ocultistas, a "atitude de Janus em relação ao ocultismo alemão" do Terceiro Reich persistiu. Schellinger, "Hess", pp. 323-5. | **175.** Staudenmaier, "Occultism, Race and Politics", pp. 325-7. | **176.** Schmidt, *Hess*, 192-7. | **177.** Browning e Matthäus, *The Origins of the Final Solution*, pp. 252-3. | **178.** Em 14 de maio, eles publicaram um artigo no *Völkischer Beobachter* detalhando as inclinações ocultistas de Hess, e escreveram em seus diários dois dias depois: "Toda a obscura fraude está agora finalmente desvendada. Os milagreiros, os queridinhos de Hess, estão sendo trancados a sete chaves". Treitel, *Science*, pp. 216-7; Schellinger et al., "Pragmatic Occultism". | **179.** Gerwarth, *Hitler's Hangman*, pp. 86-93, 106-7, 185-6; Werner, *Anthroposophen*, p. 309; Schellinger, "Hess", p. 322; Staudenmaier, *Occultism*, pp. 214-5. De certa maneira, Heydrich sentiu que o sd estava sendo marginalizado dentro do aparato policial da ss, já que a mudança havia se concentrado no policiamento de tendências "sectárias" para a perseguição de judeus, poloneses e outros grupos estrangeiros. Em resumo, a Ação Hess foi uma oportunidade para o sd afirmar sua autoridade no que dizia respeito a designar e policiar os inimigos ideológicos do nazismo. Staudenmaier, *Between Occultism and Nazism*, pp. 216-7. | **180.** Heydrich para Gauleiter, 4 jun. 1941, BAB: R 58/1029. | **181.** Ibid. | **182.** Heydrich para Lohse, 21 jun. 1941, BAB: R 58/1029; Schellinger, "Hess", pp. 321-2. | **183.** Carta de 8 dez. 1941, 14 jan. 1942 para Amt VII; 27 jan. 1942, outro pacote enviado para Amt VII, BAB: R 58/6204. |

184. Isso incluía a Sociedade Alemã para o Ocultismo Científico, por exemplo. O grupo havia mudado seu nome para Sociedade Metafísica Alemã a fim de evitar o mesmo nível de vigilância. Ver BAB: R 58/6216A e R 58/6217. Ver as extensas listas de pessoas detidas e materiais confiscados na Alemanha e na Áustria após a Ação Hess de jun. 1941; Schellinger et al., "Pragmatic Occultism", pp. 160-1; Treitel, *Science*, pp. 211-2, 241-2; Schellinger, "Hess". | **185.** Howe, *Urania's Children*, pp. 194-7. | **186.** Werner, *Anthroposophen*, pp. 303-4, 335; BAK: N 109411-1. Darré para Peuckert, 27 jun. 1941, Bartsch detido; Staudenmaier, "Organic Farming", pp. 10-1. | **187.** Treitel, *Science*, p. 238; Howe, *Urania's Children*, pp. 196-203. | **188.** Ver várias cartas, BAB: R 9361--V/38599, R 9361-V/89324. | **189.** Treitel, *Science*, p. 238; Howe, *Urania's Children*, pp. 198-203. | **190.** Treitel, *Science*, p. 224; Schellinger, "Hess", pp. 323-7; Staudenmaier, *Between Occultism and Nazism*, pp. 234-40; arquivos sobre perseguição ocultista, BAB: R 58/6216A. | **191.** Treitel, *Science*, p. 238. Ver também Hans Weinert, *Hellsehen und Wahrsagen ein uralter Traum der Menschheit* (Leipzig: Helingsche Verlagsanstalt, 1943). | **192.** Rosenberg para Bormann, 20 maio 1941, BAB: NS 8/185, pp. 47-8. | **193.** Ibid. | **194.** Ibid. | **195.** Ibid. Ver também Kurlander, "Supernatural Sciences". | **196.** Ver relatório "Kampf für und gegen Astrologie und Okkultismus", BAB: NS 8/185 Amt Rosenberg, pp. 64-8. | **197.** Ibid. | **198.** "Kampf für und gegen Astrologie und Okkultismus", pp. 66-8. | **199.** Bormann para Goebbels, 30 jun. 1941, BAB: NS 18/211. | **200.** Ibid. | **201.** Diretriz de Goebbels, 15 maio 1941, BAB: NS 43/1650. | **202.** Goebbels para Bormann, 3 jul. 1941, BAB: NS 18/211. | **203.** Schreiben Joseph Goebbels, RMVP, an Hans Lammers zu Kompetenzen des RMVP und der PPK bei der Buchzensur Berlin, 26 jun. 1941; Goebbels para Bouhler, 7 jul. 1941, Hugo Koch, 20 maio 1941, BAB: R 43 II/479A, acessado em: <www.polunbi.de/archiv/39-11-29-01.html>. | **204.** Ver depoimento de Pelz, "Verpflichtungserklärung", 7 jul. 1941; Schreiber para Tietze (Frente Alemã para o Trabalho), 16 jul. 1941; aviso a Kisshauer sobre a conferência do Ministério da Propaganda, 9 set. 1941; ver relatório declarando que "contribuições ao pseudo-ocultismo e áreas relacionadas pelo comissário criminal Carl Pelz estão mais uma vez permitidas", 9 set. 1941; Frente Alemã para o Trabalho para Kisshauer, 9 set. 1941, BAB: NS 15/399. | **205.** Pelz, "Verpflichtungserklärung", 7 jul. 1941; Schreiber para Tietze (Frente Alemã para o Trabalho), 16 jul. 1941, BAB: NS 15/399. | **206.** Heydrich para Darré, 18 out. 1941, NL Darré, BAK: N 109411-1. | **207.** "Diante disso, seria possível cogitar que Bender teria sido vulnerável a ações semelhantes contra si mesmo. No entanto, havia uma norma estipulando que a pesquisa científica sobre fenômenos ocultos e paranormais não era proibida — uma brecha importante, por assim dizer, para Bender." Lux, "On All Channels". In: Black e Kurlander (Orgs.), *Revisiting the "Nazi Occult"*, p. 228; Werner, *Anthroposophen*, p. 306; Treitel, *Science*, p. 225; Schellinger et al., "Pragmatic Occultism". | **208.** Relatório do Amt VII do SD, 22 set. 1941; proposta de Murawski, 14 maio 1941; carta de Spengler, 27 jun. 1941; carta de Schick, 30 jan. 1942, BAB: R 58/6517. | **209.** Carta da Frente Alemã para o Trabalho/Deutsches Volksbildungswerk, 5 jul. 1939, BAB: NS 18/497. | **210.** Pfriemer (Reichsstelle gegen Mißstuande im Gesundheitswesen) para Tiessler, 24 jan. 1942, BAB: NS 18/497. | **211.** Sylvéro para Gauring, gabinete local do Ministério do Esclarecimento Público e Propaganda, 3 ago. 1941, RMVP Bayreuth, carta de inquérito, 9 ago. 1941, RMVP para

Notas

Sylvéro, 19 ago. 1941, BAB: NS 18/497. | **212.** A proibição oficial do ocultismo pelo Reich, em junho, não causou estresse excessivo a Neumann, na verdade, já que em 1 ago. 1941, de acordo com um funcionário local do RMVP da Baviera, ele havia feito uma apresentação no leste da região, insistindo ter a aprovação da Chancelaria do Reich de Hitler, o que era verdade. Carta do RMVP, 11 ago. 1941, Neumann para Kremer, 19 ago. 1941, BAB: NS 18/497. | **213.** Sylvéro para RMVP, 21 ago. 1941, BAB: NS 18/497. | **214.** Ibid. | **215.** Sylvéro para Reichsring, 31 ago. 1941; 11 set. 1941; RMVP para Sylvéro, 12 set. 1941, BAB: NS 18/497. | **216.** Ibid. | **217.** RMVP, 1 set. 1941, BAB: NS 18/497. | **218.** Relatório sobre Veranstaltung Sylvéro, 15 set. 1941, BAB: NS 18/497 | **219.** Ibid.; RMVP para Reichsring, 24 set. 1941, DVB em KdF, 30 set. 1941, determinando não empregar Sylvéro. BAB: NS 18/497. | **220.** Carta de KdF, 16 out. 1941, incluindo relatório de 25 set. 1941, BAB: NS 18/497. | **221.** KdF de Munique escreve para Tietze, empregado da KdF de Berlim, 16 out. 1941, BAB: NS 18/497. | **222.** Ibid. | **223.** Sylvéro escreve para Tiessler, em 12 jan. 1942, mostrando a carta mencionada por ele em conversas em 5 e 8 jan., segundo as quais, em 9 dez. 1940, ele já havia concordado em realizar apresentações experimentais em conexão com Hörmann, BAB: NS 18/497. | **224.** Sylvéro para Tiessler, 12 jan. 1942, BAB: NS 18/497. | **225.** Tiessler para Hörmann, 16 jan. 1942, BAB: NS 18/497. | **226.** Pfriemer para Tiessler, 24 jan. 1942, referindo-se a um relatório de 5 jun. 1939 que seu gabinete já tinha enviado para a Frente Alemã para o Trabalho/ Deutsches Volksbildungswerk, BAB: NS 18/497. | **227.** Pfriemer para Tiessler, 24 jan. 1942, BAB: NS 18/497. | **228.** Para concluir, Pfriemer observou que as informações comprometedoras tinham a ver com um palestrante antiocultista em Dresden, Bernhard Springer, que alegava que Sylvéro aparecia usando seu nome. Pfriemer para Tiessler, 24 jan. 1942, BAB: NS 18/497. | **229.** Tiessler para Neumann, 28 jan. 1942, BAB: NS 18/497. | **230.** Neumann para Reichsring (Tiessler), 17 fev. 1942, BAB: NS 18/497. | **231.** Sylvéro para Tiessler, 29 abr. 1942, para confirmar a conversa de 20 abr. 1942 e a próxima reunião em out. 1942, BAB: NS 18/497. | **232.** Ibid. | **233.** Mueller para Tiessler, 8 jul. 1942, pedindo resposta a sua carta de 12 maio 1942; carta para Spangenberg no Reichsring, 29 dez. 1942; Reichsring para RMVP, 26 ago. 1941; Christiansen para RMVP, 26 ago. 1941, BAB: NS 18/497; relatórios dr propaganda, 30 abr. 1943, BAB: R 58/210, pp. 13-4. | **234.** Hitler e Goebbels preferiram esperar até o fim da guerra para acertar as contas com Galeno e o resto da Igreja. Ver Stoltzfus, *Hitler's Compromises*, p. 201. | **235.** Ver correspondência do vice-Führer para Hauptamt für Volkswohlfahrt, 5 fev. 1937; Janowitz in Personalabteilung escreve para NSDAP Stab des Stellvertreters des Führers, 19 jan. 1937; Daluege escreve para Rachor na Braunes Haus em 10 dez. 1936, BAB: NS 37/3630. | **236.** Ver artigo de Kisshauer, "Die Astrologie", 1937, BAB: NS 5VI/16959; Kisshauer para Kittler, 14 abr. 1939, BAB: R 58/6206; carta e memorando de Kisshauer para Hartl, 7 set. 1939; Rudolph para Kittler, 4 jun. 1940, BAB: R 58/6217. | **237.** "A precisão prática", escreveu Kisshauer, "é uma precondição necessária, pois, de outra forma, o autor pode ser facilmente descartado como risível nos círculos daqueles que são bem informados em assuntos ocultos, cujo número ainda é muito grande." Claramente, o autor não foi capaz de entender que "o ascendente proveniente da sexta casa" era "astrologicamente impossível", enquanto confundia Saturno e Júpiter. Mais exasperante para Kisshauer foi a frase "Mercúrio e a

Lua estão em um ângulo de sessenta graus em relação à Terra", uma vez que é completamente não astrológico falar dessa faceta em conexão com a Terra. Ver cartas de 25 ago. 1941, BAB: NS 15/399. | **238.** Ver Schellinger et al., "Pragmatic Occultism"; Schellinger, "Szientismus"; Kurlander, "Supernatural Science". In: Wulff, *Zodiac*, pp. 2-94. | **239.** Muito melhor do que abrir uma discussão pública, sugeriu Irkowsky, seria reunir um júri local e lidar com essas questões caso a caso, por meio da polícia. BAB: NS 18/497, Irkowsky para Tiessler, 3 dez. 1941. | **240.** Tiessler para Irkowsky, 5 dez. 1941, BAB: NS 18/497; como representante de Goebbels na Chancelaria do Partido de Bormann, Tiessler com frequência defendia a importância de manter um moral positivo em relação aos esforços de Bormann para atacar o ocultismo ou o cristianismo. Steigmann-Gall, *Holy Reich*, pp. 249-50. | **241.** Tiessler para Rosenberg, 6 dez. 1941, BAB: NS 18/497. | **242.** Irkowsky para Tiessler, 13 dez. 1941, BAB: NS 18/497. | **243.** Goepfert, *Immer noch Aberglaube!*, pp. 3-11. | **244.** Werner, *Anthroposophen*, p. 341. | **245.** Schellinger, "Hess", pp. 324-5; ver cartas de Bischof para RMVP, 8 ago. 1940, para Loth, 5 dez. 1942, Meyer para a Câmara de Literatura do Reich, 30 jun. 1941, Ewers para a Câmara de Literatura do Reich, 10 jun. 1940, Ewers para a Câmara de Literatura do Reich, 13 fev. 1942, Câmara de Literatura do Reich para Ewers, 15 abr. 1941, Cotta para a Câmara de Literatura do Reich, 12 fev. 1942, 30 mar. 1942, W. J. Becker para a Câmara de Literatura do Reich, 18 jun. 1943, BAB: R 9361-V/5138. | **246.** Somente depois de 1933 "a cultura alternativa tornou-se criminalmente desviante", e "os ocultistas, como tantos outros que pertenciam a grupos suspeitos, enfrentaram o terror do Estado". Treitel conclui, dizendo: "Embora o ocultismo possa ter desempenhado um papel menor no 'paraíso dos tolos' habitado pelos principais líderes nazistas, o fato é que a escalada da hostilidade foi o tema dominante na resposta do regime ao movimento ocultista". Treitel, *Science*, pp. 241-2. | **247.** Ibid., p. 209. | **248.** Ibid., pp. 241-2, 247-2. | **249.** Ver Kurlander, "Supernatural Sciences". | **250.** Conforme relatado pelo astrólogo pessoal de Himmler, Wilhelm Wulff, o Reichsführer estava convencido de que era possível "alinhar o conhecimento e os métodos da astrologia tradicional com as ciências naturais". Wulff, *Zodiac*, pp. 92-4. | **251.** Trevor-Roper (Org.), *Hitler's Secret Conversations*, p. 473; cf. Picker (Org.), *Hitlers Tischgespräche*, pp. 444-5. Os nazistas entendiam as superstições populares como uma parte saudável da consciência popular, ligada não à religião formal, mas à fé no poder da magia e do *Volk*; Holtz, *Die Faszination der Zwange*, pp. 13-5; Sickinger, "Hitler and the Occult". | **252.** Staudenmaier, "Nazi Perceptions of Esotericism", pp. 27-8.

5. As estrelas descem à terra glacial [pp. 187-226]

1. Burleigh, "National Socialism as a Political Religion", pp. 10-1. | **2.** Theodor Adorno, *Minima Moralia*, pp. 238-44. | **3.** Trimondi, *Hitler*, p. 120. | **4.** Ley admite que o Terceiro Reich produziu uma impressionante variedade de inovações tecnológicas, algo que ele atribuiu à "técnica de espingarda de Hitler; se você atira em buracos suficientes no desconhecido, algo pode cair em seu colo. E os nazistas tentaram de tudo, não importava quão selvagem fosse!". Ley, "Pseudoscience in Naziland", p. 91.

Notas 445

| **5.** Ibid. | **6.** Ley, "Pseudoscience", p. 90. | **7.** Ibid., p. 91; Treitel, *Science*, p. 22. | **8.** Dutton, "Theodor Adorno on Astrology", pp. 424-4. | **9.** Heiden, "Preface", MS Konrad Heiden (prefácio a Kersten), IfzG: ED 209/34, p. 12; A "absurda adesão [do Terceiro Reich] a algo obviamente não científico — de nossa perspectiva [contemporânea] — só pode ser explicada por meio da crença que une religião e ciência natural". Kater, *Das "Ahnenerbe"*, p. 226. | **10.** Lumir e M. K. Bardon, *Erinnerungen an Franz Bardon* (Wuppertal: Rüggeberg, 1992). | **11.** Geppert e Kössler, "Einleitung". In: *Wunder*, p. 46. | **12.** Heiden, prefácio a Kersten, *Memoirs*, p. 12. | **13.** Krafft para Bender, 20 fev. 1932, IGPP: 10/5 AII9, arquivo 1 (Krafft — Walther). | **14.** Bender para Krafft, Krafft para Bender, 4 dez. 1931, IGPP: 10/5 AII9, arquivo 1 (Krafft — Walther). | **15.** Bender para Krafft, 10 nov. 1936, IGPP: 10/5 AII9, arquivo 2 (Krafft). | **16.** Ibid. | **17.** Bender para Krafft, 5 dez. 1936, IGPP: 10/5 AII9, arquivo 3 (Krafft). | **18.** Bender para Krafft, 10 nov. 1936; Bender para Krafft, 5 dez. 1936, IGPP: 10/5 AII9, arquivo 2 (Krafft). | **19.** Walter Kröner, *Wiedergeburt des Magischen*, pp. 12, 14-6. | **20.** Ibid., pp. 13-4. | **21.** "Die Astrologie", IGPP: 10/5 AII56 ("Wissenschaftliche Korrespondenz", 1942-9). | **22.** Ver Quade, discurso de 10 dez. 1933, "Occultism and Politics", BAB: R 58/6218, pp. 37-9. | **23.** Howe, *Urania's Children*, pp. 103-19. | **24.** *Völkischer Beobachter,* "Aus dem Lesebuch des Zauberlehrlings", 29 abr. 1937, BAB: NS 5-VI/16959; Kurlander, "Hitler's Monsters"; Howe, *Nostradamus*, p. 126; Treitel, *Science*, pp. 214-5; Kersten, *Memoirs*, p. 148; ver Kurlander, "Supernatural Sciences". In: Black e Kurlander (Orgs.), *Revisiting the "Nazi Occult"*, pp. 134-40. | **25.** Howe, *Nostradamus*, pp. 123-4; Rauschning, *Voice of Destruction*, p. 244. | **26.** Howe, *Urania's Children*, pp. 114-8; Walter Laqueur, "Foreword". In: Wulff, *Zodiac*. | **27.** Howe, *Urania's Children*, pp. 114-8. | **28.** "Die Astrologie", IGPP: 10/5 AII56; Otto Sigfrid Reuter, *Germanische Himmelskunde* (Munique: J. F. Lehmanns, 1934). Quando Hanns Fischer escreveu um livro que exaltava a astrologia "ariana", *The Ur-Symbols of Humanity*, o regime permitiu a publicação por causa de suas raízes nos "sinais da ciência natural ariana". Dingler sobre Fischer, "Die Ur-Symbole der Menschheit", 1 dez. 1937, BAB: NS 21/1322; Ludendorff, *Trug*, pp. 2-5. | **29.** Parecer sobre *Sternenmacht und Liebesleben*: 5 jan. 1938, Câmara de Literatura do Reich escreve pela primeira vez pedindo o banimento do livro; 16 fev. 1938, Câmara de Literatura do Reich escreve ao RMVP requisitando que o livro seja banido; 5 abr. 1938, oficial da Gestapo para a Câmara de Literatura do Reich; Schlecht, do RMVP, finalmente responde ao presidente da Câmara de Literatura do Reich, 10 maio 1938, relatório da Câmara de Literatura do Reich de 21 dez. 1937; parecer de Rosten em 21 dez. 1937, BAB: R 56-V/1150. | **30.** Howe, *Urania's Children*, pp. 4-5, 99-102. Seguindo Bender e Krafft, esses astrólogos científicos procuraram ir além dos "métodos intuitivos favorecidos por ocultistas e teosofistas que incitavam os leitores a pensarem na astrologia como uma extensão da ciência da hereditariedade, explicando que a disposição dos céus poderia afetar o destino e o caráter de uma pessoa da mesma forma que seu material hereditário". Treitel, *Science*, pp. 22-41, 138-41; ver também Karl Frankenbach, "Die Zeichen der Zeit. Die grosse Konjunktion von 1842". *Zenit*, v. 5, maio 1931. | **31.** Kritzinger, *Todesstrahlen*, pp. 328-34. | **32.** "O fato de o corpo ser afetado por influências atmosféricas é evidente", enquanto "a imagem do sistema nervoso como um meio para o mundo exterior [...] o corpo astral" é clara. Kritzinger, *Todesstrahlen*, p.

356; ver também Kallmeyer, *Leben unsere Toten?*, p. 9. | **33.** Comentário em um livro de Robert Henseling, *Umstrittenes Weltbild*, 28 jan. 1939, IGPP: 10/5 AII9, arquivo 1 (Krafft — Walther); Kaufmann, *Tibet*, p. 139. | **34.** Kritzinger, *Erdstrahlen*; Heiden, "Preface", pp. 10-2; Kritzinger, *Magische Kräfte*; Kritzinger, *Mysterien von Sonne und Seele*; ver Hans-Hermann Kritzinger e Friedrich Stuhlmann (Orgs.), *Artillerie und Ballistik in Stichworten* (Berlim: Springer, 1939); Kritzinger, *Todesstrahlen*, pp. 192, 289--324; ver também R 58/6217: Frau Frieda Stein-Huch, 6 jan. 1938, sobre o trabalho de Kittler. | **35.** Walther, *Zum Anderen Ufer*, pp. 261-9, 409-92, 509-43. | **36.** Alexander Centgraf, 3 abr. 1937, requerimento à Câmara de Literatura do Reich que o mostra como Theol. Presse Referent, 1 abr. 1937; requerimento incluindo o parecer de um ex-funcionário, Rektor Schalck, 12 fev. 1937, BAB: R 9361-v/4599. | **37.** Alexander Centgraf, 3 abr. 1937, requerimento à Câmara de Literatura do Reich, 1 abr. 1937; parecer de um ex-funcionário, Rektor Schalck, 12 fev. 1937; 21 maio 1935, outro parecer da DAD Ortsgruppenwalter in Halle-Merseburg, 15 fev. 1937; declaração de admissão na Câmara de Literatura do Reich; 19 abr. 1941, atualização sobre AC e ainda um membro, BAB: R 9361V/4599. | **38.** Ver horóscopos de Krafft em Hans Bender, IGPP: 10/5 AII9, arquivo 2. | **39.** Karl Krafft, 19 jan. 1941, Gestapo afirmando que não há registros de nada "politicamente desvantajoso", BAB: R 9361-v/25648; *Der Mensch und das All*, IGPP: 10/5 AII9, arquivo 2 (Krafft); Howe, *Urania's Children*, p. 119; IfzG: 1867/56. ZS-542-6. Bemerkungen zur Niederschrift über die Unterredung mit Professor dr. Ernst Anrich am 16. Februar 1960, verfasst von Dr. Hans-Dietrich Loock. | **40.** Howe, *Urania's Children*, pp. 164-72; Wulff, *Zodiac*, pp. 15-6; Walther, *Zum Anderen Ufer*, pp. 560-7. | **41.** Laqueur, "Foreword". In: Wulff, *Zodiac*, pp. 6-7; ibid., pp. 19-32; Treitel, *Science*, pp. 216-7. | **42.** Carta de Hamburg Hauleitung RSK, 16 abr. 1937; 16 abr. 1937, carta sobre Wulff; 23 jun. 1937, longa carta do SD para a Câmara de Literatura do Reich explicando o trabalho problemático de Wulff, incluindo 10 mil horóscopos em mais de trinta anos, pelos quais cobrava de cinquenta a trezentos marcos, BAB: R 58/6207; 28 jul. 1937, Wulff e esposa entrevistados, detalhes no relatório de 16 jul. 1937; 15 jul. 1937, relatório da Gestapo sobre a esposa de Wulff; 16 jul. 1937, Wulff vai para a Gestapo, em Wilhelm Wulff, BAB: R 9361-v/40789. | **43.** Wulff, *Zodiac*, pp. 29-33; Kritzinger, *Todesstrahlen*, pp. 351-5; Urbach, *Reich*, pp. 33-8; Walther, *Zum Anderen Ufer*, pp. 568-82; Howe, *Urania's Children*, pp. 114-9. | **44.** Ver a chamada do jornal *Das Schwarze Korps* por trabalhos astrológicos positivos e o desejo de Werner Kittler de organizar um grupo de pesquisa cosmobiológico, BAB: R 58/6217. | **45.** Reimpressão de memorando da discussão de 6 jul. 1938, BAB: R 58/6207. | **46.** Carta do Obersturmbannführer do SD/ss, 23 jun. 1938; 4 ago. 1938, carta para o Obersturmbannführer da ss, dr. Ehlich, BAB: R 58/6207. | **47.** Himmler para Heydrich, 10 jan. 1939, BAB: R 58/6207. Em 1940, o SD reiterou mais uma vez a necessidade de manter aberta a pesquisa científica sobre astrologia; 16 fev. 1940, carta RSHA, BAB: R 58/6207. | **48.** BAB: R 58/6206: 71938, 13 dez. 1938, Hörmann escreve ao "Parteigenoisse dr. Ehlich!" e encaminha textos de dois pareceristas, um deles hostil (Karl Foltz), e o outro, amigável (Pg. Kiendl, um médico). | **49.** Relatório de Foltz, 28 ago. 1938, pp. 18-9, BAB: R 58/6206; relatório 14 jul. 1937, BAB: R 58/6207. | **50.** Relatório de Foltz, 28 ago. 1938, pp. 1-2, BAB: R 58/6206. | **51.** Ibid., pp. 3-10, BAB: R 58/6206. | **52.** Relatório

Notas

de Kiendl, 2 set. 1938, R 58/6206 (71938), pp. 1-2, 6. | **53.** Ibid., pp. 4-7. | **54.** Ver o apoio de Kiendl ao "método original e útil de Werner Kittler, que reunia cientistas naturais e astrólogos" nos grupos de trabalho da Câmara de Literatura do Reich e do Ministério da Propaganda do Reich (RMVP), BAB: R 58/6206. Relatório de Kiendl para Hörmann, 2 set. 1938, BAB: R 9361V/1107. | **55.** Ver dezenas de cartas remetidas e recebidas por Kittler do final de 1937 até o início de 1939, incluindo Kittler para Poprowski, 16 mar. 1938, convidando-o para "Mitarbeit innerhalb der Arbeitsgemeinschaft für kosmo-biologische Forschung"; Kittler para Georg Wilhelm Haag, 22 jul. 1938, em sua "Eigenschaft als Sacharbeiter des Referats Kosmobiologie der Reichsschrifttums-kammer", BAB: R 58/6217. | **56.** Reinhold Ebertin para Kittler, 12 mar. 1938; Kittler para Ebertin, 8 mar. 1938; Kittler, como "Sachbearbeiter für Kosmobiologische in der Reichsschrifttumskammer", para Rossnagel, 1 ago. 1937, BAB: R 58/6217. | **57.** Kittler para Rossnagel, 10 mar. 1938; Rossnagel para Kittler, 21 maio 1938; resposta de Kittler, 24 maio 1938; Kittler para Frau Frieda Stein-Huch, 4 maio 1938; para Frieda Stein--Huch, 6 jan. 1938, BAB: R 58/6217. | **58.** Reinhold Ebertin para Kittler, 12 mar. 1938; Kittler para Ebertin, 8 mar. 1938; Kittler convida Julius Hartmann, 10 set. 1938; 14 nov. 1938, escreve ao professor Göschl; Kittler para Trusen, 18 jan. 1939; Kittler para Thomas Ring, 24 ago. 1938; Kittler para Hermann Jaeger, 13 jul. 1938; Jaeger para Kittler, 11 jul. 1938; 13 jul. 1938, convite de Kritzinger; 21 jul. 1938, convite de Kittler para Frau Elisabeth v. Brasch, BAB: R 58/6217. | **59.** O *Heilpraktiker* e cosmobiólogo R. Herlbauer (Virusgo) escreve a Kittler, 3 dez. 1937; carta de Kittler a Karl Th. Bayer, 15 mar. 1938; Herlbauer para a Chancelaria de Hitler, 7 fev. 1938, BAB: R 58/6217. | **60.** Carta de Kittler para Herlbauer, 1 jul. 1938; Herlbauer para Kittler, 28 jun. 1938, BAB: R 58/6217. | **61.** Kisshauer para SD, 14 abr. 1939; relatório de Foltz, 28 ago. 1938, BAB: R 58 6206 (71938); Kisshauer para SS Hartl, 7 set. 1939; 4 set. 1939; memorando de Kisshauer, "Astrologie als Mittel zur Beeinflussung der Volksstimmung", BAB: R 58/6207. | **62.** Hugo Koch, RMVP, zu pro-Astrologie-Politik der PPK Berlin, 20 maio 1941, BAB (Reichskanzlei) R 43 11/479A. Grifos meus. | **63.** Ibid. | **64.** Ibid. | **65.** BAB (Reichskanzlei) R 43 11/479A Rudolf Erckmann, RMVP, zu Karl Heinz Hederich und dessen Verhältnis zu Astrologie Berlin, 21 maio 1941. | **66.** O mesmo ocorreu com a convicção das fartas "evidências científicas sobre a precisão das previsões baseadas em fundamentos cosmobiológicos", BAB (Reichskanzlei) R 43 11/479A Rudolf Erckmann, RMVP, zu Karl Heinz Hederich und dessen Verhältnis zu Astrologie Berlin, 21 maio 1941. | **67.** Rauschning, *Voice of Destruction*, p. 244. | **68.** Ibid. | **69.** Howe, *Urania's Children*, p. 7; Heiden, "Preface", IfzG: ED 209/34, p. 3. | **70.** "Fisiologicamente", o mágico "aparece como atávico [...] mergulhando de volta em estados que são 'superados' pelo tempo [presente] dominante [...]. Portanto, somente o mágico é capaz de aprender algo com os símbolos históricos, somente ele é capaz de interpretar formas de vida que desapareceram." Schertel, *Magic*, p. 98. | **71.** Ibid., pp. 48-65. | **72.** Ibid., pp. 70-9. | **73.** Ibid., p. 61. | **74.** Ibid., p. 62; "nenhuma de nossas percepções, seja 'imaginação' ou 'observação'", escreveu Schertel, "pode ser relacio-nada a qualquer 'coisa', uma vez que os fatos da consciência não se originam em 'coisas' [...]. Portanto, nenhuma percepção pode ser descrita per se como 'verdadeira' ou 'falsa', como 'certa' ou 'errada', como 'real' ou 'ilusória'"; ibid., p. 67. | **75.** A "imaginação emergente (subconsciente)" pode, então, ser "projetada no mundo exterior" e aparecer como alucinação ou realidade, "o que vai depender de poder ou não ser colocada em conformidade com nosso outro mundo de consciência". Ibid., pp. 69-70. | **76.** Ibid., pp. 135-6; Karl Kosegg, "Okkulete Erscheinungen verstuandlich gemacht?" (*Die Parapsychischen Erscheinungen*, n. 1, pp. vii-xi, 1936). | **77.** Trimondi, *Hitler*, pp. 24-5. | **78.** Ibid., pp. 140-4. | **79.** Michael O'Sullivan, "Disruptive Potential". In: Black e Kurlander (Orgs.), *Revisiting the "Nazi Occult"*, pp. 184, 195. | **80.** Hausmann, *Bender*, pp. 19-20. | **81.** Os psicólogos mais proeminentes da Alemanha, como Willy Hellpach e Carl Jung, utilizaram a parapsicologia em seus trabalhos, enquanto os líderes nazistas incentivavam as tentativas de estabelecer a parapsicologia como um campo legítimo. Lux, "On All Channels". In: Black e Kurlander (Orgs.), *Revisiting the "Nazi Occult"*, p. 226; Hellpach, *Einführung in die Völkerpsychologie*, pp. 104-5, 113-4; Klautke, "Defining the Volk"; Howe, *Urania's Children*, pp. 2-3; Manjapra, *Entanglement*, pp. 218-9, 231-3; <archive.org/stream/MemoriesDreamsReflectionsCarlJung/carlgusta-vjung-interviewsandencounters-110821120821phpapp02_djvu.txt>, pp. 176-7, 180-2, 198. | **82.** Lux, "On All Channels", p. 226. | **83.** Hausmann, *Bender*, pp. 41-51; Ernst Klee, *Das Personenlexikon zum Dritten Reich*, p. 37. | **84.** Lux, "On All Channels", pp. 229-31; *Volksgesundheitswacht*, v. 10, maio 1937, IGPP: 10/5 BIII (Bender-Hellwig). | **85.** Lux, "On All Channels", pp. 232-3. | **86.** Ibid., pp. 227-8. Uma conversa com um funcionário do Ministério da Propaganda, relatou Bender, "nos leva a crer que a parapsicologia científica não será prejudicada". Lux, "On All Channels", p. 232; Hausmann, *Bender*, pp. 52-4. Enquanto isso, na primavera de 1937, Bender recebeu a notícia de que o Ministério da Educação nazista havia aprovado sua proposta para um departamento de pesquisa sobre as ciências fronteiriças. Krafft para Bender, 4 jun. 1937, IGPP: 10/5 AII9, arquivo 3 (Krafft). | **87.** Hausmann, *Bender*, pp. 84-6, 96-7; carta ao dr. Hans Buchheim, 18 mar. 1953, IfzG: 1867/56. ZS-542-6, pp. 5-6. | **88.** Ver "Habilitationschrift", *Experimentelle Visionen* (dissertação, Universidade de Bonn, 1941); ver também Lux, "On All Channels", p. 226. | **89.** *Ansprache bei der ersten Fakultätssitzung im zweiten Semester der Reichsuniversität Strassburg am 22. April 1942*, "Sondermappe Universität Straßburg", 1942-3; IGPP: Bestand 10/5, AII17, pp. 1-2. | **90.** Hausmann, *Bender*, p. 37. | **91.** Lux, "On All Channels", p. 226; Heinz-Dietrich Loock, "Der Hünenburg-Verlag Friedrich Spiesers und der Nationalsozialismus". *Gutachten des Instituts für Zeitgeschichte*, v. 2, pp. 430-1, 1966; Hausmann, *Bender*, pp. 104-7; Thomas Ring para Bender, 23 out. 1942. "Korrespondenz Hans BenderFriedrich Spieser", 1942-68, IGPP: Bestand 10/5, AII17. | **92.** Spieser para Bender, 30 out. 1942, "Korrespondenz Hans Bender-Friedrich Spieser", 1942-68, IGPP: Bestand 10/5 AII17; Hausmann, *Bender*, pp. 102-4. | **93.** Ibid.; Hausmann, *Bender*, pp. 45-8, 101. | **94.** Schellinger, "Hess", p. 319, BAB: R 4901/2887, Internationaler Kongress fuer Kosmobiologie in Nizza and fuer Biophysik und Kosmobiologie in New York: Dr Franz Linke, Direktor des Universitäts-Institut für Meteorologie und Geophysik, para Herrn Minister für Wissenschaftlichen Fakultätder J. W. Goethe Universität, 12 maio 1938; Roth in Auswuartiges Amt, 27 maio 1938, "Schnellbrief"; ver Junginger, "Nordic Ideology in the ss and ss Ahnenerbe". In: Junginger e Åkerlund (Orgs.), *Nordic Ideology*, pp. 49-53. | **95.** Lux, "On All Channels", p. 226. | **96.** Spieser para Bender, 30 out. 1942,

Notas 449

"Korrespondenz Hans Bender-Friedrich Spieser", 1942-68, IGPP; Bestand 10/5 AII17; Hausmann, *Bender*, pp. 45-8, 101. | **97.** Schellinger, "Hess Aktion", pp. 329-31; Walter Schellenberg, *Hitlers letzter Geheimdienstchef* (Wiesbaden: Limes Verlag, 1979), pp. 39-49; Kersten, *Memoirs*, p. 148; Lux, "On All Channels", pp. 227-8; O próprio Anrich afirmaria, após a guerra, que Himmler imaginou "um instituto para o estudo da astrologia". Anrich, IfzG: 1536/54, ZS 542. | **98.** Anrich para dr. Hans Buchheim, 18 mar. 1953, IfzG: 1867/56. ZS-542-6; Hausmann, *Bender*, pp. 91-5; ver cartas, incluindo uma dos funcionários do Reichsführer-ss para Bender, 28 jul. 1943, em NL Bender, IGPP: 10/5 AIII2. | **99.** Hausmann, *Bender*, pp. 108-9. | **100.** Dr. Friedrich Spieser para Bender, 10 jul. 1942, "Korrespondenz Hans Bender-Friedrich Spieser", 1942-68, IGPP: 10/5 AII17. | **101.** Anrich para o dr. Hans Buchheim, 18 mar. 1953, IfzG: 1867/56. ZS-542--6; Loock, "Der Hünenburg-Verlag Friedrich Spiesers", pp. 430-1; Hausmann, *Bender*, pp. 104-7. | **102.** Hausmann, *Bender*, p. 37. | **103.** Ibid., pp. 109-10. | **104.** Ibid., pp. 56-9. | **105.** Ibid., pp. 109-10; Lux, "On All Channels", p. 227. | **106.** Hausmann, *Bender*, pp. 77-84; Bender para Göring, 16 abr. 1940, IGPP: 10/5 AII49. | **107.** Hausmann, *Bender*, pp. 118-22; para mais detalhes, ver Nagel, *Wissenschaft für den Krieg*. | **108.** Ibid.; Schellinger, "Szientismus"; Kurlander, "Supernatural Sciences", pp. 133-8. | **109.** BAB: R 43 II/479A, Igez. Erckmann, 21 maio 1941, acessado em: <www.polunbi.de/ar-chiv/41-05-21-01.html>. | **110.** Krafft para Bender, 4 dez. 1931, IGPP: 10/5 AII,9 arquivo 2 (Krafft). | **111.** Bender para Krafft, 1940, "Siebenjahr-Rhythmus", IGPP: 10/5 AII9, arquivo 1 (Krafft — Walther). | **112.** Até mesmo o círculo pagão-místico de Ludendorff e os antigos ocultistas nazistas, J. W. Hauer e Schwarz-Bostunitsch, fizeram críticas mordazes às afirmações científicas da antroposofia. IfzG: 414/138 (Frank): *Ludendorffs Volkswarte* (LVW), *Der Schaffende Volk*, 27 mar. 1932; LVW, 13 nov. 1932; M. Lud atacando "Wachsuggestion und Wahnideen als Mittelzur Priesterherrschaft, seelenärztliche Erkenntnisse", LVW, 11 dez. 1932; M. Lud, "Christliche Suggestivebehandlung als Wegbereiter zum künstlichen Irresein", LVW, 18 dez. 1932; "Der Trug der Astrologie", LVW, 8 jan. 1933; Ludendorffs "Vor'm Volksgericht", 31 dez. 1932; "Astronomie und Astrologie", SV, 5 fev. 1933. | **113.** Werner, *Anthroposophen*, pp. 7-8, 38-46, 75-6, 83, 93-4; Treitel, *Science*, p. 159. | **114.** Helmut Zander, "Esoterische Wissenschaft um 1900". In: Rupnow et al. (Orgs.), *Pseudowissenschaft*, pp. 88-9, 95-6; Staudenmaier, *Between Occultism and Nazism*, pp. 30-2. | **115.** Ibid. | **116.** Treitel, *Science*, pp. 212-3; ver também Staudenmaier, *Between Occultism and Nazism*, pp. 32-8; Bramwell, *Blood and Soil*, p. 176; Staudenmaier, "Organic Farming", p. 14. | **117.** Treitel, *Science*, pp. 212-3. | **118.** Kritzinger, *Erdstrahlen*; Walther para Bender, 30 nov. 1938, IGPP: 10/5 AII9, arquivo 1 (Krafft-Walther); Wulff, *Zodiac*, pp. 40-5; Mohler, *Die Konservative Revolution in Deutschland 1918-1932*, p. 447; Wilhelm Th. H. Wulff, *Tierkreis und Hakenkreuz. Als Astrologe an Himmlers Hof* (Gütersloh: Bertelsmann, 1968), p. 43; Jörg Vollmer, *Imaginäre Schlachtfelder* (Dissertação, FU Berlim, 2003), p. 420. | **119.** Stephens, "Blood, Not Soil", p. 178. | **120.** Harrington, *Reenchanted Science*, p. xx. O ariosofista *völkisch* Friederich Bernhard Marby, ocultista e especialista em cura natural, publicou essas ideias no livro de Dietz de 1935, *Die Ausstrahlungen des Menschens im Lichte neuer Forschung.* Jens Henkel, "Wie ich lerne pendeln?", pp. 114-5; Bramwell, *Blood and Soil*, p. 172. | **121.** Harrington, *Science*, pp. 207-8; *Zum Thema der Arbeitsgemeinschaft des Amtes*

Wissenschaft des NSD, "Sondermappe Universität Straßburg", 1942-3; Archiv des IGPP, 10/5, pp. 10-3. | **122.** Harrington, *Science*, pp. 103-7. | **123.** Ibid., pp. 36-7, 61-5. | **124.** Ibid., pp. 188-92; Kröner, *Wiedergeburt* (introdução de Driesch), pp. 84-99; "Parapsychology in Germany", 2009, acessado em: <heterodoxology.com/2012/07/17/parapsychology-in-germany-review-of-heather-wolfframs-stepchildren-of-science-2009>; Szczesny, *Presse*. | **125.** Ver Uwe Schellinger, "Trancemedien und Verbrechensaufklärung". In: Marcus Hahn e Erhard Schüttpelz (Orgs.), *Trancemedien und Neue Medien um 1900* (Bielefeld: Transcript Verlag, 2009), pp. 327-9. | **126.** Kröner, *Wiedergeburt*; Kröner, *Der Untergang des Materialismus und die Grundlegung des biomagischen Weltbildes* | **127.** Kröner, *Wiedergeburt*, pp. 20-1, 24. | **128.** Ibid., pp. 14-8. | **129.** A. Usthal, "Pendeltelepathie" (*Zentralblatt für Okkultismus*, 1932-3). | **130.** Treitel, *Science*, pp. 153-4; H. Th. Winzer e W. Melzer, "Cancer in the Light of Geophysical Radiation. Aeiologie und Pathogenese" (*Zeitschrift für Krebsforschung*, v. 3, n. 26, pp. 33-5, 1928); Henkel, "Wie ich lerne pendeln?", p. 112. | **131.** Treitel, *Science*, pp. 158-9. | **132.** Kaufmann, *Tibet*, pp. 368-9. | **133.** Kritzinger, *Erdstrahlen*, pp. 8-22, 25-39. | **134.** Ibid., pp. 42-87. | **135.**Ibid., pp. 1-7. | **136.** Ibid., pp. 28-38. Nas palavras de Kritzinger, "nossos ancestrais estavam mais do que certos quando empregavam um adivinho de confiança para limpar a área antes de construir uma casa, para não descobrirem depois, por meio de doenças crônicas, que não haviam construído em terreno saudável". Kritzinger, *Todesstrahlen*, p. 62. | **137.** Ibid., pp. 40-7. | **138.** Ludwig Straniak, *Das Siderische Pendel als Indikator der achten Naturkraft* (Rudolstadt: Gesundes Leben, 1937). | **139.** Ibid., pp. 5-16. | **140.** Henkel, "Wie ich lerne pendeln?", p. 113. | **141.** Relatórios sobre varas de adivinhação, pp. 1-10; Rickmers para Hedwig Winzer, 11 mar. 1933, 22 abr. 1933, 4 set. 1933, 11 out. 1933, 13 nov. 1933; Max Stehle para Winzer, 29 mar. 1934, 10 abr. 1934; Winzer para Stehle, 13 mar. 1937, 25 maio 1934, responde e elogia seu trabalho e ataca cientistas "dogmáticos"; Stehle para Winzer, 10 abr. 1934; Winzer para Stehle, 13 abr. 1937; 25 maio 1934; 10 fev. 1940, 22 jul. 1940, Rickmers escreve para Winzer, BAB: R 58/6206. | **142.** Ley, "Pseudoscience in Naziland", p. 93; Henkel, "Gesundes Leben", pp. 114-8, BAB: R 58/7383. | **143.** Treitel, *Science*, pp. 133-4. | **144.** Bartholomew, *Hidden Nature*, pp. 73-104, 215-40; ver correspondência, incluindo Schauberger para Hitler, 10 jul. 1934; relatório do dr. Willuhn, 13 jul. 1934, IfzG: ED 458/1, pp. 80-6, 99-100, 104-5; Michael Derrich, *Geheimwaffen des Dritten Reiches*, p. 192; carta para Reichskanzlei, 7 jul. 1934; promessa assinada de Schauberger, 10 jul. 1934; Schauberger para Lammers, 10 jul. 1934; 10 jul. 1934, Schauberger para Hitler, explicando por que ele não se aproximou de Mussolini, pp. 102-3; 14 jul. 1934, Roselius para Lammers, BAB: R 43-II/342. | **145.** Treitel, *Science*, pp. 213-6. | **146.** Trimondi, *Hitler*, p. 109. | **147.** Schäfer para Brandt, 25 jun. 1940, BAB: N 19/2709, pp. 3-6; carta do Sturmbannführer Frenzolf Schmid, 21 mar. 1937, BAB: NS 19/3974, pp. 10-1; carta da SS em nome de Schmid, 11 jan. 1937; Câmara de Literatura do Reich, 4 maio 1940; 10 dez. 1934, carta de Graf, BAB: R 9361-V/10777; Kaufmann, *Tibet*, pp. 368-71. | **148.** Longerich, *Himmler*, p. 266. | **149.** Pringle, *Plan*, p. 11; Bose, "Law and Freedom in the Interpretation of European Folk Epics", p. 31. | **150.** Pringle, *Plan*, p. 90. | **151.** Mees, "Hitler and Germanentum", pp. 255-70; Schertel, *Magie*, pp. 87-97; Henkel, "Wie ich lerne pendeln?", p. 116; Treitel, *Science*, pp. 132-4; 212-6. | **152.** E. Ernst, "'Neue

Deutsche Heilkunde'" (*Complementary Therapies in Medicine*, v. 1, n. 9, pp. 49-51, mar. 2001); Treitel, *Science*, pp. 213-4. | **153.** Ver <www.info3.de/ycms/artikel_1775.shtml>. A versão impressa aparece na edição de jul./ago. 2007 da revista de Peter Staudenmaier: "Anthroposophen und Nationalsozialismus", *Info3*, v. 32, pp. 42-3, 2007. | **154.** Kater, *Das "Ahnenerbe"*, pp. 214-5; Frenzolf Schmid, 21 mar. 1937, BAB: NS 19/3974, p. 10; Ernst, "'Neue Deutsche Heilkunde'", pp. 49-51; Treitel, *Science*, pp. 213-4. | **155.** Staudenmaier, *Nazism*, pp. 124-6. | **156.** "Neue Deutsche Heilkunde"; Treitel, *Science*, pp. 213-6; Staudenmaier, *Between Occultism and Nazism*, p. 123. | **157.** Merkel para Darré, 27 maio 1941; carta/parecer, 14 maio 1934; 11 mar. 1935 Merkel; 3 set. 1943, baseado no pedido de Hitler para simplificar a administração; 15 nov. 1939, chefe do Reichsnährstand, BAB: R16/12437. | **158.** Merkel para Darré, 27 maio 1941, BAB: R16/12437 (Reichsnährstand), p. 1. | **159.** Ibid. | **160.** Ibid., p. 2. | **161.** Ibid., p. 3. | **162.** Staudenmaier, "Anthroposophen und Nationalsozialismus"; <www.info3.de/ycms/artikel_1775.shtml>; Treitel, *Science*, pp. 213-4. | **163.** Bramwell, *Blood and Soil*, pp. 174-7. | **164.** O irmão e o médico de Ohlendorf eram antroposofistas, e seu funeral, em 1951, foi conduzido por outro líder pró-antroposofista da SS e sacerdote da "Comunidade Cristã", Werner Haverbeck. Staudenmaier, "Anthroposophen und Nationalsozialismus". | **165.** IfzG: ED 498/23 NL Otto Ohlendorf, 1945, pp. 1-2, 5-6; ver também Staudenmaier, "Nazi Perceptions of Esotericism", pp. 42-4. | **166.** Staudenmaier, "Anthroposophen und Nationalsozialismus", <www.info3.de/ycms/artikel_1775.shtml>; Merkel para Darré, 27 maio 1941, R 16/12437 (Reichsnährstand), p. 3. | **167.** Staudenmaier, "Nazi Perceptions of Esotericism", pp. 45-50; Bramwell, *Blood and Soil*, pp. 173-7; Staudenmaier, *Nazism*, pp. 115-8; Staudenmaier, "Anthroposophen und Nationalsozialismus"; <www.info3.de/ycms/artikel_1775.shtml>. | **168.** Helmut Zander, "Esoterische Wissenschaft um 1900. 'Pseudowissenschaft' als Produkt ehemals 'hochkultureller' Praxis". In: Rupnow et al. (Orgs.), *Pseudowissenschaft*, pp. 77-81; Staudenmaier, "Nazi Perceptions of Esotericism", pp. 27-30, 39-45. | **169.** Treitel, *Science*, p. 212. | **170.** Staudenmaier, "Organic Farming"; Staudenmaier, *Between Occultism and Nazism*, pp. 129-30. | **171.** Stephens, *Blood, Not Soil*, p. 175. | **172.** Staudenmaier, "Organic Farming", p. 14; Kritzinger, *Todesstrahlen*, pp. 99-140; Staudenmaier, *Between Occultism and Nazism*, pp. 131-3. | **173.** Staudenmaier, "Organic Farming", p. 14; Stephens, *Blood, Not Soil*, p. 188; Staudenmaier, *Between Occultism and Nazism*, pp. 101-6, 144-5. | **174.** NL Otto Ohlendorf, 1945, IfzG: ED 498/23, pp. 2-3; Werner, *Anthroposophen*, pp. 85-91; Staudenmaier, *Between Occultism and Nazism*, pp. 138-40. | **175.** Staudenmaier, "Organic Farming", pp. 6-7; Werner, *Anthroposophen*, pp. 89-91. | **176.** NL Otto Ohlendorf, 1945, IfzG: ED 498/23, pp. 2-3. | **177.** Parecer do dr. Hugo Koch, 20 maio 1941, Abteilung Schrifttum der RSK, gegen Engagement für die Astrologie in seiner Arbeit für die PPK. BAB: R 43 II/479A. | **178.** Werner, *Anthroposophen*, p. 93. | **179.** Pringle, *Plan*, pp. 40-1; Diehl, *Macht*, p. 59. | **180.** Ver correspondência e artigos de Darré em NL Darré, BAK: N 1094/16. | **181.** Darré para Lübbemeier, 26 abr. 1953, BAK: N 1094/11; Bramwell, *Blood Soil*, pp. 172-7. | **182.** Darré para Backe, 1 jun. 1941, BAK: N 1094II/1. | **183.** Darré para Himmler, 5 jun. 1939, em NL Darré, BAK: N 1094II/58; Darré, "Zur Geschichte des SS-RasseUnd-Siedlungshauptames", em NL Darré, BAK: N 1094I/3, pp. 2-5. | **184.** NL Otto Ohlendorf, 1945, IfzG: ED 498/23, p. 6; Werner, *Anthroposophen*, p. 306. | **185.** Staudenmaier, "Organic Farming"; Werner, *Anthroposophen*, pp. 49-51, 279-83; Erhard Bartsch, 31 maio 1938, R 9361-v/13284; Staudenmaier, "Nazi Perceptions of Esotericism", pp. 45-6. | **186.** Werner, *Anthroposophen*, pp. 279-82; Kurlander, "Supernatural Sciences", p. 141. | **187.** NL Otto Ohlendorf, 1945, IfzG: ED 498/23, pp. 4-7. | **188.** Ibid., p. 5. | **189.** Ao explicar a prisão de Bartsch a Darré, Heydrich afirmou que a "essência do ensinamento antroposófico" não poderia fornecer "nenhuma ideologia a todo o povo, apenas perigosos ensinamentos sectários para um círculo restrito de pessoas". Heydrich para Darré, 18 out. 1941, em NL Darré, BAK: N 109411/1; Werner, *Anthroposophen*, p. 310. | **190.** Heydrich para Darré, 18 out. 1941, em NL Darré, BAK: N 109411/1. | **191.** Darré para Peuckert, 27 jun. 1941, em NL Darré, BAK: N 109411/1; IfzG: ED 498/23 NL Otto Ohlendorf, 1945, p. 7; Werner, *Anthroposophen*, pp. 303-5; Bramwell, *Blood and Soil*, p. 124; carta para Darré, 10 jun. 1941, BAK: N 109411-1 Kiel para Darré, 10 jun. 1941, N 109411-1; ver correspondência em NL Darré, BAK: N 1094/14. | **192.** Werner, *Anthroposophen*, p. 284. | **193.** Ibid., pp. 267, 59, 66, 72, 301-2. | **194.** Halter, "Zivilisation"; Pringle, *Plan*, p. 180. | **195.** Ibid., p. 79. | **196.** Ibid. | **197.** Kaufmann, *Tibet*, pp. 139-40. | **198.** Kater, *Das "Ahnenerbe"*, p. 50. | **199.** Ver <www. mpiwg-berlin.mpg.de/en/research/projects/DeptIII-ChristinaWessely-Welteislehre>. | **200.** Ibid. | **201.** Wessely, *Welteis*, pp. 165, 215-22; Wessely, "Welteis, die 'Astronomie des Unsichtbaren' um 1900". In: Rupnow et al. (Orgs.), *Pseudowissenschaft*, pp. 178-88. | **202.** Halter, "Welteislehre"; Wessely, *Welteis*, pp. 165-96, 226-33. | **203.** Wessely, *Welteis*, pp. 223-6, 233-7; Halter, "Welteislehre"; Kater, *Das "Ahnenerbe"*, p. 151. | **204.** Ver <www.mpiwg-berlin.mpg.de/en/research/projects/DeptIII-ChristinaWessely--Welteislehre>; Ley, "Pseudoscience in Naziland", p. 98. | **205.** Bowen, *Universal Ice*, pp. 3-6. | **206.** Trimondi, *Hitler*, p. 12. | **207.** Goodrick-Clarke, *Black Sun*, p. 133; ver carta de 4 ago. 1942, "Der Führer äusserte im Frühjjahr dieses Jares im Gespräch den Reichsführer gegenüber", IfzG: MA 3/8; de Hase para Hitler, 11 jul. 1936; Hitler para Hase, 14 jul. 1937, BAB: NS 21/714. | **208.** Goodrick-Clarke, *Black Sun*, p. 133. | **209.** Bowen, *Universal Ice*, p. 7. | **210.** Ver relatório do SD de 30 jun. 1941; pedido de Hess para avaliação de Dacque em 13 jul. 1940, 5 set. 1940, BAB: R 58/6517. | **211.** Kater, *Das "Ahnenerbe"*, p. 51. | **212.** Ley, "Pseudoscience in Naziland", p. 98. | **213.** Wessely, *Welteis*, pp. 238-9; Kater, *Das "Ahnenerbe"*, p. 51. | **214.** Pedido de Hess para avaliação de Dacque em 13 jul. 1940 e 5 set. 1940, pp. 1-3, BAB: R 58/6517, pp. 6-10, BAB: R 58/6517. | **215.** Bowen, *Universal Ice*, p. 16. | **216.** Kater, *Das "Ahnenerbe"*, p. 50; Himmler para Wüst, 6 mar. 1938, IfzG: MA 3/8. | **217.** Kater, *Das "Ahnenerbe"*, pp. 51-2. | **218.** Ibid., p. 51. | **219.** Ibid., p. 52. | **220.** Halter, "Welteislehre". | **221.** Ibid.; Bowen, *Universal Ice*, p. 149. | **222.** Bowen, *Universal Ice*, pp. 130-46; Kaufmann, *Tibet*, pp. 139-40; nazista devoto, Elmayer é autor da biografia de 1942 *Georg Ritter von Schönerer* (Munique: Franz Eher, 1942); Scultetus para Elmayer, 21 dez. 1936, BAB: N S21/699 (cosmogonia glacial); Halter, "Welteislehre". | **223.** Kater, *Das "Ahnenerbe"*, pp. 52-3. | **224.** Robert Hauke, 25 jan. 1938, Scultetus para Herr Hauke, 19 jan. 1937, BAB: NS 21/770. | **225.** *Forschungsreise Abessinien*, out. 1936; carta de Hörbiger, 9 set. 1936. Hans Robert Hörbiger, BAB: NS 21/1606; Scultetus para Galke, 18 out. 1936, BAB: NS 21/770. | **226.** Ver Goodrick-Clarke, *Black Sun*, pp. 132-3; Kater, *Das "Ahnenerbe"*, p. 52. | **227.** Pringle,

Notas 453

Plan, pp. 179-82; Kaufmann, *Tibet*, pp. 140-2. | **228.** Kaufmann, *Tibet*, pp. 140-1; Trimondi, *Hitler*, p. 111. O primeiro desses romances, *Das glaeserne Meer* [O mar de cristal] (1930), contava a história de uma antiga raça nórdica forçada a se deslocar para o sul após a queda da "Lua Terciária", sobrevivendo através do roubo de mulheres arianas e submetendo as "raças mais escuras" à escravidão. Já *Fruehling in Atlantis* [Primavera em Atlântida] (1933) retratava a antiga era de ouro ariana, quando 2 milhões de nórdicos "Asen" governavam 60 milhões de sub-humanos "escuros", e *Die letzte Koenigin von Atlantis* [A última rainha de Atlântida] (1931) narrava o declínio de Atlântida devido à captura de nossa lua há 14 mil anos — o que levara os remanescentes da população ariana a fugir para os Andes, onde praticaram uma rigorosa eugenia a fim de preservar a raça. Por fim, *Die Singschwaene aus Thule* [O canto do cisne de Thule] (1939) discute como os nórdicos tentaram retornar ao norte, mas, forçados a se mudar para o sul pelo frio, fundaram a civilização grega. Ver Goodrick-Clarke, *Black Sun*, pp. 132-3; Wessely, *Welteis*, pp. 163, 256-7. | **229.** Wessely, *Welteis*, pp. 223-6. | **230.** Kater, *Das "Ahnenerbe"*, pp. 7-11. | **231.** Ibid., pp. 7-8. | **232.** Junginger, "Nordic Ideology", p. 52; Kater, *Das "Ahnenerbe"*, pp. 11-6; Reitzenstein, *Himmlers Forscher*, pp. 25-37. | **233.** Ibid., pp. 17-35; Harten, *Himmlers Lehrer*, p. 18. | **234.** Kater, *Das "Ahnenerbe"*, pp. 37-43; Junginger, "Nordic Ideology", pp. 51-2. | **235.** Ibid., pp. 12--8, 58-69. | **236.** Himmler buscava um único objetivo: "ele apenas queria ver a própria genialidade refletida em seus projetos, ver seus [...] pensamentos confirmados". Kater, *Das "Ahnenerbe"*, p. 226. | **237.** Ibid., pp. 37-57, 59-61, 72-89. | **238.** Ibid., pp. 87-9; Reitzenstein, *Himmlers Forscher*, pp. 149-51. | **239.** Trimondi, *Hitler*, p. 110. | **240.** Kater, *Das "Ahnenerbe"*, p. 50; Pringle, *Plan*, p. 277. | **241.** Kater, *Das "Ahnenerbe"*, p. 110; Ley, "Pseudoscience in Naziland", p. 98. | **242.** Kater, *Das "Ahnenerbe"*, pp. 51-2. | **243.** Ibid.; Pringle, *Plan*, pp. 277-9; Ley, "Pseudoscience in Naziland", p. 98. | **244.** Ley, "Pseudoscience in Naziland", pp. 98-9. | **245.** Urbach, *Das Reich des Aberglaubens*; ver artigos de 19 fev. 1933 e 26 mar. 1932, IfzG: 414/138. | **246.** Kaufmann, *Tibet*, p. 139; Wessely, *Welteis*, pp. 248-9; ver carta de Berlim-Bablesberg Sternwarte, 10 jun. 1938, para Ahnenerbe, IfzG: MA 3/8; Scultetus para Galke, 17 fev. 1937, BAB: NS 21/770. | **247.** Scultetus para Galke, 12 dez. 1936, BAB: NS 21/770; Scultetus para Galke, 18 out. 1936; Scultetus para Galke, 12 dez. 1936; Scultetus para Herr Hauke, 19 jan. 1937, BAB: NS 21/770. | **248.** Carta de Himmler de 22 jun. 1938, IfzG: MA 3/8; Halter, "Welteislehre". | **249.** Ibid.; Junginger, "Nordic Ideology", p. 52. | **250.** Sobre a disposição de Heisenberg a se comprometer politicamente com o regime, ver Rose, *Heisenberg and the Nazi Atomic Bomb Project*, pp. 302-9. | **251.** Kater, *Das "Ahnenerbe"*, p. 52. | **252.** Scultetus para Hörbiger, 19 maio 1938, BAB: NS 21/1604; Longerich, *Himmler*, pp. 279--80; Wessely, "Welteis", p. 190; Kater, *Das "Ahnenerbe"*, p. 52. | **253.** Kater, *Das "Ahnenerbe"*, pp. 118-9; Wessely, *Welteis*, pp. 236-7. | **254.** Wessely, *Welteis*, pp. 224-6; Kater, *Das "Ahnenerbe"*, p. 52; Hans Robert Scultetus, 1 fev. 1943; promoção em 19 mar. 1936; Galke para Scultetus, 14 jul. 1936; Scultetus para Galke, 14 ago. 1936; Scultetus para Kiss, 30 jan. 1937; 28 jun. 1937, Wolff registra que Milch permitiu que Scultetus deixasse a Luftwaffe e fosse para a SS; carta de Milch para Wolff, 22 dez. 1936, BAB: NS 21/2547 (B.1); Kater, *Das "Ahnenerbe"*, pp. 214-5. | **255.** Fauth para Hummel, 13 fev. 1938, BAB: NS 21/770. | **256.** Ver Hörbiger para Scultetus, 14 abr. 1937; Hörbiger para Scultetus, 13 abr. 1937; Sievers para Hinzpeter, 19 abr. 1937, BAB: NS 21/770; Fauth para Hummel, 13 fev. 1938, BAB: NS 21/770. | **257.** Hörbinger para Scultetus, 15 abr. 1937; Hörbinger para Scultetus, 13 abr. 1937; Sievers para Hinzpeter, 19 abr. 1937, BAB: NS 21/770. | **258.** Elmayer, *Schönerer*; Scultetus para Elmayer, 21 dez. 1936, BAB: NS 21/699 (cosmogonia glacial). | **259.** Scultetus para Elmayer, 6 dez. 1936, Scultetus para Elmayer, 4 jan. 1937, Scultetus para Fauth, 17 mar. 1937, BAB: NS 21/699 (cosmogonia glacial). | **260.** Scultetus para Fauth, 17 mar. 1937, BAB: NS 21/699. Enquanto isso, Scultetus pediu a Sievers que produzisse, em contraste com a literatura da ss, uma introdução simplificada à cosmogonia glacial para propagação entre a SA. Scultetus para Sievers, 27 maio 1937, BAB: NS 21/770. | **261.** Kunze para Loder, 6 fev. 1937, BAB: NS 21/699. | **262.** Lautner para Loder, 28 jan. 1937, BAB: NS 21/699. | **263.** "Publicações desse tipo têm o potencial de prejudicar a reputação das instituições estatais e, consequentemente, do próprio Estado." Hoffmeyer para Franz Eher Verlag, 29 jan. 1937, BAB: N S21/699. | **264.** Scultetus para Elmayer, 30 jan. 1937, BAB: N S21/699. | **265.** "O senhor trabalhou para a Reichsführung [Himmler] durante todo o ano. Além disso, assinou o Protocolo de Pyrmont e, portanto, se comprometeu com um trabalho leal. Se quisermos conseguir algo para a cosmogonia glacial, esse tipo de esforço especial não pode ocorrer." Scultetus para Hinzpeter, 22 mar. 1937, BAB: NS 21/770; Wessely, *Welteis*, pp. 257-8. | **266.** Hinzpeter para Sievers, 25 abr. 1937, BAB: NS 21/770. | **267.** Sievers para Hinzpeter, 30 abr. 1937; Himmler para Hinzpeter, 30 abr. 1937, BAB: NS 21/770. | **268.** Hörbinger para Hinzpeter, incluindo uma "carta aberta", 25 maio 1913; ver também Hörbinger para Scultetus, 25 maio 1937; Scultetus para Hörbinger, 27 maio 1937; Scultetus para Sievers, 27 maio 1937, BAB: NS 21/770. | **269.** Hörbinger para Haenichen, 13 jan. 1938, BAB: NS 21/770. | **270.** Kiss para o Reichsgeschäftsführer da Ahnenerbe, 4 out. 1938, BAB: NS 21/770. Apesar de suas tentativas de obter o apoio da base da Sociedade para a Promoção da Cosmogonia Glacial, Hinzpeter não conseguiu superar a oposição de Scultetus, Kiss e Ahnenerbe. Ver cartas dos membros para Scultetus, 11 jan. 1938, 6 jan. 1938, 7 jan. 1938, BAB: NS 21/770. | **271.** K. Hummel, "Wissenschaft und Welteislehre". *Zeitschrift der Deutschen Geologischen Gesellschaft*, v. 90, pp. 46-50, jan. 1938. | **272.** Não foi "coincidência que as teorias de Hörbiger sobre a cosmogonia glacial, desenvolvidas antes da guerra, tenham alcançado seu primeiro grande sucesso junto ao público alemão nos anos do pós-guerra". Ibid. | **273.** O fato de "os seguidores e representantes da cosmogonia glacial não serem proletários, mas, em grande parte, representantes de grupos sociais completamente burgueses (especialmente de áreas técnicas)", opinou Hummel, "mostra até que ponto prosperavam a confusão mental e a alienação entre os diferentes estratos". Hummel, "Wissenschaft". | **274.** Ibid. | **275.** Scultetus para Wüst, 9 fev. 1938; Fauth para Hummel, 7 fev. 1938, BAB: NS 21/770. | **276.** Hummel para Fauth, 11 fev. 1938, BAB: NS 21/770. | **277.** Ibid. | **278.** Fauth negou que sua crença na cosmogonia glacial fosse "baseada na fé", embora tenha admitido acreditar que, "ao lado da cosmogonia glacial, nunca existiu outra visão de mundo com tamanha coerência, amplitude e consistência". Fauth para Hummel, 13 fev. 1938, BAB: NS 21/770. | **279.** Memorando de Fauth, fev. 1938, BAB: NS 21/770. | **280.** Ver protocolo, 19-21 jul. 1939, BAB: NS 21/458. | **281.** "Allgemein verstaendliche Darstellungen der Welteislehre", jul. 1939; Sievers

Notas   455

para Forschungstätte für Geophysik, 21 ago. 1939, BAB: NS 21/458 (cosmogonia glacial). | **282.** Ibid. Fauth, 24 abr. 1938, BAB: NS 21/1342 (B.2). | **283.** Wessely, "Welteis". In: Rupnow et al. (Orgs.), *Pseudowissenschaft*, p. 190; Wessely, *Welteis*, pp. 251-9; Pringle, *Himmler*, p. 280. | **284.** Treitel, *Science*, p. 248. Se "nazistas como Hess, Himmler e até mesmo, ocasionalmente, Hitler, se envolveram com o ocultismo em variados graus", escreveu Treitel, esses "envolvimentos eram essencialmente privados, parte de sua adoção mais geral da medicina natural". Ele conclui que "não há evidências de que os interesses ocultistas dos nazistas alguma vez tenham sido levados em conta nas principais decisões políticas". Além disso, a afinidade seletiva dos nazistas com o ocultismo foi ofuscada pela enorme hostilidade do regime em relação ao movimento ocultista em geral. Treitel, *Science*, pp. 239-40; Saler, "Modernity and Enchantment"; Geppert e Kössler, *Wunder*, pp. 455-8. | **285.** Mesmo "sob a rubrica geral de hostilidade", admite Trietel, "a resposta oficial [nazista] ao ocultismo foi multivalente, e nem todas as formas de atividade ocultista foram tratadas da mesma maneira". Treitel, *Science*, pp. 216-7. | **286.** Ver <www.mpiwg-berlin.mpg.de/en/research/projects/DeptIII-ChristinaWessely-Welteislehre>. | **287.** Harrington, *Reenchanted Science*, pp. 175-85; ver também Treitel, *Science*, pp. 132-3. | **288.** "[É] irrelevante quão objetivamente falsas" eram as "premissas originais" dos cientistas fronteiriços nazistas e "quão antimetodológicas e ilógicas" suas teses poderiam ter sido. O sucesso dessas ideias "do ponto de vista nacional-socialista não pode ser descartado com uma retrospectiva histórica; ele definiu uma geração de fanáticos". Kater, *Das "Ahnenerbe"*, p. 358.

6. A corte de Lúcifer [pp. 227-68]

1. Kersten, *Memoirs*, p. 149. | **2.** Trevor-Roper (Org.), *Conversations*, p. 319; Picker, *Tischgespräche*, p. 184. | **3.** Rahn, *Luzifers Hofgesind*, p. 8. | **4.** Ver <www.telegraph.co.uk/culture/film/starsandstories/3673575/The-original-Indiana-JonesOtto-Rahn-and-the-temple-of-doom.html>. | **5.** Brandt para Best, abr. 1943, BAB: NS 19/688. | **6.** Evans, "Nazism, Christianity and Political Religion", p. 5; ver ensaios em Puschner e Vollnhals (Orgs.), *Bewegung*. | **7.** Steigmann-Gall, *Holy Reich*; Hastings, *Catholicism and the Roots of Nazism*; Steigmann-Gall, "Rethinking Nazism and Religion", p. 104; Hastings, "How 'Catholic' Was the Early Nazi Movement?"; Junginger e Åkerlund (Orgs.), *Nordic Ideology*, pp. 39-40; ver também ensaios em Gailus e Nolzen (Orgs.), *Zerstrittene "Volksgemeinschaft"*. | **8.** Burleigh, "National Socialism as a Political Religion", pp. 4-5; Klaus Vondung, "Religiösität". In: Puschner e Vollnhals (Orgs.), *Bewegung*, pp. 29-41; Klaus Vondung, "National Socialism as a Political Religion", pp. 87-90; ver também Klaus Vondung, *Deutsche Wege zur Erlösung*, pp. 24-8, e Maier, "Political Religion", p. 39. | **9.** Ver Junginger e Åkerlund (Orgs.), *Nordic Ideology*, pp. 39-58; Maier, "Political Religion", pp. 10-1; Bergen, "Nazism and Christianity"; Stanley Sowers, "The Concepts of 'Religion', 'Political Religion', and the Study of Nazism" (*Journal of Contemporary History*, v. 1, n. 42, pp. 9-24, jan. 2007); Puschner, "Weltanschauung und Religion, Religion und Weltanschauung"; Williamson, "A

Religious Sonderweg?"; Mosse, *Nationalization*, pp. 202-5; Burleigh, *The Third Reich*, pp. 261-5; Trevor-Roper (Org.), *Conversations*, p. 173; Grabner-Haider e Strasser, *Hitlers mythische Religion*; Koehne, "Paganism", p. 760; Goodrick-Clarke, *Occult Roots*, pp. 29-31. | **10.** Burleigh, "National Socialism as a Political Religion", pp. 11-2. Para mais detalhes sobre a "ética" de Hitler, ver Weikart, *Hitler's Ethic*. | **11.** Junginger, "Intro". In: Junginger e Åkerlund (Orgs.), *Nordic Ideology*, pp. 7-8; Goodrick-Clarke, *Occult Roots*, p. 177. | **12.** Koehne, "Paganism", pp. 777-8. | **13.** Em dezembro de 1922, a "noite do solstício de inverno" e do "divino herói do sol" foi novamente celebrada pelo NSDAP. E, mais uma vez, a morte e o renascimento de Cristo ficaram em segundo plano em relação às discussões sobre a mitologia nórdica e a "ressurreição do nosso povo". Koehne, "Paganism", pp. 782-3. | **14.** Na esteira de uma extensa pesquisa sobre o apoio protestante e católico alemão ao nazismo, alguns historiadores começaram a argumentar que o próprio movimento nazista pode ser fundamentalmente cristão. Ver Günter Lewy, *The Catholic Church and Nazi Germany* (Nova York: Da Capo, 2000); Denzler, *Die Kirchen im Dritten Reich*; Baranowski, *The Confessing Church, Conservative Elites, and the Nazi State*; Kershaw, *Popular Opinion and Political Dissent in the Third Reich*; Spicer, *Resisting the Third Reich*; ver também Evans, "Nazism, Christianity and Political Religion", pp. 5-7; Zumholz, *Volksfrömmigkeit und Katholisches Milieu*; Steigmann-Gall, *Holy Reich*, pp. 2-7, 84-5, 153-6, 216-49; Hastings, *Catholicism*. | **15.** Kaufmann, *Tibet*, p. 165. | **16.** Steigmann-Gall, *Holy Reich*, p. 259; Gailus, "A Strange Obsession with Nazi Christianity"; Piper, "Steigmann-Gall, The Holy Reich"; Irving Hexham, "Inventing 'Paganists'"; Treitel, *Science*, pp. 199-200. | **17.** Schormann, "Wie entstand die Karthotek, und wem war sie bekannt?"; Jörg Rudolf, "Geheime Reichskommando-Sache!". In: Bauer, et al. (Orgs.), *Himmlers Hexenkartothek*, pp. 86--94; <www.dailymail.co.uk/news/article3498908/Heinrich-Himmler-s-stash-books-witchcraft-discovered-Czech-library-hidden-50years.html>. | **18.** Rudolf, "Geheime Reichskommando-Sache!", pp. 64-8, 70-9; ver carta para gabinete pessoal e análise sumária da Ahnenerbe e tradução de documentos do Gauamtsleiter Walter Steinecke (Lemgo), 11 jul. 1938, BAB: R 58/1599, pp. 4-5; Rudolf, "Geheime Reichskommando--Sache!", pp. 58-9. | **19.** Wolfgang Brückner, "Hauptströmungen nationalsozialisti-scher Volksunde-Arbeit". In: Bauer et al. (Orgs.), *Hexenkartothek*, pp. 30-1. | **20.** Rudolf, "Geheime Reichskommando-Sache!", pp. 86-94. | **21.** Schormann, "Wie entstand die Karthotek, und wem war sie bekannt?", pp. 135-42. | **22.** "Introduction". In: Bauer et al. (Orgs.), *Hexenkartothek*, p. xiii; Walter Rummel, "Die Erforschung der sponhei-mischen und kurtrierischen Hexenprozessakten durch Mitglieder des H-SonderauftragsAnspruch und Wirklichkeit". In: Bauer et al. (Orgs.), *Hexenkartothek*, pp. 143-8. | **23.** Ver relatório do Gauamtsleiter Walter Steinecke (Lemgo), BAB: R 58/1599, pp. 7-9; Schier, "HexenwahnInterpretationen". In: Bauer et al. (Orgs.), *Hexenkartothek*, p. 9; cartas e relatórios solicitando gravações e bibliografia sobre bruxas, BAB: R 58/7484 (Teufelsaustreibung). | **24.** Rudolf, "Geheime Reichskommando-Sache!", p. 51; ver também Brandt para Wolfram Sievers, BAB: R 58/1599, pp. 9-10, 19-26; Wüst, *Indogermanisches Bekenntnis*, p. 12; Bärsch, *Politische Religion*, p. 333. | **25.** Gugenberger e Schweidlenka, *Faden der Norne*, pp. 142-3, 162-77. | **26.** Mayer, *Erdmutter und Hexe*, pp. 11-4. | **27.** Ibid., pp. 15-28, 32-9. | **28.** Ibid., pp. 40-7. | **29.** Lassen, *Hexe Anna*

Schütterlin, pp. 10-33, 35-45, 51-54, 72-84. | **30.** Ludendorff, *Christliche Grausamkeit an Deutschen Frauen*; ver também Bettina Amm, "Die Ludendorff-Bewegung im Nationalsozialismus". In: Puschner e Vollnhals (Orgs.), *Bewegung*, pp. 127-48; Bettina Amm, *Die Ludendorff-Bewegung* (Hamburgo: Ad Fontes, 2006). | **31.** Schormann, "Wie entstand die Karthotek, und wem war sie bekannt?", pp. 177-8. | **32.** Rudolf, "Geheime Reichskommando-Sache!", pp. 53-5. | **33.** Kaufmann, *Tibet*, p. 166. | **34.** Rudolf, "Geheime Reichskommando-Sache!", pp. 53-5. | **35.** Longerich, *Himmler*, p. 225. | **36.** Pringle, *Plan*, p. 56. | **37.** Longerich, *Himmler*, pp. 219-21, 271-2; Stoltzus, *Hitler's Compromises*, pp. 178-83; Spence, *Occult Causes*, p. 146; Piper, "Steigmann-Gall, *The Holy Reich"*, pp. 51-2; BAB: R 58/6217: Entwurf: für ein "Jahrbuch der Nordischen Aktion"; Hans H. Reinsch para Gengler, vertraulich, 6 jul. 1938; 26 ago. 1936, carta de Schriftleiter, da editora Hammer, para Reinsch. | **38.** Trevor-Roper (Org.), *Bormann Letters*, pp. xvi-xviii, pp. 51-2; Steigmann-Gall, *Holy Reich*, p. 259. | **39.** NL Robert Ley, BAK: N 1468/5, pp. 24-5; Kühne, *Belonging and Genocide*, p. 131. | **40.** Piper, "Steigmann--Gall, *The Holy Reich"*, pp. 53-4. | **41.** Para salvar o cristianismo, sugeriu Goebbels, era preciso "destruir" os sacerdotes. Hexham, "Inventing 'Paganists'", pp. 63-4; Gailius, "A Strange Obsession with Nazi Christianity", p. 40. | **42.** Rudolf, "Geheime Reichskommando-Sache!", pp. 58-9. | **43.** Picker, *Tischgespräche*, p. 355; Trevor-Roper (Org.), *Conversations*, p. 255; cf. Picker, *Tischgespräche*, pp. 104-6; Ach, *Hitlers Religion*, pp. 67-84. | **44.** Rosenberg (Org.), *Eckart*, pp. 23-4. | **45.** Kaufmann, *Tibet*, p. 165. | **46.** Trevor-Roper (Org.), *Conversations*, p. 255; cf. Picker, *Tischgespräche*, pp. 106, 305. | **47.** Picker, *Tischgespräche*, p. 104; Hitler, *Mein Kampf*, p. 268; ver também Ach, *Hitlers Religion*, pp. 113-4, 156-7; Hexham, "Inventing 'Paganists'", p. 65. | **48.** Prof. dr. Von Hasselbach, "Hitlers Mangel an Menschenkenntnis", 26 set. 1945, em NL Adolf Hitler, BAK: N 1128-33, p. 7. Bispos católicos frustrados, como Sproll e Galen, confrontaram abertamente o que consideravam "o paganismo do Estado". Stoltzfus, *Hitler's Compromises*, p. 129. | **49.** Trevor-Roper (Org.), *Bormann Letters*, pp. xvi-xviii; entrevista de Christa Schroeder com Albert Zoeller em NL Hitler, e BAK: N 1128/33, p. 141. Como observou o embaixador austríaco em Berlim, o "ataque do Terceiro Reich às igrejas [...] é uma guerra de exaustão que começa com a alma da criança e tem como objetivo, lenta e gradualmente, acabar com as escolas católicas e afastar os fiéis das igrejas, das casas religiosas e de outras instituições da igreja, de modo que elas se tornem redundantes ao longo de décadas". Stoltzfus, *Hitler's Compromises*, p. 177. | **50.** Kersten, *Memoirs*, p. 155; Piper, "Steigmann-Gall, *The Holy Reich"*, pp. 50-1; "depois da guerra", afirmou Himmler, "os deuses germânicos serão restaurados". Pringle, *Plan*, p. 56. | **51.** Koehne, "The Racial Yardstick", p. 584. | **52.** Entrevista de Christa Schroeder com Albert Zoeller em NL Hitler e BAK: N 1128/33, p. 141; Ach, *Hitlers Religion*, pp. 94, 112, 118. | **53.** Hexham, "Inventing 'Paganists'", p. 65; ver também Koehne, "The Racial Yardstick", p. 587. | **54.** Trevor-Roper (Org.), *Conversations*, p. 49; Picker, *Tischgespräche*, pp. 73, 267. Sobre a hostilidade duradoura dos nazistas, mas também o medo de antagonizar a Igreja durante a guerra, ver Stoltzfus, *Hitler's Compromises*, pp. 188-206. | **55.** Entrevista de Schroeder em NL Hitler, e BAK: N 1128/33, p. 141; Steigmann-Gall, *Holy Reich*, pp. 96-101, 153-6, 245-59. | **56.** Vondung, "National Socialism as a Political Religion", p. 94; Junginger e Åkerlund (Orgs.), *Nordic Ideology*, pp. 44-52; Pois, *National*

458   *Os monstros de Hitler*

Socialism and the Religion of Nature, p. 3; Koehne, "Paganism", pp. 788-90. | **57.** Hastings, *Catholicism*; Oded Heilbronner, "From Ghetto to Ghetto"; Goodrick-Clarke, *Occult Roots*, pp. 192-3; Wulff, *Zodiac*, pp. 32-8; Longerich, *Himmler*, pp. 739-40. | **58.** Bärsch, *Politische Religion*, pp. 133-4; Koehne, "Paganism", pp. 788-9. | **59.** Steigmann-Gall, *Holy Reich*, p. 261; Eckart, *Der Bolschewismus*, pp. 24-5; Bergen sobre Steigmann-Gall, "Nazism and Christianity". | **60.** Redles, *Hitler's Millennial Reich*, pp. 8-9; Maier, "Political Religion", p. 12; Goodrick-Clarke, *Occult Roots*, pp. 192-3; Wulff, *Zodiac*, pp. 32-8. | **61.** Koehne, "Paganism", pp. 784-6; Koehne, "The Racial Yardstick", pp. 587-8. | **62.** Schormann, "Wie entstand die Karthotek, und wem war sie bekannt?", pp. 177-8; ver relatórios em BAB: R 58/1599, pp. 9-10, 19-26; Wüst, *Indogermanisches Bekenntnis*, p. 12; Bärsch, *Politische Religion*, p. 333; Rudolf, "Geheime Reichskommando-Sache!", pp. 82-3; Longerich, *Himmler*, pp. 266-7. | **63.** Piper, "Steigmann-Gall", p. 56; ver também Maier, "Political Religion", p. 14; Steigmann-Gall, *Holy Reich*, pp. 261-2. | **64.** NL Darré, BAK: N 10941/77, pp. 94-5, 124. | **65.** Hasselbach, "Hitlers Mangel an Menschenkenntnis", p. 7. | **66.** Seu secretário particular, Traudl Junge, relembra como um comentário ou uma pergunta qualquer poderia fazer com que Hitler se lançasse em "discussões interessantes sobre a Igreja e o desenvolvimento da humanidade". Traudl Junge, *Bis zur Letzten Stunde* (Berlim: Ullstein, 2003), p. 122. | **67.** Trevor-Roper (Org.), *Conversations*, pp. 49-51, 473; Picker, *Tischgespräche*, pp. 444-5; Jörgen Hansen, *Volkskunde und völkische Schule* (Braunschweig: Westermann, 1935), p. 71. | **68.** Trevor-Roper (Org.), *Conversations*, p. 473; Picker, *Tischgespräche*, pp. 444-5; Holtz, *Die Faszination der Zwange*, pp. 13-5. | **69.** Kaufmann, *Tibet*, p. 168. | **70.** Kersten, *Memoirs*, p. 148. | **71.** Longerich, *Himmler*, p. 281. | **72.** Rosenberg Denkschrift, BAB: NS 15/447, p. 2. | **73.** Ibid., p. 3; ver também o parecer de Rosenberg, BAB: NS 15/447, pp. 9-11; Ach, *Hitlers Religion*, pp. 132-3. | **74.** Goebbels, "Knowledge and Propaganda"; Rauschning, *Hitler Speaks*, pp. 239-40; Longerich, *Himmler*, p. 256; Goodrick-Clarke, *Occult Roots*, pp. 192-3; Wulff, *Zodiac*, pp. 32-8. | **75.** Pois, *National Socialism*, p. 3; para mais detalhes sobre a "religião panteísta da natureza" nazista, ver Weikart, *Hitler's Religion*. | **76.** Pois, *National Socialism*, pp. 10-1. | **77.** Spence, *Occult Causes*, pp. 122-3; ver também Pois, *National Socialism*, pp. 10-1; Ach, *Hitlers Religion*, pp. 63-6; Pois, *Religion of Nature*, p. 10; Hansen, *Volkskunde*, pp. 75-6; Treitel, *Science*, p. 194; Walther, *Zum Anderen Ufer*, pp. 294-311, 321-41, 568-82; Bärsch, *Politische Religion*, p. 57; Spence, *Occult Causes*, p. 146; ver também Quade, "Occultism", 12 out. 1933, pp. 33-4, BAB: R 58/6218 (SD RSHA). | **78.** Pois, *National Socialism*, pp. 5-10; Hansen, *Volkskunde*, pp. 88-9; Ach, *Hitlers Religion*, pp. 77-8, 83-4, 89-93, 106-9. | **79.** Hitler, mencionado em Ach, *Hitlers Religion*, p. 68; cf. Trevor-Roper (Org.), *Conversations*, pp. 229-30. | **80.** Rosenberg Denkschrift, BAB NS 15/447, p. 12. | **81.** NL Ley, BAK: N 1468/5, pp. 24-5. | **82.** Koehne, "Paganism", pp. 785-6. | **83.** Vondung, "National Socialism as a Political Religion", p. 90. | **84.** Koehne, "The Racial Yardstick", pp. 585-6; Esse "etnoteísmo", nas palavras de Samuel Koehne, significava uma religião "definida pela raça e pelas supostas características morais ou espirituais que os nazistas acreditavam ser inerentes à raça". Koehne, "The Racial Yardstick", p. 576; ver também Koehne, "Paganism", pp. 785-6; Steigmann-Gall, *Holy Reich*, pp. 112-3, 261-2; ver uma série de trabalhos sobre aspectos "mitológicos" da religião na-

Notas

459

zista, como por exemplo Grabner-Haider e Strasser, *Hitlers mythische Religion*; Cecil, *Myth*, pp. 36-41. | **85.** Schertel, *Magic*, p. 45. | **86.** Ibid., pp. 81-2. Muitas das citações de Hitler em *Magic*, de Schertel, enfocam a relação gnóstica e simbiótica entre o bem e o mal, sendo que o último é "destrutivo-criativo" e, portanto, essencial para o exercício do poder. "O mal é o sombrio-violento, irracional, destrutivo-criativo, que aparece eternamente como inconcebível, desconhecido e, portanto, horrível"; Schertel, *Magic*, p. 116. | **87.** Ibid., p. 100. | **88.** Spence, *Occult Causes*, pp. 40-1; ver também Piper, "Steigmann-Gall", pp. 51-2. | **89.** Koehne, "The Racial Yardstick", p. 586. | **90.** Gailius, "A Strange Obsession", p. 46. | **91.** Hexham, "Inventing 'Paganists'", p. 75; ver também Kühne, *Belonging and Genocide*, p. 5; BAB: R 58/6217: SD Relatório sobre Hauer, 5 jun. 1939; Longerich, *Himmler*, pp. 265-7; Kersten, *Memoirs*, pp. 148-50; Evans, "Nazism", p. 5; Ach, *Hitlers Religion*, pp. 66-72, 96-7, 103, 122; parecer de Rosenberg, BAB NS 15/447, p. 13; Rauschning, *Voice of Destruction*, pp. 248-51. | **92.** Burleigh, "National Socialism as a Political Religion", pp. 8-9. | **93.** Angela Kurtz, "God, not Caesar: Revisiting National Socialism as 'political religion'". *History of European Ideas*, v. 2, n. 35, pp. 236- -52, jun. 2009; Evans, "Nazism", p. 5. | **94.** McGuire e Hull (Orgs.), *C. G. Jung Speaking*, pp. 121-2. | **95.** Piper, "Steigmann-Gall", p. 50. Como vimos no capítulo 3, o "mágico" também pode abandonar seu povo se ele não for "suficientemente reativo" a sua vontade e autoridade. Schertel, *Magic*, p. 82. | **96.** Black, *Death in Berlin*, pp. 71, 75. | **97.** Memorando para o camarada de partido Knopfel, 17 fev. 1944. In: Trevor-Roper (Org.), *Bormann Letters*, pp. 51-2. | **98.** Mosse, *Masses and Man*, pp. 71-2. | **99.** Ibid.; Cecil, *Myth*, pp. 36-41, 95-6, 111, 119, 163; Steigmann-Gall, *Holy Reich*, p. 263. | **100.** Black, *Death in Berlin*, p. 74. | **101.** Kühne, *Belonging and Genocide*, p. 19. | **102.** Ver Hansen, *Volkskunde*, pp. 89-92, 100-1; Hartmann, *Trollvorstellungen*, pp. 4-5, 6-9. | **103.** Schertel, *Magic*, pp. 122-3, 114; Rauschning, *Voice of Destruction*, p. 253. | **104.** NL Darré, BAK: N 10941-77, pp. 99-106. | **105.** Cópia de uma carta enviado por M. B. para G. B, 21 fev. 1944. In: Trevor-Roper (Org.), *Bormann Letters*, pp. 54-5. | **106.** Fisher, *Fantasy and Politics*, p. 3. | **107.** Black, *Death in Berlin*, p. 75; ver também Gailius, "A Strange Obsession", pp. 41-2; Vondung, "National Socialism as a Political Religion", p. 91; ver também Die Kommenden, "Vererbung und Wiederverkörperung", p. 8, n. 18, 25 set. 1949; BAB: N 10941-33. | **108.** Anrich, IfzG: 1536/54, zs Nr. 542, pp. 3-4. | **109.** Steigmann- -Gall, *Holy Reich*, p. 14. | **110.** Koehne, "The Racial Yardstick", pp. 784-5; parecer de Rosenberg, BAB: NS 15/447, p. 8; Hitler, conforme citado em Ach, *Hitlers Religion*, p. 59; Trevor-Roper (Org.), *Conversations*, pp. 100, 277-9; cf. Picker, *Tischgespräche*, p. 76; Koehne, "The Racial Yardstick", pp. 581-5; Sowers sobre Steigmann-Gall, "The Concepts of 'Religion', 'Political Religion' and the Study of Nazism". *Journal of Contemporary History*, n. 42, pp. 21-6, jan. 2007. | **111.** Spence, *Occult Causes*, pp. 40-1. | **112.** Ibid., pp. 72-3. Segundo Spence, uma vez que rejeitaram a imposição da ortodoxia católica, milhares de alemães voltaram a se afundar "em seu antigo paganismo. Aqui os luciferianos reconheceram uma oportunidade típica para semear as sementes da adoração ao demônio, da anarquia e da irreligião, e a licenciosidade logo tomou a região para si". Spence, *Occult Causes*, pp. 73-6; ver também Klaus Dede, *Stedingen Ein Land, das nicht sein durfte* (Fischerhude: Verlag Atelier, 1976); "Stedinger Crusade", Encyclopædia Britannica Online Academic Edition, 2013. | **113.** Spence, *Occult Causes*, pp. 92-6, 101, 104-6, 116. | **114.** Ibid., p. 144. | **115.** Ibid., p. 27; "o nazismo não foi iniciado pelo satanismo", Spence teve o cuidado de dizer, "mas o anexou" para fins políticos, seguindo uma propensão ao "jesuitismo invertido". Spence, *Occult Causes*, pp. 22-5. | **116.** Black, *Death in Berlin*, p. 273; Michael Burleigh concorda que o nacional-socialismo era uma reminiscência de movimentos medievais baseados em cultos "satânicos" que prometiam a salvação, geralmente associados a "cristãos negativos" em "estado de revolta" contra os princípios cristãos. Burleigh, "National Socialism as a Political Religion", p. 4. | **117.** Redles, *Reich*, pp. 53-5; Spence, *Occult Causes*, pp. 40-4; Michael Rißmann, *Hitlers Gott*. Munique: Pendo, 2001, pp. 198-206. | **118.** Spence, *Occult Causes*, pp. 59-60, 66; ver também Pringle, *Plan*, p. 79. | **119.** Black, *Death in Berlin*, p. 273. | **120.** Hans-Jurgen Lange, *Otto Rahn*. Arun: Engerda, 1995, pp. 14-5. | **121.** Ibid., pp. 12-4. | **122.** Pennick, *Hitler's Secret Sciences*, pp. 56-7, 163-6; Treitel, *Science*, pp. 227-8; Lange, *Otto Rahn*, pp. 14-5; Levenda, *Unholy Alliance*, pp. 203-5. | **123.** Kaufmann, *Tibet*, pp. 173-4; Wegener, *Alfred Schuler*, pp. 68-9; Lange, *Otto Rahn*, pp. 12-9. | **124.** Wegener, *Schuler*, pp. 67-9; Wegener, *Himmler*, pp. 103-4; Lange, *Otto Rahn*, pp. 19-21, 39-42. | **125.** Lange, *Otto Rahn*, pp. 22-4; Kaufmann, *Tibet*, p. 175; Goodrick-Clarke, *Occult Roots*, p. 189; Wegener, *Himmler*, pp. 17-8. Rahn argumentou ainda que Esclarmonde, um famoso santo cátaro, era o "verdadeiro Satanás", e abraçou o mito teosófico-ariosófico de Shambala. Wegener, *Schuler*, pp. 67-8; Wegener, *Himmler*, p. 90; Hesemann, *Hitlers Religion*, pp. 345-8; Rahn, *Kreuzzug gegen den Gral*, p. 137. | **126.** Lange, *Otto Rahn*, pp. 23-8, 48-54; Kaufmann, *Tibet*, p. 175; Goodrick-Clarke, *Occult Roots*, p. 189; Goodrick-Clarke, *Black Sun*, pp. 134-5. Como Rahn observou, seu primeiro livro "está de acordo com o modo de pensar nacional-socialista e [...] motivou o convite que recebi para fazer parte da equipe do Reichsführer-ss". Lange, *Otto Rahn*, p. 27. | **127.** Cartas de Rahn para Weist, 19 out. 1936; Bergmann para Brandt, 4 nov. 1936, NL Himmler, BAK: NS 1126/21; Lange, *Otto Rahn*, pp. 55-6. | **128.** Otto Rahn, *Luzifers Hofgesind*. Dresden: Zeitwende, 2006, p. 8. | **129.** Rahn, *Luzifers Hofgesind*, p. 9; Joscelyn Godwin, *Arktos*. Graz: Ares, 2007, pp. 110-1; Lange, *Otto Rahn*, pp. 21-2, 26, 42. | **130.** Spence, *Occult Causes*, pp. 40-1, 80-2; Weisenburger, *A Gravity's Rainbow Companion*, p. 203. | **131.** Lange, *Otto Rahn*, p. 29. | **132.** O próprio Jung mantinha um "livro de feitiços em nome de Baldur"; ver <archive.org/stream/MemoriesDreams ReflectionsCarlJung/carlgustavjung-interviewsandencounters-110821120821-phpapp02_ djvu.txt>, p. 177; Koehne, "National Socialists", pp. 770-3; Susannah Heschel, *The Aryan Jesus* (Princeton: Princeton University Press, 2008), pp. 21-8. | **133.** Frenzolf Schmid, 21 mar. 1937, BAB: NS 19: 3974, p. 9; ver também Sievers para Schmid, 31 mar. 1942; Schmid para Himmler, 17 jan. 1939, 23 jul. 1940, BAB: NS 21/2294; Reichstein para Schmid, 8 jul. 1943, carta da ss para Reichstein, 21 jun. 1943, Schmid para Languth, 11 jan. 1937, 24 jan. 1937, 10 mar. 1939, BAB: R 9361-V/10777; Kaufmann, *Tibet*, pp. 172-4. | **134.** Goodrick-Clarke, *Black Sun*, pp. 134-5. | **135.** Junginger, "From Buddha to Adolf Hitler", p. 143; Kaufmann, *Tibet*, pp. 173-4, 348-9; Kersten, *Memoirs*, pp. 152-4; Redles, *Reich*, pp. 53-7; Lange, *Otto Rahn*, p. 16; Longerich, *Himmler*, pp. 294-6. | **136.** Gugenberger e Schweidlenka, *Faden der Nornen*, p. 175. | **137.** Carta de 7 abr. 1937, BAB: NS 19/688; Lange, *Otto Rahn*, pp. 28-9, 56-63. | **138.** Lange, *Otto Rahn*, pp. 19-21; Moynihan e Flowers, *Secret King*, pp. 57-8; Lange, *Otto Rahn*, pp. 39-40.

Notas 461

| **139.** Lange, *Otto Rahn*, pp. 27-8, 56-63; Goodrick-Clarke, *Occult Roots*, p. 189. | **140.** Carta da editora, de 5 abr. 1937, sobre o gabinete de Himmler em Luzifers Hofgesind; 7 abr. 1937, resposta do gabinete de Himmler solicitando cinco cópias especiais em pergaminho, com o preço a ser enviado para Berlim. BAB: NS 19/688; Lange, *Otto Rahn*, pp. 28-9, 56-63. | **141.** Depois de ser transferido para o serviço de guarda em Dachau como forma de penitência, Rahn optou por se demitir da SS em vez de sofrer ações disciplinares contínuas. Mas Himmler tentou reabilitá-lo, incentivando-o a parar de beber e a se casar com uma amiga íntima no início de 1939. Em vez disso, Rahn optou pelo suicídio, morrendo de exposição nos Alpes. Graddon, *Otto Rahn and the Quest for the Grail*, pp. 159-62; Moynihan e Flowers, *Secret King*, pp. 57-8; Lange, *Otto Rahn*, pp. 30-5, 70-1; cartas de 10 fev. 1938; 17 nov. 1940, pedido de Kreuzzug de cinquenta novos exemplares, seguido de uma carta da editora respondendo ao pedido em 3 jan. 1941; 6 abr. 1938, mais questões financeiras com a Spamer, na qual a Câmara de Literatura do Reich, sob Hanns Johst, está envolvida; 3 nov. 1937, Rahn para Johst, BAB: R 9361-v/9665 (Otto Rahn). | **142.** Lange, *Otto Rahn*, pp. 37-9; Rahn, *Luzifers Hofgesind*, BAB: NS 19/688. | **143.** Carta para SS-Brigadeführer dr. Naumann, 2 nov. 1943, BAB: NS 19/688. | **144.** Webendörfer para Brandt, 15 fev. 1944; gabinete de Himmler para Webendörfer, 26 jun. 1944, BAB: NS 19/688; Lange, *Otto Rahn*, p. 35; Rahn, *Luzifers Hofgesind*, pp. 6-10, 72-86. | **145.** Junginger, "From Buddha to Adolf Hitler", pp. 127-8; Kaufmann, *Tibet*, pp. 349-50; relatórios positivos sobre discursos, 13 jul. 1938, 16 mar. 1938; visão positiva de Langsdorff no ensaio "Gralsmysterium und Reichsgedanke", 16 mar. 1938, NS 21/1333. | **146.** Relatório do SD de abr. 1939 sobre Julius Evola, pp. 1-2; Evola para Six, 15 jun. 1939; Evola para Six, 20 ago. 1939; BAB: R 58/6517; Junginger, "From Buddha to Adolf Hitler", pp. 132-5. | **147.** Relatório do SD sobre Julius Evola em abr. 1939, pp. 1-2, BAB: R 58/6517, pp. 2-3. | **148.** Goodrick-Clarke, *Occult Roots*, pp. 189-91. | **149.** Ibid., pp. 178-9, 182-3; Longerich, *Himmler*, pp. 284-5; Treitel, *Science*, p. 214; Lange, *Otto Rahn*, p. 25; Moynihan e Flowers, *Secret King*, pp. 44-6. | **150.** Goodrick-Clarke, *Occult Roots*, p. 182; Treitel, *Science*, p. 214; Lange, *Weisthor*, p. 6. | **151.** Goodrick-Clarke, *Occult Roots*, pp. 182-4; Treitel, *Science*, p. 214; Lange, *Otto Rahn*, p. 25; Pringle, *Plan*, pp. 46-8; Longerich, *Himmler*, p. 284; Junginger e Åkerlund (Orgs.), *Nordic Ideology*, p. 55. | **152.** Goodrick--Clarke, *Occult Roots*, p. 180. | **153.** Pringle, *Plan*, pp. 46-7. | **154.** Longerich, *Himmler*, pp. 285-6; Goodrick-Clarke, *Occult Roots*, p. 177; Kaufmann, *Tibet*, pp. 124-6. Dezenas de pesquisadores nazistas e da SS levaram a sério as habilidades mediúnicas e visionárias, o que incluiu a realização de uma investigação contínua sobre os poderes da estigmatizada visionária católica Therese Neumann. Michael O'Sullivan, "Disruptive Potential". In: Black e Kurlander (Orgs.), *Revisiting the "Nazi Occult"*, pp. 188-93. | **155.** Pringle, *Plan*, p. 100. | **156.** Trimondi, *Hitler*, p. 107. | **157.** Kaufmann, *Tibet*, p. 174; Goodrick-Clarke, *Occult Roots*, pp. 180-1; Junginger e Åkerlund (Orgs.), *Nordic Ideology*, pp. 55-6. | **158.** Goodrick-Clarke, *Occult Roots*, pp. 285-6. | **159.** Kaufmann, *Tibet*, pp. 173, 368-70; Trimondi, *Hitler*, pp. 107-9; Longerich, *Himmler*, p. 266. | **160.** Treitel, *Science*, p. 214; Felix Wiedemann, "Altes Wissen". In: Puschner e Vollnhals (Orgs.), *Bewegung*, pp. 463-4; Goodrick-Clarke, *Occult Roots*, pp. 177-8, 186-7; Longerich, *Himmler*, pp. 285-6, 293-4. | **161.** Mees, *The Science of the Swastika*, pp. 180-1; ver Fritz

Paul, *History of the Scandinavian Languages at the Georg-August-Universität Göttingen*. Göttingen, 1985; <www.uni-goettingen.de/de/91592.html>; <www.dhm.de/lemo/html/nazi/innenpolitik/ahnenerbe/index.html>; Kater, *Das "Ahnenerbe"*, pp. 196-7; Wolfgang Krause, *Runeninschriften im älteren Futhark* (Halle: Niemeyer, 1937); Hunger, *Die Runenkunde im Dritten Reich*; ver também cartas remetidas e recebidas por Karl Theodor Weigel, e o artigo "Zur Frage der Sinnbildforschung"; 21 out. 1942, Sievers envia o livro para Himmler; 16 dez. 1941, Weigel envia seu livro *In Sand gestreute Sinnbilder* para Plassmann, BAB: NS 21/2649; 15 maio 1942, Wolfgang Krause escreve para Wüst sobre institutos de runas; Wüst para Himmler, 5 fev. 1943; 10 fev. 1943, Wüst para Krause, confirmando que ele é "Leiter der Lehr- und Forschungsstätte für Runen- und Sinnbildkunde"; 10 set. 1941, carta de Sievers exaltando o trabalho de Krause sobre "Speerblatt von Wolfsburg"; mais material sobre a lança em Wolhynien; 25 jun. 1940, Krause escreve para Sievers sobre a famosa Lança de Kowel, BAB: NS 21/1784. | **162.** Junginger, "From Buddha to Adolf Hitler", pp. 116-8; Kaufmann, *Tibet*, pp. 127-8, 173-4. | **163.** Kater, *Das "Ahnenerbe"*, pp. 12-3; ver também Pringle, *Plan*, pp. 54-7; Dow e Lixfeld (Orgs.), *Nazification*, pp. 100-5; Junginger, "Intro". In: Junginger e Åkerlund (Orgs.), *Nordic Ideology*, pp. 8-9; ibid., pp. 47-50. | **164.** Pringle, *Plan*, pp. 73-5; Longerich, *Himmler*, p. 224; Kaufmann, *Tibet*, pp. 173-4; Rudolf, "Geheime Reichskommando-Sache!", pp. 55-8; Mees, "Hitler and Germanentum", pp. 262-3; Junginger e Åkerlund (Orgs.), *Nordic Ideology*, pp. 50-1. | **165.** Longerich, *Himmler*, pp. 293-5. | **166.** Pringle, *Plan*, pp. 48-9; Kaufmann, *Tibet*, pp. 371-2; Longerich, *Himmler*, p. 294; Lange, *Otto Rahn*, p. 25; Junginger e Åkerlund (Orgs.), *Nordic Ideology*, p. 56. Para mais informações sobre a pesquisa do castelo da ss, ver Link, *Burgen und Burgenforschung in Nationalsozialismus* e "Der Mythos Burg im Nationalsozialismus"; Reitzenstein, *Himmlers Forscher*, pp. 160-71. | **167.** Pringle, *Plan*, p. 49; Longerich, *Himmler*, pp. 294-6; Goodrick-Clarke, *Occult Roots*, pp. 186-8; Moynihan e Flowers, *Secret King*, pp. 47-51. | **168.** Kaufmann, *Tibet*, pp. 371-2; Goodrick-Clarke, *Occult Roots*, p. 187. | **169.** Longerich, *Himmler*, p. 294. | **170.** Ibid., pp. 296-7; Junginger, "From Buddha to Adolf Hitler", p. 121; carta do "Über ss-Sturmbannführer Galke an das 'Ahnenerbe'", BAB: NS 19 1163; Mees, "Hitler and Germanentum", pp. 255-70; Kater, *Das "Ahnenerbe"*, pp. 81-2. | **171.** Lawrence Hare, *Excavating Nations* (Toronto: University of Toronto Press, 2015), pp. 146-7; Lawrence Hare e Fabian Link, "'Pseudoscience' Reconsidered". In: Black e Kurlander (Orgs.), *Revisiting the "Nazi Occult"*; Kater, *Das "Ahnenerbe"*, pp. 54-5; Mees, "Hitler and Germanentum", pp. 255-70; Reinerth para DFG, 23 abr. 1937, pedindo dinheiro para apoiar seu Reichsbund für Deutsche Vorgeschichte e o projeto de Rosenberg de criar um atlas da pré-história alemã; 14 abr. 1938, relatório de Reinerth sobre a pesquisa do Rfdv, BAB: NS 21/2136; Wilhelm Teudt: NS 21/2528, artigo de Teudt sobre Detmold, 4 jun. 1938; discurso de Teudt, 10 jun. 1938; discurso de Teudt de Viena, 14 abr. 1937; relatórios de 4 nov. 1937 e 12 fev. 1938 sugerindo conflitos entre Teudt, Pohl e Steinecke (estudos de bruxas) na Ahnenerbe, no qual Himmler teve que interferir. | **172.** Wüst, *Indogermanisches Bekenntnis*, pp. 3-7. | **173.** Goodrick-Clarke, *Occult Roots*, pp. 188-90; Treitel, *Science*, pp. 214-5; Rudolf J. Mund, *Der Rasputin Himmlers* (Bochum: Zeitreisen, 2014), pp. 284-7; Lange, *Otto Rahn*, p. 25; Goodrick-Clarke, *Occult Roots*, p. 190; ver cartas de Wiligut

Notas

para Brandt, Galke etc., jul. 1940, BAB: NS 19/1573; Piper, "Steigmann-Gall", p. 50; Paul, *History of the Scandinavian Languages*. | **174.** Treitel, *Science*, p. 214; Mund, *Der Rasputin Himmlers*; Longerich, *Himmler*, p. 285; Moynihan e Flowers, *Secret King*, pp. 27-8. | **175.** Kershaw, *Hubris*, pp. 142-4. | **176.** Koehne, "Paganism", pp. 766-8; Kaufmann, *Tibet*, p. 170. | **177.** Koehne, "Paganism", pp. 778-80. | **178.** Ibid., pp. 787-8. | **179.** Ibid., pp. 784-6; Kaufmann, *Tibet*, pp. 359-61. | **180.** Kater, *Das "Ahnenerbe"*, pp. 35-7, 320-5; Peter Bahn, *Friedrich Hielscher, 1902-1990*. Schnellbach: Biblies, 1999, pp. 71-4, 81-2; carta mostrando que Hielscher foi aceito na Câmara de Literatura do Reich, 9 set. 1939, BAB: R 9361-v/22175; Koehne, "Paganism", pp. 780-1. | **181.** Koehne, "Paganism", pp. 788-90. | **182.** Diário de Darré em NL Darré, BAK: N 10941-65A, pp. 31-4; Bramwell, *Blood and Soil*, pp. 75-7, 80-90, 133. | **183.** Biografia de Rheden em NL Darré, BAK: N 10941/77, pp. 94-7, 113-21; ver também entradas em NL Darré, BAK: N 10941/65A, p. 44; biografia de Rheden em NL Darré, BAK: N 10941-77, pp. 107-8, 121. | **184.** Diário de Darré em NL Darré, BAK: N 10941-65A, p. 33; ver também Bramwell, *Blood and Soil*, pp. 54-5, 60-1; discurso de Rudolf Steiner, "Das Miterleben der Geistigkeit und Bildekräfte der Natur", Dornach, 20 jan. 1923; Forschungsring für Biologisch-Dynamische Wirtschaftsweise, jun. 1948, em NL Darré, BAK: N 10941/33, pp. 1-5. BAK: N 10941-33. | **185.** Bärsch, *Politische Religion*, pp. 198-9, 202-8, 263-4; Gugenberger e Schweidlenka, *Faden der Nornen*, pp. 154-61. | **186.** Gugenberger e Schweidlenka, *Faden der Norne*, pp. 116-7; Spence, *Occult Causes*, pp. 158-9, 178. | **187.** Koehne, "Paganism", pp. 788-9; Cecil, *Myth*, p. 95; Gugenberger e Schweidlenka, *Faden der Nornen*, pp. 166-7. | **188.** Gugenberger e Schweidlenka, *Faden der Nornen*, pp. 129-32, 163-6; Steigmann-Gall, *Holy Reich*, pp. 263; Cecil, *Myth*, pp. 36-41, 111-9; Bronder, *Bevor Hitler kam*, pp. 261-3. | **189.** Koehne, "Paganism", pp. 789-90; Spence, *Occult Causes*, p. 141. | **190.** Mees, "Hitler and Germanentum", pp. 263-5. Em 1934, Rosenberg recrutou o teórico religioso *völkisch* (e antroposofista) Werner Haverbeck para liderar sua Liga do Reich para o Povo e a Pátria (*Reichsbund Volkstum und Heimat*), que posteriormente organizou festivais religiosos *völkisch*-pagãos. Carta ao Ministério do Reich para Educação Científica e Informação, indicando o desejo de Himmler de empregar Werner Haverbeck, 9 abr. 1936; Haverbeck para a Universidade de Berlim, 14 abr. 1936, BAB: NS 21/1539. | **191.** Longerich, *Himmler*, pp. 286-7. | **192.** Ibid., pp. 742-3; ver também Kater, *Das "Ahnenerbe"*, p. 567; Longerich, *Himmler*, pp. 288-90; Pringle, *Plan*, p. 84; Kersten, *Memoirs*, pp. 151-3. | **193.** Pringle, *Plan*, p. 84; Longerich, *Himmler*, p. 291; Kater, *Das "Ahnenerbe"*, pp. 80-1. | **194.** Longerich, *Himmler*, p. 287; Junginger, "From Buddha to Adolf Hitler", p. 122; Richard Wolffram, "Leiter der Kulturkommission beim Deutschcen Umsiedlungsbevollmähctigeten für die Provinz Laibach", 1941; Plassmann para Wolfram, 23 out. 1940, enviando o romance de Fauvel; 21 mar. 1940, Prödinger para Sievers, sobre "Jünglingsweihen" para HY e DM; 31 mar. 1943, carta de Sievers tentando transferir Wolfram, apontando seu trabalho para "volkskundlichen Sektor bei der Umsiedlung der Südtiroler im Mai 1940". Ver arquivo "Richard Wolffram", BAB (assinatura desconhecida). | **195.** Longerich, *Himmler*, p. 294. | **196.** Ibid., p. 298. | **197.** Pringle, *Plan*, pp. 77, 87-90; Fritz Bose, "Law and Freedom in the Interpretation of European Folk Epics". *Journal of the International Folk Music Council*, n. 10, p. 31, 1958. | **198.** Ver Lutz Hachmeister, "Der Gegnerforscher. Die Karriere des ss-Führers Franz Alfred Six, München", e Rudolf, "'Geheime Reichskommando--Sache!'", pp. 84-5, 177-8. | **199.** Longerich, *Himmler,* pp. 289-92; Piper, "Steigmann--Gall", p. 56. | **200.** Pringle, *Plan,* p. 80, Longerich, *Himmler,* p. 225. | **201.** Longerich, *Himmler,* pp. 266-7. | **202.** Pennick, *Secret Sciences,* pp. 42-3; Treitel, *Science,* p. 214; Goodrick-Clarke, *Occult Roots,* pp. 177-8, 186-7; Longerich, *Himmler,* pp. 285-6, 293-4; Werner Haverbeck (padre da comunidade cristã e amigo de Ohlendorff) para Sievers, 16 abr. 1936; Plassman para Sievers, 20 nov. 1936; pedido de Lembke por parecer, 20 nov. 1936; Lembke para Plassman, 21 nov. 1936; Sievers para Wolff, 23 nov. 1936; Wirth para Sievers, 13 jan. 1938, 19 jan. 1938; carta sobre o entrada de Haverbeck na Ahnenerbe, 30 abr. 1938; BAB: NS 21/1539. | **203.** Weisenburger, *A Gravity's Rainbow Companion,* pp. 20, 203. | **204.** Schertel, *Magic,* pp. 118-9. | **205.** Ibid., p. 80. | **206.** Bärsch, *Politische Religion,* pp. 293-6, 354-7; Ach, *Hitlers Religion,* pp. 52-4; Goodrick--Clarke, *Occult Roots,* pp. 200-2; Koehne, "Paganism", pp. 789-90. | **207.** Gugenberger e Schweidlenka, *Faden der Nornen,* pp. 146-50; Spence, *Occult Causes,* pp. 66-9; Ach, *Hitlers Religion,* pp. 76-7; Maier, "Political Religion", pp. 7-8. | **208.** Ach, *Hitlers Religion,* pp. 108, 140-3. | **209.** Mees, "Hitler and Germanentum", pp. 267-9; Vondung, *Deutsche Wege zur Erlösung,* pp. 82-6. | **210.** Koehne, "Paganism", pp. 772-3. | **211.** Ach, *Hitlers Religion,* pp. 37, 104-7, 142-3; Steigmann-Gall, *Holy Reich,* pp. 96-101, 112-3. | **212.** Rauschning, *Voice of Destruction,* p. 245; Schertel, *Magic,* p. 46. | **213.** Koehne, "Paganism", pp. 773-4; ver também Spence, *Occult Causes,* pp. 142-3; H. R. Knickerbocker, "Diagnosing the Dictators" (*Hearst's International Cosmopolitan,* jan. 1939), reproduzido em McGuire e Hull (Orgs.), *C. G. Jung Speaking,* pp. 114-22. | **214.** Koehne, "Were the National Socialists a *völkisch* Party?", pp. 789-90; Bronder, *Bevor Hitler kam,* pp. 205-9, 213-7; Piper "Steigmann-Gall", pp. 51-3; Koehne, "Paganism", pp. 789-90; Heschel, *Aryan Jesus,* pp. 68-81. | **215.** Poewe, *New Religions,* p. i. | **216.** Junginger e Åkerlund (Orgs.), *Nordic Ideology,* pp. 43-6; ver também Junginger e Finkberger (Orgs.), *Im Dienste der Lügen;* Nanko, *Deutsche Glaubensbewegung;* Baumann, *Die Deutsche Glaubensbewegung.* | **217.** Poewe, *New Religions,* pp. 10-1; Karla Poewe e Irving Hexham, "Surprising Aryan Mediations between German Indology and Nazism: Research and the Adluri/Grünendahl Debate". *International Journal of Hindu Studies,* v. 3, n. 19, p. 14, set. 2015; Poewe, *New Religions,* pp. 10-4, 57-65; ver também Junginger, "Glaubensbewegung". | **218.** Junginger, "Glaubensbewegung", pp. 83-5; Junginger e Åkerlund (Orgs.), *Nordic Ideology,* pp. 40-3; Kaufmann, *Tibet,* p. 176; ver também Juninger e Finkberger (Orgs.), *Im Dienste der Lügen.* | **219.** Junginger e Åkerlund (Orgs.), *Nordic Ideology,* pp. 43-4. | **220.** Gailius, "A Strange Obsession", p. 38. | **221.** De fato, os membros do Partido Nazista claramente "promoveram as ideias de Liebenfels, List, Dinter e Fritsch". Koehne, "Paganism", pp. 786-7. Como observa Horst Junginger, esse era um número desproporcional dos quase 3 milhões de alemães "crentes em Deus" não filiados em 1939 — uma categoria criada por Hess em 1936 para incentivar os alemães de mentalidade religiosa, mas inclinados ao paganismo, a deixarem as igrejas tradicionais. Junginger também especula que o NSDAP e a ss tinham um número desproporcional de indivíduos "crentes em Deus". Junginger e Åkerlund (Orgs.), *Nordic Ideology,* pp. 63-4. | **222.** Ver <www.guardian. co.uk/world/2012/sep/28/nazi-buddha-statue-carved-from-meteorite/print>. | **223.**

Notas   465

Engelhardt, "Nazis of Tibet". | **224.** Kaufmann, *Tibet*, pp. 19-31. | **225.** Koehne, "Paganism", pp. 784-6. | **226.** Goepfert, *Immer noch Aberglaube!*, pp. 3-11; Junginger, "From Buddha to Adolf Hitler", pp. 125-43; Kröner, *Wiedergeburt des Magischen*, p. 24. | **227.** Kaufmann, *Tibet*, p. 754. | **228.** Discurso de Quade, "Occultism and Politics", pp. 34-6; Kaufmann, *Tibet*, pp. 347-9; Ach, *Hitlers Religion*, pp. 50-1. | **229.** Junginger, "From Buddha to Adolph Hitler", p. 143; Engelhardt, "Nazis of Tibet"; Graddon, *Otto Rahn*, pp. 210-9; Longerich, *Himmler*, pp. 281-2; Kaufmann, *Tibet*, pp. 130-9; Christopher Hale, *Himmler's Crusade*. Londres: Wiley, 2003, pp. 19-27. | **230.** Kaufmann, *Tibet*, pp. 392-4. | **231.** Hans F. K. Günther, *The Racial Elements of European History*. Londres: Methuen, 1927; Hans F. K. Günther, *Die nordische Rasse bei den Indogermanen Asiens*. Munique: J. F. Lehmanns, 1934, pp. 3-11. | **232.** Poewe e Hexham, "Surprising Aryan Mediations", p. 15; Junginger, "From Buddha to Adolf Hitler", pp. 147-9; Piper, "Steigmann-Gall", pp. 52-3; Staudenmaier, "Nazi Perceptions of Esotericism", pp. 32-6; relatório do SD sobre Hauer, 5 jun. 1939, BAB: R 58/6217; carta de Hauer para o SD sobre seitas religiosas ocultas, 23 jul. 1938, BAB: R 58/6206. | **233.** Relatório do SD de 30 jun. 1941, pp. 7-10, BAB: R 58/6517. | **234.** Poewe e Hexham, "Surprising Aryan Mediations", p. 15. | **235.** Trimondi, *Hitler*, pp. 61-3. | **236.** Buda não queria ignorar as questões terrestres, como costumavam argumentar os teólogos, mas inspirou seus seguidores a influenciarem o mundo por meio do "heroísmo passivo". Trimondi, *Hitler*, pp. 77-79. | **237.** Poewe e Hexham, "Surprising Aryan Mediations", p. 15. | **238.** Relatório do SD de 30 jun. 1941, BAB: R 58/6517, pp. 6-10. | **239.** Vishwa Adluri e Joydeep Bagchee (Orgs.), *When the Goddess was a Woman*, p. xxx. | **240.** Ver Kater, *Das "Ahnenerbe"*, pp. 43-6; Junginger e Åkerlund (Orgs.), *Nordic Ideology*, p. 177; Junginger e Åkerlund (Orgs.), *Nordic Ideology*, pp. 51-2. | **241.** Wüst, *Indogermanisches Bekenntnis*, pp. 10-2, 19-20. | **242.** Aqui, "Buda acaba entrando na mente de Hitler". Poewe e Hexham, "Surprising Aryan Mediations", p. 10; Junginger, "From Buddha to Adolf Hitler", pp. 125-6. | **243.** Junginger, "From Buddha to Adolf Hitler", pp. 105-78. | **244.** Wüst, *Indogermanisches Bekenntnis*, pp. 46-50; Junginger, "From Buddha to Adolf Hitler", pp. 109-10. | **245.** Wüst, *Indogermanisches Bekenntnis*, pp. 29-39, 86-7, 103; Wüst, *Japan und Wir*, pp. 3-29. | **246.** Kater, *Das "Ahnenerbe"*, pp. 51-2; Greve, "Tibetforschung im ss Ahnenerbe"; Glowka, *Deutsche Okkultgruppen*, pp. 111-5. | **247.** Wiwjorra, "Herman Wirth"; ver também Franz Wegener, *Das atlantidische Weltbild* (Gladbeck: Kulturförderverein Ruhrgebiet, 2003). | **248.** Trimondi, *Hitler*, pp. 37-8. | **249.** Kaufmann, *Tibet*, pp. 131-2. | **250.** Rolf Wilhelm Brednich, "The Weigel Symbol Archive and the Ideology of National Socialist Folklore". In: Dow e Lixfeld (Orgs.), *Nazification*, pp. 97-111. | **251.** Memorando de Wiligut, 13 jan. 1937, carta para Wiligut (Weisthor), 9 mar. 1937, BAB: NS 19 3974; Wegener, *Himmler*, pp. 78-81. | **252.** Frenzolf Schmid para a Câmara de Literatura do Reich, 12 ago. 1935; Câmara de Literatura do Reich, 27 abr. 1940; 4 maio 1940, sobre *Der letzte Ramadan*, R 9361-v/10777. | **253.** Memorando de Weisthor, 9 mar. 1937; memorando de Weisthor, 23 abr. 1937, BAB: NS 19 3974; Schmid estava "convicto de que as conclusões de Mengel", "consciente ou inconscientemente", eram devedoras das tradições "de Atlântida, dos alemães e indo--alemães [...] relembrando o círculo mundial ariano-atlântico que foi assumido não apenas pelos alemães, mas por outros povos arianos. Esses números sagrados levaram ao triângulo e ao pentagrama alemães" — um triângulo ou "eixo" mundial mágico atlante-alemão que conecta os países nórdicos com a França, o sul da Ásia e o Tibete. Carta de Frenzolf Schmid, 21 mar. 1937, BAB: NS 19 3974, p. 10; Schmid, *Urtexte-der--Ersten-Goettlichen-Offenbarung* (Pforzheim: Reichstein, 1931); ver também Kaufmann, *Tibet*, pp. 371-2. | **254.** Trimondi, *Hitler*, pp. 110-1; Kaufmann, *Tibet*, pp. 368-70. | **255.** Para atingir seus objetivos, argumentou Sievers, o nacional-socialismo precisava se apropriar das qualidades de "interioridade", "transcendência" e "fé" incorporadas pela ss e pelas "religiões do Oriente". Trimondi, *Hitler*, pp. 67-8; Kaufmann, *Tibet*, pp. 141-3. | **256.** Longerich, *Himmler*, pp. 280-1; Kaufmann, *Tibet*, pp. 172-4. | **257.** Pringle, *Plan*, p. 150; Carol Otto, *Hitler's Japanese Confidant*. Lawrence: KS, 1993; Oshima e Himmler, 31 jan. 1939, International Military Tribunal Nuremberg, *Trial of Major German War Criminals*, v. 2, IMT Nuremberg, 1947, p. 135. | **258.** Junginger, "From Buddha to Hitler", p. 143; Kater, *Das "Ahnenerbe"*, pp. 51-3; Longerich, *Himmler*, pp. 280-2; Greve, "Tibetforschung im ss Ahnenerbe", pp. 168-209. | **259.** Berzin, "The Nazi Connection with Shambhala and Tibet". | **260.** Ernst Schäfer, *Fest der weissen Schleier* (Wiesbaden: Vieweg & Teubner, 1950); Berzin, "The Nazi Connection with Shambhala and Tibet"; Longerich, *Himmler*, p. 282; Engelhardt, "Nazis of Tibet". | **261.** Kaufmann, *Tibet*, p. 192. | **262.** Ibid., pp. 204-9; Pringle, *Plan*, pp. 149-50; Kater, *Das "Ahnenerbe"*, pp. 75-9; Junginger, "From Buddha to Adolf Hitler", p. 143. | **263.** Kaufmann, *Tibet*, pp. 141-2, 212-8. | **264.** Pringle, *Plan*, pp. 150-1; Kater, *Das "Ahnenerbe"*, pp. 51-2. | **265.** Pringle, *Plan*, pp. 151-2; Engelhardt, "Nazis of Tibet"; Kenneth Hite, *The Nazi Occult* (Oxford: Osprey, 2013), p. 44; Kaufmann, *Tibet*, pp. 198-200. | **266.** Trimondi, *Hitler*, p. 130. | **267.** "Na escuridão do mundo, os arianos trouxeram a luz"; "acreditamos [no Führer] porque ele é a Alemanha, porque ele é a Germânia. Sua luz ilumina tudo." Trimondi, *Hitler*, p. 127. | **268.** Ibid., p. 128; Pringle, *Plan*, p. 171. | **269.** Trimondi, *Hitler*, pp. 143-4. | **270.** Pringle, *Plan*, p. 173. | **271.** Trimondi, *Hitler*, pp. 150-5. | **272.** Ibid., pp. 137-40. | **273.** Schäfer para Brandt, 25 jun. 1940, pp. 3-6, BAB: N 19/2709. | **274.** Ibid., pp. 11-2, BAB: N 19/2709. | **275.** Manjapra, *Age of Entanglement*, pp. 244, 261, 266-7. | **276.** Schäfer para Brandt, 25 jun. 1940, pp. 3-6, 16, BAB: N 19/2709. | **277.** Kaufmann, *Tibet*, pp. 193, 232-49; Junginger, "Intro". In: Junginger e Åkerlund (Org.), *Nordic Ideology*, pp. 11-2; ibid., p. 53. | **278.** Kaufmann, *Tibet*, pp. 178-80. | **279.** Pringle, *Plan*, p. 79. | **280.** Eckart, *Der Bolschewismus*, p. 7. | **281.** Picker, *Tischgespräche*, pp. 74, 94. | **282.** Myers, "Imagined India", p. 619. | **283.** Schertel, *Magic*, pp. 80-7, 97--101, 128; Trimondi, *Hitler*, pp. 107-9; Bronder, *Bevor Hitler kam*, pp. 219-20. | **284.** Kaufmann, *Tibet*, pp. 116-9, 176-7. | **285.** Ach, *Hitlers Religion*, pp. 109-10, 141-3, 148; Gailius, "A Strange Obsession", p. 40. | **286.** Trevor-Roper (Org.), *Conversations*, pp. 339-40; Picker, *Tischgespräche*, pp. 209-11, 267, 355; Kaufmann, *Tibet*, pp. 179-80. | **287.** Trevor-Roper (Org.), *Conversations*, p. 319; Picker, *Tischgespräche*, p. 184. | **288.** Motadel, *Islam*, p. 65; Herf, "Nazi Germany's Propaganda", pp. 199-202. | **289.** Spence, *Occult Causes*, pp. 142-4. | **290.** McGuire e Hull (Orgs.), *C. G. Jung Speaking*, pp. 122-3. | **291.** Kaufmann, *Tibet*, pp. 100-1; Berzin, "The Nazi Connection with Shambhala and Tibet"; Dow e Lixfeld (Orgs.), *Nazification*, pp. 21-2; Engelhardt, "Nazis of Tibet". | **292.** NL Darré, BAK N 10941-65A, p. 31; Kaufmann, *Tibet*, pp. 101-2. | **293.** Gugenberger e Schweidlenka, *Der Nornen*, pp. 116-20. | **294.** Trevor-Roper (Org.), *Bormann Letters*,

Notas 467

pp. 51-4. | **295.** Ibid., pp. xix-xx. | **296.** Ibid., pp. 47-8. | **297.** Berzin, "The Nazi Connection with Shambhala". | **298.** Bronder, *Bevor Hitler kam*, pp. 239-45; Bruno Hipler, *Hitlers Lehrmeister* (St Ottilien: EOS, 1996), pp. 54-63. | **299.** Motadel, *Islam*, p. 62; ver Walther Darré, *Tagebuch*, p. 43, NL Darré, BAK: N 10941-65A; anotações e artigos de Darré sobre Steiner e práticas de agricultura "biodinâmica" em BAK: N 10941-33; Werner, *Anthroposophen*, pp. 74-94. | **300.** Relatório do SD sobre Dacqué, 30 jun. 1941, BAB: R 58/6517, pp. 21-6. | **301.** Biografia de Rheden, NL Darré, BAK: N 10941-77, p. 62. | **302.** Ibid., pp. 62, 86; Steiner, "Westliche und östliche Weltgegensätzlichkeit", em Darré, BAK: N 10941-33, pp. 1-4. | **303.** Biografia de Rheden, em NL Darré, BAK: N 10941--77, p. 86. | **304.** Ibid., p. 96. | **305.** Diário em NL Darré, BAK: N 10941-65A, p. 43. | **306.** Trimondi, *Hitler*, p. 32. | **307.** Wulff, *Zodiac*, pp. 103-8. | **308.** Trimondi, *Hitler*, p. 90; Kersten, *Memoirs*, pp. 148-54. | **309.** Trimondi, *Hitler*, pp. 81-2; ver Adluri e Bagchee, *The Nay Science*, pp. 69-76, 81-3, 131-2. | **310.** Kersten, *Memoirs*, pp. 149-54; Kaufmann, *Tibet*, p. 170; Manvell e Frankel, Longerich, *Himmler*, pp. 181-2; Ach, *Hitlers Religion*, pp. 23-6. | **311.** Longerich, *Himmler*, p. 285. | **312.** Kersten, *Memoirs*, p. 151; ver também Longerich, *Himmler*, pp. 268-9. | **313.** Kersten, *Memoirs*, pp. 10-1; Wulff, *Zodiac*, pp. 103-5. | **314.** Treitel, *Science*, pp. 213-4; Kersten, *Memoirs*, pp. 10-1; Wulff, *Zodiac*, pp. 105-8. | **315.** Longerich, *Himmler*, pp. 269-70. | **316.** Ibid., pp. 268-9; Kaufmann, *Tibet*, pp. 359-60. | **317.** Longerich, *Himmler*, pp. 281-2. | **318.** Pringle, *Plan*, p. 145. | **319.** Motadel, *Islam*, pp. 60-1; Herf, "Nazi Germany's Propaganda"; Rehwaldt, *Geheimbuende in Africa*, pp. 14-24. | **320.** Motadel, *Islam*, pp. 61-2; Herf, "Nazi Germany's Propaganda". | **321.** Herf, "Nazi Germany's Propaganda", pp. 6, 90, 121, 157, 199-202. | **322.** Koehne, "Paganism", pp. 768-72. | **323.** Marchand, *German Orientalism*, pp. xxii, 495. Ver também Zantop, *Colonial Fantasies*; ver Berman, *Enlightenment or Empire*; Goodrick--Clarke, *Hitler's Priestess*, pp. 36-62. | **324.** Trimondi, *Hitler*, p. 20; ver também Kaufmann, *Tibet*, pp. 179-82, 358-60; Herf, "Nazi Germany's Propaganda", pp. 154-62, 194-204; Kater, *Das "Ahnenerbe"*, pp. 320-5. | **325.** Trimondi, *Hitler*, p. 19; Junginger, "From Buddha to Adolf Hitler", pp. 149-62. | **326.** Longerich, *Himmler*, p. 285. | **327.** Robert Soucy, "Fascism in France". In: Brian Jenkins (Org.), *France in the Era of Fascism* (Nova York; Oxford: Berghahn, 2005), pp. 60-70; Peter Davies e Derek Lynch, *The Routledge Companion to the Far Right* (Londres: Routledge, 2002). | **328.** Piper, "Steigmann-Gall", p. 56. | **329.** Ach, *Hitlers Religion*, pp. 78-84, 89-93; Koehne, "Paganism", pp. 762-3; Treitel, *Science*, pp. 196-7. | **330.** Mosse, *Nationalization*, pp. 202-5; Burleigh, *The Third Reich*, pp. 261-5; Trevor-Roper (Org.), *Conversations*, p. 173; Grabner-Haider e Strasser, *Hitlers mythische Religion*; Schier in Lorenz et al., "Introduction". In: Bauer et al. (Orgs.), *Hexenkartothek*, pp. 3-17. | **331.** Junginger e Åkerlund (Orgs.), *Nordic Ideology*, pp. 58-64. | **332.** Horst Heldt, "Die Astrologie", IGPP: 10 5 AII56. | **333.** Trimondi, *Hitler*, p. 40. | **334.** Williamson, *The Longing for Myth in Germany*, pp. 291-6.

7. O sobrenatural e a Segunda Guerra Mundial [pp. 271-313]

1. Ingo Eser, *"Volk, Staat, Gott!"*. Wiesbaden, 2010, p. 235. | **2.** Goebbels, *Tagebücher*, 23 nov. 1939, citado em Maichle, "Die Nostradamus-Propaganda". | **3.** Bender para

Krafft, 22 mar. 1940, IGPP: 10/5 A119, arquivo 1 (Krafft — Walther). | **4.** Krafft para Bender, 27 mar. 1940, IGPP: 10/5 A119, arquivo 2 (Krafft). | **5.** Bender para Schenz, 16 fev. 1940, IGPP: 10/5 A119, arquivo 1 (Krafft — Walther); Goepfert, *Immer noch Aberglaube!*, pp. 3-16; Susanne Michl, "Das wundersame 20. Jahrhundert?". In: ibid., p. 236. | **6.** Ver, entre outros, A. J, P. Taylor, *Origins of the Second World War.* (Nova York: Simon & Schuster, 1996); Tim Mason, "Some Origins of the Second World War". In: Caplan (Org.), *Nazism*; Richard Overy, "Germany, 'Domestic Crisis' and War in 1939". In: Christian Leitz (Org.), *The Third Reich* (Oxford: Blackwell, 2006), pp. 95-128; Tooze, *Wages.* | **7.** Ver Conrad, *Globalisation and the Nation in Imperial Germany*; Wildenthal, *German Women for Empire*; Zantop, *Colonial Fantasies*; Smith, *Politics and the Sciences*; Lixfeld, *Folklore and Fascism*; Gugenberger e Schweidlenka, *Faden der Nornen*, pp. 16-23; Darnton, "Peasants Tell Tales", pp. 21-2, 50-63. Ver também Zipes, *Fairy Tale as Myth.* | **8.** Mosse, *Masses and Man*, pp. 76-7. | **9.** Fahlbusch, *Wissenschaft*; Haar, *Historiker im Nationalsozialismus*; Conrad, *Globalisation*; Wildenthal, *German Women*; Steve Attridge, *Nationalism, Imperialism and Identity in Late Victorian Culture*; Zantop, *Colonial Fantasies*; Smith, *Politics and the Sciences*, pp. 163-5. | **10.** Dow e Lixfeld (Orgs.), *Nazification*, pp. 21-2; Smith, *Politics and the Sciences*, pp. 162-3. | **11.** O "segredo do poder de Hitler" é "que seu inconsciente tem acesso excepcional à sua consciência, e, em segundo lugar, o fato de ele se permitir ser movido por ele". In: McGuire e Hull (Orgs.), *C. G. Jung Speaking*, p. 118. | **12.** Karasek-Langer, "Vom Sagengute der Vorkarpathendeutschen". | **13.** Ibid., pp. 98, 100-2, 106-8. | **14.** Ibid., pp. 103-5. | **15.** Ibid., pp. 98, 100-2, 106-8. | **16.** Halter, "Zivilisation". | **17.** Black, "Expellees", pp. 81--2. | **18.** Helge Gerndt, "Folklore and National Socialism". In: Dow e Lixfeld (Orgs.), *Nazification*, pp. 7-8. | **19.** Smith, *Politics and the Sciences*, pp. 226-7; Dow e Lixfeld (Orgs.), *Nazification*; Weinreich, *Hitler's Professors*; Remy, *The Heidelberg Myth*; Prosser--Schell, "Zum Wandel der Funktion und des Traditionswertes vom Sagen-Texten", pp. 47-8, 60-2. | **20.** Rose, *Thule-Gesellschaft*, pp. 176-7; Kater, *"Artamanen"*, pp. 602-4. | **21.** Smith, *Politics and the Sciences*, pp. 226-8; Wolfgang Brückner, "Hauptströmungen nationalsozialistischer Volkskunde-Arbeit Klaus Graf". In: Bauer et al. (Orgs.), *Hexenkartothek*, pp. 20-31. | **22.** Staudenmaier, *Between Occultism and Nazism*, pp. 91-2; Kaufmann, *Tibet*, p. 364. | **23.** Essa "imagem glorificada da antiguidade germânica, promovida em teatros e salões acadêmicos, nas ofertas da rua Aryan Grub e, depois de 1933, cada vez mais com o imprimatur do Estado, pareceu fornecer a alguns uma base intelectual legitimadora para muitos dos discursos, muitas vezes mais sombrios, que surgiram dentro do projeto de renovação *völkisch"*. Mees, "Hitler and Germanentum", pp. 268-9; Kaufmann, *Tibet*, pp. 392-3; Lixfeld, *Folklore and Fascism*, pp. 31-3; Harten, *Himmlers Lehrer*, p. 18-9. | **24.** Gustav Jungbauer e Herbert Horntrich (Orgs.), *Die Volkslieder der Sudetendeutschen* (Reichenberg: Roland, 1943). | **25.** Gerndt, "Folklore and National Socialism". In: Dow e Lixfeld (Orgs.), *Nazification*, pp. 8-9. | **26.** Kater, *"Artamanen"*, pp. 592-4, 634-5; Kater, *Das "Ahnenerbe"*, pp. 31-2. | **27.** Lixfeld, *Folklore and Fascism*; Dow e Lixfeld (Orgs.), *Nazification*; Mees, "Hitler and Germanentum". Ver também Karen Schönwälder, *Historiker und Politik.* (Frankfurt am Main: Campus, 1992); Wolff, *Litteris et Patriae*; Schöttler (Org.), *Geschichtsschreibung als Legitimationswissenschaft*; Schulze e Gerhard Oexle (Orgs.), *Deutsche Historiker im*

Nationalsozialismus; Fahlbusch, *Wissenschaft*; Brückner, "Hauptströmungen", pp. 19-31. | **28.** Mees, "Hitler and Germanentum", pp. 263-4. | **29.** BAB: R 58/6517, longo relatório do SD, de 30 jun. 1941, expressando imensa frustração com Edgar Dacqué, pp. 1-7, 25-7. | **30.** O SD reclamou da "ênfase unilateral e exagerada da vida oculta da alma" conferida por Dacqué, mas reconheceu o valor de suas outras ideias. Relatório do SD de 30 jun. 1941, pp. 7-10, BAB: R 58/6517. | **31.** Lixfeld, *Folklore and Fascism*, pp. 21-2; Kater, *Das "Ahnenerbe"*, p. 113; Junginger e Åkerlund (Orgs.), *Nordic Ideology*, p. 66. | **32.** Ver Dow e Kammerhofer-Aggermann, "Austrian Volkskunde and National Socialism"; Kater, *Das "Ahnenerbe"*, pp. 12-4; Bollmus, *Das Amt Rosenberg und seine Gegner*, pp. 360, 9, 55. | **33.** Kater, *Das "Ahnenerbe"*, pp. 22-5; 23 abr. 1937, Reinerth pedindo dinheiro para DFG; 14 abr. 1938, Reinerth relatando a pesquisa de inverno com papel timbrado do RfDV; 20 dez. 1941, Reinerth escrevendo para associações e sociedades do RfDV; 1 maio 1942, Sievers para Willvonseder, Hans Reinerth, BAB: NS 21/2136. | **34.** Pringle, *Plan*, pp. 38, 50-7; ver também Bausinger, "Folk-National Work during the Third Reich". In: Dow e Lixfeld (Orgs.), *Nazification*, pp. 76-87; Kater, *Das "Ahnenerbe"*, pp. 29-30; Kater, "Artamanen", pp. 622-7, 634-5. | **35.** Himmler, citado em Emmerich, "The Mythos of Germanic Continuity". In: Dow e Lixfeld (Orgs.), *Nazification*, p. 48. | **36.** Kater, *Das "Ahnenerbe"*, pp. 38-40. | **37.** Ibid., pp. 21-3; Junginger, "From Buddha to Adolf Hitler", p. 112. E, no entanto, até mesmo Rosenberg argumentou, no contexto do *Generalplan Ost*, que a Alemanha deveria "lembrar que a Sibéria *até o lago Baikal* era uma antiga esfera de colonização europeia". Kaufmann, *Tibet*, p. 605. | **38.** Ver correspondência de 6 nov. 1942 e parecer sobre Carl von Spiess e Edmund Mudrak, pp. 24-41. Ver também Dow e Lixfield (Orgs.), *Nazification*, pp. 199-200; 4 ago. 1938, carta de Rosenberg para Himmler reclamando sobre as incursões de Himmler, BAB: NS 21/2136. | **39.** "Nós, pré-historiadores, que somos quase inteiramente líderes da SA e da SS, constituímos a primeira frente na batalha pelo Império Germânico", escreveu um folclorista da SS. "Em vez de nos ajudar na luta, Reinerth atira em nós pelas costas" com seu trabalho fraudulento. Walter von Stokar para RfDV, 30 dez. 1942, sobre Reinerth; 20 fev. 1943; Reinerth para o professor dr. Walter von Stokar, 20 fev. 1943; 11 nov. 1942, Sievers escreve para Himmler, BAB: NS 21/2136 (Reinerth). Para os esforços dúbios de Reinert em outros lugares, ver Hare, *Excavating Nations*, pp. 146-7, 151-3. | **40.** Pringle, *Plan*, p. 3. | **41.** Emmerich, "The Mythos of Germanic Continuity", pp. 31-7. | **42.** Bausinger, "Folk-National Work during the Third Reich". In: Dow e Lixfeld (Orgs.), *Nazification*, pp. 88-9. | **43.** Pringle, *Plan*, p. 3. | **44.** Kater, *Das "Ahnenerbe"*, pp. 21, 118; Kaufmann, *Tibet*, pp. 374-5. | **45.** Bausinger, "Folk-National Work during the Third Reich", pp. 89-93. | **46.** Mees, "Hitler and Germanentum", pp. 264-5; Bramwell, *Blood and Soil*, pp. 91-3, 121-4. | **47.** Kater, *Das "Ahnenerbe"*, pp. 145-52. | **48.** Mees, "Hitler and Germanentum", pp. 262-3. | **49.** Kater, *Das "Ahnenerbe"*, pp. 118-9. | **50.** Junginger, "From Buddha to Adolf Hitler", p. 159. | **51.** Black, *Death in Berlin*, p. 91. | **52.** Mees, "Hitler and Germanentum", pp. 259-63. | **53.** Wüst, *Indogermanisches Bekenntnis*, p. 3. | **54.** Mees, "Hitler and Germanentum", pp. 262-63; Weinreich, *Hitler's Professors*, p. 6; Teudt, *Germanische Heiligtümer*; Kater, *Das "Ahnenerbe"*, pp. 22-3; artigo de Teudt sobre Detmold, 4 jun. 1938; discurso de Teudt, 10 jun. 1938; discurso de Teudt sobre Viena, 14 abr. 1937, BAB: NS 21/2528;

Kaufmann, *Tibet*, pp. 392-3. | **55.** Kater, *Das "Ahnenerbe"*, p. 75; Heinrich Harmjanz escreve para Plassmann, 14 nov. 1938; 20 nov. 1939, 20 jan. 1940, cartas assegurando a permissão de Hitler para coletar artefatos, 22 nov. 1939; 23 fev. 1940, Göring concorda em pagar cem marcos alemães a Harmjanz e Sievers por sua ajuda, BAB: NS 21/1495; sobre o importante papel da geografia e da cartografia nas concepções *völkisch* e pangermânicas de raça e espaço, ver Jason Hansen, *Mapping the Germans* (Oxford: Oxford University Press, 2015) | **56.** Peter Assion, "Eugen Fehrle and 'The Mythos of our Folk'". In: Dow e Lixfeld (Orgs.), *Nazification*, pp. 112-21; Bruce Lincoln, "Hermann Güntert in the 1930s", p. 188. | **57.** Mees, "Hitler and Germanentum"; para mais detalhes, ver Peter Schöttler, "Die historische Westforschung zwischen Abwehrkampf und territorialer Offensive". In: *Geschichtsschreibung*, pp. 204-61; Peter Schöttler, "Von der rheinischen Landesgeschichte zur nazistischen Volksgeschichte oder Die unhörbare Stimme des Blutes". In: Schulze e Oexle (Orgs.), *Deutsche Historiker*, pp. 89-113; Burkhard Dietz, "Die interdisziplinäre Westforschung der Weimarer Republik und NS-Zeit als Gegenstand der Wissenschafts- und Zeitgeschichte. Überlegungen zu Forschungsstand und Forschungsperspektiven". *Geschichte im Westen*, n. 14, pp. 189--209, 1999. | **58.** Hansen, *Volkskunde*, pp. 4-7, 10-1. | **59.** Ibid., pp. 64-6. | **60.** Pringle, *Plan*, pp. 187-90; ver a correspondência entre 1939-42 e as imagens de penhascos suecos de Fehrle, BAB: NS 21/1295; ver também Hartmann, *Trollvorstellungen*, p. 2; biografia de Rheden sobre Darré, BAK: N 10941/77, p. 35. | **61.** Heinrich Pudor deseja uma bolsa de estudos da Ahnenerbe. Carta de Brandt para Galke, 7 dez. 1937; carta de Pudor em 7 nov. 1941 pedindo dinheiro para pesquisas em Helgoland; Sievers para Pudor, 11 nov. 1941; livro de Pudor com materiais antissemitas e sobre Atlântida, p. 23, BAB: NS 21/2215. | **62.** Pringle, *Plan*, pp. 11-2, 90-1; Bose, "Law and Freedom in the Interpretation of European Folk Epics", p. 31. | **63.** John Randolph Angolia, David Littlejohn e C. M. Dodkins, *Edged Weaponry of the Third Reich* (San Jose: R. J. Bender, 1974), pp. 132-5. | **64.** Junginger e Åkerlund, *Nordic Ideology*, pp. 53-4. | **65.** Pringle, *Plan*, p. 11; Herman Wirth, "Bericht über die Hällristningar-Expedition des Deutschen Ahnenerbe", 27 ago. 1935, 3 set. 1935; Kater, *Das "Ahnenerbe"*, pp. 58-9; Harten, *Himmlers Lehrer*, pp. 388-409. | **66.** Ernst Anrich, "Zum Thema der Arbeitsgemeinschaft des Amtes Wissenschaft des NSD Dozentenbundes der Reichsuniversität Strassburg". *Lebensgesetze von Volkstum und Volk*, 30 set. 1942, Sondermappe Universität Straßburg, 1942-3; Archiv des IGPP, Bestand 10/5. | **67.** Pringle, *Plan*, pp. 123-35. | **68.** Kater, *Das "Ahnenerbe"*, p. 108; Hans Derks, *Deutsche Westforschung*. Leipzig: AVA-Akademische Verlagsanstalt, 2001. | **69.** Derks, *Deutsche Westforschung*, pp. 86-92. | **70.** Pringle, *Plan*, pp. 105-18, 306-7; Franz Altheim e Erika Trautmann, "Nordische und italische Felsbildkunst". *Die Welt als Geschichte*, n. 3, pp. 1-82, 1937. | **71.** Kater, *Das "Ahnenerbe"*, p. 118. | **72.** Hinton (Org.), *Annihilating Difference*, p. 105; ver Walther Gehl, *Geschichte* (Breslau: Hirt, 1940), pp. 72-122; Kater, *Das "Ahnenerbe"*, p. 301. | **73.** Olaf Bockhorn, "The Battle for the 'Ostmark'". In: Dow e Lixfeld (Orgs.), *Nazification*, pp. 135-42; Kater, *Das "Ahnenerbe"*, pp. 108-9. | **74.** Pringle, *Plan*, p. 301. | **75.** Junginger, "From Buddha to Adolf Hitler", pp. 137-9. | **76.** Kater, *Das "Ahnenerbe"*, p. 109; Burleigh, *Germany Turns Eastwards*; Mechthild Rössler, *"Wissenschaft und Lebensraum"* (Berlim: Reimer, 1990); Haar, *Historiker*; Black, "Expellees", pp. 81-8. | **77.** Mackensen, *Sagen*, prefácio. | **78.** Instruções de Heinrich Harmjanz para o Warthegau e a Polônia, no final da década de 1940, sobre o significado de "Kulturgut", 28 out. 1940; 18 maio 1940, discussão sobre o trabalho genealógico na Letônia; 17 nov. 1939, mais trabalho na comissão cultural, mostrando negociações com autoridades letãs e estonianas; 18 jun. 1940, negociações bem-sucedidas com a Estônia e a Letônia, BAB: NS 21/1495. | **79.** Karasek-Langer, "Vom Sagengute der Vorkarpathendeutschen", pp. 96-7. | **80.** Jungbauer, *Sudetenland*, pp. 468-9, 472-3. | **81.** Ibid., pp. 467, 472-3, 488. | **82.** Kater, *Das "Ahnenerbe"*, pp. 292-4; BAB: NS 21/2676; Willvonseder, 25 nov. 1940, escavações arqueológicas na Eslováquia. | **83.** Krause para Wüst, 15 maio 1942, sobre institutos de runas de maneira absurdamente bajuladora; Wüst para Himmler, 5 fev. 1943; Wüst para Krause, 10 fev. 1943; 10 set. 1941, carta exaltando o trabalho de Krause quanto à ponta da Lança de Kowel; 25 jun. 1940, Krause para Sievers; 29 jul. 1943, agradecimentos bajuladores a Wüst; 8 jul. 1943, Sievers para Brandt; 6 abr. 1944, Brandt (Himmler) para Sievers com cópia para Wüst; 17 nov. 1941, Krause quer continuar a pesquisa de 1932 na Vandália polonesa/ucraniana, onde a lança foi encontrada; 26 nov. 1943, BAB: NS 21/1784. Ver também Gustav Must, "The Inscription on the Spearhead of Kovel". *Language*, v. 4, n. 31, pp. 493-8, out.-dez. 1955. | **84.** Hans Reinerth, 11 jun. 1942, *Völkischer Beobachter*, "Forschungsauftrag für Professor Reinerth", BAB: NS 21/2136. | **85.** Ver <homepages.uni-tuebingen.de//gerd.simon/ChrKarasek.pdf>. | **86.** Black, "Expellees", pp. 81-2; Alfred Karasek-Langer, "Sprachinselvolkstum" (*Deutsche Blätter in Polen*, n. 3, pp. 569-94, 1926); Karasek-Langer, "Das Schrifttum über die Deutschen in Wolhynien und Polen"; Karasek-Langer, "Ostschlesische Volkskunde"; Karasek-Langer, "Grundsätzliches zur Volkskunde der Deutschen in Polen"; Karasek-Langer, "Die deutsche Volkskundeforschung im heutigen Ungarn", pp. 287-308, 959-89; Karasek-Langer e Strzygowski, *Vom Sagengute der Vorkarpathendeutschen*; Karasek-Langer, *Die deutschen Siedlungen in Wolhynien*. | **87.** Um império era "uma área administrativa de tamanho bastante unificado, com fronteiras definidas, com habitantes que se opõem a raças estrangeiras, com províncias e grandes cidades, impostos e outras instituições imperiais". Wüst, *Indogermanisches Bekenntnis*, pp. 16-7. | **88.** Ibid., p. 19. | **89.** Wüst explicou: "Esse é o legado, a lei", a história "dos impérios dos antigos arianos". Wüst, *Indogermanisches Bekenntnis*, p. 20; Kaufmann, *Tibet*, pp. 364-5. | **90.** Kater, *Das "Ahnenerbe"*, p. 29. | **91.** Wüst, *Indogermanisches Bekenntnis*, pp. 17-8. | **92.** Trimondi, *Hitler*, pp. 49-50; ver também Manjapra, *Entanglement*, p. 204; Kaufmann, *Tibet*, pp. 600-1; Conrad, *Globalisation*; Wildenthal, *German Women*. | **93.** Ver Kurlander, "Orientalist Roots"; Manjapra, *Entanglement*, pp. 195-6, 203-8; assim, a Associação para Relações Culturais Alemãs no Exterior, de inspiração *völkisch*-nacionalista, apoiou a luta nacionalista indiana na década de 1920. Manjapra, *Entanglement*, p. 203. | **94.** Ibid., p. 91; ver também Marchand, *German Orientalism*, pp. 495-8; Kaufmann, *Dritte Reich*, pp. 67-70. | **95.** Manjapra, *Entanglement*, p. 210. | **96.** Spang, *Karl Haushofer und Japan*, p. 414. | **97.** Pringle, *Plan*, pp. 135-6. | **98.** Kaufmann, *Tibet*, pp. 601-4. | **99.** Pringle, *Plan*, pp. 146-7. | **100.** Ibid., p. 150. Em "tempos longínquos, o povo do Extremo Oriente tinha o mesmo código de honra de nossos distantes pais", argumentou Himmler, dando "vida eterna a uma nação em termos terrenos". Longerich, *Himmler*, pp. 281-2. | **101.** Pringle, *Plan*, pp. 145-6. | **102.** Kaufmann, *Tibet*,

p. 601. | **103.** Ibid., pp. 178-9; Steinmetz, *Devil's Handwriting*, p. 61; Smith, *Politics and the Sciences*, pp. 162-3; Pringle, *Plan*, pp. 135-6; ver também Marchand, *German Orientalism*, pp. 483-4; Ekkehard Ellinger, *Deutsche Orientalistik zur Zeit des Nationalsozialismus, 1933-1945* (Edingen-Neckarhausen: Deux Mondes, 2006); McGetchin, *Indology, Indomania, and Orientalism*; Ursula Woköck, *German Orientalism* (Londres: Routledge, 2009); Johannes Fück, *Die arabischen Studien in Europa bis in den Anfang des 19. Jahrhunderts* (Leipzig: Harrassowitz, 1955); Ludmila Hanisch, *Die Nachfolger der Exegeten* (Wiesbaden: Harrassowitz, 2003); Sabine Mangold, *Eine "weltbürgerliche Wissenschaft"* (Stuttgart: Steiner, 2004). | **104.** Relatórios positivos do barão Julius Evola; 16 mar. 1938, opinião positiva do professor Langsdorff sobre o ensaio de Evola, "Gralsmysterium und Reichsgedanke", BAB: NS 21/1333, 13 jul. 1938. | **105.** Junginger, "From Buddha to Adolf Hitler", pp. 128-9. | **106.** Ibid., pp. 131-3. | **107.** Trimondi, *Hitler*, p. 69. | **108.** Edmund Kiss, BAB: NS 21/1751, carta de Sievers, 5 maio 1938, confirmando que Kiss deveria ir para a África do Sul — Tihuanaka; memorando sobre a cosmogonia glacial na Abissínia, 2 ago. 1935; 7 mar. 1938, carta de Galke para Himmler sobre seus resultados; 30 jan. 1939, Kiss recebeu ordens para fazer uma viagem a Trípoli e à Sardenha. | **109.** Pringle, *Plan*, pp. 185-6. | **110.** Kaufmann, *Tibet*, pp. 368-71; Frenzolf Schmid, BAB: NS 21/2294, 31 mar. 1942, Sievers envia material para Schmid; 17 jan. 1939, Schmid escreve uma carta longa a Himmler recomendado palavras-chave *völkisch*; 23 jul. 1940, Schmid devolve a Himmler uma prata antiga, cujo significado pré-histórico é "Teufelsee"; Anrich, IfzG 542: 1536/54, p. 5. | **111.** Treitel, *Science*, pp. 87-8. | **112.** Trimondi, *Hitler*, p. 73; Kaufmann, *Tibet*, pp. 392-3. | **113.** Trimondi, *Hitler*, pp. 54-6; ver também Kater, *Das "Ahnenerbe"*, pp. 30-1, 33-8. | **114.** Trimondi, *Hitler*, p. 93. | **115.** Manjapra, *Entanglement*, pp. 207-8; Marchand, *German Orientalism*, pp. 495-8; Rehwaldt, *Indien*, pp. 92-100. | **116.** Trimondi, *Hitler*, pp. 93-5. | **117.** Kaufmann, *Tibet*, pp. 412-23; Berzin, "The Berzin Archives"; Longerich, *Himmler*, pp. 282-3. | **118.** Kaufmann, *Tibet*, p. 11. | **119.** Engelhardt, "Nazis of Tibet"; Kaufmann, *Tibet*, pp. 217-24, 457-61. | **120.** Kater, *Das "Ahnenerbe"*, p. 211; Kaufmann, *Tibet*, pp. 434-9, 471-535. | **121.** Longerich, *Himmler*, pp. 281-2; Himmler para Schäfer, 7 set. 1939, BAB: N 19/2709. Schäfer tinha a impressão de que os tibetanos estavam muito interessados nos acontecimentos políticos na Alemanha, citando a expressão de apoio do Panchen Lama a Hitler, o pacífico "rei dos alemães". Kaufmann, *Tibet*, pp. 119-20. | **122.** Schäfer para Brandt, 25 jun. 1940, BAB: N 19/2709, pp. 3-6; Manjapra, *Entanglement*, pp. 261-2, 266-7; Junginger e Åkerlund, *Nordic Ideology*, p. 54; Kaufmann, *Tibet*, pp. 254-8, 553-73. | **123.** Trimondi, *Hitler*, pp. 145-6; também Kaufmann, *Tibet*, pp. 608-10; Berzin, "The Berzin Archives". | **124.** Trimondi, *Hitler*, p. 130. | **125.** Wüst, *Japan und Wir*, pp. 9-11. | **126.** François Genoud citado em Trevor-Roper (Org.), *Bormann Letters*, pp. xix-xx. | **127.** Kaufmann, *Tibet*, p. 609. | **128.** Spang, *Karl Haushofer und Japan*, p. 414; Kaufmann, *Tibet*, p. 638. | **129.** Hipler, *Hitlers Lehrmeister*, p. 43. | **130.** Ibid., pp. 6, 50-51, 63; Spang, *Karl Haushofer und Japan*. Como disse o filho de Haushofer, Albrecht, em 1945, "meu pai rompeu o lacre" e deixou que "demônios [...] escapassem para o mundo". Hipler, *Hitlers Lehrmeister*, p. 18; Rose, *Thule-Gesellschaft*, pp. 176-7. | **131.** Spang, *Karl Haushofer und Japan*, p. 423. | **132.** Hipler, *Hitlers Lehrmeister*, p. 51. | **133.** Kaufmann, *Tibet*, pp. 634-5. | **134.** Pringle,

Notas

Plan, p. 150. | **135.** Kaufmann, *Tibet*, pp. 179-80, 610-34. | **136.** Ibid., pp. 642-8. | **137.** Herf, "Nazi Germany's Propaganda", pp. 715-7. | **138.** Kater, *Das "Ahnenerbe"*, pp. 30-3, 33-8; Pringle, *Plan*, p. 183. | **139.** Pringle, *Plan*, pp. 110-20, 301-2. | **140.** Ibid., pp. 90-1, 306-7. | **141.** Herf, "Nazi Germany's Propaganda", pp. 722-3. | **142.** Ibid., pp. 718-20; Rubin e Schwanitz, *Nazis, Islamists, and the Making of the Modern Middle East*, p. 178. | **143.** Herf, "Nazi Germany's Propaganda", pp. 718-9. | **144.** Kaufmann, *Tibet*, p. 609; o SD tinha planos mais ambiciosos de fundar um "Instituto Asiático" para investigar o caráter racial e político de "Japão, China, Índia, Tibete, Turquestão, Mongólia etc.", mas acabou sendo dissuadido devido à sobreposição com o Instituto da Ásia Central de Schäfer. Kaufmann, *Tibet*, pp. 677-9. | **145.** Herf, "Nazi Germany's Propaganda", pp. 711, 718-9. | **146.** Ibid., p. 736; Rubin e Schwanitz, *Nazis, Islamists*, pp. 156-7, 182-5. | **147.** Ver Herf, "Nazi Germany's Propaganda", pp. 3-8, 51-9, 154-62; 194-204. | **148.** Rubin e Schwanitz, *Nazis, Islamists*, pp. 127-34, 142-3, 181-2. | **149.** Kater, *Das "Ahnenerbe"*, p. 113. | **150.** Kaufmann, *Tibet*, pp. 67-9. | **151.** Kater, *Das "Ahnenerbe"*, pp. 113-5; Ach, *Hitlers Religion*, p. 48; ver também Mazower, *Hitler's Empire*; Baranowski, *Nazi Empire*; Manjapra, *Entanglement*; Kurlander, "Orientalist Roots"; Conrad, *Globalisation*; Wildenthal, *German Women*; Zantop, *Colonial Fantasies*. | **152.** McGuire e Hull (Orgs.), *C. G. Jung Speaking*, pp. 115-7; ver também Ian Kershaw, *The Hitler Myth* (Oxford: Oxford University Press, 2001). | **153.** Goepfert, *Aberglaube!*, pp. 85-95. | **154.** Staudenmaier, *Between Occultism and Nazism*, pp. 65-6. | **155.** Fisher, *Fantasy and Politics*, p. 3; Goepfert, *Aberglaube!*, pp. 38-71. | **156.** Fisher, *Fantasy and Politics*, pp. 1-2. | **157.** Sobre a avaliação menos otimista e crítica do moral alemão durante a guerra, ver Bessel, *Germany 1945*; Tooze, *Wages*; Mazower, *Hitler's Empire*; Johannes Steinhoff, Peter Pechel, e Dennis Showalter (Orgs.), *Voices from the Reich* (Boston: Da Capo, 1994). | **158.** Fisher, *Fantasy and Politics*, p. 3; ver também Spence, *Occult Causes*, pp. 22-3. | **159.** Fisher, *Fantasy and Politics*, pp. 6-7. | **160.** Ver particularmente Poley, *Decolonization*; ver também Manjapra, *Entanglement*. | **161.** Fanon, *The Wretched of the Earth*, p. 54. | **162.** Ibid., pp. 54-5. | **163.** Fisher, *Fantasy and Politics*, p. 6. | **164.** Como ainda não eram fortes o bastante para enfrentar o inimigo fisicamente, os nacionalistas alemães fantasiaram "sobre uma guerra de vingança que apagaria a realidade de Versalhes". Fisher, *Fantasy and Politics*, pp. 11-3. | **165.** Ibid., pp. 9-11; as livrarias alemãs estavam repletas de romances e panfletos políticos que "misturavam política e fantasias que satisfaziam desejos [...] autores populares e escritores picaretas imaginavam grandes descobertas tecnológicas, revoltas políticas e guerras cataclísmicas que derrubariam a ordem de Versalhes". Ibid., pp. 1-2. | **166.** Kurt Hesse, *Der Feldherr Psychologos* (Berlim: E. S. Mittler, 1922); ver também Fisher, *Fantasy and Politics*, p. 221. | **167.** Fanon, *The Wretched of the Earth*, pp. 54-5. | **168.** Spence, *Occult Causes*, p. 124. | **169.** Fisher, *Fantasy and Politics*, p. 19. Segundo Kersten, Himmler "adaptou o que ele considera o método de seus inimigos" e a base de seu poder e o transformou em uso lógico como base da posição dominante ocupada no Estado pela ss. Desse ponto de vista, a ss não é nada além de uma antimaçonaria — embora o Reichsführer não admita isso — com a ajuda da qual [...] ele está tentando ocupar a posição de liderança no governo e no partido". Kersten, *Memoirs*, pp. 28-32. Ver também ss Schüler para ss Stabsführung Países Baixos, Sudeste, Centro, Itália etc., 19 jul. 1944; pp. 20-1; 5 maio

1941, Henry Chavin, *Rapport confidentiel sur la société secrète polytechnicienne dite Mouvement synarchique d'Empire (MSE) ou Convention synarchique révolutionnaire*, 1941, BAB: NS 51/186; Richard F. Kuisel, "The Legend of the Vichy Synarchy" (*French Historical Studies*, v. 3, n. 6, 1970); Olivier Dard, *La Synarchie, le mythe du complot permanent* (Paris: Perrin, 1998), pp. 237-8; Projeto: "Bibliographie zur nationalsozialistischen Bewegung [1919-1933]". In: Bauer et al. (Orgs.), *Hexenkartothek*, pp. 60-9; William Langer, *Our Vichy Gamble* (Nova York: Knopf, 1947). | **170.** Heiden, "Preface", pp. 10-2. Himmler, obedientemente, enviou oficiais da ss para visitar o Museu Maçônico em Berlim, a fim de que eles entendessem esse "poder nacional superior". Kersten, *Memoirs*, pp. 23-5. | **171.** Heiden, "Preface", pp. 4-7; Spence, *Occult Causes*, pp. 12-3, 22-3. | **172.** Fisher, *Fantasy and Politics*, p. 6. | **173.** McGuire e Hull (Orgs.), *C. G. Jung Speaking*, pp. 120-1. | **174.** Goepfert, *Aberglaube!*, pp. 30-7. | **175.** Fisher, *Fantasy and Politics*, pp. 11-2; Alfred Rosenberg citado em BAB: NS 8/185, pp. 49-50. | **176.** Fisher, *Fantasy and Politics*, p. 3; ver Michl, "Das wundersame 20. Jahrhundert?". In: Geppert e Kössler (Orgs.), *Wunder*, p. 236; Mackensen, *Sagen*, pp. xii-xiv; Sickinger, "Hitler and the Occult", p. 118. | **177.** McGuire e Hull (Orgs.), *C. G. Jung Speaking*, pp. 123-4. | **178.** Ibid., pp. 115-7; ver também Kershaw, *Hitler Myth*. | **179.** McGuire e Hull (Orgs.), *C. G. Jung Speaking*, pp. 134-5; ver também Heiden, "Preface", pp. 13-4. | **180.** Fisher, *Fantasy and Politics*, p. 20. | **181.** Heiden, "Preface", pp. 14-5. | **182.** Rascunho do discurso de Quade, "Occultism and Politics", R 58/6218 (SD RSHA), pp. 1-2, 34-6. | **183.** McGuire e Hull (Orgs.), *C. G. Jung Speaking*, pp. 131-2. | **184.** Ibid., p. 118. | **185.** Ibid., pp. 134-5. Como o inconsciente de Hitler era "o receptáculo das almas de 78 milhões de alemães, ele é poderoso", acrescentou Jung, "e, com sua percepção inconsciente do verdadeiro equilíbrio das forças políticas no país e no mundo, ele tem sido infalível até agora". McGuire e Hull (Orgs.), *C. G. Jung Speaking*, p. 119. | **186.** Com base "em sua crença mágica de que podia adivinhar o futuro", Hitler "achava que poderia liderar o povo alemão [...] se eles apenas o ouvissem e obedecessem". Sickinger, "Hitler and the Occult", p. 118. | **187.** McGuire e Hull (Orgs.), *C. G. Jung Speaking*, pp. 119-20. | **188.** Sickinger, "Hitler and the Occult", p. 119. | **189.** McGuire e Hull (Orgs.), *C. G. Jung Speaking*, pp. 119-20. | **190.** Ibid. | **191.** "A Alemanha está hoje no limiar", escreveu Jung em 1939. "Ele acabou de começar, e, se sua voz lhe disser que o povo alemão está destinado a se tornar o senhor da Europa, e talvez do mundo, e continuar sempre certa, então estaremos em um período extremamente interessante, não é mesmo?". McGuire e Hull (Orgs.), *C. G. Jung Speaking*, pp. 120-1. | **192.** Sickinger, "Hitler and the Occult", p. 119. | **193.** John Toland, *Adolf Hitler* (Nova York: Anchor, 1992). | **194.** Sickinger, "Hitler and the Occult", p. 120. | **195.** Kisshauer para ss Hartl, 7 set. 1939; 4 set. 1939, memorando de Kisshauer, "Astrologie als Mittel zur Beeinflussung der Volksstimmung"; 31 ago. 1939, Hans Hagemeyer, do RMVP, pede para a PPK banir calendários astrológicos, BAB: R 58/6207. | **196.** Ver <www.nostradamus-online.de/index1.htm>. | **197.** Boris von Borresholm e Karena Niehoff, *Dr. Goebbels nach Aufzeichnungen aus seiner Umgebung* (Berlim: Journal, 1949), pp. 146-7; ver Howe, *Urania's Children*, pp. 168-72; Ulrich Maichle, *Die verlorene Welt der Planetenengel und die Prophezeiungen des Michel Nostradamus* (Berlim: Rhombus, 2004); Howe, *Urania's Children*, pp. 168-72; Krafft para Reichskanzlei Berlin, 9 nov. 1939, IGPP: 10/5

AII9; carta de Heydrich pedindo que a biblioteca astrológica de Heinrich Träncker fosse entregue a Himmler, 4 dez. 1939; 5 dez. 1939, carta para Heydrich; 6 abr. 1940, discussão sobre *Denkschrift zur Astrologie*, BAB: R 58/6207. Curiosamente, Goebbels e seus colegas pareciam aceitar as convenientes alegações de ocultistas *völkisch* anteriores segundo as quais Nostradamus "não era um judeu racial", apesar de seus documentos não deixarem dúvida de que ele nasceu em uma família judia convertida ao catolicismo. Ver Stéphanie Gerson, *Nostradamus* (Nova York: Macmillan, 2012), pp. 19-20. | **198.** Goebbels, *Tagebücher*, 24 nov. 1939, citado em Maichle, "Die Nostradamus-Propaganda". | **199.** Howe, *Urania's Children*, pp. 164-7, 170-2; Maichle, "Die Nostradamus-Propaganda"; Wulff, *Zodiac*, pp. 16-8, 92-8, 112-3; Willi A. Boelcke (Org.), *Kriegspropaganda 1939-1941* (Stuttgart: DVA, 1966) [PdGMK], citado em Maichle, "Die Nostradamus-Propaganda", pp. 230-1; Borresholm, *Goebbels*, pp. 148-9. | **200.** Curiosamente, ele observou que os folhetos "deveriam ter caráter propagandístico e não científico" — como se a astrologia científica fosse de fato possível. PdGMK, 5 dez. 1939, pp. 236-8. | **201.** Howe, *Urania's Children*, pp. 164-7; Schellinger et al., "Pragmatic Occultism", p. 162. | **202.** Howe, *Nostradamus*, pp. 115-6; Howe, *Urania's Children*, pp. 175-7. | **203.** Howe, *Nostradamus*, pp. 116-7; Howe, *Urania's Children*, pp. 175-7. | **204.** Howe, *Urania's Children*, pp. 178-81. | **205.** Goebbels, *Tagebücher*, 9 jan. 1940, citado em Maichle, "Die Nostradamus-Propaganda"; Howe, *Urania's Children*, pp. 168-72; Alexander Centgraf afirma que alguém do regime — provavelmente o RMVP OU O SD — o procurou já no final de 1939 para pedir sua opinião sobre um ataque-relâmpago contra a França na primavera de 1940; ver <www.nostradamus-research.org/en/ww2/Centgraaf-info.htm>. | **206.** Ver Van Berkel, <www.nostradamusresearch.org/en/ww2/bittenfeld-info.htm#02>; 25 nov. 1939, *Gutterer berichtet über die Flugblattbroschüren für Frankreich*, PdGMK, citado em Boelcke (Org.), *Kriegspropaganda 1939-1941*, pp. 232-3. Bittenfeld era um proeminente e respeitado jornalista, um especialista em política externa que havia trabalhado como adido militar em Washington, o que conferia ainda mais legitimidade ao seu trabalho de propaganda astrológica. Artigos de Hans Wolfgang Herwarth von Bittenfeld publicados no *Berliner Borsen Zeitung*: "Verkehrszersplitterung", 5 jul. 1931; "Vom Weltpostverein zum Weltverkehrsverein", 28 mar. 1931; 22 out. 1938, carta de Bittenfeld para a Câmara de Literatura do Reich; 20 fev. 1939, carta da Câmara de Literatura do Reich para Bittenfeld, BAB: R 9361-V/6162. | **207.** Der Bericht von Martin H. Sommerfeld, RMVP, Maichle, "Die Nostradamus-Propaganda". | **208.** Ibid., pp. 55-7. | **209.** Ver Van Berkel, <www.nostradamusresearch.org/en/ww2/bittenfeld-info.htm#02>; 25 nov. 1939. In: Boelcke (Org.), *Kriegspropaganda 1939-1941*, pp. 232-3; 5 dez. 1939, PdGMK, pp. 236-8; 13 dez. 1939, PdGMK, p. 241; Goebbels, *Tagebücher*, 14 dez. 1939, citado em Maichle, "Die Nostradamus-Propaganda". | **210.** Goebbels, *Tägebücher*, 23 fev. 1940, citado em Maichle, "Die Nostradamus-Propaganda"; Schellinger et al., "Pragmatic Occultism", p. 162. | **211.** Entradas no diário de Goebbels, 23 fev. 1940, 12 mar. 1940, 27-28 mar. 1940, PdGMK, citado em Maichle, "Die Nostradamus-Propaganda", pp. 303-5. | **212.** Entradas no diário de Goebbels, 24 abr. 1940, PdGMK, citado em Maichle, "Die Nostradamus-Propaganda", pp. 328-31, e Goebbels, *Tagebücher*, 25 abr. 1940, citado em ibid. | **213.** Goebbels, *Tagebücher*, 30 mar. 1940, citado em Maichle, "Die Nostradamus-

-Propaganda". | **214.** 26 mar. 1940, citado em ibid.; ver também 24 maio 1940, PdGMK, citado em Maichle, "Die Nostradamus-Propaganda", p. 363; Goebbels, *Tagebücher*, 25 maio 1940, citado em ibid. | **215.** 26 maio 1940, PdGMK, p. 365; 27 maio 1940, PdGMK, p. 366, citado em Maichle, "Die Nostradamus-Propaganda". | **216.** Im Antrag auf Mitgliedschaft vom 9.7.40. Maichle, "Die Nostradamus-Propaganda". | **217.** Howe, *Urania's Children*, pp. 173-4. | **218.** Ibid., pp. 182-6; 1 fev. 1941, Karl Krafft escreve à Câmara de Literatura do Reich para explicar os propósitos da tradução; 15 mar. 1941, Maurer, na Câmara de Literatura do Reich, para Krafft; 18 dez. 1940, carta de Maurer para Krafft; 27 ago. 1940, bilhete manuscrito de Krafft para Câmara de Literatura do Reich; 3 set. 1940, seguimento de Krafft para Câmara de Literatura do Reich, BAB: R 9361-v/25648. Segundo Alexander Centgraf, foi a insistência de Goebbels para que Krafft "reinterpretasse" essa passagem que levou ao seu rompimento final com o RMVP. *Nostradamus, Der Prophet der Weltgeschichte*, 1955, p. 128; *Die großen Weissa-gungen des Nostradamus*, p. 177; ver <www.nostradamus-online.de/index1.htm>. | **219.** Maichle, "Die Nostradamus-Propaganda"; Howe, *Urania's Children*, pp. 178-81. | **220.** Ver o panfleto *Comment Nostradamus a-t-il l'avenir de l'Europe*, out. 1940; "Nostradamus, Der Prophet der Weltgeschichte", p. 128. | **221.** Karl Krafft, 19 jan. 1941, Gestapo para Câmara de Literatura do Reich; 27 mar. 1941, Maurer escrevendo para obter a decisão sobre Krafft; 27 jan. 1941, Maurer para Krafft; 27 jan. 1941, carta ao gabinete do NSDAP Gau Berlin, "Politischer Urteilung"; 12 fev. 1941, Krafft recebe permissão de Maurer na Câmara de Literatura do Reich para traduzir Nostradamus; 7 fev. 1941, Maurer chama Krafft para uma discussão na Câmara de Literatura do Reich, BAB: R 9361- -v/25648; Howe, *Urania's Children*, pp. 186-91. | **222.** Karl Loog, *Die Weissagungen des Nostradamus* (Pfullingen: J. Baum, 1921). | **223.** 9 jun. 1940. 2. *Herr Raskin soll im Geheimsender Nostradamus anklingen lassen*, PdGMK, pp. 383-5. | **224.** 22 jul. 1940, PdGMK, p. 434. | **225.** Goebbels, *Tagebücher*, 12 jul. 1940, 16 jan. 1940, citado em Maichle, "Die Nostradamus-Propaganda". | **226.** Howe, *Urania's Children*, pp. 204-18; Wulff, *Zodiac*, pp. 95-8; "British Used Astrologer in Fight against Hitler", AP: 3/03/2008; <www.nbcnews.com/id/23456119>; Walter Laqueur, "Foreword". In: Wulff, *Zodiac*; ibid., pp. 95-8. | **227.** Howe, *Urania's Children*, pp. 204-18; Wulff, *Zodiac*, pp. 95-8. | **228.** Schellenberg, *Hitler's Secret Service*, p. 116; "Das Urmanuskript 'Nostradamus sieht die Zukunft Europas' entstand spätestens in der zweiten Jahreshälfte 1940, wurde jedoch im deutschsprachigen Raum nie zur Publikation zugelassen." Maichle, "Die Nostradamus-Propaganda". | **229.** Como o livro de Karl Loog de 1921, que interpreta as *Centúrias*, de Nostradamus, a partir da "ascensão e queda da França". Maichle, "Die Nostradamus-Propaganda". | **230.** 10 set. 1940: 1. PdGMK, Maichle, "Die Nostradamus-Propaganda", pp. 498-9. | **231.** Ver candidatura de Alexander Centgraf à Câmara de Literatura do Reich, 3 abr. 1937; 1 abr. 1937, candidatura inclui recomendação de um empregador anterior, Rektor Schalck, 12 fev. 1937; 15 fev. 1937, declaração de admissão na Câmara de Literatura do Reich; 19 abr. 1941, atualização sobre AC e ainda um membro; artigo sobre "Nostradamus und Berlin" por Alexander Centgraf em Sonntag Beilag der Kurier, BAB: R 9361-v/4599; Alexander Centgraf, *Eine Jude Treibt Philosophie* (Berlim: Hochmuth, 1943), pp. 3-25. | **232.** Alexander Centgraf, *Voorspellingen die uitgekomen zijn* (Arnhem: Hijman, Stenfert Kroese & Van der Zande,

Notas   477

1941). | **233.** A menção de que o príncipe da Armênia havia chegado a "Cologne" também era problemática. Se o príncipe ainda fosse Stálin — natural da Geórgia, que faz fronteira com a Armênia —, isso poderia sugerir a conquista de toda a Alemanha pelos bolcheviques. *Nostradamus, Der Prophet der Weltgeschichte*, p. 128. Maichle, "Die Nostradamus-Propaganda". | **234.** Ver comentário de 22 jun. 1941, Maichle, "Die Nostradamus-Propaganda". | **235.** Centgraf, *Voorspellingen*; Maichle, "Die Nostradamus-Propaganda". | **236.** Goebbels, *Tagebücher*, 19 abr. 1942, citado em Maichle, "Die Nostradamus-Propaganda". | **237.** Maichle, "Die Nostradamus--Propaganda"; Howe, *Urania's Children*, pp. 204-8. "British Used Astrologer in Fight against Hitler", AP, 3 mar. 2008; <www.nbcnews.com/id/23456119>; Laqueur, "Foreword". In: Wulff, *Zodiac*. | **238.** Ver <www.ubka.uni-karlsruhe.de>; <portal. dnb.de>; Maichle, "Die Nostradamus-Propaganda". | **239.** Ver troca entre o especialista de Alfred Rosenberg para assuntos ocultistas, Kurd Kisshauer, e o Ministério da Propaganda de Goebbels, 23 jul. 1941, 25 ago. 1941, BAB: NS 15/399; Wulff, *Zodiac*, pp. 92-5; Laqueur, "Foreword". In: Wulff, *Zodiac*. | **240.** Ver também arquivos sobre a Operação Eiche, BAM: N 756/329b, "Sonderlehrgang z.b.V. Oranienburg, SS-Sonderverband z.b.V. Friedenthal, SS-Jäger-Bataillon 502 Unternehmen 'Eiche'" (Mussolini--Befreiung, 12 set. 1943); Schellenberg, *Memoirs*, pp. 301-2. | **241.** Wulff, *Zodiac*, pp. 92-4; Treitel, *Science*, p. 214; Schellinger et al., "Pragmatic Occultism", pp. 168-71; Walther, *Zum Anderen Ufer*, pp. 583-601; Howe, *Nostradamus*, pp. 130-1. | **242.** Walther, *Zum Anderen Ufer*, pp. 599-602. | **243.** Howe, *Nostradamus*, pp. 130-1; Walther, *Zum Anderen Ufer*, pp. 599-601; Schellinger et al., "Zwischen Szientismus und Okkultismus"; Uwe Schellinger, "Sonderaktion Heß" (IV Hannoverisches Symposium, NS-Raubgut in Museen, Bibliotheken und Archiven, Frankfurt, 2012); <www.gwlb.de/projekte/ns--raubgut/Symposium_2011/22Schellinger.pdf>; Walther, *Zum Anderen Ufer*, pp. 583-99. | **244.** Schellinger et al., "Pragmatic Occultism", p. 159. | **245.** Howe, *Urania's Children*, pp. 235-43; Howe, *Nostradamus*, p. 131; Schellinger et al., "Pragmatic Occultism", pp. 160-2. | **246.** Schellinger et al., "Pragmatic Occultism", pp. 161-6; Howe, *Urania's Children*, pp. 237-43; Walther, *Zum Anderen Ufer*, pp. 599-602. | **247.** Ver <www.skyscript.co.uk/wulff3.html>; "Strahlen zu denken", ago. 1938, IGPP: 10/5 A1149. | **248.** Para desenvolvimentos posteriores ver o relatório de Kuiper, "German Astronomy during the War", p. 278; Ley, "Pseudoscience in Naziland", p. 94. | **249.** Schellinger et al., "Pragmatic Occultism", pp. 163-4; Henkel, "Der Verlag 'Gesundes Leben' Mellenbach Rudolstadt". | **250.** Wulff, *Zodiac*, pp. 75-7; Schellinger et al., "Zwischen Szientismus und Okkultismus"; Ley, "Pseudoscience in Naziland", pp. 92-3; Howe, *Nostradamus*, p. 131; Schellinger et al., "Pragmatic Occultism", pp. 160-1. | **251.** Schellinger et al., "Pragmatic Occultism", p. 163; ver também Ley, "Pseudoscience in Naziland", pp. 92-9. | **252.** Schellinger et al., "Pragmatic Occultism", p. 161; Howe, *Nostradamus*, p. 131. | **253.** Schellinger et al., "Pragmatic Occultism", p. 161; Howe, *Nostradamus*, pp. 130-2; Wulff, *Zodiac*, pp. 74-7. | **254.** Wulff, *Zodiac*, pp. 6-7; Schellinger et al., "Pragmatic Occultism", pp. 161-2. | **255.** Schellinger et al., "Pragmatic Occultism", pp. 160-3. | **256.** Ibid., p. 164. | **257.** Ley, "Pseudoscience in Naziland", p. 93. | **258.** Schellinger et al., "Pragmatic Occultism", p. 164. | **259.** Ibid., p. 165. | **260.** Ibid., p. 166. | **261.** Ibid., pp. 166-7. | **262.** Wulff, *Zodiac*, pp. 19-33, 81-5. | **263.** Ibid., pp. 86-8; Schellinger et al.,

"Pragmatic Occultism", p. 167. | **264.** De acordo com Münch, em 1 ago. 1943, ele foi levado do campo de concentração de Sachsenhausen para Berlim, junto com outros videntes. Schellinger et al., "Pragmatic Occultism", pp. 170-1; 26 jun. 1941, a esposa de Wulff escreve a Loth a fim de intervir e permitir que Wulff permaneça na Câmara de Literatura do Reich; 23 jun. 1941, carta mais longa sobre seu trabalho; 27 maio 1941, Ihde, da Câmara de Cultura do Reich, reclama com o RSHA que há um movimento para tirar Wulff dos escritores autorizados; 30 jun. 1941, carta de Ihde explicando que a ênfase na astrologia torna sua renovação impossível até que a Câmara de Literatura do Reich a permita. BAB: R 9361-v/40789. | **265.** Schellenberg, *Memoirs*, pp. 301-2; ver também Schellinger et al., "Pragmatic Occultism", pp. 169-70. | **266.** Schellinger et al., "Pragmatic Occultism", pp. 169-70; Wulff, *Zodiac*, pp. 77-80, 86-7; ver também arquivos da Operação Eiche em BAF: N 756/329b, "Sonderlehrgang z.b.V. Oranienburg", 12 set. 1943; Howe, *Urania's Children*, pp. 235-43. | **267.** Schellinger et al., 'Pragmatic Occultism'. | **268.** Em 12 de setembro de 1943, Mussolini foi libertado por um comando alemão de paraquedistas do Hotel Campo Imperatore, no Gran Sasso. Schellinger et al., "Pragmatic Occultism", pp. 170-1. | **269.** Ibid., pp. 169-70. | **270.** Ibid. | **271.** Schellenberg, *Memoirs*, p. 301. | **272.** Schellinger et al., "Pragmatic Occultism", pp. 169-70. Para Otto Skorzeny, uma coisa era clara: "Dizia-se que Himmler acreditava nessas ciências sempre um tanto contestadas. Nunca fui informado sobre nenhum resultado positivo dessas 'investigações'". Otto Skorzeny, *Geheimkommando Skorzeny* (Hamburgo: Toth, 1950), p. 116. | **273.** Schellinger et al., "Pragmatic Occultism", pp. 169-70. | **274.** Ibid., p. 168. | **275.** Ibid., pp. 170-1. | **276.** Ibid., p. 168. | **277.** Fisher, *Fantasy and Politics*, pp. 10-1. | **278.** Ibid., pp. 11-2. Essas ideias místicas alimentaram o "desejo de fantasiar uma guerra de vingança que apagaria a realidade de Versalhes" e confirmariam a ideia de que "os esforços da nação eram invencíveis". Fisher, *Fantasy and Politics*, pp. 12-3; Gugenberger e Schweidlenka, *Faden der Nornen*, pp. 111-3. | **279.** Fisher, *Fantasy and Politics*, pp. 12-3; Gugenberger e Schweidlenka, *Faden der Nornen*, pp. 111-3. | **280.** Sievers para Wolfram, 6 nov. 1942, BAB: NS Richard Wolfram. | **281.** Kater, "Artamanen", p. 607. | **282.** Ibid., pp. 622-5, 631-4. | **283.** Rauschning, *Hitler Speaks*, p. 247; Eisler, *Man Into Wolf*, pp. 169-70. | **284.** Black, *Death in Berlin*, p. 9. De modo mais geral, o herói folclórico nórdico Siegfried tornou-se um símbolo da Wehrmacht, enquanto os judeus e bolcheviques foram retratados como Hagen. Gugenberger e Schweidlenka, *Faden der Nornen*, pp. 133-41. | **285.** "Wesen und Geschichte des Werwolfs", dissertação do funcionário do Amt Rosenberg com análises detalhadas de mapas e histórias. BAB: R 58/7237, pp. 54-66. | **286.** Watt, "Wehrwolf or Werwolf?"; Beevor, *Downfall*, p. 173; Longerich, *Himmler*, p. 705; Neumann, *Shifting Memories*, p. 50; "Unternehmen Werwolf", "Werwolf" Raum Propoisk-Dowsk-Merkulowitschi-Korma, 5-15 jul. 1941, BAM: RH 26-221/63; ver relatório sobre as tarefas da Wehrwolf, 12 jul. 1941, BAM: RH 20/11-334. | **287.** Adluri e Bagchee, *Nay Science*, pp. 46-53, 60-5, 80-1, 91-6; Trimondi, *Hitler*, pp. 31-2, 82; Junginger, "From Buddha to Adolf Hitler", p. 135. | **288.** Herman Lommel, *Der arische Kriegsgott* (Frankfurt am Main, Klostermann, 1939). Como o Indra dos Vedas bebia, era sexualmente prolífico e indisciplinado, Himmler e Wüst preferiram citar o Bhagavad Gita, onde "a disciplina, o controle emocional, a disposição para o sacrifí-

Notas 479

cio e a obediência" eram a norma. Trimondi, *Hitler*, pp. 91-2; ver também Junginger, "From Buddha to Adolf Hitler", pp. 154-5. | **289.** Trimondi, *Hitler*, pp. 79-80. | **290.** Ibid., pp. 49-51. | **291.** Ibid., p. 68. | **292.** Ibid., pp. 82, 148-9. | **293.** Ibid., p. 150. | **294.** Ibid., p. 32. | **295.** Ibid., pp. 86-9. | **296.** Junginger, "From Buddha to Adolf Hitler", pp. 129-30. | **297.** Longerich, *Himmler*, pp. 268-9. | **298.** Herf, "Nazi Germany's Propaganda", pp. 6, 90, 121, 157, 199-202. | **299.** Kaufmann, *Tibet*, p. 644. | **300.** Longerich, *Himmler*, pp. 281-2; ver também Bill Maltarich, *Samurai and Supermen* (Oxford: Peter Lang, 2005), pp. 156-8. | **301.** Isso lembrava "Franz von Sickingen ou Ulrich Butten — cocriadores do [Sacro] Império [Romano]". Wüst, *Japan und Wir*, pp. 13-4. | **302.** Kaufmann, *Tibet*, p. 179. | **303.** Ibid., p. 180. | **304.** Ibid., p. 642. | **305.** Aufbau Werwolf: endereço similar, "Angelegenheit Indische Legion. Anruf ss-Ostubaf. Grothmann am 23 dez. 1944", BAB: NS 34/47; Günther Lewy, *The Nazi Persecution of the Gypsies* (Oxford: Oxford University Press, 2000), pp. 138-9. | **306.** Motadel, *Islam*, pp. 230-42. | **307.** Kaufmann, *Tibet*, p. 694. | **308.** Ibid., pp. 694-7. | **309.** Pringle, *Plan*, p. 79 | **310.** Kaufmann, *Tibet*, pp. 370-1. | **311.** Wulff, *Zodiac*, pp. 78-82; <www.skyscript.co.uk/wulff4.html>; Levenda, *Unholy Alliance*, pp. 230-3. | **312.** Kater, *Das "Ahnenerbe"*, pp. 193-4; ver também Laurence Hare e Fabian Link, "Pseudoscience Reconsidered". In: Black e Kurlander (Orgs.), *Revisiting the "Nazi Occult"*, pp. 105-31. | **313.** Longerich, *Himmler*, p. 266. | **314.** Ibid. | **315.** Kaufmann, *Tibet*, pp. 727-30. | **316.** Kater, *Das "Ahnenerbe"*, pp. 208-10; Kaufmann, *Tibet*, pp. 731-2; ver biografias de Beger e Wienert, carta sobre "Rassen im Kampf", "Denkschrift über Tibet-Expedition"; 22 maio 1943, carta de Eichmann sobre estudar os prisioneiros de guerra russos. Bruno Beger, BAB: NS 21/869. | **317.** 30 jan. 1945, Wessely promovido em set. 1944; 5 jan. 1945, recebe uma carta de Sievers sobre trabalhar para o Instituto de Pesquisa Militar Aplicada; 19 dez. 1944, fala a Sievers sobre sua pesquisa; 1 out. 1944, Wessely para Sievers; 15 jul. 1944, Brandt escreve a Heiss sobre recomendação de Sievers que Wessely estudasse "die sogenannten militärgrenze"; artigos de Wessely, 5 set. 1941; 15 abr. 1942, RMVP concorda em apoiá-lo financeiramente; 13 jun. 1942, Stephan para Wessely, concordando em ajudá-lo a finalizar sua pesquisa sobre fronteiras militares ao posicioná-lo com seu futuro comandante de companhia, Hauptmann Miketta, incluindo sua nomeação como oficial por conta de serviços prestados. BAB: NS 21/2652. | **318.** Kater, *Das "Ahnenerbe"*, pp. 236-7. | **319.** Junginger e Åkerlund, *Nordic Ideology*, p. 54; Pringle, *Plan*, pp. 248-9; Kater, *Das "Ahnenerbe"*, pp. 255-7; Reitzenstein, *Himmlers Forscher*, pp. 71-7. | **320.** Junginger, "From Buddha to Adolf Hitler", p. 159. | **321.** Wulff, *Zodiac*, pp. 78-81; Longerich, *Himmler*, p. 281. | **322.** Esses experimentos incluíam ensinar um soldado a "matar sem levar em conta sua segurança pessoal" e depois esquecer "quem o havia programado para matar e por quê". Wulff, *Zodiac*, pp. 77-8; Levenda, *Unholy Alliance*, pp. 232-8. | **323.** Wulff, *Zodiac*, pp. 79-81; Longerich, *Himmler*, pp. 281-2. | **324.** Schellinger et al., "Pragmatic Occultism", p. 166. | **325.** Kater, *Das "Ahnenerbe"*, pp. 145-6. | **326.** Heiden, "Preface", pp. 10-2. | **327.** "Reichserziehungsministeriums", Göring para Bender, 28 maio 1940, 8 jun. 1940, IGPP: 10/5 AII49. | **328.** Bender para Luther, 2 ago. 1940, IGPP: 10/5 AII49. | **329.** "Korrespondenz Hans Bender — Friedrich Spießer", IGPP: 10/5 AIII7. | **330.** Ibid. | **331.** Bender-Spießer, IGPP: 10/5 AIII7. | **332.** Astroligisches 1943, "Betr.: Astrologisches Buch und Aktenmaterial Bezug"; ver tam-

bém carta de 8 dez. 1941 acusando o recebimento da última das nove caixas originalmente encomendadas em agosto (ver carta de 23 set. 1941); 14 jan. 1942, outra carta
para o Amt VII com uma lista de livros de ocultismo retirados de Chemnitz; 27 jan.
1942, outra caixa enviada para o Amt VII de Frankfurt, BAB: R 58/6204; ver arquivos
sobre papéis de Bender, IGPP: 10/5 AII51, IGPP: 10/5 AIII2. | **333.** "Der Führer hat dem
Regiment den Namen 'Thule' verleihen", carta de 24 jul. 1942, BAM: N 756/133A. | **334.**
Aktenvermerk, Himmler: 28 ago. 1942, carta da SS, BAM: N 756/133A; ver também BAM:
RH 21/2/621. | **335.** Pennick, *Hitler's Secret Sciences*, pp. 170-2; Jürgen Obmann e Derk
Wirtz, "Orte der Kraft?" (*Kölner Jahrbuch*, n. 27, p. 572, 1994); Josef Heinsch,
"Grundsätze vorzeitlicher Kultgeographie" (*Comptes Rendus du Congrès International
de Geographie*, 1938, seção V, pp. 90-108), acessado em: <www.cantab.net/users/mi-
chael.behrend/repubs/ggw/heinsch_gvkg/pages/gvkg_en.html>. | **336.** Wessely,
Welteis, pp. 257-61; Scultetus para Sievers, 14 out. 1941; 25 out. 1941, Sievers para
Scultetus; 9 jan. 1942, Scultetus para Sievers, BAB: NS 21/2547. | **337.** Wessely, *Welteis*,
pp. 258-9; Ley, "Pseudoscience in Naziland", p. 98; Goodrick-Clarke, *Black Sun*, p. 133.
| **338.** Wessely, *Welteis*, p. 259. | **339.** Kater, *Das "Ahnenerbe"*, pp. 113-5. | **340.** Sickinger,
"Hitler and the Occult", p. 119. | **341.** Schellinger et al., "Pragmatic Occultism", pp.
169-70. | **342.** De acordo com fontes tão díspares quanto Schellenberg e Wulff, a Ação
Hess não fez absolutamente nada para reprimir a agenda científica fronteiriça do
regime. Wulff, *Zodiac*, p. 112; Schellenberg, *Memoirs*, p. 160. | **343.** Schellinger et al.,
"Pragmatic Occultism", p. 172. | **344.** Wulff, *Zodiac*, pp. 112-3. | **345.** Schellinger et al.,
"Pragmatic Occultism", pp. 29-33, 171-2; ver troca entre Kisshauer e o Ministério da
Propaganda do Reich, 23 jul. 1941, 25 ago. 1941, BAB: NS 15/399. | **346.** Schellinger et
al., "Pragmatic Occultism", pp. 171-2.

8. Ciência monstruosa [pp. 315-55]

1. Adorno, *Minima Moralia*, pp. 238-44. | **2.** Hitler, *Mein Kampf*, pp. 309, 327. | **3.** Ver
<biographien.kulturimpuls.org/detail.php?&id=544>; Staudenmaier, *Between
Occultism and Nazism*, p. 103. | **4.** Staudenmaier, *Between Occultism and Nazism*, p. 319.
| **5.** Bauman, *Modernidade e Holocausto*; Agamben, *Homo sacer*; Peukert, "The Genesis
of the "Final Solution" from the Spirit of Science"; Foucault, *The Birth of Biopolitics*;
Burleigh e Wippermann, *The Racial State*; Freeman, "Genocide, Civilization, and
Modernity"; ver também Saler, "Modernity". | **6.** Matthew P. Fitzpatrick, "The Pre-
-History of the Holocaust?". *Central European History*, v. 3, n. 41, pp. 500-3, 2008. | **7.**
Levenda, *Unholy Alliance*, p. 363; ver também Fitzpatrick, "The Pre-History of the
Holocaust?", pp. 500-3. | **8.** Jonathan Steinberg, "Types of Genocide?". In: David
Cesarani (Org.), *Final Solution* (Londres: Routledge, 1996), p. 190; ver Kater, *Das
"Ahnenerbe"*, pp. 194-5. | **9.** Veronika Lipphardt, "Das 'schwarze Schaf' der
Biowissenschaften". In: Rupnow et al. (Orgs.), *Pseudowissenschaft*, p. 227. | **10.** Wüst,
Indogermanisches Bekenntnis, p. 4. | **11.** Ibid., p. 6. | **12.** Ibid., pp. 11-2; Junginger, "From
Buddha to Adolf Hitler", pp. 157-9. | **13.** Poewe e Hexham, "Surprising Aryan
Mediations", p. 12; ver também Junginger, "From Buddha to Adolf Hitler", pp. 159-60;

Notas

BAB: R 58/64, pp. 45-52. | **14.** Gugenberger e Schweidlenka, *Faden der Nornen*, pp. 112--3; ver também Darnton, "Peasants Tell Tales", pp. 9-74. | **15.** Gugenberger e Schweidlenka, *Faden der Nornen*, pp. 135-6. | **16.** Black, *Death in Berlin*, p. 10; para mais detalhes sobre o papel místico da Heimat nesse período, ver Walker, *German Home Towns*; Rossbacher, *Heimatkunstbewegung und Heimatroman*; Applegate, *A Nation of Provincials*. | **17.** Steinmetz, *Devil's Handwriting*, pp. 62-6. | **18.** Fitzpatrick, "The Pre--History of the Holocaust?", pp. 500-3. | **19.** Gugenberger e Schweidlenka, *Faden der Nornen*, pp. 137-9. | **20.** Staudenmaier, *Between Occultism and Nazism*, p. 149; Kater, *"Artamanen"*, pp. 598-604; Gilbhard, *Thule-Gesellschaft*, pp. 17-8. | **21.** Mees, "Hitler and Germanentum", pp. 262-3; Bramwell, *Blood and Soil*, pp. 54-5, 64-55, 130-1; biografia de Rheden em NL Darré, BAK: N 10941/77, p. 35. | **22.** Heinrich Himmler, *Die Schutzstaffel als antibolschewistische Kampforganisation*, p. 6. | **23.** Poewe e Hexham, "Surprising Aryan Mediations", p. 12; ver também Kaufmann, *Tibet*, pp. 363-4; Pringle, *Plan*, p. 5; Wüst, *Indogermanisches Bekenntnis*, pp. 23-7; 21 mar. 1937, carta de apresentação do relatório de Schmid sobre o trabalho de Mengel, BAB: NS 19/3974, p. 8; Greve, "Tibetforschung", pp. 168-209. | **24.** Kater, *Das "Ahnenerbe"*, p. 50. | **25.** Longerich, *Himmler*, pp. 264-5. | **26.** Ibid., pp. 512-20; Clemens Hütter, *Gruselwanderen in Salzburg* (Salzburgo: Pustet, 1999), p. 211; Rudolf, "Geheime Reichskommando-Sache!", pp. 48-51. | **27.** Bramwell, *Blood and Soil*, pp. 167-70; Trimondi, *Hitler*, pp. 66-70. | **28.** Kersten, *Memoirs*, p. 299; Wüst, *Indogermanisches Bekenntnis*, pp. 12-7; Himmler, *Schutzstaffel*, pp. 6-11, 14-5. | **29.** Bockhorn, "The Battle for the 'Ostmark'", pp. 143-50; Ernst Anrich, "Zum Thema der Arbeitsgemeinschaft", 30 set. 1942, e "Sondermappe Universität Straßburg", 1942-3; IGPP: 10/5, A11113, pp. 3-5. | **30.** Bramwell, *Blood and Soil*, pp. 151-2, 157. | **31.** Longerich, *Himmler*, pp. 258-60; Kater, *Das "Ahnenerbe"*, pp. 305-6; Nanko, *Deutsche Glaubensbewegung*, pp. 110-2. | **32.** Kater, *"Artamanen"*, pp. 592-6, 601--2. | **33.** Pringle, *Plan*, pp. 142-4, 150-60; Kater, *Das "Ahnenerbe"*, pp. 291-5; para mais detalhes sobre a criação nazista de "auroques" e outros animais pré-históricos, ver <www.newyorker.com/magazine/2012/12/24/recall-of-the-wild>; Cis van Vuure, *Retracing the Aurochs* (Moscou: Pensoft, 2005), p. 345. | **34.** Pringle, *Plan*, pp. 228-9. | **35.** Mees, "Hitler and Germanentum", p. 263. | **36.** Kater, "Artamanen", p. 607. | **37.** Bramwell, *Blood and Soil*, pp. 169-70; Wüst, *Indogermanisches Bekenntnis*, pp. 10-1. | **38.** Bramwell, *Blood and Soil*, pp. 130-1. | **39.** Trimondi, *Hitler*, pp. 64-5; Kaufmann, *Tibet*, pp. 579-85; Longerich, *Himmler*, pp. 262-3. | **40.** Wüst, *Indogermanisches Bekenntnis*, p. 4; Kater, "Artamanen", pp. 625-6. | **41.** Junginger, "From Buddha to Adolf Hitler", p. 160. | **42.** Ibid., p. 159. | **43.** Trimondi, *Hitler*, p. 78. | **44.** Ibid., p. 107. | **45.** Black, "Expellees". | **46.** Trimondi, *Hitler*, pp. 88-9. | **47.** Ibid., pp. 86-7. | **48.** Himmler, *Schutzstaffel*, pp. 16-7. | **49.** Kater, "Artamanen", pp. 630-4. | **50.** Kater, *Das "Ahnenerbe"*, p. 47. | **51.** Kater, "Artamanen", pp. 628-9. | **52.** Ibid., p. 628; ver também Gugenberger e Schweidlenka, *Faden der Nornen*, pp. 145-7. | **53.** Ver entrada de 20 out. 1939 no diário de Darré, NL Darré, BAK: N 10941/65A, v. 15. | **54.** Poewe e Hexham, "Surprising Aryan Mediations", p. 12. | **55.** Kater, *Das "Ahnenerbe"*, pp. 201, 104-5. | **56.** Wolfgang Behringer, "Der Abwickler der Hexenforschung im Reichssicherheitshauptamt (RSHA)". In: Bauer et al. (Orgs.), *Hexenkarthotek*, pp. 116-7; Günther Franz, promoção e resenhas, BAB: NS 21/1279. | **57.** Poewe e Hexham, "Surprising Aryan Mediations", pp. 274-5; Kater, *Das "Ahnenerbe"*, pp. 39-41; Longerich, *Himmler*, pp. 595-600. | **58.** O Terceiro Reich se propôs a "purificar a recém-conquistada Heimat, extinguindo a vida daqueles que não tinham lugar na nova ordem". Black, *Death in Berlin*, p. 275; Kater, *Das "Ahnenerbe"*, p. 152; Mees, "Hitler and Germanentum", pp. 253-4; Longerich, *Himmler*, pp. 425-7. | **59.** Black, *Death in Berlin*, p. 91. | **60.** Gugenberger e Schweidlenka, *Faden der Nornen*, pp. 135-6. | **61.** Ver Dow e Lixfeld (Orgs.), *Nazification*, p. 137; Kater, *Das "Ahnenerbe"*, pp. 145-9, 153-4; Longerich, *Himmler*, pp. 640-1. | **62.** Kater, *Das "Ahnenerbe"*, pp. 152-3. | **63.** Burleigh, *Germany Turns Eastwards*, pp. 28-31, 75-6; Kater, *Das "Ahnenerbe"*, pp. 146-7. | **64.** Bramwell, *Blood and Soil*, p. 157; Nanko, *Deutsche Glaubensbewegung*, pp. 114-5. | **65.** Kaufmann, *Tibet*, pp. 590-1, 696-8. | **66.** Kater, *Das "Ahnenerbe"*, pp. 152-4; ver correspondência entre Sievers, Harmjanz e outros oficiais da ss de 17 nov. 1939, 22 nov. 1939, 20 jan. 1940 e 23 fev. 1940, BAB: NS 21/1496. | **67.** Burleigh, *Germany Turns Eastwards*, pp. 7-8; Longerich, *Himmler*, p. 263. | **68.** Longerich, *Himmler*, p. 446. | **69.** Kater, *Das "Ahnenerbe"*, pp. 152-3; Longerich, *Himmler*, pp. 640-1; ver vários artigos de Alfred Lattermann (Org.), *Deutsche Wissenschaftliche Zeitschrift im Wartherland* (Posen: Historischen Gesellschaft im Wartheland, 1940). | **70.** Wolfgang Krause: ver cartas de Wüst, 15 maio 1942; Wüst para Himmler, 5 fev. 1943; Wüst para Krause, 10 fev. 1943; Sievers sobre trabalho de Krause, 10 set. 1941; Krause para Sievers, 25 jun. 1940; Krause para Wüst, 29 jul. 1943; Sievers para Brandt, 8 jul. 1943; Brandt (Himmler) para Sievers, com cópia para Wüst, sobre runas de Weigel e Krause, 6 abr. 1944; Krause e Weigel sobre "Runenfibel", 26 nov. 1943, BAB: NS 21/1784; para mais detalhes sobre a política de reassentamento nazista no Warthegau, ver Christopher Browning, *Nazi Policy, Jewish Workers, German Killers*, pp. 8-20. | **71.** Black, "Expellees", pp. 81-2; "Der grosse Treck. Aus dem Tagebuch Alfred Karasek-Langers, eines Gebietsbevollmachtigten des wolhyniendeutschen Umsiedlungskommandos". In: Kurt Lück (Org.), *Deutsche Volksgruppen aus dem Osten kehren heim ins Vaterland*. | **72.** Mackensen, *Sagen*, pp. 1-4; "Seja uma questão de fé ou de costume [...] uma coisa é certa", argumentou Mackensen. "As histórias contêm e emanam de uma antiga consciência de etnicidade." Ibid., pp. 5-6. | **73.** Ibid., pp. 6-10. | **74.** Ibid., p. 11. | **75.** Ibid., pp. 4-11. | **76.** Ver Fahlbusch, *Wissenschaft*, pp. 19-20. | **77.** Kater, *Das "Ahnenerbe"*, pp. 155-8, 294-5; ver também Fahlbusch, *Wissenschaft*, pp. 227--35. | **78.** Kater, *Das "Ahnenerbe"*, p. 294. | **79.** Ibid., pp. 170-1. | **80.** Ibid., pp. 155-7, 188; Harten, *Himmlers Lehrer*, pp. 310-5. | **81.** Veja a extensa correspondência entre Wessely, Sievers e Wolff, BAB: NS 21/2652. | **82.** Kater, *Das "Ahnenerbe"*, pp. 207-8; Kaufmann, *Tibet*, pp. 399-403; ver também cartas de Beger, BAB: NS 21/869. | **83.** Ver relatório de Globočnik em BAB: NS 19/2234, pp. 20-4; ver também Michael Marrus, *The Nazi Holocaust* (Berlim: De Gruyter, 2011), pp. 1023-5. | **84.** Behringer, "Der Abwickler der Hexenforschung", p. 122. | **85.** Kater, *Das "Ahnenerbe"*, pp. 185-8; Mazower, *Hitler's Empire*, pp. 461-5. | **86.** Kater, *Das "Ahnenerbe"*, p. 194. | **87.** Ibid. Ver correspondência entre Sievers, Brandt e Wessely, 15 jul. 1944, 27 jul. 1944, BAB: NS 19/3060. | **88.** Staudenmaier, "Organic Farming", p. 11; Werner, *Anthroposophen*, pp. 279-82. | **89.** Staudenmaier, "Organic Farming", pp. 11-2. | **90.** Werner, *Anthroposophen*, p. 283; Staudenmaier, *Between Nazism and Occultism*, pp. 139-41; Treitel, *Science*, p. 213; Staudenmaier, "Organic Farming", pp. 11-2. | **91.** Werner, *Anthroposophen*, pp. 279-86;

Staudenmaier, "Organic Farming", pp. 3-4, 9-13; Darré para Blankemeyer, 21 maio 1941, NL Darré, BAK: N 109411/1; Gayl para Darré, BAK: N 109411/1. | **92.** Staudenmaier, "Organic Farming", p. 12. | **93.** Ibid., p. 13. | **94.** Staudenmaier, *Between Occultism and Nazism*, pp. 136-42; Staudenmaier, "Organic Farming", pp. 12-3; Werner, *Anthroposophen*, pp. 284-6. | **95.** Werner, *Anthroposophen*, p. 348. | **96.** Staudenmaier, "Organic Farming", pp. 12-3; Staudenmaier, *Between Occultism and Nazism*, p. 141; ver também Werner, *Anthroposophen*, pp. 280-6; Kaufmann, *Tibet*, pp. 302-3. | **97.** Darré para Blankemeyer, 21 maio 1941, NL Darré, BAK: N 109411/1; Gayl para Darré, BAK: N 109411/1; Werner, *Anthroposophen*, pp. 283-6; Staudenmaier, *Between Occultism and Nazism*, p. 143. | **98.** Staudenmaier, "Organic Farming", pp. 3-4, 9-10; Merkel para Buettner, 1951, NL Darré, BAK: N 1094/14. | **99.** Staudenmaier, "Organic Farming", pp. 13-4; IfzG ED 498/23, NL Otto Ohlendorff, 1945, p. 7. Em 1943, Himmler também estava enviando expedições das Waffen-ss a partir do Instituto da Ásia Central de Schäfer em busca de "supostos" superespécimes de centeio na Rússia. Kaufmann, *Tibet*, pp. 264-5. | **100.** Staudenmaier, "Organic Farming", pp. 13-4; IfzG: ED 498/23, NL Otto Ohlendorff, 1945, p. 7; Kaufmann, *Tibet*, pp. 296-301. | **101.** Staudenmaier, "Organic Farming", pp. 12-3; Hansen, *Volkskunde*, pp. 64, 88-9. | **102.** Burleigh, "National Socialism as a Political Religion", pp. 10-1. | **103.** Harrington, *Reenchanted Science*, p. 175. | **104.** Rauschning, *Voice of Destruction*, p. 245. | **105.** Ver Ernst Anrich, *Zeugenschrifttum*, IfzG: 1536/54, zs Nr. 542. | **106.** Treitel, *Science*, pp. 216-7. | **107.** Heiko Stoff, "Verjüngungsrummel". In: Rupnow et al. (Orgs.), *Pseudowissenschaft*, pp. 196-7. | **108.** Robert Proctor, *The Nazi War on Cancer* (Princeton: Princeton University Press, 2000). | **109.** Ver Young-sun Hong, "Neither Singular nor Alternative". *Social History*, v. 2, n. 30, pp. 133-53, maio 2005. | **110.** Kaufmann, *Tibet*, pp. 358-62; Hale, *Himmler's Crusade*, pp. 24-7; Staudenmaier, *Between Occultism and Nazism*, pp. 84-93. | **111.** Lipphardt, "Das 'schwarze Schaf'", pp. 233-4. | **112.** Trimondi, *Hitler*, p. 48; Staudenmaier, *Between Nazism and Occultism*, pp. 159-61. Hauer afirmou que a ordem das castas indianas derivava de categorias raciais, já que "a palavra para casta é *varna*; e *varna* significa 'cor'". Essa pureza racial ariana, segundo Hauer, fora corrompida pelas invasões mongóis. Trimondi, *Hitler*, p. 79. | **113.** Lipphardt, "Das 'schwarze Schaf'", pp. 233-4. | **114.** Ibid., pp. 228-9, 236-47; ver também Alexa Geisthovel, *Intelligenz und Rasse Franz Boas' psychologischer Antirassismus zwischen Amerika und Deutschland*, 1920-1942 (Nova York: Transcript, 2013), pp. 131-8; Junginger, "From Buddha to Adolf Hitler", pp. 151-3. | **115.** Lewy, *Gypsies*, pp. 136-42. Muitos eugenistas alemães tampouco estavam dispostos a reconhecer os estudos empíricos, sobretudo os do emigrante germano-americano Franz Boas, que indicavam a dificuldade de atribuir um caráter essencial a raças ou grupos inteiros. Ver Geisthövel, *Intelligenz*, pp. 140-8; Lipphardt, "Das 'schwarze Schaf'", pp. 223-5. | **116.** Harrington, *Science*, pp. 207-8. | **117.** Geisthövel, *Intelligenz*, pp. 151-5; Harrington, *Reenchanted Science*, p. 175; Junginger, "Glaubensbewegung", pp. 79-80; Ernst Anrich, "Lebensgesetze von Volkstum und Volk", 30 set. 1942, e "Sondermappe Universität Straßburg", 1942-3; IGPP: 10/5 A111I3, pp. 6-7. | **118.** Kröner, *Untergang*, p. 42. | **119.** Ibid., pp. 10-1, 22. | **120.** Harrington, *Science*, p. 175. | **121.** Ibid., p. 177. | **122.** Ibid., p. 185. | **123.** Trimondi, *Hitler*, p. 40. Ver também Burleigh, *Germany Turns Eastwards*, pp. 7-8, 26-7; Kater, *Das*

"Ahnenerbe", pp. 51-2; Wüst, *Indogermanisches Bekenntnis*, pp. 35-45; Bramwell, *Blood and Soil*, pp. 8-9. | **124.** Pringle, *Plan*, pp. 134-5. | **125.** Longerich, *Himmler*, pp. 279-81; Pringle, *Plan*, p. 281; Kaufmann, *Tibet*, pp. 363-5. | **126.** Wüst, *Indogermanisches Bekenntnis*, p. 18. | **127.** Bramwell, *Blood and Soil*, p. 60. | **128.** Pringle, *Plan*, p. 150; ver também Longerich, *Himmler*, pp. 261-2; Koehne, "The Racial Yardstick", pp. 582-5; Schertel, *Magic*, p. 79; Bowen, *Universal Ice*, p. 164; Stephens, "Blood, Not Soil", p. 181. Sobre as teorias nazistas de evolução, ver também Weikart, *From Darwin to Hitler*; Weikart, *Hitler's Ethic*. | **129.** Kater, *Das "Ahnenerbe"*, p. 50; ver também Junginger, "From Buddha to Adolf Hitler", pp. 158-9. | **130.** Trimondi, *Hitler*, p. 107; relatório de Frenzolf Schmid, 21 mar. 1937, BAB: NS 19/3974, pp. 10-1. | **131.** Gugenberger e Schweidlenka, *Faden der Nornen*, pp. 138-43. | **132.** Rauschning, *Voice of Destruction*, p. 246. | **133.** Ibid., pp. 246-7. | **134.** Ibid., pp. 247-8; ver também Harrington, *Science*, pp. 175-6. | **135.** Kater, *Das "Ahnenerbe"*, pp. 323-9. | **136.** Gugenberger e Schweidlenka, *Faden der Nornen*, pp. 138-43; Rudolf, "Geheime ReichskommandoSache", pp. 58-9; Barbara Schier, "Hexenwahn Interpretationen im 'Dritten Reich'". In: Bauer et al. (Orgs.), *Hexenkarthotek*, p. 9; Felix Wiedemann, "Hexendeutungen im Nationalsozialismus". In: Puschner e Vollnhals (Orgs.), *Bewegung*, pp. 452-5; Junginger, "Die Deutsche Glaubensbewegung", pp. 77-8. | **137.** Pringle, *Plan*, p. 7. | **138.** Kater, *Das "Ahnenerbe"*, p. 205; ver também Kaufmann, *Tibet*, pp. 363-5. | **139.** Nanko, *Deutsche Glaubensbewegung*, pp. 115-23; Pringle, *Plan*, pp. 277-8. | **140.** Behringer, "Der Abwickler der Hexenforschung", pp. 127-8; Kaufmann, *Tibet*, pp. 698-9; Wiedemann, "Wissen", p. 437; Reitzenstein, *Himmlers Forscher*, pp. 117-28. | **141.** Kaufmann, *Tibet*, pp. 363-5, 404-5; Trimondi, *Hitler*, pp. 139-44; Pringle, *Plan*, p. 169. | **142.** Kater, *Das "Ahnenerbe"*, pp. 214-5; Kaufmann, *Tibet*, pp. 250-6. | **143.** Kater, "Artamanen", p. 626; Redles, *Hitler's Millennial Reich*, pp. 12-3. | **144.** Relatório sobre Eduard May, 30 set. 1942, IfzG: MA 141/8, pp. 2-5. | **145.** Ibid.; Reitzenstein, *Himmlers Forscher*, pp. 87-92. | **146.** Kater, *Das "Ahnenerbe"*, p. 227. | **147.** Mees, "Hitler and Germanentum"; Kater, *Das "Ahnenerbe"*, pp. 229-30. | **148.** Anrich, "Zum Thema der Arbeitsgemeinschaft"; IGPP: 10/5 AII13, pp. 3-4, 10-3. | **149.** IGPP: 10/5 AII51, carta de Büchner para Anthony 19 jul. 1941; Hausmann, *Bender*, pp. 19-20; Bender para Herrn Regierungsrat Dr Bosch, 29 ago. 1940, IGPP: 10/5 AII49; Bender também trabalhou com o primo de Göring, Matthias Heinrich Göring, que dirigia o Instituto Alemão de Incentivo à Psicologia e à Psicoterapia, e coeditou com Carl Jung, que possuía inclinações esotéricas, o periódico *Zentralblattes für Psychotherapie und ihre Grenzgebiete*. Matthias Göring demonstrou um interesse claro no trabalho ocultista de Bender, inclusive proferindo uma palestra no instituto intitulada "Doenças mentais no curso de práticas 'ocultistas'". M. H. Göring para Bender, 22 jan. 1940; Bender para Göring, 15 fev. 1940, assunto: "Seelische Erkrankungen im Gefolge 'okkulter' Praktiken (mit Vorführung von Schallfilmen)"; Bender para Göring, 16 abr. 1941, IGPP: 10/5 AII49. | **150.** Hausmann, *Bender*, pp. 118-20; Junginger e Åkerlund (Orgs.), *Nordic Ideology*, pp. 54-5. | **151.** Hausmann, *Bender*, pp. 121-2; Pringle, *Plan*, pp. 273-4. | **152.** Steinmetz, *Devil's Handwriting*, pp. 62-6. | **153.** Kater, *Das "Ahnenerbe"*, pp. 229-31. | **154.** Ibid.; John J. Michalczyk, *Medicine, Ethics, and the Third Reich*. Londres: Rowman & Littlefield, 1994, p. 95; ver também correspondência, incluindo carta de 4 maio 1942 e observação

Notas 485

de Sievers em 3 maio 1942; 11 out. 1939, Rascher é aceito na ss; 27 mar. 1941, Rascher manifesta o desejo de trabalhar em tempo integral para a Ahnenerbe, e Sievers discute maneiras de promovê-lo se ele puder ser liberado da Luftwaffe; 9 nov. 1942, Rascher promovido por Himmler a Hauptsturmführer; 15 nov. 1943, Rascher a Sievers; 2 dez. 1943, Himmler facilita a liberação de Rascher da Luftwaffe e sua entrada nas Waffen-ss, BAB: NS 21/2120; Reitzenstein, *Himmlers Forscher*, pp. 55-6. | **155.** Weltz estava fazendo experimentos com métodos destinados a "resgatar pilotos de grandes alturas", criados pelo dr. Siegfried Ruff em Berlim. Como Ruff não dispunha de cobaias humanas, Weltz precisava de apoio técnico e Rascher poderia trazer muitos "voluntários" de Dachau, os três concordaram em trabalhar juntos. Kater, *Das "Ahnenerbe"*, pp. 231-2; ver as cartas sobre os detalhes da montagem do laboratório e dos experimentos, incluindo os comentários de Sievers, 3 maio 1942, e a carta de transferência, 4 maio 1942, BAB: NS 21/2120. | **156.** Sievers comenta sobre a obtenção da "câmera Ariflex" e do equipamento de filmagem adequados para Rascher, 3 maio 1942, BAB: NS 21/2120. | **157.** Kater, *Das "Ahnenerbe"*, p 234; ver também Pringle, *Plan*, p. 242. | **158.** Kater, *Das "Ahnenerbe"*, p. 235. | **159.** Ibid., pp. 233-4. | **160.** Trimondi, *Hitler*, p. 124; Kater, *Das "Ahnenerbe"*, pp. 232-4; cartas confidenciais, incluindo uma cópia das ordens de Hippke para a força aérea de Rascher, indicando que os experimentos de Rascher em Dachau entre 16 mar. 1942 e 16 abr. 1942 deveriam continuar, devido ao seu sucesso, mas enfatizando a natureza delicada de Rascher. BAB: NS 21/2120. | **161.** Kater, *Das "Ahnenerbe"*, pp. 236-7; Kaufmann, *Tibet*, pp. 320-1; Junginger, "From Buddha to Adolf Hitler", p. 145. | **162.** Pringle, *Plan*, pp. 248-9; Kater, *Das "Ahnenerbe"*, pp. 255-7. | **163.** Pringle, *Plan*, pp. 248-9. | **164.** Kühne, *Belonging and Genocide*, pp. 90-1. | **165.** Kater, *Das "Ahnenerbe"*, pp. 103-4, 228-31, 257-60. | **166.** Havia limites para o grau de responsabilidade que o Instituto de Pesquisa Militar Aplicada poderia assumir. Embora o instituto tenha realizado uma pesquisa significativa sobre um coagulante sanguíneo, o "Polygal", Oswald Pohl indicou que não estava disposto a permitir que eles também o fabricassem, preferindo preservar os detentos de Dachau para outros trabalhos. Kater, *Das "Ahnenerbe"*, pp. 256-8; 18 jan. 1944, relatório sobre a visita de Rascher à fábrica do Polygal; 21 jan. 1944, Rascher a Sievers; 29 fev. 1944, Sievers comenta que, em 23 fev. 1944, Rascher recebeu um contrato do Instituto de Pesquisa Militar Aplicada para produzir o Polygal; Sievers a Grawitz, 21 mar. 1944, problemas com a publicação de Rascher e Haferkamp sobre o Polygal, que não havia passado pelos canais adequados; 13 abr. 1944, carta indicando a aprovação de Rascher por Göring, Himmler e outros para a construção de um laboratório para a fabricação do Polygal; BAB: NS 21/2120; Junginger e Åkerlund (Orgs.), *Nordic Ideology*, p. 54; Reitzenstein, *Himmlers Forscher*, pp. 216-44. | **167.** Kater, *Das "Ahnenerbe"*, pp. 214-5. | **168.** Ibid., p. 235; ver também Junginger e Åkerlund (Orgs.), *Nordic Ideology*, p. 54; Junginger, "From Buddha to Adolf Hitler", p. 145; Reitzenstein, *Himmlers Forscher*, pp. 129-31, 167-8. | **169.** Kater, *Das "Ahnenerbe"*, pp. 237-8; Pringle, *Plan*, pp. 272-3. | **170.** Kater, *Das "Ahnenerbe"*, pp. 240-4; Reitzenstein, *Himmlers Forscher*, pp. 202-11. | **171.** Junginger e Åkerlund (Orgs.), *Nordic Ideology*, pp. 54-5. | **172.** Pringle, *Plan*, pp. 272-3; Kater, *Das "Ahnenerbe"*, pp. 246-9; 3 jan. 1942, carta de Sievers a Hirt sobre experimentos com criminosos e presidiários; Hirt a Sievers, 20 jan. 1942, sobre experimentos com insetos, parasitas, doenças etc.; Sievers, 22 dez. 1944, BAB: NS 21/1532; Reitzenstein, *Himmlers Forscher*, pp. 149-51. | **173.** Trimondi, *Hitler*, p. 132. | **174.** Kater, *Das "Ahnenerbe"*, pp. 207-9; Pringle, *Plan*, pp. 245-7; cartas de Beger, BAB: NS 21/869; Ludwig F. Clauss, *Rasse und Seele* (Munique: J. F. Lehmanns, 1926); Ludwig F. Clauss, *Rasse und Charakter* (Frankfurt am Main: M. Diesterweg, 1936); Ludwig F. Clauss, *Die Nordische Seele* (Munique: J. F. Lehmanns, 1932); Weingart, *Doppel-Leben*. | **175.** Kater, *Das "Ahnenerbe"*, pp. 207-8. | **176.** "Subject: Securing Skulls of Jewish-Bolshevik Commissars for the Purpose of Scientific Research at the Strassburg Reich University", fev. 1942. National Archives (Washington, DC). Records of the U.S. Nuremberg War Crimes Trials: United States of America v. Karl Brandt et al. (Case I), 21 nov. 1946-20 ago. 1947, RG 238, M 887/16/Jewish Skeleton Collection. | **177.** Kater, *Das "Ahnenerbe"*, pp. 249-50; Pringle, *Plan*, p. 246. | **178.** Pringle, *Plan*, p. 247. O local parece ainda mais absurdo, uma vez que se situa na fronteira mais ocidental do Reich, quando praticamente todo o seu "material" de pesquisa chegaria da Polônia e do front oriental. | **179.** Kater, *Das "Ahnenerbe"*, pp. 245-6; Pringle, *Plan*, pp. 242-3, 246-9. | **180.** Kater, *Das "Ahnenerbe"*, pp. 251-2; Kaufmann, *Tibet*, pp. 258-9; Pringle, *Plan*, pp. 246-7, 251-3; ver também Wetzell, "Eugenics and Racial Science in Nazi Germany". | **181.** Trimondi, *Hitler*, p. 124; Kaufmann, *Tibet*, pp. 258-9. | **182.** Kater, *Das "Ahnenerbe"*, pp. 252-4; Kaufmann, *Tibet*, pp. 258-9. | **183.** Kaufmann, *Tibet*, pp. 260-1, 702-4. | **184.** Kater, *Das "Ahnenerbe"*, pp. 249-54; Kaufmann, *Tibet*, pp. 700-2; Junginger, "From Buddha to Adolf Hitler", pp. 144-5; Pringle, *Plan*, pp. 259-67; ver também cartas de Beger, BAB: NS 21/869; Reitzenstein, *Himmlers Forscher*, pp. 111-28. | **185.** Embora alguns institutos tenham conseguido evitar essa solicitação, outros foram incorporados diretamente ao processo de matança, inclusive o Instituto Antroposófico de Cura e Enfermagem de Pirna, onde milhares de pacientes idosos e deficientes foram assassinados. Werner, *Anthroposophen*, p. 344. | **186.** Kater, *Das "Ahnenerbe"*, pp. 216, 230-1. Posteriormente, Sievers também facilitou os experimentos com vírus fatais realizados por um virologista de Estrasburgo, o dr. Eugen Haage, em prisioneiros de campos de concentração. Kater, *Das "Ahnenerbe"*, p. 261. | **187.** Ibid., p. 100. | **188.** Kersten, *Memoirs*, pp. 115-8. | **189.** Kater, *Das "Ahnenerbe"*, p. 237. | **190.** Ibid., pp. 261--3. | **191.** Kater, *Das "Ahnenerbe"*, pp. 231-3; Burleigh, "National Socialism as a Political Religion", p. 15. | **192.** Kater, *Das "Ahnenerbe"*, pp. 245-6; Pringle, *Plan*, pp. 242-3, 246--9. | **193.** Kater, *Das "Ahnenerbe"*, p. 256; Sabine Schleiermacher e Udo Schlagen, "Medizinische Forschung als Pseudowissenschaft". In: Rupnow et al. (Orgs.), *Pseudowissenschaft*, p. 259. | **194.** Kater, *Das "Ahnenerbe"*, p. 260. | **195.** Ibid., p. 263. | **196.** Schäfer para Brandt, 25 jun. 1940, pp. 1-2, BAB: N 19/2709; Pringle, *Plan*, pp. 322-3. | **197.** Pringle, *Plan*, p. 228; Wendy Lower, *Hitler's Furies* (Nova York: Houghton Mifflin, 2013), pp. 239-40. | **198.** Ver carta de 14 jan. 1942 e manuscrito de "Aberglaube in Film", BAB: NS 15/399, pp. 194-220; Redles, *Hitler's Millennial Reich*, pp. 68-9. | **199.** Ver Browning e Matthäüs, *The Origins of the Final Solution*; Browning, *The Path to Genocide*; Jürgen Matthäus, "Historiography and the Perpetrators of the Holocaust". In: Dan Stone (Org.), *The Historiography of the Holocaust* (Londres: Palgrave, 2004), pp. 197-215. | **200.** Tooze, *Wages*; Aly, *Hitler's Beneficiaries*; Gerlach, *Krieg, Ernährung, Völkermord*. | **201.** Baranowski, *Nazi Empire*; Mazower, *Hitler's Empire*; Lower, *Nazi*

Notas   487

Empire-Building and the Holocaust in the Ukraine; King e Stone (Orgs.), *Hannah Arendt and the Uses of History*; Moses e Stone (Orgs.), *Colonialism and Genocide*; Zimmerer e Zeller (Orgs.), *Völkermord in Deutsch-Südwestafrika.* | **202.** Confino, *A World without Jews*, p. 10. | **203.** A. Dirk Moses, "Redemptive Anti-Semitism and the Imperialist Imaginary". In: Christian Wiese e Paul Betts (Orgs.), *Years of Persecution, Years of Extermination* (Londres: Continuum, 2010), pp. 233-54. | **204.** Trabalhos seminais sobre esse assunto são: Lifton, *Nazi Doctors*; Peukert, *Inside Nazi Germany*; Bock, *Zwangssterilisation im Nationalsozialismus*; Koonz, *Mothers in the Fatherland*; e Burleigh e Wippermann, *Racial State.* | **205.** Friedländer, *Nazi Germany and the Jews*, v. 1, p. 87; Alon Confino, *Foundational Pasts* (Cambridge: Cambridge University Press, 2011), p. 158; ver também Herf, *Jewish Enemy.* | **206.** Steinberg, "Types of Genocide?", p. 190. | **207.** Rupnow et al. (Orgs.), *Pseudowissenschaft*, p. 292; Hale, *Himmler's Crusade*, pp. 11, 19-27; Trevor-Roper (Org.), *Conversations*, p. 116. Cf. Picker, *Tischgespräche*, pp. 78-9; Hitler, *Mein Kampf*, p. 305. | **208.** "Quando se tratava dos judeus, a tendência ao 'pensamento mágico' selvagem por parte da liderança nazista e dos perpetradores e a incapacidade destes de 'testar a realidade' eram o que geralmente os distinguia dos perpetradores de outros massacres em massa." Daniel Goldhagen. *Hitler's Willing Executioners* (Nova York: Random House, 1997), p. 412. | **209.** Staudenmaier, *Between Occultism and Nazism*, pp. 166-3. | **210.** Gugenberger e Schweidlenka, *Faden der Nornen*, pp. 137-9; Jestram, *Mythen*, p. 200; <motlc.wiesenthal.com/site/pp. asp?c=gvKVLcMVIuG&b=395043>; Staudenmaier, *Between Occultism and Nazism*, pp. 93-4, 100-1. | **211.** *Nosferatu, eine Symphonie des Grauens* [*Nosferatu, o vampiro*]. Direção de F. W. Murnau. Berlim: Germany Prana-Film, 1922. Relançamento em 2007 (94 min). | **212.** Coates, *Gorgon's Gaze*; Jeffrey Herf, *Jewish Enemy.* | **213.** Auerbach, *Our Vampires*, pp. 72-4; ver também Bohn, "Vampirismus", p. 8; Fitzpatrick, "The Pre-History of the Holocaust?", pp. 500-3; Leschnitzer, *Magic Background*, pp. 164-5. | **214.** Gardenour, "The Biology of Blood-Lust"; Black, "Expellees", pp. 94-6; ver também Eisner, *Haunted Screen*, p. 97. | **215.** Hitler, *Mein Kampf*, pp. 305, 544. | **216.** Ibid., pp. 309-10. | **217.** Ibid., p. 327. | **218.** Ibid., p. 544. | **219.** Redles, *Hitler's Millennial Reich*, pp. 62-3. | **220.** Sebottendorff, *Bevor Hitler kam*, pp. 29-40; ver cartas, inclusive de Hinkel para Theodor Fritsch Jr., 16 jun. 1936, BAB: R 9361-V/5404. | **221.** Kater, "Artamanen", pp. 599-601. | **222.** Junginger, "From Buddha to Adolf Hitler", pp. 129--31, 136-9; Redles, *Hitler's Millennial Reich*, pp. 58-9, 66; Sebottendorff, *Bevor Hitler kam*, p. 23; Burleigh, "National Socialism as a Political Religion", p. 13. | **223.** Himmler, *Schutzstaffel*, pp. 4-6; Alfred Rosenberg, *Die Spur des Juden im Wandel der Zeiten* (Munique: Druck, 1937), p. 84. Biografia de Rheden em NL Darré, BAK: N 10941/77, pp. 5-6, 24. | **224.** Trimondi, *Hitler*, p. 107. | **225.** Trevor-Roper (Org.), *Bormann Letters*, pp. xix-xx. | **226.** Koehne, "The Racial Yardstick", pp. 586-9. | **227.** Gardenour, "The Biology of Blood-Lust", pp. 59-60. | **228.** Ibid., pp. 60-1; Auerbach, *Our Vampires*, pp. 15-21, 75-89; Kater, "Artamanen", pp. 599-600. | **229.** Gregor Schwartz-Bostunitsch, *Jüde und Weib* (Berlim: Theodor Fritsch Verlag, 1939); Goodrick-Clarke, *Occult Roots*, pp. 169-71. | **230.** Sickinger, "Hitler and the Occult". | **231.** Leschnitzer, *Magic Background*, pp. 113-4; Cecil, *Myth*, pp. 12-3. | **232.** Para os nazistas, a "história de Caim e Abel e a linguagem do martírio e do monstruoso também ajudaram [...] a descrever o choque da inversão, uma reversão dramática da sorte, sintetizada pela Primeira Guerra Mundial e, posteriormente, pela Segunda". Black, "Expellees", pp. 97-8; ver também Bärsch, *Politische Religion*, p. 88; Fitzpatrick, "The Pre-History of the Holocaust?", pp. 502-3. | **233.** Ach, *Hitlers Religion*, pp. 123-7; Bärsch, *Politische Religion*, pp. 106-7, 124-7; Redles, *Hitler's Millennial Reich*, pp. 58-9, 66. | **234.** Redles, *Hitler's Millennial Reich*, p. 63. | **235.** Ibid., p. 61. | **236.** Eckart, *Der Bolschewismus*, p. 7. | **237.** Koehne, "Were the National Socialists a *völkisch* Party?", pp. 775-6. | **238.** Trevor-Roper (Org.), *Conversations*, pp. 63-4. | **239.** Kersten, *Memoirs*, p. 35. | **240.** Himmler, *Schutzstaffel*, pp. 3-4. | **241.** Gregor Schwartz-Bostunitsch, *Jüdischer Imperialismus* (Leipzig: Theodor Fritsch Verlag, 1935), pp. 39-62. | **242.** Ibid., pp. 26-42. | **243.** Trevor-Roper (Org.), *Conversations*, p. 229. | **244.** Behringer, "Der Abwickler der Hexenforschung", pp. 117-21, 127-8; Rudolf, "Geheime Reichskommando-Sache!", pp. 53-4; Wiedemann, "Wissen", pp. 449-52. | **245.** Behringer, "Der Abwickler der Hexenforschung", pp. 109-34. | **246.** Ibid., pp. 125-9; Junginger, "From Buddha to Adolf Hitler", pp. 144-1. | **247.** Behringer, "Der Abwickler der Hexenforschung", pp. 122-3. | **248.** Kaufmann, *Tibet*, pp. 678-9; Junginger, "From Buddha to Adolf Hitler", pp. 133-5. | **249.** Behringer, "Der Abwickler der Hexenforschung", pp. 109-17, 128-9; ver também Longerich, *Himmler*, pp. 464-5, 509-11. | **250.** Centgraf, *Eine Jude Treibt Philosophie*, pp. 3, 15. | **251.** Ibid., p. 21. | **252.** Harrington, *Reenchanted Science*, p. 281. | **253.** Rauschning, *Voice of Destruction*, p. 242. | **254.** Trimondi, *Hitler*, p. 107. | **255.** Vondung, "National Socialism as a Political Religion", pp. 87-95. | **256.** Burleigh, "National Socialism as a Political Religion", p. 12. | **257.** Lewy, *Gypsies*, p. 67. | **258.** Yehuda Bauer, "Holocaust and Genocide". In: Peter Hayes (Org.), *Lessons and Legacies* (Evanston, IL: Northwestern University Press, 1991), p. 42. | **259.** Lewy, *Gypsies*, p. 136. | **260.** Ibid., pp. 138-9. | **261.** Bauer, "Holocaust and Genocide", p. 42. | **262.** Ver Trimondi, *Hitler*, pp. 64-5; ver também Longerich, *Himmler*, pp. 262-3; "Todas essas alegações rebuscadas sobre os senhores nórdicos na Ásia causaram uma profunda impressão em Himmler. Ele estava ansioso para desenterrar a prova arqueológica concreta desses conquistadores de cabelos dourados". Pringle, *Plan*, pp. 136-47. | **263.** Trimondi, *Hitler*, p. 146. | **264.** Goldhagen, *Executioners*, p. 28. | **265.** Hütter, *Gruselwandern*, p. 211; Dirk Rupnow, "'Pseudowissenschaft' als Argument und Ausrede". In: Rupnow et al. (Orgs.), *Pseudowissenschaft*, p. 285. | **266.** Goldhagen, *Executioners*, p. 28. | **267.** Kater, "Artamanen", p. 627. | **268.** Schneider, *Der jüdische Vampyr chaotisiert die Welt (Der Jude als Weltparasit).* | **269.** Ibid., p. 7. | **270.** Ibid., p. 8. | **271.** Ibid., p. 9. | **272.** Ibid., p. 8. | **273.** Ibid., pp. 37-48; Maichle, "Die Nostradamus-Propaganda der Nazis"; <www.nostradamusonline.de/index1.htm>. | **274.** Ver o prefácio de Gauschulungsamt der NSDAP, *Der jüdische Vampyr.* | **275.** Gauschulungsamt der NSDAP, *Der jüdische Vampyr*; ver também Kaufmann, *Tibet*, pp. 583-8. | **276.** Black, "Expellees", p. 95; Harten, *Himmlers Lehrer*, pp. 139-41. | **277.** Gerda para Martin Bormann, 10 jul. 1944. In: Trevor-Roper (Org.), *Bormann Letters*, p. 136. | **278.** Redles, *Millennial Reich*, pp. 69-70. | **279.** Trevor-Roper (Org.), *Conversations*, p. 116. Cf. Picker, *Tischgespräche*, pp. 78-9. | **280.** Mees, "Hitler and Germanentum", p. 263. | **281.** Trevor-Roper (Org.), *Conversations*, p. 269. | **282.** Kater, *Das "Ahnenerbe"*, p. 205. | **283.** Burleigh, "National Socialism as a Political Religion", pp. 13-4. | **284.** Yitzhak Arad,

Notas 489

The Holocaust in the Soviet Union (Lincoln, NB: University of Nebraska Press), pp. 56-7. | **285.** Rupnow et al. (Orgs.), *Pseudowissenschaft*, p. 280. | **286.** Kater, "Artamanen", pp. 628-9; Vondung, "National Socialism as a Political Religion", p. 92. | **287.** Christoph Daxelmuller, "Nazi Conceptions of Culture and the Erasure of Jewish Folklore". In: Dow e Lixfeld (Orgs.), *Nazification*, pp. 73-7; ver também Kater, Das "Ahnenerbe", pp. 118-9. | **288.** Behringer, "Der Abwickler der Hexenforschung", pp. 125-9; Junginger, "From Buddha to Adolf Hitler", pp. 144-5. | **289.** Rudolf, "Geheime Reichskommando-Sache!", pp. 53-4. | **290.** Jürgen Matthäus, "Kameraden im Geist". In: Bauer et al. (Orgs.), *Hexenkarthotek*, pp. 102-7. | **291.** Hütter, *Gruselwandern*, p. 211; ver também Wiedemann, "Wissen", pp. 449-55. | **292.** Schleiermacher e Schagen, "Medizinische Forschung", pp. 254-6, 276-8. Para mais detalhes sobre as premissas não científicas por trás da "Solução Final", ver Wetzell, "Eugenics and Racial Science". | **293.** Herf, "Nazi Germany's Propaganda"; Rubin e Schwanitz, *Nazis, Islamists*, pp. 125-9, 164-5, 181. | **294.** Herf, "Nazi Germany's Propaganda". | **295.** Embora Bormann tenha descrito os planos de Himmler "como exagerados [...] [um] desvio fundamental das medidas atualmente aplicadas para combater a praga cigana", Hitler parece ter ficado do lado de Himmler e de seus colegas cientistas fronteiriços, o que levou a chancelaria de Bormann a conceder ao Ministério da Justiça, em 1943, que "novas pesquisas mostraram que há elementos racialmente valiosos entre os ciganos". Lewy, *Gypsies*, pp. 140-1; Gugenberger e Schweidlenka, *Faden der Nornen*, p. 155. | **296.** Lewy, *Gypsies*, pp. 138-9. | **297.** Burleigh, "National Socialism as a Political Religion", p. 3. Em comparação com outros casos de limpeza étnica, a "Solução Final" teve uma "motivação pseudorreligiosa mais óbvia que trouxe o ódio aos judeus para o centro da ideologia nazista". Bauer, "Holocaust", p. 43. | **298.** Confino, *World without Jews*, p. 6. Toda a guerra foi percebida em "termos nitidamente existenciais, mas também religiosos [...]. O apocalipticismo antijudaico nazista e o genocídio que dele decorreu tinham como objetivo limpar o quadro do tempo, restabelecer e purificar as origens, reescrever a história para adequá-la a uma era revolucionária e milenar". Black, "Groening", p. 213; a "construção do outro judeu" no Terceiro Reich foi "completamente apocalíptica [...] [e] acabou dando impulso ao que os nazistas chamaram de [...] Solução Final". Redles, *Hitler's Millennial Reich*, pp. 12-3. | **299.** Confino, *World without Jews*, p. 10; ou seja, nas palavras de Michael Burleigh ("National Socialism as a Political Religion", p. 13), "transformações morais de menor importância" vinham ocorrendo muito antes do Holocausto, o que ajudou a fornecer o contexto metafísico mais profundo pelo qual esse nível extraordinário de violência se tornou possível". | **300.** Hale, *Himmler's Crusade*, pp. 11, 19-27; Trevor-Roper (Org.), *Conversations*, p. 116. Cf. Picker, *Tischgespräche*, pp. 78-9; Hitler, *Mein Kampf*, p. 305; Engelhardt, "Nazis of Tibet", pp. 63-96. | **301.** Rupnow et al. (Orgs.), *Pseudowissenschaft*, pp. 301-2. | **302.** Harrington, *Reenchanted Science*, p. 208. | **303.** Burleigh, "National Socialism as a Political Religion", pp. 4-5. | **304.** Kater, *Das "Ahnenerbe"*, p. 236; Kater, "Artamanen", p. 627. | **305.** Hale, *Himmler's Crusade*, pp. 11, 19-27; Trevor-Roper (Org.), *Conversations*, p. 116. Cf. Picker, *Tischgespräche*, pp. 78-9; Hitler, *Mein Kampf*, p. 305; Kater, Das "Ahnenerbe", pp. 261-4; Schleiermacher e Schagen, "Medizinische Forschung", pp. 276-8. | **306.** Kater, *Das "Ahnenerbe"*, pp. 227-8. | **307.** Lipphardt, "Das 'schwarze

Schaf'", pp. 241-4. | **308.** Schleiermacher e Schagen, "Medizinische Forschung", pp. 251-63, 271-5; Kater, *Das "Ahnenerbe"*, pp. 265-6. | **309.** Fitzpatrick, "The Pre-History of the Holocaust?", pp. 477-503. | **310.** Vondung, "National Socialism as a Political Religion", pp. 92-3. | **311.** Não quero sugerir, é claro, que todos os casos de limpeza étnica ou assassinato político, como o Grande Salto Adiante de Mao ou os expurgos de Stálin, sejam produto de um pensamento sobrenatural.

9. Crepúsculo nazista [pp. 357-99]

1. Discurso de Speer, 31 ago. 1944, aos principais produtores de armamentos, "Aktenauszüge über die Wunderwaffen 4 Sept. 1945", IfzG: ED 99-9, p. 102. | **2.** Relatório de Elisabeth Kowitzki, 18 maio 1952, na Sammlung Karasek, 04/02-144, NSG 297. | **3.** Bormann, citado em Trevor-Roper (Org.), *Bormann Letters*, p. xxi. | **4.** Hitler tentou comprar uma cópia original da partitura de *Crepúsculo dos deuses* como chanceler do Reich. "Ankauf eines Autographs von Richard Wagner durch Hitler (Götterdämmerung Vorspiel)", 19 abr. 1934; "Sekretariat" para Bittner, 28 jun. 1934; 30 abr. 1934, Bittner envia o MS para a Câmara de Cultura do Reich; 6 jul. 1934, Meerwald, da Câmara de Cultura do Reich, envia o MS para o RMVP; referência pessoal no RMVP para Personlichen Referent des Reichskanzlers, 11 jul. 1934; 14 jul. 1934, Bittner para Meerwald; 17 jul. 1934, Meerwald para Bittner; 16 jul. 1934, RMVP (Von Keudell) retorna ao MS; 14 jul. 1934, parecer de Wolf para Keudell; 19 jul. 1934, Meerwald para Bittner. BAB: R 4311/1245, Bd. 6. | **5.** Haraldur Bernharðsson, "Old Icelandic Ragnarök and Ragnarökkr". In: Alan Nussbaum (Org.), *Verba Docenti* (Ann Arbor, MI: Beech Stave Press, 2007), pp. 25-38; Carolyne Larrington (trad.), *The Poetic Edda* (Oxford: Oxford University Press, 2014); Snorri Sturlson, *The Prose Edda* (Nova York: Penguin, 2006). | **6.** Kellogg, *Russian Roots*, p. 23. | **7.** Terje Emberleand, "Im Zeichen der Hagal-Rune". In: Puschner e Vollnhals (Orgs.), *Bewegung*, pp. 520-1; Schmitz-Berning, *Vokabular des Nationalsozialismus*, pp. 176-7; Welch, "Goebbels, Götterdämmerung and the Deutsche Wochenschau", pp. 80-93. | **8.** Kater, *Das "Ahnenerbe"*, p. 220. Em tempos de guerra, o pensamento sobrenatural, seja em termos de fé (*Glaube*) ou de superstição (*Aberglaube*), costuma ressurgir; Goepfert, *Immer noch Aberglaube!*, p. 92; ver também Darnton, "Peasants Tell Tales", pp. 21-2, 50-63; Zipes, *Fairy Tale*. | **9.** Kater, *Das "Ahnenerbe"*, p. 220. | **10.** Biddiscombe, *The Last Nazis*. | **11.** Sammlung Karasek, 02/04-66, NSG 219, 13 maio 1951; Black, "Expellees", p. 78. | **12.** Goepfert, *Immer noch Aberglaube!*, pp. 17-21, 30-7, 72-3. | **13.** Biddiscombe, *Werwolf!*, pp. 289-91; Beevor, *Downfall*; Fritz, *Endkampf*, pp. 7-8, 196-204; Bessel, *Germany 1945*, pp. 16-7, 299-300. | **14.** Biddiscombe, *Last Nazis*, pp. 252-74; Weber, *Justiz und Diktatur*, p. 99. | **15.** Speer, "Aktenauszüge über die Wunderwaffen 4 Sept. 1945", IfzG: ED 99/9, p. 100. | **16.** Ibid. | **17.** Infelizmente, há poucos trabalhos acadêmicos sobre a natureza do pensamento milagroso, tecnológico ou não, no Terceiro Reich. Grande parte da história popular ou da cripto-história de que dispomos sofre de uma abordagem altamente especulativa e mal documentada. E, no entanto, essa literatura sugeriu, de forma mais consistente do que os principais estudos acadêmicos, que a

Notas 491

busca nazista por armas milagrosas era o produto de "crenças e práticas ocultas" aliadas "a certos avanços muito 'alemães' na física" — também observando a conexão entre a busca nazista por um "arsenal bárbaro de 'armas inteligentes' prototípicas e armas de destruição em massa" e a "maquinaria, burocracia e tecnologias de morte e escravidão em massa". Farrell, *Reich of the Black Sun*, pp. v-vi; Derrich, *Geheimwaffen*, p. 6. | **18.** De fato, embora o "realismo mágico" em relação à tecnologia tenha desempenhado um papel marginal na Itália fascista, "na Alemanha ele foi oficialmente aprovado e promovido". Mosse, *Masses and Man*, pp. 179-83; ver também Alexander Geppert e Till Kössler, "Einleitung". In: Geppert e Kössler (Orgs.), *Wunder*, pp. 9-12, 46; Herf, *Reactionary Modernism*, pp. 70-8. | **19.** Geppert e Kössler, "Einleitung", p. 46. | **20.** "A ficção científica da República de Weimar", escreve Peter Fisher, "ajudou a manter acesas as brasas do ressentimento", fornecendo "uma compensação barata ao indivíduo descontente, insinuando que o *Geist* alemão — manifestado por invenções revolucionárias — estava fadado, em algum momento no futuro próximo, a trazer uma nova era de superioridade, de conquistas individuais e coletivas". Fisher, *Fantasy*, pp. 220-1; Halter, "Zivilisation". | **21.** Herf, *Reactionary Modernism*, pp. 202-3; Ach, *Hitlers Religion*, pp. 35-7. | **22.** Adam Tooze, "The Economic History of the Nazi Regime". In: Caplan (Org.), *Nazi Germany*, pp. 185-94. | **23.** Kater, *Das "Ahnenerbe"*, pp. 218-9. | **24.** Ibid., p. 219. Já no final de 1942, em resposta a Stalingrado, foram construídas instalações subterrâneas com armas milagrosas perto de Mauthausen e da kz Gusen, na Áustria, onde todos os detentos disponíveis foram ordenados a trabalhar em projetos relacionados à guerra. Derrich, *Geheimwaffen*, pp. 154-5; ver também relatórios de projetos em BAB: R 3/1626, "Wunderwaffen Propaganda"; BAB: R 26-III/52, "Wunderwaffen", pp. 3-227. | **25.** Kater, *Das "Ahnenerbe"*, p. 219; Reitzenstein, *Himmlers Forscher*, p. 43. | **26.** Ver Mark Walker, *German National Socialism and the Quest for Nuclear Power* (Cambridge: Cambridge University Press, 1993), pp. 160-76, 216-7; Pringle, *Plan*, pp. 282-3; Kater, *Das "Ahnenerbe"*, p. 219. | **27.** Ou que os cientistas Fritz Houtermann e o barão Manfred von Ardenne estavam envolvidos em experiências para transformar urânio-235 em plutônio. Farrell, *Reich*, pp. 8-13, 18-23, 26-49, 67-72, 81-7, 130-6, 154-7; Nagel, *Wissenschaft für den Krieg*, pp. 189-208; <www.dailymail.co.uk/news/article-2014146/Nazi-nuclear-waste-Hitlers-secret-A-bomb-programme-mine.html>. | **28.** Rainer Karlsch, *Hitlers Bombe* (Stuttgart: Deutsche Verlags-Anstalt, 2005), pp. 216-7; Farrell, *Reich*, pp. 35-48, 55-63, 118-28, 149-53; <www.dailymail.co.uk/news/article-2014146/Nazi-nuclearwaste-Hitlers-secret-A-bomb-programme-mine.html>. | **29.** Ver <www.forbes.com/sites/paulrodgers/2014/02/11/search-is-on-for-hitlers-secret-atom-bomb-lab-under-death-camp>. | **30.** Pringle, *Plan*, pp. 282-3. | **31.** Kater, *Das "Ahnenerbe"*, p. 220. | **32.** Assim como Andreas Epp e Otto Habermohl. Cf. Heiner Gehring e Klaus Rothkugel, *Der Flugscheiben Mythos* (Schleusingen: Amun, 2001), pp. 36-41. | **33.** Derrich, *Geheimwaffen*, pp. 13-4, 123-32; Werner Keller, *Welt am Sonntag*, 26 abr. 1953; Gehring e Rothkugel, *Flugscheiben Mythos*, pp. 31-5, 44-5; <www.welt.de/geschichte/zweiter-weltkrieg/article133061716/Die-Ufos-des-Dritten-Reiches-kamen-bis-indie-USA.html>. | **34.** Gehring e Rothkugel, *Flugscheiben Mythos*, pp. 36-41; Derrich, *Geheimwaffen*, p. 13. | **35.** 31 jan. 1945, "Massnahmen zur Bomberbekämpfung auf dem Gebiete der Hochfrequenz", que sugere métodos, em consulta com o dr.

492   *Os monstros de Hitler*

Roessler, incluindo: 1. remoção da camuflagem, 2. interferência nos procedimentos de navegação do inimigo, 3. eliminação de reflexos; 26 fev. 1945, relatório "Vergleich der Erfolgsausrichten der verschiedenen Möglickeiten zur Brechung des Luftterrors", concluindo com "Planeten", p. 222; carta de Wist no Institut für elektrische Anlagen para Planungsamt des Reichsforschungrates Osenberg, 2 mar. 1945. BAB: R 26-III/52, "Wunderwaffen". | **36.** Derrich, *Geheimwaffen*, pp. 84-5. | **37.** Oberth, "They Come from Outer Space", pp. 12-4; Hermann Oberth, "Dr. Hermann Oberth Discusses UFOS" (*Fate Magazine*, pp. 36-43, maio 1962); ver também; <en.wikipedia.org/wiki/Hermann_Oberth>; <www.telegraph.co.uk/technology/5201410/Are-UFOs-real-Famous-people-who-believed.html>; Pennick, *Hitler's Secret Sciences*, pp. 141-2. | **38.** Neufeld, *Rocket*, pp. 41-72, 197-266; Nagel, *Wissenschaft für den Krieg*, pp. 228-38; Derrich, *Geheimwaffen*, pp. 86-7. | **39.** Kater, *Das "Ahnenerbe"*, p. 219. | **40.** Neufeld, *Rocket*, p. 201; Derrich, *Geheimwaffen*, pp. 94-5. | **41.** Neufeld, *Rocket*, pp. 201-3; Bernhard Kroener, *Wartime Administration, Economy, and Manpower Resources 1942-1944/5* (Oxford: Oxford University Press, 2003), p. 390; Cook, *The Hunt for Zero Point*, pp. 169-72; Rainer Karlsch, "Was wurde aus Hans Kammler?" (*Zeitschrift für Geschichtswissenschaft*, n. 6, 2014). | **42.** Derrich, *Geheimwaffen*, pp. 88-90; Cook, *Hunt*, pp. 170-2. | **43.** Cook, *Hunt*, pp. 163-8; ver também "Wunderwaffen". Primeira pasta, "Kammler, Geheime Kommandosache", 6 fev. 1945, BAB: R 26-III/52, pp. 189-95. | **44.** Cook, *Hunt*, pp. 153-8, 170-2; <www.forbes.com/sites/paulrodgers/2014/02/11/search-is-on-for-hitlers-secret-atom-bomb-lab-under-death-camp>; <www.dailymail.co.uk/news/article-2014146/Nazi-nuclear-waste-Hitlers-secret-A-bomb-programme-mine.html>. | **45.** Speer, 3 ago. 1944, aus der Rede vor den Gauleitern in Posen (extraído do discurso perante o Gauleiter em Posen), "Aktenauszüge über die Wunderwaffen 4 Sept. 1945", IfzG: ED 99-9, p. 101. | **46.** Ibid. | **47.** Speer, 29 ago. 1944, Rede vor der Reichspropagandaleitung, den Leitern der Reichspropagandaämter im Propagandaministerium (discurso perante a Liderança de Propaganda do Reich, os líderes dos Gabinetes de Propaganda do Reich no Ministério da Propaganda), "Aktenauszüge über die Wunderwaffen 4 Sept. 1945", IfzG: ED 99/9, pp. 101-2. | **48.** Ibid., p. 101. | **49.** Ibid. | **50.** "Portanto, temos a questão de saber se o V-2, que tem um efeito realmente terrível, será agora, de alguma forma, psicologicamente decisivo em termos do resultado da guerra. Em termos puramente técnicos, não pode ser." Ibid. | **51.** "Wunderwaffen", BAB: R 26-III/52, citação de 12 nov. 1944, *The Observer*, p. 35. | **52.** Aus einem Reisebericht an A. H. 10 (trecho de um relatório de viagem para Adolf Hitler), 15 set. 1944, "Aktenauszüge über die Wunderwaffen 4 Sept. 1945", IfzG: ED 99-9, p. 103. | **53.** Ibid., pp. 103-4. | **54.** Ralf Schnabel, *Die Illusion der Wunderfwaffen* (Oldenbourg: DeGruyter, 1994), pp. 285-6. | **55.** Schlussrede in Rechlin vor Vorsitzer der Rüstungskommisionen, Hauptausschussleitern, Ringleitern, Kommissionsvorsitzern (discurso de encerramento para os presidentes da Comissão de Armamentos, líderes do Comitê Principal, líderes do Anel e presidentes da Comissão), 1 dez. 1944, "Aktenauszüge über die Wunderwaffen 4 Sept. 1945", IfzG: ED 99/9, p. 104. | **56.** Kater, *Das "Ahnenerbe"*, pp. 219-10; Cook, *Hunt*, pp. 163-8. | **57.** Monica Black, "A Messiah after Hitler, and his Miracles". In: Black e Kurlander (Orgs.), *Revisiting the "Nazi Occult"*, p. 217. | **58.** "Aktenauszüge über die

Notas 493

Wunderwaffen 4 Sept. 1945", IfzG: ED 99-9, p. 105. Como observa Jeremy Noakes, Hitler, no decorrer da guerra, delegou cada vez mais o poder sobre a administração regional a Gauleiter ideologicamente comprometidos ao Partido Nazista, como Hellmuth, em oposição a especialistas do Estado e líderes do setor. Essa mudança no poder favoreceu o pensamento baseado na fé que permeava a liderança do Partido Nazista. Ver Jeremy Noakes, "Hitler and the Nazi State". In: Caplan (Org.), *Nazi Germany*, pp. 93-8. | **59.** Kater, *Das "Ahnenerbe"*, p. 220. | **60.** Ibid. | **61.** Cook, *Hunt*, pp. 163-8; ver também Kammler, *Geheime Kommandosache*, 6 fev. 1945, BAB: R 26-III/52, pp. 189-95; <www.welt.de/geschichte/article128873148/Versteckten-die-USA-den-Chef-Ingenieurder-ss.html>. | **62.** Kater, *Das "Ahnenerbe"*, pp. 219-20; Farrell, *Reich*, pp. 67-9, 82-7, 103-7. | **63.** Cook, *Hunt*, pp. 159-62; Farrell, *Reich*, pp. 103-7; Kammler aparentemente fez com que os detentos do campo de concentração de Buchenwald cavassem 25 túneis no Jonastal, perto de Ohrdruf, que pode ter sido o local de experimentos eletromagnéticos adicionais e tecnologias de base nuclear. Derrich, *Geheimwaffen*, pp. 145-7, 151-3; <www.dailymail.co.uk/news/article-2014146/Nazi-nuclear-waste-Hitlers-secret-A-bomb-programme-mine.html>. | **64.** Kater, *Das "Ahnenerbe"*, p. 220. | **65.** Ibid.; Kaufmann, *Tibet*, pp. 318-9. | **66.** Kater, *Das "Ahnenerbe"*, p. 220. | **67.** Ibid., pp. 220-1. | **68.** Ibid.; Kaufmann, *Tibet*, pp. 314-6; ver também a biografia de Wienert e o Beger Denkschrift sobre a expedição ao Tibete, BAB: NS 21/869. | **69.** Ver correspondência entre Joseph Wimmer e a ss, 26 jul. 1938, 29 jan. 1942, 13 fev. 1942, BAB: NS 21/2669; Kater, *Das "Ahnenerbe"*, p. 222. | **70.** Hans Robert Scultetus, BAB: NS 21/2547. Scultetus nomeado Oberregierungsrat em Munique, 12 jan. 1943; 29 jun. 1943, transferido de volta como parte da administração da Luftwaffe; 15 fev. 1944, retorna ao Instituto de Geofísica, e Himmler confirma o desejo de mantê-lo aberto, mas sem novos funcionários ou publicações devido à situação de guerra; Kater, *Das "Ahnenerbe"*, pp. 214-5, 222; Kaufmann, *Tibet*, pp. 315-7. | **71.** Ver carta para Wimmer, 13 jun. 1942, BAB: NS 21/2669; Kater, *Das "Ahnenerbe"*, pp. 214-5, 222. | **72.** Kater, *Das "Ahnenerbe"*, p. 222. | **73.** Pringle, *Plan*, pp. 283-4; Derrich, *Geheimwaffen*, p. 153. | **74.** Kater, *Das "Ahnenerbe"*, pp. 51-2; ver também Longerich, *Himmler*, pp. 266-7. | **75.** Pringle, *Plan*, pp. 283-4; Derrich, *Geheimwaffen*, p. 153. | **76.** A. G. Shenstone, "The Brocken Spectre". *Science*, n. 119, pp. 511-2, 1994; Derrich, *Geheimwaffen*, pp. 13-5; Pennick, *Hitler's Secret Sciences*, pp. 169-70. | **77.** Jakob Sporrenberg (membro do regimento de polícia do SD em Varsóvia, Radom e Galícia, do campo de treinamento da ss em Trawniki e do batalhão da ss Streibel), 21 jul. 1944, bem como outras cartas de jul. 1944 concedendo prêmios do RSHA a homens do SD (KVK 2. Klasse mit Schwertern; em setembro, mais "Verleihung von Kriegsauszeichnungen"), BAB: R 70-Polen/783 (B. 9); 6 set. 1944 (Krakau), Sporrenberg para Koppe; BAB: R 70-Polen/784 (B. 10). | **78.** Liderado por Otto Neumann, superintendente da ss; Cook, *Hunt*, pp. 182-8, 192-4; <www.welt.de/geschichte/zweiter-weltkrieg/article133061716/Die-Ufos-des-Dritten-Reiches-kamen-bis-indie-USA.html>. | **79.** Cook, *Hunt*, pp. 188-93; Henry Stevens, *Hitler's Suppressed and Still-Secret Weapons, Science and Technology* (Kempton, IL: Adventures Unlimited, 2007), pp. 250-5; Derrich, *Geheimwaffen*, pp. 13-5. | **80.** Bartholomew, *Hidden Nature*, pp. 73-104, 215-40. | **81.** Willuhn para Pietzsch, 13 jul. 1934, explicando que Schauberger não havia sido honesto em sua carta, BAB: R 43-

-II/342; ver também cópias da correspondência, incluindo Schauberger para Hitler, 10 jul. 1934, e para Roselius; relatório do dr. Willuhn, 13 jul. 1934, IfzG: ED 458/1, pp. 80-6, 99-100, 104-5; Bartholomew, *Hidden Nature*, pp. 241-3; Derrich, *Geheimwaffen*, p. 192. | **82.** 7 jul. 1934, dr. Roselius escreve para a Chancelaria; 10 jul. 1934, telegrama e carta relatando a reunião com Keppler e como Hitler achava que Schauberger era um enganador; 10 jul. 1934, promessa assinada de Schauberger, BAB: R 43-II/342. | **83.** 10 jul. 1934, carta assinada por Willuhn, com evidências de que Schauberger não estava compartilhando seus métodos secretos de purificação de água; Willuhn para Pietzsch, 13 jul. 1934, explicando que Schauberger não havia sido honesto; 13 jul. 1934, Roselius para Staatsekretar Lammers, lamentando a timidez e a atitude de Schauberger no tocante à revelação de seu "Erfinder-Geheimnis", quando ele havia prometido revelá-lo, e afirmando esperar que isso não dissuada Hitler de seguir suas ideias, BAB: R 43-II/342; ver também cópias de correspondências, incluindo Schauberger para Hitler, 10 jul. 1934, carta a Roselius; relatório do dr. Willuhn, 13 jul. 1934, IfzG: ED 458/1, pp. 80-6, 99-100, 104-5; Bartholomew, *Hidden Nature*, pp. 241-3; Derrich, *Geheimwaffen*, p. 192. | **84.** Schauberger para Lammers, 10 jul. 1934, anexando outra carta para Himmler; 10 jul. 1934, Schauberger para Hitler, explicando por que não está se aproximando de Mussolini, com quem já havia se encontrado, e por que deseja o apoio de Hitler, como um austro-alemão que pretende fazer descobertas para a Alemanha, BAB: R 43-II/342, pp. 102-3. | **85.** Willuhn para Pietzsch, 13 jul. 1934, explicando que Schauberger não havia sido honesto em sua carta; 17 jul. 1934, copiando Keppler e observando que Schauberger havia tido todas as oportunidades para provar a validade de suas teorias, mas falhara, reforçando a ideia de que "Autodidakten" raramente contribuem para "bahnbrechende Erfindungen"; 14 jul. 1934, Roselius para Lammers; 18 jul. 1934, Pietzsch para Willuhn. BAB: R 43-II/342. | **86.** 17 jul. 1934, Lammers, copiando Keppler, afirmando não desejar que Hitler, como Franz Josef na década de 1860, fosse repetidamente enganado por alquimistas que alegavam transformar chumbo em ouro, BAB: R 43-II/342. | **87.** Martina Rodier, *Viktor Schauberger* (Frankfurt: Zweitausendeins, 1999), pp. 183-4. | **88.** Cook, *Hunt*, pp. 50-1, 210-4; Bartholomew, *Hidden Nature*, pp. 241-2. | **89.** Cook, *Hunt*, pp. 212-6; Bartholomew, *Hidden Nature*, pp. 242-3; Derrich, *Geheimwaffen*, p. 192. | **90.** Cook, *Hunt*, pp. 217-23; Bartholomew, *Hidden Nature*, pp. 251-4; <www.forbes.com/sites/paulrodgers/2014/02/11/search-is-on-for-hitlers-secret-atom-bomb-lab-under-death camp>. | **91.** Cook, *Hunt*, p. 206; Bartholomew, *Hidden Nature*, pp. 251-4. | **92.** Cook, *Hunt*, pp. 206-8, 223-5; Bartholomew, *Hidden Nature*, pp. 15-24, 244-7. | **93.** Bartholomew, *Hidden Nature*, pp. 251-4; <www.forbes.com/sites/paulrodgers/2014/02/11/search-is-on-for-hitlers-secret-atom-bomb-lab-under-death-camp>. | **94.** Farrell, *Reich*, pp. 103-7; Cook, *Hunt*, pp. 187-8, 219-25; Bartholomew, *Hidden Nature*, pp. 244-63. | **95.** "Em Stalingrado, as pessoas precisavam de boletins meteorológicos confiáveis e uniformes prontos para o inverno, não de especulações cosmológicas e horóscopos derivados da cosmogonia glacial." Halter, "Welteislehre". | **96.** Kater, *Das "Ahnenerbe"*, p. 225. | **97.** Ibid., p. 226; ver também relatório de 3 abr. 1945, pp. 137-44, BAB: R 26-III/52, "Wunderwaffen". | **98.** Uma vez transformados, esses lobisomens experimentavam "uma vida selvagem, ensanguentada e vampiresca de caçadores e assassinos notur-

Notas 495

nos". Eisler, *Man into Wolf*, p. 34; curiosamente, muitas dessas afirmações foram antecipadas em uma dissertação escrita por um funcionário do Amt Rosenberg, BAB: R 58/7237, "Wesen und Geschichte des Werwolfs". | **99.** Eisler, *Man into Wolf*, p. 165. | **100.** Ibid., pp. 34-5. | **101.** O arquivo Karasek está repleto de relatos étnicos alemães sobre aparições da Virgem Maria e outras ocorrências sobrenaturais. Sammlung Karasek, 2 abr. 1952, NSG 205, 21 maio 1952; 4 fev. 1953, NSG 206, 19 maio 1951; ver também Zoran Janjetović, *Between Hitler and Tito* (Belgrado: SD Publik, 2005); Lumans, *Himmler's Auxiliaries*, p. 235; Goepfert, *Immer noch Aberglaube!*, pp. 38-56, 64-5; para uma análise anterior de fenômenos semelhantes, ver Blackbourn, *Marpingen*. | **102.** Holtz, *Faszination*, pp. 13-5. | **103.** Black, "Expellees", p. 95. | **104.** Ibid., p. 77. | **105.** Eisler, *Man into Wolf*, p. 141. "Quando encerrei a reunião, não fui o único a pensar que agora havia nascido um lobo, destinado a atacar o rebanho de sedutores do povo." Toland, *Hitler*, p. 98. | **106.** Waite, *Psychopathic God*, p. 166. | **107.** Sklar, *Gods and Beasts*, p. 61. | **108.** Lower, *Nazi Empire-Building and the Holocaust in the Ukraine*, pp. 62, 151-5, 172; Warlimont, *Inside Hitler's Headquarters, 1939-45*, p. 246; Eisler, *Man into Wolf*, p. 169. | **109.** Se houvesse "uma testemunha ocular confiável da história de Hitler 'mordendo o tapete' em seus acessos de raiva, surgiria o problema de saber se esses tapetes representavam para ele a pelagem dos animais vivos nos quais os 'leões de Isawiyya' cravavam seus dentes ou a grama ingerida pelo desanimado rei Nabucodonosor. Se as histórias sobre os acessos de fúria de Hitler forem verdadeiras, eles parecem ter sido estados licantrópicos maníacos". Eisler, *Man into Wolf*, p. 165. | **110.** Ibid., p. 141. | **111.** Wüst, *Indogermanisches Bekenntnis*, p. 46. | **112.** Mackensen, *Sagen*, pp. 4-6, 10-1, 14-5. | **113.** Ibid., pp. 15-6. | **114.** Ibid., pp. 119-23; Goepfert, *Immer noch Aberglaube!*, p. 65. | **115.** Mackensen, *Sagen*, p. 10. Aqui, o lobisomem alemão contrasta com "a superstição do lobisomem" na Escandinávia, que "agiu mais do que qualquer outra crença popular como um disfarce para criminosos e empreendimentos obscuros; assim, certamente surgiram muitas histórias que reforçam a crença e mantêm o terror vivo". Odstedt, *Varulven*, pp. 227-8. | **116.** "Wesen und Geschichte des Werwolfs", dissertação de um funcionário do Amt Rosenberg, BAB: R 58/7237, pp. 2-11. | **117.** Ibid., pp. 12-22. | **118.** Ibid., pp. 54-70; Odstedt, *Varulven*, pp. 220-2, 227-8. | **119.** As obras de Max Fehring, Willibald Alexis, Christian Morgenstern e outros reforçaram a ligação no imaginário popular entre lobisomens e defesa nacional. Ver "Wesen und Geschichte des Werwolfs", pp. 88-91, 112-21. As reimpressões de *Der Werwolf* (1924), de Max Fehring, e *Werwolf* (1925), de Willibald Alexis, durante a República de Weimar, também ilustravam atitudes positivas em relação à figura do lobisomem. O livro de Fehring enfatizava o lobisomem vindo à noite e punindo aqueles que haviam pecado. Já o livro de Alexis exaltava o poder, a liberdade e o vínculo do animal com a natureza. São raras as imagens do lobisomem tragicamente amaldiçoado, típicas da ficção e do cinema anglo-americanos, trabalhando para esconder sua aflição dos entes queridos. No folclore e na cultura popular alemã, os lobisomens tampouco descendem dos eslavos ou ciganos, como os vampiros, sendo arquétipos protogermânicos da natureza e do sangue. | **120.** Eisler, *Man into Wolf*, p. 169. | **121.** Neumann, *Shifting Memories*, p. 50; Bronder, *Bevor Hitler kam*, p. 94. | **122.** Ver carta de 3 jul. 1924 e correspondência adicional, BAK: N 1126/27; ver também o relatório da polícia sobre Helldorff, membro dos Lobisomens, BAB: 1507/2027, pp. 37-8; Eisler, *Man into Wolf*, p. 168. | **123.** 8 maio 1934, *"Völkischer Beobachter* anuncia com grande satisfação que 'Das Grab des Dichters Hermann Loens Aufgefunden' na França", BAB: R 4311/1245, Bd. 6. | **124.** Watt, "Wehrwolf or Werwolf?", pp. 879-83; Beevor, *Downfall*, p. 173; Longerich, *Himmler*, p. 705; Neumann, *Shifting Memories*, p. 50; Biddiscombe, "Review of Volker Koop, *Himmlers letztes Aufgebot".* | **125.** Ver relatório sobre as tarefas da organização Wehrwolf, 12 jul. 1941, BAM: RH 20/II-334. | **126.** Ver relatório sobre "Behandlung Fremdvölkischer", nota de Globočnik: 1 jul. 1943, 15 mar. 1943, BAB: NS 19/2234; "Unternehmen Werwolf", "Werwolf" Raum Propoisk--Dowsk-Merkulowitschi-Korma, 5-15 jul. 1943, BAM: RH 26-221/63; Globus (Globočnik) para Himmler, 4 nov. 1943, BAB: NS 19/2234, pp. 20-3; Lower, *Nazi Empire-Building*, pp. 62, 151-5, 172. | **127.** Esses "lobisomens" foram ressuscitados pelo dr. Goebbels (ver *The Times*, 28 maio 1945, p. 5, última coluna, assinada por um "correspondente militar que esteve recentemente na Alemanha") como um movimento de resistência clandestino após a Segunda Guerra Mundial. Eisler, *Man into Wolf*, p. 168; Neumann, *Shifting Memories*, p. 50; Beevor, *Downfall*, pp. 134-5, 174-5. | **128.** Longerich, *Himmler*, p. 714; ver também Biddiscombe, "Review of Volker Koop", pp. 11-2; Wessely foi promovido a partir de set. 1944; 5 jan. 1945, Sievers envia carta a Wessely sobre o trabalho para o Instituto de Pesquisa Militar Aplicada; 19 dez. 1944, Wessely se reporta a Sievers; 19 dez. 1944, Wessely envia sugestão a Wolff; 1 out. 1944, Wessely a Sievers; 11 nov. 1944, carta a Wessely sobre o trabalho no exército do povo/armamento do povo/Volkssturm. BAB: NS 21/2652. | **129.** Hutter, *Gruselwandern*, p. 67; ver também Eisler, *Man into Wolf*, pp. 168-9. | **130.** Watt, "Wehrwolf or Werwolf?", pp. 892-5; Artur Ehrhardt, *Werwolf* (Ubstadt-Weiher: Enforcer Pülz, 2007), p. 1. | **131.** Neumann, *Shifting Memories*, pp. 50-1; Biddiscombe, "Review of Volker Koop"; Biddiscombe, *Werwolf!*, p. 2; Zur Erfüllung besonderer Aufgaben hinter der feindlichen Front ist unter Führung des "Generalinspekteure für Spezialabwehr" (Obergruppenführer Prützmann) die Organisation "Werwolf" (abgekürtz "W-Organisation"), BAM: RH 2/1186, 6 fev. 1945; "Rheinische Post", 27 abr. 1985, BAM: N 756-28 (Werwolf), p. 68. | **132.** Ver cartas de Voigh para Rose, Vopersal etc., BAM: N 756-28 (Werwolf), pp. 177-8. | **133.** Longerich, *Himmler*, pp. 704-5. | **134.** "Hoo, Hoo, Hoo, Lily the Werewolf Sings on Radio". *The Washington Post*, 6 abr. 1945, p. 1; Biddiscombe, "Review of Volker Koop"; BAM: N 756-28 (Werwolf), pp. 354-5; Beevor, *Downfall*, pp. 261, 285. | **135.** Robert Eisler, *Man into Wolf*, p. 34; Biddiscombe, *Werwolf!*, p. 115-30, 150-97. | **136.** Longerich, *Himmler*, p. 705; ver artigo "Wir kämpften, wir verloren", p. 106, BAM: N 756-28 (Werwolf); Aufbau Werwolf, 19 set. 1944; "AMT I Betr. SS-Gruf. Sporrenberg", 19 set. 1944, "Betr. SS-Ogruf. Prutzmann", BAB: NS 34/47. | **137.** Biddiscombe, *Last Nazis*; 3. Der "Sonderstab Prützmann", 6 fev. 1945, BAM: RH 2/1186; Eisler, *Man into Wolf*, pp. 168-9; "AMT I Betr. SS-Gruf. Sporrenberg", 19 set. 1944, "Betr. SS-Ogruf. Prutzmann". BAB: NS 34/47; Biddiscombe, *Werwolf!*, pp. 57-63. | **138.** *Rheinische Post*, 27 abr. 1985, p. 68, BAM: N 756/28 (Werwolf); Longerich, *Himmler*, p. 705. | **139.** Oberstleutnant Hobe, "Fernschreiben", 22 fev. 1945, direcionado para 9. VGD, 79. VGD, e 352. VGD. RH2453-133; Biddiscombe, *Werwolf!*, pp. 57-63; ibid., pp. 12-4, 20-3. | **140.** Gugenberger e Schweidlenka, *Faden der Nornen*, pp. 140-1; Eisler, *Man into Wolf*, pp. 168-9. | **141.**

Notas   497

Longerich, *Himmler*, p. 705; Eisler, *Man into Wolf*, pp. 168-9; Biddiscombe, "Review of Volker Koop". | **142.** Ibid.; *Rheinische Post*, 27 abr. 1985, BAM: N 756-28. | **143.** Biddiscombe, "Review of Volker Koop". | **144.** Skorzeny, "Wir kämpften, wir verloren", BAM: N 756/28 (Werwolf), p. 106. | **145.** Biddiscombe, *Werwolf!*, p. 7; Hutter, *Gruselwandern*, p. 67. | **146.** Biddiscombe, "Review of Volker Koop". | **147.** Longerich, *Himmler*, p. 705; Eisler, *Man into Wolf*, pp. 168-9. | **148.** Eisler, *Man into Wolf*, p. 168. | **149.** Um número considerável de soldados do exército de ocupação francês foram mortos por "lobisomens" no grão-ducado de Baden (*Daily Mail*, 29 ago. 1945); *Picture Post*, 18 maio 1946, p. 168. | **150.** *Rheinische Post*, 27 fev. 1985, BAM: N 756/28 (Werwolf), p. 69; Robert Eisler, *Man into Wolf*, p. 34. | **151.** Biddiscombe, *Werwolf!*, pp. 135-50; Eisler, *Man into Wolf*, p. 168. | **152.** "A motivação dos lobisomens, entretanto, era política e não de proteção à pátria ou de luta pela liberdade. Como resultado desses esforços, um pequeno manual de guerra para unidades de caça foi publicado em jan. 1945, com o título *Werwolf-Winke*." Biddiscombe, *Werwolf!*, p. 2; Beevor, *Downfall*, pp. 131-5, 174-5. | **153.** Hutter, *Gruselwandern*, p. 67; Biddiscombe, *Werwolf!*, pp. 252-74; Beevor, *Downfall*, pp. 160, 174-5; Weber, *Justiz und Diktatur*, p. 99. | **154.** Biddiscombe, *Werwolf!*, pp. 115-30, 150-97; "Die Werwolforganisation wurde auf deutscher und alliierter Seite für gefährlicher gehalten als sie in Wirklichkeit war. Sie diente NS--Fanatiker als Droh- und Schreckmittel". *Rheinische Post*, 27 abr. 1985, p. 68. BAM: N 756/28 (Werwolf). Ver também Frederick Taylor, *Exorcising Hitler* (Londres: Bloomsbury, 2012), pp. 24-5; Beevor, *Downfall*, pp. 412-6. | **155.** *Rheinische Post*, 27 abr. 1985, BAM: N 756/28 (Werwolf), pp. 68-9; Biddiscombe, *Werwolf!*, pp. 8-9, 259-74; Hutter, *Gruselwandern*, p. 66. | **156.** Bohn, "Vampirismus", pp. 5-8; Wüst, *Indogermanisches Bekenntnis*, pp. 63-80; Goepfert, *Immer noch Aberglaube!*, p. 42; Steinmetz, *Devil's Handwriting*, p. 61. | **157.** Steinmetz, *Devil's Handwriting*, p. 61. | **158.** Black, "Expellees", p. 78. | **159.** Ibid.; Hans-Ulrich Wehler, *Nationalitätenspolitik in Jugoslawien* (Göttingen: Vandenhoeck & Ruprecht, 1980), pp. 45-72. | **160.** Biddiscombe, *Werwolf!*, p. 7; Biddiscombe, "Review of Volker Koop"; Black, "Expellees", pp. 85-6. | **161.** Black, "Expellees", p. 77. | **162.** Sammlung Karasek, 2 abr. 1950, NSG 269; A. K. Gauß, "Unser Schicksal wird Sagen". *Neuland*, p. 9, 12-13 abr. 1951. | **163.** Relato de Bertha Sohl, 10 maio 1952, em Sammlung Karasek, 04/02-115, NSG 284. | **164.** Sammlung Karasek, 04/02-115, NSG 268, 9 abr. 1949. | **165.** Relatos de Marie Schmidt, Rosa Dolak, Peter Deschner e Katharine Engel, 30 maio 1952, 8 maio 1952, 18 maio 1952, 10 maio 1952, 22 jun. 1952, em Sammlung Karasek, 04/02-137-8, 140-1, 143, 145, NSG 290-1, 293-4, 296, 298; Black, "Expellees", p. 85. | **166.** Relato de Philipp Ungar, 30 maio 1952, em Sammlung Karasek, 04/02-128-130, NSG 281-3. | **167.** Relato de Elisabeth Kowitzki, 18 maio 1952, em Sammlung Karasek, 04/02-144, NSG 297. | **168.** Relato de Bertha Sohl, 10 maio 1952, em Sammlung Karasek, 04/02-131, NSG 284. | **169.** Relato de Bertha Sohl, 10 maio 1952, em Sammlung Karasek, 04/02-121, NSG 274. | **170.** Relato de Stefan Apazeller, 17 dez. 1950, em Sammlung Karasek, 04/02-124, NSG 277; Black, "Expellees", p. 83. | **171.** Relatório de Herr Ringel, 22 jun. 1952, em Sammlung Karasek, 04/02-146, NSG 299. Casos de "febre partidária" também foram registrados por psicólogos profissionais, que os atribuíram a psicose involuntária ou transtorno de estresse pós-traumático. O psicanalista judeu-esloveno Paul Parin afirmou ter testemunhado acessos todos os dias entre 1944 e 1946. Black, "Expellees", pp. 82-5; ver também os relatos de Marie Schmidt, Rosa Dolak, Peter Deschner e Katharine Engel, 30 maio 1952, 8 maio 1952, 18 maio 1952, 10 maio 1952, 22 jun. 1952, em Sammlung Karasek, 04/02-137-8, 140-1, 143, 145, NSG 290-1, 293-4, 296, 298. | **172.** Black, "Expellees", pp. 80-1, 92-3; Jurij Striedter, "Die Erzahlung vom walachischen vojevoden Drakula in der russischen und deutschen überlierferung". *Zeitscrift für Slawische Philologie*, v. 29, 1961-2; Sammlung Karasek, 04/02-52, NSG 205, 21 maio 1952; 04/02-53, NSG 206, 19 maio 1951; ver também Janjetović, *Between Hitler and Tito*; Lumans, *Himmler's Auxiliaries*, p. 235. | **173.** Bohn, "Vampirismus", pp. 2-3; Black, "Expellees", p. 93. Alguns relatos, por exemplo, indicam que os eslavos acreditavam que "os fascistas bebiam o sangue do nosso povo em um tipo especial de copo" porque "queriam ficar fortes". Relato de Katharine Engel, 10 maio 1952, em Sammlung Karasek, 04/02-127, NSG 280; Black, "Expellees", pp. 95-96; ver também McNally e Florescu, *In Search of Dracula*; Michael Bell, *Food for the Dead* (Nova York: Carroll and Graf, 2001); Barber, *Vampires*; Dagmar Burkhart, "Vampir glaube und Vampirsage auf dem Balkan". In: Alois Schuams (Org.), *Beiträge zur Südosteuropa-Forschung* (Munique: Rudolf Troefenik, 1966), pp. 211-52; Margaret Carter, *The Vampire in Literature* (Ann Arbor, MI: UMI Research Press, 1989). Alan Dundes, *The Vampire* (Madison, WI: University of Wisconsin Press, 1998). | **174.** Black, "Expellees", p. 95. | **175.** Relato de Michael Kuhn, 1 abr. 1951, em Sammlung Karasek, 04/02-123, NSG 276; Black, "Expellees", p. 94. | **176.** Black, "Expellees", pp. 97-8. | **177.** Relato de refugiados ioguslavos, 8 maio 1952, em Sammlung Karasek, 04/02-139, NSG 292; Black, "Expellees", pp. 86-7. | **178.** Relato de Herr Ringel, 22 jun. 1952, em Sammlung Karasek, 04/02-146, NSG 299; Black, "Expellees", pp. 90-1, 97. | **179.** Relato de Philipp Ungar, 30 maio 1952, em Sammlung Karasek, 04/02-134, NSG 287. | **180.** Relato de Peter Deschner, 18 maio 1952, em Sammlung Karasek, 04/02-141, NSG 294. | **181.** Barber, *Vampires*, p. 26. | **182.** Black, "Expellees", p. 84. | **183.** Judit Prohaska e outra testemunha, Ingrid Sachradik, confirmaram que a doença parecia afetar mais as mulheres do que os homens, o que ela atribuiu ao fato de que "as mulheres não tinham a robustez interior e a força de vontade dos homens, e, portanto, tudo afetava mais seus nervos [...]. É certo que esses acessos e episódios nervosos afetaram mais os guerrilheiros do que os efeitos da guerra sobre os militares regulares. Isso deve ter algo a ver com a ilegalidade da guerra dos guerrilheiros e com todos os acontecimentos macabros". Relato de Judit Prohaska, 9 maio 1952, em Sammlung Karasek, 04/02-119, NSG 272; relatório de Ing. Sachradnik, 22 jun. 1952, em Sammlung Karasek, 04/02-122, NSG 275. | **184.** Relato de estudantes do ensino médio da Suábia, 14 nov. 1951, em Sammlung Karasek, 04/02-132, NSG 285. | **185.** Relato de Barbara Prumm, 8 maio 1952, em Sammlung Karasek, 04/02-133, NSG 286. | **186.** Relato de Philipp Ungar, 30 maio 1952, em Sammlung Karasek, 04/02-134, NSG 287. | **187.** Somente a rápida intervenção do guarda a impediu de "cravar os dentes no pescoço dele; ele já estava bastante ensanguentado". O comandante do campo chegou em seguida e a proibiu de caminhar nas proximidades do campo, pois "ela já tinha peso suficiente na consciência [...] durante [os ataques] ela exclamava com frequência que havia matado 150 [soldados alemães] e [cometido] atrocidades ainda piores". Relatório de alemães iugoslavos,

Notas

22 jun. 1952, em Sammlung Karasek, 04/02-136, NSG 289. | **188.** Black, "Expellees", pp. 89-90. | **189.** Megan Garber, "The Night Witches" (*The Atlantic*, 15 jul. 2013), acessado em: <www.theatlantic.com/technology/archive/2013/07/night-witches-the-female-fighter-pilots-of-world-war-ii/277779>; Anne e Christine White, *A Dance with Death* (College Station, TX: Texas A&M University Press, 2001), pp. 20-35; "Nadezhda Popova, WWII 'Night Witch', Dies at 91", acessado em: <www.nytimes.com/2013/07/15/world/europe/nadezhda-popova-ww-ii-night-witch-dies-at-91.html?_r=1> | **190.** Black, "Expellees", pp. 88-9. Os "integrantes da chamada Juventude de Tito marcharam com lenços vermelhos e rifles de madeira, entoando uma canção marcial" que dizia: 'Quem em 1942 teria pensado que os suábios seriam nossos servos? Durante o período de luta, os guerrilheiros não bebem água, nem vinho ou vodca, apenas sangue'". Relato de Peter Schneider, 16 maio 1951, em Sammlung Karasek, 04/02-126, NSG 279. | **191.** Relato de Magdalena Jerich, 9 maio 1952, em Sammlung Karasek, 04/02-125, NSG 278. | **192.** Relato de Peter Schneider, 16 maio 1951, em Sammlung Karasek, 04/02--126, NSG 279. | **193.** Black, "Expellees", pp. 85-6, 99. | **194.** Esses relatos "excluíram toda a discussão sobre a agressão e a violência alemãs nos Bálcãs durante a Segunda Guerra Mundial", incluindo "assassinatos em massa de judeus, sérvios, sintis, ciganos e qualquer pessoa que a Wehrmacht julgasse estar aliada aos guerrilheiros". O fato de a maioria dos líderes suábios de Banato terem se aliado aos nazistas também foi excluído das narrativas dos guerrilheiros sobre os bebedores de sangue". Black, "Expellees", p. 99; Kater, *Das "Ahnenerbe"*, pp. 291-4. | **195.** Os alemães étnicos alegaram, por exemplo, que os guerrilheiros gritavam "com dor [...] pedindo que o fardo fosse retirado [...] e que pudessem se confessar, para expiar seus pecados". Gauß, "Unser Schicksal wird Sagen", em Sammlung Karasek, 04/02-119, NSG 270; relato de Michael Kuhn, 1 abr. 1951, em Sammlung Karasek, 04/02-118, NSG 271; relato de Ing. Sachradnik, 22 jun. 1952, em Sammlung Karasek, 04/02-120, NSG 273. | **196.** Black, "Expellees", p. 83; John Horne e Alan Kramer, *German Atrocities, 1914* (New Haven, CT: Yale University Press, 2001), pp. 90-104. | **197.** Ele "era um vampiro: um predador; um extrator temível e transgressor; um produto da cultura local que destilava ansiedades desencarnadas e generalizadas e culpas fora de lugar. Ela também era uma composição irremediável de realidade, memória e fantasia — uma inimiga inabalável, à espreita, que infecta contando, confessando e mordendo, e cujos desejos insanos só podem ser saciados quando consome suas vítimas". Black, "Expellees", p. 95; Goepfert, *Immer noch Aberglaube!*, pp. 72-84. | **198.** Black, "Expellees", p. 79. | **199.** Ibid., p. 79. | **200.** Black, "Groening", p. 213 | **201.** Para a maioria dos alemães, "quaisquer que fossem os tênues vínculos com o passado antigo ou recente ainda visíveis em 1943 [...] eles foram rompidos pelo poder destrutivo da guerra aérea e da Batalha de Berlim". Black, *Death in Berlin*, p. 275. | **202.** Ibid. | **203.** Halter, "Welteislehre". | **204.** Black, *Death in Berlin*, p. 275. | **205.** Fisher, *Fantasy*, p. 223. | **206.** Ibid., p. 226. | **207.** Ibid., pp. 8-9. | **208.** Jungbauer, *Kriegsgefangene*, p. 12. | **209.** Halter, "Welteislehre". | **210.** Ver correspondência de 19 abr. 1934, 30 abr. 1934, 6 jul. 1934, 14 jul. 1934, 16 jul. 1934, 28 jun. 1934, BAB: R 4311/1245 Bd. 6 1934-5, Ankauf eines Autographs von Richard Wagner durch Hitler (Götterdämmerung Vorspiel). | **211.** Redles, *Hitler's Millennial Reich*, p. 9; Jungbauer, *Kriegsgefangene*, p. 12. | **212.** Fritz, *Endkampf*, pp. xi-iii. | **213.**

Ver relatório 25 jul. 1944, BAB: N 1118/100. | **214.** Enquanto isso, "as estrelas hão de cintilar e morrer. A terra há de se agitar e tremer, e toda Yggdrasill tremerá [...]. Fenrir, o lobo, será libertado [...]. Surt há de liderar os demônios de fogo de Muspell [...] o fogo os envolverá". Leeming, *From Olympus to Camelot*, pp. 120-1; Fritz, *Endkampf*, p. 9. | **215.** Wüst, *Indogermanisches Bekenntnis*, pp. 4-6. | **216.** Deborah Dusse, "The Eddic Myth Between Academic and Religious Interpretations". In: Junginger e Åkerlund (Orgs.), *Nordic Ideology*, p. 79. | **217.** Levenda, *Unholy Alliance*, p. 276. | **218.** Gerda Bormann para Martin Bormann, em Trevor-Roper (Org.), *Bormann Letters*, p. 37. | **219.** Ibid., pp. xix-xx; Bormann, 2 abr. 1945, in ibid., pp. xxi; ver também Fritz, *Endkampf*, p. 66. | **220.** Longerich, *Himmler*, p. 80. | **221.** Kater, *Das "Ahnenerbe"*, pp. 290-1, 354-5; Longerich, *Himmler*, pp. 742-3. | **222.** Trimondi, *Hitler*, p. 150. | **223.** Ibid., pp. 151-2. | **224.** Kater, *Das "Ahnenerbe"*, pp. 302-4. | **225.** Ver cartas de Wiligut para Brandt, Galke etc., jul. 1940; 12 jul. 1940, carta para ss Gruppenführer Eicke; 18 jul. 1940, carta de Wiligut/Weisthor para R. Brandt, NS 19/1573; ver também Treitel, *Science*, p. 215; Longerich, *Himmler*, pp. 286-7; Goodrick-Clarke, *Occult Roots*, p. 190; Kater, *Das "Ahnenerbe"*, pp. 291-2. | **226.** No entanto, as fábulas envolvendo runas — como tantos outros projetos da Ahnenerbe — nunca se concretizaram; 26 nov. 1943, Krause e Weigel são incentivados a escrever o popular *Runenfibel*; 22 maio 1944, carta da Ahnenerbe para Krause, BAB: NS 21/1784. | **227.** Black, *Death in Berlin*, p. 80. | **228.** Ibid., p. 275. | **229.** Biddiscombe, *Werwolf!*, pp. 3-4; Biddiscombe, *Last Nazis*. | **230.** Ver Oded Heilbronner, "The Wewelsburg Effect". In: Black e Kurlander (Orgs.), *Revisiting the "Nazi Occult"*. | **231.** Goodrick-Clarke, *Black Sun*, p. 122. | **232.** Howe, *Urania's Children*, pp. 219-34; Howe, *Nostradamus*, p. 115; Maichle, "Die Nostradamus- -Propaganda der Nazis, 1939-1942". | **233.** Wulff, *Zodiac*, pp. 118-25, 172-4, 191-2, 298-9. | **234.** "Nunca houve uma profecia que fosse ruim para nós; todas falavam de uma luta árdua, mas de nossa vitória final." Trecho de uma carta de Gerda Bormann para Martin Bormann, Obersalzberg, 26 out. 1944, em Trevor-Roper (Org.), *Bormann Letters*, pp. 140-1. | **235.** Dorfes Hölkewiese ums Leben. Seine sterblichen Überreste, insbesondere seine Erkennungsmarke, wurden am 18.10.2002 vom *"Verein zur Bergung Gefallener in Osteu-ropa"* geborgen; Maichle, "Die Nostradamus-Propaganda der Nazis, 1939-1942"; T. W. M. van Berkel, Information on dr. phil. Alexander Max Centgraf alias dr. N. Alexander Centurio (1893-1970), acessado em: <www.nostrada-musresearch.org/en/ww2/centgraf-info.htm>; ver também Alexander Centurio (vulgo Centgraf), "Nostradamus und das jüngste Weltgeschehen". In: *Schweizer Monatshefte*, ago. 1959. | **236.** A história da Centgraf pode ser contestada. Ver Berkel, *Nostradamus*, acessado em: <www.nostradamusresearch.org/en/ww2/centgraf-info. htm>; "25. Juli 1944/Gestern... 30. Juli 1944". *Die Tagebücher von Joseph Goebbels Online*, conforme citado por Maichle, "Die Nostradamus-Propaganda". | **237.** Fritz, *Endkampf*, p. xii. | **238.** ss Schüller para ss Stabsführung Países Baixos, Sudeste, Centro, Itália etc., 19 jul. 1944; Henry Chavin, "Rapport confidentiel sur la société secrète polytech-nicienne dite Mouvement synarchique d'Empire (MSE) ou Convention synarchique révolutionnaire", 1941, BAB: NS 51/186; Annie Lacroix-Riz, *Le choix de la défaite* (Paris: Armand Collin, 2006); Richard F. Kuisel, "The Legend of the Vichy Synarchy"; Olivier Dard, *La Synarchie, le mythe du complot permanent*. | **239.** Relatório de 9 jun.

Notas

1944, pp. 3-19, BAB: NS 51/186. | **240.** Barber, *The Holy Grail*, p. 316; <www.theguardian.com/books/2000/oct/07/books.guardianreview>. | **241.** Fisher, *Fantasy*, pp. 222-3; Spr. 1: Bloch erwähnte in diesem Zusammenhang auch den Paläontologen. Spr. 2: Max Bense, Leiter der Kölner Ortsgruppe der Kosmotechnischen Gesellschaft. | **242.** Black, "Groening", pp. 207-8, 211. | **243.** MS Konrad Heiden (prefácio a Kersten) IfzG: ED 209/34, pp. 26-28; Sickinger, "Hitler and the Occult", pp. 120-1. | **244.** Ibid., p. 122. | **245.** Redles, *Hitler's Millennial Reich*, p. 9. | **246.** Waite, *Psychopathic God*, pp. 432-3. | **247.** Albert Speer, *Inside the Third Reich* (Nova York: Simon and Schuster, 1970), p. 463. | **248.** Sickinger, "Hitler and the Occult", p. 122. | **249.** MS Konrad Heiden, IfzG: ED 209/34, p. 35. | **250.** Black, *Death in Berlin*, p. 11. | **251.** Dusse, "Myth", p. 79. | **252.** Ibid., p. 82. | **253.** Robert Ley, "Mein Politisches Testament!", 25 ago. 1945, em NL Ley, BAK: N 1468/2. | **254.** Bramwell, *Blood and Soil*, pp. 184-7. | **255.** Anrich, IfzG: 1867/56, ZS-542-6. Dr. Hans-Dietrich Loock, "Bemerkungen zur Niederschrift über die Unterredung mit Professor Dr. Ernst Anrich am 16. Februar 1960", em NL Ernst Anrich, IfzG: 1867/56, ZS-542-6, p. 7. | **256.** Ibid., p. 19. | **257.** Loock, "Bemerkungen", p. 21. | **258.** Ibid., p. 23. | **259.** Wiwjorra, "Herman Wirth", pp. 414-6; Junginger, "From Buddha to Adolf Hitler", pp. 163-4. | **260.** Bernd Wedemeyer-Kolwe, "Völkisch-religôse Runengymnastiker". In: Puschner e Vollnhals (Orgs.), *Bewegungen*, pp. 459--72. | **261.** Junginger, "From Buddha to Adolf Hitler", pp. 163-8. | **262.** Carl Jung, "Werden die Seelen Frieden finden?", PM (Nova York), 10 maio 1945. In: McGuire e Hull (Orgs.), *C. G. Jung Speaking*, pp. 147-9. | **263.** Os alemães, explicou Jung, demonstravam "uma fraqueza específica diante desses demônios devido à sua incrível sugestionabilidade" e ao histórico de "catástrofes psíquicas", desde as guerras religiosas até a Primeira Guerra Mundial, um "resultado de sua posição precária entre o Oriente e o Ocidente". Ibid., p. 151. | **264.** Ibid., p. 152; ver também Goepfert, *Immer noch Aberglaube!*, pp. 72-84. | **265.** Fritz, *Endkampf*, pp. 46-4. | **266.** Black, *Death in Berlin*, p. 11. | **267.** McGuire e Hull (Orgs.), *C. G. Jung Speaking*, pp. 152-3. | **268.** Black, *Death in Berlin*, p. 11. | **269.** O'Sullivan, "Neumann", pp. 196-7. | **270.** Black, "Groening", p. 214. Numa ocasião, cerca de 70 mil croatas e suábios do Danúbio, além de alguns sérvios, reuniram-se para ver uma aparição da Virgem entre três árvores de tília na cidade croata de Koprivnica, em 1947; Sammlung Karasek, 04/02-66, NSG 219, 13 maio 1951. | **271.** Black, "Groening", p. 214; Sammlung Karasek, 04/02-66, NSG 219, 13 maio 1951. | **272.** Black, *Death in Berlin*, p. 153. | **273.** Black, "Groening", pp. 213-4. | **274.** Black, *Death in Berlin*, p. 11. | **275.** Ibid., p. 174. | **276.** Dusse, "Myth", p. 79. | **277.** Black, "Groening", pp. 207-8, 211. | **278.** Kallmeyer, *Leben unsere Toten?*, pp. 8-9. | **279.** "O fato de os mortos viverem não é mais uma questão, mas algo completamente evidente!" Este mundo e o além eram "apenas polos do mesmo mundo, divididos e diferenciados somente pela diversidade das esferas". Ibid., pp. 9-10, 13; "morrer neste mundo nada mais é do que nascer naquele outro mundo do qual viemos, pois aquilo que comumente chamamos de vida", continuou Kallmeyer, "é apenas um instantâneo de nossa vida real, da qual não conhecemos nem o começo nem o fim". Ibid., p. 21. | **280.** Ibid., p. 32. | **281.** Ibid., pp. 36-3, 42-6. | **282.** Kurlander, *Living with Hitler*, pp. 14, 69. | **283.** Ver Egbert Klautke, "Defining the Volk". *History of European Ideas*, v. 5, n. 39, pp. 693-708, set. 2013. | **284.** Hellpach, *Das Magethos*. | **285.** Ibid., p. 5. | **286.**

Kritzinger, *Zur Philosophie der Überwelt*, pp. 6-12, 17-8. | **287.** Maichle, "Die Nostradamus-Propaganda der Nazis, 1939-1942"; Centgraf, *Prophetische Weltgeschichte*. | **288.** Ver o prefácio de Thomas Laqueur em Wulff, *Zodiac*. | **289.** A antroposofia ainda é associada a atividades neonazistas de extrema direita. Staudenmaier, *Between Occultism and Nazism*, pp. 321-4. | **290.** Black, "Expellees", p. 81; Alfred Cammann e Alfred Karasek, *Volkserzählung der Karpartendeutsche* (Marburg: Elwert, 1981), pp. 13-5, 18. | **291.** O destino desses alemães foi trágico, insistiu Karasek, uma vez que eles sempre haviam tido boas relações com seus vizinhos eslovacos ("Em nenhum lugar os alemães se sentiram superiores, como se diz hoje em dia"). "Neste trabalho, Karasek e Cammann tentam escrever uma nova história na qual afirmam, por meio de uma série de evidências, que alemães e eslovacos se trataram de forma igual durante a Segunda Guerra." Cammann e Karasek, *Volkserzählung der Karpartendeutsche*, pp. 11-3. | **292.** "A imagem de uma pequena senhora mariana da Suábia danubiana é apenas um dos muitos estágios de uma longa e muitas vezes lamentável peregrinação", escreveu Karasek. "Ela indica onde está o coração de todo alemão oriental: em uma Heimat perdida." Alfred Cammann e Alfred Karasek, *Ungarndeutsche Volkserzählungen* (Marburg, Elwert, 1982), pp. 19-22, 32-3, 40-5. | **293.** O Instituto Johannes-Künzig para o Folclore do Leste da Alemanha, ao qual Karasek era afiliado e onde seus extensos arquivos podem ser consultados, há muito tempo se afastou da ênfase de seu fundador na reivindicação do território étnico alemão na Europa Oriental; ver <www.jkibw.de/?Das_Institut:Institutsgeschichte>. | **294.** Dokumente aus der amerikanischen Internierung (1944-45) (Bender Internierung), IGPP: A I 20. | **295.** Lux, "On All Channels", p. 227. | **296.** Ibid., pp. 223-41. Embora o Instituto de Áreas Fronteiriças em Psicologia e Saúde Psicológica (IGPP) de Bender persista até hoje, ele agora está completamente desprovido de qualquer ligação com o passado nazista de Bender; <igpp.de/german/about.htm>. | **297.** Steigmann-Gall, *Holy Reich*, pp. 3-11, 261-2; Cecil, *Myth*, p. 163. | **298.** Black, "Expellees", pp. 99-100. | **299.** Cook, *Hunt*, pp. 217-25; Farrell, *Reich*, pp. 35-49, 55-97, 118-57. | **300.** Biddiscombe, *Werwolf!*, pp. 289-91; Beevor, *Downfall*; Fritz, *Endkampf*, pp. 7-8, 196-204; Bessel, *Germany 1945*, pp. 16-17, 299-300. | **301.** Black, "Expellees", p. 79; ver também John Ondrovcik, "Max Holz". In: Black e Kurlander (Orgs.), *Revisiting the "Nazi Occult"*; Jungbauer, *Kriegsgefangene*, p. 12. | **302.** Mosse, *Masses and Man*, pp. 78-9. | **303.** Black, "Expellees", p. 78. | **304.** Essas visões tomaram forma a partir de "memórias coletivas de guerra, suas lendas e práticas religiosas". Black, "Expellees", p. 100.

Epílogo [pp. 401-5]

1. Para um resumo das tendências recentes na historiografia, ver Caplan (Org.), *Nazi Germany*; Geoff Eley, *Nazism as Fascism*; Kurlander, "Violence, Volksgemeinschaft, and Empire", pp. 920-4. | **2.** Ver, mais uma vez, Owen, *Enchantment*; Harvey, "Beyond Enlightenment". | **3.** Apesar das tentativas de subordinar a religião ao Estado, a Igreja católica e os "fascistas clericais" permaneceram significativamente mais poderosos na Itália de Mussolini e na Espanha de Franco do que na Alemanha de Hitler. Ver David Kertzer, *The Pope and Mussolini* (Nova York: Random House, 2014);

Notas

Roger Griffin, "The 'Holy Storm'" (*Totalitarian Movements and Political Religions*, v. 2, n. 8, pp. 213-27, jun. 2007); Stanley Payne, *A History of Fascism, 1914-1945* (Madison, The University of Wisconsin Press, pp. 261-2, 1995). | **4.** Treitel, *Science*, p. 244. | **5.** Rauschning, *Voice of Destruction*, p. 254; Kater, *Das "Ahnenerbe"*, p. 360; Black e Kurlander (Orgs.), *Revisiting the "Nazi Occult"*, p. 214. | **6.** McGuire e Hull (Orgs.), *C. G. Jung Speaking*, pp. 153-4. | **7.** Ibid. | **8.** Ibid. | **9.** Ver, por exemplo, Theodor Adorno, "The Stars Down to Earth". | **10.** Lux, "On All Channels", p. 224. | **11.** Stephens, *Demon Lovers*, pp. 367-9. | **12.** Sabine Doering-Manteuffel, *Das Okkulte* (Munique: Siedler, 2008). | **13.** Staudenmaier, *Between Occultism and Nazism*, p. 326. Uma pesquisa recente da *National Geographic* revelou que três quartos dos americanos acreditam que o governo está escondendo evidências sobre a existência de óvnis; quase 40% acreditam que os alienígenas já nos visitaram; ver <www.usnews.com/news/articles/2012/06/28/most-americans-believe-government-keeps-ufo-secrets-survey-finds>. De acordo com uma pesquisa Gallup de 2005, três quartos dos americanos acreditam em pelo menos um fenômeno paranormal (oculto), seja ele percepção extrassensorial, casas mal-assombradas ou fantasmas, telepatia, clarividência, bruxaria, comunicação com os mortos ou reencarnação. Mais de 20% acreditam em cada um dos fenômenos científicos ocultos e fronteiriços mencionados; ver <www.gallup.com/poll/16915/three-four-americans-believe-paranormal.aspx>. As crenças religiosas fundamentalistas também aumentaram nas últimas três décadas: quase 50% dos americanos acreditam que Deus criou os seres humanos em sua forma atual, e quase 80% creem que Jesus ressuscitou dos mortos; ver <www.gallup.com/poll/21814/evolution-creationism-intelligent-design.aspx>. | **14.** Ibid., p. 326. | **15.** De fato, havia pouca correlação entre o grau de devoção religiosa e a filiação partidária na década de 1970 e no início dos anos 1980. Entretanto, essa correlação era elevada nas duas primeiras décadas do século XXI. Ver Robert Putnam, David E. Campbell e Shaylyn Romney Garrett, *American Grace* (Nova York: Simon and Schuster, 2012), pp. 371-4; <archives.politicususa.com/2011/07/09/poll-bible-literally.html>. | **16.** Uma década após o Onze de Setembro, quase o mesmo número de americanos acreditava na ligação entre Saddam Hussein e o atentado ao World Trade Center (66%) que em 2003 (70%); ver <themoderatevoice.com/ten-years-later-belief-in-iraq-connection-with-911-attack-persists>; Stephens, *Demon Lovers*, pp. 369-71. | **17.** Ver Cynthia Miller-Idris, *Blood and Culture* (Durham, NC: Duke University Press, 2009); Oded Heilbronner, "The Wewelsburg Effect". In: Black e Kurlander (Orgs.), *Revisiting the "Nazi Occult"*, pp. 269-86. | **18.** Staudenmaier, "Nazi Perceptions of Esotericism", p. 50. | **19.** Adorno, *Minima Moralia*, pp. 238-44. | **20.** Staudenmaier, "Nazi Perceptions of Esotericism", p. 50.

Referências bibliográficas

FONTES PRIMÁRIAS

Fontes de arquivo

Bundesarchiv Berlin (BAB): NS 5-VI/16959; 6/334x; 5-VI/16959; 8/185; 15/34; 15/399; 15/405; 15/408; 15/409; 15/415; 15/421; 15/426; 15/428; 15/441; 15/447; 15/448; 15/452; 15/474; 15/485; 15/531; 15/558; 15/697; 15/734; 15/737; 15/738; 18/211; 18/444; 18/494; 18/497; 19/250; 19/397; 19/455; 19/527; 19/552; 19/562; 19/595; 19/634; 19/641; 19/658; 19/688; 19/696; 19/700; 19/707; 19/954; 19/1023; 19/1025; 19/1052; 19/1053; 19/1124; 19/1138; 19/1146; 19/1149; 19/1163; 19/1295; 19/1329; 19/1332; 19/1356; 19/1362; 19/1388; 19/1389; 19/1419; 19/1573; 19/1631; 19/1659; 19/1705; 19/1853; 19/1860; 19/1942; 19/2212; 19/2234; 19/2239; 19/2241; 19/2244; 19/2398; 19/2709; 19/2841; 19/2891; 19/2906; 19/2914; 19/2945; 19/3042; 19/3046; 19/3052; 19/3060; 19/3074; 19/3082; 19/3356; 19/3633; 19/3634; 19/3656; 19/3671; 19/3683; 19/3933; 19/3944; 19/3974; 19/4045; 19/4047; 19/4103; 19/4106; 21/167; 21/682; 21/699; 21/739;21/767; 21/770; 21/869; 21/1279; 21/1295; 21/1322; 21/1333; 21/1341; 21/1495; 21/1496; 21/1528; 21/1532; 21/1539; 21/1604; 21/1606; 21/1751; 21/1784; 21/2120; 21/2136; 21/2215; 21/2227; 21/2294; 21/2528; 21/2547; 21/2548; 21/2648; 21/2649; 21/2652; 21/2669; 21/2676; 26/865a; 26/2232; 26/2233; 26/2234; 26/2235;27/458; 27/465; 27/676; 27/699; 27/714; 27/715; 27/769; 27/875; 27/902; 27/916; 27/939; 34/47; 34/69; 37/3630; 43/1650; 51/186 • R 2/4871; 3/1626; 901/59143; 1501/125673b; 1507/545; 1507/2022; 1507/2025; 1507/2026; 1507/2027; 1507/2028; 1507/2029; 1507/2031; 1507/2032; 1507/2034; 1507/2091; 16/12437; 43-II/342; 43-II/479a; 43-II/1245; 55/24198; 56-V/924; 56--V/1150; 58/64; 58/210; 58/405; 58/717; 58/1029; 58/1599; 58/6203; 58/6204; 58/6205; 58/6206; 58/6207; 58/6215b; 58/6216a; 58/6217; 58/6218; 58/6509; 58/6517; 58/7222; 58/7237; 58/7312; 58/7313; 58/7383; 58/7484; 901/13034; 1507/2016; 1507/2025; 1507/2028; 1507/2029; 1507/2032; 1507/2063; 1507/2397; 4901/2887; 9361-V/1107; 9361-V/4599; 9361-V/5138; 9361-V/6162; 9361--V/6199; 9361-V/7196; 9361-V/10777; 9361-V/22175; 9361-V/25648; 9361-V/40789; 9361-V/89324 | Bundesarchiv Koblenz (BAK): N 756/28; 756/329b; 1110/4; 1075/3; 1094/11; 1094/12; 1094/14; 1094/16; 10941/1; 10941/3; 10941/6; 10941/10; 10941/18; 10941/19; 10941/20; 10941/33; 10941/36; 10941/65a; 10941/68; 10941/70; 10941/71; 10941/77; 109411/1; 109411/42; 109411/43; 109411/58; 1118/100; 1118/113; 1126; 1126/21; 1128; 1128/5; 1128/3; 1468 | Bundesmilitärarchiv Freiburg (BAM): N 756/28; 756/133; 756/133a • RH 2/1186; 2/1523; 2/1930; 2/2129; 20/11/334; 21/2/621; 24-52/133; 26-221/63 | Institut für Zeitgeschichte-Munich (IfzG) ED 99-9; 209/34; 386; 414/38; 414/41; 414/138; 414/174; 458/1; 498/23 • MA 3/8; 43/1; 141/3; 141/6; 141/8; 141/9; 253/1; 254; 292/1; 309/1; 322; 330/1; 331; 545/1; 596; 609/1; 610/1; 667; 744/1 • ZS 542 | Institut für Grenzgebiete der Psychologie und Psychohygiene (IGPP): 10/5 AIA; AI21; AII2; AII9; AIII2; AIII3; AIII4; AIII5; AIII6; AIII7; AII19; AII20; AII21; AII27; AII28; AII29; AII48; AII49; AII51; AV5; BV; BII; BIII.

Fontes primárias publicadas

ÅBERG, Nils. "Herman Wirth: En germansk kulturprofet". *Fornvännen*, Estocolmo, v. 2, pp. 247-9, 1933.

ALEXIS, Willibald. *Der Werwolf*. Berlim: Janke, 1904.

ALTHEIM, Franz. *Die Araber in der alten Welt*. 6 v. Berlim: De Gruyter, 1964-6.

_____. *Geschichte der lateinischen Sprache*. Frankfurt: Klostermann, 1951.

_____. *Goten und Finnen im dritten und vierten Jahrhundert*. Berlim: Ranke, 1944.

_____. *Griechische Götter im alten Rom*. Giessen: Töpelmann, 1930.

_____. *Italien und die dorische Wanderung*. Amsterdam: Pantheon, 1940.

ALTHEIM, Franz; TRAUTMANN, Erika. "Nordische und italische Felsbildkunst". *Die Welt als Geschichte*, Stuttgart, v. 3, pp. 1-82, 1937.

ANDREAS-FRIEDRICH, Ruth. *Aberglauben in der Liebe*. Leipzig: J. J. Weber, 1933.

BELLAMY, H. S. *Moons, Myths and Man: A Reinterpretation*. Londres: Faber & Faber, 1936.

BLAVATSKY, Helena. *The Secret Doctrine*. Nova York: Theosophical Society, 1888. [Ed. bras.: *A doutrina secreta*. São Paulo: Pensamento, 1980.]

BLOCH, Ernst. *Erbschaft dieser Zeit*. Frankfurt am Main: Suhrkamp, 1962.

BLUMHARDT, Johann. *Krankheitsgeschichte der Gottlieben Dittus in Möttlingen*. Neudietendorf (Turíngia): Friedrich Jansa, 1934.

BORMANN, Martin (Org.). *Hitler's Secret Conversations 1941-1944*. Nova York: Farrar, Straus and Young, 1953.

BREIDENBACH, H. Fehr. "Von Der XII Astrologen-Kongress". *Zenit*, 1933.

BREUER, Stefan; SCHMIDT, Ina (Orgs.). *Die Kommenden. Eine Zeitschrift der Bundischen Jugend (1926-1933)*. Schwalbach am Taunus: Wochenschau, 2010.

BUTTERSACK, Felix. *Zu den Pforten des Magischen*. Stuttgart: Kröner, 1941.

BYLOFF, Stitz. *Hexenglaube und Hexenverfolgung in den Österreichischen Alpenländern*. Berlim: De Gruyter, 1934.

CHAMBERLAIN, Houston Stewart. *The Foundations of the Nineteenth Century*. Londres: Ballantyne, 1910.

CROWLEY, Aleister. *The Confessions of Aleister Crowley: An Autohagiography*. Londres: Routledge & Kegan Paul, 1969. [Ed. port.: *As confissões de Aleister Crowley*. Trad. de Fernando Mendes de Sousa. Aveiro: NTN, 2022.]

CZIFFRA, Geza von. *Hanussen, Hellseher des Teufels: Die Wahrheit über den Reichstagsbrand*. Munique: F. A. Herbig, 1978.

DARRÉ, R. Walther. *Das Bauerntum als Lebensquell der Nordifshen Rasse*. Berlim: J. S. Lehmanns, 1940.

_____. *Neuadel aus Blut und Boden*. Berlim: J. S. Lehmanns, 1939.

_____. *Um Blut und Boden. Reden u. Aufsätze*. Munique: Eher, 1940.

DIERST, H. C. "Die Astropolitische Tagespresse". *Zenit*, s.l., s.v., s.p., 1933.

DIETRICH, Christoff. *Die Wahrheit über das Pendel*. Diessen: Huber, 1936.

_____. *Pendel und Alltag*. Rudolstadt: Gesundes Leben, 1938.

DIETRICH, J. "Dietrich Eckart". Zenit, 1933.

DINGLER, Hugo. *Max Planck und die Begründung der sogenannten modernen theoretischen Physik*. Berlim: Ahnenerbe, 1939.

DRIESCH, Hans. *Alltagrätsel des Seelenlebens*. Stuttgart: Deutsche Verlags-Anstalt, 1938.

_____. *Die Überwindung des Materialismus*. Zurique: Rascher & CIE, 1935.

_____. *Lebenserinnerungen*. Munique: Ernst Reinhardt, 1951.

_____. *Parapsychologie*. Zurique: Rascher, 1945.

_____. "Schopenhauers Stellung zur Parapsychologie". *Schopenhauer Jahrbuch*, Mainz, v. 15, n. 99, 1936.

_____. *Selbstbesinnung und Selbsterkenntnis*. Leipzig: Rudolf Birnbach, 1942.

EBERTIN, Elsbeth. *Was bringt mir Glück?*. Altona: Dreizach-Verlag, 1935.

EBERTIN, Reinhold. *Durchschaut dürch deine Handschrift*. Erfurt: Ebertin-Verlag, 1934.

ECKART, Dietrich. *Der Bolschewismus von Moses bis Lenin: Zwiegespräch zwischen Adolf Hitler und mir*. Munique: Hohenheichen, 1924.

EISLER, Robert. *Man into Wolf*. Londres: Spring, 1948.

EWERS, Hanns Heinz. *Alraune*. Düsseldorf: Grupello, 1998.

_____. *Das Grauen. Seltsame Geschichten*. Munique/ Leipzig: G. Müller, 1907.

_____. *Horst Wessel. Ein deutsches Schicksal*. Stuttgart/Berlim: Cotta, 1932.

_____. *Reiter in deutscher Nacht*. Stuttgart/Berlim: Cotta, 1931.

_____. *Vampir*. Berlim: Sieben Stäbe, 1928.

FANKHAUSER, Alfred. *Magie*. Zurique: Orell Füssli, 1934.

FRANK, Hans. *Im Angesichts des Galgens: Deutung Hitlers und seiner Zeit auf Grund eigener Erlebnisse und Erkenntnisse. Geschrieben im Nürnberger Justizgefängnis*. Munique: Beck, 1953.

FRANKENBERGER, Kurt. *Fertigmachen zum Einsatz*. Halle: Wehrwolf-Verlag, 1931.

FRITSCHE, Herbert. *Kleines Lehrbuch der Weissen Magie*. Praga: Verlag Neubert & Söhne, 1934.

GEYMÜLLER, H. *Swedenborg und die übersinnliche Welt*. Stuttgart: Deutsche Verlags--Anstalt, 1936.

GOEBBELS, Joseph. "Erkenntnis und Propaganda". *Signale der neuen Zeit. 25 ausgewählte Reden von dr. Joseph Goebbels*. Munique: Eher (Zentralverlag der NSDAP), 1934, pp. 28-52.

_____. Org. de Fred Taylor. *The Goebbels Diaries, 1939-1941*. Nova York: Putnam's, 1983.

_____. Org. de Louis Lochner. *The Goebbels Diaries, 1942-1945*. Londres: Praeger, 1970.

_____. *Tagebücher, 1924-1925*. Munique: Piper, 2000.

_____. *Wesen und Gestalt des Nationalsozialismus*. Berlim: Junker und Dünnhaupt, 1934.

GOEPFERT, Christian. *Immer noch Aberglaube!*. Zurique: Zwingli, 1943.

GUMBEL, Emil Julius; JACOB, Berthhold; FALCK, Ernst (Orgs.). *Verräter verfallen der Feme: Opfer, Mörder, Richter 1919-1929: Abschliessende Darstellung*. Berlim: Malik--Verlag, 1929.

GÜNTHER, Hans F. K. *Die nordische Rasse bei den Indogermanen Asiens*. Munique: J. F. Lehmanns, 1934.

_____. *Herkunft und Rassengeschichte der Germanen*. Munique: J. F. Lehmanns, 1935.

_____. *Rassenkunde des jüdischen Volkes*. Munique: J. F. Lehmanns, 1932.

GÜNTHER, Hans F. K. *The Racial Elements of European History*. Londres: Methuen, 1927.
HANUSSEN, Erik Jan. *Berliner Wochenschau*. Berlim: Hanussen, 1932 (autopublicação).
_____. *Die Andere Welt*. Berlim: Hanussen, 1931-2 (autopublicação).
_____. *Meine Lebenslinie*. Berlim: Universitas, 1930.
HEIDEN, Konrad A. *A History of National Socialism*. Nova York: Alfred Knopf, 1935.
HEIMSOTH, Karl. *Charakter-Kontsellation*. Munique: Barth, 1928.
HELLPACH, Willy. *Das Magethos: Eine Untersuchung über Zauberdenken und Zauberdienst als Verknüpfung von jenseitigen Mächten mit diesseitigen Pflichten für die Entstehung und Befestigung von Geltungen und Setzungen, Brauch und Rech, Gewissen und Gesittung, Moralen und Religionen*. Stuttgart: Hippokarates, 1947.
_____. *Einführung in die Völkerpsychologie*. Stuttgart: Ferdinand Enkel, 1938.
_____. *Schriftenreihe zur Völkerpsychologie*. Stuttgart: Hippokrates, 1944.
HENTGES, Ernst. "Zum Horoskop des Reichskanzlers Adolf Hitler". *Zenit*, 1933.
HEUSS, Eugen. *Rationale Biologie und ihre Kritik*. Leipzig: Gerhardt, 1938.
HIEMER, Ernst. *Der Giftpilz*. Nüremberg: Stürmer, 1938.
HIMMLER, Heinrich. *Die Schutzstaffel als antibolschewistische Kampforganisation*. Munique: Franz Eher (Zentralverlag der NSDAP), 1937.
_____. *Rede des Reichsführers im Dom zu Quedlinburg*. Magdeburgo: Nordland, 1936.
_____. Org. de Bradley F. Smith e Agnes F. Peterson. *Geheimreden 1933 bis 1945*. Frankfurt am Main: Propyläen, 1974.
HITLER, Adolf. *Mein Kampf*. Boston, MA: Ralph Mannheim, 1943.
_____. Org. de Gerhard Weinberg. *Hitler's Second Book*. Nova York: Enigma, 2006.
HOERMANN, Bernard. "Gesundheitsfuehrung und geistige Infektionen". *Volksgesundheitswacht*, v. 10, 1937.
HOFFMANN, Hans. *Der Hexen- und Besessenenglaube des 15. und 16. Jahrhunderts im Spiegel des Psychiaters*. Greifswald: Universitätsverlag Ratsbuchhandlung L. Bamberg, 1935.
HÜBNER, Arthur. *Herman Wirth und die Ura-Linda-Chronik*. Berlim: De Gruyter, 1934.
HUMMEL, K. Wissenschaft und Welteislehre". *Zeitschrift der Deutschen Geologischen Gesellschaft*, Berlim, v. 90, 1938.
JUNG, Carl. *Memories, Dreams, Reflections*. Disponível em: <www.archive.org/stream/MemoriesDreamsReflectionsCarlJung/carlgustavjung-interviewsandencounters-110821120821-phpapp02_djvu.txt>. [Ed. bras: *Memórias, sonhos e reflexões*. Rio de Janeiro: Nova Fronteira, 2017.]
KALLMEYER, Ernst. *Leben unsere Toten? Eine Weltanschauung als Antwort*. Stuttgart: Kulturaufbau, 1946.
KARASEK-LANGER, Alfred. "Das Schrifttum über die Deutschen in Wolhynien und Polen". *Deutsche wissenschaftliche Zeitschrift für Polen*, Poznań, v. 2, pp. 124-36, 1931.
_____. *Die deutschen Siedlungen in Wolhynien. Geschichte, Volkskunde, Lebensfragen* (Deutsche Gaue im Osten, v. 3). Leipzig: Hirzel, 1931.
_____. "Die deutsche Volkskundeforschung im heutigen Ungarn". *Deutsches Archiv für Landes- und Volksforschung*, v. 1, pp. 287-308, 959-89, 1937.
_____. "Grundsätzliches zur Volkskunde der Deutschen in Polen". *Monatshefte für den geistigen Aufbau des Deutschtums in Polen*, v. 2, n. 12, pp. 126-33, 1935-6.

KARASEK-LANGER, Alfred. "Ostschlesische Volkskunde". In: KAUDER, Viktor (Org.). *Das Deutschtum in Polnisch-Schlesien. Ein Handbuch über Land und Leute* (Deutsche Gaue im Osten, v. 4). Plauen: Wolff, 1932.

_____. "Vom Sagengute der Vorkarpathendeutschen". *Volk und Rasse: Illustrierte Vierteljahreshefte für deutsches Volkstum*. Munique: J. F. Lehmanns, 1930, pp. 96-111.

KARASEK-LANGER, Alfred; STRZYGOWSKI, Josef. *Vom Sagengute der Vorkarpathendeutschen. Ein Beitrag zur Sagenforschung in den deutschen Sprachinseln des Ostens.* Munique: J. F. Lehmanns, 1930.

KARSTEN, Fred. *Vampyre des Aberglaubens*. Berlim: Deutsche Kulturwacht, 1935.

KERSTEN, Felix. *The Kersten Memoirs: 1940-1945*. Nova York: Howard Fertig, 1994.

KIESSLING, Edith. *Zauberei in den Germanischen Volksrechten*. Jena: Gustav Fischer, 1941.

KLINCKOWSTROEM, Graf Carl V. "Mein okkultistischer Lebenslauf: Bekenntnisse". *ZfKO*, v. 2, 1927.

_____. "Die Seele des Okkultisten". *ZfKO*, v. 2, 1927.

KOCH, Hugo. *Hexenprozesse und Reste des Hexenglaubens in der Wetterau.* Giessen: Münchowische Universitäts-Druckerei, 1935.

KOSSEGG, Karl. *Okkulte Erscheinungen verständlich gemacht?*. Graz: Leykam-Verlag, 1936.

KRIEGK, Otto. *Der deutsche Film im Spiegel der Ufa*. Berlim: Ufa, 1943.

KRITZINGER, H. H. *Erdstrahlen, Reizstreifen und Wünschelrute: Neue Versuche zur Abwendung krankmachender Einflüsse auf Grund eigener Forschungen volkstümlich dargestellt.* Dresden: Talisman, 1933.

_____. *Magische Kräfte: Geheimnisse der menschlichen Seele*. Berlim: Neufeld & Henius, 1922.

_____. *Mysterien von Sonne und Seele: Psychische Studien zur Klärung der okkulten Probleme.* Berlim: Universitas Buch und Kunst, 1922.

_____. *Spaziergänge durch den Weltenraum*. Berlim: Buchgemeinde, 1927.

_____. *Todesstrahlen und Wünschelrute: Beiträge zur Schicksalskunde*. Leipzig: Grethlein, 1929.

_____. *Zur Philosophie der Überwelt*. Tübingen: Mohr, 1951.

KRÖNER, Walter. *Der Untergang des Materialismus und die Grundlegung des biomagischen Weltbildes.* Leipzig: Hummel, 1939.

_____. *Die Wiedergeburt des Magischen*. Leipzig: Hummel, 1938.

KUBIZEK, August. *The Young Hitler I Knew*. Londres: Paul Popper, 1954.

KUHR, Erich Carl. "Aussprache und Diskussion. Primär-Direktionen des Reichskanzlers Adolf Hitler". *Zenit*, 1933.

KUIPER, Gerard P. "German Astronomy during the War". *Popular Astronomy*, s.l., v. 54, n. 6, 1946.

KUMMER, Bernhard. *Brünhild und Ragnarök*. Lübeck: Dittmer, 1950.

KURD, Kisshauer. *Sternenlauf und Lebensweg*. Leipzig: Reclam, 1935.

LANGER, Walter C. *The Mind of Adolf Hitler: The Secret Wartime Report*. Nova York: Basic Books, 1972. [Ed. bras.: *A mente de Adolf Hitler*. Trad. de Carlos Szlak. São Paulo: Leya, 2018.]

LANZ VON LIEBENFELS, Jörg. *Abriß der ariosophischen Rassenphysiognomik*. Pforzheim: Reichstein, 1927.

LANZ VON LIEBENFELS, Jörg. *Bibliomystikon oder Die Geheimbibel der Eingeweihten.* Pforzheim: Bibliomystikon, 1931.

_____. *Das wiederentdeckte Vineta-Rethra und die arisch-christliche Urreligion der Elektrizität und Rasse.* Prerow-Pommern: Hertesburg, 1934.

_____. *Der elektrische Urgott und sein grosses Heiligtum in der Vorzeit.* Prerow-Pommern: Hertesburg, 1933.

_____. *Jakob Lorbeer, das größte ariosophische Medium der Neuzeit.* Pforzheim: Reichstein, 1926.

_____. *Ostara.* Rodaun: Ostara, 1907-30.

_____. *Praktisch-empirisches Handbuch der ariosophischen Astrologie*, v. 1. Düsseldorf: Reichstein, 1926.

_____. *Schrecken und Herrlichkeiten des elektrotheonischen Logos im Uranusmenschen.* Berlim: Manserie Szt. Balázs, 1930.

_____. *Theozoologie oder Naturgeschichte der Götter. 1. Der "alte Bund" und alte Gott.* Viena: Johann Walther, 1928.

LASSEN, Gustav. *Hexe Anna Schütterlin.* Bodensee: Heim-Verlag Dressler, 1936.

LEY, Willy. "Pseudoscience in Naziland". *Astounding Science Fiction*, Nova York, v. 39, n. 3, pp. 90-8, 1947.

LIBENSTOECKL, Hans. *Die Geheimwissenschaften im Lichte unserer Zeit.* Zurique: Amalthea, 1952.

LINDNER, Thomas. *Der angebliche Ursprung der Femgerichte aus der Inquisition.* Münster/Paderborn: Ferdinand Schöningh, 1890.

_____. *Die Feme.* Münster; Paderborn: Ferdinand Schöningh, 1888.

LÖNS, Hermann. *Der Wehrwolf.* Jena: Diederichs, 1910.

_____. *The Warwolf.* Yardley: Westholme, 2006.

LUDENDORFF, Mathilde. *Christliche Grausamkeit an Deutschen Frauen.* Munique: Ludendorff, 1934.

_____. *Das Geheimnis der Jesuitenmacht und ihr Ende.* Munique: Ludendorff, 1929.

_____. *Der Trug der Astrologie.* Munique: Ludendorff, 1932.

_____. *Die Judenmacht ihr Wesen und Ende.* Munique: Ludendorff, 1939.

_____. *Ein Blick in die Dunkelkammer der Geisterseher.* Munique: Ludendorff, 1937.

_____. *Europa den Asiatenpriestern.* Munique: Ludendorff, 1938.

LÜCK, Kurt (Org.). *Deutsche Volksgruppen aus dem Osten kehren heim ins Vaterland*, v. 19. Berlim: Abt. Inland, 1940.

MAYER, Anton. *Erdmutter und Hexe.* Munique: Datterer & CIE, 1936.

MCGUIRE, William; HULL, R. F. C (Orgs.). *C. G. Jung Speaking: Interviews and Encounters.* Princeton, NJ: Princeton University Press, 1993.

MUDRAK, Edmund. *Grundlagen des Hexenwahnes.* Leipzig: Adolf Klein, 1936.

MÜLLER, Wilhelm. *Jüdsiche und Deutsche Physik.* Leipzig: Helingsche, 1941.

NOESSELF, Heinz. "Schicksalsdeterminaten des Reichskanzlers Adolf Hitler". *Zenit*, 1933.

NSDAP. *Tatsachen und Lügen um Hitler.* Munique: Franz Eher, 1932.

OBERTH, Hermann. "They Come from Outer Space". *Flying Saucer Review*, v. 1, n. 2, maio-jun. 1955.

OLDEN, Rudolf von (Org.). *Propheten in deutscher Krise. Das Wunderbare oder Die Verzauberten. Eine Sammlung*. Berlim: Rowohlt, 1932.

PELZ, Carl. *Die Hellseherin*. Munique: Ludendorff, 1937.

_____. *Hellseher-Medien-Gespenster*. Freiburg: Hohe Warte, 1952.

PEROVSKY-PETROVO-SOLOVOVO, Graf. "Versuche zur Feststellung des sog. Hellsehens der Medien". *Zeitschrift für kritischen Okkultismus*, 1926.

PEUCKERT, Will-Erich. *Pansophie: Ein Versuch zur Geschichte der weißen und schwarzen Magie*. Stuttgart: W. Kohlhammer, 1936.

PIASCHEWSKI, Gisela. *Der Wechselbalg: Ein Beitrag zum Aberglauben der nordeuropäischen Wölfer*. Breslau: Maruschke und Berendt, 1935.

PICK, Daniel. *Faces of Degeneration: A European Disorder c. 1848-1918*. Nova York: Cambridge University Press, 1959.

PICKER, Henry (Org.). *Hitlers Tischgespräche im Führerhauptquartier*. Munique: Propyläen, 2003.

PIETZKE, Dr Hans. "Das Hakenkreuz als Sternbild". *Zenit*, 1933.

RAHN, Otto. *Crusade against the Grail*. Nova York: Inner Traditions, 1934/2006.

_____. *Kreuzzug gegen den Gral*. Freiburg: Urban, 1934.

_____. *Luzifers Hofgesind*. Dresden: Zeitwende, 2006.

RAUSCHNING, Hermann. *Gespräche mit Hitler*. Zurique: Europa, 2005.

_____. *Hitler Speaks*. Londres: Thornton Butterworth, 1939.

_____. *The Voice of Destruction*. Nova York: Putnam, 1941.

REHWALDT, Hermann. *Das Schleichende Gift*. Munique: Ludendorff, 1934.

_____. *Der Kollektivstaat: Das Ziel Rom-Judas: einige Beispiele aus der Geschichte*. Munique: Ludendorff, 1934.

_____. *Die Kommendo Religion*. Munique: Ludendorff, 1936.

_____. *Die Kriegshetzer von heute*. Munique: Ludendorff, 1938.

_____. *Geheimbuende in Afrika*. Munique: Ludendorff, 1941.

_____. *Indien, die Schönste Perle der Krone Britanniens*. Munique: Ludendorff, 1940.

_____. *Weissagungen*. Munique: Ludendorff, 1939.

REIMANN, Günter (vulgo Hans Steinicke). *The Vampire Economy: Doing Business under Fascism*. Nova York: Vanguard, 1939.

ROSENBERG, Alfred. *Der Kampf um die Weltanschauung*. Munique: Eher, 1938.

_____. *Diary*. Disponível em: <www.ushmm.org/information/exhibitions/online-features/special-focus/the-alfred-rosenberg-diary>. [Ed. bras.: *Os diários de Alfred Rosenberg*. Org. de Jurgen Matthaus e Frank Bajohr. Trad. de Claudia Abeling. São Paulo: Planeta, 2017.]

_____. *Dietrich Eckart: Ein Vermächtnis*. Munique: Eher, 1935.

_____. *Memoirs*. Chicago, IL: Ziff-Davis, 1949.

_____. *Myth of the Twentieth Century* [1930]. Amazon, 2012.

RÜSSLEIN, Heinrich. *Was Menschen bindet*. Erfurt: Ebertin-Verlag, 1935.

SCHÄFER, Ernst. *Geheimnis Tibet*. Munique: F. Bruckmann, 1938.

SCHERTEL, Ernst. *Der Flagellantismus als literarisches Motiv*. 4 v. Leipzig: Parthenon, 1929-32.

_____. *Die Sünde des Ewigen oder Dies ist mein Leib*. Berlim: Die Wende, 1918.

Referências bibliográficas

SCHERTEL, Ernst. *Erotische Komplex: Untersuchungen zum Problem der Paranormalen Erotik im Leben, Literatur und Bilderei*. Berlim: Pergamon, 1930.

_____. *Magic: History, Theory, Practice*. Boise: Cotum, 2009.

_____. *Magie: Geschichte, Theorie, Praxis*. Prien: Anthropos-Verlag, 1923.

SCHMITZ, Oscar A. H. "Warum treibt unsere Zeit Astrologie? Zeitschrift für kritischen Okkultismus und Grenzfragen des Seelenlebens". *ZfKO*, v. 2, p. 28, 1927.

SCHWARZ-BOSTUNITSCH, Gregor. *Die Freimaurerei*. Weimar: Ulerander Dunder, 1928.

SEBOTTENDORFF, Rudolf von. *Bevor Hitler kam: Urkundlich aus der Frühzeit der Nationalsozialistischen Bewegung*. Munique: Deukula-Grassinger, 1933.

_____. *Thule-Bote*. Munique: Thule-Gesellschaft, 1933.

SELLNICH, George. "Der Nationalsozialismus und die Astrologie". *Zenit*, 1933.

SPENCE, Lewis. *The Occult Causes of the Present War*. Londres: Kessinger, 1940.

STADTHAGEN, Albert. *Die Raetsel des Spiritismus: Erklaerung der mediumistischen Phaenomene und Anletiung die Wunder der vierten Dimension ohne Medium und Geister ausfuehren zu koennen (mit Illustrationen)*. Leipzig: Ficker's, 1911.

STRASSER, Otto. *Hitler and I*. Boston, MA: Houghton Mifflin, 1940.

SZCZESNY, Gerhard. *Die Presse des Okkultismus: Geschichte und Typologie der okkultistischen Zeitschriften*. Dissertação sob orientação de Karl d'Este. Munique, 1940.

TEUDT, Wilhelm. *Germanische Heiligtümer*. Jena: Diederichs, 1929.

THUDICHUM, F. *Femgericht und Inquisition*. Giessen: J. Ricker, 1889.

TROSS, L. *Sammlung merkwurdiger Urkunden für die Geschichte der Femgerichte*. Hanover: Schultz, 1826.

UEXKULL, J. von. *Bedeutungs Lehre*. Leipzig: Johann Ambrosius Barth, 1940.

_____. *Staatsbiologie: Anatomie, Physiologie, Pathologie des Staates*. Berlim: Gebruder Vaetel, 1920.

UNGER, Edhard. *Das antike Hakenkreuz als Wirbelsturm*. Berlim: Witting, 1937.

URBACH, Otto. *Reich des Aberglaubens*. Bad Homburg: Siemens, 1938.

USENER, F. P. *Die frei- und heimlichen Gerichte Westfalens*. Frankfurt: Archiv der freien Stadt Frankfurt, 1832.

VOEGELIN, Eric. *Political Religions*. Lewiston, NY: E. Mellen, 2003.

VOIGT, Heinrich. *Eis: Ein Weltenbaustoff*. Leipzig: R. Voigtlaenders, 1928.

WÄCHTER, O. *Femgerichte und Hexenprozesse in Deutschland*. Stuttgart: Spemann, 1882.

WAGNER, Kurt. *Aberglaube, Volksglaube und Erfahrung*. Halle/Saale: Max Niemeyer, 1941.

WALTER, Don. *Die Hexengreuel*. Paderborn: Bonifacius-Druckerei, 1934.

WALTHER, Gerda. *Zum Anderen Ufer: Vom Atheismus zum Christentum*. Remagen: Der Leuchter, 1960.

WARLIMONT, Walter. *Inside Hitler's Headquarters, 1939-45*. Nova York: Praeger, 1964.

WEBER, Max. *Science as a Vocation*. Indianápolis, IN: Bobbs-Merrill, 1959. [Ed. bras.: *Ciência e política*. Trad. de Leonidas Hegenberg e Octany Silveira da Mota. São Paulo: Cultrix, 2011.]

WEHRHAN, Karl. *Der Aberglaube im Sport*. Breslau: M&H Marcus, 1936.

WEISHAAR, H. A. *Rote Erde: Das Weltgericht*. Ragnit: Guoten, 1932.

WÜST, Walther. *Indogermanisches Bekenntnis*. Berlin-Dahlem: Ahnenerbe-Stiftung, 1942.

WÜST, Walther. *Japan und Wir*. Berlin-Dahlem: Ahnenerbe-Stiftung, 1942.

WULFF, Wilhelm. *Zodiac and Swastika*. Nova York: Coward, 1973.

FONTES SECUNDÁRIAS

ACH, Manfred. *Hitlers Religion: Pseudoreligiose Elemente im nationalsozialistischen Sprachgerbrauch*. Munique: ARW, 1977.

ADORNO, Theodor. *Minima Moralia*. Londres: Verso, 2005. [Ed. bras.: *Minima Moralia*. Trad. de Gabriel Cohn. Rio de Janeiro: Beco do Azougue, 2008.]

_____. *The Stars Down to Earth and Other Essays on the Irrational in Culture*. Nova York: Routledge, 1994. [Ed. bras.: *As estrelas descem à Terra*. Trad. de Pedro Rocha de Oliveira. São Paulo: Unesp, 2008.]

ADORNO, Theodor; MAX, Horkheimer. *Dialectic of Enlightenment: Philosophical Fragments*. Stanford, CA: Stanford University Press, 2002. [Ed. bras.: *Dialética do esclarecimento*. Trad. de Guido A. de Almeida. Rio de Janeiro: Zahar, 1985.]

AGAMBEN, Giorgio. *Homo Sacer: Sovereign Power and Bare Life*. Stanford, CA: Stanford University Press, 1998. [Ed. bras.: *Homo sacer: O poder soberano e vida nua*. Belo Horizonte: Ed. UFMG, 2010.]

ALY, Götz. *Hitler's Beneficiaries: Plunder, Racial War, and the Nazi Welfare State*. Londres: Metropolitan, 2007.

AMBELAIN, Robert. *Les Arcanes noirs de l'hitlérisme*. Paris: Robert Laffont, 1990.

ANGEBERT, Jean-Michel. *The Occult and the Third Reich: The Mystical Origins of Nazism and the Search for the Holy Grail*. Nova York: Macmillan, 1974.

APPLEGATE, Celia. *A Nation of Provincials*. Berkeley, CA: University of California Press, 1990.

APPLEYARD, James; LEE, Casterline. "Misusing Archaeology and Manipulating History". *The World & I*, v. 15, pp. 328-41, 5 maio 2000.

ARNOLD, Bettina. "'Arierdämmerung': Race and Archaeology in Nazi Germany". *World Archaeology*, v. 38, n. 1, pp. 8-31, 2006.

ASHKENAZI, Ofer. *A Walk into the Night: Reason and Subjectivity in the Films of the Weimar Republic*. Tel Aviv: Am Oved, 2010.

_____. *Weimar Film and Modern Jewish Identity*. Nova York; Londres: Palgrave, 2012.

ASPREM, Egil. *The Problem of Disenchantment: Scientific Naturalism and Esoteric Discourse 1900-1939*. Leiden: Brill, 2014.

ASSION, Peter. *Eugen Fehrle and "The Mythos of our Folk"*. In: DOW, James R.; LIXFELD, Hannjost (Orgs.). *The Nazification of an Academic Discipline: Folklore in the Third Reich*. Bloomington, IN: Indiana University Press, 1994.

ATTRIDGE, Steve. *Nationalism, Imperialism and Identity in Late Victorian Culture: Civil and Military Worlds*. Nova York: Palgrave Macmillan, 2003.

AUERBACH, Nina. *Our Vampires, Ourselves*. Chicago, IL: University of Chicago Press, 1995.

Referências bibliográficas 513

BÄRSCH, Claus E. *Die Politische Religion des Nationalsozialismus*. Munique: Fink, 1998.

BAIER, Lothar. *Die große Ketzere*. Berlim: Klaus Wagenbach, 1984.

BAIGENT, Michael; LEIGH, Richard; LINCOLN, Harry. *Holy Blood, Holy Grail*. Nova York: Dell, 1983. [Ed. bras.: *O santo graal e a linhagem sagrada*. Trad. de Nadir Ferrari. Rio de Janeiro: Nova Fronteira, 2015.]

BAILEY, Peter. *Popular Culture and Performance in the Victorian City*. Cambridge: Cambridge University Press, 1998.

BARANOWSKI, Shelley. *Nazi Empire: German Colonialism and Imperialism from Bismarck to Hitler*. Cambridge: Cambridge University Press, 2011. [Ed. bras.: *Império nazista*. Trad. de Fernanda Britto Bincoletto. São Paulo: Edipro, 2014.]

_____. *The Confessing Church, Conservative Elites, and the Nazi State*. Lewiston, NY: Edwin Mellen Press, 1986.

BARBER, Paul. *Vampires, Burial, and Death: Folklore and Reality*. New Haven, CT: Yale University Press, 1988, pp. 5-14, 90-101.

BARBER, Richard. *The Holy Grail: Imagination and Belief*. Londres: Penguin, 2004.

BARTHOLOMEW, Alick. *Hidden Nature: The Startling Insights of Viktor Schauberger*. Edinburgh: Floris Books, 2004.

BARZILAI, Maya. *Golem: Modern Wars and Their Monsters*. Nova York: Nova York University Press, 2016.

BAUER, Dietrich R. et al. (Orgs.). *Himmlers Hexenkartothek: Das Interesse des Nationalsozialismus an der Hexenverfolgung*. Bielefeld: Verlag für Regionalgeschichte, 1999.

BAUER, Eberhard. *German Parapsychology during the Third Reich*. Freiburg: Institut für Grenzgebiete der Psychologie und Psychohygiene, 2007.

BAUMANN, Schaul. *Die Deutsche Glaubensbewegung und ihr Gründer Jakob Wilhelm Hauer (1881-1962)*. Marburg: Diagonal, 2005.

BAUMANN, Zygmunt. *Modernity and the Holocaust*. Ithaca, NY: Cornell University Press, 1989. [Ed. bras.: *Modernidade e Holocausto*. Trad. de Marcus Penchel. Rio de Janeiro: Zahar, 1998.]

BAUMEISTER, Martin. "Auf dem Weg in die Diktatur: Faschistische Bewegungen und die Krise der europäischen Demokratien". In: SÜSS, Dietmar; SÜSS, Winfried (Orgs.). *Das "Dritte Reich": Eine Einführung*. Munique: Pantheon, 2008.

BAUMGARTNER, Raimund. *Weltanschauungskampf im Dritten Reich: Die Auseinandersetzung de Kirchen mit Alfred Rosenberg*. Mainz: Matthias-Grunewald, 1977.

BEEVOR, Antony. *Downfall*. Londres: Penguin, 2002. [Ed. bras.: *Berlim 1945: A queda*. Trad. de Maria Beatriz de Medina. Rio de Janeiro: BestBolso, 2015.]

BERGEN, Doris L. "Nazism and Christianity: Partners and Rivals? A Response to Richard Steigmann-Gall, *The Holy Reich: Nazi Conceptions of Christianity, 1919-1945*". *Journal of Contemporary History*, Londres, v. 42, pp. 25-33, 2007.

BERMAN, Russell. *Enlightenment or Empire: Colonial Discourse in German Culture*. Lincoln, NB: University of Nebraska Press, 1998.

_____. *The Reenchantment of the World*. Ithaca, NY: Cornell University Press, 1981.

BERNADAC, Christian. *Le Mystère Otto Rahn*. Paris: France-Empire, 1978.

BERZIN, Alexander. "The Berzin Archives: The Nazi Connection with Shambhala and Tibet", maio 2003. Disponível em: <www.berzinarchives.com/web/en/archives/advanced/kalachakra/shambhala/nazi_connection_shambhala_tibet.html>.

BESSEL, Richard. *Germany 1945: From War to Peace*. Nova York: Harper, 2010. [Ed. bras.: *Alemanha 1945*. Trad. de Berilo Vargas. São Paulo: Companhia das Letras, 2010.]

BIDDISCOMBE, Perry. "Review of Volker Koop, *Himmlers letztes Aufgebot: Die Organisation des Werwolf*". *Gutachten des Instituts für Zeitgeschichte*. Munique: IfzG, 1958.

_____. *The Last Nazis: SS Werewolf Guerrilla Resistance in Europe 1944-1947*. Londres: Tempus, 2006.

_____. *Werwolf! The History of the National Socialist Guerrilla Movement, 1944-1946*. Cardiff: University of Wales Press, 1998.

BLACK, Monica. *Death in Berlin*. Cambridge: Cambridge University Press, 2013.

_____. "Expellees Tell Tales: Partisan Blood Drinkers and the Cultural History of Violence after World War II". *History and Memory*, v. 25, n. 1, pp. 77-110, 2013.

BLACK, Monica; KURLANDER, Eric (Orgs.). *Revisiting the "Nazi Occult": Histories, Realities, Legacies*. Rochester, NY: Camden House, 2015.

BLACKBOURN, David. *Marpingen: Apparitions of the Virgin Mary in Bismarckian Germany*. Oxford: Clarendon, 1995.

BOCK, Gisela. *Zwangssterilisation im Nationalsozialismus: Studien zur Rassenpolitik und Frauenpolitik*. Opladen: Westdeutscher, 1987.

BOCKHORN, Olaf. "The Battle for the 'Ostmark': Nazi Folklore in Austria". In: DOW, James R.; LIXFELD, Hannjost (Orgs.). *The Nazification of an Academic Discipline: Folklore in the Third Reich*. Bloomington, IN: Indiana University Press, 1994, pp. 135-42.

BOHN, Thomas M. "Vampirismus in Österreich und Preussen: Von der Entdeckung einer Seuche zum Narrativ der Gegenkolonisation". *Jahrbücher für Geschichte Osteuropas*, v. 56, n. 2, pp. 161-77, 2008.

BOLLMUS, Reinhard. *Das Amt Rosenberg und seine Gegner. Zum Machtkampf im national-sozialistischen Herrschaftssystem*. Stuttgart: Deutsche Verlags-Anstalt, 1970.

BOSE, Fritz. "Law and Freedom in the Interpretation of European Folk Epics". *Journal of the International Folk Music Council*, v. 10, 1958.

BOWEN, Robert. *Universal Ice: Science and Ideology in the Nazi State*. Londres: Belhaven, 1993.

BRAMWELL, Anna. *Blood and Soil: Richard Walther Darré and Hitler's 'Green Party'"*. Abbotsbrook: Kensal, 1985.

BRATTON, Susan Power. "From Iron Age Myth to Idealized National Landscape: Human-Nature Relationships and Environmental Racism in Fritz Lang's *Die Nibelungen*". *Worldviews*, v. 4, pp. 195-212, 2000.

BRAUCKMANN, Stefan. "Artamanen als völkisch-nationalistische Gruppierung innerhalb der deutschen Jugendbewegung 1924-1935". *Jahrbuch des Archivs der deutschen Jugendbewegung*, Schwalbach, v. 2, n. 5, pp. 176-96, 2006.

BREITMAN, Richard. *The Architect of Genocide: Himmler and the Final Solution*. Waltham, MA: Brandeis, 1992.

Referências bibliográficas

BRENNAN, Herbert. *Occult Reich*. Nova York: Signet Classics, 1974.

BRENNER, Arthur D. "Feme Murder: Paramilitary 'Self-Justice' in Weimar Germany". In: CAMPBELL, Bruce D.; BRENNER, Arthur D. (Orgs.). *Death Squads in Global Perspective: Murder With Deniability*. Nova York: Palgrave Macmillan, 2002, pp. 57-84.

BRONDER, Dietrich. *Bevor Hitler kam*. Geneva: Lüha, 1975.

BROWNING, Christopher. *Nazi Policy, Jewish Workers, German Killers*. Cambridge: Cambridge University Press, 2000.

_____. *The Path to Genocide: Essays on Launching the Final Solution*. Cambridge: Cambridge University Press, 1998.

BROWNING, Christopher; MATTHÄUS, Jürgen. *The Origins of the Final Solution: The Evolution of Nazi Jewish Policy, September 1939-March 1942*. Lincoln, NB: University of Nebraska Press; Jerusalém: Yad Vashem, 2004.

BUECHNER, Col. Howard A. *Emerald Cup: Ark of Gold*. Metairie, LO: Thunderbird, 1991.

BULLOCK, Alan. *Hitler: A Study in Tyranny*. Nova York: Harper Perennial, 1991.

BURLEIGH, Michael. *Germany Turns Eastwards: A Study of Ostforschung in the Third Reich*. Cambridge: Cambridge University Press, 1988.

_____. "National Socialism as a Political Religion". *Totalitarian Movements and Political Religions*, v. 1, n. 2, pp. 1-26, outono 2000.

_____. *Sacred Causes: The Clash of Religion and Politics from the Great War to the War on Terror*. Nova York: HarperCollins, 2007.

_____. *The Third Reich*. Londres: Hill and Wang, 2001.

BURLEIGH, Michael; WIPPERMANN, Wolfgang. *The Racial State: Germany 1933-1945*. Cambridge: Cambridge University Press, 1991.

CARMIN, E. R. *Das schwarze Reich: Geheimgesellschaften und Politik im 20. Jahrhundert*. Munique: Nikol, 1997.

CECIL, Robert. *The Myth of the Master Race: Alfred Rosenberg and Nazi Ideology*. Nova York: Dodd, Mead, 1972.

CESARANI, David. *Becoming Eichmann: Rethinking the Life, Crimes, and Trial of a "Desk Murderer"*. Cambridge: Da Capo, 2006.

CHO, Joanne; KURLANDER, Eric; MCGETCHIN, Douglas (Orgs.). *Transcultural Encounters between Germany and India*. Nova York: Routledge, 2014.

COATES, Paul. *The Gorgon's Gaze: German Cinema, Expressionism, and the Image of Horror*. Cambridge: Cambridge University Press, 2008.

COHN, Norman. *The Pursuit of the Millennium*. Oxford: Oxford University Press, 1970.

CONFINO, Alon. *A World without Jews: The Nazi Imagination from Persecution to Genocide*. New Haven, CT: Yale University Press, 2014. [Ed. bras.: *Um mundo sem judeus*. Trad. de Mário Molina. São Paulo: Cultrix, 2016.]

CONRAD, Sebastian. *Globalisation and the Nation in Imperial Germany*. Cambridge: Cambridge University Press, 2010.

COOK, Nick. *The Hunt for Zero Point: Inside the Classified World of Antigravity Technology*. Nova York: Broadway Books, 2002.

DAHRENDORF, Ralf. *Society and Democracy in Germany*. Nova York: Doubleday, 1967.

DAIM, Wilfried. *Der Mann der Hitler die Ideen gab*. Viena: Böhlau, 1985.

DARNTON, Robert. *Mesmerism and the End of the Enlightenment in France*. Cambridge, MA: Harvard University Press, 1986.

_____. "Peasants Tell Tales". In: _____.: *The Great Cat Massacre*. Nova York: Basic Books, 1984. [Ed. bras.: *O grande massacre de gatos*. Trad. de Sônia Coutinho. Rio de Janeiro: Paz & Terra, 2014.]

DASTON, Lorraine; PARK, Katherine. *Wonders and the Order of Nature*. Nova York: Zone, 2001.

DAVIES, Owen. *Grimoires: A History of Magic Books*. Oxford: Oxford University Press, 2009.

DENZLER, Georg. *Die Kirchen im Dritten Reich*. Frankfurt am Main: Fischer Taschenbuch, 1984.

DERKS, Hans. *Deutsche Westforschung: Ideologie und Praxis im 20. Jahrhundert*. Leipzig: AVA-Akademische Verlagsanstalt, 2001.

DERRICH, Michael. *Geheimwaffen des Dritten Reiches*. Greiz (Turíngia): König, 2000.

DIEHL, Paula. *Macht, Mythos, Utopie: Die Korperbilder der SS-Männer*. Berlim: Akademie, 2005.

DIERKER, Wolfgang. *Himmlers Glaubenkrieger: Der Sicherheitsdienst der SS und seine Religionspolitik, 1933-1941*. Paderborn: Ferdinand Schöningh, 2002.

DOW, James R.; KAMMERHOFER-AGGERMANN, Ulrike. "Austrian *Volkskunde* and National Socialism: The Case of Karl Hauding, Born Paganini". *The Folklore Historian*, Bloomington, v. 22, 2005.

DOW, James R.; LIXFELD, Hannjost (Orgs.). *The Nazification of an Academic Discipline: Folklore in the Third Reich*. Bloomington, IN: Indiana University Press, 1994.

DUTTON, Denis. "Theodor Adorno on Astrology". *Philosophy and Literature*, Baltimore, v. 19, n. 2, pp. 424-30, 1995.

EISLER, Robert. *Man Into Wolf: An Anthropological Interpretation of Sadism, Masochism, and Lycanthropy*. Londres: Routledge, 1951.

EISNER, Lotte. *The Haunted Screen*. Berkeley, CA: University of California Press, 1969. [Ed. bras.: *A tela demoníaca*. Trad. de Lúcia Nagib. Rio de Janeiro: Paz & Terra, 2007.]

ELEY, Geoff. *Nazism as Fascism*. Nova York: Routledge, 2013.

ELEY, Geoff; NARANCH, Bradley (Orgs.). *German Colonialism in a Global Age*. Durham, NC: Duke University Press, 2015.

ELSAESSER, Thomas. *Weimar Cinema and After: Germany's Historical Imaginary*. Londres: Routledge, 2000.

ENGELHARDT, Isrun. "Nazis of Tibet: A Twentieth Century Myth". In: ESPOSITO, Monica (Org.). *Images of Tibet in the 19th and 20th Centuries*, v. 1. Paris: École Française d'Extrême-Orient, 2008, pp. 63-96.

EVANS, Richard. "Nazism, Christianity and Political Religion: A Debate". *Journal of Contemporary History*, Londres, v. 42, pp. 5-7, 2007.

_____. *The Coming of the Third Reich*. Londres: Penguin, 2005. [Ed. bras.: *A chegada do Terceiro Reich*. Trad. de Lúcia Brito. São Paulo: Crítica, 2017].

_____. *The Third Reich in Power*. Londres: Penguin, 2006. [Ed. bras.: *O Terceiro Reich no poder*. Trad. de Lúcia Brito. São Paulo: Crítica, 2017.]

EVANS, Richard. *The Third Reich at War*. Londres: Penguin, 2010. [Ed. bras.: *Terceiro Reich em Guerra*. Trad. de Lúcia Brito e Solange Pinheiro. São Paulo: Crítica, 2017.]

FAHLBUSCH, Michael. *Wissenschaft im Dienst der nationalsozialistischen Politik? Die Volksdeutschen Forschungsgemeinschaften von 1931-1945*. Baden-Baden: Nomos, 1999.

FANON, Frantz. *The Wretched of the Earth*. Nova York: Grove, 2004. [Ed. bras.: *Os condenados da terra*. Trad. de Ligia Fonseca Ferreira e Regina Salgado Campos. São Paulo: Zahar, 2022.]

FARRELL, Joseph. *Reich of the Black Sun: Nazi Secret Weapons and the Cold War Allied Legend*. Kempton, IL: Adventures Unlimited Press, 2015.

FEST, Joachim, *The Face of the Third Reich: Portraits of the Nazi Leadership*. Nova York: Pantheon Books, 1970.

FISCHER, Fritz. *Griff Nach der Weltmacht: Die Kreigszielpolitik des kaiserlichen Deutschland 1914/1918*. Düsseldorf: Droste, 1961.

FISHER, Peter S. *Fantasy and Politics: Visions of the Future in the Weimar Republic*. Madison, WI: University of Wisconsin Press, 1991.

FITZGERALD, Michael. *Stormtroopers of Satan: An Occult History of the Second World War*. Londres: Robert Hale, 1990.

FITZPATRICK, Matthew P. "The Pre-History of the Holocaust? The Sonderweg and Historikstreit Debates and the Abject Colonial Past". *Central European History*, Cambridge, v. 41, n. 3, pp. 477-503, 2008.

FLOWERS, Stephen; MOYNIHAN, Michael. *The Secret King: The Myth and Reality of Nazi Occultism*. Londres: Feral House, 2007.

FOUCAULT, Michel. *The Birth of Biopolitics: Lectures at the Collège de France, 1978-79*. Nova York: Palgrave Macmillan, 2008. [Ed. bras.: *Nascimento da biopolítica*. Trad. de Eduardo Brandão. São Paulo: Martins Fontes, 2022.]

FRANÇOIS, Stéphane. *Le Nazisme revisité: L'occultisme contre l'histoire*. Paris: Berg International Éditeurs, 2008.

FREEMAN, Michael. "Genocide, Civilization, and Modernity". *The British Journal of Sociology*, Londres, v. 46, n. 2, pp. 207-23, 1995.

FRIEDLÄNDER, Saul. *Nazi Germany and the Jews*, v. 1. Nova York: Orion, 1998. [Ed. bras.: *A Alemanha nazista e os judeus*. Trad. de Fany Kon, Lyslei Nascimento, Josane Barbosa e Maria Clara Cescato. São Paulo: Perspectiva, 2012.]

FRIEDRICHSMEYER, Sara; LENNOX, Sarah; ZANTOP, Susanne (Orgs.). *The Imperialist Imagination*. Ann Arbor, MI: University of Michigan Press, 1998.

FRITZ, Stephen. *Endkampf: Soldiers, Civilians, and the Death of the Third Reich*. Lexington, KY: University Press of Kentucky, 2004.

FRITZSCHE, Peter, *Germans into Nazis*. Cambridge, MA: Harvard University Press, 1998.

_____. *Life and Death in the Third Reich*. Cambridge, MA: Belknap, 2008.

_____. *Stranded in the Present: Modern Time and the Melancholy of History*. Cambridge, MA: Harvard University Press, 2004.

_____. "The NSDAP 1919-1934: From Fringe Politics to the Nazi Seizure of Power". In: CAPLAN, Jane (Org.). *Nazi Germany*. Oxford: Oxford University Press, 2008, pp. 48-72.

GADAL, Antonin. *De Triomf van de Universele Gnosis*. Amsterdam: Bibliotheca Philosophica Hermetica, 2004. [Ed. bras.: *O triunfo da gnosis universal*. Rosacruz, 2017.]

GAILUS, Manfred. "A Strange Obsession with Nazi Christianity: A Critical Comment on Richard Steigmann-Gall's The Holy Reich". *Journal of Contemporary History*, Londres, v. 42, pp. 35-46, 2007.

GAILUS, Manfred; NOLZEN, Armin (Orgs.). *Zerstrittene "Volksgemeinschaft". Glaube, Konfession und Religion im Nationalsozialismus*. Göttingen: Vandenhoeck & Ruprecht, 2011.

GANAWAY, Bryan. "Consumer Culture and Political Transformations in Twentieth-Century Germany". *History Compass*, Hoboken, v. 1, 2005.

GANS, Herbert J. *Popular Culture and High Culture: An Analysis and Evaluation of Taste*. Nova York: Basic Books, 1975. [Ed. bras.: *Cultura popular e alta cultura*. Trad. de Pedro Barros. São Paulo: Edições Sesc, 2014.]

GARDENOUR, Brenda. "The Biology of Blood-Lust: Medieval Medicine, Theology, and the Vampire Jew". *Film & History*, Appleton, v. 41, n. 2, 2011.

GATES, Donald K.; STEANE, Peter. "Political Religion: The Influence of Ideological and Identity Orientation". *Totalitarian Movements and Political Religions*, v. 10, n. 3-4, pp. 303-25, 2009.

GEHRING, Heiner. *Abenteuer "Innere Erde"*. Schleusingen: AMUN-Verlag, 2001.

GEHRING, Heiner; BAHN, Peter. *Der Vril-Mythos*. Düsseldorf: Omega, 1997.

GELLATELY, Robert. *Backing Hitler: Consent and Coercion in Nazi Germany*. Oxford: Oxford University Press, 2001. [Ed. bras.: *Apoiando Hitler*. Trad. de Vitor Paolozzi. Rio de Janeiro: Record, 2011.]

_____. *The Gestapo and German Society: Enforcing Racial Policy 1933-1945*. Oxford: Clarendon, 1990.

_____. *The Politics of Economic Despair: Shopkeepers and German Politics 1890-1914*. Londres: Sage, 1974.

GENTILE, Emilio. *Politics as Religion*. Princeton, NJ: Princeton University Press, 2006.

GEPPERT, Alexander C. T.; KÖSSLER, Till (Orgs.). *Wunder: Poetik und Politik des Staunens im 20. Jahrhundert*. Berlim: Suhrkamp, 2011.

GERLACH, Christian. *Krieg, Ernährung, Völkermord. Deutsche Vernichtungspolitik im Zweiten Weltkrieg*. Zurique: Pendo, 2001.

GERMANA, Nicholas. *The Orient of Europe: The Mythical Image of India and Competing Images of German National Identity*. Newcastle: Cambridge Scholars, 2009.

GERTH, H. H.; WRIGHT MILLS, C. (Orgs.). *From Max Weber: Essays in Sociology*. Nova York: Oxford University Press, 1946.

GERWARTH, Robert. *Hitler's Hangman: The Life of Heydrich*. New Haven; Londres: Yale University Press, 2011. [Ed. bras.: *O carrasco de Hitler*. Trad. de Mário Molina. São Paulo: Cultrix, 2015.]

GIBSON, Matthew. *Dracula and the Eastern Question*. Nova York: Palgrave, 2006.

GILBHARD, Hermann. *Die Thule-Gesellschaft: von okkulten-Mummenschanz zum Hakenkreuz*. Munique: Kiessling, 1994.

Referências bibliográficas

GLOWKA, Hans J. *Deutsche Okkultgruppen 1875-1937*. Munique: Arbeitsgemeinschaft für Religions- und Weltanschauungen, 1981.

GMACHL, Klaus. *Zauberlehrling, Alraune und Vampir: Die Frank Braun-Romane von Hanns Heinz Ewers*. Norderstedt: Books on Demand, 2005.

GODWIN, Joscelyn. *Arktos. Der polare Mythos zwischen NS-Okkultismus und moderner Esoterik*. Graz: Ares, 2007.

GONEN, Jay. *The Roots of Nazi Psychology: Hitler's Utopian Barbarism*. Lexington, KY: University Press of Kentucky, 2013.

GOODRICK-CLARKE, Nicholas. *Black Sun: Aryan Cults, Esoteric Nazism, and the Politics of Identity*. Londres/ Nova York: I. B. Tauris, 2003.

_____. *Hitler's Priestess: Savitri Devi, the Hindu-Aryan Myth and Neo-Nazism*. Nova York: Nova York University Press, 1998.

_____. *The Occult Roots of Nazism*. Londres: I. B. Tauris, 2003.

GORDON, Mel. *Erik Jan Hanussen: Hitler's Jewish Clairvoyant*. Londres: Feral House, 2001.

GRABNER-HAIDER, Anton; STRASSER, Peter. *Hitlers mythische Religion. Theologische Denklinien und NS-Ideologie*. Viena: Böhlau, 2007.

GRADDON, Nigel. *Otto Rahn and the Quest for the Grail: The Amazing Life of the Real Indiana Jones*. Kempton, IL: Adventures Unlimited Press, 2008. [Ed. port.: *Otto Rahn e a demanda pelo graal*. Trad. de Flávio Gonçalves. Lisboa: Antagonista, 2010.]

GREGORY, Frederick. *Nature Lost: Natural Science and the German Theological Traditions of the Nineteenth Century*. Cambridge, MA: Harvard University Press, 1992.

GREVE, Reinhard. "Tibetforschung im SS Ahnenerbe". In: HAUSCHILD, Thomas (Org.). *Lebenslust durch Fremdenfurcht*. Frankfurt am Main: Suhrkamp, 1995, pp. 168-209.

GRIFFIN, Roger (Org.). *Fascism*. Oxford: Oxford University Press, 1995.

GUGENBERGER, Eduard. *Hitlers Visionäre: Die okkulten Wegbereiter des Dritten Reichs*. Viena: Ueberreuter, 2001.

GUGENBERGER, Eduard; SCHWEIDLENKA, Roman. *Die Faden der Nornen*. Viena: Verlag für Gesellschaftskritik, 1993.

GÜNTHER, H. K. *Ritter, Tod und Teufel*. Munique: J. F. Lehmanns, 1920.

HAAR, Ingo; FAHLBUSCH, Michael (Orgs.). *German Scholars and Ethnic Cleansing, 1920--1945*. Nova York: Berghahn, 2005.

_____. *Historiker im Nationalsozialismus*. Göttingen: Vandenhoeck & Rupprecht, 2000.

HALE, Christopher. *Himmler's Crusade: The Nazi Expedition to Find the Origins of the Aryan Race*. Londres: Wiley, 2003.

HALLE, Uta. "Archaeology in the Third Reich: Academic Scholarship and the Rise of the 'Lunatic Fringe'". *Archaeological Dialogues*, Cambridge, v. 12, n. 1, pp. 91-102, 2005.

HALTER, Martin. "Zivilisation ist Eis. Hanns Hörbigers Welteislehre: Eine Metapher des Kältetods im 20. Jahrhundert". Ensaio SWR2 (Redaktion Stephan Krass). Südwestrundfunk, Dienstag, 15 jul. 2008.

HAMANN, Brigitte. *Hitlers Viena: Lehrjahre eines Diktators*. Munique: Piper, 1996.

HANEGRAAFF, Wouter J.; PIJNENBURG, Joyce (Orgs.). *Hermes in the Academy: Ten Years' Study of Western Esotericism at the University of Amsterdam*. Amsterdam: Amsterdam University Press, 2009.

HARRINGTON, Anne. *Reenchanted Science: Holism in German Culture from Wilhelm II to Hitler*. Princeton, NJ: Princeton University Press, 1996.

HARTEN, Hans-Christian. *Himmlers Lehrer: Die Weltanschauliche Schulung in der SS 1933-1945*. Paderborn: Schöningh, 2014.

HARVEY, David Allen. "Beyond Enlightenment: Occultism, Politics, and Culture in France from the Old Regime to the Fin-de-Siècle". *The Historian*, Oxford, v. 65, n. 3, pp. 665-94, 2003.

HASTINGS, Derek. *Catholicism and the Roots of Nazism: Religious Identity and National Socialism*. Oxford: Oxford University Press, 2009.

_____. "How 'Catholic' Was the Early Nazi Movement? Religion, Race, and Culture in Munich, 1919-1923". *Central European History*, Cambridge, v. 36, n. 3, pp. 383-7, 2003.

HAUSMANN, Frank-Rutger. *Hans Bender (1907-1991) und das "'Institut für Psychologie und Klinische Psychologie' an der Reichsuniversität Straßburg 1941-1944*. Würzburg: Ergon, 2006.

HEER, Friedrch. *Gottes Erste Liebe*. Munique: Bechtle, 1967.

HEILBRONNER, Oded. "From Ghetto to Ghetto: The Place of German Catholic Society in Recent Historiography". *JMH*, Bradford, v. 72, n. 2, pp. 453-95, 2000.

HENKEL, Jens. "Der Verlag 'Gesundes Leben' Mellenbach Rudolfstadt: Von der lebensreformerischen Ideen des Wilhelm Hotz zu den Pendelforschungen von Karl Dietz". *Blätter der Gesellschaft für Buchkultur und Geschichte*, Rudolstadt, v. 6, pp. 83-144, 2002.

HERF, Jeffrey. "Nazi Germany's Propaganda Aimed at Arabs and Muslims during World War II and the Holocaust: Old Themes, New Archival Findings". *Central European History*, Cambridge, v. 42, pp. 709-36, 2009.

_____. *Nazi Propaganda for the Arab World*. New Haven, CT; Londres: Yale University Press, 2009.

_____. *Reactionary Modernism*. Cambridge: Cambridge University Press, 1986.

_____. *The Jewish Enemy: Nazi Propaganda during World War II and the Holocaust*. Cambridge, MA: Belknap, 2006.

HERZOG, Dagmar. "The Death of God in West Germany: Between Secularization, Postfascism, and the Rise of Liberation Theology". In: GEYER, Michael; HÖLSCHER, Lucian (Orgs.). *Die Gegenwart Gottes in der modernen Gesellschaft: Transzendenz und religiöse Vergemeinschaftung in Deutschland*. Göttingen: Wallstein, 2006.

HESEMANN, Michael. *Hitlers Religion: Die fatale Heilslehre des Nationalsozialismus*. Munique: Pattloch, 2004.

HETT, Benjamin. *Burning the Reichstag: An Investigation into the Third Reich's Enduring Mystery*. Oxford: Oxford University Press, 2014.

HEYLL, Uwe. *Wasser, Fasten, Luft und Licht. Die Geschichte der Naturheilkunde in Deutschland*. Frankfurt am Main: Campus, 2006.

HEXHAM, Irving. "Inventing 'Paganists': A Close Reading of Richard Steigmann-Gall's *The Holy Reich*". *Journal of Contemporary History*, Londres, v. 42, pp. 59-78, 2007.

Referências bibliográficas 521

HIERONIMUS, Ekkehard. *Lanz von Liebenfels: Eine Bibliographie.* Toppenstedt: Uwe Berg-Verlag, 1991.

HINTON, Alexander Laban (Org.). *Annihilating Difference: The Anthropology of Genocide.* Berkeley, CA: University of California Press, 2002.

HÖHNE, Heinz. *Order of the Death's Head: The Story of Hitler's S.S.* Nova York: Coward--McCann, 1970.

HOLTZ, Gottfried. *Die Faszination der Zwange: Aberglaube und Okkultismus.* Göttingen: Vandenhoeck & Ruprecht, 1984.

HORSCH, Sylvia. "'Was findest du darinne, das nicht mit der allerstrengsten Vernunft übereinkomme?': Islam as Natural Theology in Lessing's Writings and in the Enlightenment". In: JOSHUA, Eleoma; VILAIN, Robert (Orgs.). *Edinburgh German Yearbook*, v. 1, pp. 45-62, 2007.

HOWE, Ellic. *Nostradamus and the Nazis.* Londres: Arborfield, 1965.

_____. *Rudolph Freiherr von Sebottendorff.* Freiburg: Edição do Autor, 1989.

_____. *Urania's Children.* Londres: Kimber, 1967.

HUGHES, H. Stuart. *Consciousness and Society: The Reorientation of Social Thought, 1890--1930.* Nova York: Vintage Books, 1961.

HULL, David Stewart. *Film in the Third Reich.* Berkeley, CA: University of California Press, 1969.

HUNGER, Ulrich. *Die Runenkunde im Dritten Reich. Ein Beitrag zur Wissenschafts- und Ideologiegeschichte des Nationalsozialismus.* Frankfurt am Main: Lang, 1984.

HUTCHINSON, Roger. *Aleister Crowley: The Beast Demystified.* Edimburgo: Mainstream Publishing Company, 1998.

HUTTON, J. Bernard. *Hess: The Man and His Mission.* Ann Arbor, MI: University of Michigan Press, 2008.

JACOBSEN, Hans-Adolf. "'Kampf um Lebensraum': Zur Rolle des Geopolitikers Karl Haushofer im Dritten Reich". *German Studies Review*, Baltimore, v. 4, n. 1, pp. 79--104, 1981.

JANJETOVIĆ, Zoran. *Between Hitler and Tito: The Disappearance of the Vojvodina Germans.* Belgrado: SD Publik, 2005.

JARAUSCH, Konrad; GEYER, Michael. *Shattered Past: Reconstructing German Histories.* Princeton, NJ: Princeton University Press, 2003.

JENKINS, Jennifer. *Provincial Modernity: Local Culture and Liberal Politics in Fin-de-Siècle Hamburg.* Ithaca, NY: Cornell University Press, 2003.

JESTRAM, Heike. *Mythen, Monster und Maschinen.* Colônia: Teiresias, 2000.

JOHNSON, Eric. *Nazi Terror: The Gestapo, Jews and Ordinary Germans.* Nova York: Basic Books, 1999.

JUNG, Emma. *Die Graalslegende.* Zurique: Rascher & Cie, 1960.

JUNGINGER, Horst. "From Buddha to Adolf Hitler: Walther Wüst and the Aryan Tradition". In: JUNGINGER, Horst (Org.). *The Study of Religion under the Impact of Fascism.* Leiden: Brill, 2007, pp. 105-78.

JUNGINGER, Horst; ÅKERLUND, Andreas (Orgs.). *Nordic Ideology between Religion and Scholarship.* Frankfurt am Main: Peter Lang, 2013.

JUNGINGER, Horst; FINKBERGER, Martin (Orgs.). *Im Dienste der Lügen. Herbert Grabert (1901-1978) und seine Verlage.* Aschaffenburg: Alibri, 2004.

KAES, Anton. *From Hitler to Heimat: The Return of History as Film.* Cambridge, MA: Harvard University Press, 1989.

KAISER, Tomas. *Zwischen Philosophie und Spiritismus: Annäherungen an Leben und Werk des Carl du Prel.* Saarbrücken: VDM, 2008.

KAMMEN, Michael. *American Culture, American Tastes: Social Change in the Twentieth Century.* Nova York: Random House, 1999.

KATER, Michael. *Das "Ahnenerbe" der SS: 1935-1945.* Stuttgart: Deutsche Verlagsanstalt, 1974.

_____. "Die Artamanen: Volkische Jugend in der Weimarer Republik". *Historische Zeitschrift*, Leipzig, v. 213, pp. 577-638, 1971.

KAUFMANN, Wolfgang. *Das Dritte Reich und Tibet.* Ludwigsfeld: Ludwigsfelder, 2009.

KELLOGG, Michael. *The Russian Roots of Nazism: White Emigrés and the Making of National Socialism, 1917-1945.* Cambridge: Cambridge University Press, 2005.

KERSHAW, Ian. *Hitler: Hubris.* Londres: Allen Lane, 1998.

_____. *Hitler: Nemesis.* Londres/ Nova York: Norton, 2001.

_____. *Popular Opinion and Political Dissent in the Third Reich, Bavaria 1933-1945.* Oxford: Oxford University Press, 2002.

KING, Francis. *Satan and Swastika.* St Albans: Mayflower, 1976.

KING, Richard; STONE, Dan (Orgs.). *Hannah Arendt and the Uses of History: Imperialism, Nation, Race, and Genocide.* Nova York: Berghahn, 2007.

KLAUTKE, Egbert. "Defining the Volk: Willy Hellpach's *Völkerpsychologie* between National Socialism and Liberal Democracy, 1934-1954". *History of European Ideas*, Routledge, v. 39, n. 5, pp. 693-708, 2013.

KLEE, Ernst. *Das Personenlexikon zum Dritten Reich. Wer war was vor und nach 1945.* Frankfurt am Main: Fischer, 2005.

KOEBNER, Thomas. "Murnau: On Film History as Intellectual History". In: SCHEUNE--MANN, Dietrich (Org.). *Expressionist Film: New Perspectives.* Rochester, NY: Camden House, 2003, pp. 111-23.

KOEHNE, Samuel. "The Racial Yardstick: 'Ethnotheism' and Official Nazi Views on Religion". *German Studies Review*, Baltimore, v. 37, n. 3, pp. 575-96, 2014.

_____. "Were the National Socialists a *völkisch* Party? Paganism, Christianity and the Nazi Christmas". *Central European History*, Cambridge, v. 47, pp. 760-90, 2014.

KOEPNICK, Lutz. *The Dark Mirror: German Cinema between Hitler and Hollywood.* Berkeley, CA: University of California Press, 2002.

KOONZ, Claudia. *Mothers in the Fatherland: Women, the Family and Nazi Politics.* Nova York: St Martin's, 1987.

KOSTERMANN, Vittorio. *NS- Raubgut in Museen, Bibliotheken und Archiven.* Hamburgo: GmbH Frankfurt am Main, 2012.

KRABBE, Wolfgang R. *Gesellschaftsveränderung durch Lebensreform. Strukturmerkmale einer sozialreformerischen Bewegung im Deutschland der Industrialisierungsperiode.* Göttingen: Vandenhoeck & Ruprecht, 1974.

KRACAUER, Siegfried. *From Caligari to Hitler: A Psychological History of the German Film.* Princeton, NJ: Princeton University Press, 2004.

Referências bibliográficas 523

KOZLOWSKI, Timo. "Wenn Nazis weltenbummeln und schreiben. Über die Nähe zwischen Künstlern und Nationalsozialismus. Dargestellt am Beispiel von Hanns Heinz Ewers". *Die Brücke. Zeitschrift für Germanistik in Südostasien*. Bangkok, v. 5, 2004.

KUGEL, Wilfried. *Der Unverantwortliche. Das Leben des Hanns Heinz Ewers*. Düsseldorf: Grupello, 1992.

_____. *Hanussen: Die wahre Geschichte des Hermann Steinschneider*. Düsseldorf: Grupello, 1998.

_____; BAHAR, Alexander. *Der Reichstagsbrand. Wie Geschichte wird gemacht*. Berlim: Quintessenz, 2001.

KÜHNE, Thomas. *Belonging and Genocide: Hitler's Community, 1918-1945*. New Haven, CT: Yale University Press, 2010.

KUNDRUS, Birthe (Org.). *Phantasiereiche: Zur Kulturgeschichte des deutschen Kolonialismus*. Frankfurt: Campus, 2003.

KURLANDER, Eric. "Between Völkisch and Universal Visions of Empire: Liberal Imperialism in *Mitteleuropa*, 1890-1918". In: FITZPATRICK, Matthew (Org.). *Liberal Imperialism in Europe*. Londres: Palgrave, 2012, pp. 141-66.

_____. "Between Weimar's Horrors and Hitler's Monsters: The Politics of Race, Nationalism, and Cosmopolitanism in Hanns Heinz Ewers Supernatural Imaginary". In: GODEL, Rainer; JOST, Erdmut; MURNANE, Barry (Orgs.). *Zwischen Popularisierung und Ästhetisierung? Hanns Heinz Ewers und die Moderne*. Bielefeld: Moderne Studien (Aisthesis), 2014, pp. 229-56.

_____. "Hitler's Monsters: The Occult Roots of Nazism and the Emergence of the Nazi Supernatural Imaginary". *German History*, Oxford, v. 30, n. 4, 2012.

_____. *Living with Hitler: Liberal Democrats in the Third Reich, 1933-1945*. New Haven, CT/ Londres: Yale University Press, 2009.

_____. "The Nazi Magician's Controversy: Enlightenment, 'Border Science', and Occultism in the Third Reich". *Central European History*, Cambridge, v. 48, n. 4, pp. 498-522, 2015.

_____. "The Orientalist Roots of National Socialism? Nazism, Occultism, and South Asian Spirituality, 1919-1945". In: CHO, Joanne Miyang; KURLANDER, Eric; MC-GETCHIN, Douglas (Orgs.). *Transcultural Encounters between Germany and India: Kindred Spirits in the Nineteenth and Twentieth Centuries*. Nova York/ Londres: Routledge, 2014, pp. 155-69.

LACHMAN, Alfred. *Rudolf Steiner: An Introduction to His Life and Work*. Nova York: Penguin, 2007.

LANGE, Hans-Jurgen. *Otto Rahn. Leben und Werk*. Arun: Engerda, 1995.

_____. *Otto Rahn und die Suche nach dem Gral*. Arun: Engerda, 1999.

_____. *Weisthor: Karl-Maria Wiligut, Himmlers Rasputin und seine Erben*. Arun: Engerda, 1998.

LAQUEUR, Thomas. "Why the Margins Matter: Occultism and the Making of Modernity". *Modern Intellectual History*, Cambridge, v. 3, n. 1, pp. 111-35, 2006.

LARSON, Erik. *The Devil in the White City: Murder, Magic, and Madness at the Fair that Changed America*. Nova York: Crown, 2003. [Ed. bras.: *O demônio na cidade branca*. Trad. de Berilo Vargas. Rio de Janeiro: Intrínseca, 2016.]

LASLETT, Peter. *The World We Have Lost*. Nova York: Routledge, 2004.

LATOUR, Bruno. *Reassembling the Social: An Introduction to Actor-Network-Theory*. Oxford: Oxford University Press, 2005. [Ed. bras.: *Reagregando o social*. Trad. de Gilson César Cardoso de Sousa. Salvador: Edufba, 2012.]

_____. *Science in Action: How to Follow Scientists and Engineers through Society*. Cambridge, MA: Harvard University Press, 1987. [Ed. bras.: *Ciência em ação*. Trad. de Ivone C. Benedetti. São Paulo: Unesp, 2012.]

LECHLER, Volker. *Die ersten Jahre der Fraternitas Saturni*. Stuttgart: Lechler, 2014.

_____. *Heinrich Tränker als Theosoph, Rosenkreuzer und Pansoph*. Stuttgart: Lechler, 2013.

LEEMING, David. *From Olympus to Camelot: The World of European Mythology*. Oxford: Oxford University Press, 2003. [Ed. bras.: *Do Olimpo a Camelot: Um panorama da mitologia europeia*. Rio de Janeiro: Zahar, 2004.]

LESCHNITZER, Adolf. *The Magic Background of Modern Antisemitism*. Nova York: International, 1969.

LEVENDA, Peter. *Unholy Alliance: A History of Nazi Involvement with the Occult*. Nova York/ Londres: Continuum, 2002.

LEVINE, Lawrence. *Highbrow/Lowbrow: The Emergence of Cultural Hierarchy in America*. Cambridge, MA: Harvard University Press, 1988.

LEY, Michael; SCHOEPS, Julius. *Der Nationalsozialismus als politische Religion*. Bodenheim B. Mainz: Philo, 1997.

LEY, Willy. *Watchers of the Skies: An Informal History of Astronomy from Babylon to the Space Age*. Nova York: Viking Press, 1966, p. 515.

LIFTON, Robert. *Nazi Doctors*. Nova York: Basic Books, 1986.

LINCOLN, Bruce. "Hermann Güntert in the 1930s: Heidelberg, Politics, and the study of Germanic/Indogermanic Religion". In: JUNGINGER, Horst (Org.). *The Study of Religion Under Fascism*. Leiden: Brill, 2007, pp. 179-204.

LINK, Fabian. *Burgen und Burgenforschung in Nationalsozialismus*. Colônia: Böhlau, 2014.

_____. "Der Mythos Burg im Nationalsozialismus". In: GROSSMANN, Ulrich; OTTO--MEYER, Hans (Orgs.). *Die Burg*. Dresden: Sandstein, 2010, pp. 302-11.

_____. "The Internationalism of German Castle Research: Bodo Ebhardt, his European Network, and the Construction of 'Castle Knowledge'". *Public Archaeology*, Oxford, v. 8, n. 4, pp. 325-50, 2009.

_____. "Walter Hotz und das Handbuch der Kunstdenkmaler im Elsaß und in Lothringen". In: FAHLBUSCH, Michael; HAAR, Ingo (Orgs.). *Wissenschaftliche Politikberatung im 20. Jahrhundert*. Paderborn: Ferdinand Schöningh, 2010, pp. 255-73.

LINSE, Ulrich. "Das 'natürliche' Leben. Die Lebensreform". In: DÜLMEN, Richard van (Org.). *Die Erfindung des Menschen. Schöpfungsträume und Körperbilder 1500-2000*. Viena: Böhlau, 1998.

_____. *Geisterseher und Wunderwirker. Heilssuche im Industriezeitalter*. Frankfurt: Fischer, 1996.

LIXFELD, Hannjost. *Folklore and Fascism: The Reich Institute for German Volkskunde*. Bloomington, IN: Indiana University Press, 1994.

Referências bibliográficas

LIXFELD, Hannjost. "The Deutsche Forschungsgemeinschaft and the Umbrella Organizations of German 'Volkskunde' during the Third Reich". *Asian Folklore*, Nagoya, v. 50, n. 1, pp. 95-116, 1991.

LONGERICH, Peter. *Himmler*. Oxford: Oxford University Press, 2013. [Ed. bras.: *Heinrich Himmler: Uma biografia*. Trad. de Angelika Elisabeth Köhnke, Christine Röhrig, Gabriele Ella Elisabeth Lipkau e Margir Sandra Bugs. Rio de Janeiro: Objetiva, 2008.]

_____. *Hitlers Stellvertreter: Führung der Partei und Kontrolle des Staatsapparates durch den Stab Heß und die Partei-Kanzlei Bormann*. Munique: K. G. Saur, 1992.

LÖNNECKER, Harald. "Zwischen Esoterik und Wissenschaft: Die Kreise des 'völkischen Germanenkundlers' Wilhelm Teudt". *Einst und jetzt. Jahrbuch des Vereins für corpsstudentische Geschichtsforschung*, v. 49, pp. 265-94, 2004.

LOWER, Wendy. *Nazi Empire-Building and the Holocaust in the Ukraine*. Chapel Hill, NC: University of North Carolina Press, 2007.

LUCKMANN, Thomas. *The Invisible Religion*. Nova York: Macmillan, 1967, pp. 44-9. [Ed. bras.: *A religião invisível*. São Paulo: Loyola, 2014.]

LUHRSSEN, David. *Hammer of the Gods: The Thule Society and the Birth of Nazism*. Lincoln, NB: Potomac, 2012.

LUMANS, Valdis O. *Himmler's Auxiliaries: The Volksdeutsche Mittelstelle and the German National Minorities of Europe, 1939-1945*. Chapel Hill, NC: University of North Carolina Press, 1993.

MAIER, Hans. "Political Religion: A Concept and its Limitations". *Totalitarian Movements and Political Religions*, Abingdon, v. 1, n. 2, pp. 1-26, 2000.

_____. *Politische Religionen: Die totalitären Regime und das Christentum*. Freiburg: Herder, 1995.

MANJAPRA, Kris. *Age of Entanglement: German and Indian Intellectuals across the Empire*. Cambridge, MA: Harvard University Press, 2014.

MARCHAND, Suzanne. *German Orientalism in the Age of Empire: Religion, Race, and Scholarship*. Washington, DC: Cambridge University Press, 2009.

MAZOWER, Mark. *Hitler's Empire: Nazi Rule in Occupied Europe*. Londres: Allen Lane, 2008. [Ed. bras.: *O império de Hitler*. Trad. de Mark Mazower, Claudio Carina e Lucia Boldrini. São Paulo: Companhia das Letras, 2013.]

MCCALL, Andrew. *The Medieval Underworld*. Nova York: Barnes and Noble, 1972.

MCGETCHIN, Douglas. *Indology, Indomania, Orientalism: Ancient India's Rebirth in Modern Germany*. Madison, WI: Fairleigh Dickinson University Press, 2009.

MCINTOSH, Christopher. *Eliphas Lévi and the French Occult Revival*. Londres: Rider, 1972.

MCNALLY, Raymond; FLORESCU, Radu. *In Search of Dracula: A True History of Dracula and Vampire Legends*. Greenwich, CT: Nova York Graphic Society, 1972.

MEES, Bernard. "Hitler and Germanentum". *Journal of Contemporary History*, Londres, v. 39, n. 2, 2004.

_____. *The Science of the Swastika*. Budapeste: Central European University Press, 2008.

MELZER, Ralf. "In the Eye of the Hurricane: German Freemasonry in the Weimar Republic and the Third Reich". *Totalitarian Movements and Political Religions*, v. 4, n. 2, outono 2003.

MICHALCZYK, John J. *Medicine, Ethics, and the Third Reich: Historical and Contemporary Issues*. Londres: Rowman & Littlefield, 1994.

MIZRACH, Steven. *The Occult and Nazism Re-Examined*. Disponível em: <www.www2.fiu.edu/~mizrachs/occult-reich.html>.

MOCEK, Reinhard. *Wilhelm Roux and Hans Driesch*. Jena: Gustav Fischer, 1974.

MOHLER, Armin. *Die Konservative Revolution in Deutschland 1918-1932: Ein Handbuch*. Darmstadt: Wissenschaftliche Buchgesellschaft, 1989.

MOMMSEN, Hans. "Der Reichstagsbrand und seine politischen Folgen". *Vierteljahrshefte für Zeitgeschichte*, Munique, v. 12, 1964.

MONROE, John Warne. *Laboratories of Faith: Mesmerism, Spiritism, and Occultism in Modern France*. Ithaca, NY: Cornell University Press, 2008.

MOSER, Christian. "Aneignung, Verpflanzung, Zirkulation: Johann Gottfried von Herders Konzeption des interkulturellen Austauschs". *Edinburgh German Yearbook*, Edimburgo, v. 1, pp. 89-108, 2007.

MOSES, A. Dirk; STONE, Dan (Orgs.). *Colonialism and Genocide*. Londres: Routledge, 2007.

MOSSE, George L. *Masses and Man: Nationalist and Fascist Perceptions of Reality*. Detroit, IL: Wayne State University Press, 1987.

_____. *The Crisis of German Ideology*. Nova York: Fertig, 1999.

_____. *The Nationalization of the Masses: Political Symbolism and Mass Movements in Germany, from the Napoleonic Wars Through the Third Reich*. Nova York: H. Fertig, 2001.

MOTADEL, David. *Islam and Nazi Germany's War*. Cambridge, MA: Belknap, 2014.

MULLERN-SCHONHAUSEN, Johannes von. *Die Lösung des Rätsels Adolf Hitler*. Viena: Verlag zur Förderung der wissenschaftlichen Forschung, 1959.

MYERS, Perry. "Leopold von Schroeder's Imagined India: Buddhist Spirituality and Christian Politics during the Wilhelmine Era". *German Studies Review*, Baltimore, v. 32, n. 3, pp. 619-36, 2009.

NAGEL, Brigitte. *Die Welteislehre*. Stuttgart: Geschichte der Naturwissenschaften und der Technik, 1991.

NAGEL, Günther. *Wissenschaft für den Krieg, Die geheimen Arbeiten des Heereswaffenamtes*. Stuttgart: Steiner, 2012.

NANKO, Ulrich. *Die Deutsche Glaubensbewegung. Eine historische und soziologische Untersuchung*. Marburgo: Diagonal, 1993.

NEDERMAN, Cary J.; WRAY, James. "Popular Occultism and Critical Social Theory: Exploring Some Themes in Adorno's Critique of Astrology and the Occult". *Sociology of Religion*, Oxford, v. 42, n. 4, pp. 325-32, 1981.

NEUFELD, Michael. *The Rocket and the Reich: Peenemünde and the Coming of the Ballistic Missile Era*. Nova York: The Free Press, 1995.

NEUMANN, Klaus. *Shifting Memories: The Nazi Past in the New Germany*. Ann Arbor, MI: University of Michigan Press, 2000.

NORTON, Robert E. *Secret Germany: Stefan George and his Circle*. Ithaca, NY: Cornell University Press, 2002.

Referências bibliográficas 527

ORZECHOWSKI, Peter. *Schwarze Magie — Braune Macht*. Ravensburg: Selinka, 1987.

OWEN, Alex. *The Place of Enchantment: British Occultism and the Culture of the Modern*. Chicago, IL: University of Chicago Press, 2004.

PADFIELD, Peter. *Himmler*. Londres: Thistle Publishing, 2013.

PALMOWSKI, Jan. *Urban Liberalism in Imperial Germany, 1866-1914: Frankfurt am Main*. Oxford: Oxford University Press, 1999.

PAMMER, Leo. *Hitlers Vorbilder: Dr. Karl Lueger*. Disponível em: <www.antifa.co.at/antifa/PAMMER2.PDF>.

PASI, Marco. "The Modernity of Occultism: Reflection on Some Crucial Aspects". In: HANEGRAAFF, Wouter J.; PIJNENBURG, Joyce (Orgs.). *Hermes in the Academy*. Amsterdam: Amsterdam University Press, 2009, pp. 62-8.

PAUL, Fritz. *History of the Scandinavian Languages at the Georg-August-Universität Göttingen: A Preliminary Sketch*. Göttingen, 1985. Disponível em: <www.uni-goettingen.de/de/91592.html>.

PAULEY, Bruce F. *From Prejudice to Persecution: A History of Austrian Anti-Semitism*. Chapel Hill, NC: University of North Carolina Press, 1992.

PAUWELS, Louis; BERGIER, Jacques. *The Morning of the Magicians*. Londres: Souvenir, 2007. [Ed. bras.: *O despertar dos mágicos*. Rio de Janeiro: Bertrand, 1996.]

PENDAS, Devin; ROSEMAN, Mark; WETZELL, Richard F. (Orgs.). *Beyond the Racial State: Rethinking Nazi Germany*. Cambridge: Cambridge University Press, 2017.

PENNICK, Nigel. *Hitler's Secret Sciences: His Quest for the Hidden Knowledge of the Ancients*. Sudbury, Suffolk: Newille Spearman, 1981.

PEUKERT, Detlev. *Inside Nazi Germany*. New Haven, CT: Yale University Press, 1987.

_____. "The Genesis of the 'Final Solution' from the Spirit of Science". In: CHILDERS, Thomas; CAPLAN, Jane (Orgs.). *Reevaluating the Third Reich*. Nova York: Holmes & Meier, 1994, pp. 234-52.

PHELPS, Reginald. "Before Hitler Came: Thule Society and Germanen Orden". *Journal of Modern History*, Chicago, v. 35, n. 3, pp. 245-61, 1963.

_____. "Theodor Fritsch und der Antisemitismus". *Deutsche Rundschau*, Berlim, v. 87, pp. 442-9, 1961.

PIPER, Ernst. *Alfred Rosenberg: Hitlers Chefideologe*. Munique: Blessing, 2005.

_____. "Steigmann-Gall, *The Holy Reich*". *Journal of Contemporary History*, Londres, v. 42, pp. 47-57, 2007.

POEWE, Karla, O. *New Religions and the Nazis*. Nova York: Routledge, 2006.

POIS, Robert A. *National Socialism and the Religion of Nature*. Nova York: St Martin's, 1986.

POLEY, Jared. *Decolonization in Germany*. Bern: Peter Lang, 2005.

PRINGLE, Heather. *The Master Plan: Himmler's Scholars and the Holocaust*. Nova York: Hyperion, 2006.

PROSSER-SCHELL, Michael. "Zum Wandel der Funktion und des Traditionswertes vom Sagen-Texten". *Jahrbuch für deutsche und osteuropäische Volkskunde*, Waldkirchen, v. 51, pp. 47-62, 2010.

PUSCHNER, Uwe. *Die völkische Bewegung im wilhelminischen Kaiserreich*. Darmstadt: Wissenschaftliche Buchgesellschaft, 2001.

PUSCHNER, Uwe. "Weltanschauung und Religion, Religion und Weltanschauung. Ideologie und Formen völkischer Religion". *Zeitenblicke*, Köln, v. 5, n. 1, 2006.

PUSCHNER, Uwe; VOLLNHALS, Clemens (Orgs.). *Die völkisch-religiöse Bewegung im Nationalsozialismus: Eine Beziehungs- und Konfliktgeschichte*. Göttingen: Vandenhoeck & Ruprecht, 2012.

PUSCHNER, Uwe; CANCIK, Hubert (Orgs.). *Antisemitismus, Paganismus, Völkische Religion/ Anti-Semitism, Paganism, Voelkish Religion*. Munique: K. G. Saur, 2004.

RABINBACH, Anson. *In the Shadow of Catastrophe: German Intellectuals between Apocalypse and Enlightenment*. Berkeley, CA: University of California Press, 2001.

RAMASWAMY, Sumathi. *The Lost Land of Lemuria*. Berkeley, CA: University of California Press, 2004.

RAVENSCROFT, Trevor. *The Spear of Destiny*. Nova York: Weiser, 1982.

REDLES, David. *Hitler's Millennial Reich: Apocalyptic Belief and the Search for Salvation*. Nova York: Nova York University Press, 2005.

REICHELT, Werner. *Das Braune Evangelium: Hitler und die NS-Liturgie*. Wuppertal: P. Hammer, 1990.

REITZENSTEIN, Julien. *Himmlers Forscher: Wehrwissenschaft und Medizinverbrechen im "Ahnenerbe" der SS*. Paderborn: Schöningh, 2014.

REMY, Steven P. *The Heidelberg Myth: The Nazification and Denazification of a German University*. Cambridge, MA: Harvard University Press, 2002.

RENTSCHLER, Eric. *Ministry of Illusion*. Cambridge, MA: Harvard University Press, 1996.

REPP, Kevin. *Reformers, Critics, and the Paths of German Modernity: Anti-Politics and the Search for Alternatives, 1890-1914*. Cambridge, MA: Harvard University Press, 2000.

RISSMANN, Michael. *Hitlers Gott*. Munique: Pendo, 2001.

ROBIN, Jean. *Hitler L'Elu du Dragon*. Paris: Éditions de la Maisnie, 1987.

ROLAND, Paul. *The Nazis and the Occult: The Esoteric Roots of the Third Reich*. Londres: Foulsham, 2007.

ROSE, Detlev. *Die Thule-Gesellschaft: Legende-Mythos-Wirklichkeit*. Tübingen: Grabert, 1994.

ROSE, Paul Lawrence. *Heisenberg and the Nazi Atomic Bomb Project: A Study in German Culture*. Berkeley, CA: University of California Press, 1998.

ROSSBACHER, Karlheinz. *Heimatkunstbewegung und Heimatroman: Zu einer Literatursoziologie der Jahrhundertwende*. Stuttgart: Ernst Klett, 1975.

RUBIN, Barry; SCHWANITZ, Wolfgang G. *Nazis, Islamists, and the Making of the Modern Middle East*. New Haven, CT: Yale University Press, 2014.

RUPNOW, Dirk; LIPPHARDT, Veronika; THIEL, Jens; WESSELY, Christina (Orgs.). *Pseudowissenschaft: Konzeptionen von Nichtwissenschaftlichkeit in der Wissenschaftsgeschichte*. Frankfurt am Main: Suhrkamp, 2008.

RUTHNER, Clemens. *Unheimliche Wiederkehr: Interpretationen zu den gespenstischen Romanfiguren bei Ewers, Meyrink, Soyka, Spunda und Strobl*. Meiten: Corian-Verlag, 1993.

RYBACK, Timothy. "Hitler's Forgotten Library". *Atlantic Monthly*, maio 2003. Acessado em: <www.theatlantic.com/doc/200305/ryback>. Disponível em: 2 set. 2023.

Referências bibliográficas

RYBACK, Timothy. *Hitler's Private Library: The Books that Shaped His Life*. Nova York: Random House, 2008. [Ed. bras.: *A biblioteca esquecida de Hitler*. Trad. de Ivo Korytowski. São Paulo: Companhia das Letras, 2009.]

SALER, Michael. "Clap if You Believe in Sherlock Holmes: Mass Culture and the Re--Enchantment of Modernity, *c.* 1890-c.1940". *The Historical Journal*, Cambridge, v. 46, n. 3, 2003.

_____. "Modernity and Enchantment: A Historiographic Review". *American Historical Review*, Bloomington, v. 11, n. 3, pp. 692-716, 2006.

SCHELLENBERG, Walter. *Hitler's Secret Service*. Nova York: Harper, 1974.

SCHEUNEMANN, Dietrich. *Expressionist Film: New Perspectives*. Rochester, NY: Camden House, 2003.

SCHIEDER, Theodor. *Hermann Rauschnings "Gespräche mit Hitler" als Geschichtsquelle*. Opladen: Westdeutscher, 1972.

SCHINDLER, Stephan; KOEPNICK, Lutz. *The Cosmopolitan Screen*. Ann Arbor, MI: University of Michigan Press, 2007.

SCHMIDT, Rainer F. *Rudolf Hess. Botengang eines Toren?*. Düsseldorf: Econ, 1997.

SCHMITZ-BERNING, Cornelia. *Vokabular des Nationalsozialismus*. Berlim: De Gruyter, 1998.

SCHMUHL, Hans-Walter. *The Kaiser-Wilhelm-Institute for Anthropology, Human Heredity and Eugenics, 1927-1945: Crossing Boundaries*. Nova York: Springer, 2008.

SCHÖNWÄLDER, Karen. *Historiker und Politik. Geschichtswissenschaft im National-sozialismus*. Frankfurt am Main: Campus, 1992.

SCHÖTTLER, Peter (Org.). *Geschichtsschreibung als Legitimationswissenschaft 1918-1945*. Frankfurt am Main: Sührkamp, 1997.

SCHORMANN, Gerhard. "Wie entstand die Karthotek, und wem war sie bekannt?". In: BAUER, Dietrich R. et al. (Orgs.). *Himmlers Hexenkartothek: Das Interesse des Nationalsozialismus an der Hexenverfolgung*. Bielefeld: Verlag für Regionalgeschichte, 1999.

SCHULTE-SASSE, Linda. *Entertaining the Third Reich*. Durham, NC: Duke University Press, 1996.

SCHULZE, Winfried; OEXLE, Otto Gerhard. *Deutsche Historiker im Nationalsozialismus*. Frankfurt am Main: Fischer, 1999.

SEDGWICK, Mark J. *Against the Modern World: Traditionalism and the Secret Intellectual History of the Twentieth Century*. Nova York/ Oxford: Oxford University Press, 2004.

SENNEWALD, Michael. *Hanns Heinz Ewers. Phantastik und Jugendstil*. Maisenhain: Hain, 1973.

SHENSTONE, A. G. "The Brocken Spectre". *Science*, Nova York, v. 119, n. 3094, 1954.

SICKINGER, Raymond L. "Hitler and the Occult: The Magical Thinking of Adolf Hitler". *Journal of Popular Culture*, Ames, v. 34, n. 2, pp. 107-25, 2000.

SIEG, Ulrich. *Deutschlands Prophet. Paul de Lagarde und die Ursprünge des modernen Antisemitismus*. Munique: Carl Hanser, 2007.

SIEMENS, Daniel. *Horst Wessel. Tod und Verklärung eines Nationalsozialisten*. Munique: Siedler, 2009.

SIMON, Michael. "'Volksmedizin' im frühen 20. Jahrhundert. Zum Quellenwert des Atlas der deutschen Volkskunde". *Studien zur Volkskultur*, v. 28. Mainz: Gesellschaft für Volkskunde in Rheinland-Pfalz, 2003.

SKLAR, Dusty. *Gods and Beasts: The Nazis and the Occult*. Nova York: Thomas Crowell, 1977.

SMITH, Helmut Walser. *The Continuities of German History*. Cambridge: Cambridge University Press, 2008.

SMITH, Woodruff D. *Politics and the Sciences of Culture in Germany, 1840-1920*. Oxford: Oxford University Press, 1991.

SOMMER, Andreas. "From Astronomy to Transcendental Darwinism: Carl du Prel (1839-1899)". *Journal of Scientific Exploration*, Charlestown, v. 23, n. 1, pp. 59-68, 2009.

SPANG, Christian. *Karl Haushofer und Japan: Die Rezeption seiner geopolitischen Theorien in der deutschen und japanischen Politik*. Munique: Ludicum, 2013.

SPICER, Kevin P. *Resisting the Third Reich: The Catholic Clergy in Hitler's Berlin*. DeKalb, IL: University of Northern Illinois Press, 2004.

SPIELVOGEL, Jackson; REDLES, David. "Hitler's Racial Ideology: Content and Occult Sources". *Simon Wiesenthal Center Annual*, Los Angeles, v. 3, pp. 227-46, 1986.

SPIKER, Annika. *Geschlecht, Religion und völkischer Nationalismus: Die Ärztin und Antisemitin Mathilde von Kemnitz-Ludendorff*. Frankfurt: Campus, 2013.

STACH, Walter. "Gemeingefähliche Mysterien: Eine astrologische Studie. Graf. Carl v. Klinckowstroem, 'Rund um Nostradamus'". *ZfKO*, v. 2, 1927.

STAFFORD, Barbara Maria. *Artful Science: Enlightenment Entertainment and the Eclipse of Visual Education*. Cambridge, MA: MIT Press, 1996.

STANDISH, David. *Hollow Earth*. Boston, MA: Da Capo, 2006.

STARK, Rodney. *Discovering God*. Nova York: HarperCollins, 2004.

STAUDENMAIER, Peter. *Between Occultism and Nazism*. Boston, MA: Brill, 2014.

_____. "Nazi Perceptions of Esotericism: The Occult as Fascination and Menace". In: MANTHRIPRAGADA, Ashwin; MUSANOVIC, Emina; THEISON, Dagmar (Orgs.). *The Threat and Allure of the Magical: Selected Papers from the 17th Annual Interdisciplinary German Studies Conference*. Cambridge: Cambridge Scholars Publishing, 2013, pp. 24-58.

_____. "Occultism, Race and Politics in Germany, 1880-1940: A Survey of the Historical Literature". *European History Quarterly*, Thousand Oaks, v. 39, n. 1, pp. 47-70, 2009.

_____. "Organic Farming in Nazi Germany: The Politics of Biodynamic Agriculture, 1933-1945". *History Faculty Research and Publications*, Jacksonville, v. 82, pp. 1-29, 2013.

_____. "Rudolf Steiner and the Jewish Question". *Leo Baeck Institute Yearbook*, Oxford, v. 50, n. 1, pp. 127-47, 2005.

STEEGMAN, Robert. *Le Camp de Natzweiler Struthof*. Paris: Seuil, 2009.

STEIGMANN-GALL, Richard. *The Holy Reich: Nazi Conceptions of Christianity 1919-1945*. Cambridge: Cambridge University Press, 2003. [Ed. bras.: *O santo Reich*. Rio de Janeiro: Imago, 2004.]

_____. "Rethinking Nazism and Religion: How Anti-Christian Were the 'Pagans'?". *Central European History*, Cambridge, v. 36, n. 1, pp. 75-105, 2003.

Referências bibliográficas 531

STEINMETZ, George. *The Devil's Handwriting: Precoloniality and the German Colonial State in Qingdao, Samoa, and Southwest Africa.* Chicago, IL: University of Chicago Press, 2007.

STEPHENS, Piers. "Blood, not Soil: Anna Bramwell and the Myth of 'Hitler's Green Party'". *Organization and Environment*, Nova York, v. 14, pp. 173-87, 2001.

STERN, Fritz. *The Politics of Cultural Despair.* Berkeley, CA: University of California Press, 1974.

STOLTZFUS, Nathan. *Hitler's Compromises: Coercion and Consensus in Nazi Germany.* New Haven, CT: Yale University Press, 2016.

STOWERS, Stanley. "The Concepts of 'Religion', 'Political Religion' and the Study of Nazism". *Journal of Contemporary History*, Londres, v. 42, n. 1, pp. 9-24, 2007.

STROHMEYER, Arn. *Von Hyperborea nach Auschwitz: Wege eins antiken Mythos.* Witten: PapyRossa, 2005.

STRUBE, Julian. "Nazism and the Occult". In: PARTRIDGE, Christopher (Org.). *The Occult World.* Londres: Routledge, 2015, pp. 336-47.

_____. *Vril. Eine okkulte Urkraft in Theosophie und esoterischem Neonazismus.* Paderborn/ Munique: Wilhelm Fink, 2013.

STUTTERHEIM, Kerstin D. *Okkulte Weltvorstellungen im Hintergrund dokumentarischer Filme des "Dritten Reiches".* Berlim: Weissensee, 2000.

SUTIN, Lawrence. *Do What Thou Wilt: A Life of Aleister Crowley.* Nova York: St Martin's, 2000.

TAYLOR, Charles. *Modern Social Imaginaries.* Durham, NC: Duke University Press, 2004.

THOMAS, Keith. *Religion and the Decline of Magic.* Nova York: Scribner's, 1971.

TIRYAKIAN, Edward A. "Dialectics of Modernity: Reenchantment and Dedifferentiation as Counterprocesses". In: HAFERKAMP, Hans; SMELSER, Neil J. (Orgs.). *Social Change and Modernity.* Berkeley, CA: University of California Press, 1992.

TOOZE, Adam. *The Wages of Destruction.* Londres: Penguin, 2006.

TREITEL, Corinna. *A Science for the Soul: Occultism and the Genesis of the German Modern.* Baltimore, MD: Johns Hopkins University Press, 2004.

TREVOR-ROPER, Hugh (Org.). *Hitler's Secret Conversations, 1941-1944.* Nova York: Farrar, Straus and Young, 1953.

_____. *The Bormann Letters.* Londres: Weidenfeld and Nicolson, 1954.

TROMP, Solco Walle. *Psychical Physics: A Scientific Analysis of Dowsing Radiesthesia and Kindred Divining Phenomena.* Nova York: Elsevier, 1949.

TRIMONDI, Victor; TRIMONDI, Victoria. *Hitler, Buddha, Krishna: An Unholy Alliance from the Third Reich to the Present Day.* Viena: Ueberreuter, 2002.

VOLLER, Christian. "Wider die 'Mode heutiger Archaik': Konzeptionen von Präsenz und Repräsentation im Mythosdiskurs der Nachkriegszeit". In: GEBERT, Bent; MAYER, Uwe. *Zwischen Präsenz und Repräsentation.* Göttingen: De Gruyter, 2014, pp. 226-57.

VONDUNG, Klaus. *Deutsche Wege zur Erlösung: Formen des Religiösen im Nationalsozialismus.* Munique: Wilhelm Fink, 2013.

_____. *Magie und Manipulation: Ideologischer Kult und Politsche Religion des Nationalsozialismus.* Göttingen: Vandenhoeck & Ruprecht, 1971.

VONDUNG, Klaus. "National Socialism as a Political Religion: Potentials and Limits of an Analytical Concept". *Totalitarian Movements and Political Religions*, Oxford, v. 6, n. 1, pp. 87-98, 2005.

WAITE, Robert. *Psychopathic God*. Nova York: Basic Books, 1977.

WALKER, Mack. *German Home Towns*. Ithaca, NY: Cornell University Press, 1971.

WATT, Roderick H. "Wehrwolf or Werwolf? Literature, Legend, or Lexical Error into Nazi Propaganda?". *Modern Language Review*, Cambridge, v. 87, n. 4, 1992.

WEBB, James. *Flight from Reason*. Londres: MacDonald, 1971.

———. *The Occult Underground*. Londres: Open Court, 1974.

WEBER, Petra. *Justiz und Diktatur: Justizverwaltung und politische Strafjustiz in Thüringen 1945-1961*. Veröffentlichungen zur SBZ-/DDR -Forschung im Institut für Zeitgeschichte. Oldenbourg: Wissenschaftsverlag, 2000.

WEGENER, Franz. *Alfred Schuler, der letzte Deutsche katharer*. Gladbeck: KFVR, 2003.

———. *Der Alchemist Franz Tausend. Alchemie und Nationalsozialismus*. Gladbeck: KFVR, 2006.

———. *Heinrich Himmler. Deutscher Spiritismus — Französischer Okkultismus und der Reichsführer SS*. Gladbeck: KFVR, 2004.

———. *Kelten, Hexen, Holocaust*. Gladbeck: KFVR, 2010.

WEHLER, Hans-Ulrich. *Deutsche Gesellschaftsgeschichte*, v. 4. Munique: Beck, 2003.

———. *The German Empire 1871-1918*. Providence, RI: Berg, 1993.

WEIKART, Richard. *From Darwin to Hitler: Evolutionary Ethics, Eugenics, and Racism in Germany*. Londres: Palgrave, 2004. [Ed. bras.: *De Darwin a Hitler*. Trad. de Jonathas Ramos de Castro. Campinas: Vide, 2021.]

———. *Hitler's Ethic: The Nazi Pursuit of Evolutionary Progress*. Londres: Palgrave, 2009.

———. *Hitler's Religion: The Twisted Beliefs that Drove the Third Reich*. Washington, DC: Regnery, 2016.

WEINDLING, Paul. *Health, Race and German Politics between National Unification and Nazism, 1870-1945*. Cambridge; Nova York: Cambridge University Press, 1989.

WEINGART, Peter. *Doppel-Leben. Ludwig Ferdinand Clauss: Zwischen Rassenforschung und Widerstand*. Frankfurt am Main: Campus, 1995.

WEINREICH, Max. *Hitler's Professors: The Part of Scholarship in Germany's Crimes against the Jewish People*. Oxford: Oxford University Press, 1946.

WEISENBURGER, Steven C. *A Gravity's Rainbow Companion: Sources and Contexts for Pynchon's Novel*. Athens, GA: University of Georgia, 2011.

WELCH, David. "Goebbels, Götterdämmerung and the Deutsche Wochenschau". In: SHORT, K. M.; DOLEZEL, Stephen (Orgs.). *Hitler's Fall: The Newsreel Witness*. Londres: Routledge, 1988, pp. 80-99.

WERNER, Uwe. *Anthroposophen in der Zeit des Nationalsozialismus (1933-1945)*. Munique: Oldenbourg, 1999.

WESSELY, Christina. *Welteis: Ein wahre Geschichte*. Berlim: Matthes & Seitz, 2013.

WETZELL, Richard. "Eugenics and Racial Science in Nazi Germany: Was There a Genesis of the 'Final Solution' from the Spirit of Science?". In: PENDAS, Devin O.; ROSEMAN, Mark; WETZELL, Richard F (Orgs.). *Beyond the Racial State: Rethinking Nazi Germany*. Cambridge: Cambridge University Press, 2017.

Referências bibliográficas

WILDENTHAL, Lora. *German Women for Empire, 1884-1945*. Durham, NC: Duke University Press, 2001.

WILLIAMSON, George. "A Religious Sonderweg? Reflections on the Sacred and the Secular in the Historiography of Modern Germany". *Church History*, Cambridge, v. 75, n. 1, pp. 139-56, 2006.

_____. *The Longing for Myth in Germany*. Chicago, IL: University of Chicago Press, 2004.

WIWJORRA, Ingo. "Herman Wirth — Ein gescheiterter Ideologe zwischen 'Ahnenerbe' und 'Atlantis'". In: DANCKWORTT, Barbara (Org.). *Historische Rassismusforschung. Ideologen, Täter, Opfer*. Hamburgo: Argument, 1995.

WOLFF, Ursula. *Litteris et Patriae. Das Janusgesicht der Historie*. Stuttgart: Franz Steiner, 1996.

WOLFFRAM, Heather. *The Stepchildren of Science*. Amsterdam: Rodopi, 2009.

YENNE, Bill. *Hitler's Master of the Dark Arts*. Minneapolis, MN: Zenith, 2010.

ZANDER, Helmut. *Anthroposophie in Deutschland: Theosophische Weltanschauung und gesellschaftliche Praxis 1884-1945*. Göttingen: Vandenhoeck & Ruprecht, 2007.

_____. *Rudolf Steiner: Die Biografie*. Munique: Piper, 2011.

ZANTOP, Susanne. *Colonial Fantasies: Conquest, Family, and Nation in Precolonial Germany, 1770-1870*. Durham, NC: Duke University Press, 1997.

ZIEMANN, Benjamin. *Katholische Kirche und Sozialwissenschaften 1945-1975*. Göttingen: Vandenhoeck & Ruprecht, 2007.

_____. "Religion and the Search for Meaning, 1945-1990". In: SMITH, Helmut Walser (Org.). *The Oxford Handbook of Modern German History*. Oxford: Oxford University Press, 2011.

ZIMMERER, Jürgen; ZELLER, Joachim (Orgs.). *Völkermord in Deutsch-Südwestafrika: Der Kolonialkrieg (1904-1908) in Namibia und seine Folgen*. Berlim: Christoph Links Verlag, 2003.

ZIMMERMAN, Andrew. *Anthropology and Antihumanism in Imperial Germany*. Chicago, IL: University of Chicago Press, 2001.

ZIPES, Jack. *Fairy Tale as Myth/Myth as Fairy Tale*. Lexington, KY: University Press of Kentucky, 1994.

ZUMHOLZ, Maria Anna. *Volksfrömmigkeit und Katholisches Milieu: Marienerscheinungen in Heede 1937-1940*. Cloppenburg: Runge, 2004.

WEBSITES

<www.antifa.co.at/antifa/PAMMER2.PDF>

<www.archive.org/stream/MemoriesDreamsReflectionsCarlJung/carlgustavjung-interviewsand-encounters-110821120821-phpapp02_djvu.txt>

<www.biographien.kulturimpuls.org/detail.php?&id=544>

<www.books.google.com/books/about/Nostradamus_der_Prophet_der_Weltges chich.html?id=aSknA>

<www.spiegel.de/fotostrecke/spuk-von-rosenheim-fotostrecke-110511-5.html>

\<www.bruno-groening.org/english\>
\<www.biographien.kulturimpuls.org/detail.php?&id=39\>
\<www.dailymail.co.uk/news/article-2014146/Nazi-nuclear-waste-Hitlers-secret-A-bomb-programme-mine.html\>
\<www.denisdutton.com/adorno_review.html\>
\<www.heterodoxology.com/2012/07/17/parapsychology-in-germany-review-of-heather-wolfframs-stepchildren-ofscience-2009\>
\<www.dhm.de/lemo/biografie/mathilde-ludendorff\>
\<www.dhm.de/lemo/html/biografien/HimmlerHeinrich/index.html\>
\<www.dhm.de/lemo/html/nazi/innenpolitik/ahnenerbe/index.html\>
\<www.dhm.de/lemo/html/nazi/innenpolitik/vwf/index.html\>
\<www.forbes.com/sites/paulrodgers/2014/02/11/search-is-on-for-hitlers-secret-atom-bomb-lab-under-deathcamp\>
\<www.geschichte.hu-berlin.de/en/forschung-und-projekte-en-old/foundmed/dokumente/forschung-undprojekte/ns-zeit/ringvorlesung/teilIIordner/4februar\>
\<www.harunyahya.org/tr/Kitaplar/1599/yeni-masonik-duzen/chapter/121\>
\<www.historycooperative.org/journals/ahr/111.3/saler.html\>
\<www.h-net.org/reviews/showrev.php?id=345\>
\<www.holger-szymanski.de/wehrwolf.html\>
\<www.hsozkult.de/publicationreview/id/rezbuecher-10759\>
\<www.hsozkult.de/event/id/termine-10810\>
\<www.img.welt.de/img/zweiter-weltkrieg/crop133061778/7179566868-ci16x9-w780-aoriginal-h438-lo/Bildunterschrift-Eine-Theorie-besagt-d.jpg\>
\<www.indiana.edu/~beyond\>
\<www.info3.de/ycms/artikel_1775.shtml\>
\<www.kinoeye.org/03/11/gelbin11.php\>
\<www.interviewsandencounters-110821120821-phpapp02_djvu.txt\>
\<www.jkibw.de/?Archive_und_Sammlungen:Nachlass_Karasek\>
\<www.ihr.org/jhr/v14/v14n2p-9_Montgomery.html\>
\<www.jstor.org/discover/10.2307/261215?sid=21105889929191&uid=2129&uid=70&uid=2&uid=3739600 &uid=4&uid=3739256\>
\<www.motlc.wiesenthal.com/site/pp.asp?c=gvKVLcMVIuG&b=395043\>
\<www.mpiwg-berlin.mpg.de/en/research/projects/DeptIII-ChristinaWessely-Welteis-lehre\>
\<www.nbcnews.com/id/23456119\>
\<www.nostradamusresearch.org/en/ww2/centgraf-info.html\>
\<www.nytimes.com/2013/07/15/world/europe/nadezhda-popova-ww-ii-night-witch-dies-at-91. html?_r=1\>
\<www.nytimes.com/2015/04/19/opinion/sunday/t-m-luhrmann-faith-vs-facts.html\>
\<www.nyu.edu/pubs/anamesa/archive/fall_2005_culture/11_shull.pdf\>
\<www.occultforum.org/forum/viewtopic.php?t=29694\>
\<www.oldmagazinearticles.com/pdf/Carl_Jung_on_Hitler.pdf\>
\<www.peter-diem.at/Daim/Daim.html\>
\<www.philipcoppens.com/wewelsburg.html\>

Referências bibliográficas

\<www.polunbi.de/archiv/39-10-14-01.html>
\<www.polunbi.de/archiv/39-11-29-01.html>
\<www.polunbi.de/archiv/41-05-20-01.html>
\<www.portal.dnb.de>
\<www.nostradamus-online.de/index1.html>
\<www.queernations.de/de/wissenschaft_forschung/aufsaetze/zurnieden.html;jsessi
onid=144728269B4503D29BECD5C5587515 50?node:attribute=pdfattach_file&.pdf>
\<www.readcube.com/articles/10.1111%2Fj.0022-3840.2000.3402_107.x?r3_
referer=wol&tracking_action=preview_click&show_checkout=1&purchase_
referrer=onlinelibrary.wiley.com&purchase_site_license=LICENSE_DENIED_
NO_CUSTOMER>
\<www.science.orf.at/stories/1628033>
\<www.seiyaku.com/customs/crosses/kabbalah.html>
\<www.skyscript.co.uk/wulff4.html>
\<www.ssp-exploration.de/raketen-in-thueringen.html>
\<www.swr.de/swr2/programm/.../essay/-/.../swr2-essay-20080715.rtf>
\<www.taringa.net/posts/info/9970514/Heinrich-Himmler-Personajes-2-guerra-mun-
dial.html>
\<www.telegraph.co.uk/culture/film/starsandstories/3673575/The-original-Indiana-
Jones-Otto-Rahnand-the-temple-of-doom.html>
\<www.theatlantic.com/magazine/archive/2003/05/hitlers-forgotten-library/302727>
\<www.theatlantic.com/technology/archive/2013/07/night-witches-the-female-fighter-
pilots-of-world-warii/277779>
\<www.theguardian.com/books/2000/oct/07/books.guardianreview>
\<www.theosociety.org/pasadena/hpb-tm/hpbtm-hp.html>
\<www.theosophy-nw.org/theosnw/theos/wqj-selc.html>
\<www.uboat.net/men/commanders/1016.html>
\<www.history.com/news/history-lists/5-famous-wwii-covert-operations>
\<www.uni-goettingen.de/de/91592.html>
\<www.uni-siegen.de/mediaresearch/nichthegemoniale_innovation>
\<www.utlib.ee/ekollekt/eeva/index.php?lang=en&do=autor&aid=594>
\<www.visionsofjesuschrist.com/weeping1809.html>
\<www.warhistoryonline.com/war-articles/hans-kammler-commit-suicide.html>
\<www.web.utk.edu/~segsw/2013panels.html>
\<www.welt.de/geschichte/zweiter-weltkrieg/article133061716/Die-Ufos-des-Dritten-
Reiches-kamen-bis-in-dieUSA.html>

Índice remissivo

VIII Congresso Internacional de História das Religiões (Roma, 1955), 393

Ação Hess (ação de Heydrich contra doutrinas ocultas), 148, 172-7, 298, 301, 303, 327; consequências da, 178-86

adoração dos ancestrais, 265, 268

Adorno, Theodor, 15, 102, 404; *As estrelas descem à Terra*, 188; "Teses contra o ocultismo", 11, 187-8, 315

Agarthi, cidade mística (Himalaia), 44, 257

agricultura biodinâmica, 46, 52, 59, 207-12; experimentos humanos e, 339; políticas de reassentamento e, 326

Ahnenerbe (Comunidade para a Investigação e o Ensino sobre Herança Ancestral da ss), 199, 206, 388; cosmogonia glacial e, 214-9, 225; divisão de geologia aplicada, 368; geopolítica e, 276, 277; interdisciplinaridade, 218-9; novas tecnologias e, 309-10; pesquisa sobre o Santo Graal e, 243; políticas de reassentamento e, 319, 322

alemães: inconsciente coletivo, 102; medo de guerrilheiros Wehrwolf, 378-9; ocultismo, pensamento mágico e, 105-8, 137-8, 148-55, 402; pensamento esotérico pós-guerra, 394-5; propaganda nacionalista e, 290-3; suscetibilidade ao carisma de Hitler, 102-3, 288-9; visão sobrenatural no fim da guerra e, 398-9

Alemanha: ascendência do nazismo, 108; criação do nacionalismo, 31, 35; desvantagens estratégicas, 359; fim da Segunda Guerra Mundial e, 391-9; governo de centro-esquerda (1918), 77-8; raízes culturais pré-cristãs, 34; *ver também* alemães; nazismo; Partido Nazista (NSDAP); Primeira Guerra Mundial; República de Weimar

Alexis, Willibald, *Der Werwolf* [O lobisomem] (1848), 32

al-Gaylani, Rashid Ali, 287

Alsácia, 278

Altheim, Franz, 279-80, 286, 393

al-Yawar, Ajil, xeque, 287

Amt Rosenberg, 165, 181, 208, 321; astrologia e, 194; cosmogonia glacial e, 215; propaganda antijudaica, 349

anel de caveira, 247-8, 251

anel dos nibelungos, O (Wagner), 31

Anrich, Ernst, reitor da Universidade do Reich de Estrasburgo, 147, 198-200, 279, 311, 328; defesa do *völkisch*-esotérico, 392

anticolonialismo, 282

antigravidade, 362, 369, 371-2

Antisemitischen Correspondenz (jornal), 68

antissemitismo, 49, 68, 81, 122, 353; Liga Artamana, 93; nazista, 84, 342; da Ordem Germânica, 68-9; Sociedade Thule, 78-9; *ver também* judeus

antroposofia, 46-8, 201, 257; Ação Hess e, 174; apoio do nazismo à, 207-9; direita *völkisch* e, 47; eugenia e, 60-1; experimentos humanos e, 339; radiestesia e, 205; Terceiro Reich e, 154, 226

Apazeller, Stefan, 381

apocalipse, visão de Wagner, 377, 386-7

apocalipticismo, 75-6, 115

Archiv für Rassen- und Gesellschafts-Biologie (revista), 122

arianismo, 247; conceito de, 39; cosmogonia glacial e, 214; *ver também* ariosofia; indo-arianismo

ariosofia, 12, 27, 48-52, 134; grupos dissidentes, 67; hermionismo e, 246-7; nazismo e, 134; teosofia e, 48-9; Terceiro Reich e, 152-3; *ver também* arianismo

armas milagrosas, 359-66; inspiradas pela mitologia, 369

armas nucleares, 361-2

Arndt, Ernst Moritz, "Des Deutschen Vaterland" [A pátria alemã], 31

arqueologia, 276, 278

artefatos, apreensão de, 322-4

artistas, e ocultismo, 119

Artur, rei, lendas do, 231, 241

Índice remissivo

Associação Astrológica Alemã, 152
Associação do Reich para a Pré-História Alemã, 248, 275
Associação dos Artistas do Reich, 167
Associação Tannenberg, 92
astrologia, 41, 43, 52-7, 59; "científica", 190-5; comercial, 190, 193; leis contra, 162, 295; popularidade da, 131-3; propaganda e, 295-300; reconhecimento, 189-90; tradição *völkisch*, 190-1; uso pelo Terceiro Reich, 9, 165, 175, 183, 389-90
Astrologische Rundschau (revista), 51, 57, 71
astrólogos, 107, 172; pós-guerra, 396; uso nazista de, 9, 175
Atlântico, batalha do, 301-2
Atlântida, civilização perdida de, 44, 73, 257, 283
Auf Gut Deutsch (periódico), 88
Auschwitz, campo de concentração, 339, 351, 353
Áustria: invasão (1938), 293; ocultismo, 27-8

Bálcãs, guerrilheiros como vampiros nos, 380-5
Banato, alemães do ("suábios do Danúbio"), 380-5
Bartels, Adolf, editor *völkisch*, 37
Bartsch, Erhard, agricultura biodinâmica, 209-12, 325
Batalha da Grã-Bretanha, 298-9
Baümler, Alfred, 208
Baviera, 76, 234
Becher, Theodor, 190
Beger, Bruno, 259, 309, 319, 333, 388; coleção de esqueletos, 337-8; experimentos humanos e, 337-8; projeto de reassentamento e, 322, 324
Bender, Hans, parapsicólogo, 152, 197-201, 219, 271; carreira pós-guerra, 397; ciência fronteiriça e, 189, 397; *Experimentelle Visionen* [Visões experimentais], 198; Na Universidade do Reich de Estrasburgo, 334; treinamento militar parapsicológico e, 310-1
Benn, Gottfried, 10, 124, 387
Beowulf, 231
Berlin am Morgen (jornal liberal), 139
Best, dr. Werner, 227
Bickenbach, Otto, 200, 334, 337
biologia, ciência fronteiriça e, 51
Black, Monica, 17, 99, 143, 238, 321, 374; sobre "imaginário sobrenatural", 398

Blavatsky, Helena, teosofia, 42-6; *A doutrina secreta*, 42
Bloch, Ernst, 30, 35, 273, 282
Boêmia, 33, 319
Bohmers, Assien, 279
bolcheviques: eliminação de, 351; medo de, 79, 173, 299, 319
Bonaparte, Jerônimo, 33
Bormann, Gerda, 263, 285, 340, 350, 388-9
Bormann, Martin, 148, 357, 388; Ação Hess e, 173-5; armas secretas e, 366; Goebbels e, 176-7; sobre o islamismo, 263; Japão e, 285; medidas contra ocultismo, 148-9; ódio ao cristianismo, 232; religião da natureza, 239
Bose, Subhas Chandra, 284
Bósnia, divisões muçulmanas da ss, 309
Bouhler, Philip, 165-6, 176
Brandler-Pracht, Karl, ator, 57, 164
Brandt, Rudolf, 228
Braun, Wernher von, 362-3
Brecht, Bertolt, 10, 128
Breker, Arno, escultor, 297
Brocken, montanha de, cenário da Noite de Santa Valburga, 33, 69, 243, 252, 369
Brüning, Heinrich, chanceler, 138
bruxaria e bruxas, 32; Himmler e, 230-2, 352; novo folclore e, 33; origens da Mãe Terra germânica, 231
budismo, 34, 242, 254-68, 282; tradição marcial indo-ariana e, 307
Bulwer-Lytton, Edward, 42, 44
Bund Oberland, 78, 80, 84, 92, 123, 165
Bunte Wochenschau (revista), 134, 137
Burg Werfenstein, castelo comprado por Lanz, 50
Burleigh, Michael, 348, 351, 353

cabala judaica, 43, 51
caçadores selvagens, tradição folclórica, 273
Câmara de Literatura do Reich, 152, 164, 194
"camponeses guerreiros", 274, 306
campos de concentração, 326, 335, 339, 351, 353; experimentos científicos fronteiriços, 333-5, 364, 372; plantações biodinâmicas, 326
Capitão América (filme), 7-8
caracterologia, 52, 131, 191
Carélia, Finlândia, expedição para, 206, 251
carma, 255, 264
cátaros, 228, 242-3, 257, 264, 279

cavaleiros templários, 228, 241

cavaleiros teutônicos, 42, 308, 317, 321

caveira, símbolo da ss, 306

Centgraf, Alexander, astrólogo, 192, 299, 396; e conspiração judaica, 347, 390

Chamberlain, Houston Stewart, 34, 39, 88, 214, 284; *Foundations of the Nineteenth Century* (1895), 34

Chamberlain, Neville, 294.

Chancelaria, intervenção a favor de ocultistas, 165, 168

"chandalas" (sub-humanos raciais), 28, 51, 249

ciência, 15-6; antroposofia e, 46-7; convencional, 52, 203-4, 218-9, 329; filosofia sobrenatural e, 43; *ver também* "ciências fronteiriças"

"ciências fronteiriças" (*Grenzwissenschaft*), 9, 13, 51-64; aplicações militares, 306-13, 360-73; conceitos de raça e espaço, 39, 47-8; engenharia biopolítica e, 317; eugenia e, 327-34, 354; na Europa e nos Estados Unidos, 401-2; experimentos humanos e, 334-40; teorias da evolução, 330-1; Terceiro Reich e, 150-1, 183, 187-26; usadas em guerra, 300-13; *ver também* armas milagrosas; cosmogonia glacial

ciganos, como "arianos", 348, 353

Círculo Mágico da Alemanha, 161, 167-8, 178, 184

clarividência, 46, 59, 107

Class, Heinrich, Liga Pangermânica, 69

classe média, ocultismo entre, 10, 135

classe trabalhadora e DAP, 75

Clauss, Ludwig F., 309

colonização, anticolonialismo e, 282

Comissão Oficial de Exame do Partido para a Proteção das Publicações Nacional--Socialistas *ver* PPK

Comunidade para a Investigação e o Ensino sobre Herança Ancestral da ss *ver* Ahnenerbe

comunidade racial, conceito de, 277

comunismo: e fantasias *völkisch*, 134; *ver também* bolcheviques

Conferência de Homeopatia do Reich, 194

Confino, Alon, 342; *A World without Jews*, 354

conhecimento pré-histórico, 58

Conti, dr. Leonard, ministro da Saúde, 178

contos de fada, 31, 257

"controvérsia dos mágicos de Hitler, a", 149, 167-72

Corazza, Heinz, *Die Samurai* [Os samurais], 265, 308

cosmobiologia, 58, 165, 190-1, 194, 200

cosmogonia glacial, 9, 13-4, 52, 61-2, 187-226; apoio nazista à, 212-25; crença de Hitler na, 311-2; críticas à, 221-2; expedição ao Tibete e, 259; oposição da ciência convencional, 219; pesquisa de armamentos e, 369; Protocolo de Pyrmont e, 220-5

criação de mitos, 276

crise de Munique (1938), 294

cristianismo: judeus e, 345-6; nazismo como ameaça ao, 228, 267; paganismo alemão e, 32, 235, 237, 249; rejeição do, 91, 94, 229-35; sobrenatural e, 18; *ver também* Igreja Católica

cultura de massa, 121

cultura protogermânica, 33, 63, 207

cultura *völkisch*: cultura do horror e, 120; mitologia nórdica e, 32; ocultismo e, 28, 41, 134

cura natural, 59, 60

Cziffra, Geza von, 138, 141

Dachau, campo de concentração, 326, 333, 367-8

Dacqué, Edgar, 214, 263, 275

dança, 104, 119

DAP (Partido dos Trabalhadores Alemães), 65, 81; fundação do, 75, 80-1

Darré, Walther, 186, 207, 276, 392; agricultura biodinâmica e, 210; Gabinete Central de Raça e Colonização e, 94, 207-8; ideia mística de sangue e solo e, 94, 239, 250, 318-9; religiões asiáticas e, 263

Das Schwarze Korps (jornal da ss), 151, 160

Dawson, Christopher, 228

Daxelmuller, Christoph, 352

Deicke, Walter, 72

demonstrações de ocultismo científico, 161, 163, 166, 178

Der eiserne Besen (jornal *völkisch*-esotérico), 245

Der Hammer, editora, 67

Der Wehrwolf [O lobisomem] (Löns, 1910), 32, 91, 376

desmascaradores, 186; *ver também* Pelz, Carl; Stadhagen, Albert

Dessoir, Max, 53

Detmold, antiga locação germânica, 317

Deutsche Heimat (revista), 37

Deutschland ohne Deutsche [A Alemanha sem alemães], 122

Die magischen Blätter (jornal), 71

Dietrich, Sepp, general, 364

Dingeldey, Johannes, 114

Dinter, Artur, 85, 121; *Die Sünde wider das Blut* [O pecado contra o sangue], 84, 90, 95

direita *völkisch*: e antroposofia, 47; e teorias de sangue e solo, 318

"discos voadores" (máquinas antigravidade), 362, 369, 371-2; motor de "repulsão", 371-2

divisão de defesa contra a astrologia e a teoria da cosmogonia glacial, 183

divisão de humanidades, cultura indo-germânica e história intelectual em tempos de guerra, 325

divisão de pesquisa ideológica, 310

doença dos guerrilheiros, 381-3

Doering-Manteuffel, Sabine, 403

Dornberger, Walter, 362-3

Dresden, Hospital Rudolf Hess, 206

Drexler, Anton, e DAP, 74, 80, 82-3, 229

Driesch, Hans, cientista fronteiriço, 156, 203

Du Prel, Carl, barão, 54, 63, 197

Ebertin, Elsbeth, 112, 165; *Ein Blick in die Zukunft* [Um olhar para o futuro], 133

Ebertin, Reinhold, cosmobiólogo, 194

Eckart, Dietrich, 84, 261, 345; e DAP, 80, 82; periódico *Auf Gut Deutsch*, 88

Eckstein, Friedrich, *lebensreformer*, 45

Eclaros, centro ocultista, 131

Edda, prosa e poética medieval, 32, 40, 249

Edda, Sociedade, 67, 245

Editora Teosófica, 57

educação, folclore e mitologia, 35

Eichmann, Adolf, 312, 339

Eisenhhower, Dwight, general, 379

Eisler, Robert, palestra "De homem a lobo", 373

Eisner, Kurt: plano da Sociedade Thule para sequestrar, 78; República Socialista da Baviera, 76

Eisner, Lotte, crítica de cinema, 10, 102, 119

eletricidade: compreensão alemã antiga, 206; tentativas de uso como arma, 369

Elmayer-Vestenbrugg, Rudolf von, 221-2; *Rätsel des Weltgeschehens* [O enigma dos fenômenos universais], 216

Elmo, santo, curandeiro natural, 179

Elser, Johann Georg, 192, 295-6

Emmerich, Wolfgang, 143

Enciclopédia sobre lamaísmo de Kandschur, 260

energias, bioelétricas, 369

engenharia biopolítica, 317

epidemia de gripe, 77

Erckmann, Rudolf, Ministério da Propaganda, 195

Ernst, Karl, 132, 138

Ernst, Robert, 199

Escandinávia, 278; expedições para, 278

esclarecimento, e ocultismo, 162-6

eslavos como vampiros, 380-5

Espanha, 402

espiritualidade, 30, 64

espiritualismo, 53

esquerda (política): e ocultismo, 128, 134; e República Socialista da Baviera, 75

Estados Unidos: experimentos em humanos, 329, 353; pensamento sobrenatural nos, 403

esterelização em massa, 330

Estrasburgo, Universidade do Reich de, 198, 200, 334, 337-8, 352

estudante de Praga, O (filme), 117, 120, 126

etnografia, 38

etnoteísmo, 237

eugenia, 327-34, 354; antroposofia e, 47; ariosofia e, 50; criação de seres sobre-humanos e, 61; experimentos médicos e, 332-3; expressionismo e, 120

euritmia (dança meditativa), 119

eutanásia, 183, 330, 339

Evans, Richard, 81

Evola, barão Julius, 279, 308, 320, 347, 393; *O mistério do graal*, 245, 283

evolução: darwinismo, 331; teoria teosófica, 42; teorias científicas fronteiriças, 330-1

Ewers, Hanns Heinz, 8, 116-22; *Alraune* [Mandrágora], 61, 118, 120; NSDAP e, 122-9; propaganda política, 125-8; *Reiter in deutscher Nacht* [Cavaleiro na noite alemã], 118, 123-4, 129; *Vampir* [Vampiro], 118, 123

exército alemão: crença na natureza heróica do, 306-7; divisões muçulmanas das Waffen-SS, 309; legião indiana, 309; regimento de tanques Thule, 311; tradições marciais indo-arianas e, 307-8

exército soviético, de mulheres ("bruxas da noite"), 384

experimentos em humanos, 332-40; alta altitude, 334; nos Estados Unidos, 329; em pacientes de câncer, 335-6; em prisionei-

ros de campos de concentração, 333-4; ressurreição de mortos, 335-7
experimentos médicos, 333
expressionismo, 118-20; e eugenia, 120
Externsteine, local de culto hermionista, 33, 246-8, 251

Fanon, Frantz, 18, 290-1; *Os condenados da terra*, 125
fantasias de vingança, 92, 125
fascismo, 401-2; e cristianismo, 267; e folclore nacionalista, 15, 386; e o oculto, 12, 17, 23, 102, 119
Fauth, Philip, astrônomo, 61, 183; e cosmogonia glacial, 216, 223-4
Feder, Gottfried, 80, 82, 90
Fehrle, Eugen, 277
Fememord, 33
festivais de solstício, 85, 229, 251, 319
Festival de Paracelso de Salzburgo, 178
ficção científica, fim da era guilhermina, 38
Fichte, Johnan Gottlieb, *Reden an die deutsche Nation* [Discursos à nação alemã], 31
Filchner, Wilhelm, 260
filmes, de terror, 117, 119-20
Fischer, dr. Heinz, 302
Fischer-Gerhold, Hand, 341-2
Fischer-Haninger, Josef, 120
Fisher, Peter, 100, 121, 290, 386
fisionomia, 59
folclore, 15; concepções de império e, 274-81; cultura nazista de massa e, 121; movimento romântico e, 30-1; *ver também* lobisomens; movimento *völkisch*-esotérico; vampiros e vampirismo
Foltz, Karl, 193
"Foo Fighters", 362
forças paracósmicas, 97-8
Força-Tarefa Científica Alemã, 278
França, 33, 278, 402; invasão (1940), 297
Frank, Hans, 82, 139, 280, 297
Frankfurter Zeitung, 122
Franz Eher Verlag, editora, 81
Franz, Günther, 321, 325, 332, 346
Frei, Bruno, 139
Freikorps, grupo militar, fundação do, 77
Frente Alemã para o Trabalho, 161
Freud, Sigmund, 55, 64, 109, 137, 347
Frick, Wilhelm, ministro do Interior, 152, 178, 208
Friedländer, Saul, 342

Fritsch, Theodor, Ordem Germânica, 60, 67-8, 70, 72, 74-5, 81, 84-5, 91, 95, 99, 250, 355

Gabinete Central de Raça e Colonização, 94, 207-8, 217, 275; e mitologia de sangue e solo, 319
Gabinete Central de Segurança do Reich, 153, 199, 305
Gabinete de Educação Pública do Reich, 163
Gabinete de Pesquisas Folclóricas, 275, 276, 278
Gabinete de Saúde Pública do Reich, 152, 160, 163; e astrologia, 193
Gabinete Florestal do Reich, 275
Gadal, Antonin, 243
Galen, conde, bispo católico, 183
Galke, Bruno, 219
gás fosgênio, 334, 337
gás mostarda, 337
Geller, Uri, 397
gênero e sexualidade, teorias raciais de, 332
genética cultural, 273
geógrafos, 38
geologia, 368
geomancia, 58, 204, 247, 258, 260, 268; Hitler e, 311; império e, 284
geopolítica, 38-9; folclore, ciência fronteiriça e, 275-81, 312-3; indo-arianismo e, 281-8
Geppert, Alexander, 359
Germanentum, conceito de, 39, 250, 257, 276
Germania (revista), 277, 319
Gestapo, 154, 158, 161-2; "mágica" e, 9; proibição das performances de Pelz, 167-72
Giurdžiev, Georgiï, 255
Globočnik, Odilo, 324
gnosticismo, 37, 39-40, 43, 46, 88, 234, 252
Gobineau, Artur de, *Essai sur l'inégalité des races humaines* (1855), 34
Goddard, Robert, 363
Goebbels, Joseph, 8, 111, 147; apelo à "resistência fanática", 385; Câmara de Literatura do Reich, 152; NSDAP e, 117; profecias de Nostradamus e, 271, 295-300, 390; propaganda de armas milagrosas, 365-6; radiestesia e, 301; Rádio Werwolf e, 377, 379; uso de astrologia, 166, 175, 226, 289, 295; visão do cristianismo, 232; visão do ocultismo, 176-7
Goethe, Johann Wolfgang von, poeta romântico, 30; *Fausto*, 33, 69, 95, 243
golem, O (filme, 1915, 1920), 61, 119-20, 341

Índice remissivo

Goodrick-Clarke, Nicholas, *The Occult Roots of Nazism*, 7, 12

Göring, Hermann: apreensão de propriedades de judeus e poloneses, 322; cosmogonia glacial e, 215; Gabinete Florestal do Reich, 275; Hanussen e, 140; trabalho da Luftwaffe com, 336

Göring, Matthias, psicólogo, 200, 334

Gorsleben, Rudolf von, Sociedade Edda, 67, 246

Grabert, Herbert, Movimento da Fé Germânica, 253, 393

Grã-Bretanha, 33, 299; Batalha da Grã-Bretanha e, 298-9; teorias raciais e, 353; versão liberal da teosofia, 43

grafologia, 52, 59, 131, 137, 310

Grande Depressão, efeito na Alemanha, 131

Grande Império Germânico, conceito de, 38, 279

Grassinger, Hans George, e *Völkischer Beobachter*, 81

Grau, Albin, 119

Grautoff, Ferdinand, *1906: Der Zusammenbruch der Alten Welt* [1906: O colapso do mundo antigo], 38

Grécia, expedições "pré-históricas", 279

Grimm, Wilhelm e Jacob (irmãos), 31

Groening, Bruno, curandeiro, 395

Grönhagen, Yrjö von, 206, 278

Grund, Carl, 326

grupos neofascistas, 404

grupos paramilitares, 77, 84; Organização Wehrwolf, 92, 94, 123, 153, 274

Gubisch, Wilhelm, 171, 181

Guderian, Heinz, general, 364

"guerra total", 387, 398

guerra, visão *völkisch*-esotérica da, 288

guerrilheiros, retratados como vampiros, 380-5

Guido von List, Sociedade, 47, 51, 68

Günther, H. K., 36, 217, 255, 257, 274, 282

Gutberlet, Wilhem, astrólogo, 82, 132, 190

Gutterer, Leopold, 296

habilidades super-humanas, 61, 309

Halbe, Georg, 208, 327

Halgarita, encantamentos de, 247, 331

Hanfstaengl, Putzi, 125

Hanussen, Erik, 136; assassinato, 141, 149, 154; *Bunte Wochenschau*, 134, 137; *Die Andere Welt*, 137-8; NSDAP e, 138, 140; sessões espíritas, 9, 132, 136-7, 141; tomada de poder pelos nazistas e, 136-43

Hanussen-Zeitung, horóscopo em, 140

Harmann, Wilhelm, 303

Harmjanz, Heinrich, 277, 280

Harrer, Karl, 74-5, 80-4, 402

Harrington, Anne, 202, 329, 347, 354

Hartmann, Franz, Sociedade Teosófica Austríaca, 45, 49, 54

Hauer, Jakob Wilhelm, 35, 154, 253, 281; *Der arische Kriegsgott* [O deus guerreiro ariano] (1939), 307; fim da guerra e, 391; *Indiens Kampf um das Reich* [A luta da Índia pelo Império], 284; indo-arianismo e, 256; "Morte e imortalidade..." (1945), 388; Movimento da Fé Germânica, 92; pureza racial e, 329

Haushofer, Albrecht, 113

Haushofer, Karl, 38, 90, 263, 274, 282, 286

Hederich, Karl Heinz, 165, 194, 208

Heiden, Konrad, 114, 188, 292, 391; sobre o nacional-socialismo, 87, 101-3

Heimsoth, Karl, astrólogo, 123-4, 132, 190-1

Heine, Heinrich, 27

Heines, Edmund, 123, 138

Heinkel, fabricante de armamentos, 371

Heisenberg, Werner, físico, 218-9, 361

Helgoland, 44, 278

Helldorff, Wolf-Heinrich Graf von, 92, 123-4, 132, 138, 140

Hellmuth, Otto, 366

Hellpach, Willy, 395; *Das Magethos* (1946) [O Magethos], 395; e *Völkerpsychologie*, 109

Hellwig, Albert, 53, 132, 156

Henseling, Robert, *Umstrittenes Weltbild* [Visão de mundo controversa], 191

Hentschel, Willibald, escritor *völkisch*-esotérico, 60

Herder, Johann Gottfried von, 31, 34

heresia albigense, 228, 242-3, 257, 264

Herlbauer-Virusgo, R., cosmobiólogo, 194

hermionismo, 241, 243

Herrmann, Albert, 215

Herwarth von Bittenfeld, Hans Wolfgang, 295-6

Hess, Rudolf, 38, 362, 388; cosmogonia glacial e, 215; DAP e, 81; esoterismo *völkisch* e, 59, 90, 206, 210; ocultismo e, 133, 172; parapsicologia e, 197; religiões asiáticas e, 263; voo para Escócia, 172

Hesse, Kurt, *Der Feldherr Psychologos* [O comandante psicólogo], 291

Heusler, Andreas, filólogo, 39

Hexen-Sonderauftrages (força-tarefa especial dedicada à bruxaria), 230, 346

Heydrich, Reinhard, Serviço de Segurança (SD), 153, 158, 172; ação contra doutrinas ocultas ("Ação Hess"), 173-7; astrologia e, 162; projetos biodinâmicos e, 326; "Solução Final" e, 341, 351

Hielscher, Friedrich, 217, 258

"higiene racial", 51, 59, 315, 318; holismo e, 329, 331

Hill, Annette, 403

Himmler, Heinrich, 9, 51, 319; agricultura biodinâmica e, 212; Ahnenerbe e, 199, 309; apreensão de objetos e, 322; astrologia e, 10, 192, 295, 389; campanha contra o ocultismo e, 158-9; cosmogonia glacial e, 215-20, 224-5; esoterismo *völkisch*, 91; experimentos com humanos e, 335-7, 339-40; geomancia e, 206; indo-arianismo e, 258, 284; *Lebensreform* e, 59; Liga Artamana e, 93; lobisomens e, 377; oculto e, 133; parapsicologia e, 197; Rahn e, 243-4; religião e, 227, 235, 250-2, 263-4; Rosenberg e, 276; "A ss como organização de batalha antibolchevista", 318-9; tecnologias milagrosas e, 360, 367; visão da história alemã, 277-8, 318, 331, 388; *ver também* ss

Hindeburg, Paul von, presidente alemão: indicação de Hitler como chanceler, 127

hinduísmo, 34, 51, 261-3, 266; casta guerreira dos xátrias, 307, 320

Hinzpeter, George e cosmogonia glacial, 220, 222-5

Hiperbórea, civilização protoariana mítica, 44, 73

hiperinflação, 87

Hirschfeld, Magnus, 347

Hirt, August, 311, 332; experimentos em humanos, 337-8, 340

historiografia, 19-22; arquivos, 19; memórias, 20; revisionismo, 11-3

Hitler, Adolf: ariosofia e, 88, 96, 252; ascensão de, 67, 78, 83 (nomeação como chanceler, 127, 138); caráter, 95, 111 (fatalismo, 390-1; intuição na política externa, 288, 293-4; perspicácia política, 103, 141; poder da vontade e, 110-1; Reich de Mil Anos e, 135); ciência fronteiriça e (conhecimento científico e, 187, 327; cosmogonia glacial e, 212-3, 311-2; radiestesia e, 73, 205; teoria

da evolução e, 331); ciência militar e, 311-2; Ewers e, 126; filmes de Lang e, 120; Hess e, 172; sobre os judeus (como vampiros, 315, 343, 345; como vírus, 351); lobisomens e, 375-6; mágica e, 110-6, 142-3 (*Magie*, de Schertel e, 8, 97, 103-4, 110); *Minha luta*, 96, 257, 340, 343; mitologia nórdica/ariana e, 252, 282; movimento *völkisch* e, 82-6, 88; NSDAP e, 82-6, 116; ocultismo e, 89, 94-8, 171 (comentários sobre "itinerantes estudiosos *völkisch*", 65, 83, 85, 96; revista *Ostara* e, 27-8, 63, 95); como orador, 83, 112-6; parapsicologia e, 104; como profeta/redentor, 143, 237-8, 288, 292; religiões e (alternativas, 235, 252-3; visão do cristianismo, 233; visão do islã, 227, 262); Schertel e, 196; "Solução Final" e, 351; suicídio, 391; tentativas de assassinato, 192, 295, 385, 387; visões de, 7, 385; Wagner e, 28, 31-2, 387, 391

Hoelz, Max, insurreição, 87

holismo, 315; corpo e mente, 59-60; higiene racial e, 329, 331, 354-5; medicina, 202

Holocausto *ver* "Solução Final"

Holtzman, Adolf, indólogo, 35

homeopatia, 60

Hörbiger, Alfred, 220, 222-3

Hörbiger, Hanns, 183, 214, 370; cosmogonia glacial, 61-2, 212-3, 220-1; *Hörbigers Glacial-Kosmogonie* (1912) [Cosmogonia glacial de Hörbiger], 61

Hörmann, Bernard, Gabinete de Saúde Pública do Reich, 160, 163-4, 168-9; "O crepúsculo do ocultismo", 163; "Proteção da ciência séria", 163

Horne, John, 385

horóscopos, 56; de Hitler, 133

Höss, Rudolf, 333, 344, 353; e Liga Artamana, 93

Höttl, Wilhelm, 305

Howe, Ellic, 56

Hübbe-Schleiden, Wilhelm, 44, 47-8, 51, 54, 57, 119

Hugenberg, Alfred, líder conservador, 69

Hummel, Karl, "Ciência e cosmogonia glacial", 223-4

Hunkel, Ernst, 84

Husserl, Edmund, 191

Huth, Otto, 283

Igreja Católica, 346; bruxaria e, 33, 231-2; maçonaria e, 41-2; ódio de Himmler à, 232

Índice remissivo 543

Ilhas Canárias, 283

Iltis, Hugo, 329

"imaginário sobrenatural", 9, 14, 16; conceitos de raça e espaço e, 317; culto à morte e, 386; fim do Terceiro Reich e, 398; de Hitler, 94-8; mito do sangue e, 90, 316-21; nacionalismo e, 290-3; nazismo e, 8-14, 17, 87-100, 142-3, 354-5; perigos permanentes do, 404; persistência no período pós--guerra, 393

"imaginário social", 16

império, concepções nazistas de, 274-81

inconsciente coletivo, 102, 110, 114

inconsciente, visão alemã do, 109

Índia, 34, 43; e geopolítica, 284-5

indo-arianismo, 34-5, 228, 353; espiritualidade, 254-61; geopolítica e, 281-8; interesse nazista, 261-6; relacionado a Thule (Atlântida), 255-6; tradições marciais, 307-8

indo-arianos, recrutamento de, 325

indologia, subsídio alemão, 34

Instituto da Ásia Central, 338

Instituto Hörbiger, Áustria, 221-2

Instituto de Meteorologia, 216, 220, 368

Instituto do Pêndulo, 310, 301-6, 312

Instituto de Pesquisa Militar Aplicada, 310, 333, 335

Instituto Sven Hedin, 261, 287, 333

intelectuais: liberais, 107; *völkisch*, 37

inteligência militar: convencional, 305; Instituto do Pêndulo, 301-6; ocultismo e ciência fronteiriça, 272

inteligência racial, estudos americanos, 330

internet, e pesamento sobrenatural, 403

ioga, 206, 256

Irã, 286, 308

Iraque, 287

iridologia, 59

Irkowsky, Rudolf, relatório para Tiessler, 184

islamismo, 34, 287; fundamentalista, 404; Himmler e, 265-6, 308; visão de Hitler do, 227, 262

Issberner-Haldane, Ernst, 52, 137

Itália, 402; expedições "pré-históricas", 279

James, William, 53

Jankuhn, Herbert, 324

Jansen, Werner, histórias dos nibelungos, 388

Japão: tradição de guerra, 308; visão de Hitler do, 286; xintoísmo, 261-3, 266

Jerich, Magdalena, 384

Jerusalém, Grande Mufti, 287

Jogos Olímpicos (1936): preparação de campos bionâmicos, 210, 226

Johst, Hanns, 121

Joyce, William (Lord Haw-Haw), 299

judeus: assassinato pela ss, 323; como degenerados, 34, 120; experimentos humanos em, 339; intelectuais alemães, 50; "judeu errante", 345, 349; medo nazista de, 233, 342-4; como monstros sobrenaturais, 90, 93, 342, 344, 350, 352; "objetivo" de aniquilação mundial, 345-6, 349; "sexualidade demoníaca", 347; teorias eugenistas e, 47; como vampiros, 343-9, 350; *ver também* antissemitismo

Jung, Carl: sobre Hitler, 10, 115, 262, 288, 292; sobre o nazismo, 393-4; sobre a parapsicologia, 55, 109-10; sobre os perigos do pensamento sobrenatural, 403

Jungbauer, Gustav, 280

Junger, Ernst, 10

Junginger, Horst, 21

Juventude Hitlerista, 93, 153, 277; recrutamento da Wehrwolf, 378

Kallmeyer, Ernst, *Leben unsere Toten?* [Nossos mortos vivem?] (1946), 395

Kammler, dr. Hans, 363, 366; unidade de projetos secretos, 366-7, 369

Kampfbund (Freikorps Oberland) *ver* Bund Oberland

Kandinsky, Wassily, 53, 119

Karasek, Alfred, folclorista, 271, 280-1; genética cultural, 273; reassentamentos da Polônia e, 323; vampiros eslávicos e, 380; *Volkserzählung der Karpatendeutschen* [Contos folclóricos dos alemães dos Cárpatos] (1981), 396

Kater, Michael, 21, 213, 218, 325, 339, 352; sobre armas milagrosas, 373

Kaufmann, Wolfgang, 21, 230

KdF (Força pela Alegria), divisão, 161, 163

Keitel, Wilhelm, general, 364

Kenstler, August Georg, e a Liga Artamana, 93

Kerrl, Hans, 208

Kersten, Felix, massagista de Himmler, 101, 154, 265; sobre a busca de Himmler por uma religião alternativa, 235; sobre experimentos em humanos, 339

Kirchoff, Günther, cientista fronteiriço, 204, 206, 244, 258; geomancia, 247, 283

Kiss, Edmund, 223; cosmogonia glacial e, 216; expedição para o Tibete e, 259; indo--arianismo e, 258, 283

Kisshauer, Kurd, antiocultista, 157, 183, 295

Kittler, dr. Wener, 165, 194; agricultura biodinâmica e, 210

Klinckowstroem, Graf von, 204

Kloppe, Fritz, Organização Wehrwolf, 92

Koch, Erich, ss, 388

Koch, Hugo, 194

Koehne, Samuel, 85, 237, 249

Koerner, Bernhard, 69

Kokott, Hertha, *Sternenmacht und Liebesleben* [O poder mágico das estrelas e a vida amorosa], 164

Korsch, Hubert, astrólogo, 133, 152, 162

Kossinna, Gustaf, arqueólogo, 39

Kössler, Till, 359

Kowitzki, Elisabeth, 357

Kracauer, Siegfried: sobre apoio ao nazismo, 108; *De Caligari a Hitler*, 11, 119

Krafft, Karl, astrólogo, 189, 192, 295-6; sobre antroposofia, 201; propaganda e, 272, 296-8

Kramer, Alan, 385

Kramer, Josef, 339

Kraus, Karl, judeu alemão, 50

Krause, Wolfgang, 280, 323, 389

Krist, deus germânico, 246

Kritzinger, Hans-Hermann, cientista fronteiriço, 156, 194, 296; astrologia e, 191; radiestesia e, 204-5; *Todesstrahlen* [Raios da morte], 205; *Zur Philosophie der Überwelt* [Sobre a filosofia do mundo superior] (1951), 396

Krohn, Friedrich, e DAP, 81

Kröner, Walter, parapsicólogo, 137, 189, 203-4; *Der Untergang des Materialismus* [O declínio do materialismo], 203, 330; *Die Wiedergeburt des Magischen* [O renascimento do mágico], 203

Kühne, Thomas, 335

Kummer, Bernhard, 322, 391

Kummer, Siegfried, 92

Kürfurstendamm, pogrom (1931), 139-40

Lagarde, Paul de, e indo-arianismo, 36

Lammers, Hans, 371

Langbehn, Julius, 39; *Rembrandt als Erzieher* [Rembrandt como educador], 36, 94-5

Lanz von Liebenfels, Jörg, ocultista austríaco, 27, 49, 57; ariosofia e, 48-52; *Das Buch der Psalmen teutsch* [O Livro dos Salmos germânico], 95; ideologia nazista e, 66; teozoologia, 50, 96

Lassen, Gustav, sobre bruxaria, 231

Lautner, Peter, 221

Le Bon, Gustave, *A psicologia das multidões* (1895), 56, 111

Lebensraum, conceito de, 38, 274-5, 277

Lebensreform ("reforma da vida"), 52, 59-60, 209; popularidade da, 201; *ver também* Liga Artamana

Lehmann, Ernst, 330

Lei de Concessão de Plenos Poderes (1933), 155

Leis de Nuremberg, 285

Lenard, Philip, físico, 219

Lessing, Gotthold Ephraim, 34

Levin, Rudolf, 325, 352

ley, linhas de, 58, 205, 241, 260, 369

Ley, Robert, 112, 161, 163, 207, 297; cosmogonia glacial e, 215; fim da guerra, 392; rejeição do cristianismo, 232; visão da morte, 238

Ley, Willy, 10, 101, 108, 277, 302; ciência aeroespacial e, 362; "Pseudociência na Nazilândia" (1947), 187-8

licantropia *ver* lobisomens

Lienhard, Friedrich, 37

Liga Artamana, 92-4, 152, 274, 319; vampiros e, 344

Liga das Jovens Alemãs, 277

Liga de Combate pela Cultura Alemã, 275

Liga do Martelo, 67-71

Liga do Reich para a Agricultura Biodinâmica, 209, 211, 326

Liga do Reich para o Povo e a Pátria, 277

Liga Pangermânica, 69

Lippert, Franz, 208, 326

List, Guido von, 39, 46, 57; ariosofia e, 48-52; *Das Geheimnis der Runen* [O segredo das runas], 49

literatura infantil, 251

Livro do Apocalipse, simbolismo do, 345

lobisomens (Wehrwolf), 373-80; derivação sobrenatural (Werwolf), 377; fantasias de vingança e, 91; Organização Wehrwolf do período Weimar, 92, 94, 123, 153, 274; na tradição popular alemã, 32, 91-2, 373-7; vampiros e, 383

Índice remissivo 545

Löffler, Franz, antropólogo, 326
Lohse, Hinrich, 174
Longerich, Peter, 21, 266, 318; sobre lobisomens, 377
Löns, Hermann, 307; *Der Wehrwolf* [O lobisomem] (1910), 32, 91, 376
Lubbe, Marinus van der, e o incêndio do Reichstag, 140
Lucht, Georg, 297
Lucifer-Gnosis (jornal ocultista), 46, 51
luciferianismo, 33, 46-7, 228, 240-4, 264
Ludecke, Kurt, 115
Ludendorff, Erich von, marechal, 69, 73, 116, 293; Associação Tannenberg, 92, 123; campanha antiocultismo e, 156-7; ocultismo e, 106, 156
Ludendorff, Mathilde, 156, 186; *Christliche Grausamkeit an Deutschen Frauen* [Crueldade cristã contra as mulheres alemãs], 231; *Der Trug der Astrologie* [O engano da astrologia], 157; Sociedade para o Conhecimento de Deus, 253
Lueger, Karl, prefeito de Viena, 28, 51, 95, 113
Luftwaffe, 200, 299; trabalho com o Instituto de Pesquisa Militar Aplicada, 336-7

Mackensen, Lutz, 280, 323, 375
maçonaria, 41-2, 98, 241-2, 346; Terceiro Reich e, 154, 233
mágica, 9; exploração por Hitler, 104, 142; poderes paranormais e, 110; *ver também* "controvérsia dos mágicos de Hitler, a"; Neumann, Eduard; Schertel, Ernst
magnetopatia, 206
Magre, Maurice, 242
Malzahn, Rudolf von, 204
Manjapra, Kris, 35, 282
Mann, Thomas, 10, 362
Marchand, Suzanne, *German Orientalism in the Age of Empire*, 266
Marcus, Paul, médium, 141
marinha britânica, uso de radar e sonar, 302
Martin, Hans, *Achtung! Ostmarkenrundfuk!* [Atenção! Rádio Ostmark!], 290-1
Mauthausen-Gusen, campo de trabalhos forçados de, 361, 372
May, Eduard, 333
Mayer, Anton, *Erdmutter und Hexe* [Mãe Terra e bruxas], 231
medicina, 45; antagonismo com a convencional, 209; cura natural e, 59; holística, 202; práticas alternativas, 206

medicina homeopática, 60
mediunismo, 52
Mees, Bernard, 39
Meissner, Otto, 199
Mengel, Gaston de, 258
Mengele, Josef, 336
Merkel, Hans, 207, 209, 326-7
Meyer, Hugo Christoph Heinrich, 84
Meyrinck, Gustav, 119
misticismo, 28, 37; cristão, 43; interesse no pós-guerra, 395; de sangue e solo, 94, 204, 250
misticismo judaico, 43, 51, 344
mitologia, 14, 30-5; da "luta final" (Ragnarök), 357, 386-7; do sangue, 89-90, 204, 317, 318-21; *ver também* mitologia nórdica; nibelungos
mitologia nórdica, 31-2, 243-4, 246, 357-8; *Germanentum* racial e, 28, 39; religião ariogermânica e, 249, 251; renascimento e rendenção, 386
modernidade, 16
Montségur, castelo de, 242, 390
moralidade, universal, 97, 237
morte, culto à, 238, 386, 389; *ver também* renascimento e redenção
Mosse, George, 11, 112, 272, 359; *Masses and Man*, 27
motor de "repulsão", 371-2
movimento da "cidade jardim", 60
Movimento da Fé Germânica, 84, 92, 245, 253, 256
movimento *völkisch*-esotérico, 37, 42, 60, 66; abordagens holísticas e, 203; bruxas e, 230; cosmogonia glacial e, 214; defesa do, 392; geopolítica e, 284, 288; Hitler e, 82-6; NSDAP e, 85, 89, 94, 99, 116, 249; paganismo e, 229, 249; no pós-guerra, 395; veteranos nazistas e, 186, 250
mulheres: como membros da Sociedade Thule, 73, 78; paganismo protofeminista e, 231; vampiros e, 383
Müller, bispo Ludwig, 253
Münch, Curt, 304
Müncher Beobachter (jornal), 74, 81
Mund, Rudolf, 244
Murnau, Friedrich Wilhelm, *Nosferatu* (filme), 119-20, 341
Mussolini, Benito, 288; busca por, 300-1, 304-6

nacionalismo, e imaginário sobrenatural, 290-3

nacional-socialismo *ver* Partido Nazista (NSDAP); nazismo

"Nada Negra" (guerrilheira vampira), 383-4

natureza, religião da, 202-3, 230, 236, 239

Natzweiler-Struthof, campo de concentração, 334, 339

Nauhaus, Walter, 66, 72, 132; e a Sociedade Thule, 66-7, 73, 80

Naumann, Erich, ss, 244

nazismo, 7-8, 228-9; anticristianismo e, 229-35, 267; ciência fronteiriça e, 149, 158; crepúsculo do, 386-91; cultura de massa e, 121; fascínio por lobisomens, 375-6; fatores na ascensão do, 401-2; imaginário sobrenatural e, 87-100, 134; metafísica nórdica e, 387; movimento *völkisch* e, 64, 82-6, 100, 327; ocultismo e, 10, 29; origens da ideologia, 99-100, 316; procura por uma religião alternativa, 235-40; rejeição no fim da guerra, 391-2; religiões do Oriente e, 261-6; sobrenatural e, 8-14, 17, 29, 142-3, 354-5

Nebe, Arthur, chefe da polícia criminal, 158-9, 304, 306, 348

Neumann von Konnersreuth, Thérèse, 394

Neumann, Eduard, mágico, 178-83

nibelungos, 35, 120, 358, 388; raízes da religião ariogermânica, 91, 249

Noite de Santa Valburga (*Walpurgisnacht*), 33, 49, 231

Noite dos Longos Punhais (junho de 1934), 155, 308

norte da África, guerra no, 300

norte-africanos (franceses), e ocupação do Ruhr, 87, 123, 125, 290

Noruega, 278

Nosferatu (filme), 119-20, 341, 343

Noske, Gustav, Freikorps, 77

Nostradamus, profecias de: "grande príncipe da Armênia", 296, 299; uso por Goebbles de, 271, 295-300

"nova arte alemã de cura", 206

NSDAP *ver* Partido Nazista (NSDAP)

Oberth, Hermann, 362

ocultismo, 8, 14, 40-52; aplicações científicas, 315; campanha do círculo de Ludendorff contra, 155-8; charlatanismo, 9, 162; críticas ao, 105-6, 108; cultura *völkisch* e, 28, 41, 134; distinção entre científico e comercial, 151, 159-60, 183-6; ordens

maçônicas e, 41-2; parapsicologia e, 53; proliferação do, 105-10, 188; redefinição do Terceiro Reich, 150; *ver também* bruxaria e bruxas; lobisomens (Wehrwolf); luciferianismo; vampiros

Odin, 228, 246, 251, 307; adoradores de (odinistas), 48

Oera Linda, crônicas de (forjadas), 217, 278, 392

Ohlendorf, Otto, vice de Heydrich, 207-8, 210

Ohrdruf, Turíngia, teste de urânio, 361

Ohst, Friedrich Wilhelm, 132

Olden, Rudolf, jornalista, 112, 130; *Propheten in deutscher Krise* (1932) [Profetas na crise alemã], 142

Olden, Rudolf, jornalista, 114

Operação Barbarossa, 173, 311

Operação Carvalho, 301, 378

Operação Marte, 301, 304-6

Operação Werwolf (contra colaboradores), 358, 376-80

Ordem Armânica, 42, 49-50

Ordem dos Novos Templários, 42, 50, 68, 245

Ordem Germânica, 42, 52, 66-7, 99; critério de associação, 68; Sociedade Thule e, 67-77

Ordem Germânica Walvater do Santo Graal, 70, 72, 99

Organização de Proteção e Defesa Alemã, 71, 274

Oshima, general, 259, 283, 286

Ostara (revista ocultista), 27-8, 50, 95

ouro do Reno, procura por, 367

pacto de não agressão com a União Soviética (1939), 294

paganismo, 15, 48, 50-1, 229, 232; cristianismo e, 32, 235, 237, 249; festivais de solstício, 85, 229, 251, 319; "leis cósmicas", 157; nazismo e, 228, 249, 267

Países Baixos, invasão (1940), 297

pan-asiatismo, 285

Pancke, Gunther, 325-6; e agricultura biodinâmica, 210-2

paranormal, estudo científico, 52

parapsicologia, 13-4, 53-7, 104, 395; inconsciente e, 108-9; institucionalizada, 196-201, 226; técnicas de treinamento militar, 310-1

Partido Comunista Alemão, 75, 140

Partido dos Trabalhadores Alemães *ver* DAP

Índice remissivo

Partido Nazista (NSDAP), 82-6; ariosofistas e, 66, 250; astrólogos e, 190; crenças dos líderes no ocultismo e na ciência fronteiriça, 91; Ewers e, 122-9; fantasia nacionalista e, 290-3; festivais de solstício e, 85, 229; imaginário sobrenatural e, 88-9, 100; movimento *völkisch* e, 116-7, 249; ocultismo e, 132-3; panfleto do departamento regional de educação, 349; Sociedade Thule e, 66; *ver também* Terceiro Reich

Partido Socialista Alemão, 81-4

Partido Verde, ocultistas e antroposofistas no, 396

Pasi, Marco, 12

Paudler, Maria, médium, 141

Pauwels, Louis, e Jacques Bergier, *O despertar dos magos*, 11

Pearl Harbor, ataque japonês (1941), 286

Peenemünde, centro de pesquisa aeroespacial, 362

Pelz, Carl, comissário de polícia nazista, 156-9, 166; demonstrações de ocultismo científico, 161, 163, 166, 178; proibição de apresentações pela Gestapo, 167-72

pêndulo, 73

pêndulo sideral, 59, 205

pensamento mágico, 112, 142, 273, 395

Peuckert, Rudi, 326

Pietzsch, Albert, 370

Plassmann, (Joseph) Otto, 277, 279, 321

Ploetz, Alfred, 51

Pohl, Gustav Freiherr von, e radiestesia, 58, 204, 205

Pohl, Hermann, 68-9; e Ordem Germânica Walvater do Santo Graal, 70, 99

Pohl, Oswald, 208, 211, 325-6, 335

Pois, Robert, 236

política de armamentos, 360-6

política de massa: Ordem Germânica/Liga do Martelo, 68, 70; Sociedade Thule e, 74

política externa, 288-300; influências do folclore na, 11, 38, 273-81; intuição de Hitler e, 288, 293-4

políticas de reassentamento, 318-9, 354; agricultura biodinâmica e, 325-6; depois de 1939, 321-7; movimento de alemães étnicos, 322-3

Polônia, 33; invasão (1939), 277, 294, 321, 323; projetos de reassentamento, 326; Watherland, 280, 323

"ponta de lança de Kovel", 280, 323

Pötsch, dr. Leopold, 35

Potthast, Hedwig, 340

PPK (Comissão Oficial de Exame do Partido para a Proteção das Publicações Nacional-Socialistas), 165

pré-história, esotérica, 280

Primeira Guerra Mundial: efeitos em grupos *völkisch*-esotéricos, 70-1; trauma da derrota, 76, 119, 401

Pringle, Heather, *The Master Plan*, 21

programas de extermínio, 349-54

propaganda, 111, 122, 130, 272; astrologia e, 295-300; contra judeus, 349; mitologia da "luta final" e, 387; nacionalista, 290-3; política, 125-9; *ver também* Goebbels, Joseph

prosa islandesa medieval, 32

Protocolo de Pyrmont, 220-5

Prumm, Barbara, 383

Prützmann, Hans-Adolf, SS, 378

Pudor, Heinrich, 60

Pujol-Marat, Miryane, condessa, 242

pureza racial: recuperação da, 329-32; *ver também* eugenia

Puschner, Uwe, 21

Putsch da Cervejaria (1923), 79, 85, 87, 92

Quade, Fritz, 134, 293, 303

Quedlinburg, castelo de, 69, 248

quirologia (leitura de mãos), 52

Quisling, Vidkun, 278

raça ariana, 34, 51, 282-3; Ásia Central e, 322; identificação de "tipos", 325; mongóis e, 348; poderes mágicos e, 110, 308; religiões protoarianas e, 228

raça e espaço, 274-5, 354; conceitos de, 38, 47; Liga Artamana, 92-4; projetos de reassentamento e, 322

raça superior protogermânica, 39

raça, conceito da ciência fronteiriça, 38, 50

racismo: na teosofia, 42-4, 46; *völkisch*, 28

radiestesia, 52, 57-8, 200; apoio nazista, 204-5; Instituto do Pêndulo, 301-6; com pêndulo, 58, 72, 91; pesquisa de armamentos e, 369

Rádio Werwolf, 377-80

"Ragnarök" (destino dos deuses), 357, 386-7

Rahn, Otto, 227, 257, 259; *A corte de Lúcifer*, 227-8, 243-4; *Kreuzzug gegen den Gral* [A cruzada pelo graal], 227, 243

raios da morte, 205, 366-7, 369, 372
"raios terrestres", 107
Rascher, Sigmund, 208, 311, 316; experimentos em humanos, 332, 334-6, 340
Rashner, Hanns, 208, 315, 327
Raskin, Adolf, 298
Ratzel, Friedrich, 318; e *Lebensraum*, 38
Rauschning, Hermann, 112, 255; *Gespräche mit Hitler* [Conversas com Hitler], 20, 196; sobre Hitler, 10, 328; sobre maçonaria, 154
Ravenscroft, Trevor, *The Spear of Destiny*, 11-2
Reddick, John, 53
reencarnação, 255, 263, 265
Rehwaldt, Hermann, 158
Reichstag, eleições para (1930), 133
Reichstag, incêndio, 9, 129, 140
Reichstein, Herbert, editor, 66-7
Reinerth, Hans, arqueólogo, 248, 275
relativismo religioso, 237
religião: declínio da, 30, 45, 234; milenarismo, 51; da natureza, 202-3, 230, 236, 239; protogermânica, 156-7, 239, 279; *ver também* budismo; cristianismo; hinduísmo; Igreja Católica; paganismo; religiões ariano-germânicas
religiões ariano-germânicas, 29-40, 51, 228, 267; NSDAP e, 89; sincretismo das, 240, 250, 257; no Terceiro Reich, 249-54; *ver também* hermionismo; religião: protogermânica
religiosidade nazista, 14, 30, 235-40
Renânia, invasão (1936), 293
renascimento e redenção, 238, 389; nos mitos nórdicos, 386; visão alemã no fim da guerra, 391-9; *ver também* morte, culto à
renascimento ocultista austro-alemão, 40-52
República de Weimar, 75-6; artes, 118-9; ascensão do Partido Nazista e, 87, 100; caos pós-guerra e, 77, 87, 102, 108, 124; visão de fantasia, 291; visão de ocultismo, 151, 185
Reting Rinpoche, regente tibetano, 260
"retorno à natureza", movimentos de, 60
Reuter, Otto Sigfrid, teólogo *völkisch*, 190
Reuter, Siegfried, 204
Reventlow, Ernst von, 84, 253
Reventlow, Fanny zu, 121
Ribot, Théodule-Armand, 111
Richet, Charles, 53
Rilke, Rainer Maria, 119
Ring, Thomas, astrólogo, 194, 200
Ritter von Epp, Franz, 84

Ritter, Robert, 348
RMVP (Ministério da Propaganda), 152, 179
Roche, Déodat, 242
Roedder, Hans, 302
Röhm, Ernst, 84, 123, 125-6; astrologia e, 132, 191; paramilitares da Wehrwolf e, 92
romantismo: e indo-arianismo, 35; e tradição popular, 30-1
rosacrucianismo, 42, 49, 55
Rosenberg, Alfred, 7, 10, 130; como antiocultista, 157, 165-6, 175; DAP e, 81; Ewers e, 126; Gabinete de Pesquisas Folclóricas e, 275; Goebbels e, 166; Himmler e, 276; sobre a Igreja Católica, 232; imaginário sobrenatural nazista e, 88-9; indo-arianismo e, 262; judeus e, 346; Liga Artamana e, 93; *O mito do século XX*, 89, 250; políticas de reassentamento e, 321; procura por uma religião alternativa, 235, 250; proibição da Gestapo a Pelz e, 171; *Völkischer Beobachter* e, 84; *ver também* Amt Rosenberg
Rosten, dr. Curt, 164
Rote Post (jornal comunista), 128
Rüdiger, Emil, ariosofista, 206, 247
Rügen, ilha de, teste de urânio, 361
Ruhr, ocupação do vale do rio, 87, 123, 125, 290
runas: estudos rúnicos e, 49, 252; reinvenção de, 32, 51, 389; religião ariano-germânica e, 247; usadas pela Juventude Hitlerista, 93; usadas pela Ordem Germânica Walvater do Santo Graal, 72
Rundstedt, Gerd von, general, 364

Sachsenhain, Derven, 251
Sachsenhausen, campo de concentração, 336
Sack, Alfons, 129, 139
sangue (e solo): dessacralizado pelo cristianismo, 236; misticismo do, 94, 204, 240, 250; mitologia do, 90, 204, 317-21; políticas de reassentamento e, 319; teorias de, 318-21; vampiros e, 382
Santo Graal, 227, 283; castelo de Wewelsburg, 248; fascinação com, 241-4
Satanás, 237, 240-1; "integração de", 109
Sauckel, Fritz, 326
Schäfer, Ernst, 187, 197, 335, 388; *Berge, Buddhas und Bären* [Montanhas, budas e ursos], 260; expedição ao Tibete, 254, 259-61, 284; *Geheimnis Tibet* [Tibete secreto] (filme), 285, 307; Instituto Sven Hedin, 333

Índice remissivo

Schauberger, Viktor, cientista fronteiriço, 206, 370-3

Schellenberg, Walter, ss, 10, 82, 298, 300, 304, 389

Schelling, Friedrich, 31

Schertel, Ernst, 104, 110, 127, 231; *Magie* [Magia], 7-8, 95, 97-8, 104

Schieder, Theodor, 20

Schiller, Friedrich, 31

Schirach, Baldur von, Juventude Hitlerista, 127, 232, 277, 359; cosmogonia glacial e, 215; Liga Artamana e, 93, 153

Schleif, Hans, 279, 322

Schmid, Franzolf, cientista fronteiriço, 84, 206, 244, 258, 283

Schneiderfranken, Joseph Anton, 119

Schönerer, Georg von, 28, 95

Schreck, Max, 343

Schreiber, Helmut, Círculo Mágico da Alemanha, 161, 167-70

Schrenck-Notzing, Albert von, 54, 156

Schriever, Rudolf, 362

Schröder-Stranz, Oberst, dispositivo de raios mortais, 367, 369

Schroeder, Christa, secretária de Hitler, 234

Schroeder, Leopold von, 34

Schrönghamer-Heimdal, Frantz, 84, 249

Schuler, Alfred, grupo esotérico de Munique, 37

Schulte-Sasse, Linda, 121

Schulte-Strathaus, Ernst, 174

Schulz, Paul, 123-6

Schuppe, Konrad, 303

Schwarz-Bostunitsch, Gregor, 154, 345-6

Schwarze Reichswehr, 123

Scultetus, Hans Robert, ss, e cosmogonia glacial, 216, 219-25

sd (Serviço de Segurança da ss), 153; campanha contra o ocultismo e, 158-9, 172; cosmogonia glacial e, 215; maçonaria e judeus e, 346; Neumann e, 180; visão de astrologia, 192

Sebottendorff, Rudolf von, ariosofista, 51, 57, 67, 81, 132, 190; aquisição do *Münchner Beobachter*, 74; *Bevor Hitler kam* [Antes da chegada de Hitler], 152; DAP e, 66; Kampfbund, 78; Ordem Germânica Walvater do Santo Graal e, 72; Sociedade Thule e, 66-7, 72-81, 152

sectarismo, 186; eliminação pelos nazistas, 159

Segunda Guerra Mundial: desnazificação no pós-guerra, 393; como guerra colonial, 317

Segundo Reich alemão, recuperação de mitos e heróis antigos, 30

Seifert, Alwin, 208, 210

Sérvia, 33; e guerrilheiros vampiros, 382-3

Serviço de Trabalho do Reich, 277

sessões espíritas, 59, 132; previsão do incêndio do Reichstag (1933), 9, 129, 140

Shambala, reino mítico, 243, 258, 262, 265

Shaw, George Bernard, 362

Sickinger, Raymond, 293

Siegfried, herói da mitologia nórdica, 229

Siemens, empresa, 371

Sievers, Wolfram, 93, 217, 258, 310, 324

simbolismo, de textos antigos e sagas, 32

Sinarquia, grupo maçônico ocultista, 390

sincretismo, do pensamento religioso nazista, 240, 250, 257

Six, Franz Alfred, 245, 321, 346; pesquisa sobre judeus, 321, 352

Škoda Auto, Boêmia, 366

Skorzeny, Otto, ss, 300, 378

Sociedade Alemã para o Ocultismo Científico, 134, 152

Sociedade Antroposófica, 154

Sociedade Antroposófica Alemã, 46

Sociedade para o Conhecimento de um Deus Alemão, 156-7, 253

Sociedade Cosmos de Astrólogos Alemães, 57

Sociedade Cosmotécnica, 63

Sociedade para a Navegação Aeroespacial, 362

Sociedade para a Pesquisa Científica do Pêndulo, 205

Sociedade Polar, 242, 258

Sociedade para a Promoção da Cosmogonia Glacial, 220, 222

Sociedade Psicológica, 54

Sociedade Teosófica Alemã, 44

Sociedade Teosófica Austríaca, 45-6

Sociedade Teosófica de Viena, 49

Sociedade Thule (protonazista), 52, 72-7, 99, 402; DAP e, 80-1; objetivos sociopolíticos, 74, 77-8; refundada (1933), 152; tentativa de sequestro de Eisner, 78-9

Sociedade Vril, 254

Sohn der Sterne [Filho das estrelas] (romance), 183-4

sol negro, emblema geomântico, 247

sol, simbolismo do, 253

"soldados das fronteiras" em assentamentos alemãs, 319

"Solução Final", 341, 350-4; fundamentos ideológicos, 352-5; "Operação Reinhard", 324

Speer, Albert, 357, 391; armas milagrosas e, 359; política de armamentos e, 360, 365, 373; programa aeroespacial e, 364

Spence, Lewis, 40, 262; *The Occult Causes of the Present War* (1940), 11, 240

Sphinx (revista), 51, 54-5

Spieser, Friedrich, esotérico, 198, 311

Sporrenberg, Jakob, 370

ss, 318, 320, 322-7; armas milagrosas e, 360-4, 367; campos de concentração, 208, 335, 338-9; ciência fronteiriça e, 187, 198, 200, 205, 212, 301, 303-4; divisão de bruxas, 230-1, 346; indo-arianismo e, 244, 258, 265, 283-4, 308-9; ocultismo e, 159, 162, 164, 184, 187

ss-Totenkopfverbände [Unidades da Caveira], 306, 311, 323, 376

Stadhagen, Albert, químico, 156, 161, 167-72; demonstrações de ocultismo científico, 163, 167, 178; "Milagres aparentes do ocultismo", 167

Stálin,Ióssif, 288

Staudenmaier, Peter, 404

Stauff, Philip, 60, 68

Steinberg, Jonathan, 342

Steiner, Rudolf, antroposofia, 46-8, 57, 59, 119, 154, 201, 206-7, 209, 226, 289, 315

Steinmetz, George, 317, 334

Stern, Fritz, 11, 36

Straniak, Ludwig, 204-5, 219, 302

Strasser, Otto, 113

Strauss, Heinz Artur, 131

Streicher, Julius, 50, 59, 84-5, 207, 345, 371

Strzygowski, Josef, 279

"suábios do Danúbio" (alemães do Banato), 380-5

suástica, 28, 37, 39, 50; adotada pela Sociedade Thule, 73; desenho da bandeira, 81; Hitler e, 96; mito do sangue e, 89; origens sagradas da, 247, 250; roda solar pagã, 234; como símbolo do NSDAP, 85

"sub-humanos", multirraciais, 322

Sudetos (Tchecoslováquia), 280

Sudostmark (Império Habsburgo), 279

superstição: educação pública contra, 184; *ver também* astrologia

Sven Hedin, Instituto, 261

Sylvéro, Rolf *ver* Neumann, Eduard

Szczesny, Gerhard, crítico do ocultismo, 10, 105-6, 131, 134

tarô, leitores de, 107, 151, 185

Taylor, Charles, "imaginário social", 16-7

Tchecoslováquia, 280, 293-4

tecnologia de foguetes, 361; V-1 e V-2, 362-5

tecnologias, novas, 309-10, 359

tela demoníaca, A (livro de 1952), 11, 102

telepatia, 52

teorias raciais, 318, 354-5; contradição, 348-9; *ver também* arianismo; indo-arianismo

teosofia, 42-6, 154; ariosofia e, 48-9

Terceiro Reich: "astrologia científica" e, 190-5; "ciência fronteiriça" e, 150-2, 183, 313; demonização de inimigos, 17-8; distinção entre ocultismo científico e comercial, 159-60, 162-6, 183, 185; fim do, 385-6; "guerra total" e, 387; guinada para a ciência monstruosa e, 340; "inimigos do Reich" e, 174; plano de atacar as igrejas depois da guerra, 233; previsões de Hanussen, 129-36; raciocínio sobrenatural, 350; repressão de membros do Partido Nazista, 155; restrições ao ocultismo, 149-52, 168-72, 174-7, 183-5, 271; visões de, 135; *ver também* Partido Nazista (NSDAP)

testemunhas de Jeová, 153

Teudt, Wilhelm, cientista fronteiriço, 58, 206, 247; "astroarqueologista", 248

Thor, deus, 215, 228, 246, 250; raios, 252, 309

Thule (Atlântida), civilização perdida de, 44, 311; relação com o indo-arianismo, 255; Santo Graal e, 244

Tibete, 284-5, 348, 388; budismo tibetano, 242, 257; expedição nazista, 44, 254, 259-61; sabedoria do, 43

Tiessler, Walter, e Neumann, 181-2, 184

Tilea, Virgil, 296, 298

Tito, Josip, líder guerrilheiro, 380

Totenvögel, símbolo do, 389

Trautmann, Erika, 279

Treitel, Corinna, 12; sobre cura natural, 202; sobre modernismo, 118; sobre o movimento *völkisch*, 64; sobre ocultismo, 150, 185; sobre parapsicologia, 53; sobre teosofia, 43

Trevor-Roper, Hugh, 11, 388

Trimondi, Victor e Victoria, *Hitler, Buddha, Krishna*, 21

Índice remissivo 551

tropas de assalto, 149
Turquestão, 287, 309

Ucrânia, 280, 323, 375
Uexkull, Jakob Johann von, biólogo, 203
Ungar, Philipp, 382
União Soviética: invasão (Operação Barbarossa), 173, 311, 351-2; pacto de não agressão com a Alemanha (1939), 294; *ver também* bolcheviques
Unidade Científica Alemã, 324-5
Urbach, Otto, antiocultista, 219
utopias: místicas, 28; de pureza racial, 35

V-1 e V-2, foguetes, 364
Valier, Max, 362
vampiros e vampirismo, 120; eslavos, 33, 380; guerrilheiros retratados como, 380-5; judeus, 343-9, 380; lobisomens e, 383-4
van den Bruck, Moeller, 37
vegetarianismo, 59, 206
Vehmgerichte (tribunais secretos), 33
Veidt, Conrad, 138
Versalhes, Tratado de, 125
Verweyen, Johannes, antroposofista, 174
"vida indigna da vida", 316, 327, 334, 340
Voegelin, Eric, sobre Hitler, 10
Vogel, Heinrich, 326
Volck, Herbert, e astrologia, 132
Völkischer Beobachter (jornal), 74, 152, 249; arqueologia e, 281; artigos *völkisch*-esotéricos, 84; DAP e, 81, 83-4; festivais de solstício e, 229; ocultismo e, 155, 164; políticas de reassentamento e, 319
Volksgemeinschaft (comunidade racial), 150, 330, 392, 401
Volksgesundheitswacht (revista antiocultista), 177
Vollrath, Hugo, 57
Voss, William, Škoda, 366

Wagner, contra-almirante Gerhard, 302
Wagner, Richard, 28; *Crepúsculo dos deuses*, 357-8, 387; e mitologia nórdica, 31-2
Wahrheit (jornal), 128
Waite, Robert, 391
Walther, Gerda, mística, 191, 303
Wannsee, encontro ocultista, 304-5, 312
Weber, August, 114
Weber, Friedrich, 123
Weber, Max, 36

Wegener, Paul: *O estudante de Praga* (filme, 1913), 117; *O golem* (filme), 61, 120, 341
Wehrwolf grupo de força especial nazista, 9, 373, 375-80, 389
Weininger, Otto, 347
Weiss, Edmund, astrônomo, 62
Weizsäcker, Viktor von, 340
Wells, H. G., 362
Weltz, dr. Georg August, 335
Wessel, Horst, livro de Ewers sobre, 126-8
Wessely, Christina, 312
Wessely, dr. Kurt, 309-10, 324
Westarp, Heila von, condessa, 79
Westmark, expansão para, 278
Wewelsburg, castelo de, 247, 251, 389
Wiene, Robert, *O gabinete do dr. Caligari*, 119
Wienert, Karl, cientista fronteiriço, 206, 260, 368
Wiligut, Karl Maria, ariosofista, 206, 217, 389; e hermionismo, 245-8; e Himmler, 51; e Rahn, 227; e Santo Graal, 243
Williams, Raymond, 353
Williamson, George, 268
Wimmer, Josef, radiestesista, procura por ouro, 368
Winkler, Johannes, e pesquisa aeroespacial, 362
Wirth, Hermann, 84, 92, 215, 392; e cosmogonia glacial, 217; e religião ariano-germânica, 247, 257
Wolfram, Richard, 306
Wolzogen, Ernst Freiherr von, 84
Wulff, Wilhelm, astrólogo de Himmler, 10, 20, 192, 303, 312, 389; e Operação Marte, 304-6; *Tierkreis und Hakenkreuz* [Zodíaco e suástica], 396
Wüst, Walter, 35, 215, 223; Ahnenerbe e, 217-8, 251, 277; higiene racial e, 330; indo-arianismo e, 257, 281, 283, 286; *Indogermanisches Bekenntnis* [Confissões indo-germânicas] (1943), 316, 387; lobisomens e, 375; samurai e, 308

xintoísmo, 261-3, 265-6

Zeitschrift für kritischen Okkultismus (publicação), 156
zen-budismo, 266
Zenit (jornal astrológico), 133, 299
Ziegler, Leopold, 102
zoroastrianismo, 249

ESTA OBRA FOI COMPOSTA POR MARI TABOADA EM DANTE PRO E
IMPRESSA EM OFSETE PELA GRÁFICA PAYM SOBRE PAPEL PÓLEN NATURAL
DA SUZANO S.A. PARA A EDITORA SCHWARCZ EM JANEIRO DE 2025

A marca FSC® é a garantia de que a madeira utilizada na fabricação do papel deste livro provém de florestas que foram gerenciadas de maneira ambientalmente correta, socialmente justa e economicamente viável, além de outras fontes de origem controlada.